제4권

수레바퀴 자국 속의 물고기

전란의 시기 2 강화 시기

제 **4** 권

수레바퀴 자국 속의 물고기
전란의 시기 2 (강화 시기)

초판 1쇄 발행 2021년 1월 18일
초판 2쇄 발행 2021년 12월 15일

편저 임갑혁
펴낸이 장길수
펴낸곳 지식과감성#
출판등록 제2012-000081호

감수 문종호, 임민형
디자인 윤혜성
편집 윤혜성
교정 김혜련, 정은지
마케팅 고은빛, 정연우

주소 서울시 금천구 벚꽃로298 대륭포스트타워6차 1212호
전화 070-4651-3730~4
팩스 070-4325-7006
이메일 ksbookup@naver.com
홈페이지 www.knsbookup.com

ISBN 979-11-6552-648-1(04910)
ISBN 979-11-6552-644-3(세트)
값 15,000원

ⓒ 임갑혁 2021 Printed in Korea

잘못된 책은 구입하신 곳에서 바꾸어 드립니다.
이 책의 전부 또는 일부 내용을 재사용하려면 사전에 저작권자와 펴낸곳의 동의를 받아야 합니다.

홈페이지 바로가기

제 4 권

수레바퀴 자국 속의 물고기

전란의 시기 2
강화 시기

이순신의 탄생부터 선조의 죽음까지

임갑혁 편저

지식과감성#

차례

01 **엉터리 강화회담을 시작하다** : 선조 26년 (1593 계사년, 5~12월)   7

왕은 환도를 꺼리고, 왜적은 동남 해안에 웅거하다 7 |
진주성의 별들, 역사에 길이 빛나게 되다 25 | 명군의 주력은 철수하다 72 |
이순신 3도 수군통제사가 되다 81 | 선조, 강화를 극력 반대하다 106 |
왜적은 물러가지 않고, 나라는 총체적 난국이었다 127 |
김덕령, 의병을 일으키다 150

02 **수레바퀴 자국 속의 물고기가 되어 있었다** :
선조 27년 (1594 갑오년)   166

심유경, 거짓 강화의 길로 들어서다 166 |
이순신, 멋진 작전으로 왜적을 잡았다 193 |
반강제로 강화를 청하는 자문을 보내다 228 |
왜적은 물러가지 않았으나 중국군은 모두 철수하다 246 |
수륙 합동으로 거제의 적을 치다 278 |
받을 사람 없는 봉을 수행할 봉왜 사신을 정하다 316

03 **기이한 강화 천사가 나오다** : 선조 28년 (1595 을미년)   323

할 일은 태산인데, 하는 일이 없는 한심한 조정이었다 323 |
봉왜 사신은 나왔으나, 왜적은 물러가지 않다 349 |
명 사신은 왜진에 들어가고, 왜적은 조선 통신사를 요구하다 394

04 **봉왜 사신, 풍신수길에게 농락만 당하다** :
선조 29년 (1596 병신년)   414

봉왜 정사, 왜영을 탈출하다 444 |
봉왜 사신, 도해하고, 조선 통신사도 뒤따르다 473 |
이몽학 반란 사건, 김덕령 억울하게 죽다 489 |
이순신, 체찰사 이원익과 함께 전라도 연해안을 순시하다 507 |
엉터리 강화의 끝, 봉왜 사신은 농락만 당하다 511 |
명은 전쟁 대비가 있었으나, 조선은 전혀 준비가 되지 않았다 533

참고문헌   572
60간지   576
관직 직위표   578

01
엉터리 강화회담을 시작하다 :
선조 26년 (1593 계사년, 5~12월)

‖ 왕은 환도를 꺼리고, ‖
‖ 왜적은 동남 해안에 웅거하다 ‖

5월 1일 영유 행재소 경략이 왜적을 추격하는 일로 자문을 보내왔다.
'이제 저들은 우리의 호령을 두려워하여 왕자와 배신들을 돌려보내기로 약속하였으나 아직도 돌려보내지 않고 있으니 마땅히 군사를 모아 공격하여야 할 것입니다. 이 제독에게 먼저 선장 이여백·장세작 등을 파견하여 대군을 통솔하여 전진하게 하고 다시 찬획 유원외로 하여금 유정의 휘하에 있는 사천성의 병사를 독려하여 출발하게 해서 뒤이어 진군하도록 하였습니다.

조선 국왕께서는 속히 발병하여 전라도와 경상도 등지에 호령하여 수군과 육군을 정돈하게 한 다음 육군은 미리 제독의 휘하로 달려가게 하고 수군은 속히 양산·부산으로 나아가 수차에 정박하도록 하십시오. 그리고 수군 장수에게 명하여 왜적을 정탐하게 하고 왜적이 장차 해구에 도착하려 하거든 저들의 배에 불을 지르게 하십시오. 기타 전진과 후퇴에 대한 모든 대처 방안은 일체 제독과 찬획의 조견에 따르도록 하십시오. 그리고 이에 따른 군대의 양료에 대한 것도 속히 의논하여 조처하도록 하십시오' 하였다.

선조는 '어쩌면 하늘이 적을 멸하려나 보다' 하고 기뻐하며 군량 조달을 서두르게 하였다.

선조가 박진에게 분부하기를, "경략의 분부에 따라 때를 놓치지 말고 진병하여 초살하되, 조금이라도 추격을 늦추지 마라. 경은 마땅히 형세를 살펴 대처해서 국가의 치욕을 설욕할 것을 기약하라" 하고, 이어 환도 하나, 조총 하나, 약 1봉을 하사하였다.

다음 날도 선조의 분부는 이어졌다. "오늘날의 일은 적을 추격하는 한 가지 일보다 더 중대한 것이 없다. 강원감사는 도내의 방어장들과 무신·수령·관군들을 모두 거느리고 급히 영남으로 달려가 전라도의 군사들과 힘을 합하여 적을 추격하도록 하고, 의병장 김천일 등은 각자 자기에게 소속된 군사를 거느리고 적을 추격하여 남쪽으로 내려가서 원수의 절제를 받아 진퇴하라. 황해병사는 길이 멀고 연변이 염려스러우니 곧바로 지휘하는 군사를 이끌고 다시 해주 근처에 주둔하여 한편으로는 적침에 대비하고 한편으로는 어가를 맞이하도록 하라" 하였다. 각 도에 선전관을 보내어 경략의 분부대로 시행하게 하였다. 그리고 선조는 경략이 동진하니 그대로 있을 수 없다며 해주로 진주하기로 하였다.

그러나 추격할 군대다운 군대도 없었다. 중국군이 추격을 막았을 때 권율을 위시한 여러 군은 이미 각자의 도로 돌아갔고, 각 부대들은 양식이 부족하여 병약자는 돌려보내기도 하고 도망자들도 많아 부대가 부대 같지도 않았다.

몸져누워 있다 일어난 유성룡은 남쪽으로 내려갈 일을 서둘렀다.

김천일이 도성 안에 들어가 병으로 누워 있었는데 조정에서 적을 추격하라는 명을 내리니 벌떡 일어나며 말하기를, "내가 이제 죽을 곳을 얻었다"고 하였다. 그때 김천일은 군사를 이리저리 빼앗기고 남아 있는 자가 수백 명에 불과하였다. 그렇지만 의기 하나는 대단했다.

여수 전라좌수영 이순신은 이날 부산의 왜선을 공격하여 왜적의 증원군이 함부로 상륙하지 못하도록 하라는 밀지를 받았는데, 지난 4월 17일 선전관 이춘영이 명을 받고 가져온 것이었다. 이순신은 이미 관할 진포에 동원령을 내려놓고 있었다. 이날은 보성과 발포의 전선이 도착하였다.

부산 왜적 후퇴하는 왜적의 선봉이 이날 부산에 도착하였다. 왜적들은 개선한 것처럼 날라리를 불고 춤을 추며 왔다. 무사히 살아 돌아온 것이 천만다행이어서 춤을 추고 싶었을 것이다. 선봉은 안전한 철수를 위하여 별일을 벌이지 않고 그냥 조심스럽게 내려왔는데, 조선이나 명나라의 추격군도 없고 중도에 대항군도 없다는 것을 알게 된 후속부대들은 곳곳에서 노략질을 자행하면서 내려오고 있었다.

5월 3일 영유 행재소 적을 추격 토벌하라는 경략의 한마디에 선조의 머리는 무척 바빠졌다. 선조는 "선전관을 빨리 파견하여 이순신에게 명령을 전하여 적선을 모두 불태우고 나서 그대로 해상에 머물면서 단단히 지켜 퇴로를 끊음으로써 적이 바다를 건너가지 못하게 하라" 하였다. 선전관 박진종이 명령을 받들고 전라좌수영을 향해 달렸다.

여수 전라좌수영 우수영의 함대가 오기로 한 날이었다. 우수사 이억기는 왔지만 아직 전 함대가 온 것이 아니어서 이순신은 한탄스러워하였다.
다음 날 전선이 모이기를 기다리며 우수사 및 군관들과 활쏘기를 하였다. 이날은 어머님 생신이었으므로 축수의 잔을 드리지 못함을 아쉬워하기도 하였다. 이때까지는 아산에 계셨다.

영유 행재소 이항복이 아뢰기를, "신은 생각건대, 우리의 처지로서는 적을 추적하여 섬멸할 수 없을 뿐만 아니라 경략에게 견책을 당할 여지가 없지 않습니다. 이빈의 군사는 모두 도망가 버려 1~2천 명밖에 되지 않고 권율의 군대도 지쳐 있어 고향에 돌아갈 것만 생각하고 있었는데, 제독이 적의 뒤를 추격하는 것을 일체 허락하지 않았으므로 노약자를 제외하고서는 이미 돌아갔다고 합니다. 이빈의 군대가 강을 건너기는 하였으나 5백 명에 불과하고 고언백의 군대도 겨우 2백 명뿐입니다. 권율도 호남으로 돌아갔으니 어찌 쉽게 거두어 모을 수 있겠습니까. 경성의 군사가 1만여 명이 넘으리라고 생각했었는데 요즈음 살펴보니 2~3천 명에 불과합니다" 하였다.

선조가 "평양에서도 제진이 모두 무너져 흩어졌는데 지금 또다시 이와 같단 말인가? 적이 만약 영남에 웅거하여 새재를 막아 지키고 호남 지방을 노략질하면 어떻게 할 것인가?" 하였다. 걱정이 참 많았다.

연일 선조는 추격을 재촉하기에 바쁘다. "반드시 적을 추격하여 섬멸하도록 해야 할 것이다. 이 왜적은 극악무도하니 어찌 항복할 리가 있겠는가. 죽더라도 구차하게 살지는 않을 것이다. 적이 6~7만 명이나 되니 반드시 한꺼번에 모두 바다를 건널 수는 없을 것이다. 처음에 건너간 자들은 어쩌지 못하더라도 뒤에 건너는 자들은 따라가 격살할 수 있을 것이다. 적은 매우 교활하고 흉악하니 남쪽 지방을 점거하여 소굴로 삼을까 걱정이 된다. 대체로 군량을 준비하는 것이 매우 어려우니, 이것이 문제이다" 하였다.

5월 7일 영유 행재소 대신들은 연일 계속 서울로 진주할 것을 아뢰고 있었다.

또 사간원이 "능침을 수거하고 유민을 진무하는 것이 오늘의 급선무이며 중국 장수를 접대하는 것 또한 막중한 예입니다. 해주는 한 귀퉁이에 치우쳐 있어 양도와의 거리가 매우 멀어서 신인을 위로하고 사방을 호령할 수 없을 뿐만 아니라, 중국 장수를 접대하기에도 편리하고 가까운 곳이 없으니 절대로 머무를 만한 지역이 못 됩니다. 지금 구경을 수복하고 옛터를 깨끗이 소제하였으며 도성의 사녀들은 날마다 거가가 도착하기를 기다리고 있는데 서둘러 전진하여 인심을 수습해야 할 것입니다. 중국 장수를 접대하는 일과 왜적을 추격하는 일에도 매우 편리하니 경성으로 돌아가시어 여망에 부응하소서" 하고 강력하게 청했다.

그러나 선조는 가고 싶은 마음이 없었다.

여수 전라좌수영 전라 좌우수영의 전선이 모두 집합하였다. 오늘은 출전하는 날이다. 6번째 출전이다. 출전에 앞서 이순신은 발포의 도망병을 처형하고, 군사 모집을 소홀히 한 순천 이방을 처벌하는 등 공무를 마무리했다.

그동안 부단한 노력으로 전선은 많이 늘어나 있었다. 좌수영 소속은 판옥선 42척 소선 52척이고, 우수영 소속은 판옥선 54척 소선 54척으로 전투선인 판옥선만 96척이나 되는 대함대였다. 사실 우수영 관할은 15관 12포로 좌수영 관할 5관 5포보다 세 배 가까이 되므로 우수영 전선은 이보다 훨씬 더 많아야 했다. 이순신은 이 점을 아쉽게 생각했지만 우수사 이억기로서는 최선을 다한 것이고 이것도 쉽지는 않은 것이었다.

함대가 미조항 앞바다에 이르니 바람이 세차게 불고 파도가 산더미처럼 일어 간신히 미조항에 정박하고 밤을 지냈다.

다음 날 새벽에 출발하여 사량에 도착하였다. 원균의 함대는 없었다. 사량만호 이여념이 원균은 창선도에 있는데 군사들이 모이지 않아 배를 타지 못했다고 하였다. 함대가 전진하여 당포에 이르니 소비포 권관 이영남이 찾아와서 원균의 잘못된 처사를 이야기하였다.

다음 날 9일 아침에 당포를 출발한 연합 함대가 한산도 위쪽 걸망포에 이르렀는데 바람이 순조롭지 않아 더 이상 전진하지 못했다. 저녁에 경상우수사 원균이 겨우 전선 2척으로 나타났다.

부산 명나라의 사신이 된 사용재, 서일관이 일본으로 떠나는 배에 올랐다. 소서행장이 인도하여 갔다. 심유경은 부산에 남았다.

5월 10일 영유 행재소 윤근수가 경략이 군량을 대지 못한 일과 군병이 도망한 책임을 조선에게 묻는다고 보고하였다.
장 기고가 은밀히 "제독 이하 천파총에 이르기까지 군정이 모두 '조선은 복수에 급급해서 군마와 군량이 없으면서도 있다고 한다. 천병이 나가 싸워서 승리하면 복수를 할 수 있고 설사 패하더라도 저들에게 손해될 것이 없으므로 우리의 승패에는 관계하지 않고 우리가 나가 싸우기만을 바라는 것이니, 조선의 말을 받아들이지 말라. 우리로서는 왕경이 이미 수복되어 중국의 할 일도 이미 정해졌으니, 마땅히 한강을 지키면서 형세를 살펴 철수해야 한다'고 하였다. 그러나 경략은 '조선은 원래 남을 속이거나 허황되지 않으니 어찌 우리를 기만할 리가 있겠는가' 하면서 지금 군이 진병하게 하였다. 그런데도 지금까지 그대 나라에서는 병마를 지원하여 정벌에 협력한 적이 없었고 또한 양초도 공급한 적이 없었으므로 오늘에 와서야 비로소 크게 노하여 왕명을 따르지 않는 관리를 목 베려 하는 것이다. 국왕께서는 즉시 말을 달려 관원을 파견해서 현지에 이르러 세밀히 조사하여 낱낱이 보고하되, 없으면 없다 하고 있으면 있다고 해야 할 것이다" 하였다.
이런 보고를 받은 선조가 정원에 분부하기를, "이 서장을 보니 너무도 경악스럽다. 이는 반드시 우리나라에 죄를 뒤집어씌우려는 것이니 내가 지난날 비변사에게 이르지 않았던가? 우리나라 군병이 왜 싸우지 않고 그대로 해산하였는가? 이 일을 장차 어떻게 대처해야 한단 말인가? 내 생각에는 경략 앞으로 품첩을 만들어 보내되 '우리나라 군병으로서 진격하는 자를 중국군이 잡아 구금하고 협박해서 왜적을 섬멸하지 못하게 하였으므로 이 때문에 제군이 통곡하고 눈물을 흘리면서 싸움을 그만두고 귀환한 자도 있었다. 이는 근거 없는 말이 아니다'라는 사실로 말을 만들어 후일 선처할 근거를 삼아야 할 듯하다" 하였다.

말은 이렇게 했어도 걱정이 아닐 수 없었다.

견내량 연합 함대 연합 함대는 아침에 출발하여 견내량에 도착하였다.

이순신은 날짜를 어긴 장수들에게 벌을 주었다. 늦게 선전관 고세충이 밀지를 가지고 왔는데 '경략의 분부를 받들어 협력하여 적을 격멸하고 나라의 치욕을 씻도록 하라'는 것이었다. 바로 잘 받았다는 답변과 함께 부산으로 진격하려면 웅천의 적을 수군으로는 끌어낼 수 없으므로 육군과 합공하기 위해서 체찰사와 순찰사에게 보고하였음을 말하고 경상도 수군이 너무 약하니 충청도 수군을 밤낮을 가리지 말고 빨리 오도록 조치해 달라고 하였다.

경상도 수군이 약한 이유는 '경상도는 탕패된 나머지 또 명나라 군사들을 접대하느라고 격군을 보충할 길이 없을 뿐만 아니라 겨우 전선을 정비했어도 사부와 격군들이 거의 다 굶주리고 쇠약하여 노를 저어 배를 부리기에는 감당하기 어렵다'고 하였다.

다음 날 영등포 지역을 탐색한 보고가 있었는데, 웅천은 여전하고 가덕도 바깥 바다에는 적선 2백여 척이 머무르고 있으면서 들락거린다고 하였다.

경상도 왜적이 도망하고 명이 대군이 내려온다고 하여 명나라 군사들을 맞아 지대하려고 준비했던 짐들을 노략질하는 왜적들에게 모두 탈취당했다. 여러 곳에서 짐들을 지고 옮기며 도망 다니느라 고생도 많았다. 특히 전라도의 여러 고을 인마를 거느리고 성주의 팔거현에 당도했던 담양부사 일행의 고생이 심했다. 그들은 왜적에게 포위되어 식량과 군기를 모두 빼앗기고 겨우 목숨만을 구해 돌아갔다. 명나라 군대가 온다니 너무 좋아 너무 일찍 준비하고 서두른 것이 탈이었다. 명의 선봉은 이날 상주에 도착하였다.

호남 사람들이 중국 병사의 양식을 선산·성주로 공급하는데 운반해야 할 양식과 반찬이 한 사람 앞에 두 짐바리가 되니 운반하는 노고는 이루 말할 수가 없었다. 생원·진사 및 선비들로서 감관을 분정하여 공급을 감독하게 하였다. 다른 도에서도 모두 그런 식으로 하였다.

5월 12일 영유 행재소 선조가 정원에 말하기를, "김명원의 서장이 일체 오지 않는데 외간에는 혹시 들리는 말이 있는가?" 하였다. 수복된 경성으로 갈 생각은 하지 않고 멀리 떨어진 곳에서 답답해하기만 하였다. 한심한 일이었다.

답답한 상황을 사관은 이렇게 논했다. '옛부터 적군과 서로 대치하게 되면 반드시 먼저 적의 정세를 자세히 살핀 다음에야 아군의 계책을 세울 수 있는 법이다. 그런데 오늘날에는 왜적이 우리 국경 안에 있는데도 그들의 정세를 까마득히 듣지 못하고 있다. 조정에서만 모르는 것이 아니라 직접 원수가 되어 적과 대치하고 있는 자도 모르고 있으니, 어떻게 적을 헤아려서 승리로 이끌 수 있겠는가' 하였다.

선조가 중신들을 모아 놓고, "지금의 일은 왜적을 추격하는 것보다 더 큰 일이 없는데 변경의 보고는 들을 수가 없고 경략의 노여움이 이와 같으니 어찌해야 하겠는가?" 하였다.

무슨 대책이 있을 리가 없었다. 그저 무용한 말만 난무할 뿐이었다.

견내량 연합 함대 출전 중인데 공무도 바쁘다. 순찰사의 공문과 경략 송응창의 패문이 왔고, 사복시의 말 5필을 올려 보내라는 공문도 왔다. 선전관 성문개가 와서 피난 중인 임금의 사정을 자세하게 전하기도 하였다. 비변사에 새로 만든 총통, 흑각궁과 화살 등을 보냈다.

이순신은 거제도의 영등포와 대금산 정상에 정찰병을 보내고 있었다. 주위를 바라보기 적합한 곳들이었다. 정찰병을 보내고, 경계를 확실히 하고, 남는 시간에 예하 장수들과 활쏘기도 하지만, 전년도같이 적을 공격하고 쳐부술 수 없어 마음이 편치 않았다. 특히 밤이 되고 달빛이 환하게 비추면 온갖 근심이 밀려와 잠을 이루지 못했다.

5월 14일 선전관 박진종과 선전관 영산군 복윤이 연이어 도착하였다. 모두 '경략의 분부에 적을 추격 섬멸하라 했으니 전선을 이끌고 부산의 적을 쳐부수라'는 명이었다. 잘 받았다는 답변에 며칠 전 선전관 고세충 편에 보낸 내용과 같은 내용을 말하고 충청도 수군이 빨리 오도록 재촉구하였다.

원균은 계속 이순신을 통분스럽게 하고 있었다. 선전관들과 함께한 좌석에서도 술주정이 심해 모두들 분개하기도 하였다. 또 이순신은 원균이 작성한 장계 초안을 보고 기가 막혔는데, 그날의 일기에 '그 기만적인 술책이 말로 표현할 수 없을 정도였다'고 적었다.

5월 15일 영유 행재소 선전관을 보내 권율에게 하유하기를, "경략이 '본국의 병사를 더 뽑아서 중국군과 함께 협력하여 왜적을 섬멸하라' 하니, 경은 본도의 정병을 총동원하되 초발할 즈음에는 짐작하여 조처하라" 하고, 공명고신첩도 함께 보내 군중에 상으로 주거나 곡식을 모집하는 데 쓰게 하였다.

선조가 "휴정은 비변사의 계사에 따라 당상관에 제수했는데 방외의 노승에게 당상관이 무슨 상관이 있겠는가. 근래 승려들이 적을 참획한 것은 모두 휴정의 창솔에 의한 것이니, 그에게 비단 1필을 하사하고 그의 제자에게는 공이 있는 사람의 아들과 사위, 동생과 조카에게 관직을 제수하는 예에 따라 군직을 제수하기도 하고 면역시키기도 하되 그들이 원하는 대로 하게 하라" 하였다.

처음에는 왜적이 바다를 건너 철수할 것으로 생각하여, 온전히 보내는 것을 분하게 여기고 추격하라는 독촉을 하였고, 수군은 왜적이 돌아가지 못하도록 쳐부수라고 했었다. 그런데 이제 보니 왜적이 남쪽으로 철수는 했어도 돌아갈 생각은 하지 않는 것 같았다. 큰 걱정이 아닐 수 없었다.

다음 날은 대신에게 전교하였다. "당초 왜적이 경성을 떠날 때에 사람들이 모두 적의 퇴각을 다행으로 생각하면서 며칠 사이에 모두 그들의 나라로 돌아갈 듯이 여기는 자도 있었다. 나는 적이 영남을 할거할 뜻이 없을 것으로 생각하여 곧바로 체찰사와 원수에게 글을 보냈었다. 지금 서장을 보건대, 이 말이 틀리지 않는다면 적의 흉모를 헤아리기 어려움이 이와 같고 우리나라 사람이 적을 헤아리지 못함은 저와 같으니, 오늘의 적세는 극히 우려할 만하다. 다시 계획을 철저히 세워 극진히 조처하도록 하라. 또 수개월 동안 오래 끌 염려가 없지 않으니 그렇게 되면 승부를 기필할 수 없다. 몇 달 동안 지구전을 하여 병사가 지치고 양식이 떨어지게 되면 결말이 어떻게 될지 알 수 없을 것이다. 이에 대한 대응책을 비변사와 병조는 각각 의논하여 올리라" 하였다.

견내량 연합 함대 이순신은 육군이 웅천의 왜적을 치겠다고 하는 소식을 기다리고 있었다. 그러나 그런 소식은 없고, 대신 제독 이여송은 충주에 있고, 명나라 장수들이 중도에서 지체하고 머뭇거리고 있어 뾰족한 계책이 없다는 소식만 있었다. 이순신도 어쩔 수 없었다. 한심스러운 현실에 몰래 눈물도 흘렸다. 몸에 힘이 빠져 눕지 않을 수가 없었다. 숙모님이 피란 중에 별세하였다는 소식까지 듣게 되어 더욱 애통한 일이 되기도 하고, 후퇴하는 왜적의 무리가 경상도 일대에서 노략질을 자행하고 있다는 소식에 분통이 터지기도 하였다.

경상도 적을 추격하라는 명령을 받은 부대들이 경상도로 모여들고 있었다. 전라방어사 이복남은 7일에, 전라 조방장은 9일에, 전라감사 권율은 11일에 전라도에서 운봉을 거쳐 함양으로 이미 들어왔고 전라병사 선거이도 이미 들어왔으며, 순변사 이빈은 합천으로 내려오고 도원수 김명원과 체찰사 유성룡은 명나라 군대를 따라 추풍령을 넘어 내려오고 있었다. 의병장 김천일도 내려왔다. 개령, 성주 등지에서 활약하던 전라도 우의병장 최경회는 경상우병사가 되었고 역시 남쪽으로 내려갔다. 경상우도 쪽에서 내려간 조선군은 대부분 의령을 지나 창녕과 함안 등지에 주둔하였다.

후퇴하는 왜적의 후위 부대가 최후로 이날 대구를 떠났다. 바로 명의 선봉이 대구부에 들어갔고 박진을 비롯한 평안도 방어사 박명현, 의병장 조호익, 별장 박종남 등이 권응수와 합세하며 왜적을 뒤쫓아 가고 있었다. 이들은 처진 왜적들과 교전하여 소소한 전과도 올렸다.

일본 사용재, 서일관 일행이 나고야에 도착하였다. 그들은 풍신수길의 항서를 받으러 온 것으로 알고 있었고 풍신수길은 그들을 강화를 비는 사죄사로 여겼다. 소서행장 등 주변 사람들은 이들의 비위를 맞추며 속이기에 바빴다. 어쨌든 두 사람은 처음 죽음을 각오했던 우려와는 달리 대접을 잘 받았다.

5월 18일 견내량 연합 함대 이순신은 며칠간 몸이 불편하여 누워있다시피 하였다. 이날 온백원을 먹으니 시원하게 설사를 하고 몸이 조금 편해졌다. 접반사에게 적의 형세에 관한 세통의 공문을 보냈다. 영등포와 대금산 정찰병의 보고는 특별한 것이 없었다.

부산 지역 왜적 왜적의 마지막 부대인 가등청정의 부대가 울산에 도착하였다. 이들은 상주에서 퇴로를 방어하고 있다가 마지막으로 철수한 것이다. 왜적은 울산 서생포에서부터 동래, 김해, 웅천, 거제에 이르기까지 16곳을 서로 연하였는데 모두 산과 바다를 의거하여 성을 쌓고 참호를 파서 요새를 만들었다.

5월 20일 영유 행재소 접반사의 서장에 중국군이 주저하며 추격하지 않는다는 말이 있었다. 선조는 다시 마음이 급해졌다. "이것은 작은 일이 아니다. 어쩌면 경략에게 보고하여 조치하도록 해야 할 듯하니 이러한 뜻을 비변사로 하여금 속히 의논하여 아뢰게 하라" 하였다.
    삼경을 수복한 것을 사은하는 사은사로 정철과 유근이 가게 되었다.

5월 21일 원균의 장계를 가지고 온 도사 원전을 불러 물으니 적선의 수는 거의 1만여 척에 이르고 웅천에 머무르고 있는 적들은 채소를 심고 꽃을 가꾸면서 스스로 오래 머물 계획이라 하였다

왜적 풍신수길은 강화의 조건으로 7개 항을 내세우고 있었다. 소서행장 등이 숨기고 있어서 아직 노출되지는 않았는데, 그것은 명의 공주와 혼인, 봉공(왕으로 봉하는 것과 조공을 바치는 것), 4도의 할양, 왕자와 대신의 인질 등으로 조공을 바치는 무역 하나만 빼고는 도저히 들어줄 수 없는 조건이었다.

강화협상을 유리하게 하겠다는 생각에서였는지, 아니면 사람 죽이기를 좋아하는 본성을 누를 길이 없어서였는지 모르겠지만, 이날 풍신수길은 진주성 공격을 명했다. 본토에서 3만의 신병을 증파하기로 하고 조선에 있는 왜적 전체의 동원령을 내렸다. 조선에 있는 병력은 20만에서 그동안 많이 줄어 있었다. 진주성 공격군은 총 12만 1천4백여 명이었다. 그러나 이것도 아군이나 명나라군으로서는 도저히 대적할 수 없는 어마어마한 대군이었다.

5월 22일 영유 행재소 멀리 떨어져 있으니 들어오는 소식도 한참 늦었다. 선전관 이춘영이 문경 이하 왜적은 그대로 있고, 김성일은 4월에, 김면은 3월에 죽었고, 도성의 백성들은 거가가 돌아오기만을 기다린다 하였다.

우의정 유홍이 경성의 백성들은 모여들어 약 4만인데 식량이 매우 적어 마련할 방법이 없다 하고 속히 거가가 환궁하여 백성을 위로하고 죽은 이를 조문하여 나라를 경략할 방책을 조치해야 한다고 하였다.

다음 날 선조가 '제독의 행동을 보면 가망이 없는 듯하다. 중국 장수의 추격을 기다리지 말고 빨리 병력을 모아 적을 추격하라는 뜻으로 비변사에게 의논하여 아뢰게 하라' 하였다.

왜적이 다 내려간 지가 언제인데 계속 추격하라 하고 있었다. 머나먼 평안도 땅에 있으면서 꿈속에서 허공을 향해 헛손질하는 것을 막을 수는 없었다.

 거제 연합 함대 그동안 유자도와 칠천량까지 진출하기도 했지만 별다른 일은 없었다. 이날 경상우병사 최경회와 전라병사 선거이의 편지와 공문이 왔는데, 창원의 왜적을 토벌하려고 하나 적의 세력이 대단하기 때문에 경솔히 진격할 수가 없다는 내용이었다.
 다음 날 명나라 관원 양보와 통역관 표헌, 선전관 목광흠이 진중에 도착하였다. 우리 수군의 형편을 살펴보러 왔는데 우리 수군의 위용을 보고 매우 기뻐하고 칭찬의 말을 아끼지 않았다.

 영유 행재소 당시의 상황을 사관은 이렇게 적었다. '국사가 이 지경에 이르렀는데도 목숨을 버려 의리를 지킨 사대부들은 매우 적었지만 죽기를 맹세하고 정렬을 지킨 여자들은 곳곳마다 있었다. 우리나라 사대부 집안의 여자들은 평생 동안 한 남편만을 섬기는 것이 그들의 익혀 온 습관이라서 난리를 만난 때에도 스스로 목숨을 끊을 수 있었던 것이며, 사대부들은 평소의 소양이 의리는 알지 못하고 이익만을 추구하였으므로 생사가 걸려 있는 즈음에 마음이 흔들리지 않을 수 없었던 것이니, 풍속이 국가에 관계된 것이 이러하다.
 당시 사람 중에 유민도를 그려 올린 자가 있었는데 죽은 어미의 젖을 물고 있는 아이도 있었고, 상처를 입고 쓰러져 있는 자도 있었고, 구걸하는 남녀도 있었고, 자식을 버려 나무뿌리에 묶어 놓은 어미도 있었고, 말을 할 수가 없어서 손으로 입을 가리키는 자도 있었고, 나뭇잎을 따서 배를 채우는 자도 있었고, 남의 하인이 되기를 구걸하는 사대부도 있었고, 마른 해골을 씹어 먹는 자도 있었고, 부자간에 함께 누워 있는 자도 있었고, 아이를 업고 비틀거리는 어미도 있었다.'

눈물 없이는 볼 수 없는 장면들이었다. 그런데 선조는 빨리 경성으로 돌아가 백성들을 구제할 생각은 하지 않고 중간에서 사람들만 피곤하게 만들고 있었다. 이날도 양사가 강력히 요청하였고 대신들도 청했지만 선조는 여전히 갈 생각이 없었다. 그러면서 추격하라고 아우성을 쳤다.

5월 25일 사간 이시언 등이 언로, 기강, 상벌, 검약, 내치, 수령임명 등에 관하여 차자를 올리니, 선조는 먼저 자책을 하였다. 그리고 개혁은 때가 있을 것이고, 복수의 의리가 밝혀지지 못하고 강화의 말이 성행한다는 부분에 대해서는 강개하게 말하였다.

이때 명나라는 왜적이 모두 철수하고 전쟁이 일단락될 것으로 생각하고 철군 문제를 거론하고 있었다. 이 제독은 남겨 놓을 군사 문제에 대하여 성심껏 임했다. 5천 명의 병사로써 양남의 연해에 있는 요해처를 나누어 지키기에는 참으로 병력이 부족한 실정이지만, 군량 준비의 어려움 때문에 5천 명의 군사만을 요청했다 하고, 군량과 오유충·낙상지 두 장군 및 선부의 대동화기를 남겨 둘 것을 주청하였다고 하였다.

부산 소서행장과 3장관은 다시 조선으로 가는 배에 올랐다. 그믐날 부산에 도착하였다.

5월 27일 영유 행재소 송 경략이 왕은 경성으로 진주하라는 자문을 보내왔다. 그래도 가기 싫어하는 선조를 신하들이 강력하게 요청하니 할 수 없이 진주할 날짜를 빨리 택일하라고 하였다.

경략은 진격하라 하고 제독은 돌아갈 생각이다 하며 서로 갈등한다 하니, 제독이 어찌 원수의 절제를 받지 않을 수가 있느냐 하였다. 우리 군사로는 싸울 수도 없고 중국군도 믿기 어려우니 선조의 마음은 타들어갔다. 단기로 남쪽으로 달려 제독을 만나겠다고 하기도 하였다.

윤근수를 인견하고 제독, 경략과의 문제와 왜적 추격 등을 논의하였다. 제독이 군대를 철수하여 돌아가려고 했다. 경략은 '비록 제독이 퇴병하려 할지라도 반드시 황제의 성지를 받은 뒤에야 진퇴를 의논할 수 있다'고 하였다. 제독은 경략의 말을 듣지 않고 충주로 돌아왔는데, 경략은 우리나라로 하여금 수군과 육군을 합쳐서 오유충·유정·낙상지의 절제만을 따르게 하겠다고 하는데, 그 군대만을 가지고 일을 성사할 수 있을지는 기필할 수 없다고 하였다.

윤근수가 "왜적들은 '밀양 이남 지방은 만력 16년에 조선이 우리에게 떼어 주었으니, 이곳은 우리 땅이다'라고 한다 합니다. 우리나라에 불리한 일들은 모두 심유경 때문입니다" 하니,

선조는 "우리나라 입장에서 본다면 참으로 간사한 사람이다. 간사한 자일 뿐만 아니라 재간도 뛰어나다. 당초에 왜적에게 거짓말을 해 놓고도 죽기를 두려워하지 않고 다시 적중으로 들어갔었다" 하였다.

지금까지 심유경은 왜적을 물러가게 한 공만 있을 뿐이고 비난을 받을 일은 하지 않았다. 강화라는 말 때문에 선조 이하 모두 무조건 막무가내로 비난하는 것이었다.

5월 28일 영유 행재소 사헌부가 경성으로 곧바로 이주하자고 청했다. 선조는 중국군이 군량이 떨어졌다는 핑계로 철수할 것이 걱정이었다.

비변사가 적은 웅천 이하 지역을 점거하고서 수병을 막고 있으므로 삼도의 수사들이 그 지역을 통과할 수 없다고 한다며, 도원수에게 하유하여 서둘러 토벌을 도모하여 양남의 수로를 통하게 하자 하였다.

원균이 보내온 정예한 무기들을 경략에게 보내란 말이 있었다. 정예한 무기들을 어디서 구했는지 궁금하다. 그런 재주는 좋은 모양이었다.

거제 연합 함대 장마철이어서 비 오는 날도 많았고 바람이 세서 배들을 서로 부딪치지 않도록 하기 위해 애를 먹기도 하였다. 조정의 편지가 왔는데 독운어사 임발령은 상부에서도 옳지 않게 여겨 처벌하라는 명이 있었다 하고, 수군 일족의 일도 전례대로 하라는 것이었다. 비변사의 공문은 광양현감은 계속 유임시킨다는 것이었다. 모두 기분 좋게 이순신의 원하는 대로 들어준 것이었다.

5월 29일 영유 행재소 선조는 대신들을 인견하고, '왜적이 부산에 머물러 있다면 이는 적을 좌우에 가까이 두고 있는 것이니 어찌 끝내 안전할 리가 있겠는가. 어떻게 하면 이들을 부산에서 몰아낼 수 있겠는가. 적세가 헤아릴 수 없을 정도인데 어찌 1만여 명의 병사로 토벌할 수 있겠는가 쉽게 말할 수 없는 일이다' 하였다. 경략을 직접 찾아가 하소연해야 한다는 말이 있었다.

이순신의 장계를 가지고 온 사람이 수전을 할 때에는 반드시 왜적을 유인하여 바다로 나오게 한 뒤에야 공격할 수 있는데 지금은 아무리 유인해도 나오지 않으니 공격할 기회가 없다고 하였다. 윤두수가 이를 아뢰니, 선조는 이억기의 장계를 보아도 이와 같다. 그러니 수전 역시 할 수 없겠다고 하였다.

곧바로 서울로 진주하여 제독에게 직접 하소연하기를 청하니, 경략도 만날 수 없는데 하물며 제독을 만날 수 있겠는가. 일의 형세를 참작해야 한다 하였다.

5월 30일 헌부가 대가가 경성으로 곧바로 올라가야 한다고 계속 청하니, 선조는 "경략이 제독으로 하여금 철수하지 못하게 한다고 하니, 사세를 보아 결정하겠다"고 하였다.

비변사가 '원균의 장계를 보건대 수령들이 수사는 그들을 통제할 수 있는 관리가 아니라 하여 수사가 하는 모든 군령을 전혀 듣지 않는다고 합니다. 현재 기강이 해이되어 장수 된 자가 마음대로 수족을 놀릴 수 없게 되었으니 우선 그의 장계대로 통훈 이하의 수령들을 그 죄의 경중에 따라 치죄하게 하소서' 하였다. 원균 관할 지역의 수령들은 원균 휘하의 수군보다는 육전에 참여하는 것을 선호한 것이었다.

　거제 연합 함대 송 경략이 화전 1천530개를 보내왔는데 원균이 혼자 독차지하려고 꾀를 썼으나 경상우병사 최경회가 제지하여 공평하게 나누어 주었다.
　원균과 남해현령 기효근은 배에 여자들을 몰래 태우고 다니면서 남이 알까 두려워하고 있었다. 그런다고 모를 리가 없었다. 금방 소문이 퍼졌고 이순신은 이를 개탄하였다. 이들이 더욱 가소롭게 보였을 것이다.

　제독 이여송이 문경에 이르렀다. 여기서 부대를 재배치하였다. 유정은 5천으로 성주에, 오유충은 선산 봉계에, 이영, 조승훈, 갈봉하는 거창에, 낙상지와 왕필적은 경주에 진을 쳤다. 이들은 사면을 빙 둘러서 서로 대치하였고 더 이상 진군은 하지 않았다. 군량을 양호에서 거두어 험한 재를 넘어서 여러 주둔지에 공급해주기 위해 백성들의 노고가 말이 아니었다. 많은 전라도 수령들과 백성들이 명나라 군대의 지원을 위해 경상도 지역을 할당받아 먼 길을 와야 했다. 사실 이러한 임무는 쉽지 않은 것이었다. 그래도 명나라 군사가 곧 왜적들을 쫓아내 줄 것에는 의심의 여지가 없었으므로 괴로움을 참을 수 있었다.

　왜적이 선릉과 정릉의 두 능을 발굴하여 소장된 것을 가져가고 재궁을 구덩이 밖에서 불태워 버렸다. 인륜의 극에 달한 사건이었다. 정릉의 경우는 형체가 완전한 시신 하나가 수도 안에 있었기 때문에 옥체가 아닌가 의심하고 양주 송산에 이안하였다. 최흥원이 먼저 가서 봉심하고 돌아와 아뢰기를, "해가 오래되어서 시체를 분별하기가 극히 어렵습니다" 하였다.

시체를 확인할 수 없어 대신들도 어떻게 할 줄을 몰랐다. 사람들의 의견이 각각 달라 중구난방이었다. 유성룡과 성혼 사이에도 의견 차이가 있었던 듯한데 사관은 붕당의 의논이 달랐다고 하였다.

선조가 조정의 의논을 수합해 보니 의논이 대체로 "그 시체는 의심스러우니 별도로 관곽을 갖추어 능 근처의 정결한 곳에 묻고 재를 거두어 선릉에서와 마찬가지로 장례를 지내는 것이 마땅합니다" 하였다. 선조가 그대로 따랐다.

‖ 진주성의 별들, 역사에 길이 빛나게 되다 ‖

6월 1일 영유 행재소 유원외의 말에, 왜적이 장차 전라도를 침범하려 하여 성세가 자못 위급하다고 하니 그대는 국왕에게 내 말을 보고하여 장수를 잘 선발하여 전라도를 방어하게 하라 하였다. 풍신수길의 진주성 공격 명령은 이미 조선에 있는 왜적들에게 전해졌고 그 말이 흘러나와 명나라군이 알게 된 모양이었다.

비변사가 아뢰기를, "해서로 이주하실 날을 이미 7일로 결정하였으나 경략이 보낸 자문 중에 화친에 대한 일로 잠시 주둔하여 서로 만나고 싶다는 뜻이 있으니 금일의 사세는 전진하기가 어려울 것 같습니다" 하였다. 그렇지 않아도 전진하기가 싫은데 반가운 말이었다.

선조가 '중국인들은 우리 사람들이 넓은 옷자락과 큰 소매에 머리에는 큰 모자를 쓰는 것을 비웃어 왔으며 유원외는 심지어 개혁하라는 공문까지 보내왔다. 이제 중국 제도를 따라 상하 인원의 관복 이외에 군복과 속옷은 모두 소매를 좁게 하고, 금군 이하 공사천은 모두 작은 모자를 쓰고 초립을 쓰지 못하게 할 것이며 전립을 쓰는 것은 금하지 말라. 다시 마련하여 아뢰라' 하였다.

거제 연합 함대 충청수사 정걸이 충청도 수군을 이끌고 진에 도착하였다. 전선의 수는 많지는 않았겠지만 큰 도움이 될 것이었다.

하루라도 연로하신 어머님의 안부를 듣지 못하면 불안해하는 이순신은 이 무렵 어머니를 아산에서 여수 본영 옆으로 모셔오게 하였다.

김해 왜 진영 왜적들은 진주성을 공격할 준비를 서두르고 있었다.

6월 3일 영유 행재소 경략이 윤근수에게 지금 그대 국왕이 오히려 국토를 회복했다는 사은을 하면 내가 청병한 본의와 크게 어긋날 뿐 아니라 제장들도 이로써 구실을 삼을 것이며, 우리 조정에서도 또한 의심하고 주저하여 망설일 것이니 이렇게 되면 그대 나라는 대사가 글러질 것이다. 내 말을 절대로 누설하지 말고 부산의 왜적까지 토멸한 후에 사은하라 하였다. 이를 윤근수가 조정에 보고하였다.

경상우수사 원균의 장계가 있었다. 부산으로 진격하려면 먼저 웅천의 적을 쳐야 하는데 육군이 먼저 웅천의 적을 공격하여 바다로 몰아내면 수군이 섬멸하겠다는 것이었다. 이순신, 이억기와 같은 의견을 말한 것이었다.

비변사가 영남의 왜적을 포위 공격할 것을 도원수에게 지시하라고 청했다. 공격할 수 있으면 현지에서 어련히 알아서 하지 않겠는가. 여전히 비변사는 왜적의 10만이 넘는 대군이 진주를 공격하려는 현지 상황을 보지도 듣지도 알지도 못하면서 패배를 자초할 의견이나 내고 있었다.

경상우도 충청, 전라, 경상 3도의 군사들이 대부분 의령과 함안 일대에 집결하였다. 집결은 했지만 군사의 수도 부족하고 군량 조달은 큰 문제였다. 명나라 군사가 내려오지 않은 상태에서 적을 공격한다는 것은 생각하기도 어려웠다. 그래서 이순신의 공격 요청에도 어쩔 수가 없었다. 이때 문경까지 진출했던 제독 이여송은 충주로 돌아와 주둔하고 있었다.

거제 연합 함대 충청도 수군이 합세하였어도 웅천의 왜적을 치려면 육군이 먼저 공격해야 한다. 그런데 순변사, 순찰사, 병사, 방어사들의 답장은 오히려 어려움을 호소하고 있었다. 우수사 이억기, 충청수사 정걸과 연일 대책을 강구했지만 뾰족한 수가 없었다. 그런데 원균은 거느린 전선도 몇 척 되지 않으면서 무조건 적을 치자는 말만 하여 모두를 속상하게 하고 있었다.

6월 4일 영유 행재소 윤두수가 안주에서 돌아와 경략이 만나길 원한다고 하자, 선조는 그의 행동이 마땅치 않아 주저하였다. 윤두수가 다시 강력하게 말하여 경략을 만나러 안주로 출발하게 되었다. 선조가 싫어하는 점은 경략이 화의를 하면서도 거짓으로 진병한다 하는 것 아닌가 하는 의구심과 제독을 절제하지 못하여 진군하여 적을 토멸하지 못하는 것이었다.

다음 날 선조가 안주에 도착하여 경략을 접견하였다. 경략은 부산 분할론에 대한 해명을 듣고 자기도 믿지 않는다 하고, 조령에 관을 설치하라 하고, 왜적을 모두 섬멸하고야 귀국하겠다 하고, 속히 서울로 돌아가 궁실을 수리하고 유민을 안집하여 영원한 안정책을 강구하라 하였다.

선조가 또 유원외를 접견하였다. 여러 가지 많은 이야기를 하였다. 원외가 상의 앞으로 나아가 악수하며 눈물을 머금고 치사하니 상도 또한 눈물을 머금고 치사하였다.

6월 6일 영유현으로 돌아왔다.

독포사 박진이 이시언, 김응서, 정희현 등을 거느리고 승첩을 거두었다는 보고가 올라왔다. 선조는 '아군도 오히려 이같이 토벌하고 있는데 중국 군사는 공격하지 않고 돌아오니 어찌 이럴 수가 있는가. 이 서장을 경략에게 보이라' 하였다. 또 '왜적이 부산에 주둔하여 물러갈 뜻을 보이지 않고 중국 장수도 적정은 헤아릴 수 없다 하니 우리나라의 근심은 이보다 큰 것이 없다. 중국군이 철수한 후 적이 승승장구하여 북쪽으로 향한다면 우리나라는 어찌 될지 모르는 일이다. 도원수 김명원은 상당히 용렬하다는 것은 사람들이 익히 아니 전에 내린 전교대로 체차하고 권율을 도원수로 삼아야 할 것 같다' 하였다.

유성룡이 2통의 장계를 올렸다. 군사를 훈련시켜야 한다는 것이 주 내용이었는데 경기도 일원은 왜적과 싸운 경험이 쌓여 왜적과 싸우는 것을 두려워하지 않는 자가 많으니 이런 사람을 뽑아 써야 하고, 강원도에는 사냥으로 단련된 사람들이 많을 것이니 가려 뽑아 써야 한다 하였다. 또 고을의 수령들이 정병을 뽑아 훈련시키고 유지하도록 하자는 말도 있었다.

이에 대해 비변사가 아뢰기를, "나라를 보호하고 적을 방어하는 계책을 남김없이 다 하였습니다. 그중에 말한 '우리나라의 사정은 일이 급하면 당황하여 어쩔 줄을 몰라 하고 일이 지나가면 해이해져서 조치하지 않는다'는 말은 참으로 적절한 비유입니다. 중국 군사를 머무르게 하여 진수하며 훈련하는 것은 바로 오늘날의 급무입니다. 병사를 선발하여 조련하고 군용 기계를 제조하여 주야로 학습하게 하고, 상전 및 우휼 등의 일도 모두 장계의 뜻과 같이 해야 하겠습니다" 하니,

선조가 "유성룡은 수길은 염려할 것이 못 된다 하여 내가 방어에 뜻을 두자 그는 그렇지 않다고 여겼었는데 지금 2통의 서장을 보니 웃음이 나온다. 그러나 그의 말은 지극히 옳은 말이다. 지금까지 비변사에서 이러한 말을 한 자는 아직 없었다. 그의 말을 모두 실행하여 어긋남이 없도록 하라" 하였다.

훈련도감 설치를 염두에 둔 유성룡의 장계였다. 그리고 수길은 염려할 것이 못 되어 방어에 뜻을 두지 못하게 했다는 말은 유성룡에게는 두고두고 따라다니는 선조의 핑곗거리가 되었다.

거제 연합 함대 보성군수 김득광이 갈려 가고 김의검이 대신 왔다. 멀리 떨어져 있어 현지에서는 있으나 마나 한 조정이 제일 잘하는 것은 잘하고 있는 장수를 임의대로 바꾸는 불필요한 인사나 하는 것이었다.

6월 7일 영유 행재소 드디어 권율을 도원수로 하였다. 김명원 개인으로서는 큰 짐을 벗게 되어 다행스럽게 생각했을 것이다. 이정암을 전라감사로 하였다.

윤근수 등을 인견하여 제독과 경략의 불화 등 알지도 못하는 불확실한 일들을 논의하였다. 머무를 장수에 낙참장을 추가하는 것, 조령에 관을 설치하는 것 등을 말하였다.

대가가 전진할 곳을 결정하길 청하니 중국 장수가 불화하여 사기가 우려됨이 많고 적이 오랫동안 웅거하고 있어 흉계를 헤아리기가 어려우

니 아직은 이곳에 있어 사세를 관망함이 좋을 것 같다고 하였다. 사세를 관망하여 여차하면 도망가겠다는 것이니 한심하지 않을 수 없었다.

6월 8일 우의정 유홍의 보고에 '낙참장이 조경 등 세 장수로 하여금 화포를 많이 준비토록 하였으나 화포장이 전혀 없다'고 하였다. 이에 비변사가 낙참장은 포술을 익히 알고 있으니 그에게 포수를 보내 포술을 익히도록 하자고 하였다.

거제 연합 함대 이순신의 군령은 엄했다. 각 관청의 아전 11명을 처벌했다. 특히 옥과에서는 지난해부터 군사 이탈자가 백여 명에 이르렀는데 매번 속임수로 대하였으므로 이번에 본보기로 담당 아전을 목을 베어 효시하였다.

6월 9일 영유 행재소 군공을 공정하게 논하도록 단속하라고 전교하니, 병조판서 이항복과 참판 심충겸이 논공을 공정하게 하지 못한 일로 대죄하였다.

사관은 '사변 이후로 사족으로부터 천얼에 이르기까지 모두 고관이 되었으나 왜적의 형세는 여전하다. 상벌의 법도는 없어지고 명분은 땅에 떨어졌다. 뿐만 아니라 그 사이에 교활한 아전이 농간을 부리는 것을 이루 다 셀 수 없으니, 이러한 폐습이 제거되지 않는 한, 비록 왜적을 모두 죽인다 해도 왜적 같은 무리가 다시 있을 것이다' 하고 논하였다.

제주도에서 청귤이 도착했으니 경략에게 보내도록 하라 하였다.

함경감사 윤탁연의 장계에 성진을 버리지 않은 자들이 있어 승진시키자고 청했는데, 선조가 '이는 모두 적에게 함락된 읍인데 버리지 않았다 하니 어찌 된 일인가 살펴서 아뢰라' 하였다.

연일 경성으로 진주할 것을 청하나 경솔히 할 수 없고 사세를 봐 가며 해야 한다고만 하였다. 왕이 거주해야 할 경성으로 가기를 싫어하니 그 왕을 왕이라고 애타게 기다리는 백성들만 불쌍할 일이었다.

부산 왜 진영 진주성 공격 준비가 어느 정도 되어가자 소서행장이 심유경을 만났다. 심유경은 사용재와 서일관이 돌아오기를 기다리고 있었다. 소서행장은 진주성 공격을 숨기기 위해 심유경을 만나지 않고 있다가 고심 끝에 이제야 만나 사실을 토로했다. 30만의 대군으로 진주성을 공격할 것이니 아무도 막을 수 없다. 그리고 진주성만 공격할 것이니 성을 비우도록 하라고 하였다. 그리고 자신은 반대하였으나 청정이 듣지 않았다는 것을 강조하는 것도 잊지 않았다. 심유경은 펄쩍 뛰었지만 방법이 없었다. 두 사람에게는 어쨌든 화의는 이루어져야만 되는 것이었다. 소서행장은 일본 측 사신으로 소서비탄수를 보낼 것이라며 이것을 상의하러 본국에 간다 하고 떠났다.

심유경은 왜적이 진주성을 칠 것이라는 것을 그대로 경성의 이여송에게 급보하는 한편 조선군 도원수 김명원에게도 이 사실을 알렸다. '일본이 진주를 공격하는 것은 저들이 지난해에 살육당한 것을 분하게 여겨서이다. 그리고 송 노야의 금약의 명이 분명히 있는데도 어찌하여 귀국 병사들은 풀을 베는 일본 군사를 자주 죽이는가? 관백이 보낸 글에 「저들이 이미 대명의 약속을 따르지 않으니 너희들도 진주를 공격하여 그 성지를 격파하여 지난날의 수치를 씻으라」고 하였다' 하고, 또 '행장이 청정을 극력 저지하였으나 끝내 듣지 않았으므로 행장은 종군하지 않았다. 그러나 이 군사는 진주를 공격하고 그만둘 것이니 다른 걱정거리는 없을 것이다' 하며 진주성을 비울 것을 요구하였다. 김명원 이하 모두 이것을 믿어야 하는 것인지 판단이 서지 않았다.

다음 날 김명원이 한효순과 더불어 심유경을 만나 보고 그 군사를 중지시켜 주기를 강력히 청하니, 심유경이 말하기를, "내가 이미 행장에게 중지하도록 간청하였고 행장의 생각도 중지했으면 하나, 그 형세가 이미 이루어졌으므로 끝내 돌릴 수 없습니다. 지금은 다른 방책이 없으니 다만 여러 장수들로 하여금 성을 비우고 잠깐 피하게 하는 것이 상책입니다. 그런데 조선이 나의 말을 따르지 않으니, 나 역시 어찌하겠습니까" 하였다.

이때 총병 유정은 유격 오유충과 함께 대구에 있고, 참장 낙상지는 유격 송대빈과 함께 남원에 있고, 유격 왕필적은 상주에 있었다. 김명원이 유정에게 진주로 진군할 것을 간청하자, 유정은 진군하는 대신에 청정에게 그가 맹약을 어긴 것을 꾸짖고 화복의 이치로 타이르는 말만 거창한 서신을 보냈다. 청정은 답하지 않았다. 이에 김명원은 여러 곳의 관군과 의병들에게 전령하여 진주를 지키게 하였다.

거제 연합 함대 장마가 걷히는 듯하더니 비가 오락가락하였다. 아침에 왜적 도빌에 관한 공문을 원균에게 보냈는데 술에 취하여 정신이 없었다. 어제 한밤중에 오늘 왜적을 치러 가자고 공문을 보냈던 사람의 소행이 이러하였다.

6월 12일 영유 행재소 윤근수가 중국 조정에서 일종의 철병 논의가 있음을 알리며 주청사를 급히 보내자 하였다.

한효순이 왜적이 동래 양산 등으로 내려가 가득 찼고 왜선도 헤아릴 수 없을 정도로 많은데 귀환시킬 배라 하고 동래 부산 등지의 적은 거의 모두 돌아갔다고 보고하였다. 지금 왜적들은 진주를 치기 위해 전군이 집결하고 있는데, 돌아가기 위해 집결하는 것으로 잘못 판단하여, 실정과는 전혀 다른 잘못된 보고를 올린 것이었는데, 조정에서는 그것을 접하고 내심 서로 기뻐하고 좋아하고 있었다.

다음 날 계속되는 신하들의 요청에 선조가 먼저 경성으로 진주하고 삼궁과 세자는 뒤에 오는 것으로 하자 하니 신하들이 쌍수를 들고 환영하였다.

송 경략은 험준한 곳에 관방을 세워 나라를 지키면 왜적을 방지할 수 있다고 하며 조령, 죽령 등에 관을 설치하고 지키는 것을 강조하고 있었다.

6월 14일 경상도 남쪽 왜적은 진해, 창원 등지에 집결을 거의 완료하고 있었다. 이날 김천일은 3백의 군사를 이끌고 진주성에 도착하였다. 김천일은, "호남은 우리나라의 밑뿌리요 진주는 호남의 병풍이요, 울타리이다" 하고 성으로 들어왔다. 진주목사 서예원은 명나라군을 지대하는 일로 나가 있다가 급히 서둘러 돌아왔는데 저녁에야 겨우 도착하였다.

영유 행재소 선조가 평양과 경성의 난동을 걱정하며 유의하여 조치하라 하였다. 이덕형의 장계에 경성의 유민들이 전옥을 수리한다는 말을 듣고는 난동을 피운다는 말이 있었기 때문이었다. 머리 좋은 왕다운 말이었다. 이것을 우려하여 그토록 경성으로 진주하기를 꺼렸던 모양이다.

공사천의 과거 시행과 무재 시험을 통한 양인으로의 승격을 논의하라고 전교하였다.

"우리나라는 예로부터 무략이 강하지 못하고 병력도 미약하다. 대체로 공·사천은 그 수가 군정보다 많을 터인데, 이름이 병적에 오르지 않았다. 그러나 공천은 그래도 공가에서 부역하지만 사천은 유사도 감히 어찌하지 못하여 국내의 일종인이 되었으니, 이는 고금 천하에 없던 일이다. 그러나 지금은 시킬 만한 것이 없기에 다만 내가 한마디 하고자 한다.

공·사천의 설과는 삼의사의 잡과의 예와 같이 하여 그 액수를 정하고, 무재로서 시험하여 입격한 자는 즉시 양민을 삼아 우림위에 예속시킨다. 사천은 그 주인이 유생이면 벼슬을 제수하고 서얼이면 허통하고, 공천이면 모두 양민이 되게 한다. 조정의 신하이면 승직시키기도 하고 당상관 이상은 국가로부터 후은을 받는 처지인데, 어찌 한두 명의 노복을 따지겠는가. 그러나 따로 다른 상을 베풀 것이다. 이와 같이 하면, 몇 해 지나지 않아 독려와 권장을 기다리지 않고도 온 나라의 공·사천이 모두 무술을 익혀 정병이 될 것이니, 이것은 그 대략이다. 더 자세한 곡절은 유사의 사목에 있다. 이 방법이 어떠할지 자상히 상의하여 아뢰라."

"내가 여러 날을 생각해 보았는데, 오늘날 무인을 양성하여 정병을 얻는 것은 이보다 더 좋은 방책이 없는 것 같았다. 이러한 제도가 한번 세워지면 온 나라의 남정 노예들은 자연히 활을 쏘는 무사가 될 것이니, 국가에서 재물을 소비하며 권장하는 노고가 없을 것이다. 이와 같이 하여 수십 년 동안 오랜 세월을 거치게 되면 그 이익은 이루 말할 수 없을 것이요, 또 어떤 일에도 방해되거나 손상되는 것도 없을 것이며, 따라서 명분에 구애뇌는 일도 없을 것이니, 동국 만세의 복리로서 우자일득이라 할 수 있겠다. 우리나라에서는 양인과 천인의 사이를 막중한 강상처럼 생각하는데 매우 무리한 일이다. 지금 이 규칙은 그 주인으로 하여금 기쁘게 할 수 있어야만 사람마다 각자가 서로 권장할 것이다. 대가를 지불하거나 대체해 주는 것에 대해서도 내가 생각하지 않은 것은 아니나 이와 같이 하면, 계속하기가 어려울 것이다. 벼슬을 제수하는 것에 혼란이 일어날 것을 나도 이미 염려했는데 오직 이 조항이 약간 방해될 점은 있으나 잘 참작하면 좋은 방도가 없지 않을 것이다. 무릇 모든 일은 상량하여 시행하는 데 달려 있으니 규칙을 세워 시작한 후에 다시 상의하여 차차 마련함으로써 영구한 법으로 삼으면 될 것이다. 어제 본사에서 유성룡의 장계에 의하여 군사를 뽑아 훈련하는 사목을 올렸는데, 더할 수 없이 잘 된 것이라고 할 만하다" 하였다.

오랜만에 들어보는 선조의 훌륭한 말씀이었다. 그러나 언제나 훌륭한 말보다는 강력한 시행이 문제였다.

6월 15일 경상우도 진주 전라병사 선거이와 영천군수 홍계남이 군사를 이끌고 진주성에 들어왔고, 뒤따라 충청병사 황진이 7백을 거느리고, 경상병사 최경회는 군사 5백을, 의병 복수장 고종후는 군사 4백을, 김천 일군의 부장 장윤은 군사 3백을, 의병장 이계련은 군사 1백여 명을, 의병장 변사정은 그 부장 이잠을 보내어 군사 3백을 거느리게 하고, 의병장 민여운은 군사 2백을, 강희열·고득뢰·강희보·오유웅 등도 모두 군사를 거느리고 왔으며, 거제현령 김준민 및 김해부사 이종인 등은 먼저 성안에 있으면서 목사 서예원과 수비책을 의논하고 있었다.

한효순이 곽재우로 하여금 진주에 달려가 함께 지키게 하니, 곽재우가 따르지 않으면서 말하기를, "오직 임기응변할 수 있는 자만이 제대로 군사를 부릴 수 있고 지혜로운 자만이 적을 헤아릴 수 있는 것입니다. 지금 적병의 성대한 세력을 보건대, 그 누구도 당하지 못할 기세를 떨치고 있는데 3리밖에 안 되는 외로운 성으로 어떻게 방어하겠습니까. 나는 차라리 밖에서 원조를 할지언정 성에 들어가지는 않겠습니다" 하니, 좌순찰사 김늑이 그를 꾸짖기를, "그대가 대장의 명을 따르지 않으면 군율에 어쩌려는가" 하자, 곽재우가 말하기를, "이 몸이 죽는 것은 족히 아까울 것이 없으나 전투 경험이 많아 노련한 군졸들을 어떻게 차마 버릴 수 있겠습니까" 하였다. 이빈이 즉시 곽재우에게 정진을 지키게 하였다.

준비를 마친 왜적의 대군 약 9만의 병력이 진주성을 향해 진군을 시작하였다. 함안 등지의 조선군은 왜적의 어마어마한 기세에 놀라 의령

쪽으로 후퇴하였다. 급한 후퇴에 기율이 없고 무질서하여 짐을 실은 수레와 군졸들이 한꺼번에 밀려, 넘어지고 깔려 죽은 자가 속출하였다. 이어 모두들 두려움에 떨었고 짐을 지고 뛰는 자의 행렬도 수십 리에 이어졌다. 모두 정진에서 낙동강을 건너니 적의 기병이 건너편에 다다랐다.

6월 16일 선거이와 홍계남이 김천일에게 '적은 많고 우리는 적으니, 물러나 안쪽을 지키는 것만 못하다' 하였는데 김천일이 따르지 않았다. 전라감사 권율도 진주성보다 운봉에서 왜적을 방어하여 전라도를 지키는 것이 더 급하다고 생각했다. 그래서 진주성으로 들어간 전라병사 선거이 등을 나오도록 명을 내렸다. 선거이는 군사를 거느리고 나와 권율과 함께 운봉 쪽으로 향했다. 홍계남도 권율의 주장에 찬성하여 따라 나왔다. 진주성을 지키는 것이 전라도를 지키는 것이라고 강력히 주장하는 김천일은 이들이 옮겨가는 것을 바라보며 씁쓸해하지 않을 수 없었다. 김천일 등이 성안을 점검해 보니, 창곡이 매우 많았으므로, 여러 장수들에게 말하기를, '이만하면 함께 지키기에 충분하다' 하고 당일로 군사를 나누었다. 김천일과 최경회가 도절제가 되고, 김천일은 의병을 통솔하고 최경회는 관군을 통솔하였으며, 황진이 순성장이 되었다. 당초 황진이 진주에 이르러서는 나아가 밖에서 지원하려고 하였는데, 김천일이 특별히 머물게 하였다. 어떤 사람이 말하기를, "충청병사는 진주성 수비와 직접 관계가 없으니 밖에서 싸우는 것이 옳겠다" 하니, 황진이 말하기를, "나는 이미 창의사와 더불어 공약을 하였으니 저버릴 수 없다" 하였다. 관군과 의병들에게 수비구역을 할당하여 지키게 하고 엄히 경계하며 변에 대비하였다.

　명나라 장수 유정이 비장을 보내와 수비 상태를 살펴보고 또 밖에서 원조할 것을 유시했으므로, 성안에서는 그를 믿었다.

함안을 점령한 왜적이 강을 건너 의령을 공격하였다. 왜적은 30만이라고 소문을 냈으나 그 기세는 그보다도 더 많아 보일 정도로 무서웠다. 정진을 지키던 곽재우는 엄청난 기세로 몰려오는 왜적을 보고 멀리 후퇴하지 않을 수 없었다.

이여송이 경성에서 열 둔의 제장인 유정·오유충·낙상지 등에게 전령하여 군사를 전진시켜 구원하게 하였으나, 제장들은 적의 형세가 막강함을 두려워하여 감히 진격하지 못하였다.

거제 연합 함대 왜적의 기세에 우리 육군들이 물러나고 있다는 보고가 들어왔다. 저녁에 영등포 정찰병이 왜적선 5백여 척이 안골포 웅포 제포로 들어왔다고 보고하였다. 믿고 싶지 않은 보고였으나 일이 심상치 않게 돌아간다는 생각이 들었다. 왜적이 수륙으로 전라도를 침범하려는 것이 아닌가 의심이 들었다. 즉시 우수사 이억기와 충청수사 정걸에게 이 사실을 알렸다. 밤 10시경 대금산 정찰병이 급하게 와서 보고하는데 내용이 같았다. 즉시 경상우수사 원균에게도 알렸다.

영유 행재소 전교하여, "전에 생포한 왜인 2명 중에, 한 명은 염초를 구울 줄 알고, 한 명은 조총을 만들 줄 안다고 하니, 염초를 굽는 자는 영변으로 보내 관인에게 보수하게 하여 가을부터 시작하면 많은 염초를 구어 낼 것이고, 조총 만드는 자는 철이 생산되는 어느 고을에 보내 또한 관인에게 보수하게 하면 많은 조총을 만들어 낼 수 있을 것이다" 하였다.

경략에게 왜적 토벌을 그만둘 수 없는 이유를 들어 자문을 보냈다. 왕자를 돌려보내지 않았고, 바다를 건너 철군하지도 않았다. 찬탈을 일삼는 자들이고 하늘을 두려워하지 않아 병란을 일으키고 두 능을 도굴하고 시신을 훼손했으며, 대병이 멀리 떠나면 양남이 함락될 것이고 그러면 황제께 염려를 더 끼쳐드릴 것이라 하였다. 끝으로 "청컨대 귀부는 우리나라의 정성을 불쌍히 여기어 제주하여 본래 파견된 장관을 철회하지 못하게 하고, 다시 병마와 포수를 정돈하여 남하하는 동시에, 우리나라의 수군 육군과 협동하여 일제히 분격해서 토벌함으로써 적선이 한 척도 돌아가지 못하게 하십시오" 하였다.

6월 17일 유원외가 천명을 두려워해야 한다는 등의 국가를 일으킬 조목을 적어 보냈다.

'과오를 뉘우쳐 천명을 두려워해야 한다. 형벌을 가볍게 하고 세금을 박하게 하여, 인심을 안정시켜야 한다. 용맹 있는 장사를 등용하여 국가를 보호해야 하고 무기를 만들어 전진을 이롭게 해야 한다' 하였다. 그리고 '지금 어찌 군사가 없다고 하겠는가마는, 초립을 쓰고 소매가 늘어진 큰 옷을 입어 마치 흰 양떼와 같으며, 나뭇가지와 무딘 칼날이 마치 어린애 장난감 같아서 왜놈이 한번 후려치면 삼대 베듯이 꺾이니, 아, 어리석음이여! 당신네 군사와 함께 결진할 때마다 도리어 우리 군사에겐 해가 되었습니다. 지금 상주에 있는 군사들과 어떻게 진영을 합하여 지키고 싸울 수 있겠습니까. 속히 체격이 건강한 청소년을 모집하여, 갓끈이 뒤로 짧게 하기를 우리 남군과 같이 하고, 붉은 갑옷에 흰 두건을 우리 촉병과 같이 할 것이며, 소가죽으로 몸을 감싸서 마치 물소와 같이 해야 합니다' 하였다. 잘 지적한 말이었다.

선조가 "생원이나 진사를 뽑는 것은 장차 태학에 올리려는 것 같은데 공자의 가르침에도 활쏘기와 말타기가 있지 않았던가? 육상산이 사람을 가르칠 때에도 문인들로 하여금 활쏘기를 익히게 하였다. 지금부터 생원 진사를 뽑을 때도 무예를 시험하는 일을 의논하여 아뢰라" 하였다.

비변사가 "새로 제정하는 규칙은 반드시 충분히 강구한 후에 시행해야만 폐가 없습니다. 이 일은 마땅히 여러 사람의 논의를 모은 뒤에야 시행할 수 있습니다. 이 밖에도 권장할 방도가 반드시 있을 것이니 서서히 생각하여 자세히 처리하는 데에 달렸습니다" 하였다. 서서히 언제 할 것인가. 답답한 일이었다.

거제 연합 함대 이른 아침부터 3도의 수사들이 모여 대책 회의에 들어갔다. 함안의 우리 장수들이 후퇴하여 진주를 지킨다는 말은 사실이고 창원에서 돌아온 조붕은 적의 세력이 대단하다고 전했다. 왜적선도 하룻밤 사이에 5백 척에서 8백 척으로 늘어나 있었다. 함부로 공격할 수 있는 왜적이 아니었다. 3도의 네 수사들이 내린 결론은 이러하였다.

'우리 수군이 거제도 앞바다에 결진하면 외양으로 침범해 오는 적을 미처 달려가서 가로막지를 못하겠고, 외양에 결진하자니 안바다의 적을 미처 요격하지 못하겠으므로 거제 땅 바깥 바다의 두 갈래 진 요충지와 작년에 대첩한 견내량과 한산도 등지에 진을 합하여 길을 막고 겸하여 안팎의 사변에 대비한다.'

이것은 연합 함대의 주력을 한산도에 집결시키고 한쪽으로는 견내량을 굳게 막고 다른 한쪽인 거제도 바깥 바다도 지켜서 유사시 급한 쪽을 집중 지원한다는 계획이었다.

6월 19일 영유 행재소 드디어 대가가 영유를 떠났다. 평양부 서면 주동의 막차에 주정하였다. 중간에 비가 내려 내를 건너기가 어려워 진로를 변경하여 저녁에 강서현 돈산 촌사에 머물렀다.

다음 날 돈산 촌사를 출발하여 오시에 강서현 행궁에 도착하였다. 이러한 절후에는 거둥할 수 없으니 오래 머무를 수 있도록 식량을 속히 마련하라 하였다.

경상도 남부 왜적들은 주변을 노략질하고 초토화시키면서 무섭게 진주로 향하고 있었다.

6월 21일 강서 행재소 이원익과 신잡을 인견하였다.
의주의 중국군 식량 10만 석 중 3만 6천 석은 평양으로 운반했으나 나머지는 운반이 어려움을 말하고, 평양에 머무르는 중국군이 4천인데 그들은 대부분 일로에 왕래하는 사람과 장사하는 사람이라 하였다.
선조가 부방하는 것에 대하여 듣고 놀랐다. '내가 이 도의 한 백성에게 물으니 말하기를, 남병이 부방할 때는 필수적으로 목면 12필을 가지고 와야 무사히 돌아갈 수 있다고 하였다. 이른바 무사히 돌아간다는 것은 도로 돌려보낸다는 말이냐고 물었더니 하는 말이 그대로 돌려보낸다는 말이 아니라 복역을 수월하게 할 수 있다는 말이다 하였다. 또 12필을 모두 쓰느냐고 물었더니 대답하기를 처음 들어갈 때에 도방례 면포가 있고 수월한 역에 배정되면 차역 면포가 있다. 크고 작은 복역에 모두 면포를 바쳐야 하기 때문에 비록 12필을 가지고 들어간다 해도 좋은 장수를 만나면 지탱할 수 있지만 그렇지 않으면 그것만으로는 부족하여 부득이 13~14필을 가져야 무사히 돌아갈 수 있다고 하였다'고 하니, 이원익이 '변장들이 자행하고 있는 무리한 일이 어찌 이뿐이겠습니까. 그 밖에도 군졸을 착취하는 등의 일은 이루 다 말할 수 없을 정도입니다' 하였다.

거제 연합 함대 연합 함대는 한산도 남단의 망하응포로 진을 옮겼다.

진주성 이날 적병이 드디어 진주성을 포위하였다. 그들은 주변을 철저하게 파괴하고 소탕하면서 전진해왔다. 왜적들은 전년의 실패를 거울삼아 주변 고을에 군사를 나눠 배치하고 철저하게 외부의 원조를 막는 한편 본성을 여러 겹으로 에워싸고 주둔하였다. 사면 수백 리가 왜적의 병사들로 가득하였다. 홍계남 등이 높은 곳에 올라가 바라보니, 깃발이 하늘을 가리고 함성이 땅을 진동하였으며, 포위 속에 있는 진주성이 마치 큰 바다에 뜬 외로운 배와 같았다. 모두들 두려워서 감히 진격할 생각조차 하지 못하였다.

고성 의병장 최강·이달이 진주로 구원을 갔는데 적병의 세력이 지난해와 비교가 안 되므로 손을 대지 못하고 도로 고성으로 향하였는데, 피난민들과 함께 3백여 명이 적에게 포위를 당하여 거의 벗어나지 못하게 되었다. 최강이 말을 타고 달려들어 죽을힘을 다하여 밤새도록 격전하였다. 많은 백성들이 그의 힘으로 무사할 수 있었다.

[진주성 함락]

그 처절한 격전을 실록의 글에서 요약해 살펴보자.

6월 22일 왜적의 진주성 공격이 시작되었다. 성안에서 사격하여 1진을 물리쳤으나 밤에 다시 쳐들어왔다. 밤새도록 전진 후퇴를 되풀이하다가 5경이 되어서야 그쳤다. 한편으로 적은 참호의 물을 빼내고 흙으로 메우고 성 밑을 파서 큰 돌을 파냈다. 성 위에서 화살을 쏘고 돌을 던졌으나 적은 죽음을 무릅쓰고 작업을 했다.

6월 23일 낮에 세 차례 전투가 있었고, 밤에도 네 차례 전투가 있었다. 모두 물리쳤다. 다음 날 24일에도 비슷한 전투를 했다. 용감하게 지켜냈다. 탄환과 화살이 빗발쳐 성 안팎에 사상자가 무수히 발생했다.

6월 25일 적이 동문 밖에 흙산을 쌓고 그 위에 흙집을 짓고 그 안에서 굽어보며 탄환을 쏘았다. 성안에서도 마주 대하고 높은 언덕을 만들었다. 황진이 직접 흙을 져 나르고 부녀자들도 힘을 다해 도왔다. 그 언덕 위에서 현자총통으로 왜적의 흙 집을 파괴해 버렸다. 이에 적이 물러났다.

6월 26일 적은 쇠가죽을 입힌 궤를 만들어 방패 삼아 짊어지거나 이고 성벽에 붙어 돌을 빼내려고 애를 썼다. 성 위에서는 비 오듯 활을 쏘고 큰 돌을 굴러 내려 막았다. 또 동문에서는 큰 나무 기둥 두 개를 세우고 판옥을 설치하여 그 안에서 성안으로 불화살을 쏘았다. 황진이 맞대응하여 총을 쏘아 맞춰 적을 물리쳤다. 이날은 새벽이 될 때까지 싸웠다.

이날 목사 서예원이 겁을 먹고 일을 제대로 처리하지 못해 군사들까지 허둥대자 김천일이 장윤을 임시 목사로 하여 진정시켰다. 적들은 수가 많아 교대로 교전했으나 우리 군사들은 쉴 시간도 없고 잠도 제대로 못 자 피로가 쌓여가고 있었다. 또 비가 많이 내려 활도 느슨해지고 있었다.

6월 27일 왜적이 성안에 글을 보내기를, "대국의 군사도 이미 투항하였는데, 너희 나라가 감히 항거하겠는가" 하였는데, 성안에서 답하기를, "우리나라는 죽음이 있을 뿐이다. 더구나 명나라 군사 30만이 지금 진격 중이니, 너희들은 섬멸되고 말 것이다" 하였다. 적이 아랫도리를 벗어 부치고 엉덩이를 흔들며 야유를 하였다. 이것은 왜적의 약올리기 전법인데 모양이 우수꽝스러울 뿐이었다. 김천일은 구원군을 애타게 기다렸으나 소식이 없었다.

적이 동·서 두 문 위에 언덕을 한꺼번에 다섯이나 쌓고 대나무를 엮어 방패를 만든 뒤 비 오듯 총을 쏘아 대니, 성안에 죽는 자가 매우 많았다. 또 네 바퀴 수레에 큰 궤를 만들어 실은 다음 그 안에 병사들을 숨기고, 적 수십 인이 철갑을 입고 수레를 밀어 성에 대고는 큰 철추로 성을 팠다. 이종인은 활을 쏘는 힘이 좋아서 화살마다 철갑을 뚫었으므로 적병을 많이 죽였다. 성 위에서는 기름을 적신 솜뭉치에 불을 붙여 던져 그 궤를 태웠다. 궤 속의 적들은 모두 타 죽었다.

　이날 밤 적이 다시 북문을 침범하자 이종인이 구원하러 그곳으로 달려가 힘껏 싸워 물리치고는 자기가 지키던 서문으로 돌아왔다. 그런데 적이 몰래 와서 성을 뚫어 성이 거의 무너지려 하였다. 이종인이 힘껏 싸워 물리치는 동시에 적장 한 명을 사살하니, 적은 시체를 끌고 물러갔다. 이날도 밤 5경까지 이렇게 치열하게 싸웠다.

　6월 28일 적이 또 동쪽과 북쪽의 성을 침범하여 크게 전투가 벌어졌는데, 이종인이 다시 크게 싸워 물리쳤다. 황진이 순행차 이곳에 이르렀다가 성 아래를 살펴보며 시체가 가득한 적의 상황을 살폈는데, 이때 적 한 명이 성 아래에 잠복해 있다가 위를 향해 철환을 쏘았다. 불행하게도 나무판을 뚫고 황진의 이마에 맞아 황진이 즉사하였다. 제일의 용장인 그가 죽자 성안이 흉흉해졌다. 서예원이 그를 대신하였으나 겁에 질려 두서가 없자 장윤에게 대신 맡겼다. 그러나 장윤도 탄환에 맞아 죽었다. 이종인이 혼자서 동분서주하며 적을 응수하였다. 이렇게 8일간이나 치열하게 싸우며 버텼다. 그러나 이제 장수도 군사도 백성도 힘이 다했다.

　6월 29일 동문의 성이 비로 인해 무너지자 적의 무리가 개미 떼처럼 기어올랐다. 종인이 친병과 더불어 활과 화살은 놓아두고 칼과 창을 가지고 육박전을 벌여 죽인 적의 시체가 구릉처럼 쌓이니 적이 이에 물러갔다. 적이 창의사가 지키는 서쪽과 북쪽 성문은 병력이 미약하다는 것을 알고 이에 대군을 모아 힘을 다해 공격해 올라가니, 창의군이 제대로 버텨 내지 못하였다. 적이 드디어 성에 올라와 병기를 휘둘렀다. 성벽을 지키던 사람들이 후퇴하여 촉석루로 들어갔는데, 김천일이 최경회·고종후 등과 청당에 나란히 앉아서 말하기를, "여기를 우리들이 죽을 장소로 합시다" 하였다.

그리고 불을 질러 타 죽으려 하였는데 적이 바로 촉석루에 올라왔다. 김천일이 그 아들 김상건 및 최경회·고종후·양산숙 등과 함께 북쪽을 향하여 두 번 절하고 강에 몸을 던져 목숨을 끊었다. 이종인은 이곳저곳에서 싸우다가 남강에 이르렀는데, 양팔로 두 명의 적을 끼고는 크게 소리치기를, "김해부사 이종인이 여기에서 죽는다" 하며, 강에 몸을 던졌다. 진사 문홍헌, 정자 오차, 참봉 고경형 등이 모두 따라 죽었다. 성이 일단 함락되자 적이 대대적으로 도륙을 자행하였다. 서예원 및 판관 성여해도 죽음을 면하지 못하였으며, 여러 장령들도 다 죽었다. 김준민은 단독으로 말을 달리며 거리에서 싸웠는데, 좌우로 돌격할 때마다 적의 무리가 물 갈라지듯 흩어졌다. 왜적이 종일 그를 추격하였으나 탄환과 칼이 모두 명중되지 않았는데, 끝내 그가 어디에서 죽었는지 알지 못했다. 성안의 사녀들도 앞을 다퉈 강에 이르러 투신자살하여 흐르는 시체가 강을 메웠다. 대략 죽은 자가 6, 7만이나 되었는데, 장사로서 벗어난 자는 수삼 인에 불과했다. 적이 성곽을 헐고 가옥을 불태웠으므로 성이 온통 폐허가 되었다. 성이 포위를 당한 9일 동안 주야로 벌인 크고 작은 전투가 1백여 차례나 되었으며, 적의 죽은 자도 상당하였다. 그러나 중과부적인 데다가 외부에서 원조가 이르지 않았으므로 여러 장수들의 힘이 다하였다. 왜변이 있은 이래 참혹하게 무너지고 장렬한 의기가 장엄하게 드러난 것으로 진주성 같은 예가 없었다.

한산도 연합 함대 진주성에서 전투가 벌어지고 있을 때 한산도 이순신 진영도 긴장감이 흘렀다. 24일에는 왜적선 5백여 척이 전날 한밤중에 송진포로 들어왔고 선봉은 칠천량에 도달하였다. 영등포 정찰병이 보고하였는데 뒤에 대금산 정찰병의 말도 같았다. 25일에는 많은 비가 내리고 있었다. 수사들이 모여 대책 회의를 하였다. 이순신은 하늘이 진주성과 아울러 호남을 돕는다고 안심하였다. 그러나 정탐 군관 김붕만이 진주성을 정탐하고 돌아와 왜적들은 빗속에서도 성을 부수기 위해 독기를 부리고 있다고 보고해 안심할 수가 없었다.

왜적은 몇 척씩 유인하는 배를 내려보냈다. 아군이 공격하려고 하면 재빨리 견내량 위로 도망쳤다. 이순신은 적이 내려온다는 보고가 있으면 주력을 견내량 가까이 진을 치게 하여 왜적을 견제하였다. 왜적들은 유인하려고만 하고 내려올 생각은 하지 않았다. 이순신도 목을 굳게 지키기만 하고 섣불리 공격하지는 않았다. 또 왜적들이 육로로 견내량 해변에 이르러 기세를 뽐내므로 전선을 가까이 접근하여 총통과 활로 박살을 내버리기도 하였다.

이런 와중에도 한산도에서는 전선 만들기에 여념이 없었다. 좌수영 관할 각 고을 및 포구에서 동원된 목수 214명이 구슬땀을 흘리고 있었다.

부산 진주성 전투가 시작되어 사투가 벌어지고 있을 때 소서행장은 소서비탄수를 데리고 부산으로 돌아와 심유경을 만났다. 소서비탄수도 이상한 사신이었다. 명나라 측에는 봉공을 청하러 오는 사신인데, 풍신수길에게는 자신이 요구하는 조건으로 화의를 이루어 명의 특사를 오게 하는 사신이었다. 더구나 국서도 소지하지 않은 사신 아닌 사신이었다. 심유경과 소서행장은 이미 깊은 수렁에 발을 디뎠다. 그들이 비록 싸움을 그치고 평화를 가져오기 위한 노력일지라도 이루어질 수 없는 것을 무모하게 추진하였고, 적과 적이 통하는 야합이 되어 결국 돌아올 수 없는 강을 건너 버린 것이다. 다음 날 심유경은 소서비탄수와 함께 북으로 떠나고 소서행장은 진주성 싸움터로 떠났다.

이때 왕자들과 함께 잡혀 있던 황정욱은 심유경의 요청으로 연로하다고 하여 먼저 방면되어 심유경 일행과 함께 나왔다. 그러나 늙은 황정욱을 기다리는 것은 고행길이었다. 죄는 왜적에게 잡혀 있었다는 것, 잡혀 있으면서 죽지 않았다는 것이었다. 참으로 가슴을 치고 통곡할 죄였다.

남쪽 진주성에서는 혈투가 계속되는 동안 강서 행재소의 임금 선조는 완전히 딴 나라에 있었다. 그간의 일을 살펴보면 다음과 같다.

6월 22일 "본 고을의 수령은 직무에 충실하지 않고 태만히 하는 일이 많으니 이는 반드시 용렬한 사람이다. 심지어 대가가 머무르는 곳에 오물이 산적해 있는데도 청소할 줄을 모르고, 침방에는 한 조각의 병풍도 없어 나는 곰팡내 나는 방에서 잔다. 내가 남의 말을 잘못 듣고서 이와 같은 더위와 장마 속에 경솔히 길을 떠나 중로에서 고생한 것이 이루 말할 수 없었는데, 이 고을에 이르러서는 온갖 곤욕을 많이 겪었다. 이런 것들은 족히 말할 것이 못 된다 하더라도 이 땅을 살펴보니 매우 비습하다. 나는 본래 풍습 병이 있어서 그날그날 겨우 지탱해 왔다. 만일 이 고을에 오래 있으면 반드시 습비증에 걸릴 것이므로 하루가 3년 같고 한 곳에 앉아 있는 것이 바늘방석에 앉은 것 같다. 또한 관아의 제도가 이상하고 처소의 출입이 불편하니 그간의 곡절을 이루 다 말할 수 없다. 8월 전에 진주하기는 매우 어려울 듯하니, 영유로 다시 이주할 것을 정원은 속히 회계하라" 하였다. 사헌부가 서서히 전진하자 하였다.

남쪽에서는 군사와 백성들이 처절한 싸움을 벌이고 있는데, 세상 모르는 임금은 와신상담은커녕 조금 불편한 여건을 죽을 곳으로 여기며 투정이나 하고 있었다. 한심한 일이었다.

6월 24일 선전관 조안방이 서계하였다. 몇 개월 동안 남쪽 군진을 돌아본 것을 보고한 것인데 좋은 소식은 없고 참담한 현실만 고했다. "대체로 각처에는 군량이 공급되지 않아 사졸이 모두 굶주린 기색이 있었는데, 5~6홉의 쌀로 죽을 끓여 두 사람이 나누어 먹으면서 날을 보내는가 하면, 심한 곳은 혹 4~5일, 혹은 6~7일을 굶고 앉아 있었으며, 도망하는 군졸이 매일 1백여 명에 이르고 있었습니다. 양호의 군사는 모두 함안에 주둔하고 있었는데, 6~7백 리 밖에서 군량을 운반했으나 물로 인하여 길이 막혀 군영 앞까지 운반하지도 못하였습니다. 또 경성에서부터 밀양에 이르기까지 쑥만 수북이 들을 덮었고 보이는 곳마다 인적은 없었으며, 적이 있던 진루에는 곳곳마다 백골만이 쌓여 있었고, 굶주린 백성들은 땅에 즐비하게 누워 있거나, 서로 잡아먹거나 하는 그 모습은 눈으로 보기에 너무도 참혹하였습니다" 하였다.

비변사가 아뢰기를, "경상도는 병화와 기근이 타도에 비하여 더욱 심합니다. 금년에도 파종하지 못했을 뿐 아니라, 한 자의 땅도 개간하지 못하였으므로 사람들은 서로 잡아먹으며 또한 죽은 시체가 들을 덮었으니 그 형세가 오래 지탱하지 못할 것입니다. 본도에는 이미 한 줌의 곡식도 없고, 양호에는 또한 운반할 힘이 없으니, 천병과 우리 군사들이 비록 지키고자 하여도 어찌할 수 없어서 부득불 돌아와야만 하는데, 돌아온다면 조령 이남은 앞으로 버려진 폐허가 될 것이며 영남을 지키지 못하면 호남도 홀로 보존될 수는 없을 것입니다. 비록 종전에도 누누이 진술한 일이지만 사세가 급해져서 조금도 늦출 수가 없습니다. 이러한 뜻을 상세히 기록하여 경략과 제독에게 분명하게 이자하여 급히 영기를 보내어 진병을 독촉하여 재력이 다하기 전에 서둘러 왜적을 초토하여 퇴각시키고 강토를 모두 회복하게 하소서" 하였다. 백성도, 군대도, 국가도 전투가 문제가 아니라 하루 지탱하는 것조차도 힘든 상황이었다.

6월 25일 선조가 "전에 비변사가 왜적이 머지않아 바다를 건너 돌아갈 것이라고 하더니 어찌하여 아직껏 머물러 있는가? 만일 왜적이 부산 등처에 소굴을 만들고서 때를 틈타고 기회를 기다렸다가 병졸을 나누어 일지병은 곧바로 호남으로 쳐들어오고 다른 일지병은 북쪽으로 쳐들어온다면, 모르겠다만 국가를 지탱하는 데에 염려가 없다고 보장할 수가 있겠는가. 이원익은 적이 경성을 떠난 것은 깊은 계략이라고 하였으니 만일 이것이 사실이라면 국가가 잠잠해질 날이 없을 것이다. 사변 이전에는 승평 세월로 인하여 사람들이 병란을 알지 못했으니 족히 말할 것도 없거니와 사변 이후에도 일찍이 한 기예를 권장하거나 한 군사를 훈련하거나 한 보루라도 쌓거나 한 묘책이라도 강구하여 스스로 지킬 것을 꾀하지 않고 오직 적이 물러가는 것만을 다행으로 여기고 있으니 어찌 불가하지 않은가 나의 생각에는 오늘날의 형세는 곧 제비가 불타는 것도 알지 못하고 즐겁게 지저귀는 것과 같다고 여겨진다" 하였다. 선조는 불타는 것을 보면서 불을 끌 생각은 하지 않고 불을 끄라고 짹짹거리는 것만 같았다.

경략이 병부에 장계를 올렸는데 왜적의 패퇴, 동향, 철군 등에 대하여 사세하게 사실대로 기술하였고, 철군 시에는 유정, 오유충, 낙상지를 남게 하여 요해지에 주둔하게 하자고 하였다. 그리고 "오늘날의 일은 유병하느냐 아니면 철병하느냐에 달려 있는데 만약 구병이 오래도록 머무르기가 어렵다면 급히 진인과 심무의 관병을 재촉하여 빨리 와서 협조하게 하소서" 하였다.

이에 병부상서 석성이 화친하자는 논의를 주장하고 병력을 철회하기로 작정하였다. 병과 좌급사중 후경성은 말하기를,

"우리가 왜인과 더불어 무슨 원수가 있습니까? 속국을 위하여 여러 도의 군사를 동원해서 위력으로써 평양을 쟁취하고 권모로써 왕경을 수복하고 사로잡힌 두 왕자를 끌어내어 돌려보냈으니, 망한 것을 보존하게

하고 멸한 것을 흥하게 하여 의로운 명성이 해외에 빛났습니다. 그러하니 군사를 완전하게 하여 돌아와야 하옵니다" 하였다.

이에 천자는 국왕에게 유지하여 도성으로 돌아가 군사를 정돈하여 자력으로 지키게 하고, 각진의 장병들은 오랫동안 해외에서 지쳤으니 모두 차례로 철수해 돌아오게 하고, 산동의 양미 10만 석을 내려 주어 군량에 충당하고 겸하여 주린 백성에게 나누어 주게 하였다.

6월 26일 유성룡이 병이 차도가 있으면 남쪽으로 내려간다고 하는데 차라리 행재소로 오라고 하기로 하였다.

비변사가 아뢰기를, 우성전의 보고에 문경 이하의 각 참에 적치되어 있는 군량이 무려 수만 석이라 하니, 덜어 내어 우리 군사에게도 나누어 지급하게 하자고 하였다. 그리고 중국군 접대를 꺼려 직을 버리고 산골로 도피하는 수령이 많은데 적발하여 군법으로 다스리자 하였다.

6월 29일 왜적에 대비하여 군비, 무예 등을 준비하라고 전교하였다.

'적이 번번이 싸움에 승리하는 것은 오로지 화포가 있기 때문이고, 중국군이 적을 진압할 수 있는 까닭도 화포에 있으니, 우리나라의 약점은 바로 화포를 사용하지 못하는 데 있다. 이제 마땅히 평안·황해·충청·전라 등 각도에 각각 도회를 설치하고 화약을 많이 구워 내는 한편, 사람들에게 방포를 가르치되 한 사람이 열 사람을 가르치면 그 열 사람은 또 백 사람을 가르치고, 그 백 사람은 천 사람을 가르치며, 천 사람은 만 사람을 가르쳐야 할 것이다. 이와 같이 하면 몇 해 지나지 않아 모두 훌륭한 포수가 될 것이다. 이 밖에도 무예를 권장하는 방법을 모두 동원하는 한편 모든 조치와 계획을 쉼 없이 한 연후에야 국가를 다시 세울 수 있을 것이다. 그렇지 않고 다만 안일주의로만 나간다면 이는 이른바 제비가 불타오르는 집에서 지저귀는 것과 같다' 하였다. 좋은 말씀이었다. 실천을 한다면 더 좋을 것이었다.

비변사가 전교에 대한 회계로 인재, 식량, 군사, 무기 등 오늘날의 급선무를 논하고, '이 밖에 큰 근본이 있으니, 즉 군신 상하가 절약과 검소를 존중하고 백성의 말 못 할 고난을 구제해줌으로써 인심을 굳게 단결시켜야 하늘에 영원한 국운을 기도하는 일이 될 것이니, 이것이 바로 오늘날의 가장 중요한 일입니다' 하였다.

이덕형의 보고가 올라왔는데 10일 전에 올린 것이었다. "21일에 유정의 품첩이 도착했는데 그 내용은 왜적이 수륙으로 병진하여 이미 함안을 함락했다는 것입니다. 유정은 '중과부적이기 때문에 두려워하는 마음들이 많으니 내가 마땅히 급히 내려가겠다' 하였습니다."

오늘 진주성은 함락되는데 조정에서는 이제야 진주성 지킬 것을 걱정하게 되었다. 천리 머나먼 곳에 떨어진 임금이 계시는 곳은 여전히 꿈속에 노는 딴 세상이었다.

제독 이여송의 제본에는 자신이 직접 영남에 가서 포위된 진주성을 구제했나! 하면서 그 함락된 상황은 숨겼다. 경략은 강화를 주장하고 있었으므로 우리나라에서 급변을 보고하는 주문을 모두 저지하고 있었다.

7월 1일 경상우도 적병이 진주성으로부터 군병을 나누어 곤양·하동·삼가·단성·산음 등 여러 고을을 노략질하고 지리산을 크게 수색하였는데 모두 전년에 적봉이 이르지 않은 땅이었다.

강서 행재소 기아에 시달리는 남쪽의 군사에게 청람포를 내려보냈다.

경성에 있는 우의정 유홍이 경성과 기전에는 굶어 죽은 시체가 널렸는데도 구황에 대해 전혀 좋은 방책이 없어, 생민의 일이 매우 염려스럽다고 하였다. 그리고 '황해도의 초도·백령도·기린도 등에서 소금을 구워 곡식을 무역하는 것이 국가에 피해가 없고 기민을 구제하는 데 도움이 된다'고 하였다.

비변사에서는 왜적의 움직임을 들었으나 진주가 이미 함락된 것을 알 수는 없었다. 아뢰기를, "지금 듣건대 변사를 헤아릴 수 없는 흉적이 창을 되돌려 내지로 향해 오고 또 군대를 나누어 전라도를 침범하려 한다 하니, 이 제독에게 서둘러 진격해서 대은을 마쳐 달라는 뜻으로 게첩을 만들어 보내는 것이 어떻겠습니까?" 하였다.

거제 연합 함대 이날도 나라를 근심하는 마음에 잠을 이루지 못하고 있는데 선전관 유형이 도착했다. '이제 송 경략의 분부를 들으니「부총병 유정을 재촉하여 정예 군사들을 거느리고 급히 왜적을 무찌르라 하였다」하니 그대는 군사와 배를 정비하여 일체 부총병의 지휘를 받아 급급히 쳐서 무찌르되 혹 지체하여 일에 어긋남이 없도록 하라'는 명이었다. 오늘 한산도 앞바다에서 이 명령을 잘 받았다는 말과 함께 5월 7일 출전한 이래 지금까지의 상황을 자세하게 적고 요로를 굳게 지키고 있음과 진주의 사정으로 유부총병과는 연락이 두절되고 있음을 말하였다.

한 가지 잘못된 점은 부총병의 지휘를 받으라는 것이다. 협력해서 하면 되는 것이지 아무것도 모르는 사람의 지휘를 받으라고 하는 것은 말이 되지 않는다. 명나라 장수에게 무조건 복종하게 하고 또 조선군을 지휘하게 하는 선조의 사고방식과 명령은 문제가 심각한 것이었다.

7월 2일 강서 행재소 예조가 대소인원은 융복과 속옷을 모두 소매를 좁게 하고, 금군 이하 공사천은 입자를 벗고 소모를 쓰며 소매가 작은 옷을 입으며 금군에 한해서만은 전립을 쓰는 것을 금하지 말 것을 지금 중외에 알렸으나, 기한이 너무 촉박하여 하등배들이 준비하기 어려울 듯하니, 9월 1일부터 착용하라는 뜻으로 팔도에 알리도록 하자고 하였다.

비변사가 "이일이 북도에서 환조하였으니, 이일로 하여금 행재소에 있는 무신 및 금군·화포장을 뽑아 각종의 화포·방패·전차·낭선·창·검 등을 일일이 학습시켜 기어이 다 배우도록 하게 하소서" 하였다.

7월 3일 비변사가 산보다 물을 지키는 것이 옳다는 의견을 제시하였다. 왜적이 산을 넘는 것은 수월하게 여기고 물을 건너는 것은 어렵게 여겨 물이 말의 배까지만 차도 감히 경솔히 건너지 못하였고, 강동의 얕은 여울도 탐색하기만 하고 건너려 하지 않았으며, 이 밖에 연천·양근 등 여울이 있는 고을이라면 모두 침범하지 못하였으니, 이로써 보면 산을 지키는 것이 물을 지키는 것만 못하다고 하였다.

경상우도 전라도 운봉 쪽에서 방어선을 구축하였던 권율과 선거이 등의 전라도 군이 왜적이 물러감에 따라 함양으로 진출하였다. 식량이 부족한 전라도 군은 수령들이 도주한 관의 창고를 점령하였고, 멀리서 내려온 황해도의 병사와 평안도의 승군들은 식량 마련에 더욱 분주하여 도둑질하는 거나 다름이 없어 보이기도 하였다.

돌아가는 왜적들은 인근을 노략질하고 불을 지르며 온갖 만행을 저질렀다. 경상도 남쪽 백성들은 피난하느라 정신이 없었고 또 한 차례 아비규환을 겪었다.

7월 4일 강서 행재소 좌의정 윤두수가 "삼가 풍원부원군 유성룡의 장계를 보니, 이미 남하했다고 하였습니다. 행재소에는 대신이 한 사람밖에 없으므로 논의가 고루하고 체모에 손상됨이 많습니다. 전일 상께서 유성룡에게 특별히 명하시어 올라오게 하셨던 것은 이런 뜻에서이니, 유성룡에게 하유하시어 속히 올라오게 하소서" 하였다.

전라도 두치 이날 진주성 함락의 여파로 어이없는 일이 일어나고 있었다. 광양의 두치에 복병장으로 배치된 장흥부사 유희선이 진주가 함락되었다는 보고에 겁에 질려 있는데, 피난민들이 왜적이 노략질하며 온다는 말에 확인도 해 보지 않고 광양, 순천 쪽으로 도망을 쳤다. 그리고 왜적이 쳐들어온다고 큰 소리로 외치며 백성들에게 피난을 가라고 하였다. 이때 광양, 순천 낙안, 보성, 강진 등 일대의 연해안 수령들은 한산도 앞바다로 출전하고 없었다. 남아 있던 관원들은 피하기에 바쁘고, 기회를 보던 피난민과 불순한 사람들이 떼를 이루어 소동을 일으키고 관청을 습격하여 창고를 약탈하고 문서를 불사르며 왜적들이 하는 것처럼 분탕질을 쳤다. 광양과 순천, 낙안, 보성 등이 피해를 입었는데 광양과 순천은 특히 심해 마치 전쟁을 겪은 곳처럼 되었다. 한 사람의 겁 많은 수령으로 인하여 큰 화를 부른 것이다.

뒤에 밝혀진 것은, 순천좌수 장예원이 관노 강원, 심한 등과 공모하여 군량 백미 40여 석을 훔쳐내고 창고에 불을 지른 것이 시초였고 뒤따라 부 경내의 도적들이 봉기하여 관고의 곡물을 훔치고 여염집과 관사를 모두 분탕했다 하였다.

7월 5일 전라도 일대의 적병이 갑자기 구례현에 들이닥쳤다. 불의에 적이 이르렀으므로 사민들이 태반이나 상해를 입었는데, 적은 마을을 불태우고 성곽을 무너뜨렸다. 남원의 군민이 이 소식을 듣고 놀라 흩어져 하룻밤 사이에 성을 비우고 빠져나갔다. 명나라 장수 낙상지·사대수·송대빈 등과 우리나라 장수 홍계남 등이 모두 물러나 진을 쳤는데, 조금 후에 유정이 군사를 보내 남원을 지켰다. 적병은 곡성 지경까지 노략질하다가 군사를 철수해 진주로 돌아갔다. 이후 낙상지·송대빈 등 여러 장수들도 우리나라 이빈 등과 더불어 다시 남원성으로 들어갔다.

거제 연합 함대 이날도 왜선 몇 척이 견내량을 넘어왔고 아군이 공격하니 재빨리 도망쳤다. 이렇게 반복되는 대처가 한산도 앞바다 우리 수군의 일상이었다. 이순신은 이날에야 비로소 진주성이 함락되었다는 것을 알았다. 가까운 진주 쪽은 막혀 불통이어서 멀리 광양에서 복병하던 군사의 보고가 도착한 것이다.

경성 한편 도성에서는 진주성 함락 사실을 모르는 접반사 이덕형이 제독의 하처에 가서 진주성의 위급한 형세를 극력 말하였다. 요즈음 돌아갈 생각뿐인 제독은 유정에게 진격하도록 했다는 말로 핑계를 하고 긴급한 보고가 오면 직접 내려가겠다고 말은 듣기 좋게 하였다.

강서 행재소 선조가 윤두수에게, "적이 지난달 16일 함안을 함락한 뒤에 강을 건너 의령을 공략했는데 지금까지 다시 무슨 일이 생겼는지 알 수가 없다. 이 적은 바로 제도에서 내려가 모인 적들로서 그 수가 매우 많은데, 싸움에 이기지 않고서는 그만두지 말라는 풍신수길의 사주를 받았으므로 반드시 우리를 공격하는 데 죽을힘을 다할 것이다. 때문에 사세로 보아 호남 한도가 지탱하기 어려우니, 명군이 아니고 서는 왜적을 물리칠 수 없을 것이다. 경략에게 애걸하여 기어이 일이 성취되도록 하라" 하였다.

그리고 바로 호남으로 진격하려는 왜적에 대한 대책을 논의하는데 전교하기를, "지난해에 호남을 침범했던 적은 바로 병력을 나누어 각처로 다니며 노략질하는 한 부대의 왜구에 불과했었다. 그런데 지금은 적이 실로 호남을 침공할 뜻이 있어, 제도의 적이 모두 영남으로 모여 병력을 합하여 호남을 향해 수륙으로 함께 진격하고 있으니, 적의 형세가 지난날 금산의 적과는 크게 다를 것이다. 경은 이 형세를 잘 요량해야지 지난해의 왜구와 같은 것으로 생각해서는 안 된다. 나의 말을 잘 기억하라" 하였다.

선조는 머리가 좋아 사리 판단은 정확하다. 그러나 필요한 때 필요한 장소에서 유용한 것이어야 하는데 오로지 말만 맞으면 무슨 소용이 있는가. 항상 꿈속의 말일 뿐이었다. 그것도 한참 지난 것에 대한.

이덕형의 보고에 심유경이 왜적을 동반하고 서로로 향한다고 하니 조처하게 하라고 하였다. "지금 이덕형의 서장을 보니, 우리나라는 끝내 심유경 때문에 망하겠다. 우리나라뿐 아니라 천하의 일도 반드시 이놈 때문에 괴란될 것이다. 그러나 이러한 때에 이런 인간을 낸 것도 하늘의 뜻이니 어찌하겠는가. 적의 정상과 흉모 간계는 알기 어렵지 않다. 이덕형이 이미 다 말하지 않았는가. 만약 이 적이 우리나라의 지경을 가로질러 안주에까지 가게 된다면 이는 하늘이 우리에게 패망을 내리는 것이니 우리나라의 군신은 죽음으로써 간쟁해야 된다. 죽음으로 간쟁하여 되지 않으면 차라리 그 왜적을 잡아 가둬 우리 지경을 지나가지 못하게 해야 할 것이니, 경들은 서둘러 도모하라" 하였다. 그리고 이항복을 경략에게 보내기로 하였다.

명의 장수 장 기고가 '심 유격이 이미 서울에 도착하여 왜장 및 왜인 30명을 대동하고 경략을 뵙고서 보고하고자 한다 하는데 경략께서 어찌 처리하실지 모르겠다. 왕자는 부산에 있고 두 사신은 대마도에 있다' 하였다. 또 말하기를 '경략께서 제독에게 지시하여 정병 만 명을 뽑아 급히 보내어 유정의 절제를 받도록 하라고 했다'고 하였다. 윤근수가 이를 조정에 보고하였다.
　경략과 제독에게 심유경과 동행하는 왜적의 통과를 불허하라고 이자하였다.
　선조는 어떻게 할 수 없는 현실과 겁 많고 나약하고 무력한 자신을 비호하기 위해 강화는 안 된다는 명분만을 고집하고 있었다.
　현 상황을 살펴보면 우리는 식량도 없고 무기도 부족하고 훈련된 병사도 없어서 도저히 왜적을 물리칠 수가 없다. 명나라는 어떤가. 왜적과 전면전으로 맞붙어 물리치려면 적어도 20만의 대군은 있어야 하는데 군사도 문제지만 식량이 가장 큰 문제다. 중국에 식량이 있다고 해도 그 머나먼 길을 어떻게 운반할 것인가. 5만의 이여송 부대도 식량 때문에 제대로 작전을 못 하지 않았는가. 싸울 수 있는 형편이 아니었다. 왜적들도 장기전으로 싸울 수 있는 형편이 아니었다. 대부분 싸우고 싶은 생각도 없었을 것이다. 그러니 강화는 필수적인 것이었다.
　냉철하게 판단하여 할 것은 하고 할 수 없는 것은 포기하고, 그중에 가장 중요한 것을 놓치지 않아야 한다. 지금 가장 중요한 것은 실력을 기르는 것뿐이다. 그리고 만일의 경우를 대비하는 데 시간을 쏟아야 한다. 그런데 맨날 중구난방의 대책 없는 대책 회의에 시간 낭비하고, 말만 아름다운 문장 만드는 데 시간 소비하고, 얻는 것 없이 왔다 갔다 하는 데 시간과 힘을 낭비하고, 그러다 분하고 억울해서 기운 상하고 이러면서 세월만 보내고 있으니 한심한 일이 아닐 수 없었다. 명나라의 힘도 빌려야 하지만 우리의 힘을 길러야 한다. 그런데 선조는 우리의 힘을 길러야 한다는 것에 대해 생각과 말은 하지만 전혀 실행할 능력도 의지도 없었다. 오로지 명나라에게 우리는 명나라의 적자이니 살려 주어야 한다고 애걸복걸하고 있고, 더 나아가 우리는 싸울 능력이 없으니 대신 싸워서 쳐부숴 달라고 졸라 대고 있었다. 이것이 한 나라의 임금으로서 적절한 행동인지 생각해 보지 않을 수 없다. 명나라 입장에서는 싸워서 이길 수 있었으면 당연히 싸워서 이기고 크게 거드름을 피울 것인데, 도저히 승산도 없고 더구나 상대가 강화를 요청하니 싸울 의사가 있을 리가 없었다. 그런데 조선왕이 자꾸 나가서 싸워 달라고 하니, 가서 죽으라는 말과 같은 것이니 화가 나지 않을 수 없었다.

어쩔 수 없는 상황, 우리 힘으로 할 수 없는 상황에 대한 세심한 판단은 하지 않고, 끝없이 신하들만 들볶고 시간만 낭비하게 만드는 선조는 시기만 놓치고 결국 또 다른 고난을 자초하고 말 것이다.

7월 6일 선조가 "심유경이 왜인을 이끌고서 경성으로 온다 하니, 경략·지휘에게 왜적이 우리 경내로 지나가는 것을 허락하지 말라는 뜻으로 죽을 각오로 극력 간쟁하여 왜적이 지나가지 못하게 할 것으로 개성유수·황해감사·평안감사에게 속히 하유하라" 하였다.

또 말하기를, 심유경은 적과 계획이 같은 불측한 간인이라 하며 천하의 일을 망칠 자가 바로 이 자인데 경략 이하가 모두 이 자의 술책에 빠져들고 있다. 치가 떨리고 분하여 한밤중에 벌떡 일어나서 손수 유경을 참하고자 하기까지 하였다고 하며 분개해 마지않았다.

그리고 "사신을 보내 유경이 왜적을 항복시킨다며 대사를 망친 내용과 왜적이 한편으로는 거짓으로 항복하겠다고 속이고 조공을 바치겠다고 하면서 한편으로는 그 무리들을 다 동원하여 함안 등지를 함락하고서 호남까지 도륙하고자 하여 우리나라의 멸망이 불일간에 있다는 실정을 급히 달려가서 주문하게 하고자 한다" 하였다.

경상좌병사 권응수가 수사 이수일과 울산에서 적과 싸운 일을 보고하였다. 왜적이 말하기를 '본국으로 돌아가기 위하여 풍세를 기다리고 있는 참인데 이처럼 침벌하니 부산에 청병하여 결전하고자 한다' 하였다.

7월 8일 경성 명군 진영 심 유격의 행차에 왜장이 따라오면 우리나라에서는 공궤하지 않겠다는 뜻으로 역관을 시켜서 제독에게 고하게 하였더니, 제독이 자신이 하인을 시켜서 공급하겠다고 하였다. 밤 2경에 유격이 왜장과 함께 도착하여 남대문 밖 빈집에서 유숙하였다. 이여송은 힘도 없는 소서비탄수를 상대로 쓸데없는 허장성세를 부리고 호통을 쳤다.

경략이 왜적이 진주성을 친다는 보고를 받았을 때 매우 분노하였다. 그래서 경략이 유경에게 꾸짖기를, "네가 왜적으로 하여금 바다를 건너 돌아가게 하고 왕자를 데리고 돌아오겠다고 말했었다. 그런데 아직까지 적이 주둔하여 노략질을 그치지 않으니, 너는 모름지기 다시 적의 진영으로 들어가 분명히 효유하라. 만약 그렇게 하지 않으면 나는 병부에 보고하여 너의 죄를 끝까지 추궁하고 용서하지 않을 것이다" 하였다. 심유경은 진퇴양난에 빠졌고 힘이 빠졌다. 그런데 이제 경략이 올라오지 말라고 명하였으므로 심유경과 소서비탄수 일행은 경성에 그대로 머무를 수밖에 없었다.

거제 연합 함대 이날 이순신 진영에는 '왜적이 광양을 침범한다는 소문에 광양 사람들이 이미 관사와 창고를 불 질러 버렸다'는 말이 전해졌다. 이순신은 상황이 납득이 가지 않았다. 우선 군관 김붕만을 보내 소문을 확인해 보기로 하였다. 그런데 다음 날 남해현령이 와서 광양, 순천이 분탕질을 당했다고 하였다. 바로 순천부사, 광양현감과 송희립 등을 내보냈다. 다시 밤에 본영의 탐후선이 와서 광양, 순천의 일은 왜적이 아니고 영남 피난민이 일으킨 소동이라고 하였다. 이순신은 그나마 다행이라고 생각하였다.

7월 9일 전라도 중국 장수 14인과 군사들이 남원성에 들어왔다. 난민들이 왜적을 가장하여 도적질을 하기 때문에 병사와 순변사가 진정시키도록 하였다. 구례현감 이원춘이 진주의 적이 본 현을 침입 분탕질하고 화곡을 베어 가지고 즉시 돌아갔다고 보고하였다. 포로가 되었다가 돌아온 사람이 와서 말하기를 '진주에서 승전했으면 속히 돌아오라는 문서가 일본에서 왔기 때문에 왜적들이 동래로 향하고 있다'고 하였다. 이런 사실들을 전라병사 선거이가 감사 이정암에게 보고하였고 이정암이 조정에 장계를 올렸다.

경상우도 이날 유성룡은 합천으로 가서 유정을 만났다. 호남의 구원을 말하니 유정은 구원하겠다는 뜻으로 답했다. 박진, 박명현, 박종남은 지친 군사 5~6백 명을 거느리고 오유격과 함께 초계에 있고, 이빈, 이시언은 거창 함양 등지에서 떠났다는데 어디에 있는지 알 수가 없었다. 곡식이 곧 떨어질 것인데 운송할 방법이 없어 걱정되었다. 게다가 호조판서 이성중이 안타깝게 병으로 죽었다고 한다. 유성룡은 이런 사정을 조정에 보고하였다.

7월 10일 강서 행재소 윤두수가 호택 등을 만나 관방 수축, 왜적의 요구 조건 등을 들었다. 관방 수축은 바로 경략의 심원한 계책으로 일조일석에 갑자기 정한 것이 아니라고 하였다. 사실 이것은 명나라 군사가 대부분 철수했을 때 왜적이 다시 올 경우를 대비하여 방수하고자 하는 경략의 생각이었다. 또 심 유격이 지난달 20일에 소서행장의 중군 소서비와 함께 부산을 출발하여 이달 2일에 서울에 도착했는데, 지금쯤 경략이 있는 곳에 도착했을 것이라고 하였다.

윤두수가 '지방마다 탕패되고 인민이 산망하였으므로 양곡을 운반하는 자들은 모두 전라도 사람들인데, 지금 만약 성을 쌓고 집을 짓는다면 인력이 고갈되어 쉽게 이루기 어렵다. 대인은 그곳에 가서 지세만 살피고 오면 성을 쌓는 등의 일은 뒤따라 토공을 일으키겠다. 그러나 유·오 두 장군이 현재 변경에 있는데 만약 같이 답사한다면 그동안 왜적을 막을 사람이 없게 되니 적이 물러가기를 기다려 서로 상의하여 결정하는 것도 무방할 듯하다' 하였다.

호택이 답하기를 '형세를 보아가면서 처치할 계획이다' 하였다.

아직까지도 진주성 함락 소식은 오지 않아 조정에서는 모두들 모르고 있었다. 이날 진주성 공격에 대해 심유경이 알려준 내용을 보고하는 최경회의 장계와 진주성에 들어가 그곳의 상황을 알리는 김천일의 장계가 왔는데 둘 다 이미 고인이 되었고 한참 전의 일이었다.

7월 11일 선조가 왜적의 소굴을 치는 계책을 의논하여 조치하라 하였다. "적의 무리가 모두 우도로 향해 가고 있는 것을 보면 그 소굴인 부산 등지에는 그 무리가 반드시 많지 않을 것이다. 양산·기장 등의 고을을 아군이 이미 수복하였으니, 만약 이곳에서 직진하여 급히 공격해서 적의 소굴을 무찔러 양곡과 영채를 태워 버리고 양산에 있는 적을 격퇴하여 우리 수군의 길을 개통시켜 해상을 제압한다면 소굴을 잃은 적은 반드시 뒤를 두려워하여 감히 깊이 들어오지 못할 것이니, 우리가 뜻을 얻을 수 있을 것이다. 오늘날 적을 섬멸할 계책으로는 이보다 나은 것이 없다. 그러나 우리나라의 병력만으로야 어찌 이 일을 해낼 수가 있겠는가. 이 뜻을 경략이나 제독에게 보고하는 것이 어떨지 의논하여 조처하라" 하였다.

선조는 머리도 좋고 책을 많이 읽었으니 중국의 고사가 머리에 번쩍 떠올랐을 것이다. 손빈이나 한신이 적이 공격해 왔을 때 적과 대적하는 것이 아니라 거꾸로 허를 찔러 적의 빈 수도를 공격한 고사를 생각했던 것이다. 전략가다운 생각이지만 천 리 먼 곳에서 다 지나간 다음에 허공에 대고 대책이라고 외치고 있으니 무슨 일이 되겠는가. 시기도 지났지만, 또한 하려고 해도 능력도 여력도 없어서 할 수가 없는 일이었다.

7월 12일 전라감사 권율이 진주성 상황을 장계하였는데, 그 대략은, "영남의 흉적이 6월 22일에 와서 진주를 공략하고 사방으로 흩어져 분탕질을 쳤습니다. 24일에는 진주를 세 겹으로 포위하고서 죽교를 만들거나 죽부를 만들기도 하였으며, 혹은 높은 나무로 가루를 만들기도 하였는데, 그 가루 위에는 백여 명이 설 수 있으며, 포를 쏘아 대는 소리가 사경에까지 들렸고, 남강 건너편에 수를 알 수 없을 정도로 많은 진을 만들었습니다. 진주의 접전이 오늘까지 7일이나 되었습니다" 하였다.

윤근수의 보고가 있었는데, 심유경이 왜장 소서비와 함께 6일 서울에 도착한다는 때늦은 소식과 한강을 경계로 서쪽은 대명에 붙이고 동쪽은 일본에 소속시키기로 하고서 강화를 확정했다는 유언비어를 알리는 것이었다.

이원익의 장계에 의하면, 평양성 안에서의 중국 군사들의 행패가 날이 갈수록 더하여 뒷바라지하는 관원들이 점차 도주하고 있던 차에 마침 정동지가 와서 모든 작란자들을 잡아다가 징치하였으므로 근일에는 조금 견딜 수 있게 되었다고 하였다.

경성 명군 진영 제독이 심유경에게 왜적이 전라도에 이르렀다는데 무슨 연고이냐 하니 심유경은 재삼 전라도는 침범하지 않을 것이라고 하였다. 심유경은 전일 문경에서 철수한 것도 자신의 품첩 때문이었다고 하고, 진주성을 비우게 하여 왜적의 공격을 피하라고 한 것도 자신의 소위라 하였다. 제독은 배신이 진주는 성이 높고 강이 넓어 왜적이 공격하지 못할 것이라고 하여 일을 그르쳤다고 하였다. 마지막엔 조선 측에 핑계를 댄 것이다. 이덕형은 이런 내용에 대해서 조정에 보고서를 올렸다.

경상우도 왜적이 물러나자 부총병 유정의 일 부대가 함양 지역으로 내려왔다. 그들은 차라리 오지 않는 것이 좋았다. 싸우러 온 것이 아니라 약탈자였다. 빈집을 뒤지는 것은 약과이고 요구하는 것이 많고 횡포가 심했다. 장수들이 금했지만 되지 않았다. 피해가 왜적들이 하는 것이나 다름없어 백성들의 고통이 말이 아니었다.
권율은 삼가에, 이빈은 의령에 주둔하였다. 진주성에서는 승군들이 유골을 수습하여 매장하고 있었다. 시체를 찾아 고향으로 보내기도 하였다.

7월 13일 강서 행재소 비변사가 권율의 생각은 다만 요해처를 지켜 호남을 보전하고자 할 뿐, 군사를 보내어 진주를 구원할 의사가 없는 듯하다고 하였다. 선조가 진주를 구원하는 것이 바로 호남을 보전하는 길이니 구원하게 하라고 하였다. 그리고 제독에게 진주성을 구원해 달라는 품첩을 보냈다. 조정에서는 이렇게 한참 때 지난 조치를 하고 있었다.
비변사의 요청으로 황정욱이 도착하는 즉시 잡아 올리기로 하였다.

경성 명군 진영 이여송은 왜적들의 전라도 침범에 대해 심유경이 전라도는 침범하지 않을 것이라고 했다는 것으로 핑계하였다. 그리고 말로는 곧 직접 내려가겠다고 하면서 미온적으로 반응하고 있었다.

7월 14일 강서 행재소 사간원이 김명원이 왜적을 추격하라는 명도 어겨 일을 망치고 나라를 욕되게 한 죄가 크다고 탄핵하고, 환도하는 것이 하루가 급하니 날짜를 정하라고 아뢰었다.

유원외가 강화하는 것이 아니고 항복을 받는 것이라며 걱정하지 말라는 허황된 문장의 자문을 보내왔는데, 선조가 이것이 무슨 자문인가. 기롱하는 것인가 하였다.

한산도 연합 함대 이날 연합 함대는 진을 한산도의 두을포로 옮겼다. 몇 달간 열심히 준비해서 이제 진영이 모두 갖추어졌다. 드디어 한산도에 정착하게 된 것이다. 이에 이순신은 장계를 올려 한산도에 진영 설치를 허락해 줄 것을 정식으로 요청하였다. 이날 밤 이순신은 밝은 달빛 아래 만감이 교차하여 잠을 이루지 못했다.

7월 15일 강서 행재소 선조가 "풍신수길의 뜻을 보건대 음모가 더욱 흉악하고 기세가 날로 더욱 교묘해져서 이미 군대를 증원해 와서 기어이 양남을 병탄하려 하니 그 기세로 보아 수년 안에 전쟁이 끝날 상황이 아니다. 그런데 우리나라의 병력으로는 도저히 물리칠 방도가 없고 주둔하고 있는 중국 군사도 3~4만에 불과한 데다가 피로마저 심하니 아마도 쉽게 대적하지 못할 듯하다. 지난해 주청할 때 수군과 육군이 함께 진격할 것으로 말을 하였는데도 중국에서는 다만 육군만 보내왔다. 또 일찍이 통보를 보니 어떤 사람이 절강의 수군을 보내 바로 적의 소굴을 무찌르기를 제주한 사람이 있었다 하니 수군을 크게 일으켜 우리 수군과 함께 협력 진격하여 적의 소굴을 무찌르고 수군과 육군이 협공하면 일거에 적을 섬멸하게 되어 만백성이 아무 걱정 없이 살게 될 것이다. 참작하여 헤아려 보아라" 하였다. 좋은 생각이긴 하지만 실현 가능성은 없었다. 비변사가 수군 요청은 실효가 없다고 아뢰었다.

영의정 최흥원이 서울 환도를 재촉하는 장계를 올렸다.

경상우수사 원균의 보고에, '왜선 6백여 척이 바다를 뒤덮고 오는데 뒤따라오는 선척도 끊이지 않고 있습니다. 이들은 바로 호남을 침범할 계획인데 삼도의 판옥선은 1백20여 척이 있을 뿐이고 본도는 분탕질을 당하여 군량이 이미 다했으므로 허다한 사졸들이 기곤이 심하여 계속 죽어 가고 있어 배를 부릴 방책이 없으니 매우 우려됩니다. 신이 이순신과 서로 약속하고서 한산도 등지에 진을 치고 있습니다. 그러나 흉적이 진주를 함락한 뒤로 전라도 연해에 사는 백성들이 적이 전라도 지경에 이르기도 전에 먼저 소동을 일으켜 관사를 태우기도 하고 혹은 창고의 곡식을 노략질하기도 하는데 도처가 다 그러합니다' 하였다.

경성 명군 진영 이날 이여송은 전라도를 구원한다고 출발하였다.

부산 왜 진영 한편 사신 아닌 사신으로 일본에 들어갔던 사용재와 서일관이 부산에 도착하였다. 이들은 하는 일 없이 대접만 잘 받고 돌아왔다.

7월 16일 강서 행재소 대신들과 진주 방어를 걱정하고 있는데 황해방어사 이시언이 진주성에서 살아나온 충청도 군관의 말로 진주성 함락을 보고하는 장계가 들어왔다. 29일 함락되었다. 그 군관은 성에서 뛰어내린 후 시체 속에 숨어 있다가 겨우 탈출하였다고 하였다. 선조 이하 신하들은 할 말을 잊었다. 할 수 있는 일도 없었다. 단지 경략에게 대군으로 적을 무찌를 것을 청하자는 것이 유일한 그러나 기대할 수 없는 허망한 대안이었다.

하삼도 지역에 적의 수급을 위주로 하는 무과를 실시하기로 하였다. 신분도 가리지 않기로 하였다.

7월 18일 또 모욕적인 불미스러운 일이 일어났다. 선조가 정원에 지시하였다. "지금 듣건대 관 유격이란 자가 심유경의 말을 듣고 왜적을 비호하여 박진 등 네 장군을 묶어다가 곤장까지 치고 온갖 치욕을 보였다고 하니 통분함을 견딜 수 없다. 박진 등이 비록 배신이기는 하지만 곤외의 중임을 맡은 장군인데 어찌 관 유격이 멋대로 벌을 줄 수가 있단 말인가. 이런 버릇을 고쳐 놓지 않는다면 우리 장사들이 손발도 마음대로 움직이지 못할 것이다. 경략에게 게첩을 보내어 그 상황을 자세히 말할 것을 의논해 처리하라" 하였다. 이번에는 이렇게 화라도 냈다.

해주산성을 수축하고 목사를 체차하고 장수를 차임하여 방비를 하라 하였다. 지금 해주에 신경 쓸 때가 아닌데, 선조는 경성으로 바로 들어갈 생각은 하지 않고 이렇게 엉뚱하게 자신만 보호하려는 한심한 생각만 하고 있었다.

주청사 황진으로 하여금 화의의 문제점, 심유경의 잘못을 중국 조정에 알리도록 하라고 하였다.

비변사의 요청으로 모든 무신들을 기복시키도록 하였다. 또 도망한 군사에게 참퇴법을 시행하도록 도원수와 각진에 통유하도록 하였다.

김응서의 보고에 양산, 울산 등지의 적이 부산, 동래, 서생포, 제포 등지로 진을 옮겨 널리 퍼져 둔취하고 있다고 하였다.

소서행장 등 왜적의 장수들은 대부분 전쟁을 끝내고 싶어 하여 여러 가지 핑계로 부산으로 철수하고 돌아갈 길을 모색하려고 했지만 풍신수길의 의중은 어디까지나 작전상 후퇴였다. 식량을 비축하고 군사들을 교대로 철수시켜 쉬게 하고, 배들을 크고 견고하게 대대적으로 건조하게 하였고, 남해안 일대에는 견고하게 성을 쌓도록 하였다. 울산, 서생포, 임랑도, 기장, 동래, 부산, 김해(죽도), 감동포, 안골포, 웅천, 거제도의 장문포와 영등포외 지성7개소 도합 18개의 성을 쌓고 있었다.

경성 명 진영 제독이 용인까지 갔다가 왜적이 물러갔다는 말을 듣고 이날 경성으로 다시 돌아왔다.

7월 19일 강서 행재소 군량과 방어 강화를 요구하는 제독의 자문에, 적을 공격해 나라를 구해 달라고 애걸하는 회답을 보냈다.

'이제 적세가 다시 신장되어 진주가 함락되었으므로 백전 의장들이 여기에서 다 죽고 사방의 조수가 여기에서 다 소모되었습니다. 경상도의 완전한 성이 끝내 무너졌고 전라도의 요새가 텅 비었으며, 또 가는 곳마다 탕진되었으니 장차 어떻게 나라를 유지할 수가 있겠습니까. 더구나 저들이 한강을 경계로 한다는 말을 퍼뜨려 왜적을 치러 내려가는 군사와 대항하고 산하를 분열할 뜻을 멋대로 부리려 하니, 이것이 어찌 우리를 약하다고 깔보아 하늘도 두려워하지 않는 것이 아니겠습니까. 대개 저들의 믿을 수 없는 거짓 화친이 오늘에 이르러 더욱 증명되었습니다.

그러니 오늘에 있어서 원수께서 각 군마를 거느리고 남하하여 왜적을 막고 무찔러 죽인다면 위엄도 손상되지 않고 살아남은 외로운 백성들도 보전할 수 있거니와, 유예하여 시기를 늦춘다면 일은 구제할 수 없게 되어 얼마 남지 않은 저축마저 모두 적의 군자가 되고 말 것입니다' 하였다.

7월 20일 전라감사 이정암의 보고가 왔는데 한참 전의 이야기였다. 이순신의 보고에 적선 7~8백 척이 지난 6월 23일 도해하여, 거제 경계에서부터 영등포, 송진포 등에 가득하여 수륙으로 호남을 침범할 뜻이 분명하므로 삼도의 주사가 한산도 견내량을 막고 있다는 것과 구례의 석주에 고부군수 왕경조가 복병하고 있는데 2만의 흉적이 가까이 와 분탕질하고, 파수하는 군사들은 모두 도망하여 어찌할 바를 모르고 있다는 것 등이었다.

각 고을에서 군병을 뽑을 때 색리가 농간을 부려 대부분 사실로써 하지 않는 것이 고질적인 폐해였다. 그러나 승군은 전진에 도움이 없지 않아 공을 세운 자가 연달았다. 이에 비변사가 수급을 베어 바친 자에게 선과를 주겠다는 내용으로 휴정에게 통유하여 그로 하여금 승군을 모으게 하자 하였다.

7월 21일 헌부가 김응서는 비록 돌격의 용맹은 있으나 별로 변란을 제어할 만한 지략이 없고 기복의 몸으로 창기를 가까이하고 꺼리는 바가 없다 하며 체차하기를 청했다.

유성룡이 진주성 싸움의 패전 원인을 보고하였다. "진주의 함락이 비록 강대한 적병 때문이기는 하지만 우리 쪽 대응의 잘못도 개탄스럽습니다. 신이 경성에 있을 적에 목사 서예원이 명군 지대 차사원으로 함창에 와서 있기에 즉시 이문하여 '진주가 곧 왜적의 공격을 받게 되었는데 성을 지키는 관원이 어찌 멀리 나와 있어서야 되겠는가' 하고, 속히 돌아가게 하였습니다. 그러나 지체하고 돌아가지 않다가 적이 가까이 왔다는 것을 들은 뒤에 겨우 입성하여 방비 등의 일을 미리 조처하지 못한 것이 잘못의 첫째이고, 또 제장들이 객병을 거느리고 한 성안에 많이 모였는데 통제하는 사람이 없어 각각 제 주장만 고집하여 분란을 면치 못했던 것이 잘못의 둘째이며, 제장들이 당초에 사세를 헤아리지 못하고 경솔히 함안으로 나아가서 진을 치고 있다가 적병이 크게 이르자 낭패하고 도망해 돌아와서 적으로 하여금 승세를 타게 한 것이 잘못의 셋째이며, 정진에 군사를 진열시키고 굳게 지켰다면 적이 사면에서 함께 진격하여 오지는 못했을 것인데, 모두 버리고 떠났으므로 적병이 수륙으로 함께 진격하였고 진주가 함락되기 전에 의령·삼가·단성·진해·고성·사천 등지에 적이 구름처럼 모여 원병의 길이 막힌 것이 잘못의 넷째입니다" 하였다.

굳이 유성룡이 우리 측 잘못을 거론하였는데, 이것은 반성하자는 의도였을 것이다. 너무도 막강한 왜적 앞에 패전은 어쩔 수 없는 상황이었다. 그러나 적에게도 무수한 피해를 입히며 무려 9일 동안이나 항전하였다는 것은 실로 대단한 일이었다. 무엇보다도 그들의 충성스럽고 의기로운, 나라를 지키기 위해 목숨을 바친 항쟁은 청사에 빛나는 것이었다.

이 제독은 선조의 친필을 받아 보고 싶어 했다. 그만큼 선조의 글씨는 알려진 명필이었다. 그러나 선조는 이런 요구를 한사코 거절하였다.

7월 22일 윤근수가 보고하였다. "경략이 각장에게 추살할 것을 명하면 제독은 '저들 왜적이 이미 강화하기로 하고 부산으로 가고 있으니 스스로 바다를 건너 저희 나라로 갈 것인데 무엇 때문에 칠 필요가 있겠는가'라고 생각하기 때문에 경략의 명을 따르지 않는다고 합니다" 하였다.

부산 이날 명 사신 사용재와 서일관 일행은 임해군 등 왕자 일행과 동행하여 경성을 향해 길을 출발하였다.

7월 23일 강서 행재소 양사가 합계하여 왕이 직접 제독을 찾아가 호소하기를 청했다. 선조의 변명과 사관의 논평이 아주 걸작이다.

"내가 먹지 못한 지가 이미 월여가 되었고 또 며칠 전부터는 감기가 걸려서 어제의 계첩도 병을 무릅쓰고 억지로 쓰는 것을 좌우가 모두 보았다. 지금 길을 나서고자 하여도 사세가 어찌할 수가 없다. 아, 죄악이 너무나 큰 내가 감히 임금의 자리에 그대로 앉아 있고 즉시 물러나지 않기 때문에 하늘이 노하여 지금 이러한 질병을 내린 것이리라. 임금은 동작을 반드시 깊이 생각해서 해야 하고 경솔히 해서는 안 된다. 내가 듣기에 왜가 서울에 당인과 서로 섞여 있다 한다. 이 적들은 바로 저희 나라로 돌아갈 자들이니 우리나라 군신이 정처 없이 떠돌아다니며 외롭고 위태로운 모양을 보여 줄 수 없다. 그리고 또 의외의 변이 있을 줄을 어찌 알겠는가. 우리나라 사람들은 본래 모책이 없고 저 적들은 간계가 막심하다. 그러므로 아울러 언급하는 것이다" 하였다.

이 말에 대해 사관이 울분을 토했다.

'화가 종사에 미쳤고 욕이 선왕에까지 미쳤으니 영원히 잊을 수 없는 원수가 이 적이 아니고 무엇이겠는가. 진실로 침과 상담하며 친히 삼군을 거느리고 명군의 선구가 되어야 할 때인데, 제독부에 호소할 것을 청하자 병이 있다고 핑계하고 한갓 문구의 말사인 자주를 일삼아 사기를 잃어 현합의 기롱이 있게 하였으니 욕을 끼침이 깊다. 이 어찌 원통하지 않은가' 하였다.

7월 24일 경략이 주문 내용을 삭제할 것을 요구한다 하여 대책을 논의하였다. 윤근수와 황진에게 지시하여 십분 힘을 써서 주선하게 하자고 하였다.

경상좌수사 이수일이 적선 4척을 나포하였다는 보고가 있었다.

7월 26일 비변사가 "병사를 모으는 것이 어려운 것이 아니라 병사를 기르는 것이 어려우니, 군량에 대한 일도 도원수로 하여금 좋은 방법을 찾아 잘 처리하여 번을 쉴 때 양식을 준비하게 하기도 하고 약한 군사는 출전하는 대신으로 양곡을 보조하게 하는 것을 편의에 따라 시행하게 하소서" 하였다.

군량에 대한 일은 조정에서 근본적인 대책을 세우고 좋은 방법을 찾아 잘 처리해야 할 일인데 무능한 조정은 이것을 도원수에게 미루고 있었다.

선조는 명나라에 보낼 설득력 있는 문장 만들기에 열심이었다.

정원에 전교하여 "전일 내려보낸 예부와 병부에 올릴 두 정문에는 모두 은미한 사연이 있으므로 경솔히 올릴 수 없으니, 말하고 문답하는 사이에도 반드시 '심유경이 강화로 나라를 그르쳐 끝내는 적에게 나라를 팔아넘길 상황이므로 우리나라의 신민은 비록 지극히 천한 종들까지도 팔을 걷어붙이며 격분하고 심히 번민하지 않는 자가 없으나 호소할 곳이 없으니 귀부는 이러한 정상을 굽어 살펴 주기를 바란다'는 뜻으로 말하고, 범인들과 말하는 사이에도 혹 이 문제가 거론되거든 곧 이곳의 사정을 진술하기를 '대군을 지체시켜 불세의 공을 세우지 못하게 하고 본국을 혼란시켜 끝없는 원수를 갚지 못하게 하였으며, 역적이 뜻을 얻고 양양하게 돌아가게 한 것이 모두 심장군이 저지른 일인데 중국에서야 어찌 알 수가 있겠는가'라고 하라. 대체로 경들은 지성으로 응대하여 기필코 일을 성공시키라. 그리고 배일겸행하여 급히 달려가라는 일로 비밀히 황진에게 하서하라" 하였다.

주청사 황진이 주본에 대한 경략의 반응을 보고하였다. "경략이 '그대 나라에서 지금 청병을 한다면 제독은 성질이 고약하여 다른 사람과는 다르므로 반드시 화를 내며 조선에서 지금 새로운 군대를 청하니 나는 적을 추격할 필요가 없다고 할 것이다. 만약 그렇게 된다면 그대 나라의 일은 영 틀려 버리고 말 것이다'고 하였습니다. 지금 경략과 제독이 신이 가는 것을 저지하려는 것은 그 뜻의 소재를 알기 어렵지 않으니 매우 염려됩니다" 하였다.

선조가 "윤근수와 황진 등의 장계에 경략이 주청사를 들여보내지 않는다고 하였다. 이 일은 우리나라의 존망이 매인 막대한 일인데 보내지 않으면 어떻게 하겠는가. 윤근수는 경략에게 정문하여 보내 주기를 청하고, 황진도 정문하여 빨리 보내 주기를 청할 것으로 급히 하유하라. 만약 경략이 들어주지 않으면 나도 자문을 보내어 기어이 보내고야 말겠다는 뜻을 아울러 하유하라" 하였다.

7월 27일 이덕형의 비밀 장계에 제독이 돌아갈 마음이 간절하다 하였다.

7월 28일 연해의 수령들은 서로 전통까지 하며 도망하고 창고의 곡식을 방치하여 무지한 난민들로 하여금 왜적의 행상으로 꾸며 분탕과 노략질을 하게 하였으니, 처음 작란을 주도한 자를 잡아다가 효수하고, 복병장 왕경조 등은 적의 모습을 보기도 전에 도망하였으니 군령에 따라 시행하자 하였다.
   답하기를 '처음으로 난을 주도한 자뿐만 아니라 이밖에 죄가 중한 자들도 일일이 잡아다 참수할 뜻을 하서에 첨가하라' 하였다.
   또 황정욱을 잡아다 추국하라 하였다. 황정욱은 일찍 죽지 못한 것이 한이 되었을 것이다.

7월 29일 경략이 평양으로 나온다 하니, 왕의 전진, 경략의 접견 등을 논의하였다. 선조는 우선 해주까지 나아가겠다는 뜻을 보였다.
   비변사가 포수 2백 명을 뽑아 성안하고 또 50명으로 예비자로 하여 매월 15일 전후에 시재하여 무능한 자를 출송하고 예비자 중에 우수한 자로써 보충하며, 출송된 자도 항상 스스로 교습하게 하여 언제나 다시 기용할 수 있도록 하자 하였다.

한산도 이순신 진영 이순신은 계속 견내량을 굳게 지키고 있었다. 견내량 위로 정탐은 하지만 진출은 하지 않았다. 만약 진출하여 전투를 벌인다면 부산 쪽의 왜선들이 거제도 외양을 돌아 뒤를 습격하게 될 우려가 있었고 그렇게 되면 큰 낭패가 아닐 수 없었다. 견내량을 봉쇄하는 작전으로 왜적은 우리 수군의 실정을 알 수가 없었고 따라서 공격해 올 수가 없었다.

진주를 공격한 왜적들은 물러갔지만 웅천 등지와 거제도의 영등포, 장문포, 송진포에는 왜적들이 그대로 남아 성을 구축하고 있었다. 별다른 교전 없이 긴장 속에서 7월이 갔는데 다만 원균의 음흉하고 분별없는 행동이 이순신의 마음을 계속 무겁게 하고 있었다.

‖ 명군의 주력은 철수하다 ‖

8월 1일 강서 행재소 임금 선조는 아직도 강서현에서 움직이질 않았다.

8월 2일 선조가 "경략이 말하기를 '당신 나라는 지금까지도 군사를 뽑아 훈련을 시키지 않는다'고 하였다. 우리나라는 오직 적이 물러가기를 기다릴 뿐 별로 조련하는 일이 없으니 그 말이 매우 두렵고 부끄럽다. 지금 나라의 형세가 이 지경이니 남정이라면 모두 군사로 징발하여 영남으로 보내지 않는가? 양곡에 대해서는 신곡이 이미 익었으니 여러 방면으로 조치한다면 어찌 제대로 안 될 것을 염려하겠는가. 이 두 가지 사항을 속히 의논하여 아뢰라" 하였다. 부끄럽지 않으려면 빨리 경성으로 가서 군사를 모아 훈련시키는 등 제반 일을 강력하게 시행하면 되는 것이다. 갈 생각은 하지 않고 말만 하니 새겨듣는 사람도 없었.

황정욱은 멀리 귀양 보내라 하였다. 그가 말한 내용을 보면 죄줄 이유가 하나도 없었다. 오히려 고생한 것을 크게 위로해야만 했다. 어쨌든 비정상적인 상황 속에서 목숨이나마 건진 것이 그나마 다행이었다.

유성룡의 보고에 유 총병과 오유격이 고령의 경계와 합천에 주둔하였기 때문에 적병이 머뭇거리다 물러갔다 하고, 두 장수는 자기 마음대로 할 수 없다는 것으로 핑계하여 끝내 나아가 싸울 생각이 없어 걱정스럽다 하였다. 또한 진주를 구원하지 않은 데서 한 번 기회를 놓쳤고, 곧장 의령을 공격하여 적의 형세를 차단하지 않은 데서 두 번째 기회를 놓쳤다 하고, 적병이 진주에 있을 때 부산과 동래에 있는 적의 수효가 매우 적었는데 일을 해낼 만한 군사가 없어서 기회를 놓치고 말았다고 하였다. 그리고 군량이 고갈되어 콩을 지급했는데 그 콩마저 떨어졌다고 하고, 전라도를 침범한 적은 진짜 왜적이 아니라고 하였다.

8월 3일 사헌부가 아뢰기를 "선전관 유형은 표신을 가지고 호남으로 내려가서는 피난민 10여 명을 거느리고 장성현에 이르러서 일행에게 지공하지 않는다는 이유로 함부로 관인에게 매질을 하고 쇄마를 10여 필씩이나 내도록 하였으며, 심지어 스스로 첩자를 만들어 제 종으로 하여금 멋대로 관고를 열고 쌀과 콩을 공공연히 실어다가 피난민에게 주게 하였으니, 방자히 폐단을 일으킨 죄를 엄중히 다스리지 않아서는 안 됩니다. 잡아다가 국문하라 명하소서" 하였다. 폐단을 일으킨 것이 아니라 좋은 일을 한 것이다. 국문이 아니라 상을 주어야 할 일이었다.

비변사의 청에 따라 단천의 은광 채굴을 허락하였다. 또 이름 없는 서원에 소속된 곡물 등을 군량에 충당하기를 청했다.

8월 4일 이날 일본에서는 풍신수길의 아들이 태어났다.

경략은 계속 주청사 황진의 북경행을 막고 진주하는 내용을 고칠 것을 요구하고 있었다. 승문원에서는 접반사와 더불어 경략에게 주선하여 '국서를 매양 개서할 수는 없다. 유병에 관한 일은 이미 전일에 진주하여 황상의 윤허를 받았고, 병부에서 경략 아문에 이문하였으니 노야는 스스로 봉행해야 한다'는 내용으로 재삼 신품하라는 뜻을 황진에게 하유하자고 하였다.

8월 5일 승문원에서 또 아뢰기를 "지금 다른 길로 자세히 진술하여 중국 조정에 알린다면 경략의 진노가 없지 않을 것입니다. 그러니 지금 상의 분부에 따라 회자를 다시 고쳐 짓되, 왜적이 바다를 건너간다는 말은 빼고 심유경이 왜와 교통하며 강화하고 있는 정상에 대해서는 그 개요를 대략 진술하는 것이 무방할 듯합니다" 하였다.

8월 6일 선전관을 보내어 적진에서 나오는 왕자를 호위해 오게 하였다. 왕자를 모시고 적중에서 나온 사용재·서일관 일행을 선조가 관원을 보내어 위문하였다.
경략에게 중국 군사들이 여인들을 변장시켜 몰래 데리고 가는 것을 금해 달라고 청했다.
화약을 개인이 주조하여 관에 납부하게 하고 전매하기로 하였다.
유성룡을 속히 올라오도록 하라고 하였다.
비변사가 진주성을 구원하지 않고 도망친 장수들의 처벌을 청했다. 대책도 없고 능력도 없는 비변사는 입으로는 못할 일이 없었다. 그래서 우리 사람 죽이자는 것을 아주 쉽게 말하고 있었다.

8월 7일 호조가 중국에서 들어온 양곡에 대해서 아뢰었다. "지난 임진년 12월 이후로 중국에서 수운해 온 양곡의 전체 수량을 통틀어 상고

해 보면, 의주에서 받은 것 중에 소미가 5만 6백10여 석이고, 콩이 5만 3백10여 석이며 조가 4천7백80여 석인데, 선운이 2만 7천1백여 석이고 육운이 2만 4천90여 석이며, 방하한 수량은 소미가 2천4백90여 석이고 콩이 4천3백50여 석입니다. 평양에서 받은 것 중에는 소미가 1만 3천7백90여 석이고 콩이 1만 6천1백80여 석인데, 선운이 3천3백90여 석이고 육운이 2천1백90여 석이며, 방하한 수량은 소미가 6천7백60여 석이고 콩이 5천6백10여 석입니다. 현재 남아 있는 수량은 소미가 4천 3백30여 석이고 콩이 7천6백60여 석입니다."

8월 8일 경성이 수복된 뒤 우의정 유홍이 백성을 안정시킬 책임을 명 받았다. 그런데 유홍은 스스로 늙었다고 여겨 이서들에게 정사를 맡기고 감독도 하지 않았다. 굶주린 백성을 구제할 물자들을 청탁을 들어 주고 사리사욕을 꾀하는 밑천으로 삼게 만들어 버렸다. 그리하여 죽지 못해 살아가는 백성들로 하여금 구제를 바라다가 모두 죽거나 흩어지게 하였다. 온갖 시행과 조치가 하나도 제대로 된 것이 없었다. 이에 간원이 우의정 유홍을 소환하고 다른 대신으로 하자고 하였다.

8월 9일 경성을 다녀온 구성이 아뢰기를 "이 제독이 '지금 왕자와 배신이 우리 사신과 함께 나온다고 한다'고 알려 주었고, 왕자는 지난 28일 대구에 도착하였다고 합니다. 기전은 보이는 곳마다 마음이 아프고 참담합니다. 죽은 시체가 곳곳에 널려 있고, 진제장에는 1만여 명이 모여 있는데 그중에는 사족도 1백여 인을 밑돌지 않습니다. 그러니 반드시 대가가 앞으로 나아가신 뒤에야 백성들을 안집시킬 수 있습니다" 하였다.

선조가 "심유경이 거느리고 온 왜가 머물러 있는 것은 장차 무엇을 하고자 하는 것인가?" 하니,

구성이 아뢰기를, "경략에게 가서 친히 약속을 듣고서 돌아온 뒤에 부산에 있는 왜와 함께 일제히 바다를 건너 저희 나라로 가고자 하나, 경략이 들어오는 것을 허락하지 않기 때문에 머물러 있는 것입니다" 하였다.

선조가 "지금 또 경주 등처를 침범하리라는 소식이 있으니 진주와 같은 변이 없지 않을 것이다. 이런 뜻을 알아 책응해야 할 것이다" 하였다.

8월 10일 왜적의 동향, 명군의 유병 등에 대한 논의가 있었다.

선조는 "왕자가 나온다고 하니, 황은이 망극하여 뭐라고 말해야 할지를 모르겠다. 그러나 서장 중에 '연해의 8성에 적이 굴혈을 이룬 채 여전히 머물러 있고 돌아가지 않는다' 하였다. 이 적은 본래 잠시의 노략을 목적으로 나온 것이 아닌데다가 별로 패전한 적도 없으니 어찌 돌아갈 리가 있겠는가. 중국군이 단지 돌아가고 싶은 마음에서 거짓말을 하고 있는 것이다. 중국 군사가 철수할 경우 아침에 중국군이 떠나면 저녁에는 왜적이 쳐들어올 것이다. 저 왜적을 변경에 둔 채로는 나라를 수호할 수가 없다. 그러나 우리나라의 힘만으로는 어찌할 방도가 없다. 경략과 제독도 품첩의 보고만을 믿고 오래지 않아 철수하여 들어갈 것이라고 한다 하니, 반드시 송 경략과 이 제독이 들어가기 전에 이 적을 제거해야 한다. 중국군이 돌아간다면 반드시 흉모를 펼쳐 날뛸 것이다. 우리나라는 평상시부터 양병할 줄을 몰랐다. 중국에서는 5정 중에서 1정을 뽑아 평소에 훈련을 시키기 때문에 농부와는 달리 오직 전투에만 종사하고 있으나, 우리나라는 가난하여 미리 양병을 하지 못하므로 군사란 자들이 농부와 다른 것이 없으니, 비록 십만 명을 뽑는다 한들 어찌 왜적을 당해 낼 수 있겠는가?" 하였다. 가난하여 양병하지 못한 것이 아니라 하지 않아서 양병이 안 된 것이다. 여기에 선조의 책임이 크다 하지 않을 수 없다.

　신하들이 이구동성으로 경성으로 전진하자고 하였다. 그러나 선조는 "내가 아무리 미혹하다 할지라도 어찌 모르겠는가. 자기 집으로 돌아가고 싶어 하는 마음이 누군들 없겠는가. 지금이 어떤 기회인데 경솔히 하겠는가" 하였다.

　비변사가 '왜적이 또 경주를 침범할 것이라는 말이 있는데 이 적은 먼저 선언하고서 뒤이어 실력을 행사하지 않은 적이 없었으므로 매우 염려된다' 하였고,

　선조는 '옛날에 금나라의 군대가 변경까지 왔다가 물러가자 송나라 사람들은 서로 경하하였으나 금군이 다시 이르자 드디어 나라가 지탱하지 못하였다. 오늘의 일을 염려하지 않아서는 안 된다' 하였다.

　이덕형이 '왕자가 적진에서 나와 서울에 도착한 것과 일로에 지공이 없었다'는 것을 보고하였다.

　한효순의 장계에는 왜적이 물러갔다는 터무니없는 말도 있었다.

　경략이 2만 명 유군 시 비용 분담을 말하며 빨리 회답해 줄 것을 요청하였다. 결국 송응창은 1만 6천 명의 병력을 남기기로 하였다. 유정의 5천 병력과 오유충, 왕필적, 낙상지 등의 군대를 성주, 대구, 경주, 삼가와 남원에 주둔하게 하여 왜적을 감시하도록 한 것이다. 우리는 주둔 비용 문제로 명군 5천 명만 머물기를 원하였다.

경성 명군 진영 이날 이여송은 양원과 함께 서행길에 올랐다. 철군하여 돌아가는 것이었다. 사용재, 서일관 일행도 동행하였다.

8월 11일 행재소 선조가 드디어 강서를 떠나면서 부로들을 위로하고 금년 조세의 반을 경감하도록 하였다.

주청사 황진의 장계에, 따로 재신을 보내어 경략에게 배신을 속히 방송해 주기를 간청하라고 하면서 '신은 붙잡혀 있는 것을 안타까이 여기고 있으나 신의 힘으로는 경략의 마음을 돌릴 수 없으므로 이렇게 치계한다'고 하였다. 예조가 아뢰기를, "지금 다른 재신을 보내어 간청한다 하더라도 경략이 들어주리라는 보장은 없지만 급함을 고하는 우리 입장에서는 조금도 늦출 수 없는데, 어떻게 해야 할지 몰라 감히 여쭙니다" 하니

선조는 "부산의 왜적이 돌아가지 않고 있으니, 경략에게 이러한 내용으로 간절히 고하는 것이 마땅할 듯하다" 하였다.

윤근수의 보고는 이어지는데 대부분 조선이 일에 태만하다는 경략의 불만을 말하는 것이었다. 그중에 군량 보급이 가장 큰 문제였다.

8월 12일 선조는 황주 땅 윤방의 집에서 유숙하였다. 왕세자는 강서현에 있었다.

중화 사람이 바치는 산 붕어를 어렵게 받고, 감사에게는 지대하는 어공을 간소히 하라 하였다.

접반사 이덕형의 장계 속에 '이 제독이 철수하여 돌아갈 적에 소서비를 대동하고 함께 가려는 의사가 있는 듯하다'고 하였다. 이에 대해 비변사가 매우 경악스럽다 하며 이덕형의 장계 내용에 의거하여 미리 경략에게 청하자고 하였다.

접반사 윤근수의 장계에, 송 경략은 이달 14일 정주에서 출발하여 요동으로 간다고 하였다. 사람을 보내 위문하도록 하면서, '왜적이 아직 부산에 있는데 대인께서 우리를 버리고 떠나시니 우리나라는 민박할 뿐이다'고 고하라 하였다.

정원이 아뢰기를, '이 제독은 10일에 서울에서 출발하고 이여백은 이미 8일에 서울에서 출발하였다. 날짜를 계산해 보면 오래지 않아 황주에

당도할 것이니, 대가가 이곳에 머물러 기다릴 것인지 아니면 재령으로 갈 것인지를 대신들과 의논하여 결정하자'고 하였다.

8월 13일 비변사가 하삼도의 상번군을 유 총병의 절제를 받아 훈련하게 하자고 하였다. 또 건장한 자는 전쟁터에 보내고 노약자는 군량을 돕게 하자 하였다.

사관은 '병사는 멀리서 헤아릴 수 없는 것이니 가장 소중한 것은 장군다운 장군을 얻는 것뿐이다. 장군이 장군답지 못하면 그에게 군사를 뽑게 하여도 충실한 정장들이 온갖 방법으로 빠져나가기를 도모할 것이고, 군량을 돕게 하여도 바친 곡식이 반드시 군량으로 쓰여지지는 않을 것이다. 아, 비변사가 밤낮으로 계획한 보람이 과연 어디에 있는가' 하였다.

좌감사 한효순이 유성룡에게 알리기를 '근자에 적에게 포로가 되었다가 돌아온 사람과 체탐인의 보고에 의거하건대, 왜적이 울산과 경주를 침범하려 한다고 한다. 그 말의 허실은 알 수 없으나, 사세가 걱정스러우므로 즉시 품첩을 써서 유 총병에게 급히 보내 군대를 이동하여 경주 근방에 주둔해서 성원해 달라고 청하였다. 그러나 품첩을 보낸 뒤 아직까지 회보가 없다'고 하였다. 유성룡은 행재소로 올라오는 도중이었는데 이 상황을 듣고 바로 조정에 보고하였다.

경략에게 자문을 보내 진주사를 속히 떠나게 해 주기를 청했다.

8월 14일 황주 행재소 선조가 "제독이 무슨 일로 급히 서쪽으로 간다 하던가?" 하니

이덕형이 답하기를 "송 경략과 회의할 일로 돌아간다고 합니다. 전에 제독이 요동으로 돌아가서 군병을 휴양시키려고 할 때, 신이 '노야가 서쪽으로 돌아가면 한강 이남에 적이 다시 올 것이다'고 하였더니, 제독

은 신의 말을 옳게 여겼습니다. 제독의 주목적은 서쪽으로 돌아가서 다른 새로운 군대와 교체하려는 것입니다. 제독은 '강연대와 탕참으로 가서 주둔해 있다가 왜적이 돌아가지 않으면 10월에 나오겠다'고 하였습니다" 하였다. 그리고 제독은 어보를 찍은 어찰을 받기를 원한다고 하였다.

선조가 황주에서 돌아가는 제독과 양원을 접견하였다. 제독이 병마가 대부분 지치고 꼴과 군량이 계속 공급되지 않아 흉적을 다 쓸어버리지 못하였으니 황공하고 부끄럽기 그지없습니다 하고, 2만 병사의 군량을 댈 수 없다면 중국의 병마를 중국의 경내로 이동시켜 우선 힘을 기르며 때를 기다리겠습니다 하고, 8성에 적이 있다는 말은 사실이 아니라 하고, 적이 다시 침공해 온다면 새로 대군을 일으켜 토벌할 것이라 하며 즉시 서울로 가서 백성들을 구활하라 하였다.

그리고 "내가 처음 나올 때에는 귀국의 지방이 이렇게 황폐하지는 않았었는데 지금 올라오면서 보니 황폐함이 더욱 심합니다. 이는 반드시 우리 중국군들의 침해가 많아서일 것입니다. 그러나 잘못을 저지른 자가 한둘이 아니니 다 잡아다가 치죄할 수도 없습니다. 미안합니다" 하였다.

이여송은 조선을 구원하는 데 최선을 다했다고는 할 수 없지만 평양성을 수복한 공은 워낙 컸다. 그리고 이제 돌아가는 마당에 여러 가지 진정 어린 이야기를 하고 있었다.

한산도 이순신 진영 군관 8명을 차출하여 김해, 웅천 등지로 정찰을 보냈었는데 이날 돌아와 보고하였다. 포로 되었다가 도망쳐 온 자들의 보고도 있었다. 그것을 종합해 보면, 왜적들이 육지의 웅천 땅 웅포, 안골포, 제포, 원포와 거제도의 영등포, 장문포, 송진포에 대거 주둔하고 있는데, 모두 봉우리는 깎아서 평탄하게 하고 토성을 쌓았으며 집들을 짓고 배들은 깊숙한 곳에 정박시키고 있어 오래 주둔할 생각이라는 것이었다.

연일 3도의 네 수사가 모여 대책회의를 가졌다. 지금 왜적은 전선만 해도 월등하게 많아 함부로 대적하기가 쉽지 않고 또한 각 포구에 깊숙이 정박하고 있어서 육군이 왜적을 바다로 몰아내지 않고는 쳐부술 방법이 없었다. 어쩔 수 없이 지키고 기회를 보는 수밖에 없었다.

8월 15일 봉산 행재소 봉산 땅 민가에서 묵었다. 임해군과 순화군 두 왕자가 왜적으로부터 돌아와서 길 왼쪽에서 알현하였다. '망극한 황은을 무어라고 해야 할지 모르겠다' 하였다. 세자는 내전을 모시고 중화 땅에 도착하였다.

전라감사 이정암이 본도의 좌우 수군에 소속된 제장들이 오랫동안 해상에 있으면서 드러난 전공이 있으니 조정에서 격려의 뜻을 보여 주소서 하였다.

이날 이여송은 평양으로 들어갔다. 사용재, 서일관은 계속 북행하여 경략 송응창이 있는 정주로 향했다.

‖ 이순신 3도 수군통제사가 되다 ‖

한산도 이순신 진영 추석날이다. 삼도의 모든 장수들이 모여 추석 명절을 보냈다. 한산도에서는 모르고 있었지만 이날 조정에서는 이순신을 삼도 수군통제사로 임명하였다. 이제 이순신은 비로소 수군 총대장이 된 것이고 한산도 진영은 바로 통제영이 되었다. 허수아비 같은 조정이 모처럼 아주 좋은 결정을 한 것이었다. 다만 통제사란 상위 직위를 만들었으면 통제사 역할에만 전념하도록 하지 않고 전라좌수사를 겸하도록 한 것이 아쉬웠다. 또한 원균은 속이 뒤틀려 더욱 속상하게 하는 짓을 할 터였다.

8월 16일 재령 행재소 선조는 재령군에서 묵었다. 왕세자는 황주 민가에서 묵었다.

경략이 광해군에게 하삼도 지역의 군무를 맡기라고 요구하였다.

"지금 듣건대 왕의 둘째 아들 광해군이 영웅의 풍채에 위인의 기상이 드러나 준수하고 온화하며 어린 나이에 재능이 뛰어나다고 하니, 저의 생각에는 나라의 기업을 새로 회복하는 이때에 광해군으로 하여금 전라·경상·충청도를 차례로 순찰하면서 크고 작은 일을 막론하고 모두 그의 결재를 받도록 하여 군병을 선발할 때 반드시 친히 검열하게 하면 연약한 자가 감히 끌려와서 섞이지 않을 것이며, 성지를 수리하거나 설치할 때 반드시 친히 답사하게 하면 공인과 재목을 모으는 자가 감히 게을리하지 못할 것이며, 군량을 운반할 때 반드시 친히 감독하게 하면 지방과 공급에 결핍됨이 없을 것이며, 군기를 만들 때 반드시 친히 시험하게 하면 칼날이 조악하게 만들어지는 일이 없으리라고 여겨집니다" 하였다.

한산도 이순신 진영 지난 2월 사로잡힌 장수로 둔갑되어 일본으로 끌려갔던 제만춘이 탈출하여 돌아왔으므로 이날 불러 문초하였다. 제만춘은 군관으로 식견이 있어 진술하는 내용이 조리가 있었다. 일본에 불과 몇 달 있었지만 보고 들은 것에 유용한 정보도 있었다. 이순신은 일부러 보낸 간첩처럼 되었다고 좋아하였다.

8월 18일 해주 행재소 선조는 재령 땅을 출발하여 작천에서 주정하고 저녁에 해주에 도착하였다.

임해군과 순화군이 적진에서 돌아오자 소위 간관이라 하는 사간원과 사헌부 관원들에게 좋은 일거리가 생겼다. 포로 되었다 돌아온 사람들을 죽이자고 탄핵하는 것이다. 왕자들을 따라갔던 사람들이 많았으니 그만큼 일거리가 많이 생긴 것이다. 탄핵에 못된 왕자들을 포함했다면 용기라도 있다 하겠다. 그러나 그러지도 못하고 전쟁터에도 나가서 싸우지도 못하는 겁쟁이들이 남을 죽이자는 일에는 그렇게 용감할 수가 없다. 그리고 이어서 의견 차이로 자기들끼리 싸우는 것도 항상 있어 온 일이지만 이것도 죽을 일인 것처럼 하고 있었다. 황정욱의 아들이자 순화군의 장인인 황혁도 무사하지 못했다. 앞으로도 무수한 고난을 겪게 된다.

정주 경략 주재소 사용재, 서일관이 정주에 도착하여 경략 송응창에게 그동안의 일을 보고하였다. 말은 좋았지만 내용이 없었다. 말로만 전해 들었을 뿐이지 풍신수길의 문서 한 통도 없었다. 강화를 애걸하는 놈들이 사신에게 국서도 없이 보냈다? 납득이 안 되는 이상한 일이었다. 경성에 머물고 있는 심유경에게 소서비탄수를 데리고 빨리 오라는 명령을 내렸다.

8월 19일 해주 행재소 훈련도감 설치에 대해 의논하라 전교하였다.

"오늘의 적세가 매우 염려되는데 전부터 일을 처리하는 것이 이완되어 적의 난리를 겪는 2년 동안 군사 한 명을 훈련시키거나 기계 하나를 수리한 것이 없이 중국군만을 바라보며 적이 제 발로 물러가기만을 기다렸으니 불가하지 않겠는가. 전일에 군대를 훈련시킬 것으로 전교하였으나 내 말이 시행되지 않았다. 그러나 이처럼 세월만 보내면서 망할 때만을 기다리고 있어서는 안 될 것 같다. 이제 산릉도감도 이미 일이 끝났으니 나의 생각에는 따로 훈련도감을 설치하고 합당한 인원을 차출해서 장정을 뽑아 날마다 활을 익히기도 하고 포를 쏘기도 하여 모든 무예를 훈련시키도록 하고 싶으니, 의논하여 처리하라" 하였다.

며칠 뒤 훈련도감의 사목을 전교하였다.

"화포 연습을 해야 되지만 화약이 넉넉지 못하니 화포만 연습할 것이 아니라, 기사·보사나 용약, 격자·추축·초주 등을 모두 익혀야 한다. 그러나 그 성과는 가르치는 자가 성심으로 진력하고 배우는 자가 게을리하지 않는 데에 달린 것이니, 때때로 상격을 시행하여 그들을 격려하고 권장할 따름이다. 옛날 척계광이 군사를 가르칠 적에 그 방법이 매우 많았으나, 모래주머니를 발목에 달고 달리도록 하고 그 모래의 무게를 점점 높이는 것으로 상규를 삼았었다. 그러므로 군사들이 전쟁에 임하여 날래기가 짝이 없었으니, 이것이 바로 그 방법 중의 하나이다. 대개 사람의 성품에는 각기 장점이 있으니 사졸을 훈련시키는 데에도 여러 가지 방법으로 가르쳐야 할 것이다. 그리고 또 반드시 무사만을 뽑아 가르칠 것이 아니라 본 고을 사람 중에서 장정 수백 명을 뽑아 그 신역을 면제해 주고 교육시켜 시취하는 것이 어떻겠는가? 아울러 짐작하여 시행하라" 하였다.

유성룡과 선조가 논의하고 뜻이 맞았던 것으로 진즉 시행했어야 할 일이었다. 어떻든 한 가지 큰일을 시작하였다.

8월 20일 세자와 중전 일행도 해주에 도착하였다.

8월 23일 임해군 등이 올라올 때, 오유충의 군중에 있는 비장이 소초기를 주었는데 군량의 부족이 심각함을 말하고 있었다. 선조가 "이 소초기를 보건대, 군량의 일이 매우 근심된다. 이와 같고서야 중국군을 유주시키고자 하나 어찌 될 수 있겠는가. 또 한 장수가 친히 왕자에게 말하기를 '군량이 떨어져서 사졸들이 계속 죽어 가고 있는데도 선산부에서는 좋은 쌀은 숨겨 두고 썩은 쌀을 주었으며, 소금과 장도 먹지 못하고 있으니 반드시 국왕께 아뢰어 달라'고 반복하여 간절히 말하였으니 매우 근심스럽다"고 하였다.

8월 24일 경략 송응창은 정주를 떠나 의주로 향했다. 제독 이여송도 평양을 떠나 의주로 향했다. 경략이 떠나기 전에 자문을 보냈는데 그 책망하는 바가 감내하기 어려운 것이 많았다. 성을 쌓고 대를 만드는 일에 대해서도 다시 강조하였다.

8월 25일 비변사가 명군의 의복을 위해 요동에서 목화를 무역하기를 청했다. 유정의 군사는 여름옷을 가을까지 입고 있는데 다 헤어져 벌거숭이 같은 군사가 많았다. 이들에게 옷을 공급하는 것도 큰 걱정이었다.
  선조가 중외의 백성들이 굶주려 다 죽어 가고 있으므로 내가 밤잠을 이루지 못하고 장탄식을 하고 있다. 곡식이 없기 때문이다. 내년 봄의 일이 더욱 한심스럽다 하였다. 또 배에 소금을 실어다 나누어 주면 나물을 무쳐 먹을 수 있어 죽지 않을 가망이 있으니 서둘러 조치하라 하였다. 먼저 유성룡이 소금을 배로 내륙에 공급하여 식량으로 바꾸어 모아 백성을 구제하고 종자로도 쓰자는 의견을 제시했었으므로 이런 분부가 있었다.
  정원이 약탈을 행하거나 도망한 무과 급제자의 삭방을 청했다.
  황진의 장계에 '경략이 주청사로 가는 배신을 속히 출발시키기를 재촉하는 내용의 자문을 보고서 매우 노하는 기색이 있었다'고 하였다. 비변사가 '경략의 뜻을 거슬러 가며 굳이 주청사를 보내기는 어려운 형편입니다. 그러나 왜적이 아직도 우리의 경내에 있어 그 흉모를 헤아리기 어려운데, 중국 장관들은 적이 물러갔다 하여 우리나라에서 철수하고 있으니 오늘의 사세를 황제께 아뢰지 않을 수도 없습니다' 하고, 황진을 적이 해상으로 물러났고 왕자가 돌아왔으며 중국군이 유병하여 방수하고 있다는 등의 일에 대한 사은사로 하여 보내자고 하였다. 선조는 별로 사은할 일이 없다고 하였다.

다음 날 윤근수의 보고에도 자문 내용에 대하여 경략이 노하여 비하하고 있다고 하였다. "영천 군수 김윤국의 도장이 찍힌 수서를 내어 보이며 왜적이 물러갔다는 것을 증명하기를 '부산에 있는 왜적과 다른 곳의 왜적들이 다 물러갔고 아직 떠나지 않은 왜적들도 모두 부산에서 서평포로 돌아갔다고 하였는데, 이 계첩에 8성에 가득하다고 한 것은 어째서인가?' 하기에, 신이 '서평포도 우리 국토이니 부산과 무엇이 다르겠느냐'고 대답하였더니, 제독이 말하기를 '서평포는 바로 승선하는 곳이니, 조공에 대한 윤허가 내리기를 기다려 다 바다를 건너가려는 것이다. 그리고 노야께서 비록 유병시키고자 하나 그대 나라에서 매양 군량이 없다고 하니, 군량이 없는데 어찌 전쟁에 나아갈 자가 있겠는가. 그대는 물러가서 생각해 보라' 하였습니다." 또 즉시 자문 내용을 고쳐 오라는 경략의 뜻도 보고하였다.

병란이 시작되고 1년이 훨씬 지났으므로 군량이 없어 말을 잡아먹기까지 하고, 군복도 다 떨어졌다. 도망하는 군사가 연달았지만 이 때문에 차마 무거운 죄로 다 다스릴 수도 없었다. 비변사가 특별히 위로하는 성상의 뜻을 선포하자고 하였다. 선조는 은량을 권율에게 보내 술을 사서 먹이는 등으로 임금의 위로하는 뜻을 알게 하라 하였다.

8월 27일 제독이 선조의 글씨를 원했다. 비변사가 '재조조선'을 써서 주자고 청하니, 선조는 병을 핑계로 쓸 수 없다 하였다.

비변사가 도망한 급제자들을 삭과하는 대신 영남에 충군하자고 하였다. 영남에 머물고 있는 중국 장수들이 모두 돌아가고자 하였다. 그래서 군량이 떨어졌다고 보고하여 경략의 노여움을 격발시켰다. 경략이 식량을 관리하는 배신들이 직분을 다하지 않았기 때문이라고 여겨 야불수 한 사람을 시켜 호남과 영남의 관량관 조신도와 임발영을 잡아갔다.

8월 28일 개정된 복식의 착용 문제를 논의하였다. 9월 1일부터는 모든 대소인원의 융복 및 속옷의 소매를 좁게 하고, 금군은 전립을 쓰고 소매가 좁은 포를 입을 것이며, 공사천은 갓을 벗고 소모를 쓰며 소매가 좁은 옷을 입을 것으로 이미 중외에 효유하였는데, 지금 9월이 거의 다가와 너무 촉박하다고 하니, 기한을 넉넉히 주어 점차 착용하도록 하라 하였다.

양사가 속히 경성으로 환도할 것을 청하니 서서히 참작하여 하겠다고 하였다. 다음 날 정원에 전교하기를, "서울에 왜적이 있다고 하니 이렇게 통분한 일이 어디 있겠는가. 비록 서울로 들어가고 싶어도 이 적이 있는데 어찌 들어갈 수가 있겠는가. 이 적을 처치할 방도가 없겠는지 비변사에 물어보라" 하였다.

장삼외가 '산동에 사들인 쌀 14만 석이 있는데 이곳에 온 쌀은 1만 석도 채 되지 않으며, 요동에 민간의 비상 양이 14만 석이 있는데 이곳에 온 것은 겨우 1만 석뿐이다. 지금 2만 명의 유병이 하루에 먹는 양이 4백 석이나 되니, 그대 나라에서 어떻게 마련하여 공급할 수 있겠는가. 만약 양곡을 청하고자 한다면 빨리 하는 것이 좋을 것이다' 하였다. 그의 권고에 따라 경략에게 군량을 청하는 자문을 보내기로 하였다.

8월 30일 해주 행재소 이날 또 선조는 세자에게 선위하는 일을 거행하라 하였다.

'강서에 머물면서부터 몇 달을 먹지 못하였고, 지금은 오직 죽만을 마실 뿐이다. 밤이면 병풍에 기대어 밤을 새우고 낮이면 정신이 혼란하여 멍청이가 되는데, 그런 와중에 광병·목병·비병·습병·풍병·한병 등 온갖 병이 함께 일어나서 이 한 몸을 공격하니, 한 줌의 원기로써 어찌 그 병들을 감당할 수 있겠는가. 광병으로 말하면 때때로 노래를 부르기도 하고 곡을 하기도 하며, 물불을 가리지 않고 고함을 치며 달려가기도 하며, 무언가를 보고서 눈물을 흘리기도 하고 놀라 머리털을 곤두세우기도 하니, 예로부터 어디에 광병을 앓은 임금이 있었던가. 목병으로 말하면 두 눈이 어두워 사물을 분별할 수 없어 모든 계사의 글씨도 알아보지 못하는 경우가 많으니 머지않아 소경이 될 것인데, 예로부터 어디에 소경의 임금이 있었던가. 비병으로 말하면 몸의 반쪽이 허약한데다가 안개와 이슬을 맞은 뒤로는 그 증세가 점점 심해져서 오른쪽 수족을 전혀 움직일 수 없고 밤이면 쑤시고 아픈데 손으로 만져도 감각이 없어 마치 마른 나무 토막 같으니, 예로부터 어디에 한쪽 수족만 가진 임금이 있었던가' 하였다.

또 이런 일로 여러 날을 세자와 신하들을 고생시킬 것이다. 세자는 예궐하여 종일 땅에 엎드려 눈물로 만류하여야만 하였다.

경성 심유경이 서쪽 요동으로 출발하였다. 척 유격의 통사가 '유격이 오늘 서쪽을 향하여 출발하는데, 심 유격이 거느리고 있는 왜와 용산에 머물러 있는 왜를 경략이 모두 거느리고 오라고 하였기 때문에 유격이 거느리고 일시에 함께 가기로 하였다'고 하였다. 영의정 최흥원이 이 말을 듣고 즉시 유도 재신과 함께 유격에게 가서 거느리고 가서는 불가하다는 뜻을 강력하게 말하니, 유격이 '이는 경략이 분부한 일이므로 어길 수 없다' 하였다.

한산도 이순신 진영 적을 물리칠 수는 없어도 긴장은 늦출 수 없었다.

연일 제장들이 찾아와 보고도 하고 협의도 하고 의견도 나누었다. 수사들도 자주 모여 회의를 하였다. 문제는 원균이었다. 이제는 노골적으로 이순신을 비방하기도 하고 회의 때마다 가당치 않은 말로 제장들을 심란하게 하였다. 오늘도 와서 무조건 영등포로 적을 치러 가자고 큰소리를 치고 재촉을 해댔다. 그동안 경상우수영의 전선도 늘어나 25척은 되는데 비정상적인 상태로 대부분 운용하지 못하고 겨우 7, 8척을 끌고 와서 막무가내로 설치니, 공격하지도 못하면서 공격할 것처럼 하는 그 기만적인 행위를 익히 잘 아는 수사들은 제대로 상대하지도 않고 가소롭게 여겼다.

경상우도 이 무렵 합천에서는 도원수 권율의 책임하에 그 일대 고을의 무사들을 선발하기 위한 무과 시험이 치러지고 있었다. 참여하는 사람들이 많았다.

9월 1일 해주 행재소 세자, 대신, 정원이 선위의 명을 거두길 청했다. 도성으로 돌아가는 것이 한시가 급하다 하니, 선위한 후에 돌아가겠다고 하였다.

비변사가 소서비 통과 문제로 자문을 보내는 것에 반대하였다.

비변사가 중국군의 군량, 군사의 차출 및 식량 운송 등의 일을 아뢰었다. 중국 군사 1만 6천 명이 경상·전라 양남에 나누어 주둔하고 있었다. 중국 장수들은 늘 '우리 군사가 양남 지역에 나누어 주둔하고 있으니 그대 나라 군사들도 이를 협조하여 지키지 않을 수 없지 않은가. 전라도와 경상도에 각각 1만 명의 군사를 주둔시켜 우리 군사와 함께 거처하면서 조련하는 것이 좋겠다'고 하였었다. 그런데 군사는 그렇다고 하더라도 식량은 대책이 없었다.

현재 금년 곡식이 이미 성숙되어서 약간 풍년이 들었다고 하니 각 도의 장정들을 모두 징발하여 정예로운 자는 군사를 삼아 전쟁에 내보내고 약한 자는 식량을 보존하게 하면 공적이나 사적이나 둘 다 원만하게 될 것이라 하였다.

9월 2일 오늘도 세자, 대신, 양사, 홍문관, 정원이 선위의 명을 거두길 청했다. 세자는 새벽에 합하에 나아가 땅에 엎드려 눈물을 흘리며 아뢰었다.

유성룡이 왜적에 대한 방비책을 보고하였다.

'신의 어리석은 생각으로는 왜적이 가장 겁을 내는 것은 중국군이니, 유 총병의 군대로 하여금 대구·청도의 지역에 진주하게 하여 좌우를 살피면서 경주와 중로로 침입해 오는 기세를 차단하게 하고, 다시 낙참장 등의 군대로 하여금 고성·사천 지역에 진주하게 하여 서로 침범하는 길을 차단하게 하고, 또 삼도의 수군과 연결하여 육군이 합세해서 위세를 떨치게 하는 한편, 뱃길을 따라 순천에서 호남 지역의 곡식을 운반하여 군량으로 쓴다면 풍세가 순할 경우 하루면 도착할 수 있으므로 육로 수송의 폐단을 줄일 수 있을 것입니다. 그리고 곽재우·박진 등으로 하여금 정진에 임하여 방비책을 강구하여 굳게 지키면서 왜적의 배가 건널 수 없도록 세 곳이 연결하여 한편으로 싸우고 한편으로 지키게 한다면, 적세가 자연 움츠러들어 감히 마음 내키는 대로 날뛰지 못할 것입니다. 그렇게 되면 노략질도 제대로 할 수 없게 될 것이고 또 그들의 나라에서 운반해 온 양식으로는 오래 지탱할 수가 없을 것이므로 국사가 만에 하나라도 구제될 수 있을 것으로 기대됩니다' 하였다. 답하기를 도원수와 상의하여 조치하라 하였다.

경성을 다녀온 김응남이 도성과 주변의 처참한 상황 등을 아뢰었다.

"신이 처음 경성에 도착하여 삼가 살펴보니, 종묘·사직과 궁궐은 모두 불타 허물어졌고 큰 집과 일반 민가들도 거의 무너져 연기만 자욱하고 백골이 종횡으로 흩어져 있어 산하는 그대로이지만 시조는 이미 변해버렸습니다. 창고에는 저축된 곡식도 없었습니다. 진제장을 설치하기는 하였으나 그것으로는 굶주린 백성을 구제할 수가 없어서 하루에 죽는 백성이 얼마인지를 알 수가 없을 정도였습니다. 그래서 죽은 시체가 길에 가득하고 썩은 살점이 냇물을 막고 있으며 살아남은 사람들도 모두 도깨비 같은 몰골이 되어 스스로들 마침내는 다 죽게 될 것으로 알고 노인은 부축하고 어린애는 끌고서 줄지어 도성을 빠져나가고 있으니, 도성 백성들이 대가가 돌아오기를 기다리는 것은 어린아이가 어머니를 기다리는 것 같은 정도가 아닙니다. 어떤 자는 길거리에서 슬피 하소하면서 '대가가 언제쯤이나 돌아와서 우리들을 죽음에서 구제해 주려는가?' 하였는데, 그 비참한 형상은 차마 볼 수가 없었습니다.

어떤 백성은 파괴된 곳에 돌아와 임시 거주하였다가 중국군의 뒷바라지와 빈번하게 오가는 사신들의 접대에 시달려 고혈이 모두 말라서 다시 회생할 가망이 없으므로 하늘을 원망하고 울부짖으며 죽으려 해도 죽지 못하고 있는가 하면, 숲속에서 목매어 죽기도 하고 말 앞에 뛰어들어 밟혀 죽기도 합니다. 백성들이 그러한 실정이니 나라의 형편을 알 만합니다. 그중에 양주·포천·파주·고양·교하·풍덕·양천·김포·부평·금천·과천·용인·죽산·광주가 더욱 심하게 탕진되었습니다. 경성과 용산의 창고에 있는 쌀은 1만여 곡밖에 되지 않는데 중국군과 우리의 백관들이 모두 그것에 매달려 먹고 있습니다. 그러니 한 달이 못 가서 반드시 다 소비되고 말 것입니다.

그리고 신이 올 때에 복물이 연안 물가에 가득 쌓인 것을 보고 말을 멈추고 물어보았더니 바로 호남에서 진상하는 짐이었습니다. 운반하여 오는 사람이 '지난달 본도에서 출발하였는데 일로의 우전은 이미 끊겼고 쇄마도 어려운 형편이어서 길에서 머물러 지체하며 온갖 고초를 다 겪었다'고 하였는데, 그 참혹한 몰골은 한 번 보고서도 그 고초를 알 수가 있었습니다.

삼가 생각하건대 '성상께서는 난리를 만난 이후 어선을 모두 줄이시고 흰쌀밥도 제대로 드시지 않으면서 백성을 염려하는 한 가지 생각을 잠시도 느슨히 한 적이 없었습니다. 다만 재력이 궁핍해진 것이 지금보다 더 심한 때가 없었습니다. 한 조각의 어육도 모두 백성에게서 나와야 하는데 거두어들일 적에 매를 때리기도 하는가 하면 수송할 적에는 백성의 원고가 더욱 심합니다. 성상께 진상하는 물품은 아래에 있는 사람으로서는 진실로 줄여 달라고 청할 수가 없는 것입니다. 성상께서 특별히 배려하시고 백성의 괴로움을 곡진히 살피시어 그중에 줄일 수 있는 것은 반쯤 줄여서 백성을 염려하시는 뜻을 보여 주신다면 더없는 다행이겠습니다" 하였다. 지옥 같은 상황이었지만 어찌할 수가 없었다.

9월 3일 세자, 대신, 삼사가 선위의 명을 거두길 청했다. 하루에도 몇 차례나 하였다. 세자가 병 때문에 대궐에 나아가지 못하고 동궁에서 아뢰기를, "저의 민망하고 절박한 심정을 매일같이 땅에 엎드려 천혼에 슬피 호소하였으나 윤허하신다는 말씀을 받지 못하였을 뿐만 아니라 누차 엄한 하교를 내리시니, 물러와서 삼가 생각하건대 두렵고 겁이 나서 어쩔 줄을 모르겠습니다. 저의 무상함과 국사의 망극함을 전후 계사에서 이미 다 말씀드렸으므로 다시 성상을 번거롭게 하지는 않겠습니다. 생각하건대 선위의 명을 받은 이후로 밤낮없이 걱정이 되어서 음식이 목에 넘어가지 않은 지가 이미 반순이 되어 정신이 가물거리고 기력이 탈진되었는데, 오늘에 이르러서는 목에 담종과 여러 증세가 다시 발작해서 쑤시고 아픕니다. 지금 이런 때에 저의 몸이 병들어 아픈 것쯤이야 진실로 염려할 것이 못 되므로 억지로라도 부축받으면서 대궐에 나아가려고 결심하였으나 도저히 움직일 수가 없어서 저의 뜻을 이룰 수가 없으니, 더욱더 몸 둘 바를 몰라 민망하고 눈물이 흐르는 지극한 심정을 견딜 수가 없습니다. 그래도 천지 같은 부모의 은혜를 힘입어 한 번만이라도 윤허의 말씀이 계시면 죽는 한이 있어도 여한이 없겠습니다. 삼가 바라건대 성상께서는 위로는 종사를 생각하시고 아래로는 저의 심정을 살피시어 속히 성은을 내려 주소서. 하늘을 바라보고 눈물을 흘리면서 하명을 기다리는 간절한 마음 무어라 말씀드릴 수가 없습니다. 성상께서는 제가 죽기 전에 은혜를 베풀어 주시면 더없이 다행이겠습니다" 하였다. 비통한 심정을 비통하게 말한 것이다. 왕세자 광해군은 이렇게 해서 점점 더 병약한 사람이 되어갔다.

심유경이 인솔해가는 소서비 일행의 접대를 아무리 구박을 당하더라도 허락할 수 없다고 전하자고 하였다.

9월 4일 세자, 대신, 삼사가 선위의 명을 거두길 청했다. 이날도 몇 차례나 계속 청했다.

한산도 이순신 진영 이날 이순신은 조정에 3통의 장계를 올려 보냈다.
첫 번째 장계는 그동안의 왜적의 정세와 아군의 대처한 상황을 말하고, 어려운 현실, 즉 전염병에 의한 피해, 식량부족에 의한 고통, 명군의 폐해에 관한 것들이었다.

그 내용에, '적들이 소굴 속에 있으면서 서로 호응하고 있는지라 수군만으로는 무찌를 방책이 없으므로 부득이 수륙으로 함께 달려들어야만 쳐서 무찌를 수 있겠으므로 우리나라 육군과는 서로 공문을 돌려 약속하였

거니와 명나라의 대군과는 지원을 요청할 길이 없으니 매우 답답합니다.'

'수군들이 먼 해상에 진을 친 지 벌써 5개월이 되어 마음이 이미 풀어지고 기운도 꺾였는데 전염병이 크게 번져서 진중의 군졸들이 태반이나 전염되어 사망자가 속출하고 있습니다. 더구나 군량이 부족하여 계속 굶게 되고 굶던 끝에 병이 나면 반드시 죽는지라, 군사의 수효가 날로달로 줄어드는데 다시 보충할 사람이 없을 뿐만 아니라, 신이 거느린 수군만을 헤아려 보아도 사부와 격군을 아울러 원래의 수가 6천2백여 명 중에 작년과 금년에 전사한 수와 2, 3월부터 오늘에 이르기까지 병사자가 6백여 명이나 되는데, 무릇 이들 사망자는 모두 건장하고 활을 잘 쏘며 배에 익숙한 토병과 보자기들이오며, 겨우 남아 있는 군졸들도 조석으로 먹는 것이 불과 2, 3홉으로서 배고프고 고달픔이 극도에 달하여 활을 당기고 노를 젓기에 도저히 감당할 수 없습니다.'

'본도가 비록 말로는 보전되었다고 하지만, 사변이 일어난 지 2년에 물력이 허갈되고 허갈된 나머지 또 명나라 군사들을 접대하느라 말라빠짐이 이미 극도에 이르러 변을 겪은 지역보다도 심한 바가 있는데, 요즈음은 명나라 군사가 남하하여 마을을 드나들며 재물을 빼앗고 들판의 곡식을 망쳐 지나가는 곳마다 판탕이 되므로 무지한 백성들은 모두 무너져 달아나 다른 지방으로 옮아가고 있습니다.'

'영남에 있는 허다한 명나라 군사들에게 공급하는 일을 여기에 맡겨 의뢰하는바 명나라 군사들은 어름어름 세월만 보내고 지금까지도 적에게 진격한다는 기별은 없고, 적세는 전보다 배나 성해진 채 조금도 도망해 돌아갈 기색이 없으며 군량은 도저히 이어갈 방도가 없으니 이렇게 해상에서 병든 군졸로써 저 소굴에 있는 적을 공격하기에는 백 가지로 생각해도 계책이 전혀 없으므로 한갓 통분할 따름입니다' 하였다.

그리고 지난달 두치의 복병장 장흥부사 유희선이 망령된 소문을 퍼뜨려 광양, 순천, 낙안 일대가 아수라장이 된 것도 보고하였다.

두 번째 장계는 새로 만든 조총 5자루를 올려 보낸다는 것이었다. 만드느라 애를 쓴 군관 정사준과 대장장이들을 상주기를 청하기도 하였다.

세 번째 장계는 제만춘을 문초한 내용을 보고하는 것이었다(이 장계는 우수사 이억기, 충청수사 정걸과 연명으로 올렸다). 포로가 되었다가 탈출하기까지의 과정과 그동안 일본에서 보고 들은 것 특히 풍신수길을 가까운 거리에서 보고 겪은 것들을 자세히 기술하였다. 그리고 이순신은 다음과 같이 마무리하였다.

'제만춘은 무과 출신의 사람으로서 나라의 후한 은혜를 받았을 뿐 아니라 용맹이 뛰어나고 사술도 또한 묘하니 용렬한 무리들과는 다르므로 당연히 힘껏 적을 쏘아 죽음으로써 보국하여야 할 것인데, 반항도 없이 사로잡혀가 도리어 왜인의 심부름꾼이 되고, 그대로 일본에까지 가서 반개와 같이 문서 맡는 소임을 같이 하였는바, 신하 된 의리와 절개는 전혀 없습니다. 그러나 글을 잘하고 사리를 아는 사람으로서 수길이 있는 곳에서 반년이나 머물며 적들의 간교한 실정과 계획 묘책을 상세히 정탐하지 않은 것이 없어 마치 일부러 보낸 간첩처럼 되었고, 본국으로 돌아오고 싶어 하여 격군 12명을 데리고 죽을힘을 다해서 도망해 돌아왔으니, 그 정상이 가련할 뿐 아니라 문초한 바를 참작해 본즉, 다른 포로 되었던 자들로 도망해 돌아온 여러 사람들의 문초 내용과 대개 같았습니다.'

제만춘은 이 장계와 함께 서울로 보내졌는데 정상이 참작되어 죄를 면하고 다시 한산도로 내려와 이순신의 막하에서 충실한 군관이 되었다.

9월 5일 해주 행재소 모두 선위의 명을 거두길 청했다.

호조가 환자곡, 각사 공물, 노비 신공 및 각종 잡세의 견감을 청했다.

중국에서 순안어사가 나온다고 하니 정원에 이르기를, "일국의 절박한 사정을 중국에 주달할 길이 없으니 순안어사에게 상서하여 이 고민스러움을 호소하는 것이 좋지 않겠는가? 여러 가지로 계획을 세워 대처하도록 하라" 하였다.

9월 6일 모두 선위의 명을 거두길 청했다.

유성룡이 보고하여, 영남의 군량 문제의 심각함을 말하고, 충청도와 전라도의 그 많던 양곡은 관군과 의병들이 절도 없이 먹어 치우고 함부로 낭비했다고 하였다. 복병장인 장흥부사 유희선이 두치진을 지키고 있었는데, 그는 적이 나루를 건널 수가 없었는데도 소문만 듣고 도망가면서 광양, 순천을 지날 적에 적병이 온다고 크게 외쳤고, 그 결과 백성들은 일시에 무너져 흩어졌고, 난민들이 창고를 불 지르고 노략질하여 남아난 것이 없게 되었다. 낙안 강진 구례 곡성까지도 휩쓸려 잿더미가 되어 버렸다. 그래서 유희선을 도원수에게 이문하여 율에 따라 시행하도록 하였다고 하였다. 선조는 유희선을 참수하라 하였다.

그리고 "삼도의 수사를 오랫동안 바다에 머물게 하고서도 조정에서는 한 번도 사절을 보내어 위문한 적이 없으며 군중의 소식도 까마득히 모르고 있다. 따라서 가령 군중에서 불만을 품은 사실이 있다 하더라도 알 방법이 없다. 그러니 지금 교서를 작성하여 선전관을 보내 전포하도록 함으로써 그들의 고생하는 것을 위로해 주는 한편, 군중의 사정과 적세를 고루 물어보게 하라. 장수와 군졸들에게는 어떤 물품을 주는 것이 합당하겠는지에 대해서도 아울러 참작해서 아뢰라" 하였다. 위로는 좋으나 차라리 모르고 간섭이나 안 했으면 더 좋았을 것이다.

돌아가는 명군의 행패도 심각하였다. 대장이 가고 없으니 통제가 제대로 되지 않았다.

황해도 순찰사 유영경이 보고하기를, '말을 소유하고 있는 자에게는 쇄마를 요구하면서 여러 가지로 겁을 줍니다. 수령 이하 사람들을 목을 매어 끌고 다니기까지 하는데 주포를 바치지 않으면 그들의 노여움을 풀 수가 없으며 군량도 외람되이 받아다가 매매의 비용으로 쓰고 있습니다. 그런데 조금만 그들의 뜻을 거역하면 몽둥이와 돌멩이로 무수히 난타당 하는데, 요즈음 맞아 죽은 사람이 매우 많습니다. 그 밖에 상처를 입고 신음하는 형상은 하도 비참하여 차마 볼 수가 없었습니다' 하였다.

이날 심유경과 소서비탄수 일행은 평양성에 도착하였다.

9월 7일 모두 선위의 명을 거두길 청했다.

9월 8일 윤두수가 선위하지 않겠다는 하교를 받고 물러갔다. 서울에 돌아가서 능침을 배알한 다음에는 즉시 나의 뜻을 받아 주겠는가? 그렇게 해 준다면 지금은 억지로라도 따르겠다고 하였다.

그러나 사관은 선조가 물러나려고 하는 뜻이 아름다운 것이고 세자 또한 어리지 않고 총명하니 신하들이 반대하지 말고 그대로 대위를 이어받도록 했어야 한다고 논했다. 왕이 바뀌기를 바랐던 것이다. 왕이 왕답지 못하고 힘들게만 하니 이런 생각을 가진 신하들이 많았던 것이다.

군량, 시재, 승군 포장, 조련, 진휼 등 10개 조의 비망기를 내렸다.
"모든 일은 각각 주관할 자가 있은 다음이라야 이를 담당하고 책임을 지게 되어 마침내 조리가 있게 된다. 평시에도 그러한데 더구나 병무이겠는가.
듣건대 올해의 농사는 풍년이라고 한다. 이런 때에 군량을 조처하지 못하면 일은 끝난 것이다.
사방에 용감하고 무예 있는 정예로운 군사가 어찌 한정이 있겠는가.

다만 이들을 찾아낼 길이 없고 또한 위엄으로 몰아내기도 어려워 그저 막연하게 여기고 있을 뿐이다. 시사가 이러하니 상도만을 지킬 수는 없다.

수일 전 계하한 서장에 초시에 합격해서 전쟁에 나아가 수급을 벤 자가 있었다고 하였는데, 앞서 전교한 대로 즉시 홍패를 주어 군중에 보내 반드시 믿을 만하다는 것을 보여 주라.

유정의 승군은 비할 수 없이 용감한데 이제 또 왜적을 죽여 수급을 베고 배를 빼앗았으니, 즉시 공로에 따라서 중한 상을 주라.

곽재우를 성주 목사에 제수했는데, 한 고을 수령의 호령은 그 고을에만 시행될 뿐이고 다른 고을에는 시행될 수가 없는 것이다. 곽재우를 조방장에 임명하는 것이 좋겠다. 조방장은 아무리 많더라도 해롭지 않다.

군사를 조련하는 일은 일각이 급하다. 아군의 특기는 줄을 당겨 화살을 쏘는 것에 지나지 않으니, 중국 장수들이 있을 적에 적합한 젊은 사람을 많이 뽑아서 반드시 전적으로 정예롭게 배우게 하여 매일같이 연습케 하여야 할 것이다.

온갖 기술을 배운 용사들이 구름처럼 모였다고 하더라도 화약이 없으면 결코 대응할 수가 없다.

오늘날은 진휼책이 가장 급선무이다. 이곳에 곡식이 있어서 그것을 배로 수송하여 한강으로 가져갈 수 있으면 내가 경성에 들어가기를 기다렸다가 직접 진휼하거나 관리에게 명하여 진휼하게 하겠다.

왜적이 변성에 웅거하고 있는 것이 과연 속셈이 없는 것일까. 오늘날 그들이 스스로 돌아가기만을 기다릴 뿐 속수무책으로 있다가 하루아침에 북으로 밀고 올라온다면 누가 그들을 막을 것인가. 오늘날의 일은 바로 연작이 불타는 집에 있는 것과 같은 형세이다.

충청도에서 병사를 징발하고 군량을 수송하는 데 대해서는 다른 구역같이 아직 시행하는 것을 보지 못하였으니 매우 통분할 일이다. 잘 살펴 조처하도록 하라" 하였다. 항상 말과 글은 좋았다.

9월 9일 비변사가 속히 날짜를 정해 경성으로 들어가자고 하니, 서울에 있는 왜적을 먼저 조치하라 하였다.

비망기로 일렀다. '군율보다 더 엄한 것은 없다. 다른 죄라면 용서해 줄 수 있겠으나 옛사람은 가까운 친척이라도 용서해 줄 수가 없어 눈물을 흘리며 참형을 실시하기도 하였다. 진실로 그렇게 하지 않는다면 누가 시체를 넘고 피를 밟으면서 앞을 다투며 적진에 뛰어들겠는가.'

9월 10일 심충겸에게 군량 업무를 전담하게 하였다. 호조에서 할 일이지만 하는 일이 불만스러우므로 믿음직한 심충겸에게 특별히 전담하여 조치하도록 한 것이었다.

한산도 이순신 진영 이날 이순신은 작심하고 조정에 한 통의 장계를 올렸다. 요즘 들어 수군의 장수들을 육군으로 돌리고 연해안의 장정들을 육군으로 충원하므로, 수군의 사수와 격군을 보충하기도 어렵고 전선을 더 만들어야 하는데 사수, 격군과 화포 등이 없다면 헛일이다. 그리고 군량 마련도 큰 과제였다.

그 장계의 요지는, '해전에서는 많은 군졸이 죄다 배 안에 있으므로 적선을 보고 비록 도망해 달아나려 해도 도리가 없는 것입니다. 하물며 노를 재촉하는 북소리가 급하게 울릴 때, 만약 명령을 위반하는 자가 있으면 군법이 뒤를 따르는데, 어찌 마음과 힘을 다하여 싸우지 아니하겠습니까. 거북선이 먼저 돌진하고 판옥선이 뒤따라 진격하여 연이어 지자, 현자총통을 쏘고 또 따라서 포환과 시석을 빗발치듯 우박 퍼붓듯 하면 적의 사기가 이미 꺾이어 물에 빠져 죽기에 바쁘니 이것은 해전의 쉬운 점입니다. 그러나 전선의 수가 적고 수군 중에서 빠져 달아나는 자가 요즘에 와서 더욱 심하니, 만일 전선을 많이 준비하고 또 격군을 보충할 길이 열린다면 비록 대적이 무수히 침범해 와도 능히 감당하며 능히 섬멸할 수 있을 것입니다.'

'신의 어리석은 생각으로는 수군에 소속한 연해안 각 고을의 여러 종류의 괄장군들을 전적으로 수군에 소속하게 하고 군량도 또 수군에 속하게 하여 전선을 갑절이나 더 만들게 하면 전라 좌도의 5고을과 5포구에는 60척을 정비할 수 있고, 전라우도의 15고을과 12포구에는 90척을 정비할 수 있으며, 경상우도에는 사변을 겪은 나머지라 조치할 방도가 없겠지만 그래도 40여 척을 정비할 수 있고, 충청도에서도 60척은 정비할 수 있을 것이므로 합하면 2백50여 척은 될 것입니다. 앞으로 이 군사의 위엄을 가지고서 적의 행방을 듣는 대로 즉시 응원하여 정세에 따라 추격하면 어디를 가든지 대적할 적이 없을 것입니다. 삼가 원하옵건대 조정에서는 충분히 헤아려 생각하시어 사변이 평정될 때까지 연해안 각 고을 괄장군과 군량 등은 다른 곳으로 옮기지 말고 전적으로 수군에 소속시키고, 수군의 여러 장수들도 또한 이동시키지 말도록 함이 좋을까 생각합니다.'

'군병들의 양식이 가장 급한 일인데, 호남 한 지방이 말로는 보전되었다 하지만 모든 물자가 고갈되어 조달할 길이 없습니다. 신의 생각에는 본도의 순천과 흥양 등지에 넓고 비어 있는 목장과 농사지을 만한 여러 섬이 많이 있으므로 혹은 관청 경영으로 하든지 혹은 민간에 주어서 병작을 시키든지 혹은 순천과 흥양의 방비하고 있는 군사들로 하여금 들어가 농사짓는 데 전력하다가 사변이 있을 적에 출전하면 싸움에나 지킴에나 방해됨이 없이 군량에도 유익할 것입니다.'

'전선을 갑절이나 더 만든다면 지자, 현자총통들을 갑자기 마련하기

어려울 것이니 육지의 각 고을에 있는 총통을 급속히 수군으로 옮겨 보내 줄 것입니다.'

'수사는 수군의 대장인데 무릇 호령을 내려도 각 고을 수령들은 소관이 아님을 핑계로 전혀 거행하지 않으며 심지어 군사상의 중대한 일까지도 내버려 두고 빠뜨리는 일이 많이 있어 일마다 늦어지게 되니, 이런 큰 사변을 당하여 도저히 일을 처리하기 어렵사오니 사변이 평정될 때까지는 감사와 병사의 예에 의하여 수령을 아울러 지휘할 수 있도록 함이 좋을까 생각합니다' 하였다.

조정에서 받아들일지의 여부와는 상관없이 이순신의 이러한 생각은 대단한 것이었다고 할 수 있겠다.

9월 11일 해주 행재소 해주산성을 수축하여 튼튼하게 하고, 군량 수만 섬을 저축하고, 군사를 훈련시키라 하고 이 전지를 병사만 알고 전파시키지 말라 하였다. 백성들은 먹을 것이 없어 굶어 죽고 있는데 소용도 없는 장소에 군량을 수만 섬이나 저축하라고 하였다. 그리고 말 잘 듣는 황해도의 감사 유영경, 목사 박경신, 병사 조인득 등을 가자하라 하였다. 이렇게 자신의 후일 피난대비는 구체적이고 확실하였다. 그러니 갈아 치우고 싶은 신하들이 많을 수밖에 없었다.

9월 13일 선조가 정원에 전교하여, 경성에 들어가기 전에 곡식을 제때에 서둘러 수송하게 하라 하였다.

사관은 '애석하게도 왜적이 물러간 뒤에 즉시 구도로 돌아와서 유민들을 위로하여 돌보지 않고 굶주린 백성들을 거의 죽게 만들었으니, 오늘날의 조처는 늦은 것이다' 하고 한탄하였다.

경략 송응창, 제독 이여송 이하 3만 장병이 압록강을 건너 요동으로 돌아갔다. 이덕형이 의주에서 경략과 제독을 배웅하였다. 제독이 작별을 고하며 "백성은 사랑해 주면 부모나 형제와 같이 되고 학대하면 원수처럼 되는 것이다. 이러한 뜻을 다른 왕자들에게 말해 주라" 하고, 또 "국왕은 와신상담을 하고 있는가? 반드시 군사를 조련시키고 백성을 구제하며 인재를 뽑아 쓰고 상하가 굳게 지켜야 일을 성공할 수 있을 것이다" 하였다. 그래도 제독 이여송은 우리나라를 위하여 좋은 말을 해주는 것을 아끼지 않았다.

9월 14일 선조가 평소의 규정에 구애받지 말고 장수 재목을 발탁하라 하고 오늘의 당면 과제는 상하가 모두 조련·양병에 힘을 기울여야 하는 것이고 다른 일에 미칠 겨를이 없다 하였다.

9월 15일 선조가 병조에서 어제 군사의 숫자를 서계한 것은 1천1백59명이었는데 오늘 실제의 수를 물어보았더니 2백6명이라 하였다. 반드시 간사한 속임수가 있을 것이니 이를 살펴 다스리도록 병조에 이르라 하였다.

요동 명군 수뇌부 경략의 명령으로 소서비탄수 일행은 평양에 머무르고 심유경은 요동으로 향했다. 이번 일에는 눈에 보이는 진척이 없었으므로 왜적이 강화를 하고 완전히 철수할 것인지에 대한 믿음을 가질 수가 없었다. 따라서 이여송이나 송응창은 또다시 심유경을 믿을 수가 없었다. 그래서 심유경 대신 담종인을 내세워 진상을 파악하고 협상을 해보도록 하기로 하였다.

한산도 이순신 진영 한산도는 이제 전라좌수영 군의 진영만이 아닌

3도 수군 통제영이 되었다. 공무를 처리하는 관청이면서 수군 수뇌부의 작전회의 장소이고 제장들이 수시로 드나들며 보고하고 지시를 받으며 의논하기도 하는 회합의 장소가 되었다. 자식들과 동생 및 조카들은 번갈아 드나들며 이순신이 하루도 빠짐없이 듣고 싶어 하는 어머님 근황을 전하고, 또 필요한 연락과 심부름을 하고 있었다. 유성룡은 물론이고 서울의 주요 인사들과의 서신 교환도 끊이지 않고 이어졌다. 틈만 나면 활쏘기 시합으로 심신을 단련하고, 조총 만드는 데 부단한 노력을 기울이기도 하였다. 술은 군대 문화의 특성인지 긴장 완화의 수단인지 작전회의 때나 일반 모임이나 가리지 않고 자리에서 빠지지 않았다. 그중에 안타까운 것은 이순신이 격무에 시달려서 그러는지, 해야 할 일이 많은 근심 걱정으로 그러는지 아픈 날이 많은 것이었다.

왜적은 수도 셀 수 없을 정도의 전선을 보유하고 있고 우리는 겨우 1백여 척이 있을 뿐이다. 적은 전년의 패배에 절치부심하며 전선을 보완하고 나름의 작전을 세우고 있을 것이다. 지금 함부로 공격할 수 있는 적이 아니다. 이길 수 있는 기회를 예의 주시하는 상황은 아군이나 왜적에게나 마찬가지였다. 긴장을 늦추지 않고 경계를 강화하면서 이제 지리한 대치 국면으로 들어가고 있었다.

9월 16일 해주 행재소 비변사가 장재가 있는 군사를 정선한 책자를 만들어 올렸다.

'신들이 각도의 군공에 대한 장계를 들은 바와 참고하여 당상관에서 서민·천민에 이르기까지 힘써 싸우고 과감하게 죽을 수 있는 군사를 정선하여 도별로 나누어 책자를 만들었습니다. 만약 이 무리를 요해지에 나누어 배치해서 혹은 편비장으로, 혹은 아병으로 삼고 그들에게 군량을 풍부하게 주어서 힘을 비축하고 예기를 기르게 한 다음, 그중에서 목민의 자질을 갖춘 자는 수령으로 발탁하고 진보를 지킬 수 있는 자는 변장으로 선발했다가 공로가 쌓여진 다음에 발탁하여 장수로 삼는다면 간성 같고 웅호 같은 장수가 항오 중에서 나오지 않는다고 어떻게 보장하겠습니까. 국가에서 이들에게 중책을 맡기려면 후하게 길러 주어야 합니다' 하였다.

사헌부가 차자를 올려 비변사가 제반 일에 있어서 안일에 젖어 있다고 질타하였다. 비변사는 질타를 받을 만했고 사헌부는 사실 질타할 자격은 없었다.

그래도 선조는 "내가 정신이 흐릿하기 때문에 오늘날의 일은 전적으로 비변사에 의뢰하고 있는데 그 공이 크다. 그러니 이 문제는 이렇게 말할 것이 아니다" 하고 비변사를 두둔하였다.

9월 17일 동해안에서 배를 만들어 적선을 공격하여 지치게 하는 것을 의논해서 조치하라 하였다. '호남의 수군은 웅천에 있는 왜적에게 제지당하여 나아갈 수가 없는 데다가 수전에서도 실패하였다. 나의 생각으로는 이 왜적이 1~2년 안에 물러갈 것 같지가 않다. 만약 영해·장기 등지에서 전라도와 충청도의 배 만드는 목수를 데려다가 대대적으로 만들어 동쪽 방면에서 번갈아 나타나 해상의 적선을 공격하되 계속 정면으로 공격하기도 하고 몰래 습격하기도 하면 왜적이 지치지 않을 수 없을 것이다' 하였는데 발상만은 좋았다.

9월 19일 대신들을 인견하여 대책을 논하는 중에, 선조가 말하기를, 반드시 유리한 형세를 찾은 다음에라야 도모할 수 있을 것이니 먼저 웅천의 왜적부터 공격한 다음 전라도 수군의 길과 서로 통할 수 있게 하는 것이 좋을 것 같다. 그러나 이는 다 내가 짐작해서 하는 말이다 하였다.

비변사의 환도 요청에는 천둥을 핑계하며 다시 선위의 뜻을 비치고 나아가는 일을 미루고자 하였다. 대신들은 반대하며 속히 나아가자고 하였다.

윤근수가 경략이 세자를 남쪽으로 내려보내려는 뜻을 알려왔는데, 총병 유정도 속히 광해군을 내려보낼 것을 요구하는 자문을 보내왔다.

9월 20일 윤두수 등이 선위 의사를 거두고 속히 환도하기를 청했다.

9월 21일 김응남을 이조판서, 이산보를 좌참찬으로 하였다.

9월 22일 선조가 해주를 출발하였다. 세자와 중전은 그대로 남았다.

9월 23일 연안 행재소 선조는 연안에서 머물렀다. 성을 싸워 지킨 공이 크니 위유하지 않을 수 없다 하였다.

아는 것도 많은 선조가 연안성을 둘러보고 이곳도 형세가 좋지는 못하다고 하였다. 북쪽 산이 너무 가깝게 내리누르고 있어 화살이나 돌멩이가 미칠 수 있다. 작년에 성을 지키기는 하였으나 이는 왜적의 수가 적기 때문이었으니 요행스러운 일이었다. 많은 왜적을 만났다면 결코 버티기가 어려웠을 것이다. 북쪽 산 등마루에다 물려서 쌓으면 형세도 크게 얻게 되고 일 또한 어렵지 않을 것이라고 하였다.

또, "척계광이 지은 《기효신서》를 몇 부 사오게 하라. 그러나 이 책은 자세한 것과 소략한 것이 있으니 되도록이면 왕세정이 서문을 쓴 것으로 사 오게 하라. 또 중국에는 바닷물을 졸여서 염초를 만드는 법이 있다는데, 그 일행에게 효유하여 그 법을 배워 가지고 오는 자에게는 크게 포상한다고 하라" 하였다.

연안에서 3일을 머문 후 26일, 선조는 아침에 연안을 출발하여 저녁에 배천 금곡역에 머물렀다. 그리고 전교하였다.

"대가가 나아가고 있는데 비변사에서는 전연 조처하는 일이 없으니, 이 어찌 원대한 계책이라고 하겠는가. 마침내 왜적에게 속임을 당할 것이 분명하다. 영남 일로는 어찌하여 장수를 정해서 길을 차단시키지 않는 것이며, 또 어찌하여 군사를 뽑아서 연락을 하게 하거나 매복시켜 왜적의 간첩 행위를 방어하지 않는가? 한강의 얕은 여울에는 어찌하여 장수를 정해서 차단하지 않으며, 또 어찌하여 군사를 매복시키지 않는가? 경성의 문에는 어찌하여 별도로 장수를 정해서 출입하는 사람을 기찰하지 않는가? 도성의 문은 모두 닫고 동남쪽만 열어놓는 것이 좋겠다. 모든 일에 대해 계획을 세우고 생각을 함에 있어 여러 가지로 조처하는 것이 좋은 것이니, 비변사에 이르라" 하였다. 도성이 가까워지니 이제 신변을 지키는 것이 걱정이 된 것이다.

9월 27일 선조는 저녁에 개성부에 머물렀다. 다음 날은 동파역에서 머물고 29일에는 벽제관에서 머물며 그다음 날 경성으로 들어갈 준비를 하였다.

‖ 선조, 강화를 극력 반대하다 ‖

10월 1일 경성 드디어 선조가 도성으로 돌아왔다. 아침에 벽제역을 출발하여 미륵원에서 주정하고 저녁에 도성 안으로 들어갔다. 20일이면 올 길을 100일이 넘게 걸렸다. 모화관에 이르러 황제의 은혜에 사례하는 사배례를 행하고 종묘에 이르러서는 옷을 갈아입고 백관을 거느리고 곡하였다. 임금이 돌아오기를 학수고대하던 백성들이었지만 비단옷을 입고 들어오는 모습에 실망한 사람들이 많았다. 계림군의 집을 대궐로 하고, 심의겸의 집을 동궁으로, 심연원의 집을 종묘로 하였다.

돌아오기 싫은 것을 거의 떠밀려 돌아온 임금 선조는 이제 직접 나서서 진두지휘를 하는 것처럼 설치기 시작하였다. 여러 가지 지시할 것도 많을 것이고 생색도 내야 할 것이다.

선조는 진제하는 일은 일각이 시급하다. 내가 친림하여 나누어 주어 진구하겠다고 하였다.

"진제하는 일은 이렇게 될까 염려되어 미리 정녕하게 분부한 것인데 어찌 이렇게 하고 있는가? 일각이 시급하니 아무 창고이든 곡식을 내어 내일 안으로 나누어 주어 진구하라. 또 이 일을 누가 주관하였기에 이렇게 만든 것인가?" 하고, 이어 다음 날 영의정 최흥원을 곡식을 실어 들이지도 않았고 다른 일도 모양이 말이 아니어서 온당치 못하다고 책하였다.

여행증 또는 호패를 발급하는 것을 비변사가 의논하여 아뢰라 하였다.

병조에 전교하였다. "대가가 입성하였는데 유도한 관원들이 해 놓은 것이 무슨 일인가? 아직까지 성문을 수리할 줄도 모르고 있는가 하면 더러는 쑥대와 새끼줄로 얽어 놓았으니 매우 한심스럽다. 또 동쪽·남쪽 두 문은 수문장을 정하기는 했지만 충실하게 기찰하지 않고 있다. 우리나라의 호령은 늘 헛되이 되고 마니, 각별히 검칙해야 한다. 거둥 때에도 군위를 갖추지 않았으니, 장사 수십 명을 구득하여 연마의 양옆에서 호위하게 하고 겸하여 청로대의 임무를 살피게 하는 것이 어떻겠는가? 병조에 이르라."

서울 안팎의 시체를 중을 시켜 묻어 주는 것을 의논하라 하였다.

소를 도살하는 것을 금단하라 하였다. 현재의 가장 시급한 일인 경종(耕種)을 하자면 반드시 소가 있어야 한다. 또 종자 분급을 사사로운 정에 따라 하여 민생을 망쳤으니 담당 관원을 잡아 국문하여 중하게 과죄하라 하였다.

효행이나 선행을 한 자에게 포상하라고 전교하였다.

왜어 사용을 엄금하라고 하였다.

울산에 있는 적들이 경주로 나와 약탈했다는 것을 경략과 제독에게 급히 알리도록 하였다.

10월 3일 말을 가진 조관이나 사서로서 중국군에게 빼앗긴 자들이 전후 셀 수 없는데, 이들이 말값을 그날의 윤번인 고을에서 받아 내고 있었다. 그 고을에서는 또한 민간에게 책임 지워 거두어 내는데 가포로 받기도 하고 미곡으로 말 주인에게 갚기도 하였다. 오늘 이전에 각처에서 말을 잃은 사람에 대해서는 이미 법이 제정되어 있으니 마땅히 종전대로 값을 받아 주자 하였다.

서울의 두 역에 있어야 할 상·중·하 3등급의 말들이 하나도 남아 있는 것이 없고 역자들의 사망도 다른 데에 비하여 더욱 심한데 각처에 사명을 띠고 나가는 사람의 왕래와 전송하는 일 등은 모두 평상시의 백배나 된다 하였다.

한산도의 삼도 수군통제사 이순신에게 조총을 올려 보내라는 전지를 내렸다. "경성에 남아 있는 왜의 총통은 다만 수량이 적을 뿐 아니라 명나라 장수들이 구하기도 하니, 그대가 얻은 조총 중에서 양호한 것을 골라 올려 보내도록 하라" 하였다.

10월 4일 선조가 친히 용산에 나아가 기민을 진구하고, 도승지 심희수로 하여금 진구하는 뜻을 효유하게 하였다.

요동 명군 수뇌부 심유경 대신 강화협상을 맡은 담종인이 20명의 수행인을 거느리고 조선으로 떠났다.

10월 5일 경성 전교하였다. "제례는 조종조에 정해 놓은 법규가 있고 더구나 지금은 예를 의논할 때가 아니다. 이런 때에는 모든 것을 법규대로 하려 해도 할 수가 없는 것이니, 중요한 제사만 거행하도록 하라. 내 생각에는 예에 대한 의논은 아직 천천히 해도 되는 것이니 급급히 군사를 훈련시키고 계책을 세워 비분한 마음을 품고 왜적을 치는 것이 합당할 것으로 여겨진다."

10월 6일 이날 정식으로 훈련도감을 설치하였다.

선조가 해주에 있을 때 《기효신서》를 유성룡에게 보이면서 이르기를, "내가 천하의 서책을 많이 보았지만 이 책은 실로 이해하기 어렵다. 경은 나를 위해 강해하여 그 법을 본받게 하라" 하니, 유성룡이 종사관 이시발 등과 토론하고, 또 유생 한교를 얻어 낭속을 삼아 명나라 장수의 아문에 질문하는 일을 전담케 하였다. 이제 훈련도감의 설치를 명하고, 유성룡을 도제조로, 조경을 대장으로, 병조판서 이덕형을 유사당상으로, 신경진, 이홍주를 낭속으로 삼았다. 군사를 모집하니 응모자가 많았다.

'조경이 규정을 만들었는데, 큰 바위 하나를 들 수 있고 한 길 되는 담을 뛰어넘을 수 있는 자를 합격시켰다. 아무리 장사라 하더라도 무거운 것을 들거나 몸을 날래게 움직이는 것이 쉽지 않았으므로 합격되기가 쉽지는 않았다. 10일에 걸쳐 수백 인을 뽑아 척계광의 삼수 기법으로 가르치는 한편, 파총·초관을 두어 군사를 나눠 실제 《기효신서》의 제도대로 연습시켰다. 이후 몇 달 만에 상당한 군용이 갖추어졌다. 선조가 습진에 친림할 때는 항상 도감군으로 숙위와 호종을 하게 하였고, 나라에서

도 이 군대의 힘에 많이 의지하였다.'

유성룡이 인하여 청하기를, "군량을 마련하고 군사 1만 명을 더 모집한 다음, 경성에 5영을 두어 영마다 2천 명씩 배치하고 해마다 절반은 도성 안에 두어 연습을 시키고 절반은 도성 밖에 내보내 한광한 땅을 택하여 둔전을 하게 해야 합니다. 그리하여 교대로 경작하여 군량이 나오는 근원을 풍부하게 해서 더욱 근본을 견고히 해야 합니다" 하니, 상이 모두 따랐다. 그러나 결국에 가서는 그 일은 행해지지 못했다. 반대자들이 많았고 선조의 의지가 부족하였기 때문이었다. 도감의 설치에 대해서도 또한 비평이 많았지만 유성룡이 굳은 결의로 담당하였기 때문에 겨우 유지할 수 있었다.

전쟁이 일어난 후 군공이 있는 사람들은 모두 관작을 제수하여 즉시 실직을 맡겼었다. 그런데 그 인원수가 너무 많았다. 환도한 후 관사의 관원이라고 찾아오는데 하나의 직에 몇 명이 겹쳐 오는 경우도 많아 해조에서 조처하기가 힘들게 되었다. 무분별하게 관작을 남발한 문제가 나타나기 시작한 것이다.

비변사가 전일에 싸움터에서 도망한 자들의 처리 문제를 아뢰었다. 신급제로서 도망한 사람이 전후 수천여 명이어서 이루 다 벨 수가 없다 하였다. 유성룡이 도망한 군사는 군율대로 해야 하나 그 수가 너무 많으니 비변사의 생각대로 상번하게 하고, 식량이 부족하면 도망자를 막을 수 없으니 식량을 준비한 후에는 도망자를 엄벌에 처해야 한다 하였다.

또, 비변사가 군량을 조치할 방책이 없다 하고, 내수사 노비가 만으로 헤아릴 정도인데 그 신공을 거두어 가까운 고을 도회소에 쌓아 놓고 군량이 모자라면 보태어 쓰자 하니, 답하기를 이 일은 할 만한 것이기는 하다. 다만 각 도의 부유한 백성들에게는 많이 있을 것인데 어찌하여 가져다 쓰지 않는가. 상격을 넉넉하게 하라 하였다.

사관은 '난리를 겪은 나머지 양식이 이미 고갈되었는데도 위에서는 오히려 사사로움이 있었으니 어떻게 나라를 다스릴 수 있겠는가' 하였다.

선조는 잘못하면 자신도 굶어 죽는다고 생각하는지 백성들이 굶어 죽어 가는 현실에서도 자기 것이라고 정해진 내수사의 양곡은 절대 내놓지 않았다.

병조가 위졸들 중에 도망한 자가 2백50여 명이나 된다 하며, 양식을 싸 가지고 오지 않아서 생기는 일이니 위졸 역졸은 급료를 배로 해줄 것을 요청하였다. 윤허하였다.

10월 9일 난리 통에 도성 백성 가운데 죽은 자가 많을 것인데 흰 상복을 입은 사람이 없다며 상을 당한 사람들은 상복을 입게 하라고 하였다. 예법을 지키는 것이 중요하지만 입을 옷이 있어야 입을 수 있는 것이다. 그냥 거론하지 않아도 될 일이었다.

한산도 통제영 이날 이순신은 선조의 전지를 받았다. "그대는 통제사의 책임을 맡으니 3도의 장수와 군졸들을 두 패로 나누어서 집에 돌아가 번갈아 쉬게 하고 겸하여 의복과 식량을 마련하라" 하였다. 이것도 이순신이 요구한 것을 들어준 것이다.

10월 13일 경성 선조가 생원, 진사의 초시에 무재를 시험 보이는 일과 공사천에게도 과거 보이는 일을 재촉하였다. 비변사가 초시에 무재를 시험 보이는 것이 온당하지 않다 하였다. 그러나 선조는 더욱 강하게 보여야 한다 하였다.

"생원, 진사시에 무예를 시험 보이는 것은 하지 않을 수 없다. 그중에는 잔약한 사람이 더러 있겠지만 어찌 이런 두서너 잔약한 사람 때문에 이런 좋은 법규를 제정하지 않을 수 있겠는가. 더구나 무예를 생원, 진사시에만 시험하고 문과에는 하지 않은 것은 또한 그만한 뜻이 있는 것이다. 잔약하여 활을 당길 수 없는 사람들은 스스로 문과를 보게 될 것인데 어찌 인재를 빠뜨리는 한탄이 있게 되겠는가. 대개 생원, 진사시는 곧 유학을 선발하여 태학에 승보하는 것이다. 공자가 사람을 교육할 적에 어디 문장으로만 하였던가. 활쏘기와 말달리기는 육예 중의 재예가 아니었던가. 우리나라의 말학으로 인한 문폐는 말할 수 없이 크다. 그리하여 무사를 업신여기기를 마치 당나라 말엽에 이석궁을 당기는 사람을 정자 하나를 아는 사람만큼도 못하게 여긴 것처럼 하였으니, 오늘날의 이 사태도 바로 이런 데서 연유한 것이다. 또 이른바 무재를 시험 보이자는 것도 반드시 무과처럼 강한 활을 당기고 말을 달리는 것이 아니라 단지 보사 두어 순을 시험 보여 무예를 익히게 하려는 것뿐이다. 사내가 태어나면 뽕나무 활과 쑥대 화살로 천지 사방에 쏘는 법인데, 어찌 우리나라 문사들이 하는 것과 같겠는가. 이는 사리가 매우 분명한 것이니 구애되거나 지체하지 말고 단연코 시행하라. 이런데도 오히려 꺼리고 하지 않는다면, 《논어》에 이른바 '나도 어찌할 수 없다'고 한 것과 같은 격이 된다" 하였다.

며칠 뒤 비변사가 생원, 진사시에 무예를 시험 보이는 것을 시행해 보기로 하였다. 정말 잘한 일이었다.

10월 15일 선조가 선릉과 정릉에 나아가 천담복을 입고 곡한 다음 위안제를 거행하고 저녁에 환궁하였다.

경상우도 순변사 이빈과 전라병사 선거이, 경상우병사 성윤문 등이 진주에 주둔하고 적의 동태를 살폈다. 왜적들은 고성, 창원, 웅천, 김해 등지에 주둔하고 보리를 심는 등 돌아갈 기미가 없었다.

　남쪽의 백성들도 임금이 도성으로 돌아온 것을 알았다. 백성들은 임금이 와신상담하고, 정치를 혁신하여 중흥의 계기를 만들기를 기대하였다.

10월 16일 경성 경략이 계속 요구하는 요해처에 관을 설치하는 것의 어려움을 논했다. 황진은 계속 송 경략의 제지를 받아 북경으로 갈 수가 없었다. 송 경략이 석 상서에게 보낸 문서를 보니 중국 조정이 송 경략에게 속고 있는 것 같았다. 그래서 지금의 적세를 명백하게 알려야 할 것인데 가질 못하니 선조는 애가 탔다.

　유황상의 자문에 '지금 왜국을 봉해 주는 것을 어찌 그만둘 수 있겠습니까. 이것은 1~2년의 틈을 이용하여 왕께서 숨을 돌려 갱생하고 나라의 군사가 기운이 충만해지고 정신이 왕성해지도록 하기 위함이니, 3년 사이에 반드시 해상의 기적을 세울 것은 물론 관백의 머리를 족하의 손에 넣게 될 것입니다' 하였다. 다른 말은 몰라도 '숨을 돌려 갱생하고 나라의 군사가 기운이 충만해지고 정신이 왕성해지도록 해야 한다'는 말은 맞는 말이었다. 당장 해야 할 일이었다.

　비변사가 군량에 대한 대비로, 전에 이순신의 장계에 따라 병사와 수사에게는 둔전하게 할 일을 이문했는데, 이제 각 고을의 수령들에게도 둔전하게 하여 잘한 자를 포상하자 하였다. 그러나 선조는 뜻은 좋지마는 농사지을 백성이 어디서 나오며 백성들이 침해를 입게 될 것이고, 포상하는 일은 반드시 황당하게 거짓 꾸미는 일이 있게 될 것이니 다시 살펴서 하라 하였다.

　이런 와중에도 관리들은 자신의 이익만을 탐하기에 여념이 없었다. 차지분급 종사관 이집은 나눠줄 땅을 뇌물에 따라 제멋대로 하고, 사적인 용도로 하기도 하여 많은 전답을 매점하였고, 춘추 종자 차지관원들도 수량을 속이고 이권을 챙겼다. 수령들의 횡포는 말할 것도 없고, 심지어 이런 일도 만연하였다. 수령이 교체될 때 신구 관원이 교대하기 전에는 으레 겸관이 있어 임무를 수행하게 되어 있는데 사변 이후는 새 수령이 부임하지 못했거나 또는 수령이 군사를 거느리고 출전을 하거나 할 경우 감사들이 으레 친히 지내는 사람을 임명하여 가관으로 삼았다. 가관에 임명된 자들이 가권까지 데리고 가서 관물을 남용하는 것은 말할 것도 없고 백성들을 침탈함에 있어 하지 않은 짓이 없었다. 일벌백계하고 적발하는 대로 엄벌에 처할 일이었다.

10월 22일 유성룡이 "김준민이 거제를 떠난 후 왜적이 옥포 영등포 지세포 등을 나누어 점거하고 있고, 수사들은 무재나 지략이 서로 비등하고 호령이 한결같지 못하고 원균의 군사 6백여 명과 이순신의 군사 1천여 명이 오랫동안 바다 위에 머무르고 있는 데다가 또 매우 굶주리고 있습니다.

군사를 조발할 때 하리들에게만 맡기므로 강장한 자는 뇌물을 주어 면하고 쇠약한 자만 뽑습니다. 노약은 제외하고 정예만 뽑아 3등급으로 나누어 부책을 만들고, 그 임시에 조발하여 호송하고 가서 교부하게 한다면 일시에 이르게 되어 전처럼 혼잡해지는 폐단이 없을 것입니다" 하였다.

선조는 '군율을 엄하게 밝혀야 한다 하고 당초 경상도에서 군율을 범한 장사들은 경중에 따라 죄를 다스렸어야 했다' 하였다. 또 화약을 조처하여야 한다고 하였다. 목전 대신 조총을 시험하는 것을 말하고, '서얼을 허통시키고 공사천을 양인이 되게 하면 상인들이 모두 무재를 익히게 될 것이고 생원, 진사시에도 시험을 보이면 양반도 모두 무재를 익힐 것으로 여겨진다. 듣건대 경상도의 풍속은 누구라도 아들 형제를 두었을 경우 한 아들이 글을 잘하면 마루에 앉히고 한 아들이 무예를 익히면 마당에 앉혀 마치 노예처럼 여긴다니 국가에 오늘날과 같은 일이 있게 된 것은 경상도가 오도한 소치이다' 하였다.

이에 사헌부가 진주를 구원하지 않은 최원, 선거이를 율에 의해 정죄하라 하니, 선조는 이빈도 하라 하였다.

비변사가 이빈, 선거이는 대군을 거느리고 적과 대치하고 있으니 어렵다 하자, 선조는 즉시 군율을 시행하지 않아 견강부회하는 구차스러운 말이 있게 되었다 하고, 이빈은 군율을 시행해야 하니 다시 의논하라 하였다. 또 이광은 즉시 처참해야 한다. 아니면 다시 잡아다 국문할 것으로 비변사에 이르라 하였다.

선조에게 다시 마음이 여유가 생긴 모양이었다. 사람 죽이자는 논의를 하고 있었다. 정작 죽여야 할 사람은 때를 놓치고, 고생만 죽도록 하는 장수들을 사실 확인도 제대로 하지 않고 매도하고 죽이려 하니, 가슴 아픈 일이고, 한심스럽고, 가증스러운 일이었다.

그러나 최원에 대해서는 아주 정확하게 맞는 말을 하였다. '최원의 일은 아뢴 내용에서 나온 것이기는 하지만 다시 생각해 보건대 지나친 것이 아니겠는가. 별로 기록할 만한 공이 없다고는 하지만 군사를 거느리고 근왕하여 강화에 와서 지켰었다. 진주를 구원하지 않은 죄에 대해서는, 최원은 곧 신급제를 거느리고 가 교부하는 장수인데 진주를 구원하지 않은 것을 순변사에게 책하지 않고 최원에게 책한다면 최원이 승복하지 않을 것이다' 하였다.

선조는 또 '의병이란 말이 칭호는 아름답다. 그러나 이른바 의병이란 것은 곧 자기의 무기를 쓰고 자기의 양식을 먹으면서 나라를 위해 적을 토벌함을 이르는 것이다. 그런데 지금의 의병은 옛적의 의병과는 달라서 마침내 공의를 빙자하여 사모를 경영하고 시기에 편승하여 먹고살기를 도모하게 되었다'고 하였다.

10월 27일 유성룡을 영의정에 제수하였다.
좌의정 윤두수는 지방에 파견하여 선무하게 하였다. "각 고을에서 전연 명령을 듣지 않는다. 경을 내려보내는 것은 명령을 듣게 하려는 뜻이다. 다만 군중에 공이 있는 사람들을 전보하는 동안 시일이 지체되어 즉시 시상하지 못하기 때문에 군정이 해이되고 있으니, 경이 수시로 그때그때 논상하라" 하였다.

그동안 선조는 유성룡이 없어서 많이 아쉬웠을 것이다. 이것은 대가 세고 상대적으로 병무에 둔하면서도 강경한 윤두수를 내려보내고, 대신에 상대적으로 부드럽고 병무에도 정통한 유성룡을 조정에 두고 싶은 것이었다.

윤경원은 심대와 함께 죽었다 하여 증직하고 우성전은 두 번이나 불러도 오지 않고 한 번 올라와서는 공을 속였다고 하며 관작이라도 강등하라 하였다.

유성룡이 파주 동파에 있을 때 충청수사 정걸이 한강의 부교를 절단하려고 올라가니 우성전의 군사가 먼저 왔었고 부교는 강물이 불어 떠내려갔다고 하였다. 그러나 선조는 "우성전의 일은 그의 군사를 보내기는 했지만 부교는 떠내려간 것이 분명한데 그의 군사가 끊은 것이라고 했으니, 위를 속인 일이 아니겠는가. 알기가 어렵다. 그의 말이 맞다 하더라도 부름을 받고 오지 않았으니, 아뢴 대로 폄직하라" 하였다. 선조에게는 한번 밉게 보이면 어떠한 것도 미운 짓으로 보일 뿐이었다.

10월 30일 유성룡이 동궁이 남으로 내려가는 문제를 상의하였다. 선조는 오히려 자신이 내려가겠다고 하였다.

남해안 웅천 왜 진영 담종인이 웅천의 소서행장 진영에 도착하였다. 지난번 심유경이 소서비탄수를 데리고 떠날 때 북경에 가서 석성에게 직접 내용을 듣게 하고 지체 높은 사람을 천사로 하여 3, 4개월 안에 온다고 하였고 또 20일마다 연락을 취한다고 하였는데 전혀 연락이 없고, 소서비탄수는 북경에는 가지도 못하고 평양에서 세월만 보내고 있었다. 소서행장은 어찌 된 영문인지 몰라 답답한 세월을 보내고 있었다. 그래서 중국의 사신이 왔다고 하여 반갑게 맞이하였다. 담종인은 경략 송응창의 요구사항을 그대로 전했다. 풍신수길의 항복 문서를 바치고 모두 바다를 건너 물러가라는 것이었다. 소서행장은 난감했다. 담종인과 대화를 할 수가 없었다. 이미 심유경 외에는 대화를 할 수가 없게 된 상황이었다. 그래서 고심 끝에 심유경이 와서 상의하지 않으면 협상은 깨진다는 편지를 써서 담종인의 수하에게 급히 가지고 가게 하였다. 담종인은 자동으로 인질이 되었다.

11월 1일 경성 유성룡이 경략이 세자를 남쪽을 보낼 것을 재촉하는 것에 대한 답변 내용을 말하고, 또 비변사는 공물을 감하여 백성을 도와야 한다고 아뢰었다.

한산도 통제영 이제 겨울철이어서 전투도 어렵고 군사들의 휴식도 필요하고 명년의 해상방어 준비도 해야 한다. 이미 교대 근무에 대한 조정의 허락도 얻었으므로 경상도 진영과 전라좌수영 진영은 시행하고 있었지만 전라우도 및 충청도 지역은 멀어서 아직 시행하지 못하고 있었다. 이날 이순신은 이억기에게 31척을 거느리고 전라우수영으로 복귀하라고 명을 내리면서, "세전에 전쟁기구를 수리도 하고 또 군졸을 휴양시키며, 전선을 더 만들고 격군과 수졸 및 괄장군들을 일일이 점검하여 미리 정비해 두었다가 1월 5일 안으로 빠짐없이 거느리고 오라" 하였다.
한산도 진에는 항상 50척 이상을 확보하여 사변에 대비하도록 하였다.

11월 2일 경성 나이 젊은 종실들을 뽑아 날마다 활쏘기를 익히고 겸하여 말타기를 익히게 하되 논상하여 권장할 것으로 병조에 이르라 하였다. 잘하는 임금이라면 이들을 전쟁터에 내보냈을 것이다.

세자가 남쪽으로 내려가는 일에 대해 2품 이상의 의견을 들었다. '세자가 병이 있지만 병을 무릅쓰고 해주에서 내려오고 있다'고 답하도록 하고, 세자는 가능한 한 빨리 서울로 돌아와 추이를 보아 가면서 내려가기로 하였다.

[경주, 안강전투]

이날 경주 부근 안강 지역에서 왜적과 명나라군 사이에 전투가 있었다. 전날 서생포의 왜적 수백 명이 노략질을 자행하며 경주 쪽으로 밀려오고 있었다. 이때 경주에는 오유충과 낙상지가 주둔하고 있었다. 이들이 왜적의 동태를 보고받았는데 의견이 일치하지 않아 출전을 못 하고 있었다. 천총 마우경이 '천병은 명을 받고 소방을 구원하러 왔다. 적이 오지 않는다면 그만이지만 이번에 천병을 무시하고 10리의 지점까지 와서 분탕질과 살육하는 것이 극도에 이르렀으니 치지 않을 수 없다' 하고 강력하게 주장하였다. 새벽 해 뜰 무렵 명나라 장수들이 군사 천여 명을 이끌고 출전하였다. 적을 발견하자 포를 쏘며 공격하여 기세를 올렸는데 왜적은 이미 준비가 되어 있었다. 중국군이 전방의 왜적이 피해를 입고 흩어지는 상황을 보고 승리하는 줄 알고 좋아하는데 갑자기 측면에서 수십 명의 왜적들이 긴 칼을 휘두르며 무섭게 돌진하였다. 놀란 명군은 싸워볼 생각도 못 하고 도망치기 바빴다. 한꺼번에 몰려들어 큰 냇물을 건너는데 옷과 갑옷이 젖어 쉽게 건널 수 없었고 왜적들은 뒤에서 무자비하게 난도질을 하였다. 무려 2백여 명이나 죽었다. 경주성으로 들어간 오유충과 낙상지는 성을 닫고 움직이려 하지 않았다. 우리 장수 고언백, 권응수, 박의장, 홍계남 등이 부근에 있었는데 중국군을 믿고 처음부터 싸울 생각을 하고 있지 않아서 물러날 수밖에 없었다. 이후 왜적들은 마음 놓고 안강 일대를 노략질하였는데 명나라 군대를 믿고 살려고 돌아왔던 우리 백성들이 참혹하게 당했고 어렵게 마련해 둔 군량 수천 석을 잃게 되었다. 이 전투로 가등청정의 왜군들은 명군을 우습게 보게 되었고, 아군도 명나라 군사는 믿을 것이 못 된다는 생각이 들게 되었다.

경상우도 함안 창원의 왜적들 일부도 함안으로 진격하였다. 순변사 이빈, 경상우병사 성윤문, 전라병사 선거이 등이 맞서 싸웠지만 이길 수가 없었다. 의령 쪽으로 퇴각하였다. 선거이는 다리에 왜적의 탄환을 맞는 부상을 입어 고생하게 되었다. 보고를 받은 총병 유정이 부대를 급파하여 의령에서 아군과 함께 진을 쳤고 왜적들은 물러갔다.

11월 5일 경성 신하들을 인견하였는데, 박진이 경상도에서 활약한 사람들에 대해서 말하였다. 권응수에 대해서는 폄하해서 말하고 정기룡에 대해서는 좋게 언급하였다. 유성룡은 정기룡은 젊고 재략이 있으며 또 목민에도 능하다고 하였다.

11월 7일 선조는 또 이순신에게 조총을 올려 보내라는 전지를 내렸다. "박진의 말을 들으니, 경상도 사람들은 비록 조총을 얻어도 쏘는 방법을 알지 못한다고 하는데, 서울에서는 지금 가르치며 훈련시키고 있으니, 경은 그 조총들을 올려 보내라" 하였다. 훈련도감을 설치하고 보니

총이 많이 필요해진 때문이다.

11월 9일 사신으로 장도사가 황제의 선유첩을 가지고 왔는데 준엄한 책망이 있었다. 그중에 '위협받는 백성들에게 모두 면사첩을 발급하여 함부로 살육하지 못하게 하라. 만일 해국 군신이 전대로 미욱한 짓을 하여 명유를 어긴다면, 진실로 제 나라를 스스로 포기하는 것이 됨은 물론 재조의 은덕도 저버리게 될 것이다' 하였다.

황제의 준엄한 책망이 있었는데 그냥 넘어갈 선조가 아니었다. 다음 날 심수경과 유성룡을 불러 놓고 전위하겠다고 하였다. 윤두수가 마음고생하던 것을 이제는 유성룡이 이어받았다. 군신 간에 많은 말들이 오고 갔다.

화가 난 유성룡이 "오늘날의 형세는 마치 배를 타고 바다로 들어가다가 갑자기 풍파를 만나 배가 침몰하게 된 것과 같습니다. 신이 정승의 자리에 있으면서 또 이런 전교를 받들게 되니 죽고만 싶습니다. 군신들이 태만하여 모든 일이 제대로 다스려지지 않는다면, 아무 일을 아무가 잘하지 못한다 하면서 일에 따라 책망하셔야 할 것이요, 이 같은 미안한 전교를 내릴 것은 없습니다" 하였다.

사관은 또 전위를 받아들여야 했다고 논하였다. 유성룡은 전위를 반대하면서도 속마음은 사관과 같은 심정이었을 것이다.

11월 12일 선조가 조총을 고안하여 유성룡에게 시험해 보라고 하였다. 한 사람은 조종하여 쏘고 한 사람은 화약을 장진하여 돌려가며 다시 넣게 하였다. 선조와 이순신은 한 가지 공통점이 있었다. 성능 좋은 조총을 만들려고 많이 애썼다는 점이다.

좌의정 윤두수가 남쪽으로 내려가서 군량 모집에 관한 여러 가지 장계를 올리고 있었다. 또한 영호남에 도적이 만연하여 살륙과 분탕을 기탄없이 자행한다는 보고도 있었다. 이에 대하여 비변사가 대신이 명을 받고 내려갔으니, 이러한 일은 품하여 시행할 것 없이 일체 형편에 합당한 대로 하도록 하자 하였다.

11월 14일 비변사가 적세가 아직도 강성하여 변란이 그치지 않고 있는데, 중국군이 다시 나온다면 군량 준비 또한 매우 염려스럽다고 하였다.

11월 15일 주청사 황진이 경략의 저지를 받아 가지 못하고 있는데 또 최입을 주청사로 보내기로 하였다. 주청할 내용을 문의하니 선조가 '이 적세를 보건대 섬멸하지 않으면 스스로 돌아갈 리가 만무한데 머물러 둔 군사 1만여 명으로는 많은 적을 대적하기가 어렵다. 다시 신병을 청하고 싶지만 소방의 백성이 곤궁하여 재물이 고갈되었으므로 군량을 공급하기가 매우 어렵다. 아울러 군량도 청하고 싶지만 지난번에 내린 은량의 수량이 이미 많았기에 감히 무릅쓰고 다시 청할 수 없으므로 민망하여 입을 다물고 가슴만 치고 있을 뿐이다' 한다면, 군량을 아울러 청하는 뜻이 말하지 않는 속에 들어있게 되어 무방할 듯하다고 하였다. 속이 들여다보이는 민망한 말이었다. 조급하고 궁해서 그런지 선조답지 않은 발상이었다.

11월 16일 윤근수가 송 경략의 자문을 보내왔다. 경략은 병마의 훈련과 요해지의 수축, 군기 제조와 추량의 저축을 재촉하는 내용 외에 그동안 쌓인 불만 때문인지 화를 억제하지 못했다.
'당신의 나라 군신들이 높은 자리에서 부귀만 누리면서 백성 애호와 적군 방어는 생각하지 않은 채 국가를 나 몰라라 한다면, 우리도 어찌할 수 없는 것은 물론 아울러 머물러 둔 군사도 철수할 것이다' '왜적이 나온 것은 왜적 스스로 온 것이 아니라 당신 나라 군신들이 끌어들이는 짓을 했기 때문이다' '현명한 신하를 친근히 하고 간사하고 아첨하는 자를 배척함은 곧 오늘날의 시급한 일이다. 우리가 여기 있을 때에 분별해서 진퇴시킨다면 어찌 나라가 다스려지지 않을 염려가 있겠는가. 국왕이 스스로 거행하지 못한다면 내가 마땅히 처치하겠다. 천자의 명명을 받들었는데 무엇을 하지 못하겠는가. 국왕도 오히려 참주할 수 있다. 그 이하의 배신들은 내가 사람을 차견하여 잡아다가 죄가 무거운 자는 참형하고 가벼운 자는 곤타하겠다' 등의 너무 심한 말이었다.

선조는 "이 서장은 지극히 무리한 것이다"라고 하였다. 경략의 이러한 자문에 그냥 넘어갈 선조가 아니다. 선위하고자 한다는 봉서를 대신들에게 내렸다. 유성룡이 시기가 아니라며 도로 바쳤다.

사은사 정철이 북경에서 고명, 면복 등의 일을 자의로 주청한 것을 해명하니 상이 온당하지 못하다 하였다.

비변사가 중국에서 온 양곡 중 요동에서 나온 것이 14만 석이나 되고 산동에서 온 것이 12만 석인데 이미 나온 양곡의 소재도 모른다 하며, 10만 석이 계속해서 올 것이니 한 사람을 시켜 관장하게 해야 한다고 하였다.

장도사를 전송하는데, 산동의 양곡 10만 석을 배가 없어 운반하지 못했으니 얼음이 풀리는 2~3월에나 출발하게 될 것이라 하였다. 선조는 의논하여 조치하겠다고 하였다.

11월 18일 선조와 유성룡의 논의에, 황진이 송 경략 때문에 가지 못하고 도로 나온다 하여 그 잘못을 말하고, 주청사 최입에게는 저지하더라도 꺼리지 말라 하고, 경략이 왜적이 서생포로 물러난 것을 자기 공으로 여겨 나라 안에는 왜적이 없는 것처럼 속여서 말했다 하고, 심유경이 온다는 말이 있었다. 대적을 격퇴하지도 못하고 복수도 못 하게 된 것은 모두 심유경의 세 치 혀 때문이라고 하였다.

남별궁에 나아가 남쪽으로 내려가는 총병 척금을 접견하였다.

척금이 "성천자께서 이미 책봉을 윤허하셨습니다만 소서행장이 군사를 모두 철수하여 들어간 다음에 책봉하게 될 것입니다. 만일 하나의 왜적이라도 아직 남아 있으면 또한 책봉과 조공을 허락하지 않을 것이어서, 아직 허락하지 않고 있습니다" 하였다.

선조는 "비록 조공하기를 요구하면서 화친을 청하지만 속셈은 천병을 지연시키고 소방을 지치게 하려는 것이외다. 이번에 다만 책봉만을 허락하고 그만두면 수년이 못 되어 반드시 다시 흉모를 부릴 것이외다" 하였다. 선조의 이 말은 사실과는 조금 다르지만 결과는 아주 정확한 판단이었다.

11월 19일 명나라 병부에서 황제에게 올린 제본에, '진주의 포위가 풀렸고 부산의 왜적이 물러갔다는 것에 대해서 들은 사람들이 오히려 믿지 않는 경우가 많았고 신도 오히려 근심과 의아가 간절했습니다. 그런데 지금 해국에서 진사하러 들어온 사신이 본부에 도착하여 대면하여 한 말에 의거하건대 해국의 지경 안에 남아 있는 적이 하나도 없고 강토를 모두 수복하였으며 사로잡혔던 왕자와 배신도 모두 돌아오고 무너진 종묘와 사직도 도로 세웠다 하니 이는 모두 황제의 은덕이 크게 퍼지고 천심이 협조함을 힘입은 것입니다' 하였다. 이 주본은 명장 유정을 통하여 권율이 입수하고 올린 것이었다. 이 내용으로 보면 중국으로 간 우리 사신이 조선에 있던 왜군은 다 철수하고 하나도 없다고 말했다는 것이다.

이때 중국에 간 우리 사신은 사은사 정철과 부사 유근이었다. 선조가 이것을 보고 경악했다.

선조가 '이 서장을 보건대 사은사가 철수하지도 않은 왜를 철수했다고 실증한 것이다. 국가의 일이 통탄스러워 말할 수가 없는 지경이어서 내가 듣고 싶지 않다' 하였다.

사은사로 간 정철 일행은 왜적이 모두 철수하여 강토가 모두 수복되었는지는 알 수도 없었고 그런 말을 한 적도 없었다. 그런데 중국 측에서 일방적으로 한 말에 선조가 발끈한 것이었다. 정철은 불행하게도 이것으로 인하여 더 크게 선조의 눈 밖에 나 버렸다. 뒤에 유성룡이 정철이 가지고 간 문서에 '삼도를 수복했고 강역을 재건했다'고 한 말이 있었다고 해명했지만 선조는 사은사의 잘못이라고 고집하였다. 한번 밉보이면 어쩔 수 없는 것이다.

요동 경략 주재소 소서행장의 편지를 받은 경략 송응창은 달리 방법이 없었다. 며칠을 생각한 뒤 심유경을 보내는 수밖에 없다고 결론을 내렸다. 그리고 심유경에게 일을 해결하지 못하면 살아남기 어려울 것이라는 다짐도 받았다. 심유경으로서는 주어지는 임무가 점점 더 죽음과 연관되어 가고 있었다. 심유경은 무거운 마음으로 조선으로 출발하였다.

11월 21일 경성 도원수 권율의 보고로 선조는 왜적의 강화 요구가 일곱 가지인 것을 알았다. 그 일곱 가지는 화친, 할지, 구혼, 봉왕, 조공과 용의 및 인신이었다.

선조가 이것을 대신들에게 보이며 "적의 간모가 이러하니 반드시 물러갈 리가 없다. 재주가 인상여 같은 사람을 송 경략에게 보내어 그의 마음을 돌리게 해야 한다" 하였다. 이어 이날도 중구난방의 많은 말들을 하였다.

선조는 "모든 일은 직접 해야 하는 것인데 하리에게만 맡겨버리고 있다. 중국 장수들은 직접 나무를 베는 역사를 하는데 우리나라는 그렇지 않다. 간사한 하리들이 폐단을 부리는 것이 모두 이 때문이다" 하였다.

유성룡은 적이 바다와 육지로 아울러 진격하여 혹 전라, 충청, 황해도 등으로 침략할 것이 걱정되었고, 군사를 조발하면 아전들이 뇌물을 받고 유랑하는 비렁뱅이들로만 채워 보내는 현실에 화가 나고, 또 전장에 화약이 없다 하니 몹시 답답한 심정이었다.

사헌부는 주청사 황진과 서장관 김정목이 명을 받고 국경을 나갔으면 당연히 그대로 나아갔어야 하는데, 중국 지방에까지 갔다가 무단히 의주로 되돌아왔으니, 돌아온 다음에 모두를 잡아다가 국문하여야 한다고 하였다. 경략의 제지로 못 간 것인데 어떻게 할 것인가. 정말 할 일 없는 사헌부였다.

비변사가 둔전은 사세를 헤아려 보건대 하지 않을 수 없다 하니 따랐다.

훈련도감에서 포수들을 교련하는 일에 이일이 합세하여 조경을 돕고 있었다.

11월 23일 선조가 "오늘날은 군량이 가장 시급하다. 양호 같은 데에 어찌 수만 석의 곡식이 없겠는가" 하며 세력 있는 사람들이 자진하여 납곡하려 하지 않는 것을 비난하였다.

이에 대해 비변사에서는 당초에 납곡한 사람들이 더러는 상을 받지 못하기도 하고 더러는 상을 받기는 하였으나 바친 곡식에 걸맞지 않았기 때문에 백성들이 납곡하려 하지 않는다 하고, 이번에 교서를 만들어 알릴 때에는 자원하여 납곡하는 사람은 감사가 그 즉시 문서를 올리고 해조가 바로 상을 주도록 하여 전처럼 지체하지 않도록 하겠다고 하였다.

11월 24일 총병 척금이 사람이 진실해 보인다고 생각하여 은밀히 우리나라에서 조처해야 할 방도와 중국 조정에다 실정을 주달할 수 있는 길을 물어보게 하였다.

척 총병은 '당초에 경략과 제독은 빨리 일을 완결 짓고 병마를 철수하려는 의도에서 이미 적이 바다로 내려가고 단지 가등청정과 소서행장만이 서생포로 물러가 조정의 명령을 기다리고 있다는 말로 조정을 기만했기 때문에 조정에서도 이 말을 믿고 있다. 당신 나라에서 이번에 전후의 적세를 주문한다면 경략이 죄를 받게 될 것이다. 당신 나라의 절박하고 답답한 일이 어찌 그 자신이 죽는 것과 같겠는가. 경략에게 온갖 말로 호소하더라도 반드시 들어줄 리가 없다' 하였다. 또 담종인이 이미 적의 군영에 들어갔으니, 평행장이 후퇴하여 바다를 건너가지 않거나 항복하는 표문이 오지 않으면, 송 경략은 자신이 직접 군사를 청하고 군량을 청하기에 겨를이 없게 될 것이라고 하였다.

경략은 자신의 이해가 걸려 있으므로 구설로 논쟁할 수 있는 성질이 아니라고 하였는데 현 실정에 맞는 말이었다.

윤근수가 와서 말하기를, 경략이 군량이 떨어졌다는 말 때문에 자신을 곤장까지 치려고 하였다고 하고, 이어 우선은 경략의 뜻에 순응하여 사은만 하자고 하였다. 황진은 상황이 이렇기 때문에 자신이 불러서 돌아왔다고 하였다.

다음 날 대신들을 모아 놓고 사은사와 위급을 고하는 사신을 보내는 문제를 의논하나 별다른 대책이 없었다. 의논이 일치하지 않자 황진이 가지고 간 자문을 그대로 바치게 하였다.

유성룡이 아뢰기를, "이제 송 경략의 말대로 사은만 하소서. 다만 위급을 고하는 주문을 경략이 저지하고 들여보내지 않으면서 왜적이 없다고 중국 조정에 꾸며대다가 마침내는 허물을 우리에게 돌릴 것입니다"

하였는데, 선조는 그런다면 국사가 잘못될 것이라고 하였다.

　선조는 이런 상황에 매우 답답하고 절박한 심정이었다. 왜적이 바로 다시 밀고 올라올 것처럼 위급하게 생각하니 불안하기만 하였다. 사태를 예의 주시하며 우리가 할 일을 착실히 준비하는 냉정함이 필요한데, 그런 냉정함과는 거리가 멀었다.

　다음 날도 유성룡과 의견을 나누는데 뾰족한 방법은 없었다. 이제는 유정도 철수한다는 말이 있었다.

　척 총병은 심 유격이 내려가면 왜적들이 바다로 나갈 것이라고 긍정적인 말을 하고, 광해군이 남쪽으로 내려가는 것을 촉구하였다.

‖ 왜적은 물러가지 않고, 나라는 총체적 난국이었다 ‖

　윤11월 1일 경성 명 조정에서 황제의 특사가 나온다고 하였다. 사전 조치로 경략이 먼저 참장 호택과 경력 심사현을 파견하였다. 선조는 특사가 나오면 그동안 경략에게 막혀 명 조정에 전하지 못해서 답답했던 것들을 속 시원히 말할 기회가 있을 것으로 생각하였다.

　호 참장은, 군사를 조련하여 방수해야 한다 하고, 황제는 조공을 허락했다가 진주를 침범했다는 말에 조공을 보류하였다고 하였다. 왜적이 황제의 명을 따르지 않는다면 제독이 다시 공격할 것이라 하고, 광해군은 바로 남쪽으로 내려가야 한다고 하였다.

　선조는 왜적은 조공을 청한다고 거짓말하고 바닷가를 점유하고 있으며 물러나기는커녕 내년 봄에 다시 침공할 것 같아 절박한 심정이라 하였다.

　참장이 다시 말하기를, 심유경이 나오면 한편으로 왜를 재촉하여 바다를 건너가게 하되, 물러가지 않으면 격멸할 것이라 하였다.

어떻든 중국에서 특사가 나온다 하니 선조는 한숨을 돌렸다.

다음 날 영의정 유성룡 등 신하들을 인견하여 논의하는데 여전히 되는 일 없이 헛된 말만 난무할 뿐이었다. 별 능력도 없는 중국 장수들 이야기, 경략을 어떻게 요리할 줄은 모르면서 앉아서 넋두리나 하고 흉이나 보는 말 등 그 시간에 힘을 기르는 일과 백성을 보살피는 일들을 의논하는 것이 훨씬 더 중요한 일이었을 것이다.

의심 많고 겁 많은 선조는 "사람들은 중국 사신이 나오면 전달될 수 있을 것이라고 말하나, 그 중국 사신이 군신의 대의를 아는 정직한 사람이라면 되겠으나 경략과 서로 안팎이 되어 도리어 적이 물러갔다고 말한다면, 중국 사신이 와서 조금도 유익할 것이 없고 도리어 해로울 것이다" 하며 의심과 걱정을 함께 하였다. 또 이 제독이 평양을 탈환하고 남하할 때 함경도의 적에 대한 대비를 하지 않은 것을 보아 고장은 아니다, 우리나라는 척후를 하지 않는다 하고, 대립하고 있는 실상과 전투에 약한 것 등을 말하였다. 유성룡은 선조의 말에 장단을 맞춰 주고 있었다.

또 선조는 서해의 수로를 경유해서 중국 조정에 아뢰겠다고 하여 경략의 넋을 빼앗아 성취하자는 말을 하였는데, 유성룡이 잘못하면 우환이 심해질 것이라며 만류하였다.

선조가 이르기를 "경중의 상번 군사는 군사가 아니라 사환하는 역군이며, 대궐을 지키거나 군보를 지키는 자도 군사가 아니며, 정병·갑사·기병이라 이르는 자도 다 군사가 아니니, 금군 2~3백 이외에 우리나라에는 군사가 없다. 정로위·별시위·대졸·팽배위·장용위·청로대라 이르는 것들은 어찌하여 그 명호가 이같이 많은가? 정로위를 없애고 별시위로 할 수 없는가? 번잡할 뿐이다" 하니,

유성룡이 아뢰기를, "이것은 하루에 이루어진 것이 아니라 쌓아온 폐

단이 그대로 전해져서 이렇게 된 것입니다. 상번 군사를 색리·서원 등이 중간에서 작폐를 부려 번을 줄여 그들의 급료를 받아먹었는데, 그 뒤에는 보병을 파하고 그 가포로 대립케 하였습니다" 하였다.

선조가 "우리나라가 끝내 강국이 되지는 못하더라도, 군정을 하는 것이 무엇이 어렵겠는가. 대개 습속이 글을 읽는 것만을 알고 군사를 몰라서, 문자를 알면 귀한 사람으로 여기고 궁시를 지닌 자는 천하게 여기므로 이러한 것이다. 또 적의 장기는 조총뿐인데, 이것을 막을 물건이 없는가?" 하니,

유성룡이 "《기효신서》에 따라, 조총을 쏠 때 화전 1~2천을 한꺼번에 쏘아, 연기가 적진에서 가득할 때 일시에 공격하면 이길 것입니다" 하였다.

선조는 왜적이 칼을 잘 쓰니 돌입하더라도 어려울 것이라고 하였다.

이렇게 말만 할 것이 아니라, 작은 일이라도 계획을 세워 실천을 해야 했다.

윤11월 3일 이날 심유경이 소서비의 부하 1명과 통사 왜를 거느리고 입경하였다.

선조는 "심유경과 같이 온 왜가 대가가 환도한 것을 알고서 변복하고 성안에 들어와 정탐할 염려가 없지 않으니, 성문의 경비를 각별히 엄칙하라. 급히 한 장수를 가려서 방수하게 하라" 하였다. 걱정이 심해도 너무 심했다. 심유경은 알아서 미리 왜인들을 성 밖에 있도록 하였다.

홍문관에서, 심유경을 접대하여 넓은 도량과 도리로써 모가 드러나지 않도록 해야 한다 하였다. 비변사도 계속 권유하여 마지못해 따랐다. 다음 날 대교 심흔을 시켜 물선을 가지고 가서 바치게 하였더니, 심유경이 '물선을 많이 보내 주시니 매우 감사합니다. 일찍 뵈려 하였으나 병 때문에 뵙지 못하였습니다. 이제 8일이나 9일쯤에는 영남으로 떠날 것인데,

떠날 때에는 대궐에 나아가 뵙겠습니다' 하였다.

사헌부가 대립을 일절 금지하여 군정을 엄정히 할 것을 청하니 따랐다.

윤두수가 군중에서 무과를 보이자고 청했는데 어려울 것 같다 하였다.

충청도 도내에 의병이라 일컫는 것이 무려 50여 진인데 비록 적을 토벌하는데 별 공효는 없으나 거느린 군사는 수효가 매우 많으며 다 정예하고 건장하였다. 그런데 관가의 징발에는 복종하지 않았다. 이에 비변사가 이일을 순변사로 하여 점검하고 단속하여, 의병 승군이 죄다 관군이 되어 조련할 수 있고 적을 막을 수 있도록 하고, 조령, 죽령, 추풍령 등을 여러 고을을 묶어 지키게 하자고 하였다.

윤11월 6일 도원수의 장계에 '네댓 척이 출몰하는 적선은 오히려 쫓아가 무찌를 수 있는데 좌도, 우도의 수사가 서로 잊어버린 것처럼 버려두니 통제사 이순신 이하 수사를 모두 추고하여 죄주도록 명하소서' 하였다.

이에 비변사가 "수군이 바다에 오래 있는 것은 사람으로서 견디기 어려운 일이므로 조정이 지난번에 잠시 군사들을 쉬게 하여 예기를 기르도록 허가하였으나 지난해 싸움에서 이긴 뒤로는 한 번도 적을 무찌른 일이 없으므로 원수가 죄주기를 청하는 것은 어쩔 수 없는 일이니 장계한 대로 추고하여 칙려토록 하소서" 하니, 따랐다.

어떻게 해서 도원수 권율이 이런 장계를 올렸는지 알 수 없으나 한산도에서 고생하는 이순신은 속상할 일이 생긴 것이다. 비변사는 현지 사정을 알아볼 생각도 하지 않고, 일선에 있는 장수들 사기나 떨어뜨리는 일이나 하고 있다. 권한이 있다고 멋대로 휘두르는 것을 누가 말릴 것인가.

윤11월 7일 선조는 이여송이 여러 번 원했어도 어필을 내린 적이 없었는데, 이번에는 경략의 고집을 완화시키고자 했는지 직접 어필 편지를 써서 경략과 제독에게 보냈다. 승문원에서는 원외에게도 어필을 보내 불평하는 마음을 갖게 하지 말자고 하였다.

윤11월 8일 세자가 경성에 들어왔다. 명나라의 재촉으로 남쪽으로 내려가기 위해 아픈 몸을 이끌고 왔다.

비변사가 아뢰기를, "근일 각처에 도둑이 성하여 중국군을 죽이고 약탈하며 공물을 빼앗아 가기까지 하니, 매우 놀랍습니다. 한 곳뿐이 아니라, 이를테면 순안에서 중국 사람을 죽게 한 것도 매우 의심스러운데, 전일 죽산에서 산꼭대기에 모여 파발아를 쫓아간 따위의 일들이 잇달아 일어나고 끊이지 않으니, 엄중히 잡아서 그 꼬투리를 끊지 않으면 앞으로 올 변란이 필시 오늘보다 심할 것입니다" 하였다.

윤11월 9일 지난달 24일 총병 유정이 도원수 권율을 위시한 조선 장수들에게 화친이냐 싸움이냐를 물으면서, 싸우려면 정월이나 2월이 좋다 하고 호기를 부렸다. 이에 좌의정 윤두수가 호응하였다. 경상도 1만 5천과 양호의 1만 5백 그리고 제도에서 각각 뽑아 한 달의 양식을 가지고 임시하여 들여보내도록 도원수가 이미 영을 내렸고 윤두수 자신도 조치하고 있다고 보고하였다. 어떻든 윤두수는 싸우자고 하는 데는 일등으로 나섰다. 대단한 의기였다.

전라감사 이정암이 전라도의 진포의 폐단에 관하여 장계하였는데, 각 포의 진장을 보건대 그 의식을 장만할 길이 없으므로 입방한 군졸을 덜어 내어 대량을 거두고 있으니 이것이 첫째 폐단이며, 포소 근방의 주민이 진장에게 투속하므로 그 고을의 수령과 서로 다투어 으레 사이가 크게 벌어지니 이것이 둘째 폐단인데, 만일 고을의 수령으로 겸임시킨다면 이 두 가지 폐단을 덜 수 있을 것이라고 하였다.

이 점이 이순신과 이정암이 부딪치는 것이었다. 이순신은 관할 포구의 장정을 징발할 수 없으면 수군을 유지하기가 힘들게 될 것이므로 양보할 수가 없었다.

다음 날 심유경을 접견하였다.

선조가 "이제 어느 곳으로 가며 또 무슨 일이 있소?" 하니,

심유경은 "석야와 송야에게 허다한 계교가 있는데 이제 봉하고 기미해서 백성을 안심시킨 뒤에 다시 조처가 있을 것입니다" 하였다.

선조가 "조정에서 조공을 허가하고 왕으로 봉하는 일이 있다 하는데 조정에서 이미 허가하였는지 모르겠소이다" 하니.

심유경이 "적이 봉작과 조공을 바라기는 하였으나 성지는 조공은 허락하되 봉작은 준허하지 않으셨으니 곧 기미하는 뜻입니다. 비밀이므로 죄다 말할 수 없습니다" 하였다. 그리고 심유경은 웅천을 향하여 길을 떠났다.

윤11월 11일 사은사 정철과 부사 유근은 돌아오는 길에 조정에서 사은사에 대한 오해가 큼을 알았다. 그래서 부사 유근이 상소하여, '어찌 남은 왜구가 전혀 없다고 고할 리가 있겠습니까. 찬획이 서찰을 내어 보이는데 한 조선을 회복하고 한 일본을 항복시켰다는 글이 있었습니다. 신은 중국 사람들이 신보하는데 진실되지 못함이 한결같이 이 지경에 이를 줄은 감히 헤아리지 못하였으니 신의 죄가 큽니다. 신의 벼슬을 삭제하고 처치하여 주십시오' 하였다. 선조는 사퇴하지 말라 하였다. 뒤에 정철도 같은 내용의 상소를 올렸다. 그런데 또 참소하는 말이 있어 '우리나라 사신이 중국에 들어가 유언비어를 퍼뜨려 중국 조정에서 의문을 갖고 이간하게 하였다'고 하였다.

선조는 이미 정철을 눈 밖에 난 것으로 마음이 굳었는데 이것은 정철에게는 치명타였다. 파당의 노림은 이렇게 무섭게 작용되고 있었다.

사신이 경략과 친한 사이라는 말이 있어 또 걱정이 되었다.

윤11월 12일 경성 중국 황제의 특사 행인사 사헌을 맞이하였다. 그가 가져온 칙서는 통렬히 훈계하는 내용이었다.

'근자에 왜노가 한번 들어오자 왕성을 지키지 못하여 들판에는 죽은 자의 뼈가 드러나고 종묘와 사직이 폐허가 되고 말았다. 그 상패의 원인을 추적해 생각하건대 어찌 다 우연한 운수로만 돌리겠는가. 혹자는 말하기를 왕이 원려 없이 오락에 빠지고 뭇 소인에게 현혹되어 백성을 돌보지 않고 군실을 정비하지 않아서 모욕을 부르고 도둑을 초치한 것이 이미 하루아침의 일이 아닌데도 신하 중에 이를 말하는 자가 없었다고도 한다. 앞 수레가 엎어진 것을 뒤 수레가 경계하지 않아서야 되겠는가. 그대의 조상이 내린 복과 우리 군사가 싸워 이긴 위세가 왕의 군신·부자를 서로 보전하게 하였으니, 어찌 다행하지 않은가.

대병도 철수하였고 왕이 이제 스스로 국도로 돌아가 다스릴 것이니, 조그마한 땅도 짐은 관여하지 않겠거니와 어찌 다시 국경을 넘어 구원하는 것을 상사로 여길 수 있겠는가.

이 때문에 미리 알려 경계하고, 옛사람의 와신상담한 뜻으로 권면하노니 이제 외적의 침구로부터 풀려나 숨을 돌리고 나라의 용모를 다시 펴는 때를 당하여, 창이를 어루만지고 유산을 불러 모으며, 척후를 멀리 보내고 성황을 수선하고 갑병을 훈련하고 창름을 채우도록 하라. 주색에 빠지지 말 것이며, 유락에 방탕하지 말 것이며, 치우치게 신임하여 하정을 막지 말며, 형벌과 부역을 각박하고 괴롭게 하여 백성의 원망을 모으지 말라. 그래야만 우환과 치욕의 뒤에 선대의 사업을 일으킬 수 있고 큰 원수를 갚을 수 있을 것이다' 하였다.

이것은 경략이 보낸 자문 때문이었다. 경략의 자문 내용의 대략은,

'그 나라의 왕은 오히려 옛 관습에 안일하여 징계할 줄 모르고 각 배신은 서로 바라보기만 하고 조금도 대비에 힘쓰지 않으니, 이는 왜적이 오면 천조에 그 손해를 떠밀고 왜적이 가면 화를 잊고 즐기면서 조석으로 편안하기만을 바라는 것으로, 천조는 구원하는 체모만 잃을 뿐만 아니라 속국은 돌보아 주는 은혜를 요행으로 여길 것입니다.

특별히 엄한 분부를 내려, 조선 국왕으로 하여금 배신 윤두수·윤근수를 엄히 감독하고 한 사람을 가려서 광해군 이휘를 협조하여 전라도·경상도에 나가 총관하게 하고, 호·병·공조의 세 판서 한준·이항복·김명원과 이조판서 이산보도 각각 직무에 따라 장차 추량을 운반하고 병마를 조련하고 기계를 제작하고 요새지를 수선하는 일들을 유수장 유정 등과 함께 제때에 할 수 있도록 처리하여 정돈하게 하는 것이 마땅하겠습니다.

우선 전의 의논대로 머물려 둔 병마가 잠시 함께 도와 지키게 하고, 흐릿하게 게을리하거든 전에 머물려 둔 장병을 곧장 요동으로 철수하여 연강 일대에 주차하여 내지를 방어하게 하고, 그 나라는 스스로 싸워 지키게 해야 하거니와, 천은을 다시 바라기는 어려워지게 될 것이며 신들도 다시 청하기가 어려울 것입니다' 하였다.

또한 사신 사헌이 자신의 자문도 보냈는데, '망할 이유가 있는 자는 밀어서 망하게 하고 존속할 이유가 있는 자는 도와서 굳게 하며 전도하고 위태한 것을 붙들어 주는 것은 천조가 작은 나라를 돌보는 인애이니, 이미 거의 성공할 단계의 공이 있습니다. 이제 엄히 이르신 성지를 받들었으니, 대저 성심을 드러내고 상담하며, 창을 베고 자고, 피눈물을 흘리며 경비하고, 수성하여 망하려는 종사를 보전하는 것은 국왕과 세자 및 문무 신하들에게 달려 있을 뿐입니다. 왕은 빨리 광해군에게 명하여 전

라도·경상도에 달려가 본국의 문무 관원을 독려하여 군량을 대고 군병을 조련하고 요새지를 수축하게 하여 분부를 저버리지 마소서. 늦추고 머뭇거려서 혹 경략이 다시 말을 하게 된다면, 본사가 면대하여 선유한 것이 무슨 소용이 있겠으며, 무슨 말로 성황께 복명하겠습니까. 본사는 이제 광해군이 어느 날에 남으로 떠나며 나는 또한 어느 날에 북으로 돌아갈지를 기다릴 뿐입니다' 하였다.

위의 일련의 자문들은 요약해서 그렇지 사실 대단히 치욕스러운 내용이었다. 이런 내용의 글을 받았으니 선조가 가만히 있을 리가 없었.

사신을 접견하였는데, 사신이 경사에 돌아가면 이곳 사정을 각로에게 말하겠다고 하였고, 선조는 우리나라의 답답한 정상을 손수 써서 바치려 한다 하고, 그동안의 하고 싶었던 말과 적의 상황을 모두 말하였다.

"평양을 처음 격파했을 때에는 천위가 두려워서 적이 다 넋이 빠졌었는데, 경성으로 도망해 달아나서는 감히 스스로 보전하려는 계책을 꾸며 교묘히 조공하기를 바란다는 말로 핑계하고, 드디어 그 추악한 무리들이 보전하여 변성으로 물러가 웅거하게 된 것입니다. 동래·울산·김해·웅천·거제·가덕·천성 등지에 가득히 나뉘어 주둔하고는 사방으로 나가 약탈하는데, 근일에는 경주, 안강에서 관군 2백여 명을 죽였으니, 하늘을 업신여기고 순리에 거스르는 것이 이토록 고약합니다.

반역자를 토벌하고 포악한 자를 주벌하는 것은 제왕의 성전인지라, 소방의 군신이 적을 격멸하는 거사를 날마다 바라는 것은 큰 가뭄에 구름·무지개를 바라는 것과 같을 뿐만이 아닙니다. 생각하건대, 대인께서 천자의 명을 받들고 소방에 오셨으니, 이는 소방이 재생할 기회입니다. 원하건대, 대인은 적의 정세를 밝게 보시고 조정에 상세히 아뢰어서 한 나라의 백성을 구제하게 하소서. 민망하고 답답하여 울며 간절히 비는 바이니 대인은 가엾이 여겨 돌보소서" 하였다.

사신 사헌은, "봉작·조공의 일은 과도관이 모두들 안 된다고 하는데, 이는 왜노가 교사하여 헤아릴 수 없다는 것을 알기 때문입니다. 천조의 군사가 내년 2~3월까지 나온다면 괜찮겠으나, 늦어질 것 같은데, 이 때문에 그대 나라가 스스로 성을 수리하여 방수하게 하려는 것입니다. 본 병부가 조공을 허락하려는 것도 이 때문이며, 지금 선유하신 것도 이 때문입니다" 하였다.

이때 윤근수가 봉서 1통을 바쳤다. 중국 병부의 자문에 관한 것이었는데, 내용만 보면 경악할 만한 것이었다. 이때 명나라 조정에서는 우리나라가 쇠약한 것을 걱정한 나머지 논의가 무성하였다.

그중 급사중 위학증이 올린 주본에, "조선이 이미 제대로 왜적을 막지 못하여 중국에 걱정을 끼쳤으니, 마땅히 그 나라를 분할하여 두셋으로 나눈 뒤 왜적을 막아 내는 형편을 보아 나라를 맡겨 조치하게 함으로써 중국의 울타리가 되도록 하소서" 하였다. 이를 병부에 내려 논의하게 하였는데, 상서 석성은 불가하다고 주장하였다. 너무 터무니없는 주장이었으므로 없었던 일로 치부되었다.

그런데 송응창이 요동에 있을 때 그 주본을 베껴 윤근수가 돌아오는 편에 이 사실을 알려 주고 또 말하기를, "이 일은 내가 이미 힘껏 보호하였다. 그러나 그대는 돌아가 국왕에게 고하여 스스로 잘 도모하게 하라" 하였다. 경략 송응창이 선조가 매번 말을 듣지 않고 힘들게 하니까 고의적으로 알게 한 것이었다.

윤근수가 처음에는 감히 고하지 못하다가 명나라 사신이 이를 무렵 비로소 위학증의 주본과 경략이 말한 내용을 비밀히 아뢰었다. 송응창이 바랐던 대로 선조는 사색이 되었다. 그리고 "이것은 내가 바라던 것인데 이제 소원을 이루었다" 하였다. 임금 자리를 그만두게 되었다는 것이다.

유성룡이 아뢰기를, "이 글이 윤근수가 바친 것입니까? 말이 흉참할 뿐만 아니라 땅을 베어 남에게 주려고까지 한다는 말은 차마 볼 수 없습니다" 하였고 선조는 내가 바라던 대로 다 되었다. 오늘 영상과 더불어 사퇴를 청하겠다고 하였다. 선조와 유성룡은 서로 그만두어야 한다고 하였다. 중국 조정 안에서 저희들끼리 떠든 것으로 공식적이지도 않았고 잊혀진 사안인데 선조는 마치 죽을 일인 것처럼 유난을 떨었다. 유성룡은 선조의 뜻을 거스르지 않으며 무마하였다.

윤11월 14일 선조가 사신과 다례를 행하였다. 대신들이 그동안의 전란 경위와 상황을 자세하게 적은 진정서를 사신에게 바쳤다. 선조도 손수 쓴 것을 사신에게 주었다. 선위하겠다는 말도 있었던 것 같다.

사신이 말하기를, "내가 온 것은 단지 선유만을 위함이 아니라, 광해군과 세 조의 판서가 내려가는 일들을 의논하여 처리하고자 해서입니다" 하였다.

또 사신이 글을 내렸는데 그 대략은,

'불녕 헌이 국왕을 한번 만나 뵈니 풍채가 빼어나고 법도가 온화하여 속으로 매우 경하하였습니다. 왜적이 온 것으로 말하면 또한 그런 기운을 만났기 때문입니다. 천병이 경내에서 몰아냈다고는 하나, 이는 필경 왕의 복이 융성하여 아직 다하지 않았기 때문입니다. 근일의 일이 이러하니 옛일에 비교할 수 있습니다. 옛날에 오나라가 월왕 구천을 침략, 능멸하였는데, 구천이 와신상담하여 스스로 매우 징계하였습니다. 이 때문에 신하 중에 대부 종·범여 같은 마땅한 사람이 있어 병졸을 훈련하고 백성을 길러 몇 해 뒤에 마침내 오나라를 멸하여 치욕을 씻었습니다.

유성룡 같은 의정은 충성스럽고 남달리 곧으며 인의롭고 독실히 도를 믿으므로 천조의 문관·무장이 모두 국왕이 제일 좋은 상신을 얻은 것을 경하합니다. 참으로 국정을 들어 이 신하에게 맡긴다면 어찌 국위를 떨치지 못하고 병기를 드날리지 못할 것을 걱정하겠습니까. 어제 영윤 광해군을 보니 용안이 특이하였고, 또 신민이 다 추대한다 하니, 국왕을 위하여 훌륭한 아들이 있는 것을 경하하고 또한 국왕의 선대를 위하여 경하합니다' 하였다.

이어 선조가 자신은 병이 깊어 선위하겠다는 것을 말했다. 사신은 왕은 이제 장년인데 어찌 안일하게 지낼 수 있냐 하며, 그 까닭을 말씀하시면 왕을 위하여 판단하겠다고 하였다. 선조는 단지 병이 깊기 때문이라고 하였다. 불필요한 행동으로 체면만 구긴 것이었다.

유성룡을 인견하고 의논하는 중에 날씨가 매우 추우니 굶주린 백성들에게 거적을 나누어 주라는 말이 있었다.

왜적을 논하는 말 중에 유성룡이 말하기를, '전에 왜가 절강을 침략하여 3년 동안이나 땅을 점령하고 노략질을 자행했는데 허다한 중국군이 이기지 못했다. 그 후 신유년에 척계광이 활약하여 비로소 이겼다. 그래서 중국은 이 적을 어렵게 여긴다'고 하였다.

한산도 통제영 이날 이순신은 조정에 조총 30자루를 올려 보냈다. 그 동안 두 차례나 조총을 올려 보내라는 명을 받았는데 이제 수리를 마치고 올려 보낸 것이다.

윤11월 16일 경성 중국 사신까지 세자가 남쪽으로 가는 것을 독촉하니 세자의 행차를 늦추기도 힘들었다. 19일이 길일이라고 하여 그날 떠나도록 하였다.

유성룡에게 선위에 관한 일을 빨리 거행하라 하였다. 유성룡이 반대하자 차라리 스스로 자결하겠다고 하였다. 다음 날에는 윤두수까지 합세하여 선위하는 일의 불가함을 아뢨다. 세자가 내려가는 것이 급하다 하니 거행한 뒤에 내려가게 하라 하였다. 하루에 다섯 번이나 아뢨다.

척 총병이 유성룡에게, 국왕이 천사에게 선위하는 것을 고했는데 이런 때에 어찌하여 이런 말이 있는가 하며, 천사도 귀국 왕을 극찬하거니와, 성지가 준엄한 것은 경계하는데 지나지 않을 뿐이니 결코 다른 걱정은 하지 말라 하였다. 그리고 명 조정에서 '조선은 반드시 구제해야 할 나라이다' 하고, '예전에 조선을 왼팔로 삼아 해구를 막았다'고 말한 내용을 보여 주었다.

다음 날 유성룡 등이 중국 사신을 면대하여, 왕이 선위하고자 하는 이유를 설명하였다. 그리고 변방의 보고를 알고자 하고 또 이 제독과 송 경략에 대하여 묻는 것에 대해서도 적절하게 답해 주었다.

도원수 권율의 보고에, 왜적이 본국에 반신이 있다는 소식에 철수하여 돌아간다고 하였다. 이에 선조가 한탄하였다. "전에도 번번이 왜적이 돌아간다고 말했는데, 어제 도원수의 장계 또한 부질없이 전한 것이리니, 장차 나라의 일이 글러질 것이다. 중국 장수까지도 이미 듣고서 보기를 요구하니, 어쩔 수 없구나" 하였다. 뒤에 적의 철수 소문이 허위인 것이 판명되어 그것을 중국 사신에게 알리라고 하였다.

한산도 통제영 이순신은 이날 무려 7통의 장계를 올렸다.

첫째는 명 받은 대로 군사를 교대로 휴식시키며 수비하고 있음을 보고하는 것이고 두 번째는 포로로 잡힌 왜적이 말한 웅천, 거제 일대의 왜적의 정세를 보고하는 것이었다.

지난번 두치의 복병장 유희선의 망발로 광양이 아수라장이 된 것에 대해 한산도 전장에 나가 있던 광양현감 어영담이 억울하게 피해를 보았다. 전라도에 내려와 있던 좌의정 윤두수와 도원수 권율이 함께 조정에 건의하여 어영담을 파직시켜 버렸던 것이다. 세 번째 장계는 이렇게 파직당한 어영담을 수군 조방장으로 임명해 달라는 요청이었다.

'전 현감 어영담은 바닷가에서 자라나 배에 익숙하고 영남과 호남의 물길 사정과 섬들의 형세를 상세히 알고 있을 뿐 아니라, 적을 토벌하는 일에 몸과 마음을 다하여 작년에 적을 치던 때 매번 선봉이 되어 나서서 여러 번 큰 공을 이루었는데, 다른 사람에 비해 내세울 만한 인재이므로 위의 어영담을 이미 파직되었더라도 우선 수군 조방장으로 임명하여 종시 계획하고 계책을 세워 큰일을 성취하도록 할까 생각하여 감히 품의합니다' 하였다.

배는 더 만들고 있지만 총통을 만들 쇠와 화약을 만들 유황이 없었다. 특히 쇠는 중들을 시켜 모집하도록 시도했지만 되지 않았다. 네 번째 장계는 그래서 그것들의 조치를 요청하는 것이었다.

'듣자오니 멀고 가까운 여러 고을에 혹 쇠를 바치고 병역을 면제하려고 하는 자가 있다고 하는데, 아래에 있는 사람으로는 함부로 할 수 없는 일이므로 감히 품의하오니, 혹시 그 철물의 경중에 따라 혹 직함으로 상주기도 하고 혹 벼슬길을 열어 주기도 하고, 병역을 면제하게 하며, 천한 신분을 면하게도 하는 공문을 만들어서 내려보내 주시어, 쇠를 모아 주조할 수 있다면 군사상 중요한 일을 성취할 수 있을 것으로 생각합니다. 사변이 발발한 이래 염초는 넉넉히 만들어 내었으나, 거기 넣을 석류황은 달리 생산되는 곳이 없으므로 묵은 곡간에 있는 유황 2백여 근쯤 채취하여 내려보내도록 해 주소서' 하였다.

다섯째는 문신을 종사관으로 임명해 달라는 요청이었다. 통제사로 할 일이 많고 또 전라좌수영 본영과도 멀리 떨어져 있으므로 조치해야 할 일이 많았다. 전체를 살펴 행정을 할 수 있는 보좌관이 필요하였다. 이순신은 전 부사였던 정경달을 임명해 줄 것을 조심스럽게 요청하였다.

여섯째는 연해안 고을의 군사와 군량을 수군에 전속시켜 주기를 청하는 것이었다. 전에도 같은 요청을 하였고 조정에서도 받아들였지만 육군의 제장들은 연해안 고을의 군사와 군량을 계속 징발해 가고 있었다. 이순신이 계획한 3도의 전선을 250척으로 하는 것은 전선 자체는 계획대로 되어 가고 있지만 군사와 군량이 없으면 무용지물이 된다. 이순신으로서는 큰 걱정이었다. 그래서 다시 강하게 요청하는 장계를 올린 것이다.

'앞으로는 3도 수군에 소속한 연해안 각 고을과 포구의 괄장군과 군량과 군기들은 모두 이동시키지 말고 전적으로 수군에 소속시키도록 도원수와 3도 순찰사에게 아울러 다시금 각별히 신칙하는 명령을 내리심을 망령되이 생각하였습니다' 하였다.

도원수 권율은 육군 편이라 자연히 관계가 서먹서먹하였을 것이다. 이때 충청수사는 정걸에서 구사직으로 바뀌어 있었다.

일곱째는 둔전에 관한 것이었다. 돌산도를 개간하는 것은 피난민을 모아 하자고 하였고, 흥양의 도양장은 유방군을 활용하자 하고, 강진의 고이도와 해남의 황원 목장도 농사를 짓게 하자고 하였다.

이상과 같이 두 가지 보고와 다섯 가지의 요청을 하는 장계를 보냈는데, 선조는 아직까지는 이순신에 대한 믿음과 기대가 강해서 모두 들어주도록 하였다.

윤11월 18일 경성 유성룡이 선위의 불가함을 아뢰나 듣지 않았다. 임금 선조의 고집도 대단하였다.

중국 사신을 위한 연회에서, 사신이 동궁의 남하를 재촉하자 내일 떠날 것이라 하였다. 사신은 왜적의 상황을 상세하게 적어 자기에게 주면 좋은 계책이 있다고 하였다.

중국 사신을 전별할 때 금군 이하 모든 사람들이 꿇어앉아 소리 맞춰 울부짖으며 호소하라 하니, 유성룡이 연로의 각처에서도 백성과 군사들이 호소하게 하자고 하였다.

사간원이 정철, 유근, 이민각의 추고를 청하니, 이 죄는 추고에 그칠 수 없다고 하였다. 사헌부는 정철과 유근의 파직을 청했다.

다음 날 왕세자 일행이 호남으로 떠났다.

전별연에서, 사신이 선조에게 '세자는 아직 몇 해 동안 더 익혀서 몸이 굳세고 의지가 정해지고 도가 밝아지고 덕이 서서 인정과 권도에 통달한 뒤에야 중대한 위임을 받을 수 있을 것이니 왕은 문득 세자에게 전위한다는 것을 말하여서는 아니 되겠습니다' 하였다. 간결하고 명쾌한 언급이었다.

윤11월 20일 모화관에서 사신의 전별연을 하는데 성안의 백성들이 소리 내어 우니 선조도 울고 사신도 울었다. 그야말로 눈물의 왕국이었다.

중국 특사 사헌은 경성에 머문 지 7일 만에 돌아갔다. 사헌이 올 때에는 국내의 정세도 아울러 살피고 변화시키려는 마음도 갖고 있었다. 그런데 선조가 진정으로 왕위를 내놓으려고 하면서 먼저 사피할 의사를 보이고, 대신들이 또 그 사이에 처리를 잘하였으며, 사헌 역시 선조를 보고 마음이 흡족하였으므로, 칙명만 선포하고 돌아갔다.

선조가 관소에서 총병 유정을 접견하였다. 유정은 사헌이 불러서 급히 상경했었다. 유정은 장수다운 말도 하였고 선조가 듣기 좋은 말도 하였다. 그러나 '귀국 사람이 조총을 익힌다고 하는데, 이것으로 왜적의 장기에 대적할 수 있겠습니까? 중국의 화전은 한 번 쏘면 천만인도 당해 낼 수 없으니, 왜적의 진세인들 뭐 강할 것이 있겠습니까' 하였다. 큰소리치는 중국 장수 치고 결과가 좋은 장수는 한 사람도 없었다. 유정도 마찬가지인데 또한 경험도 별로 없는 젊은 사람이었다.

뒤에 또 연회 석상에서 선조가 유 총병과 대화를 나누었는데, 유 총병은, '왜적은 결코 물러가지 않는다. 혼인을 허락한다 하더라도 물러가지 않을 것이며, 물러간다 하더라도 기뻐할 것은 없다' '이미 적이 구덩이를 깊이 파고 성루를 높이 쌓아 놓아서 쉽게 공략할 수 없으니 반드시 10만의 군사와 1년의 양식이 있어야만 할 것이다' 등을 극진히 말하였다. 말하는 중에 말로 다하지 못하여 가슴이 막히는 듯하였다. 선조가 그 모습에 감동을 하였다. 그리고 유성룡에게 말하기를 '중국에는 유 총병이 있을 뿐이고, 우리나라에는 이원익이 있을 뿐이다' 하였다.

선조는 말뿐인 중국 장수의 말에 사족을 못 썼다. 그래도 유정은 아직까지는 말이라도 고맙게 잘해 주고 있었다.

유 총병이 돌아올 때에 남대문 밖에서 어떤 사람이 정소하기를 '중국 사람이 우리 집을 빼앗아 들었다' 하자, 총병이 말을 멈추고 곧 빼앗은 사람 중에서 세 사람을 잡아다가 곤장으로 때리고 두 사람은 목을 매어 잡아갔다. 이를 보고받은 선조는 뜻밖에, "정소한 자를 나추하라" 하였다. 선조에게 우리 백성은 사람이 아닌 모양이다. 우리 백성이 먼저 살아야 하는 것 아닌가. 기가 막힐 일이었다.

다음 날 유성룡이 벽제에서 사신을 면대하니, 사신이 조선 사람이 왜놈은 빗이요 천병은 빗치개라 한다 하니 이와 같이 군사들을 단속하지 않은 장관의 이름을 알려 주면 엄히 추궁하겠다 하였다. 유성룡이 말로 무마하였다.

한산도 통제영 며칠 전 이순신은 전라감사 이정암의 공문을 접수했는데 그 내용은, '이번에 총병 분부에 의거한 도원수의 공문에 「정예군사 3만 명을 모두 본도에다 배정하고 방금 징발을 독려하므로 소속 각 고을을 3위로 나누어서 방어사와 병사에게 각각 5천 명씩, 좌우도의 수사에게 각각 2천 명씩 나누어 배정했다」 하므로 소속 각 관포에 나누어 배정하고 명령을 따라 독려하여 정비하고 도원수의 명령을 기다리도록 하라' 하였다. 이순신에게는 어이가 없는 공문이었다. 가뜩이나 군사가 모자라 걱정인데 좌우도 합쳐 4천 명이나 차출해 내라는 것이었으니 기가 막힐 일이었다. 그래서 이날 조정에 장계를 올렸다.

'수군은 해로를 질러 막고 있기 때문에 그 방비함이 육군과 다르온데, 바다를 떠나 육지로 가게 하는 것은 실로 옳은 계책이 아닙니다.

뿐만 아니라 근간의 적세를 살펴보면 육지 쪽 웅천 등지의 적이 거제로 왕래하면서 무상으로 모였다 흩어졌다 하여 일정하지 아니하니 적들의 흉한 꾀와 비밀계획을 진실로 예측하기 어려운바, 수군에 소속된 정예군사 1명이 능히 백 명의 적을 당적해 내는 것이므로 도저히 뽑아내지 못하는 사유를 들어서 우선 회답을 하였사오니, 조정에서도 순찰사 이정암과 도원수에게 아울러 각별히 신칙해 주기를 바랍니다.

다만 수군을 징발하는 일이 이렇게 소란스러우면 신은 소관하고 있는 수졸을 통제할 길이 없어서 해상 방비에 관한 일은 아무래도 조처할 수 없게 되어, 수군의 군세가 날로 외롭고 약해진다면 해상으로 마구 덤벼드는 적을 막아 내기 어려울 것이므로 밤낮없이 가슴이 타고 답답합니다' 하였다.

조정에서는 이순신 편을 들어주었다. 권율과는 많이 소원해졌을 것이다.

윤11월 22일 경성 유성룡이 총병 유정을 면담하였는데, 유 총병은 '거느린 군사가 1만 3천6백뿐이므로 경솔히 거사하기 어렵다 하고, 내 뜻대로 하게 한다면 적을 격멸하기가 어렵지 않으나, 다 경략에게 견제되어 할 수 없다'고 하였다.

또 한편으로 말하기를, '오늘날의 일은 국왕과 대신들의 자강책에 달려 있으니, 한편으로는 군사를 뽑아 훈련하고 한편으로는 충렬한 배신을 보내어 황상께 간청해야 한다. 그대 나라가 9월 이후로 장수를 선택하여 군사를 훈련하였다면 지금 1만의 정예는 얻을 수 있었을 것인데, 근래 두세 달 동안 말만 하고 실천이 없었다. 보내어 온 군사도 곧 달아나 버려서 비록 막는다고 말하나 막지도 못하고 있는데, 더구나 적들을 죽일 것을 생각이나 할 수 있겠는가. 또 전라도의 군사를 불러 모으거나 선발하더라도 내 영문에 올 것 없다. 그대로 전라도를 지키면서 한편으로 방어하고 한편으로 훈련한다면, 내가 임시하여 형세를 보아 징발하여 쓰겠다고 하였다. 아주 좋은 내용의 말이었다.

윤11월 23일 선조가 유 총병을 배웅하는데, 선조가 "배신이 모든 일에 다 힘쓰지 않으니, 대인은 다른 나라 사람으로 보지 말고 도원수 이하에게 군령을 행해야 합니다" 하였다.

가슴을 치고 통곡할 일이었다. 우리나라 도원수를 경험도 일천한 일개 총병의 수하로 만들고 있으니 선조는 과연 어느 나라 임금인지 모르겠다. 임금이 이러하니 중국 장수들은 능력도 없으면서 더욱 기고만장하기만 하였다. 정말 한심한 일이었다.

그렇다고 중국 장수들이 선조를 좋아하고 칭찬만 하는 것은 아니었다. 돌아갈 때 대접도 받고 노자도 기대하며 너도나도 임금을 만나려고 하였다. 그러다가 마음대로 되지 않은 사람들은 분을 품고 국왕을 다투어 비방하여 중국에서 조선 국왕에 대한 인식을 나쁘게 만들고 있었다.

선조는 계속 선위하는 일은 일각도 늦출 수 없다고 하였다. 대신들은 계속해서 반대하였다. 그러자 군사에 관한 것 외에는 대신을 시켜 처리하라고 하였다.

윤11월 26일 이날도 유성룡이 2품 이상과 육조 당상을 거느리고 선위의 불가함을 여러 번 계속 아뢰었다.

비변사가 망하기를 기다리는 것보다 한 번 결사적으로 싸우길 원한다고 하였다. 윤두수의 주장을 따른 것이었다.

이에 선조는 '이것은 스스로 망하기를 재촉하는 것이다. 이 군사로는 막는다는 것은 가하여도 쳐서 물리친다는 것은 성공하지 못할 것이다. 다만 거행하려면 먼저 웅천을 공격하여 주사의 길을 열어야 조금 괜찮을 것이다' 하였다. 선조는 이렇게 판단력은 좋았다.

비변사에서는 다시, 각도의 정병을 뽑고 군기를 많이 갖추고 또 군량을 미리 갖추게 한 다음, 초봄이 되거든 각각 날랜 장수에게 거느리게 하여 모두 경상도로 가서 싸울 만하면 싸우고, 지킬 만하면 지키되 시기를 보아 움직이게 하는 한편, 유 총병에게 간곡하게 고하여 적병이 미처 크게 모이기 전에 한번 치자는 주장을 하였다.

식량을 준비하고 군사를 모아 강력하게 조련하는 등 착실히 준비하는 계책이 실정에 맞는 일이었을 것이다.

안주에서 사헌이 이원익에게 '황제가 그대 나라를 위해 특별히 중신을 차견하여 왜적을 섬멸하게 하였다. 그런데 경략과 제독이 여기에 와서 이미 일을 제대로 주관하여 해내지 못하고서 도리어 국왕이 좋지 않다고 말하였으니 이것이 무슨 도리란 말인가. 내가 본국에서 허다한 말들을 들었었다. 그런데 이제 국왕을 만나 보니 언어와 동지(動止)로 미루어 보아 속에 든 마음을 알 수가 있었다. 따라서 본국에서의 말들은 모두가 허탄한 것이었음을 알게 되었다. 또 본국 조정에서는 경략과 제독의 보고를 받고 왜노가 이미 바다를 건너 돌아간 것으로 여기고 있다. 그런데 이제 유 총병을 만나 보니 바다를 건너가지 않았음은 물론 설령 바다를 건너갔다고 하더라도 부산에서 대마도까지는 해로가 멀지 않아서 왕래가 자유로우니, 바다를 건너갔다고 해서 무사하게 여기는 것도 또한 잘못된 계책인 것이다'고 하였다. 이원익은 선조에게 그대로 알렸다.

이항복이 분병조판서가 되어 세자를 따라 남쪽으로 내려갔으므로 이덕형을 병조판서로 하였다.

이달에 명 조정에서는 뜻밖의 일이 벌어졌다. 송 경략이 파직당한 것이다.

'삼포에 왜인이 살고 있었다는 것을 알게 된 사람이 경략에게 고하니, 경략이 그 말을 믿고, 「부산에서 철회하지 아니한 왜적은 바로 원래 거주한 왜호라」하였다. 병부에서 급사중 허홍강을 보내 부산에 가서 조사해 보도록 하였는데, 허홍강은 요동에 당도하여 적병이 물러가지 아니한 것과 왜호라는 것이 무고한 설임을 알고서 상소를 올려 해명하였다. 허홍강은 경략 송응창이 망령되이 봉공을 허락하여 나라를 그르치고 일을 무너뜨렸다고 탄핵하여 직을 파하게 하였다. 그리고 병부우시랑 고양겸으로 대신 군무를 총괄하여 감독하게 하였다.' 선조가 꿈속에서도 바랐을 일이 어느 날 갑자기 일어난 것이다. 그러나 송응창 대신 오는 고양겸도 봉공을 주장하는 사람이었다.

12월 1일 경성 달이 바뀌고도 계속 유성룡 이하 백관들이 계속 선조의 양위를 적극 반대하였다. 결국 세자가 돌아오면 양위하기로 하였다. 이번에는 이렇게 하여 넘겼다. 한 달이나 걸렸다.

비망기로, '지구전으로 10년은 걸릴 것 같다. 중국군을 머물게 하고 우리 군사를 훈련을 시켜야 하니, 중국군이 둔전을 하도록 하면 좋겠다' 하였다.

도원수는 육전을 중히 여기는데, 전일에 조정에서 연해변의 수령들을 나이하지 못하도록 하였는데도 이순신이 진주 등 여러 고을 수령들까지도 하해하게 하였다고 불만이었다. 비변사가, 도원수가 수군과 육군을 모두 관장하여 완급과 이해를 보아 가며 편의하게 조치하도록 하자 하니, 선조가 따랐다. 이순신에게는 혹이 하나 더 붙게 되었다.

요동에 있는 군량을 우리나라 배로 실어 오도록 하였다.

호조에서 공명고신은 정해진 곡식량을 받았을 때만 발급하게 하였다

수급을 베어 오는 경우 그 허실을 정확히 파악한 후 홍패를 주도록 하였다. 걸인을 살해하기도 하고, 적에게 포로가 되었다 귀순한 자들의 목을 베어 바치는 경우도 있었기 때문이었다.

12월 2일 조정에서는 세자가 있는 지휘소를 '무군사'로 호칭하게 하였다. 세자는 공주에 이르렀다.

황해감사에게 삼혈총통과 조총을 정밀하게 제작하라 하였다.

윤두수를 불러 인견하고 남쪽의 제반 사항을 물었다. 도원수에 대해서 묻자 성격이 매우 느슨하지만 감히 힘쓰지 않겠습니까 하였다. 해도의 둔전에 감목관과 목자들을 활용하고, 병사, 수사, 변장, 수령들이 편리하게 관리하게 하라 하였다. 선조가 윤두수에게 "좌상이 이번에 내려가서 흉적을 섬멸하기를 내가 날마다 기대하겠다. 아무쪼록 큰 공을 이루고 돌아오라" 하였다.

소서비가 요동에 들어갔다는 말도 있었다.

12월 3일 비변사가 군량 조달의 불가함을 말하고 산동의 10만 석을 급히 청해 의주로 옮겨 오자 하고, 중강개시를 하자 하였다.

"적군이 오고 안 오고를 물론하고 이미 구제할 수 있는 대책이 없는 바, 생각이 여기에 이르니 마음이 떨리고 기가 막힐 뿐만이 아닙니다. 우리나라 군대의 재기의 강약이 모두 적군만 못한 것은 아닙니다. 단지 평

안에 젖은 나머지 평소 훈련이 없어 기율이 엄하지 않은데다가 군대를 지휘하여 싸우게 할 양장이 없었기 때문에 이 지경에 이르게 된 것입니다.

오늘날의 급선무는 산동에 있는 군량 10만 석을 급히 청하는 것입니다. 정월에 해동한 뒤 즉시 의주에 도착되도록 하고 의주에서 힘을 다해 도성으로 운송하여다가 진구하는 경비에 쓰고 남방의 전세 작미 등 곡식을 제출하여 군량으로 쓴다면, 피차의 장단이 서로 보충되어 수개월을 지탱할 수 있음은 물론 신곡이 나올 때까지 견뎌 낼 수 있습니다. 이렇게 하면 국맥이 이를 힘입어 조금이나마 연장될 수 있을 것입니다.

요동 지방에 연이어 풍년이 들었으니 중강개시하여 물화를 유통하는 것은 온당할 것 같습니다. 자문을 보내어 도사에게 요청하게 하소서. 그리고 둔전을 경영하는 등, 곡식을 생산하는 계책에 대해 모름지기 다방면으로 강구하여 조금이라도 유익함이 있으면 겉치레만 일삼지 말고 모두 착실히 거행한 다음에야 그 효과를 기대할 수 있는 것입니다" 하였다.

요즈음의 비변사는 영의정 유성룡의 주도하에 보다 더 구체적이고 합리적이며 유용한 안을 제시하고 있었다.

이정암의 장계에 전라도의 산성들을 수축하여 지키도록 하자 하였다. 장성현감 이귀가 입암산성을 거의 다 수축하였는데 이귀는 유생으로서 도임한 지 오래지 않았는데도 군사를 훈련시키고 무기를 제조하는 등 조처가 제대로 되었기 때문에 백성들이 모두 즐겨 따른다고 하였다.

비변사가 모든 일은 하지 않는 것이 걱정이지 진실로 하기만 한다면 반드시 이익이 있게 되는 것이라며, 이귀의 일은 매우 가상한 것이니 포상하여 다른 사람들을 권면시켜야 한다 하였다.

12월 4일 신하들을 인견하고 도원수가 거사하려 하는 것을 논의하였다. 유성룡은 방식을 달리할 것을 표명하고, 선조는 적정을 아는 것이 제

일이라 하고, 또 병법에 약한 곳을 먼저 치라고 하였으니 서생포와 부산은 칠 수가 없다. 먼저 웅천을 쳐 이순신의 주사가 통하게 된 다음에야 가능하다 하였다.

‖ 김덕령, 의병을 일으키다 ‖

광주의 유생 김덕령이 의병을 일으켰다.

'김덕령은 신력의 소유자로 비호처럼 용감하였다. 기개와 절조가 있었으며 집에서 유학을 익혀 겸허한 태도로 남에게 자신을 낮추었다. 전란이 있은 뒤로 그는 거상을 하며 집에 있었다. 그의 자부인 김응회는 강개한 선비였다. 그가 누차 김덕령에게 군사를 일으켜 적을 치도록 권하였으나 김덕령은 회의를 하고 결단을 내리지 못하였다. 그런데 이때 마침 담양부사 이경린과 장성현감 이귀가 상소하여 대장의 임무를 맡길 만하다고 김덕령을 추천하였고 당시 무군사가 남하하여 또 세자의 영으로 효유하였다. 이에 김덕령이 친구인 장사 최담령 등 수십 명과 함께 기병하였는데, 전택을 팔아 무기를 마련하고 격문을 띄워 군사를 모집하니, 응모자가 운집하였으므로 정장 5천여 명을 확보하였다. 김덕령이 손수 지휘하고 행진을 가르치니, 군사들이 모두 자신을 단속하여 규율에 맞게 되었다.'

전라감사 이정암의 보고가 도착하였는데, 담양부사 이경린이 상중의 김덕령을 설득하여 지금 의병을 모집하고 있으니 지원하게 하자고 하였다.

선조가 김덕령은 용맹이 어떠한가. 지략으로 이름난 것은 없는가 하니, 유성룡이 지략에 대해서는 듣지 못했고 연소한 사람으로 28세라 하였다.

경상우도 함양 유 총병이 함양에 들어왔다. 군의 선비들이 소 두 마리와 술 열 동이, 꿩 여섯 마리, 큰 반과 한 판, 각종 과일 판들을 뜰에다 설치해 두고서, 정문과 폐단을 진술한 예단을 직접 나아가 바쳤다. 향촌의 모든 선비들이 뜰아래에 서 있다가 재배하였다.

12월 7일 경성 이일을 양호 순변사로 하자 하니, 선조가 이일은 도망을 잘하니 믿을 수 없다고 하였다.
  중국 황제의 특사 사헌이 왔다 갔으므로 사은사를 보내는데 사은주문에 하고 싶은 말을 넣었다.
  '저 왜적은 바야흐로 변성 10여 구역을 점거하여 둔취해 있으면서 성을 수축하고 집을 수리하여 날로 노략질과 살인을 일삼는 등 흉모가 갈수록 교사스러움은 물론, 전혀 돌아갈 생각이 없는 채 우리나라를 주머니 속에 든 하나의 물건쯤으로 여기고 마구 쳐들어와 송두리째 삼킬 뜻을 품고 있습니다. 우리나라가 전날 전성한 힘을 가지고도 오히려 그 흉봉을 막을 수가 없었는데 하물며 지금은 말할 수 없이 피폐되어 겨우겨우 죽기만을 기다리고 있는 실정인 데야 말해 무엇 하겠습니까. 이렇게나마 아침저녁으로 연명하여 가는 것은 중국군의 방수만을 믿고 있기 때문인데 군대는 지치고 적은 강력하니 끝내 걱정이 없을 것을 보증할 수 없을까 염려됩니다. 적이 조금 물러갈수록 근심은 더욱 깊어지고 은혜가 더욱 융숭할수록 형세는 더욱 어려워져 가고 있습니다. 이것이 본인이 하늘을 우러러 가슴을 치며 죽을 곳을 몰라 하면서 피눈물을 흘리게 되는 이유인 것입니다.'
  김수를 사은사로 하였다. 선조가 김수에게 다짐을 하였다.
  "범연히 해서는 안 된다. 부경한 뒤에 해야 될 일을 상세히 기록하여 하서함으로써 기어이 중국의 허락을 얻어 내어 발병한다는 기별을 가지고서야 나오게 하라. 그리고 중국 관원들이 있는 곳을 왕래하면서 애절하게 호소할 것은 물론 또 병부와 과도관에게도 글을 올리라. 만일 채납되지 않으면 연산에 뼈를 묻을 각오를 하고 옛날 신포서를 스승으로 삼을 수 있도록 경들이 일일이 지휘하라. 그리고 이번 적정에 대한 주문은 송·이에게 보여서는 안 되니 모쪼록 은밀히 가지고 가라." 아울러 비변사에 이르고, 이에 대해 의논하여 아뢰라 하였다.

다음 날 비변사는 사은사 일행에게 채소 종자를 많이 사 오게 하자고 하였다.

이어 정원에 전교하여 병량의 숫자와 성의 수축, 요새의 설치와 군대의 조련, 사로잡혔던 사람이 돌아온 것과 중국 장수나 사신 등의 행사에 대한 것 등 병부에서 문의할 수 있는 것들에 대하여 주도면밀하게 준비하도록 하였다.

12월 11일 주청사 황진의 보고에 경략은 파면되고 제독은 체직되었다고 하는데 분명히 알 수는 없다고 하였다. 경략이 갈렸다는 최초의 보고였다.

12월 15일 병조참판 신충겸이, 각도의 감목관 관하에 있는 목장이 한 곳뿐이 아니라 많은 경우에는 수십 곳이 되기까지 하고, 목자도 많은 곳은 수백 호에까지 이르는데 모두 감목관만을 살찌우게 하고 있을 뿐이니, 감목관으로 하여금 각 목장 안에 형세의 편리와 토지의 이로움을 살펴서 목자를 시켜 경작하게 하되 관에서 그 수확의 반을 취하게 하자고 하였다. 이 밖에 비어 있는 목장과 경작할 만한 도서와 제언사에서 관할하고 있는 토질이 비옥한 제언 가운데 민전에 물을 대지 못하는 곳 등의 경우는 백성을 모집하여 경작하게 하되 감사·수령·변장에게 위임시켜 또

한 관에서 그 수확의 반을 취하게 하고, 가을에 관할한 수령·변장의 근만을 조사하여 상벌을 시행하면 일이 번거롭지 않고도 곡식을 얻을 수 있다고 하였다. 이에 선조가 나라를 위하는 충성이 가상하다고 칭찬하였다.

비변사가 둔전 설치와 경영에 대한 방책을 아뢰었다. 신충겸이 말한 방법도 고려하고 나름대로 종합하여 보고한 것이었다.

그러자 선조가 "지금 이 둔전에 관해 의논이 매우 많아 농사철이 박두하여 오는데도 아직 거행하지 못하고 있다. 동군(東君)은 의논이 결정되기를 기다리지 않을 것이 틀림없으니 내가 이 때문에 두려워하고 있다. 급히 시행하도록 하라" 하였다.

다음 날 머리 좋은 선조가 기발한 생각을 하였다.

"우리나라에는 군대가 없는데 이른바 군대라고 하는 것은 이 농부들 뿐이고 농부들이 잘 사용하는 것은 도리편뿐이니 이 병기라면 우리나라 사람도 모두 사용할 수 있을 것이다. 우리나라 사람은 칼과 창을 쓰는 방법을 모르니 어떻게 하루아침에 가르쳐서 완성시킬 수가 있겠는가. 쓰기에 편리한 것이 이 병기보다 더 좋은 것이 없다. 이를 이일에게 보여서 쓸 수 있다고 하면 양호에 내려보내어 만들어 쓰게 하고 쓸 수가 없다고 하면 도로 들여보내라" 하였다.

철로 만든 도리깨는 훌륭한 무기가 될 수도 있다. 선조의 고심이 돋보이는 것 중의 하나였다.

12월 17일 선조가 "전후 좌상의 장계를 보건대 열심히 일을 거행하고 있다. 좌상이 내려가기 전에 비변사의 재상들이 의논을 정하여 일을 거행하도록 지시하였는가? 그간의 곡절을 상세히 알고 싶다" 하였다.

다음 날 비변사가 윤두수의 의견에 따라 수륙으로 공격할 것을 의정했다고 말하자, 선조는 중국군이 참여하지 않는 단독 거사에 부정적이면서도, 요행을 바랄 수도 있으니 하려고 하면 준비를 잘해 시행하라고 하였다. 이어 거사는 막대한 중대사인데 조처하는 것이 하나도 없다고 질타하고, 화약 수천 근, 화전, 진천뢰 등을 포수 수백 명과 함께 도원수에게 보내라 하고 또 용력 있는 장사들을 모집하라 하였다. 또 재정을 위해 각염법과 채은을 시행하자고 하였다.

그런데 19일에 분병조판서 이항복의 비밀 서장이 왔다. 대체적인 내용은 거사해서는 안 된다는 뜻을 극력 개진한 것이었다. 심지어는 '중국 장수와 대책을 강구하지 않았고 군졸들과 약속도 하지 않았으며, 부오도 미처 정돈되지 않았고 원수에게도 모의하지 않았다'고까지 하였다.

선조가 유성룡에게 말하기를 "이것이 곧 나의 의견이다. 거듭 상세히 살펴본 뒤에 들어와서 아뢰라" 하였다.

유성룡과 신하들을 인견하여 거사 문제를 의논하였다. 선조는 "이는 틀림없이 좌상이 한 일일 것이다. 좌상은 항상 적을 공격할 뜻이 있어 수시로 이런 말을 하였었다" 하고, 유성룡은 중국군과 합세해야 된다고 하였다. 대부분 중국군과 협력하여야 한다 하면서 선조부터 거사는 어쩔 수 없이 해야만 한다고 하였다. 또 비변사 당상이 사정을 모르고 있음을 탓하니 최항이 문서도 보여 주지 않고 말도 해 주지 않는다고 불평하고, 선조는 우리나라 사람은 창검을 사용할 줄 모르니 창군은 혁파하고 몽둥이를 가지고 싸우게 하는 것이 오히려 가할 것이다 하였다. 유성룡이 철편(쇠도리깨)이 좋다고 하니 선조가 우리나라는 농부를 군대로 삼는데 농부들은 모두 회편(도리깨)을 쓰고 있으니 반드시 이것을 잘 사용할 것이므로 내가 전교한 바가 있었다. 영상의 말이 나의 생각과 부합한다 하였다. 이일은 남쪽으로 내려가게 되었는데 화약이 필요함을 말하고 공명첩을 많이 주길 원했다. 유성룡이 삼도 수사들의 의견은 영등에 있는 적을 공격하려 하고 또 선박을 옮겨 부산에 있는 적이 돌진하여 오는 길을 막으려 한다고 하였다. 이순신이 장계를 올려 수군까지도 징발한다고 하였는데, 선조가 '이순신이 계속 승리한 것은 수군의 힘이다. 영상은 비변사로 하여금 원수에게 이문하여 그의 군사를 빼앗지 못하게 하라' 하였다. 훈련원의 포수들이 아주 우수하다며 유성룡을 치하하기도 하였다.

비변사에서 전라도와 경상도에 산성을 수축할 것을 건의하였다. 비변사는 임진년의 고난 속에서도 교훈을 얻지 못하고 교훈도 축적하지 못했다. 산성의 역사에 동원하기보다는 훈련시키는 것이 더 급한 일이었다.

경성에서 과거를 보되 조총으로 시취하게 하였다.

12월 24일 남해안 웅천 소서행장 진영 특유의 지리한 행차를 하는 심유경은 15일 거리를 40여 일 걸려 이날 웅천의 소서행장 진영에 도착하였다.

소서행장은 무엇인가 진전이 있어야 했다. 심유경도 마찬가지였다. 둘 다 목숨이 걸린 절체절명의 일이었다. 이제 서로 속이고 속고 할 일이 아니었다. 서로 같이 터놓고 일을 해결해야만 하였다. 그래서 소서행장은 풍신수길의 요구사항 7가지를 있는 그대로 설명하였고, 심유경은 중국 조정의 강온 논쟁을 가감 없이 알려 주었다. 두 사람은 이제 한배를 타게 되었다. 두 사람은 이루어질 수 없는 강화협상에 대한 해결의 실마리를 찾기 위해 장고에 들어갔다.

12월 25일 경성 요동 도지휘사에서 칙서를 받들어 자문을 보내 왜적의 정세, 군무 등을 자세하게 보고하라 하였다. 그동안 송응창에게 제지당하여 알릴 방법이 없어 전전긍긍하던 차에 무척 고무되었다.

선조가 유성룡에게 "이제 요동의 무진 아문의 패문을 보니 우리나라가 이제는 살아나게 되었다. 송응창의 간사한 정상이 이미 황제에게 알려진 것 같으니 감격스러움을 무어라고 해야 할지 모르겠다. 요동에서 이미 대소 왜적의 정세와 군무, 각 지방의 사의에 대한 것을 갖추 기록, 전송하여 본부에 보고하도록 시행하라고 하였으니, 이야말로 우리나라에서 말할 수 있는 절호의 기회이다. 전후의 사정을 숨김없이 극력 진술하고 다시 전처럼 앞뒤를 살피면서 주춤거리지 말고 급히 회자하라. 또 주서를 보내어 경에게 알리니, 경은 직접 위관을 만나서 그 상황을 극력 개진하라. 중국 조정에서 이제 또 은을 보내어 군기를 무역하게 하였으니 황은이 망극하여 더욱 말할 바를 모르겠다" 하였다.

마음이 조급한 선조는 다음 날도 야단이었다. 답변 내용은 상세하게 하라, 국세의 위급함, 적정의 흉포함, 각 지방의 형편을 빠짐없이 기록하라, 황진과 김수가 급함을 고하는 자문을 가지고 간다는 것도 거론하라, 국가의 존망이 이번 걸음에 달려 있다 하였다. 또 유 총병에게도 이 내용을 알려 중국군을 진정시키게 하라 하고 유성룡에게 다른 사소한 비변사 일은 미루고 직접 관장하라 하였다. 엄청난 큰일이 달려 있는 것처럼 이렇게 법석을 떨었다.

둔전 경영과 종자 마련 등의 일을 정곤수에게 맡기기로 하였다.

무군사 그동안 무군사의 과정을 보면, 윤11월에 수원에 도착하여 시위군을 돌려보내 일행을 줄였고, 배행한 재신들이 상의하여 학문을 강론하고 이치를 밝힐 것과 덕을 쌓고 업을 닦는 것에 대한 차자를 올렸다. 12월 1일 공주에 도착하였고, 7일 대신 윤두수가 내려온 뒤에 비로소 무군사를 설치하고 재신이 한곳에 모두 모여 제반 일을 상의하였으며 이 날 세자가 친히 굶주린 백성들을 돌보았다. 8일 부로를 모아 놓고 민간의 질고를 친히 문의하였고, 11일에 알성하였고, 충청·전라·경기·강원도의 군대 2만을 조발하여 내년 정월 보름에 전주에 모여 검열을 받고

1인당 20일분의 군량을 각자 준비하여 영남으로 들어가도록 하였다. 13일 유 총병이 대신을 속히 오라고 하고 또 세자를 속히 전주로 나아가라고 하였으므로 대신은 당일로 출발하였다. 16일 세자는 전주에 있었고, 조헌의 두 아들이 걸식을 한다 하니 직접 만나 위무하였다. 전라감사 이정암이 병마를 초발하여 한번 사생을 걸고 싸워야 한다 하고, 도원수가 20일에 남원에 이르러 점열할 것이라 하였다. 이항복이 학가가 이르는 곳에 접대로 인한 폐단이 심함을 말하니, 부끄럽다며 각별히 살피고 엄히 금단하라 하였다.

12월 28일 세자가 전주에서 무과를 실시하여 1천여 인을 뽑았다. 수군은 이에 참여하지 않았다. 이순신은 수군은 육지로 나오기가 어려우므로 한산도 진중에서 무과를 치를 것을 요청하였다. 또 배에서 말달리기를 할 수는 없는 것이니, 말 타고 달리면서 활을 쏘는 것은 편전을 쏘는 것으로 대체해 줄 것도 요청하였다. 무군사에서는 진중에서 시험 보이자는 요청은 무례한 요구라는 주장도 있었다. 그렇지만 이순신의 주장이 실정에 맞는 일이었으므로 뒤에 승인하고 한산도 진중에서 시험을 보이게 된다. 권율은 합천에서 무과로 9백 명을 뽑았다.

12월 29일 경성 이덕형이 소응충을 만나고 보고하였다. 중국군 오유충 낙상지 두 장수가 돌아가고 유정의 5천 군대만 남고, 송응창이 갈리고 대신 고양겸이 영평에 있고, 심유경은 왜영에 들어갔다 하였다. 왜적이 알고 더 날뛸 것을 걱정하였다. 또 김덕령의 군대가 3천에 이르고 기마병이 날래고 건장하며 군용이 성대하니 일면을 감당하게 하자고 하였다. 속히 영상에게 알리고 의논하여 아뢰라 하였다.

수령들을 무신으로 차출하고, 문신의 경우에는 전투 경험이 있는 사람으로 하는 것을 비변사에 물으라 하였다.

여수 전라좌수영 이순신은 이달 12일에 여수 본영으로 돌아왔다. 거의 8개월 만이었다. 인근으로 모셔 온 어머님도 직접 뵙고 문안드릴 수도 있게 되었다.

그동안 전선 만드는 일을 독려하고 있었다. 만드는 일이 순조로워도 일은 첩첩산중이다. 이날 조정에 장계를 올렸는데 연해안 고을은 전적으로 수군에만 소속되도록 해 달라는 것이었다. 전에 두 번이나 같은 내용으로 장계한 것이다. 요청하고 조정에서 승인해도 현지에서는 되지 않았다. 전라우도는 수군으로 소속된 14고을 중 무려 아홉 고을을 육군 소속으로 돌리기까지 하였다. 고을에서도 전선의 수부와 격군으로 보내야 할 사람들을 도망갔다고 핑계하고 제대로 보내지 않고 있었다. 전선 건조 계획에 차질이 있는 것은 물론이고, 새로 만든 전선에 필요한 군사는 고사하고 원래 있던 전선의 결원된 인원의 보충도 어려웠다. 그대로 있을 수는 없었다. 이런 실정을 자세히 썼다. 그리고 재강조하였다.

'앞으로는 연해안의 군사와 군량과 군기들은 명령에 의하여 수군에 전속시켜 주시고, 다른 곳으로 옮기지 말도록 명령해 주시며, 우도 연해안의 고을도 아울러 수군에 돌려주시고 방비에 궐석한 수군들도 수령들을 시켜 빠짐없이 붙잡아 오게 하는 일들을 모두 충청, 전라, 경상도의 3도 순찰사들에게 각별히 분부하여 주십시오.'

12월 30일 경성 비변사가 이순신이 해도에 둔전 설치를 청했는데 이는 원대한 생각이고 또 내지에서 운송해 가는 폐단을 감소시킬 것이라 하였다. 진주의 흥선도 목장은 토지가 비옥하여 기장이 잘되니 수군과 제장이 조처하여 유민들을 활용하도록 원균의 군관 감찰 박치공 편에 하유하였다.

경상우도 명나라 군사들의 횡포도 끊이지 않았다. 특히 곡 유격이란 자의 군사들이 심했다. 촌락의 재물을 모조리 거두어 가져갔다. 크든 작든 남기지 않았다.

경상도에 있는 모든 장수들의 형편은 말이 아니었다. 오합지졸을 모아 군사라고 여러 해를 거느렸는데, 굶주림에 지쳐 잇달아 도망가고 흩어져서, 많다는 곳은 겨우 백이 넘고 적은 곳은 3, 40명을 거느리고 산골짜기에 숨어 있으니, 싸움에는 마음이 없었다. 또한 군사들은 대부분 무기조차 없었다. 그들 가운데에 활과 화살을 가진 사람은 열 사람 가운데에 한두 사람도 못 되었다. 수풀 사이에 숨어서 몰래 엿보고 있다가 어쩌다 풀을 베러 왕래하는 소수의 왜적을 쏘아 죽이고는 이겼다고 보고한다. 그러나 사실은 대적과는 한 번도 싸워 보지 못하였다.

변란을 겪은 뒤로 백성들이 살 곳을 잃고 유리하는 것은 모두 그러하였다. 서둘러 어루만져 안집시키고 돌아와 정착하게 하여야 마땅하지만 그럴 능력이 없었다. 고을마다 폐허가 되어 고향으로 돌아오고 싶은 마음은 있으나 이미 살아갈 길이 없어 돌아오지 못하고 있었다. 더구나 가혹한 정사가 여전하여 징렴과 토색이 끝이 없으니, 이러고서도 불쌍한 생민들이 돌아와 안집하기를 바라기는 어려웠다. 모든 요역을 일체 감면하도록 하고 약간 넉넉한 고을에서 보리와 밀의 종자를 옮겨다가 살아나갈 밑천으로 준다면 혹 가망이 있을 수도 있었다.

각 고을 관리들이 해조의 문서가 없어졌음을 기화로 관창의 곡식을 마구 훔쳐 사사로이 쓰고 있었다. 무리 지어 가져다 먹는가 하면 멀리 있는 구족에게까지 주기도 하며, 공공연히 자기의 물건처럼 가져가 배에다 가득 싣고 가기까지 하였다. 지켜보는 배고픈 백성들의 마음은 매우 아팠다.

의곡이나 군량을 납부하는 자에 대해서 공을 포상하는 규정이 있는데도 공평하게 시행하지 않고 청탁에 따라 하기 때문에 크게 실망하는 백성들이 많았다.

각 관청 하인으로 실업한 사람이 민간에 흩어져 공물을 방납한다고 거짓말하며 여러 가지 폐단을 일으키니, 구렁에서 겨우 살아남은 백성이 고통을 이기지 못하는데, 경성 근처가 더욱 심했다.

고을의 모든 요역에 아전들이 문서를 고치고 법규를 멋대로 적용하여 뇌물을 받고 면제시키는데 집에 놀고 있는 자들이 대부분이었다. 대신에 전쟁에 나간 사람들의 부모와 처자가 그 요역을 감당하느라 과중한 침해를 받았다. 왕궁을 호위하는 위졸들까지도 이들을 배치할 적에 하리들이 농간을 부려 뇌물의 다소에 따라 신역의 고헐이 정해지고 있었다. 아무리 하지 말라고 한들 되지 않는다. 그들도 생계 수단이 그것뿐이니 죽기 살기로 하는 짓이었다. 그런데 이런 서리의 숫자가 매우 많았다. 조정의 각사만 해도 많은 데는 60여 명이나 되고 그중에 급료를 받는 자는 5, 6명에 불과하였다.

근본적인 사회개혁이 아니고는 해결될 수 없는 일이었다.

경성 백성들의 굶주림도 심각하였다. 한성판윤 이헌국과 우윤 유영길 등의 보고에 진제장에 현재 나와서 먹는 자가 1만여 명인데 그 수가 점차 증가하고 있으며, 너무 지쳐 진제장에도 나오지 못하고 죽어 가는 자들이 얼마인지 모른다고 하였다. 그리고 진휼할 곡식은 겨우 10일의 분량이 남았다고 하였다. 그래서 우승지 정희번을 보내 임금의 명으로 백성들에게 구휼미를 나눠 주게 하였는데 돌아와 보고하였다.

"경성의 인구는 총수가 5만 4천9백63명이었고, 어른들은 2승씩, 어린이는 1승씩을 나누어 주었는데, 감격하여 눈물을 흘리지 않는 자가 없었으며, 심지어는 목이 메어 통곡하는 자도 있었다고 하였다. 그리고 "다섯 군데의 진제장을 일일이 적간하였더니 주린 백성으로 와서 먹는 자는 모두 2천여 명이나 되었습니다. 요즈음에 사람은 많고 곡식은 적어서 아침저녁으로 다 제공할 수가 없게 되어 아침에는 죽 한 그릇을 주고 저녁에는 몸을 움직일 수 없는 자 이외에는 모두 보냅니다. 그래서 사망하는 자가 계속 생겨 시체가 서로 잇달았으니 그 비참한 꼴을 차마 볼 수가 없습니다" 하였다.

사망자들을 도로에다 끌어내어 놓으면 그 시체를 모두 다른 굶주린 백성들이 베어 내어 가지고 간다는 비변사의 말도 있었다.

선조는 어반미 6승 중 3승을 진제장에 보내 진휼에 사용하도록 하였다. "하루에 3승씩만 올리고 그 나머지 3승은 다섯 곳의 진제장에 돌려가며 나누어 보내 죽을 쑤어 죽어 가는 사람에게 먹이게 하라." 임금의 구제책치고는 너무도 초라하고 인색하였다. 그렇게 초라하고 인색한 임금이었다.

경성의 다섯 군데 진제장에 호조에서 지급하는 곡식이 하루에 15석인데 1인당 3홉씩으로 죽을 쑤어 먹이고 있었다. 그러나 서리들이 이 곡식을 횡령하여 양이 이미 모자라고, 죽을 쑬 때 관원이 조금만 살피지 않으면 물을 너무 많이 타고 또 잘 끓이지도 않기 때문에 나와서 먹고 있던 기민이 며칠 사이에 모두 귀신의 형상이 되어 차례로 죽어 가고 있었다. 게다가 초봄에 역질이 겹치게 되면 진제장에 있는 백성들은 살아남을 자가 거의 없었다. 어떤 사람은 '15석이면 1인당 3홉씩으로 7천 명을 먹일 수가 있는데 다섯 군데 진제장의 기민의 숫자가 대체로 이 선을 넘지 않는다. 그러니 죽을 쑤어 주지 말고 쌀로 3홉씩 기민에게 나누어 지급하여 스스로 지어먹게 한다면 하리들이 도둑질하는 폐단이 없어 사람들이 모두 연명할 수 있게 될 것이다'고 하였다.

지방에서는 더 심했다. 죽이 물과 같고 겨와 잡물이 섞여 있었다. 담당 관원과 짜거나 관원의 감시가 소홀한 틈에 모두 도둑질하기 때문이었다. 빌어먹을 일이고, 때려죽일 일이었다.

경성의 시체 처리는 힘든 일이었고, 전국의 모든 시체를 처리하는 것은 불가능하였다. 시체는 썩고 따라서 역질이 돌게 마련이었다.

사헌부가 공명첩 등을 가지고 간 사람을 처리한 장부를 해조로 하여금 가져다가 수납한 곡식과 공명첩을 받은 사람, 그리고 받은 곡식을 처치한 것 등을 빙고하고 모두 자세히 조사하게 하되, 만약 불법의 사례가 있으면 일일이 적발하여 죄를 다스려 개정하자고 하였다.

난리 이후로 나라의 기강이 더욱 해이해져 수령들이 모두 난리를 피하여 달아나 숨을 생각만 하고, 관물을 훔쳐서 다른 곳에 숨겨 두고, 또 족속들을 많이 모아서 백성에게 끼치는 폐단을 이루 다 기록할 수 없었다.

상산군 박충간은 무뢰한 종들을 많이 거느리고서 온갖 폐해를 끼쳤다. 전에 운량사로 임진에 있을 적에는 겁을 먹고서 안장도 없이 말을 타고 먼저 도망하여 온 진영이 궤산되게 하였었다. 또 접대 도감의 당상으로 있으면서도 중국 장수에게 공제할 물건을 공공연히 사적으로 쓰는가 하면 조금이라도 뜻대로 안 되면 낭청을 마구 모독하였다. 간원이 '이런 자를 지금 호남의 전진 중에 있게 해서는 안 됩니다. 체직시켜 오게 하소서' 하였다. 어사 윤경립의 보고로 이런 탄핵이 있었고 선조가 받아들여 체직되었다. 뒤에 이것을 알게 된 전라도, 경상도 사람들이 아주 통쾌하게 여겼다.

경기수사 이빈은 변란이 발생한 처음에 군량을 훔쳐내어 물화를 무역했고 왜적이 물러간 다음에는 가속들을 서울에 두고서 짐바리가 잇달았으며 많은 수군을 내보내고서 그 대가를 받기 위해 각 고을에 군관을 나누어 보내어 일족을 잡아 가두고 극심하게 독촉하였으므로 원망과 호소가 가득했다. 그래서 탄핵을 받았으나 비변사의 요청으로 그 자리에 유임시켰다.

경기도사 박순남은 자기 자신의 지공에 관한 일로 색리를 잡아다가 함부로 형장을 사용했으니 파직하라 청하고, 감사는 날마다 공억을 각 고을에 마련하도록 하여 폐해가 적지 않은데 거느리는 사람도 70인이나 되니 숫자를 감하게 하라고 청했다. 나라가 세금으로 살림을 하는 것이 아니고 백성들의 부역과 극심한 고혈로 하니 이것이 문제였다.

사헌부가 상을 당한 사람들을 모두 기복시키는 문제를 다시 의논할 것을 청했다. 상기가 다 무너지게 되므로 식자들이 한심해한다는 것이었다. 전쟁 중인데 이런 논의가 있는 것도 한심한 것 중의 하나이다. 그런데 사관도 삼년상은 지켜야 하는 것이고, 아무리 큰 난리를 만난 시대라 하더라도 반드시 그 사람이 일세의 치란에 관계되는 사람이어야만 부득이 상중에 기복시키는 것인데 기복시킬 필요가 없는 미관말직까지도 기복시킨다며 개탄스러운 일이라고 하였다.

과연 어떤 것이 개탄스러운 것일까. 전쟁 중인데, 나라가 없어지고 또 죽고 나면 상제가 다 무슨 소용이 있는가. 당연히 모두를 기복시켜 나라를 구하는 일에 힘써야 되는 것 아닌가. 누가 나라를 구할 것인가.

팔도에 군공이 있는 부장 수문장 금군이 만여 명이나 되었다. 평상시에는 수문장이 겨우 30명이었던 것이 지금은 2백여 명이나 되고 부장과 금군도 그러했다. 경비를 줄이기 위해 일부는 시험을 보여 도태시켰다.

이달 21일 인성부원군 정철이 졸하였다. 정철은 논박을 받고 강화에 가 있다가 졸한 것이다. 조정의 의논이 먼저 정철을 제거하려고 하여 대간이 사은사의 일로 정철을 탄핵하였다. 그러나 선조는 다만 체직시키고 추고하도록 명했는데, 유근 및 서장관 이민각과 역관 등은 모두 연루되지 않았다. 이때에 정철을 해치려는 자들이 "정철이 북경에 가서 오로지 성궁의 과실만을 은밀히 중국 조정에 전파시켰다. 그러므로 황제 칙서

속의 추한 내용들은 모두가 그로부터 나온 것이다" 하고 모함하였고 선조도 그렇게 생각하였다. 힘 빠지고 지친 정철은 강화에 우거하다가 병으로 죽었다. 향년 59세였다. 적당한 시점에서 관직을 그만두고 문학에 전념했다면 더욱 뛰어난 작품들을 남겼을 것이다. 참으로 애석하였다.

왜적은 부산을 중심으로 한 남쪽 해안으로 완전 철수하였다. 형식적인 강화회담은 진행되고 있었다. 중국 측에서는 완전 철수는 당연한 것으로 여겨 사신 아닌 사신으로 사용재와 서일관이 일본까지 가서 풍신수길을 만나고 오기까지 하였다. 왜적은 부산으로의 안전한 철수라는 소기의 목적을 달성하였지만 본국으로의 완전 철수는 계획에 없었다. 게다가 풍신수길은 한술 더 떠 황녀와의 결혼 및 조선 4도의 할양이라는 터무니없는 요구를 하고 있었다. 소서행장은 이것을 공개할 수도 없고 명나라의 완전 철수 요구도 거세어 고민이 깊어지고 있었다. 어쩔 수 없어 소서비탄수를 항복하고 봉공을 요청하는 사신 아닌 사신으로 심유경을 따라 북경으로 가게 하였다. 와중에 풍신수길은 남쪽으로 물러난 것이 힘이 약해서가 아니라는 것을 보여 주고, 강화협상을 유리하게 하기 위해 대병력으로 진주성을 공격하게 하여 함락시키고 무자비한 학살을 자행하는 잔혹성을 보였다. 명나라와 왜적이 화의를 진행하는데도 왜적들이 물러나지 않는 상황에서 선조는 화의를 결사반대하며 왜적이 물러가지 않은 상황을 명조정에 알리려 하지만 화의가 지상 과제인 경략 송응창의 저지로 울분을 삼킨다. 그 울분은 그대로 신하들에게 옮겨 두고두고 몇 년 동안 신하들을 괴롭힐 것이다.

이순신은 삼도 수군통제사로 수군 최고 사령관이 되었다. 한산도에 통제영을 설치하고 왜적과 대치하는데, 왜적들은 요새를 쌓고 웅거하고 대적을 하지 않아 노심초사한다. 전선 건조는 이순신의 엄한 독촉으로 잘 되고 있지만 수군 충원은 연안 고을 장정을 육군으로 빼가기 때문에 극심한 어려움을 겪고 있다. 또한 원균이 해괴망측한 행위로 속을 썩이기 시작한다. 앞으로 생각지도 못한 어려움이 더욱 많이 나타날 것이다.

백성들의 어려움은 이루 말할 수 없었다. 이렇게 이해가 갔다.

02

수레바퀴 자국 속의 물고기가 되어 있었다 :
선조 27년 (1594 갑오년)

전쟁은 소강상태였다. 왜적은 부산을 중심으로 한 동남 연해안에 진을 구축하고 있었고 중국군은 대부분 철수하였다. 명나라와 왜적은 실체 없는 강화협상에 매달려 꿈속을 거닌다. 그러나 떨쳐 일어나야 할 우리나라는 너무 기력이 소진되어 일어날 수가 없었다. 백성들은 그야말로 수레바퀴 자국에 고여 있는 물속의 물고기처럼 언제 말라 죽을지 모르는 형국이었다. 어떻게 헤쳐 나갈 것인가.

‖ 심유경, 거짓 강화의 길로 들어서다 ‖

1월 1일 남해안 웅천 소서행장 진영 심유경과 소서행장이 마주 앉았다. 정상적인 방법으로는 강화를 성립시킬 수 있는 방안이 없었다. 여러 가지 궁리가 많은 심유경이 어차피 저질러진 일이라며 국서를 숨긴 죄도 있으니 항표, 즉 항복 문서도 조작하자고 하였다. 소서행장은 며칠을 더 생각한 끝에 결국은 항표를 조작하기로 하였다. 중 현소 등이 비밀리에 작업을 시작하고 군중에는 본국에서 항표가 올 것이라는 소문을 냈다. 이제 두 사람은 돌아올 수 없는 강을 건너고 말았다.

여수 전라좌수영 이순신은 어머님을 모시고 한 살을 더했다. 몇 년 만인지 기억조차 못 하는 모자지간이 함께 맞는 설날이다. 모처럼 흐뭇한 시간이었다.

경성 선조가 중국의 위관과 함께 왜인이 도성에 들어온 것을 알게 되었다. 소서비의 부하로 중국인 2명과 함께 문서를 가지고 남해안에 있는 평행장에게 갔다가 돌아오는 길이었다. 도착한 지는 며칠이 되었다.
 선조는 발끈했다. "왜적 중에 틀림없이 군신이 초초해하는 상황과 나의 얼굴을 목견한 자도 있었을 것이다. 생각이 여기에 이르니 격분함을 견디지 못하겠다" 하면서 이 왜적을 죽이라고 난리를 쳤다. 비변사가 말리고 왜인들은 성 밖으로 내보냈다. 알고도 아뢰지 않은 서리 김윤정은 처벌하였다.

1월 3일 경성 선조가 김덕령을 보기를 원했는데, 김덕령이 상소하여, "절치부심하다 분에 복받쳐 국난에 달려가고자 하였던바, 담양부사 이경린이 순찰사 이정암에게 신보하고, 순찰사는 도원수 권율에게 전보해서 깃발을 높이 들고 떨쳐 일어나게 하였습니다. 신이 12월 20일에 학가를 지영하는 자리에서 즉시 고하고 출발하려 하였습니다만 뜻밖에 중국군이 철병함에 따라 적세가 매우 급박하게 되었으므로 무군사에서 신에게 영남으로 달려가서 한편으로는 싸우고 한편으로는 지키게 하였습니다" 하였다. 선조가 가상히 여겼다. 그러나 김덕령은 올라와 선조와 만났으면 좋았을 것이다.
 비변사가 김덕령은 아직 군공이 없으니 우선 선전관에 임명하고 충용장 명칭으로 군대를 이끌게 하자고 하였다. 그런데 며칠 뒤 대신들을 인견한 회의석상에서 '김덕령이 스스로 5~6리 밖에다 진을 치고 단기로 돌입하여 짓밟을 수 있다고 하였다'는 말이 있었다. 그러자 선조가 "이 사람에게 큰일을 맡겨서는 안 되겠다"고 하였다. 어떻게 해서 이런 말이 나왔는지 모르지만 김덕령은 본격적인 활동을 시작하기도 전에 선조의 눈 밖에 나 버렸다. 안타까운 일이었다.

1월 4일 경성 선조가 또 전위할 뜻을 밝혔다. 이날은 먼저 영의정 유성룡을 극구 칭찬하였다.

"영상은 안으로는 군대를 훈련시키고 밖으로는 책응을 조처하여 좌우로 수작함에 있어 주도면밀하지 않음이 없었다. 거기다 뛰어난 식견을 지녀 힘써 특론을 주장하여 우리의 사정이 기필코 중국 조정에 알려지도록 상주하였다. 우리의 사정이 알려지고 나면 중국에서 군대를 내보내지 않더라도 전혀 한스러울 것이 없다. 영상의 정견이 아니었다면 아마 틀림없이 송응창의 모함을 당하였을 것이다. 너무도 감격스러워 마음을 억제할 바를 모르겠다."

그리고 "나처럼 죄를 진 병든 사람이 어찌하여 지금까지도 그대로 머물러 있어 다시 국가를 낭패시켜 생령에게 해를 끼치고 종사에 수모를 끼치게 하겠는가. 하루를 지나는 것이 바늘방석 위에 앉아 있는 것만 같으니 속히 내가 전부터 말해 왔던 뜻을 이루게 해 주는 것이 새해의 지극한 소원이다" 하였다.

다음 날 빈청(영상 유성룡, 영중추부사 심수경, 이조판서 김응남, 호조판서 권징, 병조판서 이덕형, 형조판서 신점, 병조참판 심충겸)이 전위를 만류하였다.

유성룡이 자신을 파직할 것을 청했다. 임금이 그만두려면 자기를 먼저 그만두게 하라는 맞불 작전이었다. 이에 선조가 유성룡을 인견하고 사직하지 말 것을 말하고 중국군 철병을 걱정하니, 유성룡은 왜적들이 전혀 돌아갈 생각이 없는 것은, 틀림없이 내년 봄에 전라도를 침범할 계략이라며, 들을 비우고 험고한 곳을 지키다가 적이 물러서면 복병으로 추격하자고 하였다.

1월 5일 여수 전라좌수영 이순신은 두 통의 장계를 올렸다.

거제도에서 왜적들이 활개 친다는 정보가 있는데, 봄이 되면 이들을 물리쳐야 하므로 지금 본영에서 전선 만드는 것을 독려하고 있으며, 전라우수사 이억기, 충청수사 구사직에게도 전선을 만들어 기일을 엄수하여 오도록 하였다는 것이 첫 번째 장계였다.

두 번째 장계는 일족에게 징발하지 말라는 광해군 무군사의 명령에 대한 것이었다. '그대로 한다면 10명이나 되던 방비군이 오늘은 2, 3명 미만이 될 것이다' 하면서 아직 그대로 형편 따라 처리해야만 백성을 구하고 적을 제압하는 일을 다 할 수 있을 것이라 하였다.

경성 이조에서 군현을 합병하는 것을 반대하였다.

이에 대해 선조가 반론하였는데, '3백이나 되는 군현에 어떻게 모두 어진 수재를 가려 제수할 수가 있겠는가. 더구나 우리나라의 수령은 그 직임에 오래 있지 못하고 개체가 일정치 않은 형편이어서 백성들은 영송과 침학에 시달릴 뿐 조정에서 베푸는 덕택을 못 보았다. 옛날 제나라는 대국이었는데도 그 성이 70개에 불과하였다. 내가 평소부터 군현을 합병하여 그 숫자를 2백으로 줄이더라도 부족한 것이 아닌데 무엇 때문에 3백이나 둔단 말인가 하고 생각하였다. 만일 경장하고자 하면 반드시 이 일을 먼저 시행해야 될 것이다' 하였다.

오래전에 율곡 이이와 선조가 의견 일치를 본 사안이다. 명석한 판단이었지만 역시 말뿐이었다.

1월 9일 경성 식량을 원조해 달라는 눈물겨운 자문을 가지고 청량사 허욱이 중국으로 떠났다. '지금의 사세는 마치 말라 들어가는 수레바퀴 자국 속의 물고기가 물거품으로 겨우 적셔 가고 있는 형국이어서 마침내 말라 죽는 지경에 이르게 될 것입니다. 삼가 생각건대, 이 적을 퇴치하지 못하고 이 원수를 갚지 못한 채 군신 상하가 먼저 죽어 통분함을 머금고 지하로 들어간다면 눈을 감지 못할 것입니다. 엎드려 바라건대, 성자께서는 바다 모퉁이에 사는 백성들을 불쌍히 여기시어 특별히 해부에 명하여 상의, 분발하도록 하여 한 나라의 죽어 가는 목숨을 구원하여 주시기를 간절히 바라 마지않습니다' 하였다.

그렇다. 바로 수레바퀴 자국 속의 물고기였다. 백성들은 말라 죽을 처지였다. 이렇게 알면서도 무엇 하나 제대로 하지 못하는 것이 문제였다. 허욱의 사행은 식량 원조 요청도 하겠지만 강화를 반대하는 내용을 고하려는 의도가 있었다.

1월 10일 경성 선조가 중국군이 크게 다시 나온다는 것과 군량을 위해 곡식을 바치라는 내용의 방을 붙이라고 명하니, 비변사가 백성들의 동요가 심할 것이고, 또 이 왜적은 허세로는 물리칠 수 없다고 하였다.

여수 전라좌수영 이날 이순신은 한 통의 장계를 올렸다. 먼저 둔전에 관한 사항을 설명하였다. 이어 흥양 감목관 차덕령이 오래되고 멋대로 하며 사람들을 몹시 학대하기 때문에, 빨리 전출시키자는 요청을 하였다.

[송유진 역모 사건]

송유진은 본래 경성 서족 출신의 무뢰배로서 천안과 직산 사이에 출몰하며 도적질을 하였는데, 점점 방자해져 경성의 수비가 허술한 것을 보고는 결국 역모할 마음을 갖게 되었다. 여러 도적들을 속여 유인하고 자칭 의병대장이라 하였다. 그를 따르는 자가 매우 많아 지리산·속리산·광덕산·청계산 등 여러 산골짜기에 분포된 자가 2천여 인이었다. 송유진은 여러 적과 더불어 1월 중에 군사를 동원하여 아산·평택 지방의 병기를 탈취하여 경성에 쳐들어가기로 약속한 다음, 먼저 전주의 분조에 글을 보냈는데, 임금을 모욕하는 말이 매우 심했다.

충청병사 변양걸이 이 소식을 듣고 군사를 거느리고 온양에 머물러서 토포하려고 하였으나 적의 괴수가 있는 곳을 알지 못했다. 그때 마침 진천의 무사 김응룡이 와서 고하여 그의 계략을 쓰게 되었다. 김응룡의 족자 홍각이란 자는 적의 심복이었는데 종사관이라고 호칭하였다. 김응룡이 그를 자기 집으로 유인하여 이해관계를 가지고 위협하고 설득하여 그 실상을 다 파악하였다. 그리고 다시 그를 협박하여 송유진을 유인하게 하니, 송유진이 수십 인을 거느리고 왔다. 이에 김응룡이 역사 홍우 등과 함께 그를 체포하였고, 충청병사가 수금하고 즉시 조정에 알렸다.

1월 11일 경성 충청도 조도어사 강첨이 충청도의 역모 가능성에 대해 보고하였다. 비변사가 천안에 선전관을 보내어 관련자를 체포하도록 하고, 병사 변양걸, 순변사 이일에게 도적을 추포하게 하였다. 그러나 아직까지 역모 사건인 줄은 모르고 그냥 도적의 일인 것으로 알았다. 그런데 뒤이은 보고가 역적 송유진을 사로잡았다는 것이었다.

역모 사건이니 선조가 가만히 있을 리가 없었다. 왜적 잡는 일은 잘할 수 없지만 역적 잡는 일은 아주 잘할 것이었다.

전교하기를, "적중의 다소를 상세히 알 수가 없다. 송유진이 이미 체포되었으나 판서라고 위칭하고 있으니 그의 위에 반드시 괴수가 있을 것이다. 옛날 황건적·홍건적도 처음 일어났을 적에 그 당여가 체포됨에 따라 그 일이 발각되자 드디어 군사를 출동시켜 겁략을 자행하였으니, 지금 송적이 잡혔다고 해서 도적의 방비를 조금도 늦추어서는 안 된다. 경성의 제반 일을 엄비하도록 독려하고 성문과 한강의 경수와 기찰을 한층 강화하라. 그리고 장수를 정하여 군사를 데리고 남산에 올라가 주야로 후망하게 하고 병조로 하여금 장사들과 약속을 정하여 부오를 나누어 대기하게 하라. 포수는 조경을 대장으로 삼고 금군은 모인으로 대장을 삼아 아울러 좌영·우영의 법규에 의거 입직하게 하라. 화기·화약·궁시·창검도 숫자를 헤아려 궐내로 들여오게 하라. 군기시와 용산창에도 용맹한 군사를 많이 배정하여 항상 조심하여 지키게 하라" 하였다.

궐내의 포성이 밤에도 그치지 않고 또 중신 두 사람을 입직하게 하는 등 경계 조치가 매우 급박했다. 그러자 백성들은 서울에 적의 무리가 곧 들이닥칠 것으로 알고 짐을 싸서 도망할 준비를 하는 데 분주하였다.

송유진 역모 사건은 주모자가 모두 잡혔는데 뒤늦게 선조 혼자 겁을 내어 이런 야단법석을 떨게 하였다. 그리고 이에 그칠 리가 없었다. 여파는 계속된다.

여수 전라좌수영 여수 본영은 이순신이 머무는 곳이 아니다. 한산도 통제영이 머무르는 곳이다. 국가의 일이 더 급하니 이제 한산도로 돌아가야 한다. 어제 이순신은 어머님께 하직을 고했다. 그런데 어머님 말씀이 이순신의 가슴을 쳤다. "잘 가서 나라의 치욕을 크게 씻어라" 하고 재삼 강조하셨다. 80 가까이 연로하셨지만 정신은 꿋꿋하였다.

1월 14일 경성 철군하는 중국 장수 낙상지, 오유충, 왕필적, 호상충, 곡수, 갈봉하를 접견하였다. 군량을 대줄 수가 없으니 붙잡을 수가 없었다. 오유충이 "국왕께서는 어찌하여 상황의 시말을 갖추어 우리 조정에 진달하지 않으십니까?" 하면서 자신의 평양성 공적을 말하였고, 낙상지는 적에게 포로가 되었다가 나오는 자들의 머리를 베어 바치는 행위를 금할 것과 공사천 법이 존재하는 폐단을 지적하였다.

여수 전라좌수영 한산도로 떠나기 전에 본영에서 마무리해야 할 일이 많았다. 이날 이순신은 조정에 4통의 장계를 올렸다.

순천 의승장 삼혜와 흥양 의승장 의능이 연해안 여러 고을에서 승군을 모집하여 수군으로 활동하고 있었다. 지금은 겨울철이고 군량도 부족하니 대부분 휴가를 보내 봄이 오면 즉시 기한 내에 오도록 하였었다. 그런데 도총섭 사명당 유정이 남쪽으로 내려와 호남과 영남의 사찰에 있는 중들을 모두 불러 모아 데려가고, 좌도의 총섭승인 처영은 송광사에 와서 삼혜와 의능이 거느렸던 승군들을 모두 빼앗아 갔다. 이에 그들의 행위가 부당하다는 것과 또한, 그들이 부역을 면해 준다, 면천을 시켜 준다는 등의 문서를 남발하는데 위조문서가 분명하다는 것 등을 장계하였다.

전 첨사 배경남은 사변 초에 죽은 정발의 후임으로 부산진 첨사로 제수되어 내려가 유격장으로 활약했었다. 그러나 잘못된 보고로 파직을 당했다. 그리고 병이 들어 움직이지 못하다가 이제 회복되는 중에 있었다. 이순신은 그가 수군에 대해서도 잘 아니 휘하에 두어 급할 때 새로 만든 배의 장수로 활용할 수 있게 해 줄 것을 요청하였다.

조정에서 연해안의 육군과 산골의 수군을 바꾸어 배정하자는 의견이 있었는데, 생각 자체는 맞는 것 같으나 실재에 있어서는 어려운 문제였다. 이순신은 수군은 모두 천역으로 생각하고 있으며 한번 결정되면 대대로 물려받는 것이라 시행하면 원망이 있고 진중에는 소요가 있을 수 있다 하며, 조정에서 다시 자세히 살피어 신중히 처리하기를 청했다.

본영과 각진포에 돌아와서 방비해야 할 수군 중에서 궐석한 수가 남원이 1,856명, 남평이 591명, 옥과가 313명인데, 부사와 현감들은 관심이 없고 사람을 보내 재촉하려 해도 만나 주지도 않는 등 호령이 서지 않았다. 교대도 하지 못하고 충원도 할 수 없었다. 또한 광주, 능성, 담양, 창평 등도 궐석한 자들이 많은데 재촉해도 보내지 않고 있었다. 이에 이순신은 이들을 조정에서 죄로 다스려 주기를 청했다.

다음 날 이순신은 '적이 호남을 침범할 우려가 있으니 군사를 거느리고 적을 토벌하라'는 광해군의 명을 받았다. 바로 여수 본영에서 명을 받았다는 답을 하였다. 그리고 이어 왜적과 대적하기 위해서 전선이 더 필요하니 전라우도의 육군으로 변경 소속한 9개 고을에 배정되었던 전선을 완성하도록 감사 이정암에게 명령을 내려 주고 연해안 각 고을을 수군에 속하도록 해달라는 요청을 하였다.

이때 암행어사 유몽인이 좌수영 관내 고을들을 돌아다니고 있었다. 조짐이 별로 좋지 않았다.

1월 17일 이순신은 본영을 출발하여 한산도로 향했다. 출발에 앞서 한산도로 돌아간다는 보고를 하는데 실정까지 함께 알렸다. 좌수영 관할의 순천에서는 10척 흥양 10척 보성 8척 광양 4척 낙안 3척 등 35척의 판옥선을 더 만들었다. 그러나 사부와 격군을 충원할 수 없어 순천 5척 광양 2척 흥양 5척 보성 4척 낙안 2척만을 거느리고 한산도로 출발하며 우도는 종사관 정경달을 보내 이억기를 독촉하여 오게 하였음을 말하였다. 그리고 각 고을 수령들이 '친족이나 이웃에게 침노하지 말라'는 순찰사 이정암의 공문을 돌리며 태만하고 성의가 없어, 오늘 배를 더 만들어 놓고도 사부와 격군을 충원할 길이 없어 이끌고 가지 못함을 통분한다 하였다. 이날은 노량에서 잤다.

1월 19일 이순신은 한산도에 도착하였다. 전날 창선도에 있을 때 수군을 거창에서 붙들어 오는데 도원수 권율이 방해했다는 보고가 있었다. 이순신은 공을 시기하는 것이라고 한탄하였다. 맡은 바가 다르니 갈등도 있게 마련이었다. 그래도 권율과 이순신은 합리적이고 이성적이며 나라에 충성하는 사람들이기에 다른 마찰은 없었다.

소비포 권관 이영남이 경상도의 여러 배의 활 쏘는 격군들이 거의 다 굶어 죽게 생겼다는 말을 하였다. 원균이 조치하는 일이 없다는 뜻이기도 하지만, 비상한 사람이라도 조치하기가 어려운 때이기는 하였다. 군사들은 군량도 문제였지만 날씨는 춥고 겨울옷을 제대로 입지 못해 추위에도 엄청난 고통을 받고 있었고, 또한 전염병으로 병들어 누워 있고, 죽어가는 사람도 많았다.

이날 조정에서는 명나라 병부상서 석성에게 왜적이 물러가지 않으므로 다시 군사를 보내 구제해 줄 것을 호소하는 서신을 보냈다.

1월 20일 경성 선조가 영상 유성룡에게 황진이 송응창의 저지로 도로 압록강을 건너왔었던 일에 대하여 언급하였다. 울면서 호소하지도 못하고 한마디 말도 못 하고 쫓겨나왔으니 직무를 제대로 수행하지 못함이 너무 심하다 하며 화를 냈다.

이어 "경략이 이미 들어갔으니 황진도 도로 들어가야 될 것이다. 대체로 인신의 의가 어찌 이렇게 해서야 되겠는가. 준절히 질책하여 걸음을 되돌려 중국으로 들어가게 하는 것이 어떻겠는가?" 하였다.

의논한 결과 보내지 않는 것으로 하였다. 뒤에 황진은 가지 않았다는 이유로 의금부에 감금되었는데, 윤근수가 황진이 가지 않은 것은 자신이 지시한 일이라고 변호하였다.

남해안 웅천 소서행장 진영 심유경과 소서행장은 항표를 만들었다. 중 현소 등이 만든 초안을 심유경이 보고 수정하여 만든 것이다. 항표는 며칠 뒤에 일본에서 오는 것처럼 하였다. 심유경은 이날 북행길에 올랐다. 항표는 뒤따라오게 하여 조작했다는 의심을 피하게 하였다.

한산도 통제영 녹도만호 송여종이 병들어 죽은 시체 214구를 거두어 묻었다고 보고하였다. 다음 날은 217구를 묻었다. 그만큼 배고픔, 추위, 전염병에 의한 사상자가 많았다. 그만큼 이순신의 가슴은 새까맣게 타들어 가고 있었다.

1월 24일 경성 반적들을 대궐 뜰에 끌어다가 국문하니 다 자복하였다. 괴수 송유진만 제외하고 모두 처형하고, 공을 세운 자들에게 상을 베풀었다.

송유진은 30세였다. "천일이 조림하시니 소신이 어찌 감히 반역을 하지 않았다고 말하겠습니까. 동모자는 많습니다만 적도들이 모여 있는 곳은 보지 못하였습니다. 우도의 적괴는 바로 이산겸인데 얼굴은 보지 못하였습니다" 하였다.

상이 이르기를, "산겸이 일찍이 의병장이었으므로 용렬한 사람이 아닐 듯하여 뜻밖의 환란이 있을까 두려웠는데, 이제 체포하였으니 진실로 다행이다" 하였다. 이미 보령에 사는 이씨 성을 가진 사람이 괴수라는 말이 적도들의 입에서 나와 비변사에서 이산겸을 지목하고 체포해 온 상태였다.

이산겸을 친국하였다. '송유진의 얼굴은 전혀 알지도 못하고 그 성명 또한 들어보지도 못하였습니다. 내가 연소한 서얼로 의병을 거느렸으므로 필시 이 때문에 내 이름을 듣고 끌어댔을 것입니다. 우리 집 문서를 수색해 보아도 전혀 의심스러운 것이 없을 것입니다' 하였다.

역적과 대질한 결과 역적의 말이 꿀렸는데도 이산겸은 오래도록 구금된 채 풀려나지 못하였다. 어떤 사람이 말하기를, "이산겸이 의병을 장악하고 해체하지 않은 그 정상이 의심스럽다" 하였다. 선조는 "이산겸이 도적의 초사에서 많이 나왔으니 사실이든 아니든 간에 그들 중에서는 반드시 이 사람을 추대하여 괴수로 삼으려 했을 것이다" 하였다. 이산겸이 압사를 하여도 자백하지 아니하고, 낙형을 가하여 물어도 또 자백하지 않았다. 계속 돌아가며 다시 해도 자백하지 않았다. 자백할 것이 없으니 그럴 수밖에 없었다. 마침내 형장 아래에서 죽으니, 사람들이 대부분 원통하게 여겼다. 또한 산겸의 측근 및 교류한 사람들은 죄도 없이 억울하게 치도곤을 맞았다.

선조는 이런 말도 하였다. "나는 처음부터 의심하였다. 산겸이 만약 진짜 도적의 괴수였다면 정월 15일의 거사에 어떻게 네 마리 말을 얻어서 전주로 돌아가겠는가. 송적이 이미 적장인데 그 위에 어찌 다른 사람이 있겠는가. 이것은 송적이 성세를 과장하여 사람들의 이목을 현혹시킨 데 지나지 않는 것이다. 산겸은 이미 적의 초사에서 나왔으니 마땅히 죽어야 할 따름이다. 나의 이 말은 산겸을 용서해 주려는 것이 아니다" 하였다. 사람 살리기를 좋아하는 임금의 말이 아닌, 참으로 기가 막히는 말이었다. 이산겸은 토정 이지함의 서자로 말솜씨 좋고 똑똑하게 태어난 것이 죄였다. 또한 나라를 위해 의병을 일으킨 것이 큰 죄였다.

또 한 사람 왜적 잡는 일보다는 역적 잡는 일을 너무 잘하는 사람이 있었다. 바로 이일이었다. 모처럼 할 일을 만나 신이 난 모양이다. 불쌍한 백성을 역적으로 잡는 일은 식은 죽 먹기였을 것이다. 보다 못한 유성룡이 너무 많은 사람을 잡아들인다고 보고하였다. 전라도로 전진하여 수비를 강화하게 하였다.

경상우도 유 총병 진영 심유경이 성주 팔거현에 도착하여 쉬고 있는데 항표가 도착하였다. 심유경은 항표를 가지고 그곳에 진을 치고 있는 도독 유정의 진영에 인사차 들렸다. 유정은 항표 사본을 만들어 달라고 하였다. 심유경은 별생각 없이 사본을 만들어 주고 떠났다. 유정이 그 항표를 읽어 보고 이것은 왜인이 쓴 것이 아니고 중국인이 쓴 것으로 가짜가 분명하다고 하였다. 그리고 그대로 소문이 나서 퍼졌다. 다음 날 조선인 통사의 보고를 접한 접반사 김찬은 즉시 조정에 알렸다.

총병이 통사 이희인·유의빈을 부르더니 좌우에 있는 사람을 물리치고 나서 비밀리에 말하기를, '담종인은 왜적의 진영에 억류되어 있고, 심 유격이 근일 표문을 가지고 왔는데 천조와 그대 나라의 일은 모두 심이 망쳤다. 표문은 관백의 글이 아니라 소서행장 자신이 지은 거짓 표문이다' 하였다.

1월 30일 경성 방어사 김응서가 왜적의 동태를 보고하였다. "대략 5백여 척의 왜선이 해구에 와서 정박하였는데 그 배에서 내린 군졸들이 다섯 개의 군진으로 나뉘어 부산·동래 등처로 들어갔다고 합니다" 하였다. 그런데 이날 도원수 권율이 왜적이 전라도를 침입할 것 같다고 하는 보고가 올라왔다. 이에 서둘러 전라도의 방어를 강화할 것을 명했다. 비변사가 이일을 전라도로 내려보내 조처하고 요해처에 제장을 나누어 배치하여 대비책을 강구해서 굳게 지키자고 하였다. 또 황해도와 평안도의 군사를 조련시킬 것을 청했다. 선조는 평안감사 이원익의 업무 수행에 대해서는 매우 만족하고 있었지만 황해감사 유영경의 업무 수행에는 의심을 하고 있었다.

한산도 통제영 별일이 없으면 여러 장수들과 함께 활쏘기 하는 것이 일상이 되고 있었다. 가끔 포로되었다가 도망쳐 오는 남녀도 있었고 여러 소식도 꾸준히 전해지고 있다. 총병 유정이 군사를 돌려 올라간다는 말도 있었고, 역적 송유진 사건 소식도 들어왔다. 호익장 김덕령이 곧 경상도로 올 것이라는 보고도 있었다. 바람이 세게 불어 풍랑이 거세지면 배가 서로 부딪쳐 깨질 염려가 컸다. 이것을 방지하기 위해서 고생도 해야 하고 여러 가지 걱정이 태산 같았다.

병란이 일어나 군량 수송이 연달은 뒤로 공사 간에 그동안 비축해 두었던 양식이 모두 고갈되었다. 적의 침탈을 겪은 지역은 2년 동안 경작을 하지 못했고 완전한 도에는 유민이 모두 몰려들어 주객이 다 곤궁하였다. 거기다 흉년까지 겹쳤다. 쌀값이 폭등하여 베 1필이 쌀 몇 되밖에 되지 않았다.

먹지 못해 약해진 몸에 전염병까지 번지니 굶어 죽은 시체가 거리와 들판에 가득하고 죽은 시체에는 붙어 있는 살점이 없을 정도였다. 심지어는 살아 있는 사람을 잡아먹는 행위도 적지 않았다. 지옥이 따로 없었.

그런데 수령이 되어 오는 자들은 오로지 가렴주구만을 일삼았고 장수들은 포악하기만 하였다. 성을 쌓는다, 군사를 훈련시킨다 등등 오가는 사람들이 번잡하고, 주현의 모든 요역이 모두 민간 백성들에게 집중되었다. 이러니 도적이 성할 수밖에 없었다. 도적이 되고자 해서 된 것이 아니고 힘들고 배고프니 할 수 없이 된 것이다. 도적질을 하는데 밤낮도 가리지 않았다.

이런 사정을 임금 선조도 잘 알고 있었다. 알아도 방법이 없었다. 행궁의 수비나 강화하라 하고 도적을 잡으라고 할 뿐이었다.

이때의 경상도 한 백성의 푸념을 들어보자.

'생각건대 세상이 어지럽고 흉년이 들어 굶어 죽은 시체가 가득하여,

초야의 한미한 서생도 백성을 구제할 정성이 간절한데, 세자는 그들을 불쌍히 여기지 않고, 무군사는 게을러 무슨 일을 해야 할지 생각지 않으니, 세상의 도리가 여기에 이른 것은 탄식할 만하다.'

또 '바다의 도적이 아직도 경계 안에 있는데, 토적이 또 나라 안에서 일어나니, 이때의 형세가 매우 위태로워 조석을 보존할 수 없게 되었다. 그러나 위로는 공경으로부터 아래로는 일명지사에 이르기까지, 오히려 침면으로 일을 삼고 다스리는 일에 뜻이 없으니, 중흥을 어찌하며, 생민을 어찌하리오' 하였다.

세자 광해군의 무군사에 대한 실망감과 개탄스러운 현실을 한탄한 것이었는데 그나마 사대부라 매우 완곡하게 표현한 것이었다.

이때 서울의 가옥이 모두 불타 없어졌기 때문에 벼슬에 종사하는 사람들은 민가 몇 칸을 빌어 거처하고 있었다. 그리고 산료로는 부모와 처자를 먹여 살릴 수가 없었기 때문에 부모와 처자는 외방에 거처하고 자신만 와서 종사하는 경우가 많았다. 게다가 국가에 일이 많아서 한 사람이 여러 가지 일을 겸하고 있었기 때문에 사람들이 그 고통을 견뎌 내지 못할 지경이었다.

한 가지 다행스런 것은 선조가 훈련도감의 일에 관심이 많은 것이었다. 경성은 유성룡과 이덕형이 맡고 있어 자리를 잡아가고 있었는데 지방이 문제였다. 선조는 암행어사를 보내 지방의 훈련 실태를 살펴보고자 하였다. 돌아가는 중국 장수 낙상지에게는 장수 몇 명을 남겨 총검술 등을 전수해 주기를 청하기도 하였다.

공안을 바로잡아 토산의 증감에 따르도록 하고, 공물을 쌀로 바치게 하자는 아주 좋은 의논도 있었으나 아직도 때가 아니었다.

2월 2일 경성 선조는 왜적이 봉함을 받고 공물을 바친다는 것은 사실이 아님을 중국에 적극 알리라고 하였다.

　병조판서 이덕형이 요동에서 온 총병 척금을 만나 보고 아뢨다. 그 내용은, 송응창이 척 총병에게 전적으로 위임하여 강화하는 모든 일을 맡아 하라 하였다. 심유경이 4도를 할양하기로 허락하였다는 말은 담종인의 가인을 통하여 들었는데, 그 뜻은 오로지 저희들끼리 서로 시기하는 데서 나온 것이다. 이번의 봉공에 대한 준허가 내리면 심유경을 정사에 충원하여 일본으로 들여보낼 계획인데 이 일은 올가을 사이에 완료될 것이다 등이었다. 그리고 전라도를 차례차례 약탈한 왜적의 형상을 극력 말하자, 총병은 고 군문이 병사를 증원하여 왔으니 싸우려고 한다면 싸우겠다는 것이었다.

　병조참판 심충겸이 군량 마련이 어려운 사정을 보고하였다. 전라도 각 고을에서 저장한 것이 합하여 5만 석이고 충청도는 만여 석뿐이며 평안도는 4만여 석이었다. 평시에는 한 고을의 곡식이 4~5만 석이 되는 곳도 있는데 오늘날에는 한 도를 합하여 통산한 숫자가 이 정도였다. 영남은 천리나 되는 모든 지방에 인가의 밥 짓는 연기가 끊기고 바람과 샘물, 짐승 소리만 있다고 하였다.

　2월 4일 경성 대신과 비변사 당상, 삼사를 인견하였다. 식량을 조치하는데 납속하고 관직을 주는 문제 등의 여러 가지 논의가 있었다.

　유성룡은 나라를 해치고 백성을 병들게 하는 일은 모두 서리의 짓이라 하였다. 선조는 속어에 '서리는 관원의 유모이다'라고 하니 어찌 서리의 죄뿐이겠는가 하였다.

　선조가 또 "잘 모르겠다. 도원수는 원수의 재능에 합당한가? 요즘 전혀 하는 일이 없다" 하니, 유성룡이 "그의 사람됨은 근실하나 운용에는 재능이 부족합니다" 하였다. 심유경이 땅을 떼어 주기로 했다는 말도 있었다. 윤근수는 평안감사 이원익이 경종과 훈련에 마음을 다하고 있다 하고, 심충겸은 이런 사람을 원수로 해야 한다 하였다. 그러나 선조가 이런 사람을 옮겨서는 안 된다고 하였다.

선조가 도원수 권율의 능력을 의심하기 시작하고 비변사의 유성룡과 심충겸은 진즉부터 권율의 능력을 인정하지 않았으므로 이원익으로 바꾸기를 원했다. 그러나 선조는 비상시 도망갈 곳을 준비하는 차원에서 평안감사 이원익의 교체는 들어주지 않고 있었다.

윤근수가 중국 사람이 그대의 나라에서는 은도 캐지 않고 돈도 사용하지 않으며 개, 돼지도 기르지 않는데 어떻게 통화하며 어떻게 고기를 먹는가 하고 물었다고 하였다. 세종 때에 조선통보가 있었으나 상소로 중지되었다고 하였다.

김응남이 임국로를 경략접반사로 추천한 후 "맡길 만한 자가 없기에 부득이하여 차견하였으므로 재주가 적당한지 못한지는 정확히 알지 못하겠습니다. 오늘날 문관이 전혀 없습니다" 하였다. 은근슬쩍 자기편을 끌어넣으려는 수작이었다.

한산도 통제영 도망가는 군사들도 많았다. 도망병 실은 배를 붙잡는 것도 일과가 되고 있었다. 이날 도원수 권율의 서신이 왔는데 심 유격이 화친을 결정했다는 내용이었다. 이순신은 '간사하고 교묘한 꾀는 측량할 수 없고, 전에도 놈들의 꾀에 빠졌고 또 이렇게 빠져 들어가니 한탄스럽다고 하였다. 강화 문제만은 이순신과 선조는 같은 생각이었다. 그러나 선조와 이순신은 경우가 달랐다.

2월 7일 경성 총병 척금을 접견하였다. 총병은 섬 오랑캐가 항복 문서를 바치자 조정에서 허락하였다 하고, 선조는 왜노가 항복하는 표문을 올린 것은 교활한 속임수가 더욱 깊은 것이라고 하였다.

척금도 "내가 서행하는 것은, 첫째는 옛 군사를 거두어 돌아가게 함이요, 둘째는 새로운 병사를 대신 나오게 함이요, 셋째는 귀방에 쇄마 등의 역을 번거롭게 하지 않고자 함이요, 넷째는 적정을 진달하기 위함입니다" 하였다.

한산도 통제영 적선 50여 척이 춘원포에 왔다고 고성 현령 조응도가 보고해 왔다. 이순신은 이제 공격을 준비해야 할 때라고 생각한 모양이다. 부족한 격군을 채우기 위해서 각 고을에 해당 군관들을 보내 격군들을 잡아 오게 하였다. 낙안군수가 파면되었다는 소식도 들렸다. 서울로 올라갔던 제만춘이 돌아와 이순신의 막하에서 활동하게 되었다.

경상우도 함양 익호장군 김덕령이 군사를 거느리고 군에 이르렀다. 왼쪽에는 충용기를 세우고, 오른쪽에는 익호기를 세웠다. 또 삼군사명표를 세웠다. 군은 충용군이라 하였다. 군의 모습이 매우 엄숙했고, 호령이 한결같이 엄정하고 분명하며 간단명료했다. 모두들 '참으로 옛 양장의 풍모가 있다'고 칭찬하였다. '장군은 철립을 쓰고 두 겹의 갑옷을 입었으며, 철혜를 신었고 철상을 둘렀다. 칠척의 장검을 쥐고 말 위에 올라 성을 나갔다. 앞서 달리면서 스스로 진법을 펼치고 몸소 지휘한 연후에, 산으로 올라가 명령을 내려 싸우고 달리고 격돌하는 것을 익히게 하니, 그 진법은 그가 스스로 만든 것이었다. 장군의 사람됨이 매우 침중하여 말이 적었으며, 완력이 뛰어났다. 날랜 용맹은 비할 데가 없어서 사람들이 그 한계를 알지 못했다.'

2월 8일 경성 이날 심유경이 서울에 도착하였다.

이덕형이 심유경을 만나, "적정은 흉악하고 사특하여 예측할 수 없다. 지난해엔 족하가 부산에서 나오자마자 진주의 변을 구하지 못했는데 지금은 족하가 서쪽으로 가자마자 적이 이미 전라도로 들어올 듯싶다"고 하였다.

심유경이 웃으며 "나는 평양에 있을 때부터 털끝만큼도 기만하는 말은 하지 않았다. 진주의 일에 대해서는 내가 창의사 김천일에게 성을 비우고 피하라고까지 극력 말하였다. 나는 다만 사실대로 말을 했을 뿐이다. 적이 평양과 서울에 있을 적에도 나는 한 조각의 땅도 허락하지 않았는데 지금 적이 해상으로 철수하는 판국에 다시 네 도를 허락하다니 어찌 그럴 리가 있겠는가. 담공이 저 왜적들에게 가 있으니 왜적들이 감히 일을 만들지 못할 것이다. 다만 적이 평양에 있을 적에도 귀국에서는 공격하려 하였는데 지금은 이미 일곱 도를 수복하였으니 귀국이 병마를 수합하면 족히 적을 무찌를 수 있다. 그런데 어찌 이 늙은이의 한마디 말에 구애되는가?" 하였다.

이 말을 보고받은 선조는 "천하의 간인이다. 어찌 상대하여 말할 수 있겠는가" 하였다. 그러나 심유경의 말이 틀린 것은 아니었다.

한산도 통제영 무군사의 공문에 호위용 긴 창 수십 자루를 만들어 보내라 하였다. 동궁이 문책한 것도 있었던 모양이다. 그것에 대한 회답도 보냈다. 전혀 도움이 되지 않는 광해군의 무군사는 필요 없는 요구나 하고 정신적으로도 힘들게만 하고 있다. 원균은 술만 먹었다 하면 계속 주정을 부리고 있었다.

2월 10일 경성 유성룡이 귀국하는 척 총병을 만났는데, 고시랑(새로 오는 경략 고양겸)에 대하여는 '반드시 비상한 거조가 있을 것이다' 하며 높이 받들고 귀하게 여기는 것 같았다. 심유경이 가지고 온 항표에 대해서는 거짓으로 지은 것일 거라 하였다. 유성룡은 총병 척금은 기지가 있고 영리하며, 반드시 구원해 주려 하여 시종 변치 않았으니 참으로 가상하다고 하였다.

선조가 왜적의 사정을 알리는 우리나라 자문이 중국에 도착할 때까지 심유경의 행차를 지연시킬 것을 명했다. 비변사에서 심유경의 행차를 지연시키는 것은 불가하다고 하니, 선조는 임시 권술을 쓰지 않고 매양 상도만을 쓰려고 한다 하며 의로운 선비가 한 사람도 없다고 불평하였다. 할 수도 없고 해서도 안 되는 일을 하라고 하니 신하들만 괴로울 뿐이었다.

심유경의 접반관이 왜노의 항표 등서 초본을 가져왔다. 선조가 보고, 이 글은 우리나라 사람의 문법과 같은데 승지가 보기에는 어떠한가 하고 물었다. 승지는 왜노가 지은 것은 아니지만 중국인일 수도 있다고 답하였다.

2월 12일 경성 대신들을 인견하여 의논하였다. 이날 유성룡은, 오로지 병사를 기르고 식량을 비축하는 일을 10여 년만 하면 왜적을 방비할 수 있고, 그러기 위해서는 공·사천도 병사가 되어야 한다는 의견을 냈다. 이에 대해 선조는 우리나라는 모든 일이 인정에 끌리니 사천은 병사가 되기 어려울 것이라고 하였다.

이에 유성룡이 "상께서 만약 하신다면 어찌 이 지경에야 이르겠습니까. 낙참장도 우리나라 공·사천 제도의 잘못을 말하였습니다" 하니

선조는 "우리나라가 일을 일답게 못한 지가 오래되었다" 하였다.

이런 전시에 왜 못한다고 하는지 이해가 되지 않았다. 아마 자신의 내수사 노비들이 없어질 것을 걱정하는 모양이다. 답답한 일이었다.

한산도 통제영 선전관이 임금의 유지를 가지고 도착했는데, '해가 지나도록 나라 위해 근로하는 것을 내 항상 잊지 못하노니 공 있는 장사로서 아직 상을 받지 못한 사람들을 보고하라' 하였다. 오랜만에 듣는 반가운 내용이었다. 유성룡의 편지도 왔다. 이순신은 '위에서 밤낮 근심하고 애쓰시는 일을 들으니 그 감개와 그리움이 무량했다' 하였다. 선전관이 오면 좋은 점은 서울 안의 여러 소식을 들을 수 있는 것이었다. 송유진 역적 사건도 들을 수 있었다.

다음 날 원균의 군관 제홍록이 와서 적선 8척이 춘원포에 있는데 들이칠 만하다고 하였다. 이순신은 나대용을 원균에게 보내어 '지금 공격하는 것은 큰 이익을 얻지 못하니 아직 가만히 있다가 다시 적선이 더 많이 나오는 것을 보아 때를 타서 무찌르자'고 하였다. 이순신은 큰 작전을 구상하고 있는데 전라우수사 이억기는 아직도 도착하지 않고 있었다.

경성 선조가 "우리나라는 예로부터 본디 의기가 부족하여 경략 앞에서는 아첨을 일삼았고 유경의 화친 요구에도 안으로 요행을 바라는 마음이 없지 않았다. 나의 품성은 남의 잘못을 덮어주지 못하여 영유에 있을 때부터 그 잘못을 힘껏 말하면서도 그렇게 하지 못해서 항상 분개함을 품었다. 지금도 유경의 일에 있어서 또한 염려가 없지 않으니, 사람이 죽을지언정 어찌 이같이 할 수 있겠는가" 하였다. 또 난리 후 부모의 상에도 예법을 행하지 않는 것에 대해 상례를 따를 것을 명했다. "나라에 중대한 관련이 있는 자는 조정에서 기복하게 하였으나 사람들이 모두 상복을 입지 않게 된 것은 자못 괴이한 일이다" 하였다.

사실 중국에 아첨하는 사람이라면 선조가 제일인자일 것이다. 누구를 탓하려고 이런 말을 하는지 모르겠다. 또 중국에서는 이미 삼년상을 따르지 않는데 다른 것은 모두 중국 것을 따르지 못해서 안달인 선조가 이것은 왜 따르지 않는지 이해할 수가 없다.

2월 16일 한산도 통제영 좋지 않은 조짐을 보이던 것이 현실이 되었다. 흥양현감이 암행어사 유몽인의 장계 초본을 입수해왔는데, 임실현감, 무장현감, 영암군수, 낙안군수는 파면하고, 순천부사는 탐관오리의 으뜸으로 판결하였다. 그리고 담양부사, 진원현감, 나주목사, 창평현령 등의 수령은 악행을 덮어 주고 오히려 칭찬하는 장계를 올린 것이었다. 기가 막힐 일이었다. 휘하의 낙안군수 신호와 순천부사 권준이 걸려든 것이다.

이순신은 '임금을 기만하는 일이 이 지경에 이르렀으니 나랏일이 이러하고야 평정될 리가 만무하다. 우러러 탄식할 뿐이다. 또 수군 일족에 대하여 논급하기를 네 장정 중에 둘은 전쟁에 나가야 한다는 일은 심히 그르다고 말하기에 미쳤다. 암행어사 유몽인은 국가의 위급한 전란을 생각지 않고 한갓 눈앞의 임시 편의에만 힘쓰고 남도의 종잡을 수 없는 소리만 들으니 나라를 그르치는 교활하고 간사한 말이 악비에 대한 진회와 다름이 없다. 나라를 위한 아픔이 더욱 심하다' 하였다. 쓰라린 마음을 달래기 위해 제장들을 거느리고 활쏘기를 하였다.

2월 17일 경성 사로잡은 왜적의 진술에 왜적의 화친 명분으로 혼인을 요구하였다는 말이 있었다.

이에 선조는 이로 미루어 본다면 땅을 떼어 준다는 일 역시 필시 거짓이 아닐 것이다 하였다. 또 포로는 죽이지 말고 항복을 받아 그들이 가진 기술을 전습받으라고 하였다.

한산도 통제영 기다리던 우수사 이억기가 전선을 거느리고 도착하였다. 그런데 그가 거느리고 온 새로 만든 전선이 22척뿐이어서 이순신은 실망하였다. 이억기도 격군이 부족해서 어쩔 수 없었다. 도착하는 기일도 어겼는데 그냥 넘어가는 이순신이 아니다. 정해진 군율에 따라 행수 군관과 도훈도가 곤장을 맞았다.

2월 19일 경성 그동안 경략의 요청으로 조령에 관문 설치를 고심하던 유성룡이 적임자를 찾았다. 수문장 신충원이란 자는 바로 충주 사람인데 조령의 형세를 자세히 알고 있었다. 임진년 여름에 신립의 군사가 패한 뒤 민병과 승군을 모집하여 조령과 단월 사이에 매복하여 적을 많이 죽였고, 또 원신 등과 함께 흥원의 적을 습격하여 그 군공으로 수문장이 되었다. 유성룡이 이를 듣고 조령의 방어를 맡기자고 천거하니 윤허하였다.

2월 21일 경성 우부승지 이광정이 중국 관리 호택과 심사현을 만났다. 이들에게서 철병, 화친과 관련된 명나라 조정의 상황을 듣게 되었고, 비로소 경략 송응창이 물러나게 된 전말을 알게 되었다.

과도가 송과 이를 탄핵하기를 '왜적이 아직 조선 지방에 웅거하여 일이 끝나지도 않았는데 지레 돌아왔으며, 적이 아직 바다를 건너지도 않았는데 모두 떠나갔다고 거짓 보고하였다' 하였다. 송과 이도 변명하기를 '평양의 왜적을 공격해 격파하고 또 왜적을 왕경에서 내쫓아 드디어 부산에 이르러 조선 7도를 회복하였다' 하였다. 이에 황제가 '호부·병부에서 소상히 조사하여 아뢰라' 하였다.

형과 급사중 양동명이 아뢰기를 '공과 죄를 분명히 해야 한다. 당초 평양을 격파하고 적을 쫓아 개성·벽제에 이른 것은 공이요, 적이 왕경에서 물러났는데도 조정에 보고하지 않았고 왜적이 많이 주둔하고 있는데도 많은 것을 적다고 하였으며 바다를 건너가지 않았는데도 모두 떠났다고 한 것은 죄로서, 공과 죄가 서로 비슷하니 그 공을 기록하여 그 죄를 용서해야 한다' 하였다. 이에 황제가 '공과 죄를 짐이 이미 알았으니 해당 부서에서 잘 살펴 아뢰라' 하였다.

석 상서가 주청한 내용은 '왜노가 봉공을 청하는데 참으로 허락해서는 안 되나 조선이 쇠잔하여 군향을 잇기 어려우니 만약 조선을 위해 계획한다면 봉공을 허락하지 않을 수 없다'는 것이었고, 이에 대해 황제는 '6부 9경이 논의하여 좋은 방책을 아뢰라'고 하였다.

사실 명나라에서는 이렇게 정확한 내용으로 일을 해결하고 있었다.

가등청정이 화친을 요청했다는 고언백의 보고가 있었다. 조정에서는 가등청정이 화친을 요구하는 의도를 알 수가 없었다. 그래서 신중하지 않을 수 없었다. 비변사는 이른바 '약속이 없이 화친을 청하는 것은 모략이다'라는 것이니, 우리로서는 더욱 엄중히 방비하고 새로운 변란에 대비함으로써 충돌의 변에 대응해야 할 것이요, 조금이라도 게을리하여 간악한 꾀에 빠져서는 안 될 것이라 하였다. 그리고 회답 여부와 계책을 쓰는 것에 관해서는 모두 유 총병의 처치에 달려 있으니 도원수로 하여금 상의하여 선처하게 하고, 아울러 여러 장수를 단속하여 군기가 조금이라도 누설되지 않도록 하자고 하였다.

2월 23일 경성 새로 온 경략 고양겸의 패문에, 왜의 항표는 거짓이 아니고, 부산의 왜병은 대군으로 쫓아내고 싶지만 군량을 대지 못할 줄을 알기에 하지 못하고, 유격 주홍모를 왜진에 보내어 돌아가도록 독촉할 것이라 하였다.

병조판서 이덕형이 명나라 장수 문유를 찾아갔다. 문유는 적이 해안에 머물러 있는 것을 조정에서 알고 있으며, 이미 심유경이 항복 표문을 가지고 북경으로 떠났으니 이러한 때에는 조용히 기다려야 한다고 하였다. 만약 배신이 북경에 들어가 함부로 말을 늘어놓아, 한번 논의를 야기시키게 되면 의외로 예측하기 어려운 변을 격발시킬 수도 있으니, 이 점을 염려하지 않을 수 없다고도 하였다. 이덕형이 이것을 그대로 선조에게 보고하였다. 그리고 이어 아뢰기를,

"오늘날의 형세로 보면 군량을 준비하는 것이 최우선이고 병사는 그 다음 문제입니다. 공연히 연속해서 고급하다가 하루아침에 갑자기 쓸데도 없는 병사가 강을 건너온다면 먹이려 해도 먹일 식량이 없고 금지하려 해도 되지 않을 것입니다. 지금은 오직 양향을 재촉하여 운반하는 것이 가장 요긴한 일이니 따로 한 재신을 보내어 속히 군문에 달려가 상의하여 선처토록 하여야 합니다" 하였다. 비변사의 의견도 같았다.

2월 25일 경성 김응서의 계본에 항왜들을 군중에 머물러 두었다가 적중에 보내 군량을 불 지르거나 적장을 살해하게 하려 한다고 하였다. 비변사에서는 반간을 우려하고 동태를 잘 살펴야 한다고 하였다.

한산도 통제영 이순신은 총공격을 생각하고 있는데, 충청수사 구사직은 오기로 한 기일을 한 달이나 어기고도 연락도 없었다. 이에 조정에 장계를 올려 조정에서 재촉해 주기를 청했다.

2월 27일 경성 대신과 비변사 당상들을 인견하여 중국의 군량을 운송해 오는 방법을 논의하였다. 대군에게 공급하는 군량뿐만 아니라 우리나라 기민에게 진휼하는 미곡도 모두 떨어지게 되어 살아남기가 어렵게 되었다. 우리나라의 배를 가지고 먼저 금주위에 가서 운반해 올 수 있도록 급히 고시랑에게 공문을 보내자 하였다.

선조가 호남 수병의 공이 작지 않다, 왜적이 호남을 빠뜨린 것도 필시 이 때문이니 그렇지 않다면 하늘의 뜻이다 하였다.

유성룡은 임진년에 왜적이 서울을 함락하였을 때 병사를 모아 하삼도에 둔취시키고 대군을 경성에 진 치게 하였다면 우리나라가 더욱 어찌할 수 없는 형세였을 것이라 하며 이것은 왜적이 실계한 것이라고 하였다. 또 여러 장수들이 비록 한두 명의 소소한 왜적을 잡는다 해도 이것은 그다지 중요한 일이 아니니 험준한 곳에 웅거하여 견고히 지켜 원대한 계책을 경영해야 한다고 하였다. 맞는 말이니 그렇게 시행하면 될 것이었다.

왜적이 평양 이북으로 들어오지 않은 것도 논했다.

유성룡은 의주까지 곧바로 쳐들어갔다면 일로가 너무 길어 군영을 잇대어 둔칠 수가 없을 것을 염려하여 그랬을 것이라고 하였다. 선조는 청천강까지 오지 않은 것에 대해서도 괴이하게 생각했다. 할 일도 많고 머리도 아픈데 이것으로 위안을 삼는 모양이었다.

유성룡은 계속 공천과 사천을 막론하고 모두 군사로 편입시켜야 된다고 하였다. 선조는 노주의 분의가 있으니 그 상전이 잘 조처해야 할 것이다 하였다.

유성룡이 "어찌 사람마다 좋게 할 수 있겠습니까. 지금은 처첩까지도 항오에 편입해야 할 때입니다. 국초에 김종서는 대간으로 있다가 하향한 사람까지도 군역을 정하고자 했다 합니다. 지금이 어느 때인데 감히 노주를 따지겠습니까" 하였다. 이것도 강하게 밀어붙여야 할 사안이었다.

유성룡이 주장하는 말들은 다 옳았다. 옳다고 생각되면 강하게 밀어붙여야 하는데 그런 힘은 모자랐다.

한산도 통제영 벽방 정찰병의 보고에 왜선 16척이 소소포에 들어왔다고 하였다. 왜선들의 움직이는 수가 늘어나고 있었다. 이제 그동안 참고 정찰하면서 생각해 둔 작전을 펼 시간이 다가온다. 적의 형세를 일단 수사들에게 알리도록 하였다.

이달에는 중국 장수에게 독화살 사용을 배우라는 말도 있었고, 문묘에 제사 지내는 것은 제물 마련이 어려워 중지하도록 하였다. 사간원에서는 번잡하게 세운 국을 정리하라는 오랜만에 말다운 말도 하였다. 비변사는 소금 굽는 것을 방해한 황해감사 유영경과 병사 조인득을 추고하라 청했다. 유영경은 자신의 주변은 사치스럽게 하고 너무 많은 가속을 데리고 있으며 이로 인한 폐단이 많다고 사간원의 탄핵을 당하기도 했었다. 전 전라감사 이광은 오랜만에 석방되었다. 사간원이 반대했지만 선조가 받아들이지 않았다. 호가하지 않고 도망한 관원들의 처벌을 허락하기도 하고 상중에 과거를 본 자를 처벌하도록 하는 어처구니없는 결정을 하기도 하였다. 승장 사명당 유정은 의령에 주둔하고 있으면서 전국의 승병들을 주관하여 주로 산성 쌓는 일에 역사하도록 하고 있었다. 한편으로는 보리 파종도 하여 군량에 대비하기도 하였다.

병조판서 이덕형은 훈련도감의 일로 고생이 많았다. 주위에서는 병사를 교련하는 것도 쓸데없는 짓으로 치부하고 조총을 훈련하는 것도 천하게 여기며 비웃었다. 여러 가지 낭설을 퍼뜨려 사람들을 현혹시켜 피하도록 도모하기도 하였다. 그래도 위에는 유성룡이 외풍을 막아 주고 있었고 선조가 보기 드물게 줄기찬 지원을 하고 있었다. 그래서 이번에는 여러 가지 무예와 칼과 창 쓰는 법을 《기효신서》의 규칙에 맞게 하는 자는 별도로 논상하게 하고, 아울러 과거시험도 보여 고치기 어려운 고질적인 습관을 개혁하자고 하였다.

선조는 인습에 젖어 생각을 바꾸지 못하고 있는 신하들이 많은 것을 개탄하고, 이덕형이 남의 말을 피하지 않고 직무에 마음을 다하는 정성을 가상하다 하였다. 그리고 과거시험을 보이는 등의 일을 아뢴 대로 하라 하였다.

‖ 이순신, 멋진 작전으로 왜적을 잡았다 ‖

3월 1일 경성 훈련도감을 별도로 설치하여 화포의 훈련을 시키고 있는데 군량을 이을 대책이 없었다. 그래서 충청도 사사의 위전만이라도 군병을 훈련하는 몇 년 동안 훈련도감에 모두 귀속시켜, 백성에게 나누어 주어 경작하게 하고 곡식이 익은 뒤에 거두어들임으로써 군병의 식량으로 삼게 하고자 하였다.

비변사가 군사 훈련에 관한 대책을 보고하였다.

지방의 감사·병사·수사의 영문 및 각 고을에서 각기 인원의 많고 적음에 따라 형편대로 모집하여 교습시키되 일체를 요즈음 훈련도감에서 권장하는 규정에 따르게 한다. 그리하여 그중에 기예가 이루어진 자가 있으면 우등의 등급을 나누어 혹 금군을 삼기도 하고 혹은 면천이나 면역을 시켜 주어 사람들로 하여금 그곳에 소속되기를 즐거워하게 하고, 확실하게 성적을 낸 지역은 조정에서 특별히 포상을 해 주고, 소홀히 하여 성적이 좋지 않은 지역에는 견벌을 가하여 성과를 이루도록 한다.

경성에서 솜씨 있는 철장 5~6명을 뽑아 도감에 와서 조총 만드는 기술을 습득하게 한 뒤에 황해도·충청도의 바닷가 각 고을의 탄과 철이 넉넉히 있는 곳으로 나누어 보내 도회를 설치하여 계속 조총을 만들고, 인하여 정교하고 부지런하며 조총의 이치를 잘 아는 사람을 수령으로 삼아 오로지 그 일만 맡겨 성적을 내도록 책임 지운다면, 조총을 사용하는 방도가 나날이 확장되어 익히지 않는 사람이 없을 것이다.

이러한 조항들을 별도의 사목을 만들어 안팎에 널리 포고하여 즉시 시행하자고 하였는데 선조가 즉시 따랐다.

우리나라의 승자총통은 《기효신서》에 기재된 쾌창(연발총)의 일종이다. 그 책에서 '조총이 명중하고 천양하는 묘는 활이나 화살보다도 다섯 배나 되고, 쾌창보다는 열 배나 되는데, 화북 사람은 성질이 훈련을 견디지 못하고 늘 쾌창이 조총보다 낫다고 하니, 이 말이 강남에 퍼질까 걱정된다'고 하였다. 우리나라의 승자총통은 다만 헛 쏘아서 군사의 함성만 도와줄 뿐 명중하지 않는데도, 우리나라 사람들은 오히려 승자총통만 고집하여 조총보다 낫다고 말하고 훈련에 힘쓰지 않으려고 하였다. 그러나 성을 지키고 험준한 곳을 지키며 진지를 공격하고 견고한 곳을 파괴할 경우에는 대포가 유용하고, 서로 맞붙어 싸울 적에는 조총이 가장 이로운 무기였다.

3월 2일 경성 총독 고양겸이 봉황성에 도착하였다고 하니 접반사 심희수와 부사 허성을 달려가게 하였다.

경상도 무군사에서 광주, 담양, 장성 3읍에 충용군의 군량과 군기를 전적으로 위임하였는데, 김덕령이 3천여 군사에 대한 군량을 3읍이 운송하는 데 어려움이 있고 또 군량이 부족하니 호남 군사로 출신한 자 이외에는 농업에 종사시키고 영남에서 정병을 뽑아 인솔하는 것이 유리하다고 하였다.

또 "신이 뜻을 결정하여 전진하고 싶으나 지금 군량이 떨어졌으니 어쩔 수 없이 대군을 흩어 보내고 별도로 5백여 명을 뽑아 여러 장수가 있는 곳으로 나아가 주둔하고서 적의 형세를 탐지하여 살펴 가며 아울러 복병을 매복하려 하는데, 군량만 계속될 수 있다면 흩어 보낸 군사를 다시 모아 한 차례 결사전을 치를 계획입니다" 하였다.

김덕령은 벌써부터 식량 때문에 고전을 면치 못하고 있었다. 차라리 전라도 고향에서 훈련이나 열심히 하였으면 좋았을 것이다. 어떻든 스스로 알아서 조치하지 못하고 핑계를 댔으니 곱게 보일 리가 없었다.

[2차 당항포 해전]

3월 3일 한산도 통제영 오후 2시경 고성 벽방 망장 제한국의 급보가 있었다. '날이 밝을 무렵 왜의 대선 10척, 중선 14척, 소선 7척이 영등포에서 나와 21척은 고성 땅 당항포로, 7척은 진해 땅 오리량에, 3척은 저도로 향해 갔다'고 하였다. 이순신이 기다리던 보고였다. 즉시 이억기와 원균에게 통보하여 출동 준비를 하도록 하였다. 그리고 순변사 이빈에게 전령을 보내 공격하는 것을 알리면서 하륙하는 왜적을 육군이 잡도록 하였다. 밤 8시, 3도의 전 수군이 어둠을 타고 비밀히 전진하여 10시경 거제의 지도 해상에 이르러 밤을 보냈다.

다음 날 새벽 2시, 전선 20여 척은 견내량을 지키도록 하고, 3도의 정예선 31척을 가려내고 장수를 고루 배정하여 어영담을 대장으로 하여 당항포와 오리량 등의 왜적을 쳐부수도록 보냈다.

이순신, 이억기, 원균의 3도 수군 본대는 영등포와 장문포의 적진 앞바다의 증도 해상에서 학익진을 쳤다. 적에게 위세를 보이며 부산 웅천 거제의 적이 쳐오는 것을 방지하고, 당항포 등지로 들어간 적의 퇴로를 끊은 것이었다. 왜적 31척은 독 안에 든 쥐가 되었다.

어영담이 이끄는 연합 함대가 진해 읍전포에서 6척, 시굿포에서 2척, 고성 어선포에서 2척 모두 10척의 왜선을 쳐부쉈다. 왜적들은 싸울 생각을 하지 못하고 배를 버리고 육지로 도망가기에 바빴다. 어영담의 함대에 원균의 경상우도 함대를 보태어 당항포 왜적을 치게 하였는데 날이 저물어 당항포의 왜적은 공격하지 못하고 당항포 포구를 가로질러 막았다. 이순신 이억기의 본진은 고성 아자음포에 진을 치고 밤을 보냈다.

다음 날 원균과 어영담은 왜적이 싸울 생각조차 하지 못하고 육지로 도망가 버려 손쉽게 21척의 왜선을 모두 깨뜨리고 태워 버렸다. 왜선들은 집 지을 기와와 왕죽을 가득 싣고 있었다.

오랜만에 거둔 쾌거였다. 멋진 작전에 의한 승리였다.

3도의 수군이 진해, 웅천, 거제 앞바다를 가득 벌여 서서 포성을 울리며 크게 위세를 떨쳤다. 각처의 왜적들은 공격당할까 두려워 토굴 속에 들어가 웅거하고 감히 나올 생각을 하지 못했다. 깊이 숨은 적을 나오게 할 수도 없었고, 날씨가 좋지 않아 더 이상 바다 가운데 머물기가 어려웠다.

다음 날 6일 한산도로 회군하는데 역풍이 불었다. 간신히 흥도에 도착했는데 남해현령 기효근이 급한 보고를 하였다. '명나라 군사 2명과 왜놈 8명이 패문을 가지고 왔으므로 패문과 명나라 군사를 함께 보냅니다' 하였다. 웅천에 있는 도사 담종인의 토벌 금지 패문이었다. 왜장이 31척이나 내보내 놓고 속수무책으로 당했고, 또 자기 진영을 공격할까 겁이 나 담종인에게 애걸복걸하여 이 패문을 작성하여 보내도록 한 것이었다. 이순신은 몸이 몹시 불편해서 앉기도 눕기도 거북했다. 답서는 아랫사람에게 작성하도록 하였다. 원균에게도 작성을 지시했다.

다음 날 7일 아침 작성해온 답서를 보니 말이 아니었다. 원균의 부하가 작성해 온 것도 마음에 들지 않았다. 아픈 몸을 이끌고 이순신은 일어나 앉아 글을 지었다. 정사립이 받아 적었다.

'조선 신하 삼도 수군통제사 이순신은 삼가 명나라 선유도인 대인 앞에 답서를 올립니다. 왜적이 스스로 흔단을 일으켜 군사를 이끌고 바다를 건너와, 죄 없는 우리 백성을 죽이고 또 경성으로 쳐들어가 흉악한 짓들을 저지른 것이 말할 수 없으며, 온 나라 신하와 백성들의 통분함이 뼛속에 맺혀, 이들 왜적과는 같은 하늘아래서 살지 않기로 맹세하고 있습니다. …… 패문의 말 가운데 「일본 장수들이 마음을 돌려 귀화하지 않는 자 없고 모두 병기를 거두어 저희 나라로 돌아가려고 하니, 너희들 모든 병선들은 속히 각각 제 고장으로 돌아가고 일본 진영에 가까이하여 흔단을 일으키지 말라」하였는데 왜인들이 거제, 웅천, 김해, 동래, 등지에 진을 치고 있는바, 거기가 모두 다 우리 땅이어늘 우리더러 일본 진영에 가까이 가지 말라 하심은 무슨 말이며, 또 우리더러 속히 제 고장으로 돌아가라 하니 제 고장이란 또한 어디 있는 곳인지 알 길이 없고, 또 흔단을 일으킨 자도 우리가 아닌 왜인입니다. 또한 왜인들이란 간사스럽기 짝이 없어 예로부터 신의를 지켰다는 말을 들은 적이 없습니다.

흉악하고 교활한 적도들이 아직도 그 포악스런 행동을 그치지 아니하고, 바닷가에 진을 친 채 해가 지나도 물러가지 아니하고, 여러 곳을 쳐들어와 살인하고 약탈하기를 전일보다 갑절이나 더하니, 병기를 거두어 바다를 건너 돌아가려는 뜻이 과연 어디에 있습니까.

이제 강화한다는 것은 실로 속임과 거짓밖에 아니옵니다. 그러나 대인의 뜻을 감히 어기기 어려워 잠깐 얼마쯤 두고 보려 하오니, 대인은 이 뜻을 널리 타이르시어 놈들에게 역천과 순천의 도리를 알게 하면 다행이겠습니다' 하였다.

이것을 이억기, 원균과 함께 연명으로 보냈다. 담종인은 강압에 못 이겨 패문을 작성했을 것이 분명하지만 어쨌든 이순신의 답서를 보고 할 말이 없었을 것이고 이순신은 철수하는 중인데 생색을 내고 철수한 셈이었다.

오후 2시경에 떠나 밤 10시에 한산도 진에 도착하였다.

3월 4일 경성 각도의 감사에게 저장되어 있는 곡식을 종자로 나누어 실농하지 않도록 명을 내렸다. 그리고 어소의 담장 밖에 목책을 아직까지 설치하지 아니한 것을 질책하였다.

"왜적은 편장과 비장의 행진에도 오히려 목책을 세우고 영루를 설치하여 스스로 굳게 하는데 우리나라는 임금을 가시나무 울타리 속에 두고 있으니 옳지 못한 것이 아니겠느냐. 어쩌면 이렇게도 늑장을 부리고 소홀히 하느냐."

요동 요양성 이날 심유경은 요양성에 도착하였다. 그가 두려워하던 송응창은 이미 갈려 가고 없었다. 대신 고양겸이 항표를 확인하였고 바로 북경 조정에 보고하였다.

3월 7일 경성 담종인의 수하에 있던 사촌 담풍시가 경성에 들어왔다. 왜적이 바다를 건너갈 기약이 없으므로 총독에게 보고하고 왜적이 돌아갈 것을 재촉하라고 하기 위해서 고 군문에게 간다 하였다. 그는 심유경이 왜인과 마음을 같이하여 모든 논의가 있을 때마다 현소와 소서행장 및 부통사라고 이름하는 사람과만 비밀히 말하고 다른 사람은 알지 못하게 한다 하며, 심유경을 심하게 비난하고 담종인을 두둔하였다. 또 소소한 적이 죽임을 당하면 행장은 그때마다 화를 내며 매번 담종인에게 따지고 질책하니 이다음부터는 소소한 도적들을 구태여 죽이지 말라고 하였다.

3월 9일 경성 대신들을 인견하였다. 이일이 폐단만 일으킨다는 말이 있었고, 명나라 양곡을 운송하기 위한 배 1백4십여 척을 준비했다, 백성들이 먹을 것이 떨어져 도적이 벌떼처럼 일어나고 진제장의 굶주린 백성들이 거의 다 죽어 시체가 산처럼 쌓였다, 우리나라 사람을 베어 바치고 홍패를 받은 사람이 있다, 진휼 쌀이 하루에 3홉인데 아랫사람이 훔쳐가고 물을 타서 주었으므로 죽게 된 것이다. 화공은 천하의 신기이니 점수를 줄일 수 없고 칼과 창도 폐지할 수 없다 등등의 말이 있었다.

선조가 유성룡에게 '왜적이 거제도로 들어가 집을 짓고 목책을 설치하느라 지금 한창 나무를 베고 있다'는 원식의 보고를 거론하니,

유성룡이 영등포·율포·옥포·지세포 등은 구슬을 꿴 형세와 같은데 만약 왜적을 한산도로 끌어낸다면 주사로써 요격할 수는 있겠지만 그들의 소굴은 결코 들어가 공격할 수 없다는 보고를 받았다고 하였다.

3월 10일 경성 선전관 유몽룡이 왕명과 군기를 전하기 위해 경상우병사 성윤문, 좌병사 고언백 및 방어사 김응서의 진중을 방문한 후 경상도 병사의 굶주리고 피폐함이 극심한 상황을 보고하였다.

각 고을은 중국 군사를 접대하느라 보관 식량은 떨어졌고, 군량을 제대로 수송하지 못하여 사졸이 제대로 먹지 못해 적을 제압할 도리가 전연 없었으며, 전마는 먹이풀과 콩이 이미 떨어져 속수무책으로 계속 죽어 가고 있었다. 순찰사가 관문을 띄워 각 고을의 군병을 엄하게 독촉하지만 고을들은 이리저리 핑계만 대고 있었다. 그리고 간혹 보내오는 자가 있다 해도 대부분이 파리하고 병들어 십 리만 행군해도 쓰러지는 자가 10명 중에 7~8명이었으며, 남아 있는 군병도 모두가 유피나 송피를 가루로 만들어 식량을 삼고 있었다. 게다가 좌병영의 진중에는 전염병이 크게 발생하여 고통을 받는 자가 매우 많았다. 이런 내용이었다.

동지사 허진이 중국의 상황을 보고하였다. 석 상서는 적의 형세에 대한 말을 듣기 싫어하여 조금도 답하지 아니할뿐더러 복제하여 주문할 때에는 마음대로 삭제하고 자기의 뜻으로 문자를 만들어 마치 조선 사신들

의 말인 것처럼 했다고 하였다. 또 중국 조정의 뜻은 봉작과 조공을 허락하여 기미하는 계책으로 삼아 구차하게 무사하기를 바라고 있으니, 중국 조정에서 전쟁을 싫어하는 뜻을 대체로 상상할 수 있다. 더구나 우리나라의 군량이 떨어진 것을 중국 장수들이 모두 알고 있으니 대군이 강을 건너는 시기도 기약할 수 없다고 하였다.

이때에 명나라 조정에서는 국사를 말하는 책임을 가진 자들이 분분하게 의견이 엇갈렸는데, 마침 심유경이 부산으로부터 관백의 항복하는 표문을 가지고 왔다. 그 표문의 조어가 일본의 문자가 아니라는 의심도 있었으나 석성은 수길이 실지로 중국의 약속을 받드는 것이라 여기고 봉공하기로 의론을 결정하였다. 그러나 급사중 허홍강 등은 오히려 그것을 불가하다고 강력히 논쟁하고 있었다. 중국 명나라의 상황이었다.

3월 12일 경성 병조에서 군량 마련과 정예병 여부를 살핀 뒤에 군사를 징발할 것을 건의하였다.

이에 선조가 "사람을 뽑아 놓고 전소에 보내지 않는다면 사람을 뽑는 뜻이 아닌 것 같고 또 병사를 교체하는 도리도 아니며, 한 차례 전진을 겪었다고 하여 매번 그 사람들로 하여금 싸우게 하는 것도 옳지 않을 것 같다. 또 우리나라에 있는 사람은 모두가 처음으로 전진을 겪고 있으니 왜적과의 전쟁을 경험하여 보는 것이 좋다. 본 조에서 대신과 상의하여 시행하도록 하라" 하였다.

죽음을 경험 삼아 할 수도, 전쟁을 경험 삼아 할 수도 없는 것이다. 전혀 이해가 되지 않는 선조의 말이었다.

한산도 통제영 이순신은 며칠간 몸이 아파 제대로 움직이지도 못했다. 다행히 조금씩 좋아지고 있었다. 이날은 일어나 그동안 미뤄 두었던 여러 통의 장계들을 마무리 지었다.

먼저 이번 당항포 승전에 대한 보고인데 왜선 31척을 전광석화 같은 작전으로 새장 속에 가둬 버리고 깨뜨려 버렸으니 글을 쓰는 데도 신이 날 수밖에 없었다. 전투를 직접 보는 것 같이 느끼도록 하는 특유의 문체로 자세하게 설명하고, 또 제장들에게 공이 고루 돌아가도록 기술하였다.

그런데 이때 원균은 자신이 거느린 경상우수영 군이 단독으로 이 왜적들을 쳐부순 것처럼 장계하고 또 우리 백성들의 수급을 취하여 왜적의 수급인 것처럼 하여 장계와 함께 올려 보냈다. 이를 알게 된 이순신은 작심하고 사실 그대로 장계에 적었다. 다음 날 이 사실을 알게 된 원균이 놀라 달려와 자신의 잘못을 고백하였다. 그래서 이순신은 가짜 왜인의 목을 베어 바친 일은 빼고 다음과 같이 고쳤다.

'오직 경상우수사 원균은 적선 31척을 그 도의 장수들만이 모두 불태운 것처럼 공문을 만들어 보냈사온바, 온 진중의 장수와 군사들이 괘씸히 여기지 않는 이가 없사오니 조정에서 참고하여 시행하여 주시도록 아뢰옵니다' 하였다.

이날 함께 보낸 다른 장계들은 의병장 성응지와 승장 수인 의능 등의 표창과 공로가 많은 여도만호 김인영의 표창을 청하는 것과 '왜적을 무찌르지 말라'는 담종인의 패문에 대한 답서를 보낸 것을 보고하는 것이었다. 여기에는 통역으로 따라온 포로된 종 희순을 심문한 내용도 있는데 왜적의 병사들도 병들어 죽거나, 토목 공사에 지쳐 본국으로 도망하는 자가 많다고 하였다. 그런데 이자는 오히려 왜 진영으로 돌아가고 싶어 하였다. 종의 신분이니 그럴 수도 있겠지만 씁쓸한 일이 아닐 수 없었다. 이순신은 이자를 가두어 두고 조정의 결정을 기다렸다.

그리고 마지막 하나는 식량 대책을 요구한 것이었다. 한산도 일대에 있는 수군은 사부와 격군 합쳐서 1만 7천여 명으로 한 사람에게 아침저녁으로 각 5홉씩을 나누어 주면 하루에 100여 석이 필요하고 한 달이면 3천4백 석이 필요한데, 경상도는 군량을 마련할 방도가 없고 전라도에 남아 있는 군량도 5월 중순까지밖에 이어갈 수가 없다. 다른 방도가 없으니 조정에 조처해 주기를 청한 것이다.

3월 15일 경성 고 경략이 왜적을 철수시킬 임무로 파견한 유격 주홍모가 경성에 도착하였다. 선조가 접견하여 부산에 항상 왜호가 있었다는 설을 해명하였다. 주홍모는 왜노가 만일 철병하면 봉공을 허락하겠지만 그렇지 않으면 당연히 거사할 것이라고 명백히 말하겠다고 하였다. 요동 병사 1만 명이 이미 정돈되어 있고 산서·선부 등의 병사는 지금 바야흐로 조발하고 있는데 도합 5~6만이라고 하였다. 산동의 양곡 10만 석을 운송할 것도 재촉하였다.

유성룡은 이 봄에 왜적이 대대적으로 침범할 것으로 여기고 이에 대한 근심 걱정이 이만저만이 아니었다. 아뢰기를 "적병이 4~5월 전에 전처럼 주둔하여 충돌하지 아니한다면 우리나라 병사가 소맥과 대맥을 거두어들일 수 있어서 한번 포식할 계획을 세우고 그런대로 한 차례 싸울 수 있겠지만, 만일 근일에 적세가 길을 나누어 충돌해 온다면 조금이나마 심어 놓은 보리도 또 모두 적의 소유가 되어 버릴 터이니 굶주려 쓰러지는 우리 군사들은 곳곳에서 왜적의 소문만 듣고도 무너져 흩어지고 다시는 어찌해 볼 도리가 없게 될 것입니다" 하였다.

3월 16일 한산도 통제영 이날 충청수사 구사직이 이끄는 충청 수군이 도착하였다. 도착할 기한도 한 달이나 어긴 데다 전선도 겨우 10척뿐이어서 실망이 컸다. 지방 수령들이 명을 따르지 않아 그렇게 되었다는 사정을 알지만 군령은 엄정하다. 역시 행수 군관과 도훈도를 처벌하였다.

3월 18일 경성 포로 된 왜적의 말에 의하면 현재 머물고 있는 일본군의 수효는 서생포에 5천, 임랑포에 3천, 기장에 3천, 동래에 1천, 부산포에 1만, 양산의 구법곡에 3천, 좌수영에 3백, 김해에 1만 8천, 안골포에 2천, 가덕에 7백, 웅천·제포에 4천, 거제에 7천여 명이었다. 선조는 이 상황을 주홍모에게 알리게 하였다.

그러나 주홍모는 내려가는 길에 병에 걸려 임실에서 갑자기 죽었다. 이 역만리 타국에서 임무도 마치지 못하고 객사했으니 안타까운 일이었다.

선조는 나라 전체를 위하는 일에는 항상 소극적이고 미루기만 하면서 자신에 관계되면 가리지 않았다. 이날도 대전별감의 결원이 18명이나 되어 시위가 허술하다 하며, 경성이나 외방을 막론하고 양인과 공·사천에 대하여 모두 자원 응모를 허락하여 시험한 뒤 우수한 자를 뽑으라 하였다. 그리고 변명으로 이들에게 한편으로 무재를 가르친다면 이 역시 후일의 병사가 될 것이라 하였다.

대신 및 비변사 유사당상을 인견하여 제반 문제점을 논의하였다. 조정에서는 군신 상하가 모이면 걱정만 태산 같았다. 그래도 해야 할 걱정과 안 해도 될 걱정을 구분하면 좋을 텐데, 불필요하게 지레짐작하여 걱정거리로 삼고 하는 일 없이 세월을 보낸다. 한심한 조정이었다.

선조는 무엇보다도 왜적이 다시 공격해 올 것만을 걱정하고 있었다. 유성룡이 중국도 비축 식량이 고갈되고 사정도 여의치 않아 병사를 출동시키기는 힘들 것이라고 하였다.

이어 굶주림에 시달리는 백성들에 대한 말들이 있었는데 너무도 처참한 내용이었다.

최흥원이 "굶주린 백성들이 요즘 들어 더욱 많이 죽고 있는데 그 시체의 살점을 모두 베어 먹어 버리므로 단지 백골만 남아 성 밖에 쌓인 것이 성과 높이가 같습니다" 하였다.

유성룡은 "비단 죽은 사람의 살점만 먹을 뿐 아니라 살아 있는 사람도 서로 잡아먹는데 포도군이 적어서 제대로 금지하지를 못합니다" 하였고,

이덕형은 "부자 형제도 서로 잡아먹고 있으며 양주의 백성은 서로 뭉쳐 도적이 되어 사람을 잡아먹고 있습니다. 반드시 조치를 취하여 살 수 있는 길을 열어 준 뒤에라야 서로 죽이지 않게 될 것이니 그렇지 않으면 금지시키기 어려울 것입니다" 하였다.

이날 진주성 함락에 대한 언급이 있었다.

유성룡이 "진주성이 함락될 때 외지의 군사가 많이 들어가 호령이 통일되지 않았기 때문에 패망하게 된 것입니다. 인력으로 해야 할 일을 다 하였더라면 진주는 대읍이니 필시 함락되지는 아니하였을 것입니다" 하니,

선조가 "장사가 많이 죽었는데 이것만이 애석한 것이 아니라 이 뒤로부터는 모두가 성을 지키는 것을 경계하게 되었으니 이것이 더욱 불행한 일이다. 나의 생각으로는 진주성이 함락된 것은 형세상 필연적인 일이었다. 병력의 강약이 전후가 현격하게 달랐으니, 전에는 왜적이 일개 부대의 병사로 와서 포위하였기 때문에 보전할 수 있었지만 후에는 대부대의 적이 쳐들어와서 기어이 함락시킬 작정을 하고 성 밖의 해자를 터서 마르게 한 뒤에 구덩이를 채워 성에 닿도록 쌓고서 타고 올라왔다고 한다" 하였다.

유성룡이 "김천일의 군사는 모두 시정의 무리들이었으니 그런 군병으로 어떻게 수비할 수 있었겠습니까" 하니,

선조가 "김천일이 강화에 있을 때 병사를 훈련시키지 아니하였는가?" 하였다.

유성룡이 "어느 겨를에 병사를 훈련시켰겠습니까. 그리고 그의 성질이 또한 실로 오활하고 옹졸하였습니다" 하니

선조가 "김천일의 마음은 고귀하지마는 성품은 과연 오활한 사람이었

다" 하였다.

　임금과 유성룡이 김천일에 대해서 말들을 했는데 유성룡보다는 선조의 인식이 더 명확하고 좋았다. 유성룡의 말대로 김천일이 오활하고 옹졸하였고 호령이 통일되지 않아 진주성이 함락되었다 하더라도 나라를 위하여 싸워야 한다는 초지일관한 충성심과 죽음을 두려워하지 않고 분전하여 몸을 산화한 그 의로운 기상과 투철한 정신은 누구도, 특히 유성룡도, 미칠 수가 없는 대단한 것이었다.

　3월 21일 한산도 통제영 드디어 조정에서는 한산도 진중에서 무과 시험을 보는 것을 허락하였다. 이순신이 요청한 대로 기사 대신에 편전과 철전으로 시험 보게 하였고, 1백 명을 한정하여 뽑게 하였다. 이날 여도만호 김인영, 남도포만호 강응표, 소비포권관 이영남을 녹명관으로 하여 과거 응시자들을 관리하도록 하였다.

　3월 24일 경성 상호군 성혼의 사직 상소가 있었다. 대체적인 내용은, 몸에 중병이 있어 호종을 할 수 없었으므로 죄가 가볍지 않으니 파직해 달라는 것이었다. 성혼은 오래전에 물러날 생각을 하였었는데 윤두수가 만류하여 사직하지 못하고 있었다.

　선조가 답하기를 "경의 상소를 보았다. 처음 변란이 일어나자 어쩔 줄 모르고 거가가 피난하게 되었는데 경의 여사 앞을 지나는데도 경이 나와서 문안하지 않기에 스스로 죄가 무거운 줄을 알고 죽으려 하였으나 죽지 못하였다. 지금 경이 들어오니 감격하여 눈물이 흐르는 것을 억제하지 못하겠다. 경이 비록 병이 심하더라도 마땅히 조리하면서 가끔 국방의 모의에 참여하여 흉적을 쳐서 평정하고, 위태한 세상을 편안하게 만든다면 죽어서나마 결초보은할 것이니 사직하지 말라" 하였다. 이것은 좋은 말이 아니었다. 이에 성혼은 또 상소하여 스스로 탄핵하고 처벌을 기다렸다.

성혼이 행재소에 왔을 때 참소하는 자들이 유언비어를 퍼뜨리기를, "성혼은 처음부터 기꺼이 난에 달려가지 않았다. 그가 입조한 것은 내선을 도모하기 위한 것이다" 하였다. 이에 선조는 더욱 의심을 가졌다. 그래서 성혼이 계획한 일은 모두 배척을 당했다. 성혼은 해직을 요구하였으나 뜻대로 되지 않자, 항상 병을 이유로 출근하지 않았다.

3월 25일 병조에서 훈련도감의 새로운 편제와 공, 사천의 과거 실시와 훈련에 대하여 보고하였다. 훈련도감에서 연습하고 있는 군사로 조총이 좌사·우사에 각 1초가 있고, 살수도 좌사·우사에 각 2초가 있게 하였다. 이것을 합해 1영을 만들어 진을 설치하여 전진 후퇴하도록 하고, 만일 사수 각 1초를 조총의 뒤, 살수의 앞에 있게 하여 적과의 거리가 가장 먼 때는 조총으로 제압하고 다음은 궁시로 잇대며 가까이 부닥친 경우에는 장창과 단병으로 서로 제압하게 하도록 하였다.

공·사천의 과거를 설치하라는 것은 전일에 전교가 있었으나 아직도 거행하지 못하고 있었다.

3월 29일 제승방략은 한 도의 군사를 미리 순변사·방어사·조방장·병사·수사에게 나누어 붙여 적이 온다는 보고를 들으면 적의 많고 적음이나 적의 실정, 우리 군의 실정, 방어와 공격의 지형 등을 살피지 않고, 단지 군사를 소집하여 정한 장소에 모이도록 한다. 그리하여 순변사에 소속된 군사는 모인 곳에서 순변사만을 기다리고, 방어사에 소속된 군사는 또 다른 곳에서 모여 방어사만을 기다리니, 병사, 수사가 비록 거느리고자 하나 쓸 수 없었다. 조방장과 병사·수사에 소속된 군사도 다를 바

없었다. 그리고 한 번 동원할 때마다 한 도가 함께 움직이게 되고 한 번 무너지면 다시는 뒤를 받칠 힘이 없었다. 이에 유성룡이 이러한 단점을 지적하고 군제를 진관체제로 복구할 것을 청했다.

'오직 먼저 진관 수령에게 책임 지워 그에 소속된 고을을 통솔하여 군병의 훈련과 화포·기계 등의 일을 검칙하게 하고, 만일 소속된 고을이 제대로 훈련을 못했거나 만든 기계가 정밀하고 예리하지 못하면 진관에서 감사나 병사에게 보고하여 치죄함을 허락하고, 그 소속된 고을의 잘하고 못함과 효과의 많고 적음을 살펴서 진관 수령까지 아울러 포상하거나 벌책하게 하며, 조정에서 때때로 사신을 보내어 모조리 시재하여 또한 그 잘하고 못함에 따라 감사와 병사를 힐책함으로써 얼마 동안의 기간을 정하여 각기 마음과 힘을 다하게 한다면 모두가 잘 훈련된 병사가 될 것입니다. 가령 경상도를 말하자면, 동래진에 소속된 10여 읍의 군사를 공사천과 잡류를 논할 것 없이 모두 동원하여 군사를 삼으면 그 수가 7, 8만에 이릅니다. 설혹 불행하여 패하더라도 또 대구 진관의 군사가 있어서 중간에서 막으며, 경주와 진주의 군사가 좌우의 날개가 되어서 적을 막을 수 있습니다. 불행히 대구의 군사가 또 지더라도 상주의 진관이 또 많은 병사로 굳게 지키고, 충청도의 충주 진관이 속읍의 군사를 모두 거느려 조령을 지켜 뒤를 받치며, 청주 진관도 소속 군사를 거느려 황간·영동·추풍령의 사이로 나아가서 우익이 되어 경기 등의 고을에까지 미칩니다. 하나같이 다 군사를 엄하게 하고 정돈하여 막으면 국가의 형세가 문과 담장을 거듭 설치한 것과 같습니다. 적이 비록 한 겹을 뚫더라도 또 한 겹이 있으니, 어떻게 열흘 사이에 천 리를 횡행하여 도성에 곧바로 나아가 무인지경을 밟는 것같이 하는 데 이르겠습니까' 하였다. 선조가 감탄하고 그대로 시행하는 것이 마땅하다고 하였다.

3월 30일 한산도 통제영 진중에서 무과 시험을 보이기 위해 이순신은 권율에게 '이름 있는 문관으로 참시관을 결정해 보내 달라'고 요청했었다. 그래서 삼가현감 고상안이 결정되었는데 이날 한산도 진영에 도착하였다.

이순신은 계속 몸이 불편하였다. 쓰러지지 않은 것이 천만다행이었다. 그래도 수군 최고 사령관 3도 수군통제사 이순신의 집무소에는 제장들이 수시로 드나들며 보고도 하고 명을 받기도 하고 의논도 하는 등 분주하였고, 동생, 아들들, 조카들도 교대로 드나들며 필요한 심부름을 수행하고 더불어 고향 소식과 이순신이 가장 듣고 싶어 하는 어머님 소식을 전해 주고 있었다.

김응남을 이조판서로 삼았다. 이에 앞서 이조의 낭관은 모두 직접 자기의 후임자를 천거하였는데, 이때에 와서 김상용·신흠 등이 이조의 낭관이 되자, 김응남이 계략을 써서 모두 제거하고 직접 황시와 신설을 등용하여 낭관을 삼았다. 이때부터 대각 청선이 전적으로 한쪽 사람만을 기용하게 되었다. 이산해의 닮은꼴인 김응남은 역시 이산해와 마찬가지로 이조판서가 되자 여태까지 숨겨 두었던 그의 근성을 드러내기 시작한 것이었다.

경성에 사는 사람은 국가의 급료를 받는 사람 외에는 살아갈 계책이 없어 굶어 죽은 시체가 길에 가득 차고, 곧 죽어 갈 사람들의 헝클어진 머리와 귀신같은 몰골은 참혹하여 차마 볼 수 없었다. 비록 진제장을 설치하여 충분히 구제한다고 하여도 전혀 실질적인 효과가 없어 시체는 쌓여 언덕을 이루며 나날이 심해지고 있었다. 진휼해야 할 사람은 많은데 온갖 부정까지 저질러지고 있어 사족들도 구제하기 어려웠다.

굶주린 백성들이 호소하기를, 창고지기와 하인들이 진제하는 양식을 도적질하고 감량하여 그들의 처자와 친척붙이들을 배부르게 먹이고 있으므로 이 때문에 고루 얻어먹고 살 수가 없다 하였다. 그런데 담당관 이문빈은 오히려 호소한 한 여인을 잡아 발가벗겨 종일토록 거꾸로 달 아매 놓고 의복을 모두 찢어 놓아 보는 이들이 모두 놀라게 하는 행패를 자행하였다. 악랄하고 한심한 일이었다.

호조에서는 이번에 중국의 식량을 실은 배가 많이 도착하였으니 그 중에서 당소미 7백 석을 우선 떼어 내어 법전의 상평창의 예에 의거, 혹 목면이나 면주·은냥 등 가지고 있는 대로 백성이 원하는 만큼 관에 바치게 하고, 그 값어치의 양곡을 시중보다 후하게 주어 양곡이 경도에 퍼지게 한다면 남은 백성의 죽어 가는 목숨을 구제할 수 있을 것이라 하였다. 그리고 그 목면·면주 등의 물건은 양맥이 많은 곳으로 수송하여 싼값으로 곡식을 사들임으로써 백관의 산료의 비용을 보조하자고 하였다.

지방에서는 난리를 핑계 삼아 해마다 하는 회계의 일을 모르겠다고 팽개쳐 두고 있으며, 그 사이에 수령 등은 도적질하고 남용하여 못하는 짓이 없었다. 친족을 떼로 모아다가 소문이 파다하게 날 정도로 술과 음식을 제멋대로 마시고 낭비하는 짓도 거리낌 없이 하고 있었다.

선조는 "호조에서 직책을 살펴 하리들이 좀도둑질을 하지 못하게 한다면, 국가의 저축에 여유가 생겨 군량을 주선하지 못하는 폐단이 없게 될 것이다" 하였다. 수령도 하리도 모두 도둑들이었다. 도둑들 세상이었다.

윤승길을 강원도 관찰사로 삼았다. 윤승길은 직무에 충실하고 속오법을 창안하여 시행하였는데 자못 조리가 있었다.

호조가 전란이 일어난 이후에 나라의 재정이 탕갈되었으니 은화를 통용하여 의식의 자료를 삼는 것이 진실로 오늘날의 급선무라고 하였다. 선조가 신하들과 상의하여 따랐다. 이것도 좋은 결정 중의 하나였다. 그러나 얼마나 길게 갈지 그것이 문제였다.

무과 초시에 합격한 자에게 적의 수급을 참획한 후에 홍패를 주기로 한 것은 당초에 적을 토벌하는 것이 급하여 이러한 공사를 하였던 것이다. 그런데 다른 사람이 참획한 것을 구매하는 행위는 말할 것도 없고 심지어는 우리나라 사람으로 포로가 되었다가 돌아오는 이들까지도 마구 살육하여 취하였다. 무고한 자가 억울하게 죽을 뿐만 아니라 적중에서 돌아오려는 자들도 두려워서 감히 나오지 못하게 되니 그 피해는 이루 말할 수 없었다. 이것은 수급을 확인할 때 제대로 분별을 하지 않는 부패한 관료들 때문이었다. 사헌부가 순무어사로 하여금 실정을 파악하도록 하여 철저하게 다스리자고 하였다.

4월 1일 경성 도원수 종사관 이경함을 인견하였는데, 각진에 여역이 번지고 있고, 군량이 모자라 군대의 양성이 어려우며 화약도 부족하다 하였다. 그리고 적의 대부대는 당해 낼 자가 없고 영세한 적을 방어하는 데는 권응수가 잘하고 있으며, 울산과 경주의 군사들도 다 싸움을 잘하고 있는데, 그 수가 많지 않고 군량이 적은 것이 걱정이라고 하였다.

4월 2일 비변사가 고시랑이 적세를 보고하면 화부터 낸다고 하였다. 그리고 '중국 사람들은 우리나라 일에 대하여 모두 염증을 내고 있습니다. 중국 조정에서도 봉공의 인준 여부에 대하여 서로 다른 주장들을 하고 있어 결말이 나지 않을 것 같으므로 우리나라가 조용히 기다려 주기만을 바라는 것이 그들의 생각입니다' 하였다. 경략이 있는 곳에 접반사 심희수, 허성에 이어 허균도 보냈다.

한산도 통제영 충청도 수군이 제대로 정비되지 않고, 명령이 제대로 시행되지 않은 것을 그냥 두고 볼 이순신이 아니다. 이날 장계를 올려 그중에 심한 고을의 수령들을 처벌해 줄 것을 요청하였다.

'한산 등 8개 고을의 수령들이 각 포구에 입방 수군을 한 명도 징발해 보내지 않아 각 포구의 전선을 정비하지 못하게 하였을 뿐 아니라, 각기 제 고을 수군마저 정비해 보내지 않았는바, 군령에 관한 중대한 일이 이렇게도 태만하게 되니 참으로 통분하고 놀랄 일이옵니다. 앞의 한산, 임천, 홍주, 서산, 남포, 태안, 보령, 해미 등 고을의 수령들은 기한이 지나도록 전선을 보내지 않고 입방 수군을 전혀 징발해 보내지 않은 죄상이며, 파지도와 병영 수군도 몇 번이나 독촉했어도 끝내 나오지 아니한 것이 군율을 크게 범하였으니 모두 조정에서 처치하여 다른 사람을 경계하게 하고, 위 전선들은 밤낮을 가리지 않고 부지런히 달려오도록 그 도의 순찰사 윤승훈에게 각별히 신칙하여 주시기 바랍니다' 하였다.

전염병도 심각했다. 다음 날 죽은 사람들을 제사하는 여제를 지내고 3도의 수군병사들에게 술을 먹였다. 전라우수사 이억기와 충청수사 구사직은 직접 병사들에게 술을 따라 주며 함께 앉아 먹었다. 1천80동이나 되었다.

4월 4일 경성 빈청 대신에게 전교하여 또 선위의 뜻을 알렸다. 영의정 유성룡이 내일 모두 모인 다음 아뢰겠다고 하였다.

다음 날 영의정 유성룡이 2품 이상을 거느리고 선위하지 말고 때를 기다리자고 간청하여 겨우 기다리겠다고 하였다.

선조는 "사세가 이미 저러하고 병세 또한 이러하니 하루를 더 있으면 하루의 수욕을 더 남기는 것이다. 오직 바라는 것은 빨리 선위하고 외방에 자취를 감추어 인간사를 다시 듣지 않는 일이다. 간절한 이 마음 위로 하늘에 사무치는데 뜻을 이루지 못한 채 일이 제대로 되지 않아 질질 끌며 눌러앉아 있어야만 하니 한스럽기 그지없다. 지금 아뢴 말이 이러하니 눈물을 닦고 울음을 감추면서 죽도록 참아 가며 기다리겠다"고 하였다. 정말 갈아야 할 임금이었다.

4월 6일 한산도 통제영 드디어 진중에서 특별 무과 시험 보는 날이다. 축제나 다름없었다. 시관은 통제사 이순신, 전라우수사 이억기, 충청수사 구사직이었고, 참시관은 육지에서 온 문관 삼가현감 고상안 외에 장흥부사 황세득, 고성현령 조응도, 웅천현감 이운룡으로 시험을 감독하였다.

3일 간의 무과 시험이 끝나고 합격자 방을 붙였다. 100명을 1, 2, 3등으로 구분하고 주소, 직업, 성명 및 부친 이름과 나이 등을 기록한 보고용 장부도 만들었다.

즐거웠어야 할 이날 슬픈 일이 일어났다. 조방장 어영담이 세상을 떠난 것이다. 왜적에게는 이겼으나 전염병을 이기지 못했다. 정운에 이어 오른팔 같은 장수를 또 잃은 것이다. 이순신은 '통탄스러움을 어찌 말하랴' 하며 슬퍼하였다.

4월 10일 경성 훈련도감에서 군사를 훈련시키는 것이 잘되고 있으니 선조도 기분이 좋았다. 머리 좋은 선조는 아는 것도 많았다.

전교하여, "정병에 주력하고, 또 잘 뛰는 것이 중요하다. 부적격자는 도태하라 하였다. 옛사람들은 군대 훈련에 있어 정병(精兵)에 주력하였고 많은 것을 요하지 않았다. 악비의 군대가 소수로 많은 적을 공격할 수 있었던 것은 오직 정하게 골라 남달리 훈련을 더 시켰기 때문이다. 그 법은 활은 반드시 좌우로 쏘게 하고 무거운 갑옷을 입고 호를 뛰어넘도록 날마다 교련시켰으니 그것은 날쌔고 힘이 센 사람이 아니고는 못하는 일이다. 옛사람 중에 또 발에다 모래주머니를 달고 그것을 점점 더 무겁게 하는 방법으로 군대를 교련시켰던 자도 있었다. 척계광은 '군대는 모름지기 뛰는 것을 배워야 한다' 하였는데, 《기효신서》에도 연족법과 연신법이 있어 군대를 교련하는 기술도 다양하다. 거기 비하면 지금의 교련법은 어딘가 미진한 것 같다" 하였다. 좋은 말씀이고 좋은 지적이었다. 임금이 한 말씀 하셨으니 훈련도감이 그냥 있을 수 없었다.

"지금 훈련하고 있는 군대는 초가 대를 통솔하고 대가 오(伍)를 통솔하고 있는데 한 오장이 통솔하는 군대는 4명뿐입니다. 1대가 통솔하는 수는 6오이고, 1초가 통솔하는 수는 3대입니다. 초관은 대장에게 책임 지우고 대장은 오장에게 책임 지우면 각 장의 조종권은 간략하면서도 힘이 미치는 범위는 넓게 되니, 이것이 바로 군정의 대강입니다. 이렇기 때문에 《기효신서》에는 또 연좌법을 밝혀 놓고 있습니다. 1오의 군대가 정예롭지 못하거나 기계가 둔폐되었거나 호령이 제대로 행하여지지 않으면 군졸과 오장을 함께 다스리고, 1초가 그러하면 초관과 대장을 함께 다스립니다' 하였다. 사실 여태까지 이런 기본적인 군대 편제도 없이 전쟁을 하고 있었으니 정말 한심한 일이었다.

선조는 훈련된 병사들의 모습을 보고자 하여 모화관에 거둥하기로 하였다. 그리고 대가가 거둥할 때 굶주린 백성을 위해 삶은 콩을 준비하도록 명하였다.

다음 날 선조가 친히 거둥하여 모화관에서 습진을 사열하고 유성룡과 이덕형을 포상하고 장관들도 논상하게 하였다. 그리고 전교하기를, "오늘 습진하는 것을 보니 우리나라에 없던 진법이요 또 이미 익숙한 듯하다. 이는 영상이 평일 노력했던 공일 것이니 내가 매우 가상히 여겨 이것을 상으로 내린다. 또한 병판이 애써 권장하여 연습이 이만큼 숙달되었으니 매우 가상히 여겨 이것을 상으로 내린다" 하였다.

유성룡과 이덕형은 당연히 상을 받을 만했다. 연도의 굶주린 백성들은 임금의 거둥 덕에 삶은 콩을 먹을 수 있었다.

4월 13일 한산도 통제영 순무어사 서성이 한산도 진영을 방문하였다. 전날 3도의 수사들과 함께 자리를 같이했는데 여기서도 원균이 말썽이었다. 술이 취해 이치에 닿지 않는 말을 함부로 하니 서성도 눈살을 찌푸리지 않을 수 없었다. 이날은 전쟁하는 모습을 보고 싶어 하므로 죽도 해상으로 나가 보여 주었다. 그런데 이날 뜻밖에 선전관과 의금부도사가 충청수사 구사직을 체포하러 진중에 도착하였다. 새 충청수사에는 방답첨사 이순신이 임명되었다.

울산 서생포 가등청정 진영 총병 유정의 요청에 따라 도원수 권율이 승장 사명당 유정을 시켜 가등청정을 만나도록 하였다. 이날 사명당 유정이 울산 서생포의 가등청정 진영에 도착하였다. 청정이 유정을 보고 소서행장과 심유경이 서로 약속한 일에 대해 반복해서 말하였다. 유정이 그 일은 반드시 이루어지지 않을 것이라고 대답하였더니 청정은 기뻐하는 안색이었다. 그리고 풍신수길이 요구하는 실제의 강화 조건을 보여 주었는데 첫째, 천자와 혼인을 맺을 것, 둘째, 조선의 땅을 갈라 일본에 귀속시킬 것, 셋째, 전과 같이 교린할 것, 넷째, 왕자를 들여보낼 것, 다섯째, 조선의 대관을 인질로 보낼 것이었다. 봉과 공은 이미 소서행장과 심유경이 행하고 있으므로 가등청정이 일부러 뺀 것 같았다.

사명당 일행은 청정의 진영에서 3일을 머물고 돌아왔는데 처음부터 무슨 합의를 이루겠다고 만난 것은 아니었다. 조선 측으로서는 왜적 풍신수길의 당치 않은 요구사항을 확인한 것이 수확이었다.

4월 17일 경성 웅천 적진에서 돌아온 고시랑의 위관 지휘 호대경이 "왜서의 내용에는 다른 말은 없고 다만 전일 심야와의 강화에 대한 약속이 누차 신의를 잃고 있다는 것과 만약 봉공을 인준하고 천사가 나온다면 전원 철수하겠다는 것과 노야의 엄명을 감히 따르지 않을 수 없다는 것 등등이다" 하였다.

그리고 지나오는 길의 차마 볼 수 없는 참상을 말하면서, "귀국의 장관들은 좋은 집에 풍성하고 화사한 생활을 누리면서 조금도 불쌍히 여기거나 슬퍼하는 빛이 없었다. 식량을 모아 백성들을 살리고 군대를 조련하여 나라를 지키는 것만이 오늘의 묘책이고 그 밖의 것은 모두 허사이다. 내가 전라·충청 두 도의 백성들을 보건대, 역시 착실한 자가 많아 잘 고르면 몇 만 명의 정용병을 얻을 수 있을 것이니 반년만 교련시키면 모두 승군(勝軍)이 될 것이다. 천병은 병약자가 절반이 넘어서 머물러 있어도 얼마 안 되는 조선의 식량만 허비할 뿐이다. 귀국이 1~2만 명의 좋은 장정을 골라 몇 달만 교련시키면 자력으로 지켜 나갈 수 있을 것인데 왜 꼭 쓸모없는 객병을 붙잡아 두고 백성의 힘을 소모시켜 가며 스스로 피곤한 길을 택하려 하는가? 개탄스러운 일이다" 하고 줄줄이 옳은 말을 하였다. 보고를 받은 선조는 단지 알았다고만 하였다.

대신과 비변사 유사당상을 인견하여 의논하는데, 도성 안의 시체가 1만 7천을 넘었다 하고, 유성룡은 도성의 군사를 5영으로 하여 1만 명은 항상 유지하고 병농을 겸하게 하는 의견을 말하였다. 선조는 왜의 큰 조총을 보였는데 구멍에 철환 20개와 돌 4개를 넣는 것으로 육전에서 수레에다 싣고 쏘아 대면 좋을 것이라고 하였다.

유성룡이 이끄는 비변사는 도원수 권율이 도무지 마음에 들지 않았다. 그래서 이원익으로 바꾸고 싶어 했다. 그러나 선조는 비상시에 도망갈 곳인 평안도를 아주 잘 다스리고 대비도 잘 하고 있는 이원익을 바꿀 생각이 전혀 없었다.

유성룡이 "요즈음 듣건대 영남의 일들은 믿을 만한 것이 없습니다. 변장들이 흔히 우리나라의 굶주린 백성들의 목을 베어 그것을 대전에서

215

얻은 적의 수급이라고 한다니, 속이는 일들이 대체로 이러합니다. 도원수가 자기 종사관을 시켜 각진을 순찰하게 한다면 검찰할 수가 있을 것이건만, 지난번 이경함에게 물었더니 지척에 있는 의령에도 가보지 않고 서울에서 보낸 공문마저도 덮어 둔 채 보지 않는다고 합니다. 지난날 중국군만 믿고 있다가 지금 와서는 또 김덕령에게 의지하고 병사 등 모든 장수들은 앉아서 날만 보내고 있으니 나랏일을 다시 어떻게 할 도리가 없습니다. 도원수는 후중한 것 같기는 하나 이완시키는 일이 많습니다" 하였고,

심충겸은 "권율은 전권의 명을 받고서도 하는 일이 없습니다. 군량과 군기에 대하여 하나도 조처하지 않고 있고, 조정에서 내려보낸 공문도 모두 상자 속에 넣어 두고 거행하지 않는다고 합니다" 하였다.

유성룡이 "권율은 변통하는 재주가 적은 편입니다" 하였고,

심충겸은 "평안도가 중하기는 하나 마땅히 이원익을 도원수로 삼아야 할 것입니다" 하였다.

선조는 "그것은 그렇게 할 수 없는 일이다. 10년이 가도 원익을 체임해서는 안 된다. 어디에서 모든 것을 갖춘 인재를 얻어 원수의 자리를 맡길 수 있겠는가" 하였다. 권율을 바꿀 수 없다 하면 모르지만 이원익을 평안도를 지키기 위해 안 된다고 하는 것은 말이 되지 않았다. 도망할 대비나 하는 한심한 임금이었다.

유성룡은 쉬고 싶었다. 그래서 아뢰기를, "이런 위난한 시기를 당하여 삼공의 일을 신 혼자서 맡고 있기 때문에 종전부터 일을 그르친다는 기롱이 많으니 너무도 민망하고 안타깝습니다. 신의 어미는 금년 나이 83세로 아침, 저녁이 염려되는데 멀리 영남에 있어 오래도록 만날 수가 없었으므로 심사가 번거로워 나랏일에 전념할 수가 없습니다. 이번에 호남·영남을 순심하고 싶다고 아뢴 것도 바로 그 때문입니다" 하니,

선조는 "물러가고 싶다면 내가 먼저 물러나야 할 것이다. 영상이 나는 물러나지 못하게 하면서 자신은 물러가려 하니 그게 될 일인가?" 하였다.

4월 18일 한산도 통제영 이날 이순신은 거제현령 안위의 급보를 받았다. '멀리 바라보니 왜선 100여 척이 각각 대 끝에 돛을 달고 본국에서 나오고 있었는데 1진은 부산 절영도로 향하고 또 1진은 김해강과 웅포로 향하였으며, 안골포 뒷목에는 전에 본 일이 없는 굉장한 큰 진영이 바라다 보이고 영등포와 장문포에 진 치고 있는 적들은 가감이 없습니다' 하였다. 일본 본토에서 왜적이 증강된다는 보고이니 중대한 사안이 아닐 수 없었다. 즉시 도원수와 순찰사 등에게 이 사실을 알리고 조정에도 장계를 썼다. 그리고 거제도에 사로잡혀 있다가 탈출해 나온 남녀 16인이 도착하였으므로 그들을 심문하였다. 그들의 진술 내용 중 특별한 내용은 포구의 양편 기슭에는 담을 쌓고 우리나라의 천자 및 지자총통을 많이 설치해 놓았다는 것이었다. 왜적이 진을 치고 배들을 포구 깊숙이 들여놓았을 때 우리 수군이 공격하기 어려운 상황이 이해되는 진술이었다. 이순신은 이 심문 내용도 장계로 조정에 올렸다. 이어서 순천, 광양, 흥양, 보성, 강진, 해남, 진도 등 고을 수령들은 '농사를 권장하고 굶주린 백성들을 구제하는 일들에 정성을 다해서 보살피되, 다시 전령이 있으면 곧 달려오라' 하고 내보냈다는 것도 보고하였다. 광해군의 무군사에서 명이 있었기 때문이었다.

금년 1월부터 진중에 전염병이 크게 번졌다. 4월까지 전라좌도 수군은 사망자가 606명, 현재 앓고 있는 자가 1천373명, 우도의 사망자는 603명, 앓고 있는 자가 1천878명, 경상우도는 사망자가 344명, 앓고 있는 자가 222명, 충청 수군은 사망자가 351명, 앓는 자가 286명으로

3도의 모든 사망자 수는 1천909명, 앓고 있는 자가 3천759명으로 심각한 수준이었다. 왜적과의 전쟁이 아니라 전염병과의 전쟁이었다. 이순신은 유능한 의원을 특명으로 보내 달라는 요청을 하였다.

전투력의 유지도 중요했다. 수군 징발을 독촉하러 보내는 군관들은 고을 수령들의 고의적인 방해를 받았다. 부득이하여 떠돌아다니며 걸식하는 무리들을 모아서 격군으로 충당해 보았으나 견디지 못하고 죽는 자가 대부분이었다. 그래서 강력하게 요청하였다. '전일 방비군을 징발해 보내지 않은 고을 중에서 제일 심해서 수령의 처벌을 청했던 전라좌도 남원부사 조의, 옥과현감 안흑과 우도 나주목사 이용순, 무안현감 고봉상 등을 먼저 처벌하여 다른 사람들을 경계하고, 방비에 빠진 수군에게 기한을 정하여 독촉 징발하되, 수령이 직접 거느리고 와서 인계하여 한편으로는 군사의 위세를 성하게 하고 또 한편으로는 오래 머문 병든 군졸들과 교대할 수 있도록 각별히 분부해 주시기를 삼가 아뢰옵니다' 하였다. 강한 요청이지만 정말로 힘든 요청이기도 하였다.

다음 날에는 조정에 조총을 올려 보냈다. 전에 30자루를 올려 보냈고 이번에 또 30자루를 올려 보낸 것이다. 또 조정에서는 어영담이 죽었다는 것을 알 수가 없었다. 그래서 그를 방답첨사로 임명한 공문이 왔었는데, 이날 다른 사람으로 임명해 주도록 장계를 올렸다. 또 충청도의 나머지 전선 29척이 기한 내에 빨리 오도록 충청감사 윤승훈을 독촉해 주길 요청하였다.

전에 광해군의 무군사에서 요청한 긴 창들도 만들어 보냈다.

이무렵 원균도 이순신과는 별도로 조정에 조총을 올렸다. 선조가 "경상우수사 원균이 전후 누차에 걸쳐 병기를 올렸는데 이번에 또 보내온 크고 작은 조총이 70여 자루에 이르고 있으니 이것만 보아도 그의 전공을 알 수가 있어 매우 가상한 일이다. 그것을 가지고 올라온 원사웅에게

직을 제수하라" 하였다.

싸우는 재주보다는 조총 수집하는 재주가 뛰어났던 모양이다. 그리고 임금의 비위를 맞추는 데에도 뛰어난 것 같다.

중국 북경 요동에서는 주청사 황진의 사행을 막고 있었는데 송응창이 갈리고 고양겸이 새로 오는 과정에서 김수는 사은만 하겠다고 설득하여 다행히 북경으로 가게 되었다. 북경에 도착한 김수는 사은한 후, 본래의 의도대로, 조선에 있는 왜적들은 물러가지 않고 성채를 늘리고 있으며, 결국은 중국을 침범하려는 의도이니 대병을 일으켜 구원해야 된다고 눈물로 호소하고 있었다. 선조가 그렇게 바라던 일을 김수가 하고 있는 것이다. 그러나 강화를 추진하는 사람들의 화만 돋우는 역효과가 났을 뿐이었다.

4월 23일 경성 경략 접반사 심희수 등이 고 총독은 송 경략보다도 더 삐뚤어져 있다고 보고하였다. 새로 온 경략 고양겸은 청량사 허욱을 가지 못하게 막았다. 고양겸은 북경 조정에 수길을 왕으로 봉하고 조공을 받으며 유능한 인물을 칙사로 파견하여 철병을 마무리 짓도록 요청하고 있었는데 조선의 사신 김수가 강화의 결정을 방해하고 있으니 무척 화가 나 있는 상태였다. 즉시 참장 호택을 우리나라에 보내 그 주문의 내용을 고쳐서 강화를 청하는 주문으로 할 것을 강력히 요청하게 하였다.

호택이 가져온 자문의 내용은, '황상의 끝없는 은혜도 이미 도가 지나쳤고 지금 군량도 다시 운반할 수 없으며 군대도 다시 쓸 수가 없는 처지인데, 왜노 또한 위력이 두려워 항복을 청하고 봉공까지 빌었습니다. 천조로서는 그들의 봉공을 허락하여 외신으로 받아들이고 왜노를 전부 몰아 바다 건너 제 나라로 돌려보내면서 다시는 귀국에 대한 침범을 허용하지 않겠다고 경계함으로써 분란을 풀고 파병하는 것이 온당합니다. 그렇게 되면 왜노에게 봉공을 허락하는 것이 곧 귀국의 원대한 계책으로 되는 것입니다.

지금 귀국의 배신 김수 등이 시무를 몰라 여, 종의 충성을 본받지는 아니하고 한갓 신포서의 눈물만 흘리면서 걸핏하면 왜노의 성세를 장황하게 늘어놓기를 「장차 천조를 침범하려고 날로 성채를 새로 더 쌓고 있다」고 말하여 군사와 식량을 요청할 계획을 하였습니다. 그러나 군사나 식량을 막론하고 절대로 다시 귀국의 요청을 들어줄 수 없습니다. 만약에 귀국의 요청을 들어주어 병사와 식량을 다시 모아서 한 번의 싸움으로 부산의 왜노를 모조리 섬멸한다면 관백의 복수심은 장차 더 깊어질 것이니, 우리 중국이야 감히 쉽사리 침범하지 못한다 하더라도 귀국에야 원수를 갚고 분풀이를 하지 않을 리가 있겠습니까. 이는 더욱 귀국에게 원망을 맺고 원수를 심게 될 것인데 천조가 해마다 귀국을 위해 적을 몰아내 줄 수 있겠습니까. 중국이 다시 군사와 식량을 내지 못할 것은 자명한 일입니다.

지금 귀국의 식량은 이미 바닥이 나서 인민이 서로 잡아먹을 지경에 놓여 있어 또다시 천조에 구제해 줄 것을 요청하는 판에 또 무엇을 믿고 군사를 요청한단 말입니까. 그러므로 오늘날 왜의 봉공을 허락하여 그들을 돌아가게 하는 것이 사리로 보아 당연한 일인 동시에 시세 역시 그렇게 하지 않을 수 없는 것입니다.

대체로 귀국은 왜노와 불공대천의 원수로서 이들을 없애고 아침밥을 먹지 못하는 것을 한스럽게 여기고 있는데 도리어 귀국으로 하여금 그들을 위해 청하게 하는 것은 무엇 때문이겠습니까. 그것은 귀국의 힘이 아직은 복수를 하지 못하므로 우선 치욕을 참고 견디면서 눈앞의 다급함을 늦춰 보자는 목적에서입니다. 옛날 구천이 회계산에서 곤경을 겪을 때

대부 종으로 하여금 오와 화친하게 하면서 자신은 신하가 되기를 청하고 아내는 첩이 되기를 청하였습니다. 당시 구천이 어찌 부차의 살을 씹어 먹고 싶지 않았겠습니까마는 치욕을 참고 견딘 것은 장차 기대가 있기 때문이었습니다.

대체로 구천의 군신은 복수를 꾀한 지 22년이 지난 후에야 회계산의 치욕을 씻었으니, 복수하기란 이와 같이 어려운 것입니다. 지금 귀국 군신은 하루아침에 왜노의 원수를 갚으려 하고 또 중국이 귀국을 위해 하루아침에 왜노의 원수를 갚아 주기를 원하니, 이럴 이치가 있는지 귀국 군신은 생각해 보십시오.

그리고 산동과 요좌의 군량은 이미 운반해 갈 물건이 없으니 귀국의 기아를 구제하지 못한다는 것 또한 분명합니다. 본부원이 생각해 봐도 어떻게 할 수 없습니다만 부득이하다면 지난날 남은 양곡과 말먹이를 귀국의 편의대로 풀어 당장 눈앞의 다급함을 구제해야 할 것이며 아울러 적당량을 남겨 총병 유정이 돌아갈 때를 대비해야 합니다.

유 총병의 군사를 빨리 철수할 수 있다면 5천 인의 비용이라도 약간 절약하여 귀국 2만 인의 목숨을 살릴 수 있으니 이는 곧 귀국을 위하여 구제하는 것입니다. 귀국 군신은 서둘러 도모하십시오' 하였다.

정말 새겨들어야 할 말이었다. 그리고 명나라 황제는 화의와는 별도로 여차하면 왜적을 쳐부술 대책을 마련하라는 명을 내린 상태였다.

중국 북경 석 상서가 김수에게 말하기를, '공이 있는 자를 공이 없다고 하다니, 그대 나라는 매우 양심이 없는 나라이다. 송 경략과 이 제독은 그대 나라를 위하여 많은 공로를 세웠는데도 공으로 여기지 않고 있으며, 평양 이후의 공은 모두 심유경에게 있는데 도리어 그르다고 하고 있으니, 그 뒤에 장상들 중에 누가 그대 나라를 위하여 도모해 주겠는가'

하고, 또 '송야와 이 제독은 그대 나라를 위하여 십분 신고하여 많은 공로가 있는데 그대 나라에서는 그들의 공로를 모르고 그들의 직분으로 생각하면서 도리어 부족하게 여기고 있으니, 너무도 양심이 없다'고 하였다.

다른 한편 중국 조정에서는 강화를 반대하는 과도관 등도 많았다. 급사중 서관란이 상소를 올렸는데, 선조의 생각과 아주 딱 맞는 내용이었다.

"폐하께서는 동정의 군대를 왜 일으켰던가를 생각해 보십시오. 왜노들이 우리 외번을 짓밟아서가 아니었습니까? 그렇다면 왜노는 조선의 원수이자 우리의 원수인 것입니다. 과거의 원수를 오늘에 와서 봉한다면 이것은 원수를 봉하는 일입니다. 신이 보기에 조선은 안으로는 대국의 원조를 잃고 밖으로는 교활한 적병에게 몰려 있으면서 호소할 곳도 의지할 곳도 없게 되면 반드시 꺾이어 왜노들 수중에 들어가고 말 것입니다. 중국에 부속되었던 나라를 적에게 넘겨주어 교활한 원수인 적들에게 조선이 보태어지게 한다면 이는 적에게 칼을 빌려주고 도둑에게 식량을 대어 주는 격입니다. 슬기로운 자라면 과연 그렇게 하겠습니까. 근래 조선에서 청병해 온 상소문을 보면 왜노들이 현재 진취할 계책을 꾸미고 있다고 자세히 진술하고 있습니다. 총독 고양겸은 왜노들이 이미 다 돌아갔다고 보고하였습니다만 어떤 사람의 말에 의하면 제독 이여송은 벽제 싸움에서 패배한 후로는 감히 싸움에 대하여 말을 못하고 있고, 경략 송응창은 여송이 패배한 것에 징계되어 서둘러 강화를 논하고 있다고 합니다. 그리하여 시정의 무뢰배인 심유경을 내세워 왜영을 오가면서 감언으로 달래기도 하고 후리로 꾀기도 하면서 날마다 왜노들의 표문만을 애걸하고 있는데 거기에 응창 역시 양겸의 협조를 얻어 힘을 합해 봉공을 성공시키려 하고 있으므로 양겸 역시 사실대로 보고를 않고 있는 것입니다. 이는 동정에 임한 제신들이 저희들끼리 말을 꾸며 본병을 속이고 있는 것이며 본병은 그들 꾀에 빠져 살피지 못하고 있는 것으로 모두 나라를 그르치기에 알맞을 뿐입니다. 거기에다 당사자들은 남의 말이 두려워서 봉공에 대하여 불편한 점을 말하는 자가 있으면 곧 따지기를 '당장 군대도 없고 군량도 없는 처지에 봉공 외에 달리 무슨 계책이 있다는 말인가. 만약 국가가 전성한 시기라면 내가 왜 군대와 군량이 없다는 구실로 대계를 망치겠는가' 합니다. 그러나 이러한 말을 하는 자들은 이 땅에 왜노들이 오지 않았기에 그렇게 말하는 것입니다. 만약 왜노들이 당장 들이닥친다면 그때도 그들은 군대가 없다고 해명만 하겠습니까."

이에 병부는 곧 총독에게 격문을 보내어 세밀히 왜적의 정상을 탐지해서 봉공의 청을 헛일로 돌려 버리지 말라 하였다. 이에 총독 고양겸은 소서비로 하여금 조정에 들어가 봉공을 애걸하도록 하였다.

4월 26일 경성 윤근수가 명나라 장수 이대간과 호택을 만났다. 이들의 임무는 우리나라로 하여금 강화를 요청하도록 하는 것이었다.

이대간이 고 총독이 올린 제본과 계첩을 꺼내 보이면서 '당초 제독은 왜노들이 이미 다 물러가 버렸고 다만 서생포와 부산 두 곳에 많지 않은 수가 남아 있을 뿐이며 노략질도 하지 않고 오직 봉공에 관한 처분만을 기다리고 있다고 했는데, 배신 김수 등의 정문에는 왜적이 현재 전라·경상 등지에서 노략질을 일삼고 있다고 하였으니, 왜적들이 아직 곳곳에 남아 있다면 이는 제독이 거짓말을 한 것이고 한두 곳에만 있을 뿐이라면 이는 김배신이 죄를 받아야 할 것이다. 이번에 과 1명, 도 1명으로 조사 2명이 나오게 되는데 그들이 직접 부산에 가서 조사할 것이다. 5월 14~15일 사이에 강을 건널 것이다. 지금 송시랑은 탄핵을 당하여 3월에 전원의 집으로 돌아갔고 이 제독도 탄핵을 당하여 문 닫고 들어앉았다. 호 참장과 내가 직접 왜영에 가서 왜노들을 달래어 모두 바다를 건너 돌아가게 하고 봉공을 받아들이도록 하겠다. 저들이 만약 돌아가려

하지 않을 경우에는 총독이 군대를 이끌고 가 소탕하려고 남북병이 현재 조련 중에 있다' 하였다.

참장 호택은, "송 경략 이하 모두가 그대 나라 일로 탄핵을 당했는데 지금 이 일이 이루어지지 않으면 고 총독 역시 죄를 면치 못할 것이다. 그러면 그대 나라의 일을 누가 하려 하겠는가" 하였다.

선조는 '우리나라가 다시 무슨 말을 할 수 있겠는가 오직 조처를 어떻게 하는가를 지켜볼 따름이다'고 하고, '봉공에 대한 청은 의리상 할 수 없는 일이다'라고 해야 한다 하였다. 또 "대체로 호택이 온 목적은 우리나라를 위협하여 기어코 봉공을 성사시키려는 것에 불과하니 우리나라로서는 마땅히 의리에 의거하여 대답할 뿐이니 말하기 어려울 것이 없다" 하였다.

한산도 통제영 이순신은 며칠 전부터 병세가 악화되더니 이날은 매우 중해져서 인사불성이 되기까지 하였다. 큰아들 회와 주변 사람들이 간호하고 지켜보며 마음을 졸였다. 다행히 최악의 사태로 가지는 않았지만 위험천만인 순간이었다. 이날을 고비로 점차 회복되어 며칠 후에는 몸이 아주 가벼워졌다. 정말 다행이었다.

4월 29일 경성 윤근수 등이 호 참장을 만나니 봉공의 일을 거론하였다.

'모두가 총독의 뜻을 따라준다면 총독도 끝까지 힘을 다하여 그대 나라를 구원할 것이지만, 그의 말대로 따라주지 않는다면 곧 병마를 철수하여 압록강 서쪽으로 옮겨 유진할 것이니, 내일 공들이 이 사실을 국왕에게 아뢰라. 며칠 후 내가 다시 국왕을 직접 뵙고 상의하여 결정을 짓고 그 결과를 곧바로 총독에게 보고하면 총독은 다시 제본을 올려 봉공에 대한 인준을 청하고 또 과도관 두 명을 보내도록 청할 것이다. 그리하여 과도관이 나올 때 사신과 심유경이 함께 나올 것이고 또 장관 1명이 군대를 거느리고 뒤따를 것이다. 심유경을 먼저 왜노의 영문으로 보내어 행장에게 효유하여 왜노들이 모두 바다를 건너가게 한 후에 사신과 유경은 곧바로 일본으로 건너가 왕을 봉하고 조공을 허락할 것이다. 그리고 조공하는 길은 영파부의 옛길을 택할 것이다. 왜노들이 바다를 건너가지 않으려 하면 과도관과 사신은 모두 곧바로 돌아갈 것이고 이어 즉시 무슨 조처가 내릴 것이다' 하였다. 또 '귀국이 우리 대신들과 장관들을 좋지 않게 평해서 지금 동정에 임했던 장사로서는 한 사람도 승급된 자는 없고 모두 죄만 얻었다. 그러니 어느 누가 맥이 빠지지 않을 수 있겠는가' 하였다. 우리 잘못이 아니었지만 할 말이 없었다.

유성룡은 그동안 단편적으로 주장하였던 군정에 대한 것들을 모아 상소를 올렸다. 유성룡이 말하는 계책은, 정병 1만을 양성하여 경성의 5영에 배치하자는 것, 진관법을 시행하자는 것, 공물 진상은 토지의 전결에 따라 쌀과 콩으로 하자는 것 등이었다. 그리고 "10여 년 동안을 한정해서 오직 군량 생산과 군사 훈련시키는 데에만 힘을 다하고 털끝만큼이라도 다른 일이 그 사이에 뒤섞여 어긋나지 않게 한 뒤에라야 큰 원수를 통쾌하게 갚고 이 어려움을 크게 구제할 수 있을 것입니다" 하였다.

선조는 그 상소를 비변사에 내리고 모두 채택해 시행하도록 하였다. 그러나 말뿐이었다. 진관의 법은 사람들이 모두 편리하게 여겼는데도 끝내 시행되지 않았고, 공물 진상을 쌀로 하는 것에 대해서도 선조의 강한 시행 의지가 없어 시행되지 못하고 파기되었다.

이달에도 비변사는 모속을 위해 공명고신을 만들어 공급할 것을 청했다. 그러나 공명고신을 파는 일은 군량을 마련하기 위한 궁여지책이었는데 담당하는 사람들은 사정에 끌리고 사욕을 채우기에만 급급하였다. 그래서 모아진 곡식은 빈 숫자만 나열되었을 뿐 1개진의 1개월 군량도 채우지 못할 정도였다. 이렇게 인사정책만 문란해지고 유익함이 없는 일이었지만 식량을 마련할 길이 없는 비변사에서는 이 일이라도 주장해야 했으니 한심스러운 현실이었다.

병조에서는 선조의 뜻에 따라 서얼과 공사천의 초시에 대한 규정을 마련하였다. 조총과 철전·편전을 순차의 수 등을 정해 두고 세 가지에서 하나의 중(中) 이상을 얻은 자를 초시에 참여시키는 것으로 하였다.

수령들이 관곡 절취하는 것이 심하므로 수령들에게 곤장을 치는 법을 중하게 하자는 말이 있었고, 가짜 수급문제도 심각했다. 우리나라의 굶주린 백성들을 남모르게 죽여 머리털을 깎아낸 다음 그것을 왜적의 수급인 것처럼 하고 있는데, 사고파는 모든 사람들에겐 일정한 값이 있어 처음에는 머리 하나에 쌀 40~50두(斗) 하던 것이 중간에 와서 10여 두로 내렸고 지금 와서는 겨우 한 끼 밥만 먹여 주면 곧 살 수가 있었다. 그래서 남쪽 지방 사람들은 왜놈의 수급으로 급제를 하고 있는데 그것이 양민을 학살하는 큰 요인이 되고 있었다. 또 각 진중에는 일없이 먹는 자가 너무 많아 곡식을 운반해 주어도 일선의 군사들은 도리어 한번 배불리 먹어 보지도 못하고 있었다.

함경도 관찰사 윤탁연은 평소의 행실이 더럽다는 것은 모두가 다 아는 사실이었다. 함경도가 서울에서 멀리 떨어져 있는 것을 기화로 족속들을 많이 데리고 가서 관의 양곡을 축내 가며 호구하면서도 정사는 제쳐 두고 오로지 사욕을 채우기만 하였다. 뇌물이 공공연히 행해지고 청탁이 멋대로 오가고, 여러 고을의 탐관 수령들은 그의 비위를 맞추고 주구를 일삼아 그에게 아첨하고 있었다. 술과 고기가 낭자하고 기생을 많이 거느려 평시와 다름이 없이 지내는가 하면, 한편으로는 모진 매질이 낭자하여 군민들은 극심한 도탄에 빠져 있었다. 탄핵을 받아도 조금도 징계하는 빛이 없었다. 사헌부에서 작심하고 조정을 무시하며 하는 짓이 너무도 심하다고 탄핵하였다. 선조는 겨우 체차하라고 하였다. 체차 정도가 아니라 물고를 내야 할 일이었다. 왕이 봐주니까 더 기고만장하고 못된 짓을 하는 것이다.

한번 역적의 문제가 생기면 그 여파는 오래가고 억울한 희생자는 늘어간다. 사간원이 "국가가 불행하여 잇따라 역변이 일어나 지금 해서 한 도에는 연루되어 체포된 자가 무려 4백여 명입니다. 따라서 그들의 일족과 이웃들이 모두 놀라 도망가 버렸으므로 마을이 소란하여 생업에 종사하지 못하고 있습니다" 하였다. 군사를 모집하여 훈련시키는 일을 하는 것이 아니라 사람을 잡아다가 못살게 구는 일이나 하고 있으니 정말 한심하였다.

제도의 의병을 혁파하고 충용장 김덕령에게 소속시키도록 명하였다. 김덕령은 진주에 머물러 있었는데, 군량 조달이 힘들어 군세를 유지하기가 어려워지고 있었다.

이산보는 무군사 당상으로 검찰사가 된 지 1년여에 군량을 운송하는 데 공을 세웠고, 명을 받아 기민을 진휼하다가 지친 나머지 병이 들어 죽었다. 향년 56세였다.

경상감사 한효순의 장계에 주사와 육전의 제장들이 반목한다 하였다. 이순신과 원균의 불화, 김응서와 고언백의 불화를 말하는 것이었다. 이순신과 원균 사이의 불화 문제는 말할 것도 없고, 고언백과 김응서의 불화도 심각해서 심지어는 한곳에서 이룬 조그마한 전승을 각기 자신들만이 그곳에서 싸운 것처럼 보고가 이어지기도 하였다. 비변사에서는 엄하게 꾸짖고 도원수로 하여금 단속하게 하고, 순무어사 서성이 현재 그 도내에 있으니 그로 하여금 직접 군중에 가서 간절히 타이르게 하자고 하였다. 선조는 순변사를 탓하고 군율을 엄히 해야 한다고 말했다. 그렇지만 무지한 고집통들은 말로만 해서는 듣지 않았다. 조정에서도 바르게 처리하고자 하는 의지가 없어 일이 해결될 수가 없었다.

비변사가 경기도 쇄마의 폐단을 제거하기 위한 대책을 마련했다. 중국군도 거의 철수하여 돌아갔고 쇄마를 조발하는 일도 전혀 전일같이 빈번하지 않았다. 이에 타고 실을 만한 말 30필을 사들여 두 역에다 각각 15필씩 나누어 주고 또 그 말을 관리할 역자 30명에게 줄 급료로 1인당 1개월에 6두씩을 주기로 하여 한 사람이 한 필씩 맡아 가지고 서로 오가면서 교체하게 하였다. 또 두 역에 각기 통사 1명과 수문장·부장 중 각 1명씩을 정한 다음 서로 맡아서 체환하게 하되 유실한 것이 많으면 그 벌로 녹봉을 정지시키고, 무사히 교체하면서 잘못이 없는 자는 포장하여 녹봉을 올려 주며, 처음부터 끝까지 마음을 다하는 자가 있을 경우에 그를 특별히 승서시키기로 하여 모두 힘을 다하게 하였다.

‖ 반강제로 강화를 청하는 자문을 보내다 ‖

5월 3일 한산도 통제영 조정에 식량 조치를 요청했더니 식량 대신에 공명첩 300여 장을 내려보내 주었다. 이것을 팔아서 식량을 마련하라는 것이니 참으로 한심한 현실이었다.

경성 명나라에서 금주와 복주의 양식 2만 2천7백 석을 가져가라 하였다. 선조는 축을 내지 않도록 주도면밀하게 운송하고 일정한 양은 평양에 보관하라 명하고 허욱의 사행을 소환하도록 하였다. 청량사 허욱은 요동에서 고양겸의 저지를 받아 가지도 못하고 있었는데 식량을 해결해 주니 저절로 소임이 사라져버린 것이다. 남쪽의 식량 사정이 절박한데 일정량을 평양에 보관하라 한 것은 자신의 피난 시를 고려한 처사였다. 백성을 생각하는 임금이라고 할 수가 없었다.

권유의 상소로 인하여 최영경을 추증할 것을 명했다. 전쟁이 끝나지 않은 아수라장 같은 속에서 죽은 최영경의 추증이 서둘러 시행해야 할 급한 일인가? 모든 것이 실추된 선조는 엉뚱한 곳에서 인심을 얻으려고 하였다. 임금의 눈치를 비상하게 파악하는 일파가 이것을 놓칠 리가 없었다. 그래서 상소가 있었고 추증이 있었다. 그 통에 그 책임은 죽은 정철이 뒤집어썼다.

5월 6일 한산도 통제영 표류한 왜적 3명을 붙잡아 왔으므로 문초를 했는데 말이 이랬다저랬다 하며 속이므로 즉시 목을 베도록 하였다.

5월 8일 경성 호택의 협박은 계속되고 있었다. 윤근수가 전날 저녁에 호 참장을 만나 주문 내용을 보여 주었는데 참장이 보고 나서 '고야께서 나를 차견하여 귀국에게 주본 올릴 것을 요구하는 것은, 왜를 위해서 봉공을 청하라는 것인데 지금 이 내용은 주된 뜻을 상실하였다'고 하였다. 윤근수가 강력히 '봉공을 본국에서 청하는 것은 의리상 할 수가 없는 것이다. 중국 조정에서 본국을 위한 계책으로 봉공을 허락한다면 본국은 처치만을 삼가 기다릴 따름이다' 하고 수차 반복해서 말했다. 참장이 '조정에서 어찌 왜적을 두려워하겠는가. 이는 곧 귀국을 딱하고 민망하게 여겨 속국을 구원하려는 것뿐이다. 고야의 말을 듣지 않으면 고야는 철군하여 돌아갈 것이다. 그리고 유정의 병마는 압록강을 방수할 뿐, 다시는 귀국의 일에 간섭하지 않을 것이니, 왜적이 다시 오더라도 조정의 구원은 바랄 수 없을 것이다' 하였다.

한산도 통제영 도원수 권율의 군관 변응각이 공문을 가지고 왔는데

'수군을 거제로 진격시켜 적으로 하여금 무서워서 도망가게 하라'는 내용이었다. 광해군의 무군사에서 윤두수가 주장하는 바였다. 즉시 수사들을 불러 모아 대책을 논의했다. 함부로 출동할 수도 없고, 이제는 왜적도 준비가 되어 있어 적이 주둔한 포구에 깊숙이 들어가는 것은 자살 행위나 다름없었다. 대응을 하지 않는 적을 유인해 낼 방법이 없었다. 육지에서 적을 공격하여 바다로 몰아내 주면 좋겠지만 그것은 더 어려운 일이다. 답답한 일이었다. 이순신은 답답한 심정을 이렇게 적었다.

'온갖 생각이 치밀어 심사가 번잡하고 어지러웠다. 어떻게 말로 표현할까. 가슴이 막막하여 취중인지 몽중인지 바보가 된 것 같기도 하고, 미친 것 같기도 했다.'

밖에는 큰비가 세차게 내리고 있었다. 장마철이 시작되고 있었다.

5월 11일 경성 호 참장을 접견하여 봉공을 청하는 일을 논의하였는데 선조는 강하게 그러나 말은 완곡하게 하면서 할 수 없다 하였다.

호택이 "고야는 '원병을 청해도 군사를 출동시킬 수 없고 군량을 청해도 양식을 보낼 수가 없다. 이렇게 봉공한다는 설을 하는 것은 목전의 급박함을 늦추기 위해서이다'고 했습니다. 귀국이 곧바로 주문할 수는 없다 하더라도 2월 이후 적의 정세를 사실대로 진달하고 그 끝에 은미하게 봉공의 뜻을 진달해도 해롭지 않을 듯합니다" 하였다.

선조는 "대인이 정중하게 분부하시니 감격스러움을 견디지 못하겠소이다. 그러나 본국으로서는 위태하고 절박한 사정만을 진달하고 삼가 중조의 조처와 지휘만을 기다릴 뿐, 본국이 어떻게 감히 주본을 올려 봉해 주기를 청할 수 있겠소이까. 이 일은 황공하여 감히 하지 못하겠소이다" 하였다.

호택이 "심유경이 이미 행장과 봉공을 허락하겠다고 약속했으니, 지금은 군대를 동원하여 칠 수도 없습니다. 군사를 동원하여 칠 수도 없고 또 봉공도 허락하지 않는다면 저 왜적이 바다를 건너갈 기약이 있겠습니까. 여러 해를 머물러 있고 가지 않아 10~20년이 된다면 백성들이 농사를 지을 수 없어서 점점 위급하게 될 것이니 재삼 생각하시어 십분 선처하시기 바랍니다" 하였다.

선조가 답하기를, "본국은 조정의 조처만을 기다릴 뿐, 상국을 지휘하는 일은 의리상 감히 할 수 없소이다" 하니,

호택이 말하기를, "그렇다면 다시는 해볼 수가 없습니다. 제가 재삼 간곡하게 개진한 뜻을 모쪼록 배신을 시켜 고야에게 가서 진달하게 함으로써 제가 이렇게 한 뜻을 알게 하는 것이 좋겠습니다" 하였다.

호택은 어쩔 수 없으니 자기가 노력했다는 것이나 알게 해달라는 것이었다. 그러나 사실은 은근히 조선을 포기한다는 협박이었다.

유성룡이 상주하는 일을 아뢨다. "우리나라는 이미 자력으로 떨칠 수가 없고 다만 대국에게 의뢰하여 국가의 회복을 도모하려 할 뿐인데, 송 경략과 이 제독이 모두 이미 파면되어 떠났습니다. 고 시랑이 지금 막 도착하였는데, 그가 말한 일을 또 한결같이 고집하여 거절한다면 일을 맡은 사람들이 성을 내고 돌아앉아서 마음을 함께하려 하지 않을 것이니, 우리나라의 일은 더욱더 어려워지지 않겠습니까" 하였다.

이 문제에 대하여 승지 전원에게 의견을 말하라 하였으나 모두 선조에게 미루었다.

성혼이 의견을 말했는데, 화친은 중국에 달려 있고 우리나라는 관여하지 않으니 대의에 이미 손상될 것이 없으며, 명나라 조정에 왜적의 항복을 받아 줄 것을 요청하는 일은 원수인 왜적에 애걸하는 것과는 다르니 사리에 또한 불가할 것이 없다고 하였다.

5월 16일 경성 좌의정 윤두수의 비밀 차자를 입계하니, 상이 유중하고 내리지 않았다. 차자의 뜻은 북도의 정병을 징발하여 팔도의 군병과 함께 왜노를 토벌할 것을 청하는 것이었다. 윤두수는 항상 죽더라도 싸워야 한다고 생각하였다. 그 의기는 정말로 가상했다.

5월 22일 목숨을 걸고 연안성을 지켜냈던 전라감사 이정암이 이번에는 목숨까지 건 것은 아니겠지만 대단한 결심을 하고, 화친을 하여 적을 물러가게 한 다음 보존을 도모하자고 치계하였다. "옛날에 임금이 종사와 생민의 대계를 위하여는 심지어 육단과 견양도 욕스럽게 여기지 않았는데 더구나 이러한 처지에 이르지 않은 경우이겠습니까. 지금 경략이 독부에 공문을 보내어 유주시키고 임기응변의 말로 사신을 보내어 화친을 약속함으로써 군사를 물러가게 한다면 힘쓰기가 쉬울 것이지만 이때를 넘기면 후회해도 소용이 없을 것입니다.

전해지는 말과 같이 반드시 땅을 떼어 주고 인질을 교환한 다음에야 강화하고자 하는 것이라면, 조종의 토지를 한 치도 남에게 주어서는 안 되는 것이니 죽어도 따라서는 안 될 것입니다. 그러나 제포의 길을 열고 삼포에 허접하고 세공선에 대해 전과 같이 식료를 지급하는 것을 조종조의 고사처럼 하는 데 그친다면, 마땅히 당·송 때의 예와 같이 치욕을 참고 견디면서 위로는 중국의 뜻을 따르고 아래로는 대소의 민정에 따라 아픔을 참으면서 보존할 것을 도모해야 합니다.

그리고 태왕이 곤이를 섬기고 구천이 오나라를 섬기던 것처럼 한다면 오늘날 그들에게 주는 것이 후일 모두 우리나라의 소유가 될는지 또한 어찌 알겠습니까. 병법에 '장차 취하려는 마음이 있거든 반드시 우선 주어야 한다' 한 것이 바로 이를 두고 한 말입니다. 지금 믿고서 적을 방어할 수 있는 것은 다만 호남 한쪽이 온전하기 때문입니다. 그런데 3년간 전쟁을 치르느라 공사의 저축이 탕진되었습니다. 그런데다가 수송하는 일이 그칠 사이가 없어서 백성들이 살아갈 방도가 없기 때문에 열 집에 아홉 집은 비어 있고, 굶어 죽은 시체가 들판에 가득합니다. 따라서 가을갈이한 밀과 보리는 개떡거리로 다 없어졌고 비가 흡족하게 내렸어도 파종을 제때에 하지 못하고 있는데, 적이 물러가지 않아서 중국군의 지공이 전과 같게 된다면 장정들은 모두 도적이 될 것이고, 노약자들은 의지할 곳이 없게 될 것이니, 적과 싸우기도 전에 성패의 형세는 이미 판결이 나게 될 것입니다. 그렇게 된 뒤에는 비록 슬기로운 자가 있다고 하더라도 뒷감당을 해낼 수 없을 것입니다" 하였다. 이정암이 전라감사로서 심사숙고하여 내린 결론이었다.

이런 충직한 말을 받아들일 조정이 아니었다. 정원이 화친 주장을 비판하였고, 선조는 '이런 말이 어찌 사람의 입에서 나올 수 있겠는가. 필시 정암이 실성해서일 것이다' 하였다. 그러나 이런 말을 받아들이지 못하는 사람이 이상한 사람일 뿐이다.

다음 날 사간원이 이정암의 파직을 청했다. 사헌부도 청했다. 홍문관도 청했다. 선조는 나라를 걱정하는 계려에서 나온 것인데 파직까지는 안 된다 하며 말은 좋게 하였다. 연일 계속되는 파직 요구에, 비변사의 의견을 듣도록 하였다. 비변사가 그의 말이 잘못된 것임을 알았다면 그 말을 쓰지 않으면 되는 것이지 체직까지 할 필요는 없을 듯하다고 하였다. 그러나 체차하라 하였다. 어떻든 이정암은 목숨을 잃지는 않게 되었다.

5월 24일 청량사 허욱의 보고가 있었다. 총독은 우리나라 일마다 화를 내며 주본을 바꿀 것을 요구한다 하고, 중국 조정의 회의 내용 중 감사개의 의견은 그간의 실정을 아주 정확하게 꿰뚫고 있다고 하였다.

중국 조정에서 감찰어사 감사개, 병부 급사중 전대익 등이 강화를 반대하고 송응창 등을 탄핵하는 내용 중에 '심유경이 요양에 돌아와서야 비로소 공물 바치는 일에 대해 언급하고 있으니, 누구를 속이려는 것입니까? 또 그 표문이 중국 문신의 손에서 나온 것임은 사람마다 알고 있는 사실인데 왜추가 실지로 봉공을 요구한다고 하고 있으니, 또 누구를 속이려는 것입니까?' 하는 말도 있었다. 맞는 말이었다. 그러나 싸우자는 주장은 의리상 당연하지만 현실적으로는 싸울 수 있는 상황이 아니기 때문에 문제가 있고, 또 화친을 하고 싶어도 애당초 화친이라는 것은 존재하지 않는데 그것에 매달리고 있었다. 실로 어려운 상황이 아닐 수 없었다.

5월 26일 별전에서 신하들을 인견하여, 봉공 문제를 논의하나 대책이 없는데, 이정암 처리 문제를 논의하니 말들이 많았다. 찬반이 반반이었다. 그 면면을 보면 중요한 일에는 대책이 없는 사람들이 남 벌주자는 데는 열을 올렸다. 한심하기 짝이 없었다. 성혼이 이정암을 변호하였는데 또 그것이 문제였다.

성혼이 '체직시켜야 하나 충성을 다하여 나라에 보답코자 하는 뜻에서 나온 것이고 죄가 뒤따를 것을 알면서도 마음속으로는 절의에 죽는 자처럼 자신을 허여하였으니 중죄로 다스려서는 안 될 듯하다' 하였다.

선조가 이 말을 듣고 이것이 어찌 자기 몸을 잊는 것이 되겠는가. 이것을 가지고 나라를 걱정하여 몸을 잊고 절의에 죽는 것이라고 한다면 나랏일이 어찌 크게 잘못되지 않겠는가 하였다. 말꼬투리를 되게 잡은 것이었다.

성혼이 "소신이 병들어 피곤한 나머지 말과 뜻이 서로 괴리되었을 뿐입니다. 이 일이 충절을 지켜 의리에 죽는 것이라고 아뢴 것이 아니라 다만 이정암이 이 말을 했을 때에 그의 심정은 충절을 지켜 의리에 죽는 자와 같다고 말한 것일 뿐입니다" 하였다.

선조가 이르기를, "이 사람을 내 어찌 중한 죄로 다스리겠는가. 다만 옳고 그름을 헤아리지 않고 오직 자기 뜻대로 말하였는데, 이것을 가지고 국가를 걱정하고 자신을 잊은 것이라고 하는 것은 불가하다" 하였다.

주본의 물음에 대답할 때에 선조가 또한 기뻐하지 않으니, 성혼은 상소하여 대죄하였다. 비답하기를, "생각이 있으면 반드시 다 말하는 것이 신하의 도리이다. 더구나 사람의 소견이 각기 다르게 마련이니, 어찌 해로울 것이 있겠는가. 경은 사양하지 말고 다시 소회를 다 말하라" 하였다. 그러나 이미 성혼은 완전히 선조의 눈 밖에 나 버렸다.

신하들이 이구동성으로 이정암을 죄주라고 소리를 높였다. 봉공 문제에 대한 선조의 생각은 단호했다. 봉공을 허락한다고 해서 왜적이 돌아갈 리가 없다는 것이다. 그리고 결과적으로도 그 생각은 맞았다. 그러면 어떻게 했어야 하는가 그에 대한 답이 없었다. 우리가 해야 할 일은 할 수가 없고 중국이 해 주기를 바라는데 중국은 중국대로 할 수가 없고 어떻게 할 수 없는 상황에서 맨날 앉아서 걱정만 하고 글 쓰는 연구나 하고 그러다 세월만 가고……. 방법은 하나밖에 없었다. 의리와 명분은 벗어던지고 우리는 온 힘을 결집하여 실력을 기르고 중국은 중국대로 자기들 방식으로 노력하게 하는 것이었다. 그러나 앉아서 입으로만 떠들기만 하니 한 가지도 제대로 되는 것이 없이 세월만 갔다. 정말 한심했다.

5월 27일 호 참장이 김명원에게 고 총독이 뜻대로 되지 않자 조선의 일에 관여하고 싶은 마음이 없어 사의를 표했고 후임으로 손광을 내정하였다는 것을 알려 주었다. 총독 고양겸이 강화의 일로 심하게 탄핵을 받자 소장을 올려 왜의 정세를 극구 진술하고 자신의 군무를 해임시켜 줄 것을 간청하였다. 그래서 주전파라 할 수 있는 병부 우시랑 손광이 대신하게 된 것이다. 그러나 그도 사무를 맡고 부임하자 역시 봉공을 주장할 수밖에 없었다.

　최영경의 일로 정언 박동량은 정철을 옹호하고 대사간 이기는 정철의 소행으로 주장하였다. 분명 이런 일로 다툴 때는 아니었다.
　선조의 병적인 피를 말리는 고집에 유성룡은 어찌할 수 없었고 피로가 겹쳐 집에 누워 있었다. 집에서 보고를 받은 유성룡이 이정암을 체직하지 말 것을 아뢰었다. "우민한 마음이 지극한 데서 나온 것으로 망령되이 소회를 진달한 것에 불과한 것입니다. 조정에서는 그것이 옳지 않은 줄을 알고 버려두면 그만이지 심각하게 질책할 필요까지는 없을 듯합니다. 대저 나라가 위태하고 어지러울 때에는 사람들의 소견이 각각 다르기 때문에 여러 가지 말들로 인한 혼란함을 면치 못하는 것이니, 오직 선택을 어떻게 하느냐에 달려 있을 뿐입니다. 그를 대신하기에 합당한 사람을 얻지 못한다면 감사를 바꾸는 일은 단연코 할 때가 아니라고 봅니다. 정암이 도에 있으면서 탁연히 기록할 만한 공적은 없을지라도 민정은 매우 편리하게 여긴다고 합니다."
　그러나 비변사가 아뢰기를, "대의가 관계되어 있는데도 억지로 잉임시키는 것은 과연 온당하지 못한 일이니 정암을 속히 체차하고 십분 적합한 사람을 가려서 보내는 것이 어떻겠습니까?" 하였다. 결국 이정암을 체직하고 후임으로 전주부윤 홍세공을 전라감사에 제수하였다.
　선조는 또 힘들게 한다. 퇴위할 것을 알리고 중국에 선위를 주청하라고 하였다. 이번에는 강화를 하려면 자신을 퇴위시킨 후 광해군과 함께 하라는 뜻이었다. 다음 날 비변사가 선위의 일로 대죄하였고, 유성룡은 병을 핑계로 사직을 청했다. 임금이 그만두려거든 나를 먼저 사직시키라는 맞불 작전 항의였다.

5월 30일 경성 사간원과 사헌부가 연일 죽은 정철의 삭탈관작을 청하고 있었다. 선조는 표면적으로는 윤허하지 않고 있었다.

한산도 통제영 장마철이라 작전을 할 수도 없었다. 좋아하는 활쏘기는 거의 하지 못하고 있었다. 장수들이 방문하거나 모이면 편을 갈라 종정도 놀이를 하게 하고 옆에서 보는 것을 즐기기도 하였다.
　이런 중에도 도망병은 계속 생기고 있어, 격군들을 몰래 실어내는 보자기 배들을 잡는 일이 일과처럼 되었다.

경상우도 함양 도원수 권율이 함양에 주둔하고 있었다. 아무래도 접대할 일도 많이 생기고, 또 군사들에 의한 폐해도 생기니 군민들이 주둔하는 것을 좋아하지 않았다.

　이달의 다른 일들은,
　양식이 귀하니 큰 소 값이 쌀 세 말에 불과하고 무명 한 필이 겉보리 네 말 값이었다. 옛날 쌀 한 말에 3전 하던 시절이 몹시 그리웠다. 한 백성의 허망한 넋두리였다.
　공천과 사천에 대해서는 적의 참수가 1급이면 면천시키고, 2급이면 우림위를 시키고, 3급이면 허통시키고, 4급이면 수문장에 제수하는 것은 이미 규례로 되었다. 그리고 이미 허통되어 직이 제수되었으면 사족과 다름이 없어야 했다. 적을 참수한 수급이 10~20급에 이르는 경우가 있는데 사목대로 논상한다면 사노 같은 천인이라도 반드시 동반의 정직에 붙여야 하니 관작의 외람됨이 심했다. 이뿐만이 아니라 재인·백정·장인·산척 등의 천류라 하더라도 직급을 뛰어넘어 높은 관직에 오르게 되어서 이것도 문제였다.

공안은 연산조에 높게 정한 것이 많아 이것을 개선하자는 말은 줄기차게 이어져 왔는데도 개선되지 않고 있었다. 호조에서는 '급하지 않은 물건은 헤아려 뽑아내 상납하지 말게 하여 백성의 힘을 조금이나마 펴게 하고 난이 평정된 뒤에 때에 따라 손익하고 다시 상정하게 하자고 하였다. 그러나 이 어려운 시기에도 제대로 되지 않았다.

비변사가 단천의 은 생산을 독려하고, 또 은자를 바치면 면역 면천시키자고 하였다.

전라도 내에 도적이 일어나 간혹 수백 명씩 작당을 하고, 대낮에도 사람을 협박하여 약탈하면서 조금도 두려워하거나 꺼리는 일이 없었다. 따라서 추포되어 갇힌 자가 옥에 가득 찼고 형장을 받아 죽는 자가 뒤를 잇고 있는데도 도둑은 계속 일어나고 있었다. 그런데 도둑을 잡아야 할 순변사 이일은 군관 신수팽을 조포장으로 정하여 열읍을 순행하면서, 자신은 늙고 병들어 겁에 질린 나머지 군사로 자신을 옹위하기에 급급한 채, 옥과 돌을 가리지 않고 많이 잡으려고만 하고 있었다. 이에 전라감사 이정암이 아뢰기를, "민심이 시끄럽고 반란을 생각하는 마음이 그치지 않고 있으니, 신은 적미와 황건의 변이 오늘날에 다시 일어나지나 않을까 두렵습니다. 신의 어리석은 소견으로는, 영남 우도에 유주하고 있는 장사들은 본도에서 전과 같이 연속하여 공급하더라도, 좌도는 그 도와 강원·충청도 등에서 편의한 대로 양식을 공급토록 한다면 본도의 민력이 일분이나마 펴질 것이며 따라서 도적을 지식시키는 계책이 된다고 봅니다" 하였다.

최영경의 죽음을 정철 탓으로 돌리니 정철의 아들 정종명이 아비의 무고함을 탄원하였다. 이로 인해 더 시끄러워졌다. 선조는 이미 최영경을 추증하고 정철의 소행으로 돌려 인심을 돌리려고 마음을 먹었는데 그 아들의 변명에 귀를 기울일 리가 없었다. 이것을 잘 아는 양사에서는 연일 죽은 정철의 관작 삭탈을 청하고 있었다. 정말 한심했다.

좌찬성 성혼이 시무의 편의에 대한 14조목을 써서 올렸다. '바라건대 전하께서는 크게 성취시킬 뜻을 분발하시어 나라 안에 크게 경계를 내리시고, 군신이 서로 맹세하여 통렬히 자신을 수성할 것이며, 종일토록 읍혈하면서 앉은 채 아침을 기다리는 자세를 지니시고, 와신상담하며 조금도 편안히 지내려 하지 마실 것이며, 그저 몸을 가릴 정도의 의복과 허기를 막을 정도의 음식만 취하시면서, 오직 왜적을 멸망시킬 큰 계책과 나라를 보전할 큰 꾀만을 생각하소서' 하였다.

임금의 분발을 바라는 정성이 담긴 충언이었지만 결과적으로는 선조가 싫어할 말만 골라 써 놓은 것이 되었다.

6월 1일 경성 선조는 계속 주문하는 글의 내용이 봉하는 것을 요청하는 것이라며 불만을 토로하고 있었다.

중국 조정 명나라 조정에서도 논의가 아직 결정되지 않았다. 과도관 및 예부와 병부 우시랑 손광 등은 봉공을 허락할 수 없다고 하고, 석 상서는 허락해야 한다고 하였다. 황제 또한 이 일을 망설이고 결정하지 못했다. 예부주사 홍계준이 주본을 올렸는데, 그 대략에, '저들이 숨이 차 헐떡이는 나머지 어찌 잠깐이나마 생명을 구차하게 연장하고 싶지 않겠습니까마는 그 군신은 행성의 치욕을 부끄럽게 생각하고 포서의 눈물을 뿌리면서 차라리 황제 폐하의 궐문에 하소연하여 한 판의 죽음을 택하려고까지 하는데, 이는 그들이 행장과 심유경의 계획을 너무나도 잘 알고 있기 때문입니다. 어찌 당당한 전정의 사마로서 망국의 대신보다 못하단 말입니까. 신은 참으로 부끄럽습니다' 하였다.

6월 3일 경성 지진으로 인해 선조는 또 물러날 뜻을 말하여 신하들을 애먹이고, 비변사 양사 옥당 등이 봉공을 청하는 주문의 일을 논하고, 섭정국이 도성의 지세를 살필 일에 대해서 논의하였다.

6월 4일 도원수 권율이 김응서와 고언백이 반목하는 것을 말하고 고언백을 박진과 바꾸자고 청했다. 조정에서는 도원수로 하여금 두 장수를 경계하여 과거의 버릇을 답습하지 말고 한뜻으로 혐의를 풀고서 나라에 보답하게 하는 한편, 순무어사 서성으로 하여금 달려가 타이르게 하라고 하였다.

한산도 통제영 이날 저녁 이순신은 임금의 유지를 받았는데 '수군 여러 장수들 및 경주의 여러 장수들이 서로 화목하지 못하다 하니 앞으로는 그런 습관을 모두 버리라'고 하였다. 이순신으로서는 통탄할 일이었다. 상황을 보고하는 사람들이 정확하게 하지 않고 두리뭉실하게 하니 이렇게 모두가 나쁜 것처럼 되어버렸다. 원균이 취해서 망발을 했기 때문에 이런 유지를 받게 된 것이지만, 이순신은 어떻게 할 수는 없이 속만 상할 뿐이었다.

6월 9일 경성 사헌부가 "문자 속에는 비록 강화하는 말이 없더라도 만일 중국에서 읽어 보다가 혹 의심을 갖는 일이 있을 때에는 대의에 온당치 못한 점이 있을까 매우 염려됩니다. 조그만 우리나라가 난도질을 당하여 거의 남은 것이 없고 지키는 것이라고는 오직 대의뿐인데 이제 만약 대의까지 잃는다면 장차 후세에 할 말이 없을 것입니다. 진주하기를 청한 것을 정지하라고 명하소서" 하였다. 사헌부가 임금의 비위나 맞추는 말이나 하고 있는 것이다. 도대체 어떻게 하자는 말인가. 한심한 일이 아닐 수 없었다.

한산도 통제영 이순신은 모처럼 충청수사 이순신, 우수사 이억기와 활쏘기를 하였다. 그리고 밤늦도록 이야기를 나누었다. 조카 해가 애를 끊는 가락의 저를 불었고 영수가 거문고를 탔다. 오랜만에 맘에 맞는 세 수사가 사사로운 가벼운 이야기꽃을 피웠다.

6월 10일 경성 참장 호택과 파총 장홍유가 선조를 접견한 후 진주문을 빨리 완결 지을 것과 송, 이, 고 세 사람을 신구할 것을 청했다. 장홍유는 손광이 직접 보낸 사람이었다. 장홍유는 중국 조정에서 봉공을 반대하는 세력이 우세하고 형부 좌시랑 손광이 경략을 이어받아 절서의 병사 3~4만 명을 조발하고 한편으로는 군량을 모으고 있다 하였다.

6월 13일 경략이 바뀌었다고 하니 홍문관, 사헌부, 사간원에서 주문을 보내지 말라고 들고 일어났다. 윤근수도 손시랑이 나왔으니 주본을 올리지 말자는 내용으로 상차하였다. 그래도 비변사는 중심을 지켰다. 주문을 그만둘 수는 없다고 하였다.
선조는 새 경략의 지휘를 기다렸다가 주문을 조치하도록 영상에게 비밀히 통지하게 하였다. 봉공을 반대하는 일처럼 다른 일을 조리 있고 명쾌하고 소신 있게 하였다면 얼마나 좋았을까.

6월 18일 대신들을 인견하고 주문에 관한 일을 논의하였다.
유성룡은 봉공에 대해서는 빼고 주문을 올려야 된다고 하고 선조는 그 말을 빼더라도 전체적인 내용이 봉공을 청하는 것처럼 되니 할 수 없다 하고 또 우리나라의 형세로는 절대로 이 적을 당할 수 없으니 중국 사람이 이 땅에 와서 둔병하고 둔전하는 것도 안 될 것도 없다 하였다.

유성룡은 명조의 장관은 거느리는 군사를 대부분 단속하지 않으니, 만약 우리나라에 포진하고 있으면서 갖가지로 폐단을 일으킨다면 그 피해는 이루 말할 수 없을 것이라고 하였다.

주문하는 것에 대해 여러 신하들이 돌아가며 의견을 말하지만 모두 쓸 만한 대책은 없고 마지못해 한마디 하는 것일 뿐이었다. 또 전염병이 창궐하고 있는 상황을 의논하나 이것도 대책이 없었다.

유성룡이 주사에 관한 것은 생각해 보건대, 주사를 많이 배치하여 수로를 차단하고 오가는 배를 저격한다면 대세가 반드시 흔들릴 것이니, 이를 기회로 수륙에서 병진하자고 하는 이 계책이 매우 합당하다고 하였다. 윤두수가 생각하고 서성이 알려온 계책이었다. 선조가 이 계책을 한 번 시험해 보고 싶다고 하였다. 사실 수군이 부산 앞바다로 진격하여 왜적의 배들을 왕래하지 못하게 한다면 전쟁은 쉽게 끝날 것이다. 그것을 생각하지 못하는 사람은 없었다. 단지 그렇게 할 수가 없을 뿐이다. 그러나 생각과 말만 앞서는 사람들은 그것을 큰 대책으로 내세웠다.

유성룡이 역병으로 수군이 많이 죽어 이순신은 손을 쓸 수가 없으니 서성에게 글을 내려 주사를 모으도록 하는 것이 좋겠다고 하였다.

선조가 이순신의 호령이 수령에게 시행되지 않고 여러 장수가 서로 화합하지 않는다 하니 명망 있는 문관으로 종사관을 삼아 보내야 하지 않겠는가 하였고, 유성룡은 전 부사 정경달이 내려갔다고 하였다.

6월 20일 요즘 참장 호택은 주문이 결정되지 않아 오래 머물고 있는 것에 화가 났을 뿐 아니라, 여러 논의가 있는 것을 알고 분개하며 바로 떠나려 하였다. 이에 비변사가 만류하여 그의 환심을 얻어 보내자고 하였고 주문 작성을 서두르게 하였다. 만들어진 주문의 초본에 대해서 선조는 계속 마음에 들지 않는다는 불만을 표시했다.

유성룡 등이 아뢰기를 "봉을 청하는 것은 비록 의로는 불가하지만 총독이 중간에 들어서 가로막고 있으니, 역시 그 뜻을 따라서 중국 조정의 처치를 기다리는 것이 좋을까 하옵니다" 하였다.

선조가 마지못해 허락하였다. 그러나 화친이라는 명칭이 아름답지 못하다 하여, 기미라 칭하고, 우리나라가 군사는 고단하고 힘은 약하여 결코 적을 방어하기 어려운 상황임을 말하고, 중국이 그 봉관을 허락하여 적으로 하여금 철수해 돌아가게 해 달라는 뜻으로 주본을 고쳐 호택에게 보였다. 호택이 크게 기뻐하였고 이어 지우고 고친 부분이 많았다. 이것을 허욱에게 부쳐 진주하게 하였다.

6월 25일 이렇게 봉공을 청하는 문제를 마음에 들게 마무리 지은 호택은 가벼운 마음으로 요동으로 떠났다. 주청사 허욱이 봉왜를 청하는 주문을 가지고 호택을 따라 중국에 들어갔다.

성혼이 이때 비변사에 참여하고 있으면서 역시 우선은 호택의 계책을 따르는 것이 좋다고 말했는데, 상이 크게 진노하여 성혼이 실제로 화의를 주장했다고 하면서 여러 차례나 전교에 드러냈다. 성혼은 연이어 대죄하다가 벼슬을 그만두고 향리로 돌아갔다.

6월 26일 이때 김수가 돌아왔다. 중국 조정에서 봉왕은 허락하고 조공은 허락하지 않기로 결정했다고 하였다. 그리고 또 양곡 2만 석은 스스로 조운해 가라 하고 중국도 기근이 심해 산동의 양곡을 다른 지방을 구제하는 데 쓰게 해서 군량과 군대를 다시 보내기가 어렵다고 하였다.

경상좌병사 고언백의 치계에 부하 이겸수가 총병 유정의 편지를 가지고 가등청정을 만났다고 하였다.

청정이 편지를 펴보고 갑자기 노한 빛을 띠고 말하기를 '글 속에 어찌하여 실제적인 일은 없느냐? 대명과 조선이 우리와 화친을 하든 말든 마음대로 하라. 내가 듣기로는 왕자군이 서울에 있다는데 대명에 입조하였다고 핑계하고 이제까지 보내오는 편지가 없고, 송운도 경사에 올라갔다 핑계하고 오지 않으니 조선 사람은 한갓 거짓을 행하는 것만을 일삼고 있다. 2월부터 오갔으면서 아직까지도 결정이 나지 않으니 이 어찌 화친에 뜻이 있는 것이겠는가. 그저 우리의 허실을 정탐하고 싶어서일 뿐이다. 내가 왕자의 답장을 바라는 것이 어찌 옥백 등 귀중품을 원해서이겠는가. 나와 함께 있다가 한번 헤어진 뒤로 전혀 소식이 없으므로 내가 보고 싶어서이다' 하였다.

6월 28일 한산도 통제영 이달 들어 장마가 그치고 나니 이제 불볕더위가 시작되었다. 며칠만 비가 오지 않아도 가뭄이라 농사 걱정도 끊이질 않았다. 본영과의 연락선이 수시로 왕래하니 아들들과 조카들은 여전히 번갈아 드나들며 어머님의 안녕하심을 전해 주었다. 이번에는 막내아들 면이 많이 아프다는 소식이 이순신을 근심스럽게 하였다. 영의정 유성룡에게 정기적으로 서신을 보내는 것도 이어지고 있었다. 별일이 없으니 장수들은 활쏘기가 일과였고 이순신이 시합에 참여하는 경우도 많았다.

이달의 다른 일들은,
도적도 끊이질 않는다. 이제 막 벼가 익기 시작하는 때이다. 올벼들은 대부분 도둑질 당하고 있었다. 배고픈 사람의 눈에는 가릴 것이 없을 것이고, 잃어버린 사람은 분통이 터지고 억장이 무너졌다. 조정에서는 '도적의 무리이더라도 만약 그 동류를 사로잡거나 목을 베어 오는 자는 죄를 면해 줄 뿐 아니라 즉시 조정에 계문하여 논상한다. 향리와 공·사천인은 면역과 면천을 해주고, 양인은 금군을 삼으며 양반 품관은 관직을 제수하고, 서얼은 허통한다. 만약 괴수를 베어 와서 바치거나, 비록 힘이 모자라 베지는 못했지만 도적의 동태와 둔거한 장소를 관군에게 와서 알려 즉시 사로잡도록 하는 자는 특별히 우등으로 논상한다'고 회유책을 쓰도록 하였다.

병조판서 이덕형은 상중이므로 장례가 끝나면 기복시키기로 하고 체차하라 하였다.

도원수 권율이 거창현감 우치적이 토호를 엄중히 단속하지 못한다고 처벌을 청했다.

선전관 도원량은 강원도에서 전선을 제조하면서 많은 양의 선재를 벌채하고도 제조한 배는 겨우 다섯 척에 불과하고, 남은 판자 중에 널판으로 쓸 만한 것은 다 영남으로 운반하여 무역하는 밑천으로 삼았고, 수군의 식량을 마련한다 핑계하고 각 고을에 나누어 배정하여 값나가는 물품으로 바꿔 받아들였으며, 전쟁에 내보낸다고 수졸을 공갈하여 뇌물을 많이 받았다. 부여받은 임무를 형편없이 처리하면서 지나치게 탐욕을 부린 죄가 크니, 나국하여 치죄할 것을 청했다.

군정이 해이해져 수군이 입역을 꺼려 피하는 일이 날이 갈수록 심해지고 수령도 수사의 호령을 따르지 않았다. 그러므로 이미 부방한 자는 교대함이 없이 오래 해상에 있으면서 굶주림과 질병으로 사망한 자가 속출하고 있고, 부방하지 않은 자는 색리에게 뇌물을 주는 등 온갖 방법으로 모면을 꾀하여 편안히 자기 집에 앉아 있었다.

비망기로, 전라도 연변의 수령들은 다 바다로 가고 육군의 제장들은 영남에 모여 있으니 만약 오도 등처에서 호남 우도를 공격하면 사태는 이루 말할 수 없을 것이라고 하였다. 비변사가 이 뜻을 통제사 이순신에게 하유하여 여러 방법으로 계획하도록 하고 순변사 이일에게도 알려 사태를 대비하게 하자고 하였다. 걱정 많은 선조가 또 걱정거리를 만든 것이었다. 이래서 이순신은 또 마음고생을 하게 되었다.

당초에는 수문장이 20인이었는데 이제는 4백30여 인이나 되었다. 이제 그 재주를 시험해 보고 못하는 자는 도감에 보내 창검을 익히게 하자고 하였다.

적이 다시 침범할 것이라는 말이 있었던 모양이다. 비변사가 적군이 침입할 우려가 있으니 곡식 수확을 적기에 하도록 원수 이하 제장에게 하유하였다. 또 서성으로 하여금 해변 고을의 수령들을 단속하여 수군 입역을 소홀히 하지 못하게 하라 하였다. 선조는 정원에 전교하여 흉적이 장차 다시 일어나 쳐들어오려 한다는 소식을 이미 들었으므로 전교를 두세 번 하였는데도 비변사는 하찮게 여기고 조치를 소홀히 한다고 질책하였다.

‖ 왜적은 물러가지 않았으나
중국군은 모두 철수하다 ‖

7월 3일 경성 병중의 유성룡이 난국 타개책을 아뢨다. '현재로서는 기타 천만 가지 일을 다 성공시키지 못할 것이고 족식과 연병 두 가지만이 이 난국을 타개할 수 있는 제일의 계책입니다. 지난 겨울에 훈련도감을 설치하고 신을 명하여 그 일을 관장하게 하셨습니다. 신은 포수 1천 명을 모아 가르치고 훈련시켜 재주를 성취시키려고 하였는데, 그 이유는 포수 1천에다가 창도와 궁전수를 혼합하여 길고 짧은 병기를 대략 구비하고 또 장수 중에 쓸 만한 자를 구하여 그에게 맡긴다면 위급할 때 대응할 수가 있기 때문이었습니다.

오늘날 논의하는 자는 연병이 시급한 용무가 아니라고 하는 자도 있는데 이는 참으로 생각이 모자라서 그런 것입니다. 이제 포수는 조금 모양이 갖추어졌고 살수는 비록 용잡한 것 같으나 또한 주의하여 가르쳐 기술을 완성하게 해야 하며, 궁전은 더욱 우리나라의 장기이니 권장하는 방도를 다하지 않을 수 없습니다. 장관을 나누어 정하여 각각 그 군사를 거느리고 밤낮으로 조련하게 하되 성과가 있는 자는 논상하고 잘 못하는 자는 벌을 주어 게을리하지 않도록 해야 합니다. 상께서는 훈련의 성과를 오로지 병조의 관원에게 책임을 지우고 병조의 관원은 장관에게, 장관은 초관에게, 초관은 기총, 대총에게 책임을 지우게 하소서. 통솔의 체계가 서고 마음과 힘이 하나가 된다면 무엇을 한들 안 될 것이며 무슨 명령인들 시행되지 않겠습니까' 하였는데, 알았다고 답하였다.

이정암을 전주부윤에 임명하였다. 전에 이조가 추천하였을 때 선조가 반대하여 대신 황진을 임명하였다 그러나 황진은 사신으로서의 역할을 잘못했다고 탄핵을 당하여 파직되고 이제 다시 이정암을 임명한 것이다. 이정암과 홍세공은 같은 곳 전주에서 서로의 자리인 감사와 부윤을 맞바꾼 것이 되었다. 아랫사람이 바로 상전이 되었으니 웃기는 일이 아닐 수 없었다.

한산도 통제영 통제사 이순신, 충청수사 이순신, 순천부사 권준은 활쏘기를 잘했고 실력이 비슷했다. 그러니 자주 어울리고 시합도 가졌다. 물론 다른 수령들과 군관들도 수시로 활쏘기를 하였고 사수들은 별도로 훈련을 시켰다.

진중에는 여자들이 말썽을 부리는 경우도 있었다. 이날 음란한 계집을 처벌했다 한다. 그리고 여러 배에서 양식을 도둑질 한 자를 잡아 처형했다.

7월 6일 경성 비변사가 전주성의 성곽에 포루를 설치할 일을 아뢰었다. 전주성은 지형이 평탄하여 포의 탄도가 똑바르니 포루를 설치하고 그 안에 대포를 배치한다면 비록 수만 명의 강적이라도 함락하기 어려운 곳이었다. 조정에서 특별히 사람을 보내 성곽의 곡직과 설치하기에 적당한 곳을 살펴보고 빠른 시일에 설치하도록 하고, 또 도내의 화포를 모으고 화약을 많이 준비하여 변에 대비하도록 하자고 하였다.

7월 8일 낙참장에게서 도망했던 군사 장육삼이란 자가 유 총병의 진영에서 와서 이유 없이 교사로 자처하면서 하루에 지급받는 것이 쌀 5되와 콩 7되이고 매일 허위로 인원을 늘려 가정과 마필의 요초를 더 받아가니, 허비가 매우 많을 뿐 아니라, 창기를 끼고 폐단까지 끼치고 있었다. 가증스러운 일이었다. 잡아서 물고를 내야 할 일이었다.

7월 9일 병으로 오랫동안 나오지 못했던 유성룡이 출사하여 군사를 다스리는 요체를 아뢨다.

"군사를 다스리는 데 큰 요체가 있으니 호령이 한 군데서 나오는 것이 첫째이고, 분수를 분명히 하는 것이 둘째이고, 상벌을 반드시 행하는 것이 셋째입니다. 그렇게 하지 못한 채 세월이 오래되면 나태해지고 폐단이 쌓여 기상이 쇠퇴해지게 되는 것이니 사기가 날로 해이해져서 부진하게 되는 것은 이상할 것이 없습니다. 그러므로 신이 전일 계사에 이 뜻을 언급하고 군무를 병조에 책임 지우라고 청한 것은 호령이 한군데서 나와 체통이 서로 유지되게 하고자 한 것입니다" 하였다. 그리고 병으로 훈련도감 도제조를 사임하고자 하였다.

선조가 답하기를 "전일 강서에 있을 때 우리 나라가 교병하지 않는 것을 딱하게 여겨 특명으로 훈련도감을 설치하였다. 그 당시 처음에는 이일 등을 제조로 삼았으나 하는 일이 맞지 않았으므로 그 뒤에 특명으로 경에게 그 일까지 아울러 관장하도록 하였던 것이다. 그러자 비로소 조리가 있어서 훈련하는 일이 다 올바른 방법대로 되어 사기가 날로 치솟고 무예가 날로 진보되므로 나의 우매한 생각으로도 이는 곧 우리나라에는 일찍이 없던 군대라 여겨 경과 전 판서에게 탄복해 마지않았다. 성심으로 기대하여 성취되기를 항상 바라고 있었는데 불행히도 많은 날을 끌게 되자 군중이 해이하다는 말이 많이 나돌아 나도 그 말을 듣고 항상 우려하고 있다. 경이 사직해서야 되겠는가" 하였다.

또 내선의 뜻을 전교하였다. "이제 묵은 병은 갈수록 심한 데다 새로운 병마저 위중하여 두 눈은 이미 어둡고 두 귀도 이미 들리지 않으며 사지를 주체하지 못하고 온 뼈마디가 말을 듣지 않아, 낮이면 고독하고 밤이면 잠을 못 이룬다. 말이 두서가 없고 동작이 잘못되니 남들은 걸어가는 시체라 할 것이고 나 자신도 움직이는 고깃덩이로 보이는데도 오히려 한 줄기 눈물을 훔치며 복수의 일념으로 창을 베고 죽겠다 하여 그럭저럭 날짜만 보낸다면 필시 국사를 망칠 것이니 내선의 논의를 어찌 그만둘 수 있겠는가. 사퇴하는 것은 아니할 수 없는 일이다" 하였다. 다음 날 대신들이 전위를 반대하고, 그 대신 중국에 세자 책봉을 청하자고 하였다.

7월 12일 진휼청이 쌀과 콩이 바닥이 나고 있으니 미리 조치하여 주도록 청했다.

한산도 통제영 원균이 불평하는 것은 이제 만성이 되었지만 이순신은 군사상의 문제 외에도 근심이 적지 않았다. 어머님이 안녕하시다는 소식은 좋지만 막내아들 면의 병이 더욱 심해지고 있다는 소식에 답답한 마음을 달래기가 힘들었고, 또 영의정 유성룡이 세상을 떠났다는 어처구니 없는 유언비어도 있어 마음을 더욱 심란하게 하였다. 이런 염려가 쌓여서 밤에 잠을 이루지 못했다. '유 정승이 만약 잘못되었다면 나랏일을 어찌할 것인가.'

다음 날 이순신은 답답한 마음을 달래기 위해 직접 《주역》에 의해 점을 쳐 보았다. 면의 병세와 유성룡의 일을 두 번씩 점괘를 뽑았는데 모두 아주 좋게 나왔다. 크게 위안이 되었고 뒤에 그 점괘대로 면도 회복되었고 유성룡도 이상이 없었다. 이날 날씨에 관한 점도 쳤는데 큰비가 올 괘였다. 농사일을 걱정하였다.

종사관 정경달이 함양군수로 임명되었다. 이순신 휘하에서 큰 힘이 되는 사람이었는데 아쉽게 되었다. 이순신과 함께 일하는 것이 훨씬 더 좋았을 것이다. 함양은 요충지가 되어 있었다. 서울에서 경상도로 들어가는 요인들은 모두 남원 운봉을 거쳐 함양으로 해서 경상도로 들어갔다. 그래서 그만큼 힘든 곳이었다. 유능한 정경달도 배겨 내기가 힘들 것이다.

7월 14일 경성 고 총독의 야불수 3인이 소서비의 왜졸 3명을 대동하고 도착하였다. 정원이 역관으로 하여금 그들을 만나게 하였다. 그들은 '문서의 요지는 대개 왜적에게 「급속히 바다를 건너가라. 만약 즉시 철수하지 않으면 재차 군마를 조발하여 진격하겠다」고 한 내용인데 단단히 봉하고 도장을 찍었으므로 내보일 수 없다' 하였다. 또 '손시랑이 이미 총독의 임무를 대신하였다. 이달 6일에 칙서를 받았으니 곧 나올 것이다. 고 총독도 이달 6일에 요동에서 출발하여 광녕으로 떠났다'고 하였다.

7월 17일 요동 도지휘사가 이자하였는데 다음과 같았다. "상보사 경조승선이 아뢰기를, '조선의 전라도와 경상도 지방의 운봉과 대구 같은 곳은 다 천험의 요새로서 웅거할 만합니다. 참으로 이곳에 군대를 설치하여 지킨다면 왜적이 다시 왕경에 들어올 수 없어 조선이 안정될 것이고 조선이 안정되면 중국의 울타리가 견고해질 것입니다. 현재는 유정의 5천 병사가 아직 있으니 남병 3천을 더 추가하여 도합 8천 인을 만들고 우리 군사 1천 인이 조선군 2천 인을 거느리게 하면 총계 2만 4천의 수효가 됩니다. 장수로 하여금 기율을 엄하게 하고 예기를 고무시키게 하면 어떤 전쟁인들 이기지 못할 것이며 어디를 지킨들 견고하지 않겠습니까. 양향의 비용에 있어서는 중국에서 가져다 충족시킬 것이 없습니다. 조선의 수전은 매우 기름져 1년을 농사를 지으면 1년 동안 먹을 양식이 나옵니다. 우리가 그들 나라를 위해 지켜주는데 그들이 우리 군사를 위하여 양식을 먹여 주지 않겠습니까. 조선의 식량을 사용하고 조선의 군사를 조련한다면 군대를 징발하고 군량을 전수하는 번거로움이 없고 내국을 편안히 하고 외이를 방어하는 이로움이 있으니 이보다 적당한 계책은 없습니다. 천험의 요새를 놓아두어 지키지 않고 오로지 봉공만 믿다가 만일 왜노가 우리의 무방비한 틈을 타 대군을 몰아 다시 들어오면 후회하더라도 무슨 소용이 있겠습니까. 전라도와 경상도를 지키는 이 계책은 참으로 급급히 시행하지 않으면 안 됩니다' 하였는데 병부에 칙하하였습니다."

그런데 이 자문을 보고 선조는 엉뚱한 생각을 하였다. 선조는 한편으로는 봉공의 일이 취소된 것 같아 반갑고 한편으로는 왜적이 이 사실을 알고 독기를 부릴 것이 두려웠다. 비변사 유사당상, 양사, 옥당의 신하들을 인견하고 의논하는데,

선조는 "오늘 온 자문은 작은 일이 아니다. 경들의 견해는 어떠한가? 봉공의 일은 이미 취소가 되었고 유정이 거느린 병사 5천에다 3천 병력

을 추가하여 본국의 왕이 처리하게 하였으니 어떻게 조치할 것인가?"

"적의 정탐은 아무리 먼 데라도 가지 않는 곳이 없다. 이미 봉공을 거절한다는 성지를 받았으니 이 일은 적이 알게 해서는 안 된다. 적은 반드시 화의가 이루어지지 않았다고 하여 독기를 부릴 것이다" 하였다.

항상 그렇지만 대책은 나오지 않고 말만 많을 뿐이었다. 이에 선조는 영상 유성룡에게 알려 빨리 처리하도록 하라고 하였다.

유성룡이 자문에 대한 대책을 아뢰었다. "중국이 참으로 용병을 하고 봉공을 허락하지 않고자 한다면 의당 먼저 군량을 조치하고 대군을 출동하여 적을 섬멸한 뒤라야 천여 명의 병력으로 부산을 지킬 수가 있을 것입니다. 중국의 생각은 꼭 우리나라가 충분히 협력할 수 있을 것으로 여기지만 우리나라는 피폐하여 필시 지탱할 수 없을 것입니다" 하였다.

선조가 "영상의 말이 매우 옳다. 대체로 우리나라를 버릴 수는 없는데 군사를 일으켜 왜적을 치는 것도 매우 어렵고 화친도 할 수가 없기 때문에 우선 방어하면서 천천히 도모하고자 하는 것이다. 요즘 중국에 사설이 성행하는데 이번 논의는 실로 기이하다. 조숭선이 우리나라를 위하는 생각이 지극하다고 할 만하니 그를 위해 비라도 세워줄 만하다고 하겠다"고 하였다.

비변사에서는 중국에 보내는 자문에 이 왜적은 군대가 아니면 징계하여 다스리기 어렵고 군량을 운반해 오지 않으면 군사를 먹이기 어렵다는 그런 사정을 기술하여 먼저 군사와 군량을 요청하자 하였다.

명나라 조정에서 한 사람이 의견을 낸 것에 불과한 것을 가지고 법석을 떨고 시간을 낭비한 해프닝이었다.

총병 유정이 철수하여 올라온다는 말이 있었다. 선조는 "머물기를 청하는 것이 좋겠으니 자문을 빨리 만들도록 하라" 하였다.

한산도 통제영 오전 10시경 명나라 장수 파총 장홍유가 병호선 5척을 거느리고 진을 방문했다. 이순신은 그를 정중하게 대했고, 장홍유도 이순신에 대해서 들은 터라 과시하거나 거드름 피우지 않았다. 밤늦도록 왜적의 정세를 자세하게 설명해 주고, 조용히 진지하게 경청했다. 3도의 수사들은 예물을 올려 정을 표했다. 3일을 머무르고 돌아가는데 오래 사귄 사람처럼 이별을 아쉬워하였다.

7월 18일 경성 사간원이 계속 병조판서 심충겸의 파직을 청하니 허락하지 않다가 드디어 파직하였다.

심충겸은 심의겸의 동생이다. 호종하여 이항복과 함께 대책을 협의해서 국사를 도왔고, 의주에서는 요동을 왕래하며 구원을 청했으며, 명나라 군사가 우리나라에 왔을 때는 전후로 양향의 운송을 관리하느라 노고가 심했다. 심충겸은 매양 조정의 의논이 불화함을 개탄하여 사우들과 교유함에 있어서는 파당을 고려하지 않았다. 조정의 화평을 이루려는 생각에서 자기의 손자 이름을 심정화라고 하여 뜻을 표시할 정도였다. 병판에 발탁된 뒤 군국에 힘써서 유성룡 등에게 신용을 받았으나, 북인들이 질시하여 온갖 것을 나열하여 모함하였다. 이산해의 그림자가 움직이고 이조판서 김응남이 앞장서기 시작한 것이었다. 얼마 후에 병으로 갑자기 죽었다. 아까운 사람이었다.

7월 21일 선조가 "현재 사마의 직책이 과연 얼마나 중요한가. 국가의 존망이 여기서 판가름 날 것이다. 《서경》에 '관원은 반드시 갖추기만 할 것이 아니라 적임자를 얻어야만 한다' 하였다. 이번에 의망된 사람은 다 합당하여 충분히 공을 이룰 수 있기는 하나 병조에 다른 당상이 있으니 참판이 충분히 대행할 것이다. 판서는 우선 결원으로 두고 이덕형이 기복될 때까지 기다렸다가 제수해야겠다" 하였다.

한산도 통제영 소비포 권관 이영남이 찾아와서 기한 내에 돌아오지 않았다고 직속상관 원균에게 곤장 30대를 맞았다고 하였다. 보통은 도훈도 등을 대신 벌을 주는데, 이영남이 이순신을 눈에 띄도록 따르니 작심하고 한 것 같았다. 이순신은 해괴한 짓이라고 하였다. 그 외에는 특별한 일이 없이 비슷한 일상이 이어지고 있었다.

이달의 다른 일들을 살펴보면,
비변사가 유언비어를 경계시킬 것을 아뢨다. 근래에 유언비어가 계속 퍼져 서울에 짐을 꾸리고 이사할 계획을 하는 사람이 많았다. 경기도의 수원·남양·강화 등처는 더욱 소동이 심하여 혹은 익지 않은 벼를 베고, 혹은 소를 잡아먹고, 혹은 가산을 털어 말을 사들인다고 하였다. 남은 중국군이 모두 철수한다는 말에 그러면 왜적이 쳐들어올 것이다 하는 헛소문이 돈 것이었다.
경상도 해진에 소속된 평안도 군인 훈련 정 김운성 등 60인이 연명으로 정장하기를 '집을 떠나 천리 길을 와서 3년을 고생하며 수자리를 살고 있는데 부모를 생각하고 처자를 그리는 마음이 없지 않으나 국은이 망극하여 목숨을 바칠 각오를 하고 있다. 그러나 집에 있는 부모, 처자는 의지할 곳이 없어 흩어져 떠돌이가 되거나 혹은 굶주려 죽을 것이니 요역을 감하도록 명하여 생명을 보전할 수 있게 해 달라' 하였다. 이 사람들은 멀리 남쪽 변방에서 수자리를 살고 있으니 추위와 굶주림에 고생하는 상황이 이루 말할 수 없었다. 그런데 그들의 부모처자까지 보전하지 못하게 된다면 집이 없다는 한탄과 언제나 돌아갈까 하는 원망이 끝이 없을 것이었다. 위무하는 은혜를 그들 가정에 내려야 한다고 하였다.

전라도에서 상번하는 제색 군사를 유 총병의 진영으로 보내 조련하게 하였는데 그 뒤에 한 사람도 연습하여 성취된 자가 있다는 말을 듣지 못하였고 수많은 기병과 보병이 이로 인하여 전혀 올라오지 않으므로 궁궐의 시위가 힘들고 제대로 모양을 갖추지 못하고 있다 하였다.
　비변사가 굶주린 백성의 구제에 상수리 열매를 준비할 것을 아뢨다. 선조가 답하기를, "아뢴 대로 하되 착실히 시행하라" 하였다. 그러나 상수리 열매로 구제가 될 것은 아니었다. 백성들은 좋은 것은 이미 다 알았다. 따 먹지 말라 해도 따 먹을 것이다. 그런데 이것을 무슨 좋은 양식이나 되는 것처럼 명령을 내리니, 수령들은 백성들에게 할당량을 정할 것이고, 배고픈 백성들은 할당량 채우느라 고생할 것이고, 못 채우면 치도곤을 맞을 것이다. 앞뒤 생각 없이 내리는 명령에 백성들만 더욱 고달프게 된다. 뒤에 그대로 현실이 된다.
　서성을 경상감사로, 임현을 길주목사로 하였고, 권응수를 이사명의 후임으로 방어사를 삼아 병권을 주자고 하였다. 수령의 불법을 규핵하기 위해 암행어사를 수시로 보내도록 하였다.
　금년에는 해상에서 일하기가 고되므로 민간에서 소금 얻기가 어려워 소금 한 말 가격이 쌀 한 말 값이나 혹은 갑절이나 되었다. 만일 귀하고 천한 때를 따라 피차 팔고 사기를 옛날의 법처럼 하면, 오직 이 한 가지 일에서 군량과 종자를 많이 얻을 수 있을 것이라고 하였다.
　비변사가 남원산성을 수축할 것을 청했다. 남원이 요충지임은 잘 알고 있었다. 남원산성은 지형이 극히 험난할 뿐 아니라 지역이 경상도와 연접해 있어 한 도의 보장처가 되니 그 중요함이 전주와 다름이 없었다. 서둘러 수축했으면 좋았을 것이다.

8월 2일 경성 진휼사 박충간이 진제장의 상황을 아뢨다. "근일 진제장에서 먹는 자가 사서인을 합하여 1만 1천1백8명이고 5일간 나누어 준 쌀, 콩, 팥 등의 곡식이 1백5십여 석입니다. 비변사의 쌀과 콩이 이미 다 해서 몇 달을 지탱할 수 없다 하니 유사로 하여금 즉시 조치하게 하소서. 도토리, 소금, 미역, 황각, 해채, 콩깍지, 콩잎, 여뀌 등의 각종 초식을 산지의 관리로 하여금 백성을 번거롭히지 말고 편의에 따라 미리 준비하게 하소서." 옳은 말을 곁들였는데, 임금의 비위를 맞추고자 한 것이었다.

한산도 통제영 이순신은 꿈도 잘 꾸었다. 이날은 첩 부안댁이 아들 낳는 꿈을 꾸었다. 낳을 달이 아니었으므로 꿈속에서 꿈을 쫓아냈다고 한다.

8월 3일 경성 호조에서 내수사의 전세를 사용할 수 있도록 요청하니 선조는 궁중에도 용도가 있다고 하였다. 무슨 용도인가? 일반 백성들은 굶어 죽어도 좋, 궁중 사람들은 배고프면 안 된다는 것인가.

비변사가 각도 진관의 고을에 도회를 설정하여 양식을 모으고 사람을 모집해서 각처에 수백 명의 장정을 얻어서 훈련을 성실히 하면 성취하는 효과가 있게 되어 강한 군사를 얻을 수 있을 것이라고 하였다. 그리고 가난한 백성들의 장정들이 굶주림 때문에 떼거지로 모여 도적이 되는데, 이런 무리들을 무마하여 포수에 예속시켜 조련하고 아울러 둔전도 하여 처자를 거느리고 살게 한다면 다투어 모여들 것이라고 하였다. 또 이와 같이 끊임없이 한다면 전야는 날로 개간되고 양식도 절로 충족해질 것이며 도적도 점점 없어지고 굶주린 백성도 살 곳을 얻을 것이라 하였다. 말보다는 실천을 해야 할 것이다.

또 이순신의 요청에 따라 양남의 감사에게 수령들이 격군을 보충할 인원들을 제때에 보내 한산도의 수군을 유지할 수 있도록 책임지고 조치하도록 하였다.

8월 5일 명나라 조정에서 유정의 군사마저 철군하도록 한 것이 확실하였다. 유정은 이미 지난 28일에 출발하였다. 이에 선조가 "유 총병이 올라오면 호남이 반드시 무너질 것이니 급히 대신으로 체찰사를 삼아서 모든 장수를 통솔하고 인심을 진압하게 하지 않을 수 없다. 설사 총병이 머물러 있다 해도 동궁이 오래지 않아 올라올 것이니 체찰사를 보내지 않을 수 없다. 좌상 윤두수가 이미 내려가 있으니 체찰사로 삼으라" 하였다.

비변사에서는 호남의 방어를 늦출 수 없으니 경성에 있는 포수 1~2초를 남원 지방에 보내서 지키게 하자 하였다. 그리고 이번에 총병이 철수해 돌아오면 호남의 군량은 반드시 여유가 있을 것이고 마침 가을 곡식이 익어가는 때이니 여러 가지 방법으로 조치해서 양곡을 모으고 사졸을 모집하여 밤낮으로 훈련한다면 곧바로 효력을 볼 수 있을 것이다. 이러한 뜻을 도체찰사와 도원수에게 하유하여 모든 장수를 단속해서 착실하게 시행토록 하자 하였다.

8월 9일 경성 도원수 권율이 고언백과 김응서의 갈등을 조정에서 처리해 주도록 요청하였다. "고언백은 응서의 공이 허위라 하고 응서는 언백의 싸움이 거짓이라 하여 각기 신에게 보고하니, 신같이 용렬한 사람으로서는 결코 화해시키기가 어렵습니다. 조정에서 서둘러 잘 처리하소서" 하였다. 어디에나 말썽꾼은 있는 법이다. 육군에서는 김응서가 문제였다. 조정에서는 잘 판단해서 처리하는 것보다는 그런 것도 해결 못하고 조정에 미루는 무능한 도원수라고 권율을 탓했다.

다음 날 대신들을 인견하여 논의하는데 역시 중구난방이었다. 유성룡이 장수들의 반목은 권율이 잘못 처리했기 때문이라고 하였다.

선조가 "만약 부득이 하면 김응서를 전라병사로 삼고, 권응수와 고언백은 경상병사로 삼는 것이 어떠하겠는가?" 하였다.

유성룡은, "곽재우가 쓸 만한 사람이고, 배설도 우도 병사로 삼을 만합니다" 하였다.

선조가 "정인홍은 지금 어디에 있는가? 의병을 일으킨 공이 작지 않으니 비록 병사는 못 시키더라도 수령은 시킬 만하지 않은가?" 하니,

김응남이 "군공을 가지고 논한다면 당상관도 될 만합니다" 하였다.

또 화친 문제가 거론되고 선조의 고집스런 말이 있었다.

"왜적에게 화친을 구걸한 죄가 어떠한 것인데 무지망작이라 해서 용서하겠는가. 유식하다고 용서하고 무지하다고 용서하는 것이 실로 온당치 않다. 성혼은 재상들이 모두 화친을 청하고자 하나 말을 내지 못할 뿐이라고 하였다" 하니,

유성룡이 "어찌 그와 같은 마음을 두었겠습니까. 다만 사세가 위박하니 중국 조정의 회유책에 힘입어서 군량을 마련한 후에 처리하고자 한 것입니다" 하였다.

울산 가등청정 진영 이날 승장 유정과 이겸수 등이 가등청정을 다시 만났다. 청정이 붓을 들고 써서 보이기를 '전날 명나라와 혼인을 맺는다는 일은 어떻게 되었는가? 조선의 4도를 떼어 일본에 주는 일은 어떻게 되었는가? 조선의 왕자 1인을 일본에 들여보내는 일은 어떻게 되었는가? 전과 같이 교린하는 일은 어떻게 되었는가?' 하였다. 또 두 조항을 보태었는데 '명나라 사람 1인을 인질로 하는 일과 명나라는 무슨 물건으로 일본과 통신하겠는가?' 하는 것이었다.

청정이 귀를 기울여 답을 들으며 묵묵히 다른 말이 없다가 말하기를 "이 5조의 일은 관백의 명령이라 성사시키지 않아서는 안 된다" 하였다.

유정이 답하기를 "비록 관백의 명이라 하더라도 명나라의 뜻에 부합되지 않고 또 의리에도 부합되지 않으니, 천지가 뒤바뀌더라도 이 의논은 끝내 이루어지지 않을 것이다" 하였다.

청정이 "이 다섯 가지 일이 이루어지지 않는다면 무슨 일을 가지고 강화한다고 일컫겠는가?" 하니,

유정이 답하기를 "앞의 다섯 가지 일 중에 교린 한 가지는 그래도 혹 할 수 있지만 그 나머지는 의논할 수 없는 것이다" 하였다.

청정이 "만약 교린한다면 어떻게 하겠는가?" 하기에,

유정이 답하기를 "조선은 여러 해 동안 원씨와 서로 통하며 유무를 서로 교역하고 왕래하며 강화했을 따름이니 그 외에 다시 무엇을 보태겠는가?" 하였다.

청정이 "만약 교린을 하게 된다면 전날 대마도에 준 물건을 다 써서 보여 줄 수 있는가?" 하기에,

유정이 답하기를 "그 물목은 우리가 확실히 알지 못하니 돌아가 조정에 보고하여 처리할 뿐이다" 하였다.

8월 12일 경성 선조가 주청하는 일이 막중하니 대신을 사신으로 보내야 한다고 하였다. 모두 찬성하였다. 그리고 말이 이어져 이순신의 수군으로 이어졌다.

유성룡이 아뢰기를 "장파총이 산동장관에게 이첩하기를 '지금 수로의 형세를 보니 만약 크고 작은 병선 5백 척만 얻으면 왜적의 양도를 끊을 수 있고 대마도도 격파할 수 있다' 하였으니 만약 수로로 서생포 같은 곳을 치면 적이 웅거할 곳이 없어질 것입니다" 하였다. 이에 선조는 명나라의 수군을 청하자고 하였다. 백제 때에 유인궤도 주사로 와서 공격했다 하고 소정방도 수로로 나왔다고 하였다. 그리고 선조는 우리나라

가 임진년 이후로 움츠리기만 하는 것은 무엇 때문인가 하고 물었다. 유성룡이 답하기를, '정운이 죽은 후로 수군의 사기가 꺾였으므로 한산도나 대아량 등의 지역을 지나가는 교활한 적병에게 습격을 받을까 두려워서 감히 가벼이 나서지 못하는 것입니다' 하였다. 유성룡도 이순신이 적극적으로 왜적을 무찌르지 않고 있는 것에 대해 불만이 있는 것 같았다.

선조가 또 이르기를 "도감에서 훈련하는 일을 특별히 단속해서 기필코 성취하게 하라. 입직하는 포수를 내가 직접 사열하겠다. 옛사람이 이르기를 '10년을 가르치고 10년 만에 성취한다' 하였으니, 숨이 붙어 있는 동안에는 왜적 치는 일을 그만둘 수 없다" 하고 모처럼 강력하게 말하였다.

한산도 통제영 가을장마인지 연일 비가 내리더니 어젯밤에는 태풍이 지나가는지 바람이 거세게 불고 폭우가 쏟아졌다. 지붕이 벗겨지고 창문이 모두 찢어져서 잠을 잘 수가 없었다. 아침에야 바람과 비가 모두 그쳤다.

도원수 권율의 군관 심준이 와서 도원수와 직접 대면하여 회합할 날짜를 정하고자 하였다. 이순신은 17일에 사천으로 나가서 도원수를 뵙겠다고 하였다.

다음 날 13일 오랜만에 이순신은 견내량에 진출하였다. 여러 배들을 고성 앞바다로 보내 시위를 하고 수색하게 하였다. 춘원포에 왜선 한 척이 있었는데 왜적들은 배를 버리고 달아나고 우리 백성 남녀 15명과 배를 빼앗아 왔다. 이날 저녁 한산섬 앞바다는 달빛에 비단결 같았고 바람은 잔잔했다. 조카 해를 시켜 저를 불게 하였다. 늦게까지 깊은 시름에 잠겨 있었다.

한산섬 달 밝은 밤에 수루에 홀로 앉아
큰칼 옆에 차고 깊은 시름하는 적에
어디서 일성호가는 남의 애를 끊나니

경성 유성룡이 지난번에 유 총병을 만나 보았는데 옛날 훌륭한 장수 같지는 않았다. 또한 1년 넘게 둔치고 지키면서 직접 우리 군사들 훈련을 시켰으면 반드시 효과가 있어야 할 텐데 한갓 3도에 소요만 끼쳤고 성과는 전혀 없었다.

유성룡이 이 점을 지적하니, 선조는 중국의 장수에게 어찌 남을 위해 그와 같이 도모해 주기를 바랄 수 있겠는가 하고. 그래도 중국의 장수 중에는 이 사람이 가장 훌륭할 것이라고 하였다. 이번에는 사람을 보는 눈이 유성룡이 더 좋았다.

이날 총병 유정이 철수하여 올라왔다. 선조가 남대문 밖에서 맞았다.

다음 날 선조가 남별궁에서 유정을 접견하였다. 손시랑은 7월 10일 북경에서 출발하였다 한다.

유 총병이 "비유컨대, 부모가 자식을 기르는 데 있어서 자식이 이미 장성했는데도 스스로 할 일을 찾지 못하면 아무리 부모라도 늘 가르칠 수 없는 것과 같습니다. 이제 스스로 굳세져야 합니다" 하였다.

선조가 수병을 청하고자 한다 하니, 유 총병이 "수병을 써야 할 곳은 수병을 쓰고 기병을 써야 할 곳은 기병을 써서 수륙 양면으로 밀고 가서 공격해야 성공할 것입니다 그러나 주인은 손님을 대하자면 반드시 스스로 4~5분 정도는 갖추어 놓은 연후에 손님을 청할 수 있는 것입니다. 그리고 군사도 꼭 20만은 써야 합니다" 하였다.

유정은 말을 잘했다. 선조는 이런 말에 홀딱 넘어가 중국 장수 중에 제일이라고 했던 것이다. 그는 또 왜의 의도는 혼인과 땅의 할양에 있다고 하였다. '왜적의 뜻은 봉공에 있는 것이 아니라 실상은 혼인을 구하고 땅을 할양받기를 바라는 것이다. 혼인을 구하는 것은 관백이 그 조카를 위해 중국에 혼인을 구함이고, 땅을 할양하라는 것은 한강 이남을 분할하여 왜적에게 부치고 이북은 중국에 부치자는 것이다.' 이렇게 말해 주니 선조의 마음에 들지 않을 수가 없었다.

선조가 경상감사 홍이상을 인견하고, 군향, 군사 문제, 인재등용 등에 대하여 논의하였다. 말씀은 좋았다.

선조가 이르기를 "듣건대 여러 장수들이 화목하지 못하여 반드시 시기에 임해 일을 그르칠 걱정이 있다 하니, 경이 마땅히 조정하라. 이것이 제일 급한 일이고 그다음으로는 군공이 진실을 잃어서 허위가 너무 많은 것이다. 심지어는 우리나라 사람을 베어 바치는 경우도 있으니 경은 마땅히 금단해야 할 것이다. 그중에는 공이 있는데도 상이 공에 맞지 않는 자도 있을 것이니 마땅히 찾아서 처리해야 할 것이다. 군량을 모으는 것은 반드시 농사에 힘쓴 연후에 장만할 수 있다. 또 왜적과 평야에서 대치하면 절대로 이길 수가 없으니 반드시 지형을 살펴 험준한 곳을 점거하여 산성을 쌓아야 하며, 또 들을 깨끗하게 거두어서 적들이 양식을 취할 곳이 없게 하라. 이것이 용병의 계책이다. 수군은 유달리 전과 같지 못하여 잔병이 너무 심하니, 또한 충분히 단속하고 격군을 많이 줘야 한다. 본도에 좌·우 수사가 있는데 저와 같이 움츠리는 것은 부당하다. 3도의 병세를 합하여 기회를 살펴 진공하고 모든 일을 착실히 행해야 한다."

또 "경상도는 풍습이 잘못된 지가 오래이다. 비록 친형제라도 천자문을 배우고 고상한 이야기를 하면 높은 자리에 앉히고 대우를 하지만, 활과 화살을 가지고 무술을 익히면 뜰에 내려가게 하고 천대한다. 그래서 변란을 당하기 전에 상주에는 궁수가 3인뿐이었다 한다. 풍속이 이와 같고서야 어떻게 적병을 막겠는가. 백 번을 싸운 후에야 반드시 좋은 장수가 있는 것이니 경이 본도에 가서 장수의 재목이 있거든 찾아서 아뢰도록 하라. 중국은 비록 도적이나 오랑캐일지라도 다 등용하기 때문에 저 이평호 같은 사람도 도독이 되었다. 우리나라 사람은 장수는 항상 장수이고, 군졸로 있는 자는 항상 군졸로 있게 된다" 하였다.

이렇게 사리에 밝은 임금이었다. 그런데 왜 말로만 하고 하나도 실행에 옮기지 못하는 것인가. 이것이 정말 안타까운 점이었다.

한산도 통제영 이순신은 권율을 만나기 위해 사천을 향해 출발하였다. 원균도 출발하였다. 이순신과 원균이 불화한다고 하니 도원수 권율이 두 사람을 직접 대면하여 진상을 알아보고자 한 모양이었다.

8월 17일 소서행장은 엉터리 화의가 빨리 성립되도록 하기 위해 전라도를 칠 것이라는 말을 흘리며 명나라 왕래하는 사람들에게 술수를 쓰고 있었다. 이에 진짜로 넘어가는 사람들은 선조 이하 조선의 신하들이었다.

유 총병 접반사 김찬이 '고군문의 야불수가 어제 저녁에 은밀히 고하기를 「웅천 각진의 왜적이 모두 군사를 바꾸어 오는 9월 15일 후에는 전라도로 향할 것이다」 하니, 본도 각처에서는 급히 수확을 서두르고 군사를 주둔하여 미리 방비함이 옳을 것이다' 하였다.

근일에 항복한 왜인이 대부분 말하기를 '만약 들의 곡식을 완전히 거두어들이고 기다린다면 수길이 직접 온다 하더라도 곧장 쳐들어오지는 못할 것이다. 만약 강가의 갈 만한 곳에 다른 군사를 섞지 말고 수백 명의 궁수와 포수들만 설치하고 적병이 이를 때 편전과 조총으로 난발한다면 왜적의 무리가 감히 접근하지 못할 것이다' 하고, 또 말하기를 '산성을 지키기는 쉬우니 산성을 수축하고, 수군은 물길을 따라 부산 이남을 단절하여 적의 양식 보급로를 막는 것이 모두 적을 막는 좋은 계책이다' 하였다.

비변사에서는 이러한 여러 조항을 낱낱이 들어 제장에게 알리고, 손시랑에게 위급함을 보고하는 글도 밤낮으로 달려 보내자고 하였다.

경상우도 사천 도원수 진영 권율, 이순신, 원균이 한자리에 앉아 이야기를 나눴다. 조정의 질책으로 권율이 두 사람을 무마하기 위해 진영으로 부른 것이다. 잘잘못은 삼척동자도 알 수 있었다. 이순신에 대한 오해는 풀렸고, 도원수 권율은 원균을 심하게 질책하였다. 원균은 고개를 들지 못했다. 화해의 술을 마시기는 했지만 원균이 반성했을 리는 없었다. 권율이라도 사정을 안 것으로 위안을 삼을 수밖에 없었다.

박종남이 찾아와 만났다. 박종남은 이순신과 과거 합격 동기로 장원했던 사람인데 왜란 전까지는 훨씬 더 잘나갔었다. 어떻든 무척 반가웠을 것이다.

8월 20일 경성 왜적이 가을에 전라도를 공격한다는 소식에 명나라에 추가 지원군과 수군의 지원을 애걸하는 주문을 보냈다.

"소방 사람 중에 신을 위해 계책을 말하는 자들이 아뢰기를 '적병이 부산 등지의 요새지에 주둔하면서 성을 쌓고 호를 파니 쉽게 칠 수는 없으나 그들이 양식을 운반하고 군사를 증가하는 길은 부산에서 대마도까지 직접 배로 왕래하는 것입니다. 왜적이 육지 싸움에 능하고 수전은 잘 못하니 만약 수병을 정예하게 준비해서 거제도 앞바다로 나가 왜적의 군량 보급로를 요격해 끊으면 해안에 있는 적병은 돌아갈 길이 끊어지고 형세가 자연 궁박하게 될 것입니다' 하니, 이 또한 한 가지 기이한 계책입니다. 그러나 수병을 많이 조발해야만 될 일인데, 소방의 힘으로는 미치지 못하는 것이므로 이것이 더욱 신이 비통하고 안타깝게 여기는 바입니다" 하였다.

한산도 통제영 도원수 권율과 회동을 마치고 이순신은 진영으로 돌아왔다. 여러 장수들과 활쏘기를 하고 밤에는 저를 불고 노래를 하다가 밤이 깊어서야 파했다. 이순신은 미안한 일이 많이 있었다고 적었다. 미안한 일이 무엇이었을까?

8월 21일 경성 사헌부가 내수사의 전세를 호조로 옮겨 받게 하는 일을 연이어 청하고, 김응서가 패려하니 개차하자 하였다. 대신들을 인견하여, 김응서의 교체 문제를 논의하였다. 그러나 결론은 없었다.

유성룡이 '요즘처럼 서북풍이 높아질 때 적들이 나오기가 어려우니 거제도의 적을 공격하게 해서 장차 그들의 보급로를 단절할 것처럼 하면 적이 반드시 두려워서 움직이지 못할 것입니다. 그런데 수군이 약해서 계획을 시행할 수 없으므로 여러 차례 원수에게 이문하였는데 원수의 말도 시행되지 않는다 합니다. 또한 김덕령으로 하여금 군사를 거느리고 나가서 공격할 계획을 하게 하는 것이 마땅합니다. 적이 금년에는 움직이지 않을 것 같으나 명년에는 크게 걱정됩니다' 하고 또, "상주 목사 정기룡은 인심을 얻었고 또 싸움도 잘하니 이제 당상에 올려 토포사로 삼아 적이 만약 다시 움직이면 상주 낙동강을 막아 지키거나 혹은 물러나 토기를 지키게 해야 할 것이며, 왜적이 움직이기 전에 도내에 있는 토적을 잡는 것이 유익할 것 같습니다" 하였다. 비변사도 정기룡을 토포사로 하여 경상도의 도적을 소탕할 것을 아뢰었다. 상주 목사 정기룡은 나이는 젊으나 무재가 있고 전부터 많은 군공이 있었으며 또 고을 일을 잘 처리하여 아전과 백성들의 마음을 얻었다고 하였다.

비변사는 도원수가 말을 잘 듣지 않는다고 불만이 가득했다.

김응남이 김응서로 하여금 항복한 왜인을 거느리고 수군으로 들어가서 적의 소굴을 치게 하자 하였고, 유성룡은 만약 수군으로 적들의 군량 보급로를 끊으면 적이 반드시 두려워할 것이라고 하였다. 그러자 선조가 이순신이 혹시 일을 게으르게 하는 것이 아닌가 하였다. 유성룡은 만약 이순신이 아니었다면 이만큼 되기도 어려웠을 것이며 수륙의 모든 장수 중에 이순신이 가장 우수하다고 하였다. 그러나 이야기가 엉뚱한 방향으로 흘러 선조가 드디어 이순신을 의심하기 시작한 것을 되돌릴 수는 없었다. 한번 의심하면 돌이키기는 힘들다. 이순신이 힘들어질 것이다.

경상우도 사천, 고성에서 왜적 2백여 명이 노략질하고 백성 50명을 잡아가는데 김덕령이 복병을 설치 요격하였다. 적을 참획하지는 못했지만 백성들은 다 구했다. 권율이 이것을 조정에 보고하였다.

8월 22일 경성 선조는 중국군이 모두 철수하게 되자 왜적이 다시 공격할 것이 두려워 그토록 반대하던 화친까지 거론하였다. "병법은 속임수를 쓰는 것이니 권모가 없을 수 없다. 이제 곡식이 익기 시작하니 적의 동태가 조석으로 염려된다. 이제 말을 만들기를 '중국 조정에서는 왜적이 물러가지 않고 군사의 세력을 믿고 화친을 강요하는가를 의심해서 장차 군사를 크게 발동하여 수로와 육지로 협공하되 먼저 대마도를 공격할 것이다'고 하거나, 혹은 '중국 조정이 이미 화친을 허락했고 장차 중국 사신이 나올 것이니 지나가는 길을 닦아 놓고 관리들은 출영할 것을 대기하도록 하라'는 등을 방문으로 많이 만들어 정탐하는 사람에게 주어 은밀하게 적에게 퍼뜨려서 그들의 마음을 의혹하게 하는 것이 어떻겠는가?" 하였다. 그러나 이런 잔꾀에 속을 왜적이 아니다. 이런 잔꾀를 생각하는 임금이 한심한 임금일 뿐이다.

수군으로 부산포에 진격하여 적의 퇴로를 끊는 것이 왜적을 물리치는 최고의 전략이라는 것은 삼척동자도 다 아는 사실이다. 그러나 할 수 없으니까 못하는 것이다. 그런데 이기는 싸움을 한 것이 수군뿐이니 계책이 궁한 비변사가 할 수 있는 말은 수군을 이용하여 적의 배후를 차단하자는 말뿐이었다.

수군 증원 방법으로는 경상도의 피란자, 적진에서 나온 자들을 안주시켜 노약자들은 농사를 짓게 하고 장정은 격군에 충원시킬 것을 이순신과 원균에게 하서하자 하였다.

그리고 또 "통제사와 수사가 바다에 있어서 명령이 시행되지 않는 경우가 있습니다. 전라도 순찰사 홍세공, 충청도 순찰사 윤승훈, 경상도 순찰사 홍이상에게 하서하여 한결같이 시행하여 연도의 수군을 균일하게 뽑아 보내게 하고, 요즘 벼가 익는 시기를 당하였으니 군량 역시 각별히 조치해서 궁핍해지는 걱정이 없게 하여 기필코 성사하도록 하는 것이 어떻겠습니까?" 하였다.

8월 25일 세자가 서울로 돌아왔다. 세자 광해군은 나가 있는 것이 훨씬 더 편했을 것이다. 부왕 선조의 곁에 있는 것은 결코 쉬운 일이 아니었다.

선조 이하 신하들이 왜적이 쳐들어올 것을 걱정하고 있는 그 때에, 고총독의 야불수인 왕관이 행장의 병영에서 돌아와서 좋은 소식을 전했다.

"내가 적의 진중에서 나왔는데, 행장은 봉공을 기다릴 뿐 다른 생각은 털끝만큼도 없었다. 내가 들어가기 전에는 과연 쳐들어올 계획이 있었으나 가지고 간 망룡 단의를 보고서는 놀라고 기뻐하며 마음을 놓아

다시는 움직일 뜻이 없는 듯 봉공 여부만을 묻기에, 내가 대답하기를 '고시랑이 조공을 허락하기로 정했었는데 마침 갈려 가고 손시랑이 대신해서 근자에 왔으나 또한 반드시 봉공을 인준할 것이다' 했더니, 행장이 대답하기를 '만약 봉공이 인준된다면 일찍 되기를 기다리겠다'고 하였다."

명나라 심부름꾼이 왜적이 쳐들어올 것을 포기하였다고 전하니 선조 이하 한숨을 돌리게 된 것이었다.

8월 26일 빈청 대신에게 급히 전위를 시행하라 하였다. 세자가 돌아오니 또 시작이다. "죄를 진 과인이 밤낮으로 지극히 민망하고 절박한 심정이 있어서 이제 경들에게 이르고자 하니, 경들은 급히 시행해야 한다. 그래서 이러한 뜻을 먼저 이르니 만약 전과 같이 서로 고집하면 도리어 손상되는 바가 있을 것이다" 하였다. 세자는 오자마자 새벽 찬 이슬을 맞으며 석고대죄해야만 하였다.

한산도 통제영 장흥의 수군 30명을 배에 몰래 태우고 도망치게 한 흥양 보자기 막동을 붙잡아 처형하고 효시하였다.

걱정은 끊이지 않는다. 이제는 아내의 병이 중하다 했다. 지나고 보면 아무것도 아닌 일이지만 그 순간에는 가슴 아프고 답답한 일이었다.

8월 28일 경성 선조는 이번에 전위하려 하는 것은 세자로 하여금 섭정케 하려는 것이라고 하였다. 신하들이 만류하였다.

평의지의 서신이 있었는데, 유성룡이 행장과 청정 두 괴수 사이에 틈이 있는 것 같으니 서신을 청정에게 보내어 반간을 행하자고 하였다.

한산도 통제영 조정에서 문책하는 글이 내려왔는데 수군과 육군의 장수들이 불화한다는 권율의 장계에 의한 것이었다. 권율과는 오해가 풀렸지만 그전에 올린 장계에 의한 것이라 어쩔 수가 없었다. 30일에는 유성룡과 심충겸의 편지가 도착했는데 조정 내의 일에 분개해하는 내용이 많이 있었다. 이미 조정에는 북인들의 음모가 시작되어 은밀히 남인인 유성룡을 견제하고, 서인으로 볼 수 있는 심충겸을 공격하여 병조판서에서 체직시킨 상황이었다. 이순신이 분개할 내용도 있었는데 원균이 이순신이 머뭇거리며 전진하지 않는다고 보고를 올린 것이다. 이순신은 '천고에 통탄할 노릇이다' 하고 한탄하였다. 잠을 이룰 수가 없었다.

이달의 다른 일들은,
왜적과의 싸움이 없으니 다시 당파 싸움이 시작되는 것이었다. 북인들이 하는 짓이 한심스러웠다. 상대방을 공격하기 위해서 먼저 죽은 정철을 공격하는 것이 이제는 습관이 되었다.
이달 6일 집의 신흠이 옥당에서 정엽의 파직을 청하는 것을 비판하고 시무에 힘쓸 것을 주장하였다.
"동료들이 옥당에서 정철에 대한 차자를 올리려고 할 때 정엽이 견해가 같지 않았다는 이유로 장차 아뢰어 파직시키려 하니, 신의 생각으로는 알지 못할 것이 있습니다. 정철을 편드는 자는 최영경을 구원했다 이르고, 정철을 공격하는 자는 영경을 모함하여 죽였다고 이르니, 이 두 가지는 다 같이 그 중도를 잃었다 할 수 있습니다.
지금 큰 도적이 국경을 제압하고 있어서 나라의 수치를 아직 씻지 못하고 백성이 도륙되고 종묘사직이 폐허가 되어 그 급박한 사세가 최악의 지경이 이르렀으니 이것이 어떠한 시기입니까. 군신 상하가 마땅히 같이 힘쓰고 협조하여 창을 베고 쓸개를 씹으며 한결같이 어려운 시기를 구제하는 데 뜻을 모아야 할 뿐인데 어느 겨를에 다른 일을 생각하겠습니까.

신은 소요스런 사단이 여기서부터 일어나지 않을까 두렵습니다" 하였다.

그러자 대사헌 김우옹과 장령 기자헌이 아뢰기를, "국가의 위급함이 심하지만 하루라도 머물게 되면 하루의 공론을 세워야 하며 한 해를 머물게 되면 한 해의 공론을 세워야 하는 법인데 어찌 소요함을 핑계 대며 묵묵히 지내어 날로 쇠미한 지경으로 나아가겠습니까. 더구나 대간에서 만약 적을 치는 일만을 의논한다면 이러한 일도 방치할 수 있고 보통 사소한 탄핵도 모두 왜적을 토벌하는 일이 아닐 수 있으나 이러한 공론은 실로 국가에 관계되는 일이니 어찌 방치하고 의논하지 않을 수 있겠습니까" 하였다.

또 대사간 이기가 정엽을 비판하자 사간 이시언이 아뢰기를, "신이 삼가 집의 신흠, 대사헌 김우옹, 장령 기자헌, 대사간 이기 등이 피혐한 말을 보았습니다. 당초 옥당에서 정철을 차자로 논박하려 할 때 정엽의 논변은 신도 실상 그 심정을 알지 못합니다. 다만 생각해 보면, 사헌부에서 정엽을 파면하자는 것이 비록 옳다고 하더라도 일에는 완급이 있고 시기에도 당부가 있습니다. 이제 원수의 적이 흉독을 자행하여 조야가 흉흉하고 위망의 화란이 아침저녁에 임박해 있으니 조정에 있는 신하들은 마땅히 마음을 같이하고 힘을 모아서 눈물을 삼키며 사력을 다해서 함께 이 어려움을 만분의 일이라도 구제하려고 도모해야 할 것이니 어찌 다른 일에 손댈 수 있겠습니까" 하였다. 정언 이시발도 정철의 논죄를 그만두고 왜적 토벌에 힘쓰자고 한 것이다.

김늑이 부제학이 되어 사태 처리를 명 받아 신흠, 이시언, 이시발은 체직하고 김우옹, 기자헌, 이기, 김용은 출사시키도록 하였는데 선조가 윤허하였다. 새로 인원을 충원한 사헌부는 또 정철과 정엽을 비판하고 있었다.

말들은 잘했다. 이런 모든 것이 신흠 등 서인 세력을 제거하려는 북인들의 음모였다. 아무리 그래도 이런 상황에서 논할 사항이 아니었다. 할 일이 없으면 모두 왜적을 무찌르는 일에나 힘을 보태도록 했어야 하지 않았을까. 사헌부 관원들이 싸우지는 못할 터이니 군량이라도 운반하게 하였으면 좋지 않았을까.

음식과 주전의 사치는 갈수록 더 심해졌다. 외방에 사명을 받들고 가는 사람일수록 그 폐단이 더욱 심하고, 각 고을의 수령들은 더욱 꺼리는 바가 없어서 자기만 받들 뿐만 아니라 그 처자의 생활과 노복까지도 관가에서 일일이 판출하고 있었다. 그 밖에 사사로운 행객의 요구도 많아서 관가의 전복들이 밤낮으로 분주하고 조금만 늦어지면 채찍이 따랐다. 이 때문에 모두 사물을 팔아서 그 요구를 채워 주어야 했다. 이런 원통한 실정을 하소연할 곳이 없어서 모두 떠나고 흩어졌다. 이에 비변사가 참으로 마음 아픈 일이라고 하며, 외람된 명목들을 모두 없애도록 하여 피폐하여 죽게 된 백성들이 조금이라도 소생하도록 하자고 하였다. 선조가 말로는 따랐으나 시행되지 않았다.

양산군수 변몽룡이 가등청정에게 화친을 요구하는 서신을 보냈다. 서신의 내용은 불문하고 화친이라는 말만으로도 선조는 화가 극도로 솟구쳤다.

"변몽룡은 몰래 서신을 보내어 나라의 원수에게 화친을 구했으니 그 죄가 위로 하늘까지 통했다. 내가 참으로 분하디분해서 꼭 베어서 기강을 세우고자 한다. 지금 인심이 좋지 못하고 사특한 말이 멋대로 유행하니, 옛사람의 말에 '사특한 말의 해가 홍수나 맹수보다도 참혹하다' 하였다. 신하들이 계속 아뢰어 변몽룡을 죽이지는 못하고 귀양을 보냈다.

총병 유정이 머문 지 2년 동안에 양남의 굶주린 백성이 병영에 들어가서 방자가 되기도 하고 중국 병사에게 시집도 갔다. 이들을 데리고 가는 것은 허락하지 않는다는 뜻으로 미리 독부에 고하고, 떠나가는 날 사현 등지 및 대동강, 압록강을 건널 때 차관이 점검, 금지해서 통과하지 못하도록 하여, 남자는 포수와 살수에 뽑아 소속시키도록 하고, 여자는 여러 가지 방법으로 구제해서 온전하게 살려 주도록 하였다.

접대 도감의 관원이 각사에서 납입하는 물건을 과다하게 징수하지 않는 것이 없었다. 하리들도 이를 틈타 폐단을 부려 원망의 소리가 길에 가득한데도 둘러앉아 취하도록 술을 마시며 날을 보내고 있었다.

김응서는 소서행장의 심부름꾼이 되어 있었다. 소서행장, 평의지 등이 조선에 전하고 싶은 것이 있으면 김응서를 통하게 되었다. 김응서 자신은 왜적을 대할 때 호기 있게 한다고 생각했겠지만 노련한 왜적들이 김응서를 이용하는 것은 식은 죽 먹기였다. 이번에는 평의지의 서신을 받았는데, '지금 일본이 옛날에 조공하던 길을 열어 달라고 명나라에 요구하고 있고 심 유격과 고 노야가 이 일을 주장하고 있는데 귀국은 오늘에 이르도록 어찌 한 번도 서신을 주지 않습니까. 만약 다년간 동쪽의 울타리가 되어온 공로를 잊지 않았다면 바라건대 귀하의 의사를 보여 주시고 강화할 수 있도록 전하에게 갖추어 아뢰어 주소서. 예로부터 난리 후에는 나라가 폐허가 되고 백성이 굶주리는 법인데 어느 나라인들 그렇지 않겠습니까. 귀국이 만약 옛 국교를 닦는다면 포마다 있는 왜병 또한 철수할 것입니다. 제가 전하에게 포에 있는 왜영의 양식으로 백성들의 굶주림을 구제하도록 아뢰는 바인데, 어떻겠습니까?' 하였다. 약 올리는 말이었다. 어떻게 할 수는 없었.

비변사에서는 소서행장과 가등청정을 이간시키는 일을 도모하려고 하나 바람직하지는 않았다. 우리 실력으로는 금방 탄로 날 것이고 거꾸로 당하지나 않으면 다행인 것이다.

경기어사 황극중이 도적들의 폐해를 직접 목격하였다. 연천에서 영평에 걸쳐 대낮에 노상에서 도적들이 활과 칼을 가지고 말을 타거나 걷고 있다가 길 가는 사람을 베어 죽이고 머리를 달아매기도 하였고, 또 이천 땅에서는 도보하던 도적 10여 명이 길가에 둘러앉아서 도적질한 물건을 나누기도 하였다. 관군을 보고도 조금도 두려워하는 모습이 없었다. 가평군에서는 군청에서 거리가 30리쯤 되는 곳에서 도적 수십여 명이 나타나 활을 쏘고 칼을 휘두르며 갑사 고유신의 집에 들어가서 즉시 베어 죽이고 온 마을을 수색하여 가축과 재물을 남김없이 빼앗아 갔다. 그 형세가 점점 성해지고 대담해져 관군이 포위하면 화살과 돌로 대항하고 사람을 만나면 죽이려고 작정하였다.

9월 1일 경성 우리나라 사람들은 검술보다는 활쏘기를 더 좋아했다. 그러니 당연히 검술 연습은 소홀히 할 수밖에 없었다.

병조가 아뢰기를, "당하 무신들이 창검술로 뽑힌 지 이미 여러 달이 되었는데 한 사람도 유념해서 연습하는 사람은 없고 임시하여 책임만 모면하려 할 뿐입니다. 그리하여 진퇴하고 선회하는 절차에 전혀 질서가 없어 매우 어그러지고 있습니다" 하였다.

그러자 선조는 "병조가 힘써 권장하며 날마다 상벌을 가한다 해도 오히려 성취될 수 없을까 염려되는데 말만 잔뜩 늘어놓으니 어떻게 교련하여 성취시킬 수 있겠는가. 일을 그르칠 것이 틀림없다" 하였다.

다음 날 병조판서 이항복 등이 이 일로 대죄하니, "대죄하지 말고, 더욱 교육과 감독을 충분히 하여 성취시키기를 기하라. 대저 서책과 칼은 동일한 것이다. 검술이 상고적부터 있어서 영웅들이 배우지 않은 사람이 없었는데 지금의 무사가 어찌 배우지 못할 리가 있겠는가. 자주 시험하여 배우는 데 태만히 하는 자는 남방에 충군하고, 익힌 것이 월등한 자는 관직을 올려주어 포장하라" 하였다.

9월 3일 대신들을 인견하였다. 유성룡은 번서는 것에 대한 이서배들의 농간을 말하고, 선조는 우리나라는 이서로 인하여 일을 그르친다. 이서 중에 쓸 만한 자를 천발하여 쓴다면 저들 또한 격려되어 악을 저지르는 일이 심하지 않을 것이라고 하였다. 유성룡은 병조가 비록 당사자의 이름으로 세우더라도 이서배들이 반드시 몰래 대신 세우기 때문에 위급한 일이 생기게 되면 산란하고 계통이 없으니, 병조가 만약 상번 군사의 가포를 고을에서 봉납할 때 따로 한곳에 저축하고 오부로 하여금 장정을 모집하여 대오의 법을 정하게 하면 좋겠다고 하였다.

한산도 통제영 이순신은 아내의 병에 대해서도 점을 쳐 봤다. 점괘가 좋았다. 신통하게도 그 뒤로 바로 아내의 병세가 좋아졌다는 소식이 왔다.

이날 새벽에 조정의 밀지가 도착했는데, 수륙의 여러 장수들은 한 가지라도 계책도 세우지 못하고 팔짱만 끼고 서로 바라보고만 있다고 하였다. 이순신으로서는 기가 막혔다. '3년 동안이나 해상에 있으면서 그럴 리가 있겠는가. 여러 장수들과 함께 날마다 죽음을 각오하고 복수할 것을 맹세하고 뜻을 굳혔지만, 적이 험한 소굴에 웅거하고 있기 때문에 가볍게 나가 칠 수 없을 뿐이다. 또한 더욱이 나를 알고 적을 알면 백 번 싸워도 위태로움이 없다고 하지 않았던가' 하며, 조정의 하는 일이 이 모양으로 나라를 구제하기보다는 망하는 방향으로 가는 듯한 어지러운 현실을 한탄하였다.

다음 날 원균이 찾아와서 이야기를 나누고 활도 쏘고 함께 술도 마셨지만 이순신은 이날도 '또 미안한 일이 있었다. 가소로웠다'고 적었다.

9월 6일 경성 전주의 백성들이 호소하기를, '간간이 경종한 곡식은 수확할 일이 시급한데, 지금 포루에 소용되는 벽돌을 굽고 나무를 베고 돌을 캐내며 석회를 굽는 일과 허다한 공역들을 한꺼번에 모두 조발하니 굶주림에 지친 백성들은 반드시 지탱하지 못할 것입니다. 또 나무와 돌을 운송할 즈음에 화곡을 밟아서 상하게 하니, 역사에 동원하기가 편치 못합니다. 이런 사정을 갖추어 계달하여 근심을 풀어 주소서' 하였다. 윤두수가 전주의 포루 설치 공사로 고갈된 민력이 더욱 고단하므로 추수 후로 미룰 것을 청한 것이다.

한산도 통제영 아침에 순천부사 권준의 편지가 왔는데 순찰사 홍세공과 좌의정 윤두수가 10일경 순천부에 올 것이라고 하였다. 권준에게 중대한 일이 발생한 모양이다. 이순신은 불행한 일이라고 하였다. 그런데 권준이 한산도 진에 있을 때 부하들을 거제도에 보내 사냥을 시켰는데 모두 왜적에게 잡혀갔다는 것이다. 이순신은 권준이 왜 이런 상황을 보고하지 않았는지 이해가 되지 않았다. 훗날 상고해 보면 이것도 이순신의 수족을 자르려는 음모인 것이 분명했다. 그러나 이순신이 그런 것을 알 수는 없었다.

소비포 권관 이영남은 원균에게는 눈에 가시였다. 그래서 항상 꼬투리를 잡으려고 하였고 이영남은 지금까지는 잘 피해가고 있었다.

요동 새로 온 경략 겸총독 손광이 접반사 심희수에게 '당신네 나라에선 군사와 말을 선발하여 조련시켜서 방어함을 도우려 하지는 않고 오로지 중국만 믿으니 수복하려는 계책이 아닌 듯하다. 중국이 어떻게 당신네 나라를 위하여 언제나 방어해 줄 수 있겠으며 설사 방어해 준다고 하더라도 당신네 나라에 군량이 없으니 어떻게 하겠는가 하고, 봉공에 대해서는 이미 결단하였으니 거론할 필요가 없다. 만일 그들이 흉악한 짓을 하면 크게 진격 섬멸할 것이다' 하였다. 손광은 본래 강화를 싫어하였으므로 만약의 대책을 소홀히 하지 않았다.

9월 11일 경성 총병 유정을 전송하였다. 총병이 말하기를, "남자가 세상에 태어나서 어느 누군들 공을 이루려는 마음이 없겠습니까. 옛사람도 이르기를 '기러기는 날아 소리를 남기고 사람은 태어나 이름을 남긴다'고 하였습니다. 나도 또한 공업을 세우고 싶습니다" 하였다. 이로써 조선에 나왔던 모든 중국군은 철수하였다.

북경 진주사 허욱이 황궁에 들어갔다. 황제를 알현한 것이다. 석성은 이 상본에 의해서 인준을 청하여 그 봉공을 허락받았다. 봉공의 일을 반대한 자들은 황제의 책망을 받고 직책이 교체되기도 하였다. 석성은 이제 소서비의 입경을 받아들이기로 하였다. 그러나 아직도 불씨는 있었다. 이제 봉은 되지만 조공을 바치게 하는 공은 안 된다고 아우성치는 사람들이 있었다. 석성은 다시 난처했지만 오랜 생각 끝에 봉만 하기로 결론을 내려 수습하였다.

9월 13일 선조가 환도한 지 일 년이 다 되지만 여차하면 다시 도망할 생각으로 중전을 계속 해주에 머물도록 하고 있었다. 그래서 상당수의 신하들과 군사들이 중전을 시위하기 위해 머물고 있었다. 그런데 이들의 민폐가 문제였다.
사헌부가 아뢰기를, "시위하는 제신들은 마땅히 일마다 간소하게 하여 민간에 해를 끼치는 일이 없게 해야 하는데, 입번 군사들을 모두 제 집의 노복으로 대립하게 하고서 비록 자원하여 입번하려 해도 모두 허락하지 않고, 그 번가를 함부로 거두어들이는 등 백단으로 침학합니다. 심지어 농우까지도 공공연히 탈취하므로 온 경내에 원성이 자자하고 흩어져 도망하는 자들이 잇달으니, 금후로는 일체 대립하는 것을 허락하지 마소서" 하였다. 이뿐만이 아니고 궁노들의 작폐가 심하여 원성이 자자하였다.

항복해온 왜인들을 항왜라 하였다. 이 항왜들이 공을 세우고 있어서 가상하게 생각하기도 하였다. 그런데 요즈음 항왜들도 나오는 자가 많아서 어떻게 처리해야 할지 몰랐다.

비변사가 아뢰기를, "항왜를 처음에는 깊고 외진 곳에 들여보내려고 해서, 모두 경성으로 올려 보낸 뒤에 이어서 양계로 보냈습니다. 그런데 그 숫자가 너무 많아서 도로에서 전송할 때 폐해를 끼치는 것이 많을 뿐만 아니라 양계의 군읍은 한결같이 잔약하고 파괴되어 수많은 항왜를 모두 들여보낸다면 물력이 감당할 수도 없습니다. 금후로는 내항하는 자들 중 재능이나 기예가 있고 공순하여 부릴 만한 자는 진중에 남게 하고, 그 나머지는 도검을 거둔 후 한산도의 주사가 있는 곳으로 들여보내어 여러 배에 나누어 두고 격군을 삼게 하며, 정상이 의심스러운 자가 있을 경우에는 제장들로 하여금 즉시 선처하게 하소서" 하였다.

9월 18일 또 섭정을 거행토록 하라 하였다. 대신들이 반대하였다.

다음 날도 그다음 날도 연이어 영의정 유성룡을 비롯한 제신들이 섭정을 만류하였다. 영의정 유성룡, 판중추부사 최흥원, 판돈녕부사 정곤수, 의정부 좌찬성 정탁, 좌참찬 한준, 우참찬 이헌국, 호조판서 김수, 예조판서 이증, 병조판서 이항복, 형조판서 신점, 지중추부사 이제민, 한성부 좌윤 이준, 상호군 최원, 부제학 김늑, 부호군 최여림, 대사헌 김우옹, 공조참판 이노, 장례원 판결사 윤선각, 형조참판 성영, 공조참의 장사중, 호조참의 윤인함, 예조참의 이거, 이조참의 이광정이었다.

유성룡이 장계하여 모든 공물을 미곡으로 대납하도록 해야 하는데 그 어려운 점을 조목조목 열거하였다. 그리고 형편에 따라 백성들이 편한 시기에 납부하도록 하는 것이 중요함을 말하였다. 작지, 인정가 등도 없애야 한다고 하였다.

비변사가 '오늘날 재용을 늘리는 방법은 각도의 공물 진상을 모두 쌀로 하고, 또 상번 군사의 호봉족과 각사 노비의 신공을 전부 쌀로 마련케 하며, 아울러 바닷가 소금 굽는 곳에서 많은 양을 구워 내어 산협의 소금이 귀한 지역에 배로 운반하여 곡식으로 바꾸어 들인다면 소득이 반드시 많을 터이니, 이것이 오늘날 재용을 늘리는 방법입니다. 이외에 또 둔전이 있으니 마땅히 시기에 맞추어 강구하고 힘써 실행할 것을 호조로 하여금 마련해 거행하도록 하소서' 하였다.

소금을 구워 공급하여 식량을 확보하자는 것은 유성룡이 계속 주장하는 사안이었다. 또한 유성룡은 공물을 미곡으로 대납하되 1결마다 2말을 상납하게 하여 군수에 보충한다면 한 해에 7만여 석이 확보되고, 백성의 힘도 소생할 것이라고 주장하였다. 개인적으로도 주장하였고 비변사를 통해서도 이렇게 주장하였다. 그런데 전에 이익을 노리고 방납하던 무리들이 백방으로 모의하고 파고들며 반대 공작을 하고, 그 이익을 누리는 사대부들도 합세 동조하니, 이 법은 제대로 시행되지 못했다.

‖ 수륙 합동으로 거제의 적을 치다 ‖

9월 21일 남쪽 체찰사 진영 이날 체찰사 윤두수와 도원수 권율은 수륙 합동으로 거제의 적을 치기로 최종 결정을 내렸다. 윤두수는 거사를 알리는 장계를 올렸다.

'구구하게 험한 곳에다 관방을 설치하여 파수하면서 민력을 다 소비해도 끝내 효과가 없는 것보다는 차라리 중외의 세력을 합하여 힘을 모아 한번 싸우는 것이 나을 것입니다. 이기면 하늘이 도와준 것이고 이기지 못해도 종묘사직에 오히려 할 말이 있을 것입니다. 하염없는 생각이 항상 여기에 있었는데 전날 도원수와 비밀히 의논하였더니, 원수의 의향도 역시 신과 같았습니다. 양호의 정병 3천은 도원수가 이미 전주에 집결시켰고 출신들도 각도로 하여금 모두 뽑아 보내게 하였으며, 주사는 동쪽으로 내려가고 육군은 남쪽으로 향하게 하였고, 이일이 거느린 군사 역시 진주하여 합세하여 원수의 절제를 듣게 하였습니다' 하였다.

도원수 권율도 전군에 영을 내렸다. '9월 27일 수륙이 합세하여 거제의 적병을 도모할 것이니 각진영의 여러 장수들은 거느린 병사 중에 정예를 선발하여 장수를 정하여 들여보내도록 하고, 분군 등에 관한 일은 순변사가 전담하여 조처하되 함안 등지에도 복병을 두어 적의 동태를 관망하여 뜻밖의 일에 대비하도록 하라' 하였다. 그리고 곽재우·김응함·장의현·백사림·주몽룡·나승윤·김덕령·한명련과 승장 신열 등이 거느린 군사 6백 50명을 한산도로 보내면서 기회를 보아 초격하여 기필코 큰 공을 세우도록 각별히 이르고, 순변사 이빈은 전라병사 이시언과 직접 나머지 군사를 거느리고 함안 등의 지역에 복병하여 변에 대비하도록 하였다.

경성 선조가 선전관을 보내 주사를 위로하는 교서를 내렸다.

"너희들은 해양에 주둔하여 3년 동안을 수역에 종사하면서 적과 대치, 시종 혈전을 감행하였다. 바다에 외롭게 떠서 한데[露天]에서 온갖 고초를 겪어 왔고 기한이 벌써 지났는데도 오래도록 교체해 주지 못했다. 배가 고파도 먹을 것이 없고 추워도 입을 옷이 없었다. 게다가 찌는 듯한 더위와 장기 속에서 뱃멀미도 나고 구토와 설사를 하다 보니 역질이 생겨서 죽는 이가 잇달아 시체가 날로 쌓였구나. 나는 매번 이에 생각이

미칠 때마다 항상 마음이 애통하였다. 그러나 돌아보건대 전쟁이 바야흐로 급박하여, 힘이 미칠 겨를이 없어 차례대로 교체시켜 수고를 고르게 하여 그 몸을 쉬게 해 주지 못하였고, 또 의복과 식량을 이어 주어 기한을 구원하지도 못했다. 그리하여 너희들로 하여금 가정을 버리고 고향을 떠나 근심 속에 원한을 품게 하고 울부짖으며 죽음을 기다리게 하였으며, 모두들 구덩이와 골짜기에 쓰러지게 하였으니, 그 아픈 고통을 생각하면 마치 심장이 찢어지는 것 같다. 이에 선전관 이계명을 파견하여 군중에 나아가 너희들의 근로를 위로하고 너희들의 괴로움을 위문한다. 이어서 본도 감사로 하여금 면포와 소금을 헤아려 지급하도록 함으로써 내가 긍휼히 여기는 뜻을 보이니 너희들은 이를 양찰하기 바란다."

또한 수륙의 장수들에게 물품을 내려 노고를 치하하였다. 주사 중에는 통제사 이순신, 경상우수사 원균, 전라우수사 이억기, 충청수사 이순신, 경상좌수사 이수일이 각도의 주장이었고, 전 수사 정걸은 충청수사에서 체직된 후 80세의 나이로 한산도 진중에 머무르며 이순신을 돕고 있었다. 육군의 경우는 도원수 권율, 순변사 이빈, 경상병사 고언백·김응서, 방어사 권응수, 전라병사 이시언이 있었고, 조방장 김태허·홍계남·곽재우·정희현, 경주부윤 박의장 등이 있었다.

9월 22일 의승장 사명당 유정 및 이겸수가 들어왔다. 비변사가 적정을 물어 가지고 아뢰었다. '지금 주둔하고 있는 청정의 군사는 1만 8천으로 매우 정예롭다' 하였다. 청정은 '당초 흉계를 수창하여 처부인 소서행장과 선봉이 되어 그대 나라를 침입해 온 자는 평의지이다' 하면서 자기와 직접 강화를 하자는 등의 말을 했는데 들어줄 수 있는 말이 아니었다고 하였다.

선조는 '승장 사명당 유정은 승려로서 의에 북받쳐 적을 토벌하였는데 그 병사가 자못 날카로워 적의 머리를 베는 공적을 많이 세웠으며 적을 추격하여 남쪽으로 내려가 지금 적과 대치하고 있다. 심지어는 누차에 걸쳐 적중을 출입하면서 적의 장수와 쟁변하였으니, 이는 다른 사람으로서는 할 수가 없는 일이다. 비변사는 마땅히 후한 위로를 더해 주라' 하였다.

한산도 통제영 도원수 권율의 밀서가 왔다. 27일에 출동하는 것에 차질 없도록 하라는 것이었다. 그냥 세월만 보낼 수 없고 죽을 각오로 한 번 싸워 보자는 것이 좌의정 윤두수의 생각이었다. 이제 그것을 실현할 생각이고 대략적인 작전도 세웠다. 거제의 적을 수륙으로 공격하자는 것이었다. 그러나 구체적인 계획은 없이 하는 것이므로 이순신은 내키지 않았지만 따라 하지 않을 수는 없었다. 윤두수를 부추기는 데 원균이 일조하였다. 윤두수와는 약간 친척 관계이므로 원균은 자신의 일처럼 적극적이었고 자신이 나서면 왜적은 쉽게 물리칠 것같이 떠벌렸다. 그리고 자신이 통제사나 된 것처럼 활개를 쳤다. 다음 날 원균이 이순신을 찾아와 군사의 일을 의논하고 갔다.

9월 25일 드디어 육지의 군대들이 모이기 시작했다. 첨지 김경로가 군사 70명을 거느리고 들어왔고 뒤이어 첨지 박종남이 군사 6백 명을 거느리고 들어왔다. 다음 날은 김덕령과 곽재우의 군사가 견내량에 도착하였다.

9월 27일 전선을 이끌고 적도 앞바다에 머물렀다. 김덕령, 곽재우, 한명련, 주몽룡이 함께 와서 약속을 한 후 원하는 곳으로 배를 태워 보냈다. 저녁에는 선거이가 도착했다. 그는 특별히 본영의 배를 타게 했다.

체찰사의 군관들도 도착하였다. 다음 날 새벽 이순신은 이번 작전의 길흉을 점쳐 보았다. 첫 번째는 길했으나 두 번째는 그렇지 않았다. 바람이 순조롭지 않아 흥도까지만 진출하여 진을 치고 잤다.

경성 한편 조정에는 이날 겸 삼도 도체찰사 좌의정 윤두수의 결전의 의지를 밝힌 공문이 도착하였다.

비변사가 '대저 오늘날의 형세는 지킬 수도 없고 싸울 수도 없으므로 윤두수의 계책은 죽음 속에서 삶을 구하는 데 불과한 것일 뿐입니다. 지금 이미 도원수와 의논하여 진취하기로 결정하였다고 하니, 그 형세가 어려운 일이라고 핑계하여 중지시킬 수도 없는 형세입니다.'

'체찰사는 다시 도원수와 상의하여 처치함으로써 느슨한 데 실수가 없고 급한데 어그러짐이 없게 하여 어렵고 위태로운 것을 구제하라는 뜻으로 급히 선전관을 보내어 하유하소서' 하였다.

선조는 "고인이 병사를 논하는 데는 단지 장수의 현부만을 논했는데, 모르기는 하지만 행장과 청정이 우리나라의 장수에게 패한 적이 있는가? 모르기는 해도 무슨 물건으로 그들의 성을 공격할 것인가? 장편전으로 그들의 영루를 쏘아 대면 함락시킬 수 있는가? 군병을 정돈하여 가까이 육박하면 적은 필시 상대하여 싸우지 않고 단지 지키기만 할 것이니, 수일 안으로 공격하여 함락시키지 못한다면, 모르기는 해도 군량을 어디에서 내오며 누가 운송하겠는가? 하늘에서 곡식을 내려보내고 귀왕이 실어다 주겠는가? 왜적의 견고한 성 밑에서 양식이 끊어진다면 적들이 탄환 하나 쏘지 않아도 무너지고 흩어져 달아나기에 겨를이 없을 것이다. 수백 리에 진영을 잇댄 적들은 필시 4~5만을 밑돌지 않을 것인데 이들은 모두 생명을 가벼이 여기는 습성으로 여러 해 동안 싸움에 익숙해진 군사들이다. 이제 양호의 오합지졸 3천을 뽑아서 한 차례에 적을 섬멸하고

자 하니, 괴이하고 괴이한 일이다. 내 구구한 뜻을 다 토설할 수는 없고 다만 하늘이 성사시켜 주기를 축원할 뿐이다" 하였다.

이렇게 유식하게 잘 아는 분이 정확하게 판단하여 승산이 없으면 과감하게 명령을 내려 싸우지 못하게 해야 할 일이었다. 그런데 싸우지 않으면 안 싸운다고 '장수들은 뭐하고 지내는가?' 하고 책망하면서, 이제 싸우겠다고 하니 또 싸운다고 이렇게 넋두리나 하고 있었다. 한심한 임금이었다.

9월 29일 한산도 통제영 드디어 수륙 합동군이 거제의 왜적을 무찌르기 위해 출전하였다. 이른 아침에 출발하여 장문포 앞바다로 돌진하였다. 왜적들은 험준한 곳에 웅거하고 나오지 않았다. 누각을 높게 지었고 양쪽 봉우리에 성벽을 쌓고 지키며 전혀 나와서 싸우려 하지 않았다. 적선 2척이 미처 피하지 못하고 공격을 받자 왜적들은 육지로 도망하여 빈 배만 불태웠다. 칠천량에서 밤을 지냈다.

이달의 다른 일들을 보면,

김수가 아뢰기를, "경상도는 군량이 어렵기 때문에 이시언은 전라병사로서 경상도를 지키고 이사명은 충청병사로서 경상도를 지키는데, 모두 본도의 군량을 가지고 영남에 가서 지키니, 만약 권응수로 경상방어사를 삼는다면 군사를 먹일 계책이 없을까 염려됩니다" 하였다.

살수들의 창검 시재를 보았다. 선조는 "그 검법은 내가 모르지만 검을 뽑을 때 함성을 한번 지른다면 사기를 진작시킬 수 있을 것이다. 대저 병사는 사기에 달려 있으니 모든 군사가 적을 만났을 때 일시에 함성을 지른다면 성위를 조장할 수 있을 것이다" 하였다.

영의정 유성룡이 "오늘 승지들이 외정에 모여 앉아 있다가 신이 이르는 것을 보고도 그냥 앉아서 쳐다만 볼 뿐 움직이지 아니하여 상행하는 예절을 폐지하여 사람들이 보기가 자못 해괴하였습니다. 신이 변변찮은 사람으로서 분수에 넘치는 자리에 외람되게 앉아 있었으니 어찌 대신으로 자처하여 남들이 대신으로 대우해 주기를 바라겠습니까. 그러나 예모에 관계되는 일이 신 한 사람 때문에 폐추된다면, 아마도 조정의 등급이 분명치 않고 체통이 흩어져 더욱 유지하기 어려울까 염려됩니다. 신의 관직을 체직하여 조정의 의식을 엄숙하게 하소서" 하였다. 아마도 승지들이 모두 유성룡을 싫어하는 북인들이었던 모양이다.

훈련도감의 포수와 살수는 그 수효가 날로 증가되는데 군량을 이어 댈 방법이 없었다.

선조가 "양병하자면 모름지기 먼저 농사에 힘써 곡식을 비축해야 한다. 경성 성곽 주변의 양전 가운데 주인이 없는 땅이 헤아릴 수 없이 많은데 어찌하여 각 초병들에게 나누어 지급하고 종곡과 경우와 농기를 갖춰 공급하여 둔전을 대대적으로 개간하여 군사들을 먹일 자본으로 삼지 않는가? 비록 살곶이나 정금원평이라도 우선 분급하라고 비변사에 말하라" 하였다.

훈련도감의 일에는 이렇게 적극적이었다. 다른 일에도 한결같이 이렇게 적극적이어야 하지 않았을까.

명나라 순안차관 주응규가 부산 등 왜적들의 동정을 탐문하고 왔는데, 선조가 접견하였다. 주응규가 "상사가 총병이 철수해 돌아온 후에 국왕이 안심할 수 없음을 염려하여 나를 보내어 국왕에게 문후하고 겸해서 적세를 살피게 하였으므로 내가 급히 갔다가 돌아왔는데, 적세를 살펴본즉 지극히 강성하였고 귀국의 군졸은 너무 잔약했으며, 굶어 죽은 시체가 도로에 가득 찼으니, 귀국을 위하여 심히 염려됩니다" "내가 급히 귀환하여 왜적의 형세를 자세히 진달하겠습니다" "귀국은 반드시 무사할 것입니다. 전하께서는 안심하십시오" 등을 말하였다.

임금을 지키는 것이 너무도 허술하기도 하였다. 불안한 마음에 선조가 "지금 행궁은 길가에 있는 것 같아서 어디든 믿을 만한 데가 없다. 인심을 믿겠는가, 성지를 믿겠는가. 평상시에 입직은 단지 포수·살수 수십 인 외에는 군사 하나 없다. 이른바 파문 군사는 허명으로 대립하는 자일 뿐이니, 이들을 가지고 급한 경우에 쓸 수 있겠는가. 적중에 만약 지모가 있는 자가 백주에 제 무리들을 성안의 사람 없는 곳에 들여보낸 다음 밤중에 몰래 발동한다면 누가 막아 낼 수 있겠는가. 생각하면 나도 모르게 모골이 송연해지고 가슴이 섬뜩해지는데, 유사는 심상하게 여기고 조처하지 않으니, 불가한 것이 아니겠는가" 하였다.

선조가 전사자들의 자손을 포상하라 하고, 또 말하기를 "군공 중에 사살이란 것은 지극히 근거가 없다. 사살한 숫자가 거의 10만이나 되는데도 연변에 웅거한 적들은 전과 같이 아득하니 이 적들은 어디에서 나온 것인가 고인은 참수한 수급으로 논공하였으니 그것은 뜻이 있어서였다" 하였다. 이 말은 맞기도 하고 맞지 않기도 하였다. 훌륭한 장수는 싸움에 임하여 장병들에게 수급을 취하기에 힘쓰지 말고 쳐부수기에 힘쓰라고 할 것이다. 선조의 말은 그만큼 허위보고가 많았다는 지적인 것이다.

이런 전시에도 군사를 대립하는 폐단은 극심하였다. 1인이 10여 인을 대신하기도 하는데, 이는 모두 병조 위장소의 하인배가 하는 짓으로 사대부의 노복들도 또한 많았다. 이 때문에 각처에 군사를 배정하는 일은 날이 갈수록 허술해져서 10인을 분정한 곳에 겨우 1~2인이 가며 20~30인을 분정한 곳에는 혹 4~5인이 가거나 혹 5~6인이 가므로 모양을 이루지 못하고, 군사를 배정하는 부장들은 손대기가 어렵다고 하였다. 이에 군사 대립을 금하라 하였다. 사헌부에서는 병조 위장소의 당상과 낭청을 아울러 추고하자 하였다. 그러나 그것으로 이익을 취하는 자 또한 목숨 걸고 하는 짓이었으므로 근절하기는 쉽지가 않았다.

[장문포, 영등포 전투]

10월 1일 이순신이 새벽에 출발하여 장문포에 이르니 원균의 함대와 이억기의 함대가 장문포 앞바다에 있었다. 장문포는 그들에게 맡기고 이순신은 충청수사와 함께 영등포로 갔다. 왜적들은 배들을 깊숙한 곳에 대어 놓고 전혀 항전하지 않았다. 포구에 깊숙이 들어가려 하면 왜적들은 양옆 성벽에서 대포와 총을 쏘아 대니 들어갈 수도 없었다. 할 일 없이 시간만 가서 저물 무렵 장문포로 돌아왔다. 사정은 마찬가지였다. 그런데 사도 2호선이 정박하려는데 왜적의 작은 배가 날쌔게 들어와 불을 지르고 도망쳤다. 다행히 불은 크게 번지지 않고 꺼졌으나 기분 나쁜 일이었다. 주변에 있으면서 잘못한 우수사의 군관과 원균의 군관은 가볍게 질책하고 사도의 군관은 엄중하게 다스렸다. 칠천량으로 돌아와 밤을 지냈다. 다음 날도 그다음 날도 싸우려 하나 적들이 나오지 않아 싸우지 못했다.

10월 4일 이날은 작심하고 수륙으로 공격을 하였다. 김덕령, 곽재우의 군사 수백 명이 상륙하여 공격을 하고 수군은 포구를 드나들며 공격을 했다. 세찬 공격에 왜적들의 갈팡질팡하는 모습이 보이기도 했으나 왜적들의 저항도 만만치 않아 결정적인 공격은 할 수가 없었다. 특히 육군은 김덕령의 가인부대가 아무리 재주가 좋아도 산 위에서 내려다보고 총을 쏘는 왜적을 공격할 수는 없었다. 손실만 입고 소득도 없이 철수할 수밖에 없었다.

10월 6일 이날 다시 공격해 보려고 선봉을 보냈더니 왜적이 패문을 땅에 꽂아 두었는데, '일본은 대명과 바야흐로 화친하려고 하니 싸울 필요가 없다' 하였다. 싸울 방법이 없었다. 진을 흉도로 철수하였다. 다음 날 전라병사 선거이, 충용장 김덕령 그리고 곽재우는 군사를 이끌고 돌아갔다.

10월 8일 장문포를 다시 살펴보니 적들은 움직일 생각을 하지 않았다. 앞바다에서 세를 과시해 보이고 흉도를 거쳐 한밤중에 한산도 진영으로 돌아왔다.

다음 날 육지에서 왔던 조방장 김응함, 한명련, 진주목사 배설, 김해부사 백사림은 돌아가고 첨지 김경로와 박종남은 남았다.

이렇게 10일간의 장문포, 영등포 공격은 별 소득 없이 막을 내렸다. 이제 남은 것은 조정의 소인배들이 이 전투를 패배한 전투라고 몰아붙이고 그 패배한 장수들을 치죄하라고 아우성치는 것만 남았다. 윤두수, 권율, 이순신이 힘들고 울화가 치미는 날들이 계속될 것이다.

이 동안 조정에서는,

사간원이 아뢰기를, "나라의 형세가 날이 갈수록 더욱 위급해지고 있습니다. 호남 지방을 들어 말하자면 주사가 소속되어 있는 지방의 수군은 모두 흩어지고 없어 수령이 결복에 따라 인부를 차출하여 스스로 식량을 준비하도록 하여 격군에 충당하고 있는데, 한번 배에 오르기만 하면 교대할 기약도 없고 계속 지탱할 군량도 없어 굶어 죽도록 내버려 두고, 시체를 바다에 던져 한산도에는 백골이 쌓여 보기에 참혹하다 합니다. 순안어사를 시켜 순방하여 계문하고 사세에 알맞게 처치하도록 하소서" 하였는데 말이 너무 황당하고 심했다.

남쪽에서 적과 전투에 여념이 없는 장수를 천리 먼 곳 조정에서는 모함하여 탄핵이나 하고 있었다. 순천부사 권준에 대한 모함은 끈질겼다.

사간원이 아뢰기를, "순천부사 권준은 가렴주구만을 일삼아 백성들의 고혈을 짜내고, 공장들을 모아 완구를 만들도록 하는가 하면, 결복에 따라 분정하여 어육을 바치도록 독책하는 등 자신을 살찌우고 아첨하기 위한 물자를 준비하기 위해서는 못하는 짓이 없습니다. 또 창고의 쌀을 훔쳐 내어 세 척의 배에 싣다가 감사에게 적발되었으며, 면포를 실어다가 서울의 곽지추의 집을 매입하는가 하면, 주사에 있을 때에는 주육을 잔뜩 마련하여 낭비가 끝이 없었고 심지어 창녀까지 거느려 음탕한 짓을 거리낌 없이 하였으며, 사수를 뽑아 거제에서 몰래 사슴을 사냥하도록 하였다가 모두 왜적에게 빼앗겼으니, 그의 죄상은 극전으로 다스려야 합당합니다. 나국하여 율에 따라 죄를 내리도록 명하소서" 하였다.

화의는 그렇게 반대하는 선조가 명군이 철수하자 가등청정의 위협에 굴복하여 왕자의 편지를 보내도록 하는 비겁함을 보였다.

비변사가 "왕자의 서신은 국서의 예가 아니고 다만 전일의 구원을 잊기 어렵다는 뜻에서 보내는 것이니 '근래에 통문하지 못한 것은 천자의 명으로 중국에 왕래하여 이제 겨우 돌아왔기 때문이다. 마침 송운이 도착하여 지난번의 정후한 그대의 서신을 보았기 때문에 이제 그가 돌아가는 편에 대략 안부를 묻는다' 하고, 다른 일에 대해서는 '중국 대장이 처리하므로 우리나라는 모두 그의 지휘를 따른다. 만일 조만간 일이 성사된다면 얼마나 다행이겠는가' 하는 말로 대략 글을 만들게 하십시오" 하니 "유정(사명당)의 왕래는 두 번만 하는 것이 좋을 것이다. 세 번에 이르면 뜻밖의 걱정이 있을지도 모른다. 왕자의 서신을 보낼 때 그 회답에 홀만한 말이 있기라도 하여 나라를 욕되게 하는 일이 있을까 싶어 나의 마음에 매우 어렵게 여긴 것이다" 하였다.

평조신에게도 유시하는 첩문을 보냈다 주된 내용은, '해변의 백성들이 모두 '일본이 화친을 청한 것은 모두 거짓이다. 만일 성심으로 화친을 청한 것이라면 어떻게 이처럼 끊임없이 군사를 풀어 살상하고 노략질을 할 수 있겠는가' 하니, 이는 하찮은 백성의 말이기는 하지만 행장이 부하를 잘 제어하지 못하는 것을 이로써 알 수 있다. 서생포의 가등청정 같은 경우는 한번 화친의 의논을 들은 뒤로 군졸을 검칙하여 마음대로 행동하지 못하도록 하였고, 만일 몰래 나가 도적질을 하는 자가 있으면 효수하여 보이기도 하고, 혹은 남녀 포로를 2백여 명이나 돌려보내기도 하였으니, 행장의 처사가 도리어 청정보다 못할 줄 어찌 생각이나 했겠느냐' 하였다. 일종의 이간질을 한 것이나 별 소용없는 일이었다.

    사헌부에서 정철, 최영경 문제를 거론하여 다시 시끄러워졌다. 이때 대사헌은 김우옹으로 조식의 수제자이고, 집의 기자헌은 술수가 능한 자였다. 모두 북인이라고 할 수 있다. 한심한 일이었다.

    다음 날 사간원(대사간 이기)이 아뢰기를, "장령 이경함, 지평 조수익, 대사헌 김우옹, 집의 기자헌, 장령 유영순, 지평 이철이 모두 인혐하여 물러났는데, 장령 이경함과 지평 조수익은 억지로 말을 끌어 대어 소요를 일으켜 안정되지 못하게 한다고 지나치게 염려하면서, 그들의 행위 자체가 소요를 일으켜 안정되지 못하게 한다는 것은 모르니 직에 있을 수 없습니다. 체차하소서. 김우옹, 기자헌, 유영순, 이철은 피혐해야 할 일이 별로 없으니 모두 출사하도록 명하소서" 하였다. 이제는 사간원까지 나섰다. 이기는 북인의 행동대장 중 하나였다.

    훈련도감(도제조 유성룡, 제조 이항복·김수·조경)이 아뢰기를, "총병의 군영에서 나온 사람이 모두 5백60여 명인데, 이들은 모두 굶주린 실업자로서 살아갈 수가 없어 중국 군대에 의탁하여 복색을 바꾸어 입고 모두 강을 넘어가려고 하였습니다. 국가에서 매우 민망하고 불쌍히 여겨 법을 만들어 불러 모아 도감의 여러 초소에 나누어 배속시켜서 포·살수 등의 기술을 가르쳤으니, 그중에 비록 공·사천으로 신역이 있는 자가 있더라도 다시 평상시와 같이 돌아가게 할 수는 없습니다. 사천인 경우에는 조만간 반드시 그 주인이 나타나서 자기의 노복이라 하여 찾아가려 할 것이니 그렇게 되면 이미 모인 군사를 다시 흩어지게 하는 폐단이 없지 않으며, 조정에서 법을 세워 불러 모은 본래의 뜻에도 어긋납니다. 이미 모은 군인은 영원히 포수·살수로 삼아 마음대로 찾아가지 못하도록 하는 것이 어떻겠습니까?" 하였다. 선조가 기꺼이 따랐다.

10월 10일 경성 전사한 수령, 장졸들의 가족을 효유하는 교서를 내렸다. 마찬가지로 말은 좋았다. 글 잘하는 사람이 글 잘하는 사람을 시켜서 썼을 것이니 우매한 백성을 감동시키기에 충분하였다.

'아, 내 비록 너희의 조부나 부친을 죽이지는 않았다 할지라도 너희들의 조부나 부친은 나로 인하여 죽었다. 그 죽음 또한 크게 영예로운 것이라 상을 대대로 미치게 하는 법을 내가 너희에게 시행하지 않을 수 없다. 와신상담하며 나는 지금 뜻을 가다듬는데 창을 베고 자며 피가 끓어오르는 복수심을 너희가 어찌 잊을 것인가. 국가의 수치를 한번 씻음으로써 충효의 두 이름을 보전하게 될 것이니 또한 아름답지 않겠는가. 각별히 힘쓸지어다'

임금이시어, 백성들은 걱정하지 마시고 제발 섶에서 자고 쓸개를 씹으며 복수하겠다는 생각에 힘쓰소서!

10월 11일 대신들을 인견하여, 거제의 거사에 대해서 논의하니 중구난방이고, 선조는 매우 부정적이었다. 더군다나 이미 남쪽에서는 전투가 끝난 상황인데 어떻게 될지도 모르면서 넋두리나 하고 있는 것이니 한심하지 않을 수 없었다.

머리 좋은 선조의 넋두리는 이러하였다.

"옛날에는 용병을 하려면, 천지에 제사하여 고하기도 하였는데, 조정에도 품하지 않고 경솔히 거사를 하니 어찌 성공할 리가 있겠는가. 한 번의 웃음거리도 못 된다. 나는 본래 겁이 있어 이 일을 들은 뒤로는 잠자리가 편치 못하여 전일에 나의 뜻을 비변사에 하서하였다. 만일에 패하기라도 하였다면 우리나라뿐만 아니라 중국에도 피해를 끼치게 되었을 것이며, 다행히 조그만 승첩을 하였더라도 중국에서는 반드시 '조선의 병력이 충분히 자체로 해낼 수 있으니 굳이 우리 중국 군대를 수고롭게 출동할 것이 없다'고 할 것이고, 적병이 만일 합세하여 다시 움직이게 되면 중국은 틀림없이 우리가 흔단을 열어 놓았다고 할 것인데, 그 무슨 말로 대답하겠는가. 그리고 우리나라 사람은 적을 잘 헤아리지 못하는데, 유정(사명당)만은 '가등청정은 범상한 사람이 아니어서 매우 사나우며 수하에 포수가 5천이고 거느린 군사가 1만 8천이다'고 하였다. 그러한 병력으로 돌격해 오면 누가 능히 막아 내겠는가. 유정이 '이 적이 끝내는 중원 땅을 한번 밟을 것이다' 하였다. 우리나라는 하나의 적진도 공격하여 깨뜨리지 못하고서 항상 '적병이 제 나라로 많이 들어갔다'고 하는데, 이미 꺼릴 것이 없는 그들이 어찌 들어갈 리가 있겠으며, 또 '적세가 꺾였다'고 하는데, 누가 격파하여 꺾이게 하였다는 말인가. 듣자니, 장수들이 마른 가시나무로 보루를 만든다고 하는데, 그렇게 해서 어떻게 적을 방어할 수 있겠는가. 왜적은 비록 하룻밤을 지나는 곳이라도 반드시 목책을 설치한다고 한다" 하였다.

말은 절절히 맞는 말이었다. 이렇게 상황을 판단하였으면 먼저 대책을 마련했어야 하는데 실제 상황은 다 지나간 후에 이런 넋두리나 하고 있으니 한심한 일이었다.

권율이 전황에 대하여 보고하였다. "별초군 1천 수백여 명은 박종남과 김경로로 장수를 정하고, 의령의 여러 진영에서 뽑아 온 8백여 명은 김덕령으로 선봉장을 삼고, 곽재우로 도별장을 삼아 전군을 지휘하도록 하여 신칙해서 들여보낸 뒤에, 윤두수가 1백40여 명과 이일이 거느린 군사 2백10여 명은 육전을 지원하도록 장수를 정하여 들여보냈는데, 덕령이 때마침 각기증을 앓고 있어 말을 타기도 하고 걷기도 하는 모습이 쓰러질 것만 같자, 여러 장수들은 지팡이를 잃은 맹인처럼 모두 겁을 먹은 데다가 또 거제의 적병이 산야에 깔려 있다는 소식을 듣고는 더욱 의구심을 가졌습니다. 장수의 마음이 이미 동요되었으므로 군정을 알 만한데 억지로 명령을 내린다면 패할 것이 분명하기에 부득이 곽재우를 주사와 합세하여 기회를 보아 육지에 내려서 곧바로 격파하도록 지시하였고, 이일은 견내량의 북쪽 해안에 주둔하여 예기치 못한 일에 대비하도록 하였습니다. 그러나 여러 장수들은 주격이 고르지 못하다 하여 마음대로 출전 기일을 연기하고 또 바다에 비가 내려 어두워서 나가지 못하고 며칠씩 늦어져 기회를 잡지 못하였고, 저들 적병은 성문을 굳게 닫고 움직이지 않아 조금도 바다로 나올 뜻이 없으므로 접전은 하지도 못하고 군사의 위엄만 손상하였으니 매우 통분합니다" 하였다.

비변사가 거제의 거사가 성공하지 못한 이유를 말하고 그 후속대책을 논하였다. "다행히도 여러 장수들이 안 될 것을 알고 진을 함께하여 중지하거나, 주사와 같이 신고 함께 진격하였기 때문에 비록 승첩을 얻지는 못하였지만 패배에는 이르지 않은 것이니, 이는 불행 중 다행이었습니다.

경상 감사 홍이상이 의거한 원균의 첩보 내용으로 보면, 공을 세우지 못했을 뿐만 아니라 약세만 내보이고 업신여김을 당함이 너무 심하며, 육군과 수군을 겨우 어렵게 수합하여 한 가지 이익도 얻지 못하고 돌아옴으로써, 군사들의 마음이 모두 동요되었습니다. 이러한 때에는 삼군의 마음이 원수 한 몸에 달려 있으니, 의당 원수 자신이 진정하고, 분부하고 약속하여 여러 장수들에게 각기 본래의 위치로 돌아가 전처럼 진로를 차단하고 별도로 배치하여 후일을 도모하도록 해야 합니다" 하였다.

남해안 원균 진영 원균이 이번 왜적을 토벌한 일을 자신이 직접 장계하겠다고 하였다. 이번 작전에서는 원균이 자신이 주장인 것처럼 설쳤으니 장계도 마음대로 올리고 싶었을 것이다. 그런데 이번 작전은 보는 눈이 많았고 성과도 없었으므로 과장 미화된 장계를 올리는 것이 좋은 일이 아닌 것을 원균은 생각지 못했던 것 같다.

원균의 장계는, "9월 29일부터 10월 2일까지 장문포에 둔거한 적세와 접전한 절차에 대해서는 이미 치계하였습니다. 2일 평명에 다시 장문포에 진격하였는데, 전보다 약간 많아 무려 백여 명이나 된 것이 필시 둔처한 왜병을 청원한 것이었습니다. 세 곳의 높은 봉우리에 모여 있으면서 많은 깃대를 세워 놓고 무수히 총을 쏘아 댔는데, 우리 병사들이 강개하여 진퇴하면서 종일토록 접전하다가 어둠을 이용하여 조금 물러나 외질포에 진을 쳤습니다. 3일 진시에 주사를 동원하여 적진이 있는 장문포의 강어귀에 줄지어 세워 놓고 먼저 선봉을 시켜 성에 육박하여 도전하게 하니 적의 무리가 시석을 피하여 성안에 숨기도 하고, 혹은 성 밖에 땅을 파고서 몸을 숨기기도 하였는데, 그 수효를 알 수 없었습니다. 적이 총을 쏘고 대포도 쏘았는데 그 탄환의 크기가 주먹만 하였고 3백여 보나 멀리 날아왔으며, 화력이 전일보다 갑절이나 더했고 설비는 매우 흉험하였습니다. 적진 근처에 마초가 무수히 쌓여 있었으므로 신은 정예병을 선발하여 수직하는 왜병을 쏘아 쫓고 불을 질렀는데 타는 불꽃이 밤새도록 하늘에 닿았습니다. 문제는 육병이 아니기 때문에 육지에 있는 적을 주사로서는 다시 어떻게 끌어낼 방법이 없어 매우 통분스러웠습니다.

신은 다시 통제사 이순신, 육병장 곽재우, 충용장 김덕령에게 상의하여 수륙으로 합동 공격할 것을 계획하고, 길을 잘 아는 거제 출신 사수 15명을 뽑아 길잡이를 삼고 신이 거느린 각 선박에 육전을 할 만한 자로서 자원한 31명을 선발해서 곽재우의 지휘를 받도록 하는 일을 단단히 약속하였습니다. 4일 묘시에 여러 배로 적진에 돌진해 들어가면서 명화 비전을 쏘기도 하고 혹은 현·승자총통을 쏘면서 도전하고, 정예선을 영등의 적 소굴에 나누어 보내 서로 들락날락하면서 이쪽저쪽을 공격할 기세를 보여 서로 지원하는 길을 끊도록 하였으나 그들은 성문을 굳게 닫고 나오지 않아 섬멸할 길이 없어 분함을 견딜 수 없었습니다.

육병장 등은 도원수 권율에게 가서 직접 형세를 고하고 후일을 기약하기로 하고서 7일에 돌아갔고, 신 및 주사는 그대로 외질포에 진을 치고 있었습니다" 하였다.

10월 14일 경성 사간원과 사헌부는 정철, 최영경의 일로 연일 사직상소를 올리고 있었다.

대신들을 인견하였다. 언제나 탁상공론이다. 거제의 일은 현지의 실정도 모르고 나아가 싸우지도 못할 자들이 한참 지난 일을 거론하는 것이었다. 그래도 모함이나 하지 않고 일이나 망치지 않으면 다행이었다.

유성룡은 "듣자니, 김덕령이 병이 있다고 하는데, 일이 성공되지 못할 줄 알고 병을 핑계한 것인지도 모르겠습니다. 요즘 대간의 일을 보면, 정철 한 사람의 일로 매우 소요스러운데, 혹은 '공의를 신장시켜야 한다' 하고, 혹은 '철은 모르는 일이다' 하여, 이미 지난 일을 가지고 이처럼 다투어 조정이 안정되지 못하게 하고 있습니다. 근거 없는 동서인의 일로 이 지경에 이르렀기 때문에 소신은 전부터 동서인의 일을 입에 담지 않았습니다" 하였다.

구례에서 돌아온 병조좌랑 김상준을 인견하여 원수와 수군의 상황에 대하여 물었다.

김상준이 "다른 곳의 적은 분탕질과 노략질을 하지 않는데, 그곳의 적은 더욱 분탕질이 심하기 때문에 죄를 묻기 위한 거사로서, 백사림이 풍무수를 통하여 행장에게 전언해서 행장이 허락하였기 때문에 공격한 것이라 합니다" 하였다.

선조가 "적의 말을 듣고 적을 공격했단 말인가? 그때 김덕령도 갔는가?" 하니, 김상준이 "선봉을 서야 하는데 병이 나서 들어가지 못하였다고 하였습니다" 하였다.

이런 어이없는 허위 보고를 하는 자가 있으니 국가의 현실이 암담하지 않을 수 없었다.

비변사가 전라도 연해 수령이 바다에 나가는 일과 충청수군의 군량 문제를 아뢨다. "15읍이 모두 주사에 소속되어 수령은 반드시 모두 바다로 나아가야 하는데, 추수가 한창 시급한 지금 해변의 군읍 수령이 일제히 자리를 비우게 되어 모든 관청 사무는 거의 방치되거나 폐지되어 말이 아니니 매우 염려스럽습니다. 충청도의 수군들이 매우 원망하는 일이 있다 하는데, 그것은 충청도 연해의 진보에서 선척 수군과 노역군을 한산도에 보낼 때에는 각 포에 저장해 놓은 군량을 같이 보내므로 진에 남아 있는 수군은 공량으로 먹이고, 교대한 뒤에 각 포로 하여금 먹은 군량을 환수하도록 하기 때문이라고 합니다."

10월 17일 한산도 통제영 순무어사 서성이 한산도 진영을 다시 방문하였다. 서성도 원균의 기만적인 행태를 많이 언급하였다. 이순신은 이제 원균의 꼴도 보기가 싫을 정도였다. '그 흉측한 꼴이란 말로 표현할 수 없었다'고 적었다.

경성 사명당 유정이 '기일이 이미 박두하여(가등청정과의 기일이 이미 박두한 것) 부득이 가지 않을 수 없으니 기한이 되기 전에 내려가 그들의 실정을 보아야겠다. 그리고 전일에 이미 계품한 왕자의 답서가 나올 날짜는 외방에서 알 수 없다'고 하였다.

좌의정 윤두수가 싸우기를 주장하여 이번 장문포 전투를 벌였으나 성과가 없었다. 그동안 기회만 엿보던 북인 세력들이 이 호기를 잡았으니 가만히 있을 리가 없었다.

사헌부가 윤두수를 탄핵하였다. "좌의정 윤두수는 본래 성품이 음흉한 데다가 탐욕스럽고 교활하여 간신이 국사를 담당하고 있을 때에 그의 사주를 받아 선사를 해쳐(그 당시 윤두수는 대사헌으로 최영경을 논핵하였다) 옥중에서 굶주림과 추위에 죽게 하였고, 죽은 뒤에는 자진하였다는 말을 지어내어 무고한 사람으로 하여금 구천에서 원통함을 품게 하였으니, 그의 마음 씀이 매우 음흉하고 참혹합니다. 그리고 변란이 일어난 초기에 파천할 적에는 조정에 들어와 법을 한 손에 쥐고 전권을 자행하면서 국가의 위급함은 생각지 않고 오직 재물을 모아 자신을 살찌우는 것만 일삼아 아첨하는 무리를 열읍에다 배치시켜 놓음으로써 뇌물이 모여들고 채단이 무더기로 쌓여 사방에서 못된 짓을 본받아 탐욕스러움이 풍습을 이루었습니다.

3도의 체찰사가 됨에 있어서는 맡은 책임이 매우 중한데도 탐욕스럽고 비루한 습관을 고치지 못하여 뇌물이 문전에 운집하고 짐바리가 도로에 끊이질 않았습니다. 모든 군국 사무에 관계되는 일은 게을리하여 정리하지 않고, 밖으로는 큰소리치면서 조정에 품하지 않고 경솔히 군사를 출동하여 나라의 위엄이 땅에 떨어지게 하였습니다" 하였다. 이것도 너무 심한 모함이었다.

사헌부와 사간원이 연일 계속 윤두수를 체직할 것을 청했다.

홍문관이 참석하여, 삼사가 돌아가며 윤두수를 논죄할 것을 청했다.

그러나 비변사는 윤두수의 일은 비변사가 나누어야 받아야 할 일이고, 제장들은 격려해야 한다 하였다.

"신들의 생각에도, 육지에 둔거하고 있는 적은 쉽게 움직일 수 없으니 거제의 적부터 번갈아 교란시켜 만에 하나 이로 인해 거제의 왜적이 물러가 주사의 길이 부산 이남까지 뚫린다면 일을 성공할 가망이 있다고 보았기 때문에 전에 여러 번 이로써 계품하고 행이 하였던 것입니다. 두수의 생각도 여기에서 멀지 않았겠지만 처리하는 과정에서 약간 달랐을 뿐입니다. 대체로 조정의 뜻은 만전을 기하고자 하여 크게 군사를 몰아 경솔히 진격함을 어렵게 여긴 것일 뿐, 적을 공격하는 것을 그르다고 한 것이 아닙니다. 그러니 이러한 뜻을 급히 선전관을 보내 도원수에게 치유하여 다시 제장을 격려하여 승첩하는 공을 세우도록 하고, 또 적의 형세도 보고 오도록 하는 것이 좋겠습니다" 하였다. 유성룡이 이끄는 비변사는 윤두수 편을 들은 것이었다.

10월 24일 경성 참군 심무시가 중국에서 강화가 성립되어 심 유격을 내보내려 한다는 내용의 계첩을 보내왔다. 그런데 그가 가져온 문서가 파란을 일으켰다.

황제의 유시에 '짐이 이제 문서를 보면서 조선 국왕이 보낸 두 본을 보니, 한 본은 동정한 장리들의 노고에 대한 것이었으며, 한 본은 봉공을 허락하는 일을 결정하여 저들의 사직을 보호하려는 것이었다. 경들은 이 주본을 가져다가 보아라' 하였다.

이것을 본 선조는 우리의 주문에 대한 중국 황제의 반응이 봉공을 허락해 달라는 뜻으로 해석된 데 대하여 울분을 터뜨렸다. 그리고 결국은 이것을 이정암과 성혼의 무리가 그르친 것이라고 하였다. 비망기로 중국에 봉공을 요청한 일에 대하여 참담하다는 심정을 말하며 길길이 뛰었다.

"호택의 협박으로 봉공을 요청하는 주문을 작성할 때에, 심지어는 왕위를 사양하여 피하려고까지 하였으나 결국 되지 않아서 그 주문을 올렸는데, 적을 위하여 봉공을 요청하였으니 이는 만세를 두고 수치스러운 일이다. 이는 대체로 한두 사설이 조정에서 행세하여 의리를 가로막은 소치이다. 옛사람이 말하기를 '사설의 피해가 홍수보다도 참혹하다' 하였다. 지금 사신의 서장을 보니 황상께서 우리나라의 봉공을 요청하는 장주로 인하여 매우 준엄한 성지를 내렸는데, 시비를 전도하여 한 세상의 직신과 의사 그리고 충언과 당론을 모두 군소배들이 당을 지어 대사를 괴란시킨 것이라고 지적하였다. 장차 봉공을 허락한다 하더라도 그간의 일은 차마 보지 못할 것이 있을 것이다. 다만 가슴만 더 떨릴 뿐이니 차라리 귀를 막고 싶다.

우리나라는 나라의 운명이 비록 한 올 머리카락에 매달린 듯하지만 시종 의를 지켜 흔들리지 않았기 때문에 중국인이 탄복하였으며, 장주 가운데도 자주 표현하였었는데, 이제 이와 같은 짓을 하였으니 구구한 한 절조가 모두 허사가 되었다. 필시 전일에 정론을 주장하던 정사들의 조소거리가 되어 그들의 분노가 반드시 깊을 것이다. 이는 우리나라가 지켜오던 의리를 스스로 잃어버린 것일 뿐만 아니라 후세의 공론에도 큰 죄를 얻는 것이다" 하였다.

이것이 무슨 의미며, 한번 결정하여 시행한 일을 남 탓을 하며 변명을 한들 무슨 소용이 있는가. 더군다나 최고 책임자인 임금이 책임을 져야지 신하들을 비방만 하는 비겁한 짓을 하면 누가 인정하겠는가. 설사 말은 맞는다고 하더라도 행위 자체는 왕으로서는 수치스럽고 비열한 행위였다.

10월 25일 한산도 통제영 전 낙안군수 신호가 진영에 도착했다. 무사한 것을 보면 억울하게 파면된 것으로 생각된다. 체찰사 윤두수의 공문과 물건들을 함께 가지고 왔다.

이날 이순신은 또 가슴 아픈 일을 겪는데 바로 순천부사 권준이 체포되어 간 것이다. 권준은 그동안 모함으로 아슬아슬한 경우가 많았는데 이번에는 기어코 걸려들었다. 그는 잡혀가면서 마지막 인사차 이순신에게 들렀는데 이순신의 마음은 무거웠다.

10월 27일 경성 정철의 아들 진명이 선조가 의심을 품었을 때 정철이 해명했음을 말했다. 이로 인해 선조가 화가 나서 더 큰 화를 부를 뻔하였다.

연일 윤두수를 체직하라는 요청도 계속되었다.

유성룡은 "신의 생각으로는 체찰을 없애서는 안 되며 반드시 대신으로 삼도를 경리하게 해야 해낼 수 있을 것입니다. 인재가 부족하여 권율을 삼도를 통솔하는 도원수의 책임을 맡겼는데 권율은 감당해 내지 못할 것입니다" 하였다.

양사가 합계하여 연일 계속 윤두수의 체차를 청하니, 사세가 이러하니 힘써 따르겠다고 하였다. 기어이 체직시킨 것이다. 그 임금에 그 신하들 하는 짓이 너무도 한심했다. 윤두수는 너무 무리하게 싸움을 주장하다가 오히려 상대방의 힘만 실어 주게 되었다.

이달의 다른 일들은,

토적이 호남과 영남 사이에 모여 진을 치고 있었는데, 관군이 포위하여 토벌에 나섰으나 오히려 여러 번 패하자 토적들이 크게 마을들을 노략질하였다.

영의정 유성룡이 전투와 수비에 관한 기의 10조를 올렸다. 척후, 장단. 속오, 약속, 중호, 설책, 수탄, 수성, 질사, 형세를 통론하였다. 율곡 이이가 30년 전, 20년 전에 하던 일을 유성룡이 지금 하고 있었다. 세월이 무상하기도 하고, 사람은 대부분 닥쳐야 비로소 하게 된다. 이런 의미에서 율곡 이이는 선각자에 가깝고 서애 유성룡은 선각자는 되지 못했다.

북병사 정현룡이 육진 오랑캐의 반란에 대해 치계하였다. 북방의 소요도 있었던 것이다.

이런 전시에도 세력을 잡으려는 북인들의 악의적인 모략은 계속되었다. 사간원에서는 또 정철 문제로 서로 사직한다고 시끄럽게 하고 있었다.

사관은 "(정철을 최악으로 거론하고) 전에 '임금을 위하여 악을 제거할 때는 농부가 잡초를 제거하듯 해야 한다'고 하였다. 잡초를 제거하고 곡식을 보호하려면 그 근본을 잘라 깊이 뿌리를 내리지 못하게 하여야 선한 자가 신장될 것이니, 위에 있는 사람으로서 경계하지 않아서야 되겠는가" 하고 논하였다. 사관의 이 말은 조선 왕조의 허다한 비극이 발생할 때마다 악용된 무서운 말이었다. 바로 선한 자들을 잡초라 하고 잡초 같은 자들이 선한 자로 자처하여 수많은 희생자를 만드는 악행을 저지르는 빌미였다.

양호와 각 도의 새로 출신한 무사들이 식량을 대신 내거나 또는 말을 바치는 등 사사로이 장수에게 청탁하여 집에 있는 자가 매우 많았다. 따라서 진중에 남아 있는 군사는 모두 용잡한 민병으로서 쓸모없는 자들이 대부분이었다. 한심스럽기 짝이 없는 상황이었다.

중사 이봉정과 주서 이덕온을 보내어 독성진에서 시재하였다. 왕명을 받들어 군사를 위로하고 겸하여 시재까지 하여 상벌을 시행하는 것은 그 소임이 참으로 중요한 것이다. 그런데 이제 내시를 시켜서 군영에 임하여 위무하도록 하였으니, 이는 당 나라가 중관으로 감군사를 삼던 일과 다를 것이 없었다. 그 뒤에 평안감사 이원익이 도내의 조련하는 군졸을 모두 모아서 기성에서 대대적인 사열을 할 적에도 이봉정을 보내어 사열하여 포장하고 시재해서 상벌을 시행하도록 하였으며, 심지어는 통정의 관작을 제수하게 하기까지 하였다. 임금의 명령을 받들고 가는 중요한 위치에 적임자로 내시를 보내고 있었다. 환관을 앞세우는 것은 망국의 조짐이다. 선조는 갈아 치워야 할 임금이었다.

비변사가 황해도의 4천 정병을 《기효신서》에 의한 속오법에 따라 대오를 정할 것을 아뢨다.

"《기효신서》대로 하여 대장이 1대를 거느리고, 기총이 3대를 거느리고, 초장이 3기를 거느리게 하여, 평상시에 법대로 조련하고 그 재주의 완성됨을 살펴서 등급을 나누어 계문하게 하고, 대장과 기총 이상은 모두 무리를 거느릴 만한 자로 차정하여 성책하여 올려 보내며, 대장·기총 이하의 군인은 역시 《기효신서》의 요패의 규정대로 각자 패를 차게 하여 서로 식별하도록 해서 혼란함이 없도록 하는 것이 어떻겠습니까?" 하였다.

1사가 5초(1초는 약 1백 명)를 통솔하면 호령하는 사람은 5명뿐이고, 1초가 3기를 통솔하고 1기가 3대를 통솔하면 명령하는 사람은 단지 3명뿐이고, 1대가 2오를 통솔하면 명령하는 사람은 단지 2명뿐이고, 오는 군사 4명을 거느린다.

독운어사 윤경립이 조정의 군사 훈련 명령이 이행되지 않는 이유 등을 아뢨다. 정곡을 찌르는 내용이었다.

"조정에서는 국토를 수복할 계책을 중히 여겨 병사를 조련하는 법을 창설하여 외방에 반시하기를 열심히 하였습니다. 그러나 하삼도의 1백여 군읍을 돌아다녔으나 병사를 조련하고 있는 곳을 신은 보지 못했습니다. 이는 수령이 모두 명령을 봉행하지 않으려고 해서가 아니라, 단단히 마음을 먹고 봉행하려는 자가 있어도 규정이 일정하지 않고 간섭을 받는 곳이 많아서입니다. 신의 생각으로는, 여러 장수에게 소속된 것을 따지지 않고 주·부·군·현의 순서로 수효를 정하고 고을에서 무술을 익힌 날짜를 계산하여 고을에서 식료를 지급하도록 하면 모두가 식량이 해결됨을 기뻐하여 다투어 훈련에 임할 것입니다.

신이 요즘 보건대, 국가의 호령이 도성의 문밖에 나오자마자 문득 한 장의 쓸모없는 종이로 변해 버리니 이처럼 나라가 보존하느냐 망하느냐 하는 다급한 때를 당하여 만일 징계하고 권장함을 엄하게 함으로써 경책의 법을 삼지 않는다면 오늘도 그러하고 내일도 그러하여, 병사를 조련시켜 수복하게 될 날은 언제나 올지 모릅니다.

수령에게 둔전, 어염 등의 일을 겸하여 관장하도록 하고, 부지런히 하느냐 태만히 하느냐에 따라 권징한다면 별도로 차관을 두는 데서 오는 폐단을 제거할 수가 있을 것이며, 호령과 조치가 한 사람에게서 나오게 되어 허비가 없고 실효가 있을 것입니다.

고을에는 여러 가지 번거로운 명령이 많은데, 만일 지금 과감히 고쳐서 늦추어 주지 않는다면 호남의 잔여 백성이 다시 소생할 가망이 없습니다. 신의 생각으로는 어느 고을은 어느 장수에게 소속시켜서 한 고을의 병력을 두 곳에 분속시키지 않는다면 장졸이 모두 정속된 바를 알아서, 한편으로는 조발하는 번거로움을 덜게 되고 한편으로는 거두어 실전에 사용할 수 있게 될 것입니다.

전쟁이 시작된 지 3년 만에 군비가 이미 고갈되어 이를 해결하기에 급한 나머지 교묘히 명목을 만들어 낸 것이 얼마인지 모릅니다. 심한 자는 '어찌하여 왜적이 오지 않아 나만이 이런 고통을 겪게 하는가' 하니, 인심이 이러한데 이를 의지하여 변란을 대처해 나갈 수 있겠습니까. 임진년의 미수된 작미 같은 것은 원수가 많지 않고 다 받아들일 기약도 없을 것이니, 다 받아들이지도 못할 것을 성화처럼 독촉할 바엔 차라리 마음 졸이는 때에 특별히 견감해줄 것을 명하여 만의 하나라도 민심을 얻는 것이 더 나을 것입니다.

신은 삼가 생각하건대 지금의 폐단은 무슨 말로도 바로잡을 수 없고 오로지 사람을 얻는 데에 있으니, 사람만 얻게 되면 족병과 족식은 바로 그가 조치하는 일 가운데 한 가지에 불과할 것입니다" 하였다.

이중에서 특히 별도로 관원을 파견하는 제도를 혁파하자는 것과 교묘히 명목을 만들어 놓은 것을 견감해 주라는 주장은, 이것이 바로 실효를 거둘 수 있고 민심에 답하는 급선무였다. 그런데도 조정에서는 그 말을 채용하여 쓰지 못했다. 참으로 한탄스러웠다.

11월 1일 왜장 소서행장은 조선이 화의를 극력 반대한다는 것을 알고 이제 조선을 협박하여 화의를 요청하도록 하려는 작전을 계획한 것 같다. 먼저 병사 김응서를 만나자고 하였다. 그래서 김응서는 행장의 의도를 알고자 하여 부하 이홍발을 보냈다. 행장은 봉작을 하게 해 주면 물러간다. 그렇지 않으면 명년에 관백이 직접 명으로 들어갈 것이다, 청정이 혼인 및 할지 등을 말한 것은 화의를 방해하려는 것이라는 등의 말을 하였다. 조선이 명에 화의를 요청하라는 요구인데 그렇지 않으면 다시 침범하겠다고 협박하는 것이었다. 대단한 심리 이용이었다. 이어서 평의지 평조신이 나서서 이런 식의 협박을 계속 이어 간다.

11월 2일 한산도 통제영 사도첨사 김완, 우도 우후 이정충, 미조항 첨사 성윤문을 장수로 정하여 적을 찾아서 토벌할 일로 내보냈다. 다음 날은 직접 나서서 한 바퀴 돌아오기도 하였다. 이제 겨울 바다라 전투할 수 있는 계절은 아니었다. 바다에서는 대구가 많이 잡혔다. 고기가 많이 잡히니 금지 구역에 몰래 들어가는 사람들도 있었다. 걸리면 여지없이 곤장으로 다스렸다.

진중에 여전히 아들들과 조카들이 교대로 드나들며 어머님 안부를 전하고 심부름을 맡아 하고 있었다. 아들들은 여수 본영을 왕래하고 조카들은 본가인 아산을 오가는 경우가 많았다.

11월 5일 경성 평조신이 이빈에게 전한 서신에 '대명국과 대일본은 군대가 강하므로 천 번 만 번 교전한다 해도 자웅을 가리지 못한다. 그렇다면 귀국은 전쟁터가 될 것이니, 귀국은 화친의 중개 역할을 잘하는 것만이 상책일 것이다' 하였다.

평조신이 권율에게 보낸 서신에는 '천조가 태합 전하를 봉하는 것을 허락지 않아 비탄이 맨손으로 돌아오게 된다면 귀국이 어찌 편안하겠는가. 막하가 지금 병선을 띄워 배회하고 있는 것은 마치 쇠잔한 꽃이 바람을 기다리는 격이며 솥 속에 있는 물고기가 숨 쉬고 있는 격이다' 하였다.

이런 협박에 놀란 선조가 비망기를 내렸다.

'요동의 자문과 병부의 자문, 그리고 이홍발이 왕래한 사연과 어제 계하한 평조신 등 적장의 서계는 모두 긴급한 건에 속한다. 근자에 듣건대 영상이 병으로 오지 않았다 하니, 유사당상이 그 집에 찾아가서 상의하고 또 여러 재상들과 의논하여 속히 처리하는 것이 온당할 듯하다' 하였다.

이어 신하들을 인견하였는데, 대책을 세우는 것이 아니라 일선의 장수들을 성토하는 자리가 되었다. 유성룡이 명년에 적이 필시 재차 움직일 거라 하고, 선조가 거제의 싸움에서 우리나라 병선을 빼앗긴 일을 영상은 들었는가 물으니 듣지 못했다 하였다. 선조가 방소에 갔던 내관이 어제 들어왔는데 그들이 작전 등의 일에 종시 동참하였다 하기에 그곳 사정을 물었더니 원균이 거느린 사도선이 소실당한 것도 확실하다 하였다(역시 내시들은 음흉하고 간사한 자들이다. 사안을 교묘하게 조작하여 선조의 분노를 유발하고 있었다). 유성룡은 장령은 마땅히 그에 대한 벌을 받아야 한다 하였다.

선조는 '숨기고 즉시 보고하지 않은 것은 너무도 잘못이다. 또 이빈이 거느린 군사는 겨우 3백 명인데 마른 가시나무로 평지에다 진을 만들었고 김덕령의 군사도 겨우 3백 명이라 하니 매우 한심하다. 또 내관에게 들으니 곽재우는 만일 뭍에 내려서 싸운다면 군사가 필시 전멸할 것이라고 여겨 원수의 영을 따르지 않았다고 한다. 또 왜적은 국가의 원수일 뿐만 아니라 개개인 부형 처자의 원수이건만 분격하여 적을 살해할 의사가 조금도 없는 것은 무엇 때문인가' 하였다.

목숨을 걸고 싸우는 장수들과 군사들의 고충은 조금도 생각하지 않는 임금이었다.

고생하고 있는 장수들 사기를 올려 주려고 하지는 않고 건수만 있으면 거꾸로 잡아 죽이려고 하는 사간원이 가만히 있을 리가 없었다. 도원수 권율은 거제의 거사 때 몸을 숨겼으니 추고하라 하고, 거사할 때 전선 한 척이 걸려 파괴되어 1백 수십 인이 모두 살해되고 군기와 총포를 모두 빼앗겼다 하며 조사하여 죄를 정하라 하였다.

이어 선조가 이르기를, "영상의 생각은 어떠한가? 조관과 유사 중에 만일 《주역》을 아는 자가 있으면 특별히 골라서 입시키는 것이 마땅하다" 하였다. 참 한가한 임금이었다. 《주역》으로 왜적을 물리친다면 얼마나 좋을까.

11월 7일 김응서가 행장, 의지와 함안에서 회합을 가지려고 하였다. 이 접촉을 조정에서는 좋아하지 않았지만 적이 침범하겠다는 의사를 표명하고 있으니 실정도 알고 왜적의 내막도 파악할 필요가 있을 것 같아서 만류하지도 못했다. 그래서 선조는 권율에게 하서하여 김응서가 왜와 접촉하는 것 등의 동정과 소식을 철저하게 급히 보고하라 하였다. 선조는 "이홍발이 올라온 뒤로 적의 서신이 연달아 오는데, 그 속사정이 무엇인지는 실로 파악하기 어려우나 대충 헤아려 보면 그들은 강화를 성사시키지 못하면 장차 그들의 괴수에게 중벌을 받게 되기 때문이다. 또 유 총병이 돌아가 버려서 달라붙어 통정할 길이 없으므로 부득이 우리나라에 애걸하는 것으로 형세가 그러한 것이다" 하며 아전인수 격으로 말하기도 하였다. 그러나 왜적이 재침한다는 소문에 겁을 먹은 선조는 마음이 급해져 '대책을 강구하라, 손 경략에게 위급함을 보고하라' 하는 등 법석을 떨었다.

비변사에서는 명나라가 봉공을 허락했다는 것과 심유경이 곧 온다는 말을 전하여 침략의도를 늦추게 하자고 하였다. 그리고 김응서가 행장을 만나고자 하는 것을 못하게 하자고 하였으나 이것은 때가 늦은 말이었다.

11월 12일 《주역》을 강하고, 이순신과 원균의 불화 문제를 논의하였다. 대부분 실상을 훤히 알고 있으면서 하는 말들이 거짓됨이 심했다. 아직까지는 선조가 이순신을 미워하는 것 같지는 않았지만 원균을 많이 칭찬하고 있었다.

김수가 "원균과 이순신이 서로 다투는 일은 매우 염려가 됩니다. 원균에게 잘못한 바가 없지는 않습니다마는, 그리 대단치도 않은 일이 점차 악화되어 이 지경에까지 이르렀으니, 매우 불행한 일입니다" 하니,

선조가 "무슨 일 때문에 그렇게까지 되었는가?" 하자,

김수가 "원균이 10여 세 된 첩자를 군공에 참여시켜 상을 받게 했기 때문에 이순신이 이것을 불쾌히 여긴다 합니다" 하였다.

김응남이 "대개 공 다툼으로 이와 같이 되었다 합니다. 당초 수군이

승전했을 때 원균은 스스로 공이 많다고 생각하였습니다. 이순신은 공격하려고 하지 않았는데 선거이가 힘써 거사하기를 주장하였습니다. 이순신의 공이 매우 크지도 않은데 조정에서 이순신을 원균의 윗자리에 올려놓았기 때문에 원균이 불만을 품고 서로 협조하지 않는다 합니다" 하고,

정곤수는 "정운이 '장수가 만일 가지 않는다면 전라도는 필시 수습할 수 없게 될 것이다'고 협박했기 때문에 이순신이 부득이 가서 격파하였다 합니다" 하였다.

선조가 "순신이 왜적을 포획한 공은 가장 많을 것이다" 하였다.

정곤수가 "순신의 부하 중에는 당상관에 오른 자가 많은데, 원균의 부하 중에 우치적이나 이운룡 같은 자는 그 전공이 매우 많은데도 그에 대한 상은 도리어 다른 사람만도 못하기 때문에 서로 분해하고 있습니다" 하니,

선조가 "원균의 하는 일을 보니, 가장 가상히 여길 만하다. 내가 저번에 남방에서 올라온 사람에게 원균에 대해 물었더니 '습증에 걸린 몸으로 장기간 해상에 있으나 일을 싫어하는 생각이 없고 죽기를 각오하였다' 하니, 그의 뜻이 가상하다. 부하 중에 만일 공이 많은데 상을 받지 못한 자가 있다면 보통 사람의 정리로 보아도 박대한 것 같으니 그는 반드시 불만스런 뜻이 있을 것이다. 당초에 어째서 그렇게 했는가? 과연 공이 많다면 지금 모두 상을 주어서 그의 마음을 위로하라" 하자,

김응남이 "그에게 위로하는 뜻을 보이는 것이 옳습니다. 순신이 체직을 자청하는 것도 역시 부당합니다" 하였다.

선조가 "바깥 여론이 원균을 체직시키려 하는가?" 하니,

김수가 "별로 체직시키려는 여론이 없습니다" 하였다.

선조가 "저번에 장계를 보니 '고언백과 김응서의 사이는 비단 물과 불 같은 정도뿐만이 아니다' 하였는데, 물과 불은 바로 상극인 물건이다. 만

일 그렇다면 전쟁에 임해서 서로 구제하지 않을 뿐 아니라, 또한 반드시 서로 해칠 것이다. 이는 필시 문자 중에서 과장한 말일 것이나 역시 염려를 아니할 수 없다" 하니,

김응남이 "이는 문자 중에 과장한 말입니다" 하였다.

정탁이 "소신이 남방에 가서 들으니, 왜적이 수군을 무서워한다 합니다. 원균은 사졸이 따르니 가장 쓸 만한 장수요 이순신도 비상한 장수인데, 단 이들이 다투는 일이 매우 못마땅합니다. 이때에 어찌 감히 사적인 분노로 이렇게 서로 다툴 수 있겠습니까. 글을 내려서 국가의 급무에 우선하도록 질책하는 것이 옳습니다. 만일 내린 글을 본다면 그들 또한 어찌 감격하고 뉘우치는 마음이 없겠습니까. 이 때문에 원균을 체직시킨다면 필시 수군이 흩어질 염려가 있을 것입니다" 하였다.

김응남은 머리도 좋고 기억력도 좋은 우수한 사람이었다. 모든 실상을 훤히 잘 알고 있었다. 그런데 말을 교묘하게 꾸며 말하고 있었다. 이렇게 사실을 거짓으로 꾸미는 데에도 일가견이 있었다. 정탁은 우직하여 모르면서 한 말일 뿐이었다. 이때에 이순신은 원균 때문에 화가 나서 자신을 체직시켜 달라고 청원을 했던 모양이다. 그러나 아직은 선조의 마음이 바뀌지 않았다.

11월 13일 권율이 봉공을 허락해 주기를 청하는 주문을 허위로 작성해 왜적에게 기미책을 쓸 것을 청하니 비변사가 쓸 필요가 없다 하였다.

요동 경략 진영 평양에 있던 소서비탄수 일행은 손광의 지시로 요양에 와 있었다. 병부상서 석성이 이들을 입경시키라는 지시를 내렸으므로 이 날 유격 요홍의 인솔하에 북경을 향해 출발하였다. 그리고 유격 진운홍과 심가왕을 행장이 있는 곳으로 보내 군사를 모두 철수시키고 책봉 사

신을 기다리게 하고자 하였다.

11월 19일 경성 평지풍파가 일었다.

경상감사 홍이상이 보고하였는데 "종사관 최입을 적간하라고 들여보냈는데 돌아온 뒤에 물었더니, 답하기를 '1일 미시에 왜선 3척이 나와 사도의 병선이 매여 있는 곳을 범하여 배 꼬리에 불을 지르고 또 군졸 한 명을 베고 갔으므로 놀라고 통분해하였다. 그날 저녁에 적선이 어둠을 타고 몰래 나와서 일시에 포를 쏘므로 우리 군사는 매우 당황해서 어찌할 바를 몰랐다. 이때 전라 주사의 사후선 3척이 실종되어 그 배에 탄 병졸이 거의 다 죽었다. 적이 재차 사도의 선박을 범하여 남김없이 불태웠다. 수직하던 군졸로 미처 도피하지 못한 자는 모두 피살되었다. 3일에 통제사의 전령에 의하여 군사 1백여 명을 모집해가지고 뭍에 내려 군사의 위세를 보였다. 이때 적의 기병과 보병 도합 50여 명이 산을 넘어 돌진해 오므로 아군은 당황하여 급히 후퇴해서 배에 올랐다. 비록 전군이 패하지는 않았으나 많은 사상자를 냈다' 하였습니다. 위엄을 떨어뜨리고 모욕을 취한 행위는 한두 가지가 아닌데 밤중에 배가 소실당한 사건만은 전혀 보고하지 않고 적세나 늘어놓고 전공이나 망령되이 보고하니, 매우 놀라운 일입니다. 이광악이 한 왜적을 사로잡은 것과 같은 경우는 서로 만나서 투항할 것을 약속받은 것을 만인이 본 바인데도 그는 돌진해서 생포했다 합니다. 기타 속이는 일은 이에 의거하여 알 수 있습니다. 대개 이 거사는 당초 약속이 분명치 않아서 일에 허술함이 많았고, 제장들의 알력은 날로 심하여 초월 동주 격이어서 전쟁에 임하여 서로 시기하여 일마다 모순투성이니, 몹시 통탄스럽고 민망합니다" 하였다.

이에 비변사가 회계하기를, "거제의 전쟁에서는 좌절된 일이 많았는데 사실대로 보고하지 않고 도리어 장황한 말만 멋대로 늘어놓았으니,

체찰 제신의 죄가 큽니다. 단, 적과 대진하고 있는 이때에 만일 대간의 논박이 거세게 일고 있다는 소식을 듣고 스스로 편치 못하여 행공하지 않는다면 일이 더욱 허술해질 것이니, 도원수와 통제사에게 우선 추고하게 하고 방비할 모든 일을 별도로 조치할 것을 급히 선전관을 보내서 하유하는 것이 어떻겠습니까?" 하였다. 사실이 어떻든 비변사로서는 당연한 조치였다.

누가 이렇게 전말을 조작했는지는 알 길이 없지만, 어떻게 해서든 거제의 거사가 패전이었다고 하기 위하여 못할 짓이 없었던 것이다.

다음 날 선조가 "어제 경상감사의 서장을 보니 거제의 싸움에서 군사를 상실하고 모욕을 당한 것은 앞서 전교한 바와 같다. 내가 직접 들은 일이 하나하나 다 맞도다. 그처럼 패배했는데도 통제사, 도원수, 체찰사는 서로 숨기어 알리지 않고 도리어 장황한 말만 멋대로 늘어놓았으니 군상을 안중에 두는 것인지 조정을 안중에 두는 것인지 대간을 안중에 두는 것인지 매우 가슴이 아프다. 그러니 무겁게 다스려서 신하로서 속이는 버릇을 바로잡지 않을 수 없다" 하였다.

이런 일이 있으면 도원수, 통제사의 소명을 받아 보고 결정할 일이었다. 최고사령관을 대우하는 법도가 전혀 없었다. 능력 없는 임금과 신하들이 일선 장수들을 죄주는 일만큼은 최고의 능력을 자랑하고 있었다.

다음 날 사헌부와 사간원이 권율, 이순신의 나국과 윤두수의 파직을 청했다. 도원수 권율과 통제사 이순신은 이미 분군율(군사를 패망시킨 죄)을 범했고 또 기망한 죄가 있으니, 왕법으로 따지면 결코 용서받기 어렵습니다. 나국하고 율을 살펴 정죄하게 하소서. 연일 계속 청했으나 윤허하지 않고 단지 추고하라 하였다. 며칠 뒤 윤두수는 좌의정에서 체직되었다.

경상우도에서는 '도원수 권율은 수사 원균이 거제도 전투에서 함대가 전멸했는데도 숨기고 알리지 않았다. 순찰사 홍이상이 그 사유를 아뢰자, 임금은 진노하고 사간원에서 입계하여 잡아와 국문하기를 청하였다고 한다' 하는 유언비어가 떠돌았다고 한다.

경상도 함안 경상우병사 김응서가 함안에서 왜장 평행장 등을 만났다. 행장이 누차 응서의 진중에 통역 왜인 요시라를 보내 납관하고 서로 만나 일을 의논하자고 청하니, 김응서가 중로에서 만나기로 약속하였다. 행장은 조신·의지·현소와 함께 모두 모였는데, 거짓으로 공손한 체하며 새벽에 병사의 숙소로 사람을 보내와 문안하였고 병사가 새벽에 약속 장소로 갔는데, 행장 등도 창원의 마산포에서 자고서 조신·현소·죽계가 먼저 당도하고 행장·의지가 뒤따라 이르렀다. 행장의 아우와 다른 왜장 3명도 들어와 참석하였다. 그들의 각 장수가 거느린 군사는 거의 3천여 명이나 되었고 또 진해·마산포 등처에 진을 쳤으며, 병사가 거느린 병졸은 다만 1백여 명뿐이었다. 좌정하여 대화할 때는 행장 이하 모든 왜인들은 어깨를 맞대고 몹시 의구해하였으나 병사는 조금도 경동하는 기색을 않은 채 조용히 문답하였다. 행장은 통공하려다가 제지를 당해 부득이 침입했다고 하면서 왕자를 송환시키고 퇴각하여 해상에 주둔하고 있음은 봉명을 기다리기 때문이요, 조금도 다른 뜻이 없으니 조선이 막는 것은 잘못이라고 말했다. 응서가 행장 등을 나무라기를, "너희들이 납관을 구실로 삼아 진주를 공격하고 경주를 침범하여 유둔한 채 떠나지 않으므로 황상이 또 봉책을 정지한 것이지, 조선이 저지한 게 아니다" 하자, 행장 등은 모두 가등청정에게 책임을 돌려 갖가지 말로 꾸며 대면서 조선이 특별히 중국에 봉해주기를 아뢰어 달라고 청했다. 이에 응서가 말하기를, "너희들이 각자 항서를 가져오면 마땅히 천조에 보내서 봉사를 성사시킬 것이다" 하니, 행장이 허락하고 갔으나 항서는 끝내 오지 않았다.

11월 28일 경성 비변사가 "이순신과 원균은 본래 사이가 좋지 않아 서로 헐뜯고 있습니다. 만일 율로 다스린다면 마땅히 둘을 다 죄주어 내쳐야 할 것입니다. 그런데 이순신은 왜변 초에 병선을 모아 적의 진로를 차단하여 참괵을 바친 공로가 많았고, 원균의 경우는 당초 이순신과 협력하여 역시 적의 선봉을 꺾는 성과를 올렸으니, 이 두 사람의 충성과 공로는 모두 가상합니다. 혹자는 말하기를 '두 사람은 틈이 벌어질 대로 벌어졌으니, 원균을 체차하여 그들의 분쟁을 지식시켜야 한다'고 합니다. 어떻게 처리해야 하겠습니까?" 하니,

답하기를, "나의 생각에는 이순신은 대장으로서 하는 짓이 잘못된 것 같으니, 그중 한 사람을 체직시키지 않을 수 없다. 혹 이순신을 체차할 경우는 원균으로 통제사를 삼을 수 있거니와, 혹 원균을 체차할 경우는 다른 사람을 차출해야 할 것이니, 참작해서 시행하라" 하였다.

명철한 선조가 이순신과 원균의 공을 구분하지 못할 리가 없었다. 이미 선조의 귀에 모함하는 말이 들어갔고 그것에 빠진 것이었다.

이어 다른 전교가 있었다. "손 경략의 말을 보면, 그의 의사가 우리나라를 구원해 주지 않으려는 것은 아니나 부산까지 원정하는 일을 난처하게 여기는 모양이다. 그의 말에 또 '봉공을 허락한 뒤에 적이 만일 조선을 엄습한다면 장차 어떻게 하겠는가?' 하였으니, 경략은 무모한 사람이 아닌 것 같다. 다만 '적은 전라도와 경상도를 침요하는 데 불과하다' 한 것은 전라도와 경상도쯤은 침요 당해도 성패에 그리 크게 관계되지 않는 것으로 여긴 것이니, 이것이 매우 고민이다. 경략의 이 말은 전부터 있어 온 것이니, 불가불 형세를 부연 설명해서 그를 이해시켜야 하겠다" 하였다.

걱정 많고 의심 많은 선조가 새로 온 경략 손광에 대한 불안감을 표한 것이었다.

이달의 다른 일들을 살펴보면,

정철의 삭탈관작을 줄기차게 요구하였는데 대사헌 김우옹의 정철을 비방하는 말이 있었다. 또한 양사가 합계하여 정철의 관작 추탈을 청하니, 억지로 따르겠다고 하였다.

남을 죽이고자 하는 것도 모자라 죽은 사람을 또 죽이는 짓을 하였으니 해도 너무했다. 그러니 언젠가는 반대로 당할 것이고 그런 쳇바퀴는 계속 돌 것이다.

이때 도성은 집들의 벽에는 흙을 바르지 않았고 생기와로 지붕을 덮었는데, 위에서는 눈이 떨어지고 옆으로는 바람이 들어와서 춥기가 노숙하는 것과 같았다. 도성 안의 집들이 대부분 이 모양이었다.

상중의 이덕형을 이조판서로 하니 사직을 청했다. 허락하지 않았다. 또 훈련도감 당상으로 하였다.

사관은 '이런 때를 당해서는 삼강을 일으켜 세워 회복하는 근본으로 삼아야 할 것이요, 조정에서부터 먼저 무너뜨려 민생의 법칙을 하찮게 여기도록 해서는 안 되는 것이다. 이덕형은 끝내 억지로 기복함을 면치 못하였으니, 다 같이 잘못을 범한 것이다' 하였다. 사관은 나라가 망하면 어떻게 될 것인가는 전혀 생각해 보지 않았다.

호조가 종이 등을 절약하는 일에 대해 아뢨다. "지금은 병란이 일어난 지 3년째여서 물력이 탕갈되었는데 팔도의 치계는 평소보다 만 배나 되지를 않습니까. 그런데도 계문지가 전처럼 장대하니, 매우 한심합니다. 지금부터는 크고 작은 사명이나 장계에는 모두 장지를 쓰고 공사지도 상백지를 사용케 하되, 전처럼 폐단을 끼치는 자가 있으면 각 아문에서 적발하여 무겁게 다스릴 것을 각도에 이문하소서."

윤두수를 판중추부사로 하였다. 연일 양사에서 파직을 청하니 결국 좌의정에서 물러나게 한 것이었다. 유홍을 좌의정에, 김응남을 우의정에 제수하였다.

"김응남은 청렴·검소하고 도량이 있다는 평이 있었으며, 이산해의 매서로서 서로 의지하여 세인의 추중을 받았다. 행조에 있을 적에 이해수와 더불어 조정하는 의논을 하기로 약속했다. 그러나 이조판서가 되고 나서는 즉시 조정을 뒤바꿔 놓아 한결같이 이산해의 구태대로만 따랐다. 이때 양사가 드디어 재상을 탄핵하여 파직시켰는데, 김응남이 그를 대신한 것이었다.

이기를 대사간으로 삼았다. 이기는 이산해의 종질로 이산해를 사사하였는데, 검소한 생활로 처신하였으나 논의가 괴벽하여 크게 당인의 추중을 받았다. 또 홍여순과 더불어 시종 교제 관계를 맺고 선류를 공격하면서 한결같이 이산해의 사주를 따랐다. 사람들이 처음에는 이기를 두려워하여 '상가의 흰 송골매'라고 불렀으나 그 뒤 그가 그저 마음에 맞지 않는 자를 매양 질타하니 사람들은 그를 '상가의 큰 백아'라고 불렀으며, 그가 늙게 되어 이산해만을 칭송하자 사람들은 그를 '상가의 흰 장닭'이라고 불렀다. 이것은 이기의 수염과 머리털이 일찍 세었으므로 그렇게 기롱한 것이다."

12월 1일 경성 선조가 별전에 나아가 《주역》을 강하였다.

김응남이 "두 장수가 화목치 못하니 형세상 서로 용납하기 어렵습니다. 원균을 부득이 체직시켜야 하겠는데 대신할 사람을 아직 얻지 못하였으니, 선거이와 서로 바꾸는 것이 어떻겠습니까?" 하였다.

선조가 "비변사에서 추천한 사람은 누구인가?" 하고 물으니,

김응남이 "곽재우·이광악·배설입니다. 충청도 수사도 차출해야 하겠는데, 적합한 사람이 없습니다. 박종남이 비록 진주 일로 계파되기는 하였지만, 이 사람이 적합할 것 같습니다" 하였다.

선조가 "박종남은 성질이 느슨한 것 같으니, 이런 때에 그러한 사람으로 장수를 삼아서는 안 된다. 그리고 그에게 수사까지 제수하는 것은 마땅한 바가 아닌 듯싶다. 이 밖에 쓸 만한 다른 사람이 없는가?"

김응남이 "성윤문이 영남에 있을 때 인심을 잃었지만 충청수사는 감당할 듯싶고, 또 구사직도 쓸 만합니다" 하였다.

비변사가 "원균과 선거이를 서로 바꾸는 일을 어제 경연에서 아뢰었습니다. 오늘 다른 대신의 의논을 들어보니, 원균이 이미 군율을 범하여 지금 추핵 중에 있으므로 병사의 직임으로 바꾸는 것은 사체에 온당치 못하다고 합니다" 하니,

선조가 "군율을 범했다고 말한다면 유독 이순신만은 군율을 범하지 않은 사람인가. 나의 생각에는 이순신의 죄가 원균보다 더 심하다고 여겨진다. 원균을 병사로 삼아서는 안 된다는 그 주장을 나는 알 수 없다. 참작해서 시행하라" 하였다.

비변사가 회계하기를, "원균도 체직시키고 싶지 않습니다만 이순신이 통제사가 되고 원균이 부장이 되었을 때에도 주장의 절제를 따르지 않았는데, 원균을 체직시켜 다시 병사로 올려서 가까운 지방에 옮겨 놓는다면 군중 통령의 체통은 이로부터 더욱 무너져 수습 정돈할 길이 없을 것 같습니다. 논의가 일치되지 못하는 것은 이 때문입니다. 그러나 이순신과 원균이 다 같이 중한 군율을 범했는데, 원균만 체직시키는 것도 편중의 폐단이 없지 않습니다. 그러니 전의 계청에 의하여 선거이와 서로 바꾸는 것이 무방합니다" 하였다. 이렇게 해서 원균은 충청병사로 가게 되었다.

12월 7일 도원수 권율의 보고에, 행장이 관백에게 군사 출동하는 일을 우선 연기해 달라고 부탁하기 위해 빠른 배를 급히 보냈고, 김응서

진영에 선물들을 보내왔으나 돌려보냈다고 하였다. 행장의 행위를 보면 그 술수가 능한 것이 보통이 아니었다.

‖ 받을 사람 없는 봉을 수행할 봉왜 사신을 정하다 ‖

북경, 명 조정 이날 소서비탄수 일행이 북경에 도착하였다. 부산을 떠난 지 1년 5개월이나 되었다. 오래 걸렸다. 명나라의 하는 일도 이렇게 지루하였다. 석성은 이들을 극진히 대접했는데 소서비는 눈치도 없이 태도가 공손하지 못하여 빈축을 사기도 했다.

12월 12일 경성 비망기로 일렀다. "요즘 비변사의 일을 보니 해이해진 것 같다. 더욱 살펴 행하여 해이하지 말도록 비변사에 이르라" 하였다.
조정이 계획을 세우고 조처함에 먹고 자고 할 겨를도 없어야 할 터인데, 함께 몰려다니며 한가하게 시일만 보내고 모든 대책의 일들을 보통으로 여기고 있었다. 이 때문에 이와 같은 전교가 여러 번 있었다.

12월 15일 비변사로 하여금 유사당상 1원을 별도로 차출하여 도감의 일을 전담시키고 날마다 관사에 앉아서 제반 업무를 살펴 왕래하는 중국 사람을 각별히 잘 대접하여 소란을 일으키는 걱정이 없게 하라 하였다.
비변사가 원균 휘하의 우치적, 이운룡 등에게 논상할 것을 청하니 따랐다.

12월 19일 선조가 왜 진영을 다녀온 유격 진운홍을 인견하니, 봉공을 허락하면 반드시 돌아갈 것이라고 행장이 말했다고 하였다.

　선조는 그들은 믿을 것이 못 된다고 계속 주장하였다. 그리고 군량이 부족함도 계속 말하였다.

　진운홍은 "국왕을 우러러 보건대 타고난 자질이 총명하시니, 매우 기쁩니다. 지금 왜변은 귀국이 무비를 갖추지 않았으므로 있게 된 것입니다. 비록 왜구가 철수해 돌아가게 한다 하더라도 왜인의 성품은 간교하여 변사가 극심하므로 3~4년만 지나면 다시 날뛸 염려가 없지 않으니, 군사 훈련 등의 일을 조금도 완만하게 해서는 안 됩니다. 월나라 사람은 10년 간 국력을 모아 나라를 부유하게 하고 백성을 길러 군사를 강화해 가지고서야 비로소 오나라를 멸망시켰습니다. 복수하는 일은 급급하게 서두를 필요가 없고 중요한 것은 스스로 힘써 강국을 만드는 데 있을 뿐입니다" 하였다. 일개 유격이 당찬 말을 해 주었다.

　사간원이 원균을 그대로 수사의 직을 맡길 것을 청하니 이미 정하였다고 하였다.

12월 20일 북경 명 조정 이날 북경에서는 많은 관원을 대궐 아래 모이게 하고, 석성 등이 소서비탄수에게 문답식으로 심문을 하였다. 강화의 진위에 대한 마지막 확인 작업이었다.

　결론으로 석성이 소서비에게 세 가지 일을 요구했는데, 하나는 군사가 모조리 바다를 건너 제 나라로 돌아가고 한 명의 군사도 부산에 머무르지 아니할 것, 둘은 다만 봉에 대한 것만 구하고 공을 요구하지 않을 것, 셋은 영구히 조선을 침범하지 않을 것이었다. 이 약속과 같이 한다면 봉을 허락할 것이요 약속대로 하지 아니하면 허락할 수 없다 하니, 소서비는 하늘을 가리켜 맹세를 하며 영원히 약속을 준수하겠다고 청하므로, 병부는 황상께 아뢰고, 황상은 다시 병부에 유시하여 자세히 정하게 하였다. 이렇게 명나라에서 풍신수길을 왕으로 봉하는 문제는 결론이 났다. 봉 받을 사람은 생각지도 않는데 봉하기로 하는 이상한 행사였다. 사실이 아닌 것을 사실인 것처럼, 알고도 행하고 모르면서도 행하고 그러면서 세월이 가는, 이것이 바로 역사인 모양이다.

천자는 마침내 일본에 대하여 왕의 호칭을 인준함과 동시에 금인을 주고 행장에게는 도독첨사를 제수하여 병정을 총독하게 하였다. 그리고 임회후 이언공의 아들 도독 첨사 이종성을 책봉정사로 삼았다. 개국공신 이문충의 후손으로 이종성은 시에 능하였으나 부귀한 집안에서 성장하여 세상 물정을 알지 못하므로 사람들이 많이 걱정하였다. 또 오군영 우부장 좌군도독부 서도독첨사 양방형을 책봉부사로 삼았다. 산서 사람인데, 무과 진사 출신으로 담력과 기개가 있었다.

12월 25일 경성 병조판서 이항복, 참판 한효순, 참의 황섬, 참지 박동량이 아뢰기를, "공사천을 과거 보이는 일에 대해서 전일에 본사가 이미 사목을 작성하여 계하 받았고 근일 누차 전교하시니, 본조에서 마땅히 빨리 거행해야 하겠는데 논의가 일치하지 않습니다. 혹자는 '공사천 중에 약간 쓸 만한 자는 모두 면천이 되었으니 지금 비록 과거를 실시한다 하더라도 필시 쓸 만한 인재가 없을 것이며, 또 지방 사람들은 모두 과거 보러 오기를 즐겨 하지 않을 것이라 과거에 응하는 자가 반드시 적을 것이니, 과거를 실시할 필요가 없다'라고 하고, 혹자는 '실시해도 무방하다'고 합니다. 그래서 대신이 일제히 모이기를 기다려 정탈하여 시행하려고 하는데 요즘 대신이 연달아 유고하기 때문에 정탈할 수가 없습니다. 전교를 여러 날 지체시키는 것은 미안하므로 감히 아룁니다" 하였다. 무척이나 실시하기 싫은 모양이었다.

12월 30일 비변사가 진주목사 곽재우로 하여금 조방장을 겸하게 하여 우도의 군무를 관리하도록 청했다.

이달의 다른 일들을 살펴보면,
'경상우수사 원균을 충청병사로 옮겨 제수하였다. 원균이 이순신의 차장이 된 점을 부끄럽게 여기고서 절제를 받지 않으니 순신은 여러 차례 글을 올려 사면을 청했다. 이에 조정에서는 누차 도원수로 하여금 공죄를 조사하게 하였는데, 원균은 더욱 거침없이 욕지거리를 내뱉어 하는 말이 모두 추악하였으며, 이순신 또한 원균이 공상이 없음을 말하는 가운데 실상과 다른 한 조목이 끼어 있었다. 조정에서는 대부분 원균을 편들었으므로 마침내 모두 탄핵을 당했다.

선조가 다시 비변사로 하여금 조정하게 하였는데, 단지 원균은 체차시켜 육장을 삼고 이순신은 죄책감을 가지고 스스로 공을 세우게 하였다. 원균은 서울과 가까운 진에 부임하여 총애받는 권신과 결탁해 날마다 허황된 말로 순신을 헐뜯었는데, 순신은 성품이 곧고 굳세어 조정 안에서 대부분 순신을 미워하고 원균을 칭찬하였으므로 명실이 도치되었다.' 여기서 총애받는 권신은 이산해, 김응남 등이었다.

'우리나라 육군의 법은 단지 양민만 초출하여 군적에 올린 다음, 보인 세 명을 지급하고 무예를 시험하여 군직을 제수해 왔는데 그 기예는 궁시이고 진법은 세조 대왕이 정한 진서법을 사용했었다. 따라서 병과 농이 나뉘지 않아 무사할 때는 서울에 상번하고 유사시에는 진관에 소속되어 출정할 따름이었다. 그러나 천인은 모계를 좇는 법이 오랫동안 시행되어 양민이 날로 줄어들고 군액도 크게 감손되었으므로 이때에 이르러 공사의 천인을 모두 징발하여 속오군에 편입시켰다. 그런데 공, 사천은 이미 본역이 있는데도 다시 속오군에 편입시키면서 보인이나 늠식이 없

었다. 그래서 초출된 자들은 고역을 원망하여 도망하는 자가 속출했으므로 주현의 폐해가 되기도 하였다.'

'각도에 교사를 보내 삼수 기법을 훈련시키고 초군을 배치하였다. 당시 서울에는 훈련도감을 설치하고 군사를 모집해서 훈련시켰고 외방 또한 초군이나 속오군을 배치했는데, 양민이나 공천·사천을 막론하고 장정을 선발하여 정원을 채운 다음 척계광의 《기효신서》의 제도로써 결속시켜 삼수를 교련하고, 어사를 나눠 파견하여 시험케 하니, 이로부터 군액은 상당히 증가되었다.'

훈련도감이 각 지방관들로 하여금 군사 훈련을 잘 시행하도록 할 것을 청했다. "각도의 감사가 혹 열읍으로 하여금 군사를 훈련케 하면 열읍은 또 각 면의 권농·이정들로 하여금 포수를 가려 뽑아서 포 쏘기를 가르치는데, 백성들은 자신이 뽑히게 되면 사사로이 권농·이정들에게 뇌물을 주어서 모면을 기도하고 뽑힌 뒤에도 색리에게 사사로이 뇌물을 주어서 모면을 꾀하며, 모면을 받지 못하고 뽑히게 된 자는 억지로 관문에 이르러서 겨우 한두 차례 포 쏘기를 연습하고 그만두니, 이와 같으면서도 그 재예가 양성되기를 바라는 것은 또한 요원한 일이 아닙니까? 재예가 성취된 곳의 수령은 각별히 파격적으로 시상하고 그중에 전연 힘쓰지 않아 연습이 더욱 낮은 곳의 수령은 파직시키고 벌을 논한다면, 점점 훈련에 힘써서 성과를 기대할 수 있을 것입니다.

훈련을 하는 일은 오늘날의 급선무인데 도감 낭청과 초관 등을 적임자를 얻지 못하여, 혹은 뇌자를 가탁하여 감히 사사 노복으로 채워서 요미를 받기도 하고 혹은 포수·살수를 사사로 부리기를 마치 가노처럼 하는 등 못하는 짓이 없어서 군정을 허술하게 하고 국고를 허비하게 만드니, 물정이 매우 통분해합니다.

모든 일은 반드시 적임자를 뽑아 전담시키고 상벌로써 조종한 연후에야 성과를 거둘 수 있습니다. 요즘 도감의 일은 자못 문란한 것 같습니다. 그러니 각 담당 낭청 및 장관은 매우 잘 골라서 임무를 살피게 아니할 수 없고 당상은 특별히 고시하여 권면과 징계를 해야 할 것입니다" 하였다.

이미 훈련도감의 일도 여러 가지 폐단이 생기고 있었다. 중요한 것은 신상필벌일 뿐이다. 적임자를 얻어야 한다는 것은 말장난에 불과하고, 못하는 자는 퇴출시키면 되는 것이다.

선조가 정청에 전교하였다. "처음 벼슬하는 사람을 뽑을 때 세도가의 자제보다는 적을 베고 곡식을 바치는 사람을 쓰는 것이 어떻겠는가? 목민관은 부정한 방법으로 벼슬이나 구하는 사람보다는 백성을 잘 다스리고 일을 잘하는 사람을 쓰는 것이 어떻겠는가? 내 말을 실성한 사람의 소리로 여기지 말기를 바란다." 참으로 바른 말이었다. 실성할 일 없이 그렇게 시행하면 될 일이었다.

"지금 국사가 몹시 위태로운데 탐풍이 치성하다. 양사는 나라의 이목이니, 지금부터는 일일이 지적 논핵하여 직무 수행을 철저히 할 것을 양사에 이르라." 또 순안 어사들에게 수령의 불법을 엄히 탄핵하도록 하유하였다.

"지금 수령의 범람이 극심하니 백성이 어떻게 곤궁하지 않을 수 있겠는가. 혹 암행을 하여 불의에 척간하기도 하고 혹은 수소문하여 수령이 지나치게 아권을 거느리고 사행을 접대하거나 기타 일체의 불법한 일에 대해 일일이 엄하게 탄핵을 가하라" 하였다.

압록강의 중강에 시장을 개설하여 무역을 하도록 하였다. '중강개시'라 이른다. 요동에서는 곡식을 중국 시세보다 매우 비싸게 팔 수 있었고 우리는 국내 시세보다 훨씬 싸게 곡식을 구입하게 되었다. 우리 백성들은 국내에서는 구할 수 없는 곡식을 구해서 살아갈 수 있었다. 이로 인하여 요동의 곡식이 많이 흘러 들어와 개성의 서쪽 지방이 먼저 큰 혜택을 보았다. 경성의 백성들도 뱃길로 유통함에 힘입어 온전히 살아난 자가 매우 많았다.

중국에서는 강화협상을 받아들였다. 화의가 이루어진 것이다. 선조가 그렇게 싫어하였던, 그렇게 싫어할 필요가 없는데 신하들만 괴롭혔던 화의가 이루어진 것이다. 봉공 중에서 왕으로 봉하는 것만 허락하고 조공하는 공은 허락하지 않았다. 실제로는 왕으로 봉할 사람이 없는 봉이었다. 중국의 황제를 우습게 아는 사람을 봉한다는 것이다. 이제 그런 봉을 할 기이한 사신이 나올 것이다.

윤두수는 적개심에 불타 무리수를 두었다. 거제의 적을 물리치지 못해 그동안 기회만 엿보던 세력에게 빌미를 주어 탄핵을 당하고 힘을 잃었다.

유성룡도 힘들기는 마찬가지이다. 측근들은 힘든 나랏일에 지쳐 가고 주위는 권력에 눈먼 이산해의 그림자들이 정철을 공격하는 것으로 임금의 비위를 맞추며 세력 확장에 열을 올리고 있었다.

원균은 드디어 충청병사로 나갔다. 원균의 해괴망측하고 속을 상하게 하는 행위에 진저리를 치고 사의까지 표했던 이순신은 당분간은 앓던 이가 빠진 것같이 시원하게 되었다. 그렇다고 힘든 일까지 덜어지는 것은 아니다. 이렇게 또 한 해가 저물어 갔다. 이제 또 지루하게 힘든 일들이 전개될 것이다.

03
기이한 강화 천사가 나오다 :
선조 28년 (1595 을미년)

║ 할 일은 태산인데, 하는 일이 없는 ║
한심한 조정이었다

1월 1일 한산도 통제영 새해가 밝았다. 새벽부터 여러 장수와 각급 군사들이 와서 새해 인사를 하였다. 군사들에게는 술을 내렸다.

해가 바뀌어도 걱정은 끊이질 않는다. 특히 조정의 하는 일이 한심스러우니 그것이 가장 큰 걱정거리였다. 나랏일을 생각하는 사이에 저절로 눈물이 흘러내렸다. 또한 병약한 팔십 노모에 대한 근심으로 밤이 깊었다.

경상우도 함양 명나라 장수 유격 진운홍이 군에 도착하였다. 경략의 명으로 왜적을 선유하여 봉왕 사신이 오기 전에 철수하도록 재촉하러 온 자이다. 접반관 이시발이 왔고 도원수 권율이 잔치를 벌이고 풍악을 울려 대접하였다.

당시 명나라 장수들이 병정을 거느리고 도로에 연락부절하여 접대 경비가 많이 들었다. 그뿐만 아니라 여염의 닭과 돼지와 우마가 거의 다 없어졌다.

1월 4일 경성 중국 병부가 봉왜의 문제로 이자하였다. 봉왕을 허락하였고, 먼저 관원을 차견하여 왜적을 모두 철수하게 할 것이라 하였다. 또

한 사신 2명을 보내는데 소서비와 함께 정월 안에 북경을 출발해서 요양에 머무르게 한 후, 부산에 주둔한 왜군이 모두 철수해 돌아가고 조선국 왕의 주문이 이르면 그 뒤에 가서 봉왕할 것이라고 하였다. 이에 선조는 봉왜 사절의 상사와 부사가 나올 것이므로 의절 영송에 대해서 논의하게 하였다.

1월 8일 《주역》을 강하고, 이날은 김덕령에 관한 일이 주 의제가 되었다.

선조가 이항복에게 경은 김덕령을 보았는가 위인이 어떻던가 하고 물었다. 이항복은 외모를 보니 단지 하나의 연소한 사인이었으나 용력이 남보다 뛰어나므로 무인들도 역시 복종하고 있다고 하였고, 다른 신하들은 대부분 너무 포장했다고 하였다.

선조가 "대개 우리나라 사람들이 말하는 것은 참작하지 않고 마구 하기 때문에 나는 그가 성공하지 못할 것을 알았다. 《무군사일기》를 보았더니 '김덕령이 총통 3백 자루를 쏘고 있었더니, 왜적이 저절로 무너졌다' 하였고, 또 '쌍무지개가 몸을 둘렀다'고 하였는데, 어찌 이럴 리가 있겠는가. 무군사의 추장이 너무 지나쳐 마치 한나라가 한신을 대우하듯 한 것이지, 조정에서는 별로 지나치게 추장한 일이 없다" "이귀는 본시 허소한 사람이다. 전번에 그가 상경했을 때 어떤 이가 나더러 인견하라고 권한 적이 있었는데, 나는 그가 허소함을 알았기 때문에 인견하지 않았다. 대개 일에 임해서 두려워하고 미리 계획을 세워서 성공시키는 것이 가하다. 설사 참으로 남보다 뛰어난 용맹이 있다 하더라도 이처럼 과장해서는 안 된다" 하였다. 김덕령은 이미 선조의 눈 밖에 나 있었다.

1월 11일 이산해가 다시 등장하게 되었다. 정탁이 이산해가 병들었으니 죽기 전에 사면하자고 청했다. 정탁은 좋은 마음으로 말한 것이지만 사실은 이산해의 그림자들에 속은 것이다. 이산해가 병들어 죽을 것 같다는 말은 터무니없었다.

선조가 기다렸다는 듯이 응했다. "이산해는 참으로 억울할 것이니 방송하고 직첩도 돌려줄 것을 비변사로 하여금 의논하라" 하였다. 이렇게 해서 문제의 사람이 또다시 조정에 들어서게 되었다.

1월 12일 주강을 마치고, 선조가 "모든 일은 인심이 안정된 연후에야 할 수가 있는데, 지금은 인심이 해이하여 매양 '왜적이 오늘 돌아가지 않으면 내일은 반드시 돌아갈 것이다'라고 한다. 저 적은 종시 화의를 가지고 우리를 우롱한다. 적이 비록 돌아간다 하더라도 우리나라는 창을 베고 자며 각고하는 것이 옳은데 인심이 이와 같으니 어찌하겠는가" 하였다.

임금이 솔선수범하여 창을 베고 자야 하는데 선조 임금은 하늘에서 타고난 사람이라 창 같은 것은 베고 자지 않으면서 신하들만 탓하고 있었다.

한산도 통제영 순천부사로 박진이 부임하였다. 새로 온 광양현감 송전은 기일을 어긴 죄로 처벌을 받았다.

1월 18일 경성 세자 책봉이 성사되지 않았다는 소식에 선위의 일을 전교하였다. 대신들이 또 극구 말렸다.

한산도 통제영 겨울철 추위에 불 피우기 쉽고 건조하고 바람이 세니 불이 나면 끄기가 어려웠다. 이날 여도 전선에서 불이 시작되어 광양 순천 녹도 전선까지 4척이 전소되었다. 이순신으로서는 통탄할 일이었다.

1월 20일 경성 비변사가 아뢰기를, 청정이 김응서가 행장 등과 서로 만나는 것을 못마땅히 여겨 흉패한 말을 많이 하고 심지어 사명당 유정과 만나는 것까지도 허락지 않는다고 하였다. 그래서 유정 등은 다시 갈 수도 없고 또한 서신을 통할 수도 없게 되었다고 하였다.

한산도 통제영 장흥부사가 찾아와서 이야기하는 중에, 전라도에 내려와 있는 순변사 이일이 지금도 이순신을 해치려고 몹시 힘쓴다고 하였다. 이순신에게는 가소로운 일이었다.

1월 22일 경성 《주역》을 강하고, 신하들과 제반사항을 논의하였다. 곽재우를 칭찬하는 사람이 많았고, 김응서의 처사는 그릇됐다고도 하였다. 진관제도에 대한 언급도 있었다.

남쪽 지방을 다녀온 사람이 '장수는 거느리는 군사도 없이 산속에 막을 치고 단지 아병만을 데리고서 보따리를 묶어 놓고 변을 기다리니, 적이 들이닥친다면 형편상 도피할 것이다. 조정에서는 장수가 있다고 믿으나 실제는 이와 같으니, 극히 한심하다' 하였다. 이것을 거론하며 유성룡은 근심 걱정이 앞서는 말을 많이 하였다.

'우리나라의 군사는 자신뿐만 아니라 종과 말이 따라서 먹으니, 이래서 더욱 어렵다. 적에게 포로가 되었다 나온 사람들은 모두 먹을 것이 없어서 도로 적중으로 들어간다. 입방 출신도 먹일 수가 없어서 각읍으로 나누어 보냈으니, 적이 이른다면 집합시키기가 참으로 어렵게 되었다.

도원수 등은 단지 적과 응답하는 일만을 논하고 방비책은 거행하지 않으니 참으로 잘못이다. 근자에 선전관이 한산도로부터 와서 말하기를 주사와 격군이 양식이 떨어져 굶주려 죽고 백에 한두 명도 살아서 돌아온 자가 없으며, 전년에도 수군이 죽어서 백골이 해변에 무더기를 이루었다 하니, 매우 처참한 노릇이다.

　방비에 대한 모든 일은 원수가 스스로 조치해야 하는데 어떻게 하고 있는지 모르겠다. 근일에 장수가 자주 바뀌는데 적이 움직이지 않으면 모르거니와 만일 움직인다면 어떻게 할 것인가. 원수 이하가 모두 마음을 쓰지 않는다. 만약 4월 무렵에 적이 나온다면 막을 길이 없다' 하였다.

　선조가 유성룡에게 묻기를, "도원수를 체직시키려는 것인가, 범연하게 논하는 것인가?" 하니,

　유성룡이 "하도 답답해서 말하던 중에 우연히 발설했을 뿐입니다. 어떤 이는 체차하지 않을 수 없다 하고 어떤 이는 바꿔서는 안 된다고 하니, 신 역시 결정할 수가 없습니다. 대개 그 사람이 너그럽고 유연하기 때문에 이렇게 처사한 것입니다. 원수가 비록 순행하지 못한다 하더라도 종사관으로 하여금 각처를 순행케 해서 급급히 조치하는 것이 옳은데, 두 종사관을 모두 집에 보냈다고 하니, 이때에 어찌 이와 같이 하는 것이 마땅하겠습니까" 하였다.

　선조가 "나는 그 위인을 알지 못하거니와 허술한 사람이 아닌가? 전번에 격서를 보내어 적으로 하여금 먼저 알게 하였고, 또 중국의 급사중이 죄를 입었다는 말을 등서하여 적에게 보냈으니, 이것이 다 허술한 일이다" 하니,

　유성룡이 "김명원도 알 것입니다. 그 사람은 겁쟁이 같습니다" 하였고, 선조는 "겁쟁이라면 어떻게 행주의 대첩을 할 수 있었겠는가" 하였다.

　유성룡은 모든 것이 제대로 되지 못하는 것을 한탄하고 특히 도원수 권율에 대하여 부정적인 견해가 심했다. 선조도 권율의 하는 일이 마음에 들지 않았는데, 매사에 참견만 하니 권율도 도원수 직에 있고 싶은 마음이 없었을 것이다. 그러나 권율보다 더 잘할 사람이 있을 것 같지도 않았다. 한산도의 상황이 어렵기는 하지만 조정에는 실제보다 훨씬 더

악의적으로 부풀려져 알려진 것 같다.

1월 26일 유성룡이 왜적에 대처하는 방안에 대하여 차자를 올렸다.
'왜적은 조총과 창칼을 잘 사용하며 생명을 가벼이 여기고 돌진하니, 아군이 평야 지대에서 힘을 겨루려 한다면 참으로 승리하기가 어렵다. 만일 지형이 험고하고 사면에 수목과 암석이 없는 땅이나 혹은 토산이라 하더라도 기어오를 수 없고 굽어볼 수 없는 땅을 택하여 책루를 설치하고 사방에 돌 실은 수레를 많이 대기시켜 둔다면 비록 천만 명의 적이라 하더라도 함락시키기 어려울 것이다. 지세가 이와 같은 데다 여유 있는 자세로 피로한 상대를 대한다면 적의 장기는 모두 시행될 수 없고 우리는 전력으로 제어할 수 있을 것이다. 조총은 비록 멀리 나간다 하더라도 산 밑에서 하늘을 향해 곧게 쏘기는 어려우며, 창칼로 돌전하는 장기까지도 모두 산 밑에서는 시행할 수 없을 것이니, 전일 행주의 싸움과 같은 것이 바로 그 예이다' 하였다.

1월 30일 《주역》을 강하고, 소서행장과의 강화협상 등의 일을 논했다. 선조가 말하기를, '오늘날 강화의 옳고 그름에 대해서는 논할 필요가 없거니와 중국 조정에서는 소서비가 맹세한 말을 믿기를 천금처럼 귀히 여긴다. 내가 분해서 하는 말이 아니라 그 처치하는 일이 너무 무리하기 때문이다' 하였다.
선조는 할 일이 무척 많을 텐데 할 필요가 없는 걱정 등에 시간을 너무 많이 소모하고 있었다.
명나라 병부에서는 또 군문표하 차관 누국안을 보내어 첩지를 가지고 부산으로 가서 왜적의 정세를 살펴보게 하였다. 그가 경성에 도착하였는데 우리나라의 배신을 선정해 함께 가서 조사하여 살피고자 하였다. 조정에서 곧 사복시 첨정 박진종을 따라가게 하였다. 누국안이 우리나라의 차관을 요구한 것은 직접 왜의 철수 여부를 목격하여 국왕에게 보고하게 한 연후에 사실에 의거해 주문하게 하려는 것이었다.

이달의 다른 일들은,

좌의정 유홍이 졸하였다. 윤두수를 해주의 중전 시위에 차견하여 유홍을 대신하게 하였다. 정탁을 우의정으로 하였고 김응남은 자동으로 좌의정이 되었다. 이산해를 영돈녕부사에, 황신을 사헌부 장령에 제수하였다.

이덕형이 밀계하여 영평 토적들의 일을 보고하였다. 전공자들을 굶주리게 한 때문이기도 하였다. 우리나라의 도적들은 대개 의병 중에서 날래고 건장한 자들이었다. 이들은 대부분 왜적을 죽인 사람들인데, 관가에서 그 늠궤(廩饋)를 박하게 주어서 굶주려 거의 죽게 하거나 혹은 억울하게 고발당하여 분풀이를 당하는 등의 작폐 때문에 도적이 된 것이었다.

이덕형은 또 훈련하는 일에 조소와 훼방이 많다고 하면서, 어떤 이들은 '검술은 우리나라의 장기가 아니니 무익한 짓을 할 필요가 없고, 군사의 교련은 적을 막는 근본이 아니니 무용한 군졸을 훈련할 필요가 없다'고 한다 하였다.

선조는 '경을 믿을 것이니 더욱 힘쓰라' 하였다.

이항복이 군공의 논상이 범람함을 말하니, 선조는 수급을 벤 것으로 계산한다면 수길의 군사가 거의 다 없어졌어야 할 것이라 하였다. 보고한 왜적의 수는 3백 명 미만이었는데 목을 벤 숫자가 3백 명이 넘는 경우도 있었다.

목장에 감목관을 둔 것은 마정을 중시한 때문이었다. 그런데 근래에는 난을 피해 떠도는 사람들이 연줄로 청탁하여 감목관에 임명되었는데, 그들은 목자를 침학하고 토색질하는 데에만 열중하였다. 심지어 둔전의 곡식 종자까지도 도용해서 수확량이 부족하면 목자에게 분담시켜 징수하므로 목자가 그 괴로움을 견디지 못하여 거의 다 도망치고 있었다. 감목관은 본래의 목적을 상실한 유해무익한 존재가 되었다.

근래에는 조관과 사족 등이 민가를 점거하는 경우가 많았다. 주인이 살고 있는 집이라 할지라도 공공연히 빼앗아 차지하여, 무력한 백성으로 하여금 혹한 속에 눈물과 울분으로 지내게 하고 있었다.

사헌부와 사간원이 번갈아 황정욱 부자의 추국을 청했다. 국가를 재건하는 일에 전념해도 시간이 부족할 판에 하는 짓이 이러하였다.

정경세가 아뢰기를, "시기가 매우 불행하여 나라에 붕당이 있어서 비록 공론이라 하더라도 한쪽 사람은 매양 사론으로 지목하니, 이것이 모두 이때의 좋지 못한 점입니다. 요즘에 헌부가 역적 틈에 원통하게 죽은 자가 많았기 때문에 그들을 신원시키려고 하고 있으니, 그 논의는 매우 좋은 것입니다. 그러나 더러는 역적을 신원하려 한다고 말하는 일이 있습니다. 이것은 바로 후일에 사림을 일망타진할 계책이니, 그 원통하고 참혹함은 뭐라고 말할 수 없습니다" 하였다. 북인들이 자행하는 실상을 말한 것이었다.

《주역》을 강하는 것이 일과였다. 신하들은 그나마도 선조를 면대하여 국정을 논할 수 있으니 다행이라 생각하였다. 그러나 대부분 무익한 내용이었다.

선조가 여러 장수들이 좋은 계책을 구상해 낸다는 것은 바랄 수 없는 일이거니와 술이나 마시고 잡기나 즐기며 저처럼 방종한다는 것을 판서도 들었는가 하고 물으니, 병조판서 이항복은 들었다 하고, 정경세는 여색까지도 군중에 드나든다고 하였다. 이런 장수들도 문제이지만 이렇게 임금과 뭇 신하들은 중앙에서 일은 제대로 처리하지도 못하면서 오히려 변방에서 고생하는 장수들의 사기나 떨어뜨리는 말이나 하는 것이 더 큰 문제였다.

2월 1일 한산도 통제영 이번에는 흥양현감 배흥록이 잡혀갔다. 임진년에 역전한 수령, 장수들이 대부분 잡혀가서 갈렸다. 이순신의 수족을 자르는 것인가.

보성군수 안흥국이 기일에 늦었으므로 처벌하였다. 도망치다 붙잡힌 포로 왜적 2명을 처형했다.

2월 2일 경성 비변사가 상주의 기복을 제한할 것을 청했다. 조상들의 혼령이 나라를 구해 주면 좋을 것이다. 전시에 이런 논의를 하는 것이 기가 막힐 뿐이다.

《주역》을 강하고, 변장들이 강화를 생각하는 것은 잘못이라 하고 강화를 논하는 근본을 끊어야 한다 하였다.

유격 진운홍이 죽도에서 소서행장을 만났다. 이에 대해 접반관 이시발의 보고가 있었다.

죽도 지역은 거대한 성곽 도시가 되어 있었다. 왜적의 진영은 넓이가 평양 정도나 되었는데, 3면이 강에 임해 있으며 목성으로 둘러쌓고 토성으로 거듭 쌓은 다음 안에는 석성을 쌓았다. 높고 웅장한 누각은 화려하기까지 하였고 크고 작은 토우가 즐비하게 늘어서 있어 규모가 만여 명의 군사를 수용할 만하였다. 수많은 크고 작은 선박들이 성 밑에 줄지어 매여 있었다.

유격이 분부하기를 '내가 여기에 온 지 4~5일이 되었는데 너희들은 아직껏 분명한 처사가 없으니, 이 무슨 뜻에서인가? 철수하고 안 하는 것은 너희에게 매인 일이니 내가 어찌 강요하겠느냐. 나는 마땅히 이런 뜻으로 돌아가 보고할 것인데 다만 조정에서 너희들을 믿지 않을 것이 염려된다' 하였다.

현소 등은 말하기를 '천조에서 매번 우리를 속이니 우리인들 어떻게 믿겠는가. 우리들은 평양에서 한번 물러나고 재차 용산에서 물러나서 해안까지 물러나 있으며 또 조선의 두 왕자도 돌려보냈으니, 우리는 한 번도 실신한 적이 없는데 천조만이 우리를 속일 뿐이다. 이제는 지레 물러가지 않을 것이다. 만일 천사가 경성이나 남원 등처에 왔다는 것을 분명히 안다면 관백에게 보고할 필요 없이 마땅히 다 철수해 돌아갈 것이다' 하였다.

행장은 군사를 철수하는 시늉을 보였다. 크고 작은 배 50여 척을 단장해서 각각 깃발을 꽂고 진영 아래에 죽 매어 놓고는 큰 소리로 '군사를 철수해 돌아갈 배이니 진야로 하여금 직접 보게 한다' 하였는데, 이날은 비가 내려서 배를 발송시키지 못하였고, 다음 날 행장이 크고 작은 배 36척을 단장하여 깃발을 펼치고 포를 쏘며 일시에 발송하였다. 유격이 누상에 올라 직접 보고 통사 장춘열 등도 목격하였는데, 행장이 '우도 8천 명, 좌도 7천 명, 도합 1만 5천 명이다'라고 알렸다. 유격 진운홍은 왜적이 철수하는 것으로 간주하였다.

그러나 이시발은 보고하기를 '이것은 위장인 것 같습니다. 대개 왜추는 교활하기 짝이 없는 자라, 선유가 아무리 절실해도 조금도 생각을 움직이지 않고 끝까지 핑계하면서 세 번 말하면 세 번 그 말을 변경하여 사람으로 하여금 그 속셈을 헤아릴 수 없게 합니다. 어떻든 소서행장은 중국 사신이 경성까지 나오면 완전 철수하겠다고 하였다 합니다.

온 진영의 대소 왜적들이 중국 사신을 몹시 기다리는 심정이었습니다. 책봉을 구하는 일은 진실인 것 같고, 철수하는 일은 반드시 중국 사신이 오기를 기다려서 하려고 하며, 조공 바치기를 요구하는 여부는 중국 사신이 와서 책봉할 때에 반드시 무슨 말이 있을 것 같았습니다. 만일 중국 사신이 오래도록 나오지 않는다면 또한 그들이 다시 반측하지 않으리라고 보장하기 어려우니, 이것이 염려스러운 일입니다' 하였다.

전후 사정을 모르는 왜적의 졸병들은 정말로 화의가 성립하여 고향으로 돌아가길 학수고대하였다. 그럴 수 있으리라 믿었다. 그들도 똑같은 처지였다. 소서행장도 마음만은 돌아가고 싶은 심정이었을 것이다.

선조는 왜적은 중국 사신이 나온 연후에 물러가려 한다 하고, 중국 조정에서는 적이 물러간 연후에 사신을 내보내려고 한다 하니, 어떻게 조처해야 할지를 모르겠다고 하였다.

2월 10일 남해안 웅천 소서행장 진영 이날 사시에 누국안 일행이 웅천의 왜영에 당도하였다. 유격 진운홍이 왔다 간 지가 며칠 되지 않았는데 또 명나라 사람이 오니 이해가 되지 않았다.

행장이 요시라를 시켜 묻기를, "무슨 일로 인하여 이곳에까지 오시게 되었습니까?" 하고 물으니,

박진종이 답하기를 "우리는 병부상서 석 노야의 분부를 받고 여기 와서 너희들의 가고 안 가는 것을 보자는 것이며 그 밖에 별다른 일은 없노라" 하였다.

이윽고 행장이 술을 올리어 마시기를 권했다. 13일까지 행장이 누국안과 더불어 여러 차례 이야기를 나누었다.

누국안이 "성상이 이미 봉을 인준하셨고, 심 유격은 인마를 많이 대동하고 천자의 사신보다 앞서 왔으므로 석성 노야가 우리들을 차송하여 너희들을 효유해서 먼저 군사를 철수시키고 바다를 건네게 하자는 것이다" 하였다.

행장이 답하기를, '우리가 평양으로부터 부산에 당도하기까지에 한결같이 천조의 약속을 준수하여 감히 위배하지 아니하였으니, 우리가 성지

를 공경히 따른 것이 아닙니까? 지금 대인이 또 군사를 철수하여 돌아가라는 말씀을 하시니, 시기에 맞추어 바다를 건너가고 싶지만 천자의 사신이 오는 것인지 아니 오는 것인지 아직도 확실하지 아니하기 때문에 이와 같이 지체하는 것입니다' 하였다.

누국안이 말하기를, "너희들이 천자의 사신이 오고 아니 오는 것으로써 진퇴를 결정할 생각이라면 나는 석성 노야에게 회보하여 심 유격을 재촉해 보내도록 하겠다" 하였다.

박진종이 상하의 왜인 군중을 살펴보니 모두가 다 오래 머물게 된 것을 원망하고 고통스럽게 여기는 것 같았다. 천자의 사신을 기다린다는 말이 진정인 것도 같았는데, 수길·청정과 여러 왜장들은 서로 반목하며 화친에 대하여 좋지 않은 마음을 품고 있다는 말도 있었다. 그래서 박진종은 곧 전후의 문답 내용과 왜진의 상황을 바로 조정에 보고하였다.

2월 11일 경성 왜영에서 돌아온 유격 진운홍을 접견하여 적의 형세에 대해 들었다.

"행장이 극히 공순하고 다른 뜻이 없었으니, 천사가 만일 나온다면 반드시 갈 것입니다. 그들의 군사 1만 5천 명을 36척의 배에 실어 들여보내는 것을 제가 직접 보았습니다. 반드시 사신이 속히 나와서 저 적이 빨리 물러가도록 한다면 매우 좋겠습니다. 저 적은 귀국에게 불공대천의 원수입니다. 그러나 속히 들여보낸다면 그래도 괜찮습니다. 이 일은 마치 한판의 바둑과 같으니, 반드시 판을 끝내는 것이 좋습니다. 4~5년 뒤의 일은 저도 역시 모릅니다. 귀국은 이 기회에 농사를 권장하고 군사를 훈련시켜 방수의 준비를 하는 것도 불가할 것이 없습니다. 그전에는 우려할 일이 없을 것 같습니다. 본 조정에서 저 적을 다 섬멸하려고 하지 않는 건 아니나 형세상 어려움이 있는 것입니다. 중국에서 10만 병력을 동원하기는 어렵지 않으나 귀국에 군량이 없으니 어찌하겠습니까. 지금 반드시 그들로 하여금 물러가게 한 연후에 장수를 뽑고 군사를 훈련시켜서 마치 호표가 산에 있는 듯한 위세를 갖춘다면, 3~4년 후에 비록 저들이 재침하는 일이 있다 하더라도 무슨 걱정이 있겠습니까" 하였다. 맞는 말이었다.

언제부터인가 선조는 어필로 기에 '토적 복수'라고 써서 궁정에 세우고 날마다 활쏘기 하는 것을 힘썼다.

사관은 '상의 와신상담의 뜻이 지극하였는데, 조정에서는 오직 기미책으로 일을 삼으니 통탄할 노릇이다' 하고 논하였다.

그러나 선조가 진정으로 와신상담 한다면 보여 주는 것도 좋지만, 실제로 가장 중요한 것은 백성들이 배고파 굶어 죽을 때 한 끼 먹는 것도 괴로워해야 하고, 10만의 정예병을 양성하기에 모든 역량을 기울여 침식도 잊어야 하는 것이다. 그런데 배불리 먹고 늘어지게 자면서 와신상담이라고 거짓 흉내나 내면서 정작 왜적을 무찌르는 일은 중국군이 해주기만 바라고 있었다. 무력으로 왜적을 물리치기가 쉽지 않은 것을 아는 명나라는 화의를 성립시켜 왜적을 물러나게 하고자 하는데 화의가 성립되어 왜적이 물러간다면 정말 다행인 것이다. 사실 왜적이 말하는 화의는 거짓으로 왜적은 물러가지 않을 것이다. 그러나 우리가 그것을 알고 확신한다고 해도 다른 대안이 없었다. 우리가 해야 할 일은 그동안에 국가를 안정시키고 착실히 군사를 양성하여 대비하는 것이 최선이었다. 그런데 대비는 고사하고 화의라는 말에만 정신이 팔려 말도 못하게 하고, 신하들만 들볶아 어느 것 하나 하는 일 없이 세월만 흘러가게 하고 있었으니 정말 한심하고 참담한 세월이 아닐 수 없었.

권율의 보고에 수군의 배는 도합 84척이고 군사는 4천1백9명인데 병든 자가 절반이 넘는다고 하였다.

2월 13일 명나라 도사 신무룡 등이 도착하였다. 손 경략의 분부를 받들어 청정을 만나기 위해 온 것이다. 좌의정 김응남이 먼저 만나 보았다. 청정에게 선물을 주고 철군을 종용할 것이라 하였다.

이후 선조가 신무룡 등을 접견하였다. "담 도사의 품첩에 '청정이 거만 무례하니 군문이 차관을 보내 위유하면 그 마음이 풀릴 것이다' 했기 때문에 군문이 우리들을 차견하여 다른 염려가 없도록 손쓰는 것이니, 국왕께서는 안심하고 걱정하시지 마소서" 하였다. 봉왕 사신이 나오는데 청정이 말썽을 부릴까 염려되어 선물을 주고 무마하려는 것이었다.

비변사에서는 청정이 만일 이 일을 가지고 관백에게 통보하여 '내가 일곱 가지 일을 요구하여 거의 성사가 되어 가는데 행장은 단지 실속 없는 봉왕만을 요구하여 군사를 철수하려고 하니, 매우 불가한 일이다'라고 하면, 수길의 만족할 줄 모르는 마음으로는 필시 청정의 말을 믿을 것이다. 그러면 행장은 장차 그의 변설을 펼 수 없을 것이고, 이같이 시끄러워져서 흔단이 계속 생기게 되면 더욱 수습할 기약이 없을 것이라며 우려하였다.

2월 14일 한산도 통제영 방비할 수군을 징발하지 못한 것과 전선을 만들어 오지 못한 일로 진도군수, 무안현감, 함평현감과 영암군수 박홍장을 처벌하였다.

전 낙안군수 신호가 정식으로 조방장에 임명되어 진에 도착하였다. 이순신과 다시 고락을 같이하게 된 것이다.

바다에는 고기가 많았다. 많이 잡으면 병사들의 영양 보충에 도움이 될 것이다. 군관 송한련이 고기를 잡아 팔아 군량을 마련하겠다고 건의하였다. 쌍수를 들고 환영할 일이지 못하게 할 이유가 없었다.

원균은 계속 이순신의 속을 끓였다. 그러나 이미 조정에서는 그를 충청병사로 발령을 낸 상태였다. 볼 날이 며칠 남지 않았다. 원균의 후임으로 발령 난 진주목사 배설은 진주의 백성들이 떠나지 못하게 하여 부임하지 못하고 있었다.

2월 20일 경성 《주역》을 강하고, 신하들과 논의하는데 도원수 권율이 또 도마에 올랐다. 정구와 김우옹 등이 도원수가 인심을 잃었다며 체직하기를 권하고 후임으로 이덕형과 이원익을 거론하였다. 선조만이 꺼려 하였다.

선조가 이르기를, "나라의 큰일은 반드시 주밀하게 생각해야 한다. 지금 만일 현재의 도원수를 체직시키고 다른 사람을 보낸다면 생소할 뿐만 아니라, 현재의 도원수보다 나은 자가 없다" 하였다.

정구가 "전번에 영상이 이덕형을 보낼 만하다고 하였습니다" 하니,

선조가 "나도 이미 생각하였지만 내가 중히 여기는 것은 이곳에 사람이 없으니 생각하지 않을 수 없다. 이조판서 이덕형은 일찍이 선위사가 되었었으니, 왜적이 이미 그 기국의 천심을 헤아리고 있을 것이고 또한 그의 나이가 너무 적으므로 도원수를 삼을 수 없다" "일이 어찌 그와 같겠는가. 방관자와 당국자는 다른 것이다. 우리나라 사람은 모두 '모인이 가면 가하다' 하는데 그 사람이 가도 전의 사람과 다른 바가 없다. 속담에, 쥐를 고양이로 바꾸었다는 것도 역시 이런 유이다" 하였다.

이항복은 장인인 권율이 이렇게 도마 위에 올라 비판을 받을 바에는 차라리 쉬기를 바랐다. 그래서 "인심이 그러하니 교체하는 것이 마땅하겠습니다" 하였다.

선조는 "내가 영상에게 '이원익을 원수로 삼고 이덕형을 평안 감사로 삼으면 어떻겠는가?' 하고 물었더니, 영상이 불가하다고 하였기 때문에 그만두었던 것이다" 하였다.

정곤수 유영순 등도 도원수를 이원익으로 교체하길 강하게 청했다. 그러나 비변사가 도원수의 교체는 어렵다고 하였다.

비변사가 '수군의 실전 경험이 있는 여러 장수가 요사이 많이 바뀌니, 앞으로 꼴이 될 것 같지 않습니다. 오늘의 정세는 왜적이 물러가거나 안 가거나를 막론하고 다 수군을 중요시해야 합니다. 왜적이 물러가지 않으면 적을 막아 요절을 내는 세력을 보유하고, 왜적이 물러가도 수년간 육지 방비를 조치할 수 없어서, 반드시 수군으로 항구를 가로 끊어 놓은 다음 육지에서 호응해야 일이 이루어집니다.

순천부사 권준이 수군중위장으로 처음부터 끝까지 진중에 있어서 해전에 대한 일을 많이 안다고 들었습니다. 이제 석방되었으니 속히 이순신 진중으로 보내서 먼저대로 장수로 정해 주고, 기타의 편장과 비장은 일이 안정될 때까지 바꾸지 마소서' 하였다.

권준은 별 혐의가 없었던 것 같고 수군 장수들을 바꾸지 말아 달라는 요청은 이순신이 유성룡에게 부탁한 것이라 여겨진다.

2월 26일 유성룡이 도체찰사의 직은 감당할 수 없다고 하였다. 병이 몸을 감싸서 열이 오르고 계속하여 피를 토해 기력이 없어졌다는 이유였다.

다음 날 김응남을 도체찰사로 하고 인견하였다. 김억추를 데려가고 싶다 하고, 부사는 한효순을 말하고, 종사관은 박홍로와 정경세를 지명하였다.

비변사가 소서행장이 예조에 보낸 서신을 올렸다. '지금 비록 포마다 있으나 귀국의 봉강을 범하지 않았으며, 일본의 양식을 운수해다 먹고, 단지 갈증을 푸는 데만 귀국의 시냇물을 사용할 뿐입니다. 만일 천사를 기다리는 일이 아니라면 공연히 각 포에 머물러 있겠습니까. 천조 사람이 의심을 풀지 못하는 것은 무엇 때문입니까. 삼가 바라건대, 귀국은 병부 노야에게 글을 올려서, 먼저 심 유격을 보내 진영에 들어와 상의하여 천사가 진영에 들어오도록 주선하소서. 바로 이것이 귀국은 평안하고 왜병은 고국으로 돌아갈 수 있는 좋은 계책이니, 속히 서두르소서' 하였다. 일부러 명나라 사신을 간절히 바라고 있는 것처럼 보이기 위한 행장의 술수였다.

한산도 통제영 드디어 원균이 떠나게 되었다. 교서가 도착하여 신임 경상우수사 배설과 교대식을 하였다. 원균은 무엇이 불만인지 교서에 숙배조차 하지 않으려고 하여 애를 먹였다. 어쨌든 이순신은 앓던 이를 뺀 기분이었을 것이다. 그러나 마의 그림자가 지워질 리는 없었다. 오히려 서울이 가까운 충청도로 가게 됐으니 마의 손들이 서로 합쳐지기만 더 쉬워졌을 뿐이다.

2월 28일 유격 진운홍은 우리나라가 봉왜 사신을 나오도록 요청하는 주문을 올릴 것을 요구하였으나 선조는 그럴 마음이 없었다. 그러자 진 유격은 조선에서 주문을 올리지 않으면 천사가 오지 않을 것이라 하였다.
 '너희 나라가 주문하지 않으면 천사가 나오지 않고, 천사가 나오지 않으면 왜적이 물러가지 않는다. 만일 왜적이 움직이면 천조가 비록 그들을 죽이려 하나 멀리서 병마를 조달하자면 어떻게 적시에 미치겠는가. 너희 나라에 양식이 있는가. 군사가 있는가. 어찌 이런 일들을 생각하지 않고 이처럼 고집하는가' 하고, 또 절강성, 복건성 등에 왜구가 침입하였을 때 오랜 시간에 걸쳐 기미지계를 써 결국 섬멸한 예를 들어가며 설득하였다. 일개 유격이 이렇게 옳은 말을 사리에 맞게 잘한 것이지만 듣는 우리 사람에게는 마이동풍일 뿐이었다.

2월 29일 비변사가 고언백이 가등청정을 암살하고자 하는 계책을 아뢰니,

선조는 "지금 갑자기 그런 일을 하려 하니, 어찌 한심하지 않은가. 설령 청정이 죽는다 해도 일본에 어찌 청정의 무리가 없겠는가. 족히 수길의 하늘을 찌를 듯한 군사 위세를 격발시킬 것이다. 경들은 수길을 어떤 사람으로 보고 이 같은 일을 하려고 생각하는가. 아침에 청정을 죽이면 수길이 저녁에 반드시 바다를 건너와서 우리나라를 초토화할 것이다. 하물며 중국에서 바야흐로 봉왜를 준허하여 선유하려는 즈음에 우리나라에서 이런 일을 하여 공연히 말도 안 될 일들을 야기할 수 있겠는가. 석상서 등이 이 소식을 들으면 반드시 진노하여 돌보아주지 않을 것이고, 그 사이에 간악하고 음험한 무리들이 불측한 말을 지어낼 것이니, 우리나라의 일은 여기에서 결판이 나고 말 것이다. 차마 말하지 못하겠다" 하였다.

여태까지 강화와 봉왜를 막기 위해 신하들을 들볶았던 선조가 이렇게 말하니 이상한 일이었다. 실은 청정이 쳐들어올까 겁이 나서 둘러댄 것이었다.

다음 날 대신들을 인견하여 이 일을 다시 논의하였는데, 신하들은 청정을 죽여야 한다 하고 선조는 죽여서는 안 된다 하고 마치 손 안에 있는 것처럼 하고 있었다. 한심한 일이었다.

선조는 또, "수길이 중국 사신을 청하는 데는 반드시 속셈이 있을 것인데, 중국 사신이 오면 곤욕스런 일을 당할 줄 어찌 알겠는가. 만일 그렇다면 중원은 반드시 우리나라에 죄를 돌릴 것이다" 하였는데 근사한 예측이었다.

요동의 양 포정이 나온다는 말도 있었다.

이달의 다른 일들은,

정원이 생원, 진사에게 무재를 시험하는 것을 정지하자 청했지만 선조는 강력하게 '불가불 해야 한다' 하였다. 잘한 결정 중 하나였다.

기복한 자와 상중인 자들이 과거를 보는 것의 불가함을 논하고 서리에 대한 논의가 있었다. 선조는 이르기를, "이는 서리가 간교하고 부정해서 그런 것이 아니라 관원이 모든 공사를 그들의 손에 맡긴 때문이다. 정원으로 말하면 출납하는 공사도 직접 하지 않고 있다" 하였다.

그리고 금령에도 불구하고 무사의 의복, 모자 등이 중국 사람에게 기롱거리가 되니 호되게 금하라 하였다.

화약의 제조와 독약을 화살에 바르는 방법을 중국인에게 배울 것을 지시하였다. 그러나 가르쳐 줄 사람이 없었다.

권율의 보고가 있었다. 김응서의 진영에 요시라가 조신의 서신을 가져와서 이야기하였고, 좌·우도의 인민들이 적의 진영을 드나들면서 태연스럽게 매매 행위를 하고, 심지어 기밀에 관한 일을 숨김없이 누설하기까지 하니, 극히 경악할 일이라고 하였다. 김응서의 진영에는 요시라가 제집처럼 드나들고 있었다.

김덕령이 상소하여 처자에게 식물을 제급해 준 것을 사은하며 군량의 운송이 절실함을 말하였다. 선조가 전라감사에게 지시하여 김덕령을 지원해 주도록 하라고 하였다.

이달에도 황혁을 삼성추국하자고 하였다. 죄를 떠나서도 이러한 시국에 해서는 안 되는 너무한 일이었다.

3월 1일 경성 경상 방어사 권응수가 보고하였는데, 청정의 군대가 위용을 뽐내고 있는데 그 흉모를 예측할 수 없으며, 반드시 한바탕 맞닥뜨려야 할 것 같다고 하였다.

비변사가 대비책을 아뢨다. 행장에게 알게 하여 말리도록 하고, 고언백 등에게 새로운 각오로 만일의 사태에 대비하게 하자고 하였다. 또 충청도 군량을 육로를 통해 경주로 보내라 했는데 권율이 멋대로 해로를 통해 진주로 보냈다고 비난하면서, 선전관을 급히 경주로 파견하여 적세와 동정을 살피고 제장의 대응책과 동정을 보고 오게 하자고 하였다. 선조 이하 모두가 행여 청정이 쳐들어올까 봐 전전긍긍하고 있었다.

조정에서는 적이 가만히 있으면 '제장들은 무엇하고 있는가' 하면서 생사람만 잡고, 만약 적이 움직일 기미가 있으면 어떻게 할 줄 몰라 쩔쩔매면서 중구난방의 대책 없는 대책 회의나 하고 시간을 보내기만 하였다. 그런 주제에, 모처럼 적을 공격했다가 성과가 없으면 계획이 없었다느니 지략이 모자란다느니 말이 많고, 게다가 자신들은 싸우러 갈 생각조차 없고 능력도 없으면서 고생한 장수들을 죄주라고 아우성이나 쳤다. 한심한 조정이었다.

권율의 장계에, 청정의 부장 희팔이 좌병사에게 편지를 보내왔는데 무슨 생각인지 왜적의 속셈을 헤아릴 길이 없으므로 우선 노부 한 사람을 보내어 실정을 탐색해 보게 하였다고 하였다. 또 요시라는 김응서의 진중에 왔다가 '농사나 잘 지으라. 강화가 만일 이루어지지 않는다면 당연히 우리의 식량이 될 것이다' 하고 겁을 주었다고 하였다.

유격 진운홍을 접견하여, 주문하는 일, 왜적이 강화 후에 우리나라를 경유하려는 문제 등을 논의하였다.

진 유격이 "내가 적의 실정을 알고 있는데, 후일의 조공은 반드시 옛날대로 영파의 길을 경유하게 될 것이고 귀방을 경유하지는 않을 것입니다. 주문의 머리말을 빼면 안 됩니다. 만일 빼버린다면 내 말이 허언이 되고 맙니다. 왜선 36척이 돌아갔다는 말을 빼지 마소서" 하니,

선조는, "일러준 대로 하겠소이다" 하였다.

한산도 통제영 겨울을 난 3도의 군사들에게 임금이 하사한 무명을 나누어 주었다. 정조방장이 들어왔고 4일에는 친구인 박종남이 정식 조방장이 되어 들어왔다. 한산도 진영 이순신 휘하에는 조방장이 세 사람이나 있게 되었고, 경험 많은 이들이 보좌하니 이순신에게는 큰 위안이 되고, 일하기도 한결 수월해졌다.

3월 9일 경성 헌납 이철이 상중에 등과한 자들의 삭과 치죄를 청했다. '당초 과거를 실시할 때 상주도 같이 응하라는 명이 없었는데, 스스로 애통함을 잊은 채 염치없이 과거에 임하였으니 지금 적발하여 이름을 삭제한다 해도 이것은 자신이 만든 재앙이지, 애초부터 조정의 영이 앞뒤가 다른 것은 아닙니다' 하였다. 어처구니없는 주장이었는데 선조가 따랐다.

사관은 '상중에 기복한 자들을 처벌하는 것을 하늘이 우리나라를 중흥시키려 하는 것인가' 하고 논했다.

전시인데 너무 현실과 동떨어진 논이었다. 다행히 비변사가 무사들의 기복은 그때는 급한 것이었으니 적발, 치죄, 삭과를 거행하지 말자고 하였다.

3월 11일 한산도 통제영 이날 사도시 주부 조형도가 진영에 도착하였다. 직위는 낮아도 조정에서 온 사람이니 잘 대해 주지 않을 수 없었다. 그런데 4일간이나 잘 지내고 올라간 자가 후에 조정에 보고할 때는 엉터리로 군사들에게 하루 쌀 5홉과 물 7홉씩을 주어 수군들이 곧 죽어갈 것처럼 모함성 보고를 한다. 그 뒤에 그 사실을 알게 된 이순신은 몹시 분개해한다.

영의정 유성룡이 신병으로 정사하였다. 선조가 조용히 쉬면서 오랫동안 조리하라 하고, 큰일인 경우는 낭청을 보내거나 유사당상이 친히 가서 의논하고 작은 일인 경우는 번거롭게 하지 말라 하였다. 그리고 내의원에 지시하여 쓸 만한 약재를 잘 가려서 넉넉히 보내도록 하였다.

3월 16일 한산도 통제영 이날 이순신은 또 비통한 소식을 들었다. 사도첨사 김완이 보고하기를, 충청수사 이순신이 군량미 2백여 섬을 숨겨두었다가 조도어사 강첨에게 포착되어 파직되고 체포되어 심문당하고 있다고 하였다. 너무도 가슴 아픈 일이었다. 그리고 신임 충청수사 이계훈이 전선에 올랐는데 그 전선에서 불이 났다고 하였다.

다음 날 충청우후 원유남이 급보하기를, 수사 이계훈은 불이 나자 물에 빠져 죽었고 군관 및 격군을 합하여 4백여 명이 불에 타 죽었다고 하였다. 그렇지 않아도 약한 충청도 수군인데 손실이 너무도 컸다.

한 가지 위안은 새 충청수사로 선거이가 임명된 것이다.

그다음 날 권준이 진중에 도착하였다. 괜히 아까운 장수 보직만 없앤 꼴이 되었다. 어떻든 이순신에게는 아주 반갑고 기쁜 일이었다. 동생과 조카들이 함께 들어와 어머님 안녕하시다는 소식을 전하니 더욱 기뻤다.

경성 유성룡이 시무 대책을 건의하였다.

'마땅히 기강의 법을 신명하여 전진에 임했던 장수가 도망치거나 성을 지키지 않고 달아난 수령은 도원수에게 선참 후문하게 함으로써 모든 사람들이 군법을 피하기 어렵다는 것을 미리 알게 하여 전쟁에 피하지 않고 힘써 싸우게끔 해야 합니다.

청주는 바로 추풍·황간·영동으로 이어지는 길로 병사가 주둔해야 하는데 원균이 부임했는지의 여부를 아직 알 수가 없어 역시 염려가 됩니다.
그리고 김응서는 왜적의 달콤한 말을 깊이 믿고 있어 적의 술수에 빠질 우려가 없지 않은 듯하니, 고언백의 계장 내용과 같이 역시 선전관을 보내어 급히 전유하여 군병을 정칙하고 새로운 각오로 만일의 사태에 대비하게 하되 적의 동태를 상세히 정탐하고 한편으로는 급속히 치계하라고 하는 것이 합당하겠습니다.
수군의 형편도 매우 염려됩니다. 지금 왜적이 오랫동안 재목이 많은 거제에 있으니, 만일 우리나라의 선제를 따라 판옥선을 많이 만들어 포를 싣고 나온다면 대적하기 역시 어려울 것입니다. 이렇게 일이 급한 때에 수군이 전날보다 더 약하고, 순찰사 등은 또한 장래의 일을 깊이 생각하지 못하여, 제장은 전부 차사원이 되었고, 군량도 많이 감소된 데다, 불행히도 충청도의 배가 바다에 침몰하여 제때에 가기가 어려우니, 걱정되는 일이 한두 가지가 아닙니다. 그러니 이순신이 청한 제장을 금명간에 급속히 떠나보내고 또한 이러한 뜻을 이순신 등에게 밀유하여 각오를 새롭게 하여 조치해서 차질이 없도록 하는 것이 합당하겠습니다" 하였다. 선조가 비변사에 내려 속히 시행하라 하였다.

3월 21일 정원이 한산도 수졸의 상태를 아뢨다. "신들이 들으니, 한산도의 수졸들은 오래도록 배 위에 있게 하고 집으로 돌려보내지 않아 몇 년씩이나 머물러 있으므로 그 고생이 육진보다 갑절이나 더하여, 사람들이 모두 싫어하면서 온갖 꾀를 내어 도망치려고만 하기 때문에, 제장들이 더욱 엄하게 금하고 옭아매듯 구속하여 비록 섬이라 하더라도 마음대로 하선하지 못해 샘물마저 마시지 못하고 항상 바닷물만 마신다고 합니다. 그리고 군량마저 항상 모자라 사람들이 하루에 한 되 밥도 얻어먹지 못하여 군사들 중에는 굶주리지 않은 사람이 없는 데다 무장의 침입마저 받아 질병에 잘 걸리며 전염이 성하여 죽는 자가 즐비하다 하니 매우 불쌍합니다. 죽은 사람이야 어쩔 수 없지만 산 사람이 불쌍하니 이후부터는 전일처럼 구집하지 말고 특별히 보살펴어 굶주린 사람을 먹여 주고 병든 자를 치료하는 등의 일에 십분 마음을 다해 보살피라는 것을 하유하는 내용에 삽입하게 하소서" 하였다. 한산도의 3도 수군이 어렵기는 했겠지만 이 보고는 너무 심했다. 이런 상태라면 지옥이다. 그렇다면 조정에서는 당연히 식량과 의약품을 보내 구제해야 할 것이다. 그러나 그런 조치는 없이 말로만 마음을 다해 보살피라고 하유하자고 하였다. 한심한 조정이 아닐 수 없었다.

3월 24일 경성 도사 신무룡과 장응룡의 접반관으로 청정의 진영을 다녀온 도총부 도사 김의직이 서계하였는데 그 대략은 다음과 같다.

청정이 말하기를, '평행장과 심 유격의 일은 모두 간사한 거짓이다.' 또 청정은 희팔을 시켜 다섯 가지 일을 제시하면서 '행장이 평양에서 패전하자 관백이 죽이려 했는데, 행장은 「내가 이 다섯 가지 일을 맡아 성공시키겠다」 하였으므로 관백이 살려주고 그의 주선을 기다리고 있는데 지금 행장은 이 다섯 가지 일은 도모하지 않고 피차가 서로 속이고 있다' 하였다. 그 다섯 가지 일은, 첫째, 대명과 일본은 혼인을 할 것, 둘째, 조선의 4개도를 일본에 부속시킬 것, 셋째, 조선 왕자를 일본에 볼모로 보낼 것, 넷째, 조선의 대관 노인을 일본에 볼모로 보낼 것, 다섯째, 조선의 대관 각로는 화의를 함께 서약할 것 등이었다.

청정이 손 경략의 글에 답한 것에는 '행장이 제시한 세 가지 일은 관백의 명령이 아니다. 그중에 왕으로 봉하는 일은 일본 관백이 어찌 요구했겠는가. 만일 두 관원이 다시 온다면 한 사람은 곧바로 일본으로 가서 관백의 명을 들어 보면 거짓이 아님을 알 것이다' 하였다.

손 경략이 가등청정에게 폐물을 주고 군사를 철수하게 하려 한 것인데, 오히려 심유경과 소서행장이 추진하는 화의는 가짜이며, 관백의 요구는 혼인과 할지 등을 요구하는 것이고, 왕으로 봉하는 일을 관백이 요구할 리가 없다는 말만 들었다. 그리고 청정은 내년 3월에 중국을 치려 한다고 협박까지 하였다.

3월 26일 신, 장 두 도사를 접견하였다.
선조가 "왜적의 흉악하고 교활함은 헤아릴 수가 없습니다. 만약 천위를 보이지 않는다면 필시 물러갈 리가 없습니다. 반드시 군사를 쓴 다음에야 초멸할 수가 있을 것인데 우리나라에는 군량마저 떨어졌습니다. 바라건대 오직 중국에서 대병을 출동하여 수륙으로 아울러 진격하고 또 많은 군량을 계속 수송한다면, 적들은 하잘것도 없을 것입니다. 그러나 적이 먼저 기동한다면 이 나라는 버틸 수가 없습니다. 만약 명사가 빨리 나와 기미의 뜻을 보여 행장에게 먼저 철병하게 한다면 청정의 병세는 반드시 고단해질 것이니, 혹 물러갈 수도 있을 것입니다" 하였다. 청정이 다시 침범할 것에 겁이 난 선조는 명의 사신이 빨리 나올 것을 말하고 있었다.
두 사람이 말하기를, "우리들은 군문에 도착하면 이런 정상을 얘기하겠습니다. 또 일찍이 들으니, 청정은 용기는 있으나 꾀가 없는 사람이라고 했는데, 이제 직접 보니 웅표의 재주가 있고 포악합니다. 반드시 바다를 건너가려 하지 않을 것입니다" 하였다.

3월 27일 명나라 황제의 칙서를 맞이하였다. 광해군에게 전라도와 경상도 지방에 머물면서 경리하라는 내용이었다. 이에 선조가 가만히 있을 리가 없었다.

'금후로는 세자에게 군무를 재결하도록 하라' 하였다. 며칠 동안 심수경과 김응남이 신하들을 거느리고 동궁의 군정 주관의 부당함을 아뢨다. 세자도 군무를 주관할 수 없다고 하였다.

권응수가 왜적이 서생포 성을 더 강화하고, '관백이 대군을 거느리고 올 것이다'는 말도 있어 충돌이 우려되나 우리 군사는 모두 합해 겨우 2천여 명이니 조정에서 포수와 살수를 급히 내려보내 달라 하였다.

이달의 다른 일들은,

이항복을 이조판서로 이덕형을 병조판서로 하였다. 이덕형이 이조판서를 극구 사양하였기 때문이었다.

이항복은 어려운 시기를 당하여 충심으로 애쓰는 모습이 현저하게 드러나 임금의 총애가 특별히 두터웠다. 그리고 기국이 크고 당론을 주장하지 않았기 때문에 비록 지목을 받는 일은 있어도 공격은 받지 않았으며, 다섯 번이나 병조판서를 역임했어도 이의를 제기하는 사람이 없었다.

양사가 합계하여 황정욱과 황혁을 기어이 재차 국문하도록 하였다. 황혁은 형신을 받아 거의 죽을 뻔하였다. 이렇게 한 달이 넘도록 곤욕을 치른 후 정탁과 심수경 등이 구제하여 형신을 정지하고 위리안치하도록 하였다.

영돈녕부사 이산해가 사직 상소를 올렸으나 허락하지 않았다. 선조의 의중을 떠보려는 이산해의 비상한 수단이었다. 이기가 이조참판이 되었다.

‖ 봉왜 사신은 나왔으나, 왜적은 물러가지 않다 ‖

명나라 책봉 사신 정사 이종성과 부사 양방형은 지난 2월 초 북경을 출발하여 요양에 도착한 후 다시 조선을 향하여 출발하였다. 소서비 일행도 함께 따랐다. 심유경은 이들보다 먼저 출발하였다.

이들 사신 일행의 규모를 보면,

정사는 참모 6인 장관 60명, 선봉 70명 가정 600명, 짐꾼 1천 명, 쇄마 3백 필, 거우 60척, 아양마 50필 등이고,

부사는 장관 30명, 선봉 50명 초관 7명 가정 200명, 짐꾼 5백 명, 쇄마 3백 필, 거우 60척, 양마 50필 등이었다.

게다가 심유경이 거느린 규모도 거의 부사의 규모와 맞먹었다. 사실 대단한 규모로 이들을 지대하는 일에 우리 백성들 뼈골이 빠지게 될 것이었다.

4월 1일 경성 백관 이하 모두가 돌아가며 하루 종일 동궁의 군정 전담의 부당성을 논하였다.

연일 신하들이 동궁의 군정을 계속 반대하고, 아픈 몸으로 유성룡이 칙서의 바른 뜻을 진달하였다. '칙서 중에 이른바 총독이라 한 것은 결코 군국을 뜻한 것이 아닌데 상께서 인용하여 하교하시면서는 일국의 군무를 모두 동궁에게 맡기고 참여하지 않으려고 하시니, 명분은 조칙을 봉행하는 것이라고 말씀하시나 실상은 황제가 명하신 본의와는 서로 크게 배치되는 것입니다. 성상께서 평소에 지성으로 대국을 섬기던 뜻으로 미루어 보면 어찌 매우 미안하지 않습니까.'

4월 3일 세자가 문안하며 철회할 것을 아뢰니 조정의 조치만을 기다

리라고 하였다. 3정승이 백관을 거느리고 아뢨다. 하루 종일 돌아가며 아뢨다.

영중추부사 심수경, 좌의정 김응남, 우의정 정탁이 백관을 거느리고 재차 계청하니, 선조가 "답답한 심정을 억누를 수 없다. 다만 이제 심유경이 곧 들어올 것이고 변방의 일도 급하니 이와 같이 서로 고집하여 일을 폐할 수는 없다. 우선 죽고 싶은 마음을 참고 따르겠다" 하였다.

명 사신 봉왜 사신 이종성 일행이 이날 압록강을 건너 우리나라로 들어왔다. 왜적이 다 물러가면 들어오기로 하였으나, 유격 진운홍이 왜선 36척이 출항하여 자기 소굴로 돌아갔다고 보고하자 봉하는 일이 성립될 것을 확신한 석성이 진출하도록 지시한 것이다. 심유경은 경성에 가까이 오고 있었다.

4월 6일 심유경은 먼저 출발하여 이미 경성에 들어왔다. 문례관 황시가 심유경을 만났다. 심유경이 '나는 입성하여 잠깐 머무르고 즉시 적중으로 향해야 하니 행색이 매우 바쁘다. 그리고 먼 길을 말을 달려 오느라 기운이 매우 피곤하고 두 다리가 아파서 예를 행하기가 매우 곤란하니 국왕과 서로 만날 필요는 없다. 그러므로 단지 칙서 중에 조선에 관한 것 한 조목만 등초하여 사람을 보내어 국왕께 전해드릴까 생각한다' 하였다. 불만이 있는 말이었다.

4월 7일 경성 비변사에서는 봉왜 사신이 경성에서 지체하면서 일이 성사되기를 기다리면 그 기간이 얼마나 될지 예측하기 어렵고, 지대하는 제반 물자를 조치하기도 매우 어려울 뿐만 아니라 창고의 양향도 떨어질 염려가 있을 것을 우려하였다. 선조는 소서비가 거느린 왜인이 성안에 들어오는 것을 막도록 하라고 하였다.

다음 날 심유경을 접견하여 그의 의견을 들었다.

"지금 조정에서는 나를 보내어 윤 배신과 함께 적진으로 가서 소서행장에게 선유하여 모두 철회시킨 뒤에 배신이 국왕에게 치보하면 국왕이 바로 조정에 전보토록 하였는데, 나는 먼저 양 포정에게 청하여 왜영을 살핀 뒤에 우리 사신이 들어오도록 청하여 함께 일본으로 가도록 하였습니다. 그런데 요즈음 송찰원의 제본을 통하여 들으니, 사신이 이달 3일에 이미 강을 건넜다고 합니다. 귀국엔 와전된 말이 성행하여 '행장 등이 반드시 4개 도를 떼어 가질 것이다'라는 말까지 있는데, 이는 참으로 헛소문입니다. 조금도 의심하지 마십시오. 만약 4개 도를 얻기를 기다렸다면 왕성에 눌러 있다고 하여 무슨 어려움이 있다고 굳이 왕성을 떠나서 해변의 읍에 있겠습니까" 하였다.

그리고 만약 한 명의 왜인이라도 그대로 남아 있다면 경계를 깨끗이 했다고 말할 수 없고 경계를 깨끗이 하지 못하였다면 나의 일은 완성한 것이 아니니, 만약 철수하지 않는다면 군대를 일으켜 소탕하는 일만이 남아 있을 뿐이라고 큰소리를 하였다.

심유경은 처음부터 의도적으로 한 것은 아니지만 이제는 돌이킬 수 없는 거대한 사기극의 주인공이 되어 있었다. 그래서 더 큰소리를 친 것이다.

문학 황신을 심유경과 동행하는 배신으로 삼았다. 황신은 총명하고 민첩하며, 율곡 이이, 우계 성혼을 좇아 학문을 닦고 뜻을 굳혔었다. 나이 27세 때에 장원급제하여 명성이 매우 높았다.

4월 11일 심유경은 황신과 함께 남쪽으로 내려갔다.

4월 17일 명 사신 봉왜 사신들은 이미 안주를 지나고 있었다.

경성 윤근수가 아뢰기를 자신은 권율의 진영에 있으면서 심유경과 왜적의 동정을 아뢰겠다고 하였다.

4월 19일 봉왜 사신이 오고 있으니 선조는 접대할 일이 걱정이었다.
"봉왜 명사가 경성에 오래 머무르겠다는 기별이 있을 듯하다. 심 유격이 적진에 도착하면 왜적은 즉시 물러간다 하더라도 반드시 우리나라에서 주문하기를 기다린 뒤에야 명사가 남하할 것이니 그 기간이 반드시 수개월은 걸릴 것이다" 하였다. 더구나 거느리고 온 군마가 매우 많아 군량도 엄청나게 많이 들 것이니 걱정되지 않을 수 없었다.
심유경은 남원으로부터 함양을 거쳐 서둘러 나아갔다.

4월 25일 권율이 왜영의 소식을 보고했는데 왜적이 중국 사신 일행에 조선 통신사도 함께 보낼 것을 언급한 내용이 있었다. 김응서가 정탐할 일로 부하 이홍발을 왜영에 들여보냈는데, 평조신이 '천사가 비록 오지 않더라도 만일 유격을 본다면 내가 행장과 함께 즉시 일본으로 가서 관백에게 품정한 후에 대사를 결정할 것이다. 그리고 명조가 사람을 보내어 행장에게 천사가 갈 때 조선 통신사도 보낼 것이라고 하였다'고 한 것이다. 왜적은 이제 사신 일행에 조선 통신사를 함께 보낼 것을 요구하려고 운을 띄운 것이었다.
정원이 김응서가 무단히 왜영에 사람을 보냈다며 권율과 함께 추고하라 청했다. 가만히 있을 선조가 아니었다.
"지금 계사를 보니 비감을 금할 수 없다. 이른바 인심이 위축되고 변장이 해이하다는 것은 이것이 어찌 저절로 그렇게 되었겠는가. 참으로 일종의 사특한 말로 말미암아 고질이 된 것이니 이것이 내가 매우 분하게 여기는 까닭이다. 아뢴 대로 추고하라" 하였다.

하여튼 신하들 탓을 하는 데는 일가견이 있는 왕이었다.

경상우도 함양 해평부원군 윤근수가 군에 이르렀다. 심유경이 하는 일을 살펴보러 온 것이다.

4월 26일 웅천 소서행장 진영 심유경 일행이 왜영에 도착하였다. 소서행장이 각 왜장을 거느리고 모두 이르렀다. 행장은 본국의 조복을 입고 머리를 조아리며 우러러 절하였다. 심유경이 관원에게 명하여 칙서를 펴 읽게 하니 행장이 꿇어앉아 들었고 왜승 현소가 통역하기를 끝내자 행장은 머리를 조아리며 사은하였다. 행장이 '28일에 내가 각 군영에 가서 의논하고, 30일에는 내가 본영에 소속되어 있는 왜군 2백 명을 거느리고 세 척의 배를 타고서 곧바로 바다를 건너 관백을 뵙고 당신이 이미 이르렀음을 알리고 철병하게 할 것을 청하겠다'고 다짐하였다. 그리고 청하기를 '천사께서 잠시 서울에 머무르게 하라. 만일 가등청정이 고집을 부리고 철병하지 않는다면 결단코 천사를 청하여 군영에 나아오게 하지 않을 것이다' 하였다. 심유경은 석 노야께서 청정을 잘 효유하여 처리하라고 하신 뜻을 두세 번 그에게 강조하였다.

4월 28일 경성 봉왜 사신 상사 이종성과 부사 양방형이 경성에 도착하였다. 선조가 황막차에 이르러 접견하였다.

함께 온 소서비 일행이 문제가 되었다. 선조가 이들을 회피하여 난처하게 만들고 있었다. 상사가 '소서비의 관사 지공은 부족하게 할 수 없다. 당신 나라와는 이미 하늘을 함께 할 수 없는 원수이니 내가 번잡하게 말하지 않겠다. 그러나 천자의 명을 받들어 호송하는데 관사의 지공이 부족하다면 내 마음이 편치 않을 것이니 배신들에게 말하여 우선 우대하는 뜻을 보이게 할 것이며 하처의 지공 등에 잠시 힘을 써서 주선하라' 하였다.

한산도 통제영 특별한 일 없는 일상이 이어지고 있었다. 권준은 그대로 한산도에 머물며 조방장으로 활동하고 있었다. 날씨가 좋으면 빼지 않고 활쏘기를 하고 계속 정찰선을 내보내 왜적의 동태를 살피고, 군량 조달, 인원 보충 등도 힘써야 되는 일이었다. 항왜들이 말썽을 부릴 때도 있었다. 대부분의 장수, 수령들과는 격의 없이 지냈지만 기일을 어기는 수령들에게는 가차 없이 벌을 내렸다. 아들과 조카들은 계속 드나들며 어머님의 안부를 전해 주고 있었다.

4월 30일 웅천 소서행장 진영 소서행장은 풍신수길과 상의하고 온다 하며 이날 일본으로 들어갔다.

행장이 '나는 전부터 여러 번 중국에 속았으며 관백도 중국에 속임을 당하였다. 그러므로 관백은 지금 내가 자기를 속이는 것으로 생각하고 있다. 지금 명사가 소서비를 대동하고 왔는데, 관백이 있는 곳에 문서로 전하여 서로 의논하는 것은 직접 만나서 의논하는 것만 못하다. 또 가등청정과 여러 군사들이 미리 철수하여 해상에 한 명의 병사도 남아 있지 않은 뒤에 내가 홀로 4, 5백 명만 거느리고 해안에 머물러 있을 때라야 비로소 명사를 청하겠다. 이번의 명사는 서일관과 사용재의 행차와는 같지 않아 반드시 접대하는 절차가 있어야 할 것이므로 먼저 이에 대한 것을 의논하여 결정해야 할 것이니, 내가 부득이 가야 할 것이다' 하고 떠났다.

이달의 다른 일들은,

원균이 장계하여 전마를 원하니 내구마 2필을 보내라고 하였다. 원균이 선조의 신임을 확인하기 위해 말을 하사해 줄 것을 요청했는데 선조가 기꺼이 내주었다. 이제 원균은 더욱 기고만장하게 되었다.

병조가 아뢰기를 '귀양 갔던 사람이 석방되고 2년이 지나면 으레 부직하였습니다. 이번에 홍여순과 송언신이 직첩을 받았으니 전례에 따라 부직하소서' 하였다. 악랄한 사람이 다시 들어왔으니 조정이 시끄러울 조짐이었다.

호조가 군량 마련을 위해 죄인을 재심하여 쌀을 바치게 하자고 하였다. 북방의 누르하치는 점점 강성해 가고 있는데 변장들이 그들을 함부로 대하는 것도 문제였다.

비변사가 아뢰기를, "노을가치는 이미 우리나라 백성을 쇄환하였고 좋은 말로 변장에게 와서 고하였으니, 좋은 말로 접대하고 즉시 향연을 베풀어 주어야 합니다. 그의 마음은 위로하여 주고 왕래하는 길은 사절하는 것이 옳습니다" 하였다.

5월 1일 경성 도원수 권율의 보고에, 요시라가 김응서에게 와서 말하기를 평행장은 29일에 바다를 건너가 관백에게 아뢰고 5월 30일 사이에 돌아와 여러 진영을 먼저 철수하여 돌아가게 한 다음 머물러서 명사를 기다렸다가 같이 일본으로 돌아갈 것이라고 하였다.

그 말에 화가 난 선조가 "경상우병사 김응서는 어떠한 사람인지 알지 못하겠으나 경망하고 무식한 사람임에 틀림없다. 지난번에도 조정의 옳지 못한 주장에 발맞추어 국가의 큰 원수를 잊고 감히 적장과 사사로이 서로 만났다 하니, 그의 무도함이 심하다. 그런데 지금 또 사사로이 적장과 편지를 통하면서 심지어는 소서행장을 대인이라고 존칭하기까지 하였다 하니, 심히 경악할 일이다. 이것은 적에게 항복한 것과 다름이 없으니, 그를 압송해서 추국할 것을 의논하여 아뢰도록 비변사에 말하라" 하였다. 이에 사헌부가 김응서와 권율을 탄핵하였다.

이어 선조는 "지금 도원수의 장계를 보니 김응서의 일이 더욱 놀랍다. 만약 그대로 놓아둔다면 반드시 잘못됨이 더욱 심할 것이다. 이뿐만 아니라 처리하기 곤란한 일이 있을까 염려되니 비록 잡아다가 국문할 수는 없더라도 교체시키고 다른 사람을 차임하는 것이 옳겠다. 비변사로 하여금 신속히 처리하도록 하라" 하였다.

5월 6일 비변사가 김응서와 권율의 탄핵에 대한 일로 아뢰기를, "지금은 시기의 중요함과 사세의 어려움이 극한 상황에 이르렀습니다. 지금 만약 두 장수를 일시에 나국하여 법에 따라 처리한다면 말할 수 없는 뜻밖의 문제가 생길 것이니 감히 다시 다른 의논을 드리지 못하겠습니다. 위에서 재량하여 처리하는 것이 어떻겠습니까?" 하였다.

선조가 "김응서의 일은 그 근본을 추구해 보면 어찌 원인이 없겠는가? 김응서는 남의 뜻을 따라 행동한 것일 뿐이니 굳이 책망할 필요가 있겠는가. 화친을 내세운 무리는 자연 결말이 날 것이니 지금은 우선 아뢴 대로 하라" 하였다. 남 탓하기 좋아하는 선조의 엉뚱한 말이었다.

남해안 웅천 소서행장 진영 소서행장은 심 유격이 도착하면 곧바로 철병한다고 했었다. 그러나 그는 유격이 군영에 이르른 후에야 비로소 각 진을 왕래하면서 서로 모여 모의하며 여러 날을 지체하고 그다음에야 관백에게 보고한다고 하였다. 소서행장은 서두를 이유가 없었다.

황신이 소서행장의 진영에 이르러 보니 각 군영의 왜적들은 조금도 철수할 뜻이 없이 군량을 운반하고 집을 짓느라 날마다 겨를이 없어 보였다. 이에 황신은 조정에 보고하기를 '왜적이 명나라 조정을 속이고 업신여기며 반복무상하여 믿을 수 없음을 이것으로 알 수 있습니다. 관백의 뜻이 만일 다시 달라진다면 뜻밖의 환란을 염려하지 않을 수 없습니다. 왜적을 방비하는 계책을 더욱 서둘러 조치해서 후회가 없도록 해야겠습니다' 하였다. 아울러 제장들이 해이함도 말하였다. 왜적의 드나듦도 무인지경으로 하고 있다고 하였다.

5월 7일 경성 영돈녕 이산해가 소를 올려 시폐 10여 조항을 열거하고 또 원수가 군사들의 마음에 차지 않으니 이원익으로 교체시키자는 등의 일을 말하였다.

선조가 답하기를 "소를 올린 정성이 진실로 가상하다. 비변사와 의논하여 처리하도록 하겠다" 하였다. 이산해가 드디어 다시 시동을 건 것이다.

사헌부와 사간원에서는 연일 김응서와 권율을 죄주라고 아우성이었다.

선조가 "내가 생각하기에는 김응서가 믿는 바가 있어서 그리했다고 여겨진다. 이정암은 그를 구원해 주었고 변몽룡은 그를 벗어나게 했으며 성혼은 그에 대해 한마디도 말하지 못했다. 김응서로 말하면 그 죄가 천지에 가득한데도 감히 나국하지도 못하고 체직하지도 못하며 장형을 가하지도 못했으니, 장차 장병들이 조정을 엿보는 마음이 있을까 심히 염려된다" 하였다.

선조의 이 억지소리는 너무한 것이었다. 어떻든 김응서는 비변사 덕에 운 좋게 무사히 넘어갔다.

5월 13일 사헌부와 사간원이 우의정 정탁의 체직을 청했다. '무엇을 시행해 보려거나 주장하여 아뢰는 일이 한 번도 없었고, 가부를 결정하여야 할 때 남들의 의견만을 따르면서 전혀 뚜렷한 주장이 없었으며, 전에 위관이 되었을 때에도 법은 돌보지 않고 죄인을 감싸 주기에만 힘써 사사로운 정분을 따르고 공론을 무시하는 행위가 현저하였다'는 것이 탄핵 사유였다.

이에 정탁이 사직을 청하니 선조는 어쩔 수 없이 따르겠다고 하였다.

사신 부사 양방형이 선조를 뵙고 난 후 존경하는 마음이 크다 하며 잘못된 말들이 많이 전해졌다고 하였다.

'왜변이 있은 뒤로 오고 간 사신들이 어찌 모두 충성스럽고 미더운 사람들이었겠으며 너희 나라에서 그들에게 한 접대로 어찌 모두 그들의 환심을 얻었겠는가. 오고 간 잡된 말들은 전후 한둘이 아니었다. 나도 오랫동안 군문에 있으면서 익히 들어 그 말들에 미혹되었고 중국에서도 그 말을 대부분 믿었는데, 이곳에 와서 보고서야 그 말들이 거짓이었다는 것을 크게 깨닫게 되었다. 천하에 어떻게 이러한 허망한 거짓이 있을 수 있다는 말인가. 너희 나라 왕의 말씀하시는 것과 행동을 자세히 관찰해 보니 결코 범상스럽지 않아 보는 사람으로 하여금 공경심이 우러나게 하였다. 또 가부를 논의할 때도 시립하여 있는 배신들이 감히 한마디도 끼어들지 못할 정도로 훌륭하였다'고 하였다.

5월 15일 비변사 당상을 인견하여 왜적의 동태에 대하여 논의하였다.

선조가 "저 왜적들은 사람마다 모두 갈 것이라고 하니 가기는 갈 것이다. 그러나 과정이 어려울 것이다. 소서행장이 '중국 사람이 우선 서울에 머무르고 있으면 내가 관백에게 여쭈어 보고 오겠다'고 하였다 하니, 이 말은 앞뒤가 맞지 않는다."

"저 적이 어떤 적인데 종이 한 장에 쉽사리 물러가겠는가. 동황제니 서황제니 하는 말들이 떠도니, 비록 돌아간다고 말은 하더라도 절대로 가지 않고 반드시 우리나라의 강화를 받고 돌아갈 것이다. 어찌 단지 동쪽에 봉하여 주는 것만으로 그들이 돌아가겠는가. 지난날 나도 이 점을 말하였지만 매우 처리하기가 어렵다."

"우리나라에서 통신사를 보내는 일을 따르지 않으면 중국 사람들은 반드시 위압을 가하여 데리고 갈 것이니 어찌하면 좋겠는가?"

"수길이 만일 그만두지 않으려 한다면 단지 행장의 말만으로 강화가 이루어질 수 있겠는가. 절대로 이루어지지 않을 것이다."

"어떻게 다시 쳐들어올 리가 없다고 보장할 수 있겠는가. 또 심유경이 어떻게 처리할지 모르겠다" 등을 말하였다.

상황 판단으로만 본다면 탁월한 식견이었다. 중구난방인 신하들의 의견 중에서는 이정형의 군량 비축 대책 의견이 가장 합리적이었다.

"상께서 적의 동향을 신들에게 물으셨으나 적의 동태는 참으로 알 수 없습니다. 대체로 그들이 가든 가지 않든 간에 우리가 방비해야 할 것은 미리 조치하는 것이 옳은데 군량이 없으면 아무것도 할 수가 없습니다. 이 적을 방비하는 것은 사실 1, 2년 사이에 결말이 날 일이 아닙니다. 금년에 이토록 군량이 달리게 된다면 내년에는 올해만도 못할 것입니다. 내년에 군량을 비축할 수 있는 대책을 반드시 금년에 미리 강구하여야 옳을 것입니다. 예로부터 둔전을 만들어 군량을 채워 왔습니다. 지금은 각도로 하여금 잠시 둔전을 하게 하였으나 그것으로 쇠잔한 백성을 살리도록 하는 것은 가능하지만 군사의 식량으로 쓸 수는 없으니 반드시 둔전을 크게 일으킨 뒤라야 군사의 식량으로 쓸 수 있습니다" 하였다.

그러나 선조는 "각 장수들의 휘하 군사가 백 명을 넘지 못하는데 어떻게 둔전을 할 수 있겠는가. 반드시 많은 인력을 들인 뒤라야 할 수 있을 것이다. 옛날의 둔전과는 다르다. 무엇으로 천 명을 먹이면서 농사를 짓게 하겠는가. 시행하기 어려울 듯하다" 하였다. 선조는 항상 큰일을 추진하는 것에는 비관적이었다.

경상우도 함양 명나라 장수 담종인이 군에 이르렀다. 담종인은 왜군 진영에 삼 년간 인질 아닌 인질로 잡혀 있었다. 이제 심유경이 도착하였으므로 돌아가게 된 것이다.

5월 18일 한산도 통제영 충청수사 선거이가 군선을 이끌고 도착하였다. 결성현감, 보령현감 서천만호만을 거느리고 왔다 초라하지만 형편이 그러한 것을 어쩔 수가 없었다.

진중에서는 소금 굽는 일도 하였다. 소금을 팔아 양식을 마련하면 도움이 될 것이었다.

경성 한산도와 영남 지방을 다녀온 조형도가 서계하였다.

'한산도의 주사 격군 1명에게 하루에 주는 쌀은 5홉이고 물은 7홉이다. 그런데 한번 배를 타게 되면 교체되어 돌아갈 길이 없으며 병이 들면 물에 밀어 넣어 버리고 굶주리면 산기슭에 죽게 내버려두어 한산도의 온 지역이 귀신 동네와 같다. 섬 안에 샘이 많지 않고 또 진영과 멀리 떨어져 있어 물을 길어 오기에 불편하므로, 일상생활에서도 늘 떨어질까 걱정되어 마음대로 쓰지 못하며, 얼굴을 씻거나 옷을 빨지도 못하여 더러운 냄새에 찌들고 서캐가 물고 역질이 생겨 그로 인하여 죽는 것이다' 하였다. 모함도 대단한 모함이었다.

이에 비변사가 아뢰기를, '이는 모두가 주장이 사졸을 돌보지 않고 동고동락하는 의리를 모르는 소치이니 옛날 장수들이 종기를 빨아주고 술을 나누어 먹던 일과 다릅니다. 이렇게 하고서도 삼군에게 적개심에 불타 죽음을 무릅쓰고 싸우려는 마음을 일으키게 하려 한다면 어려운 일이 아니겠습니까. 지난번 조정에서도 이를 염려하여 이미 계하받아 행이하였는데도 아직까지 거행치 않아 바다에서 고생하며 수자리 사는 병사들로 하여금 일 푼의 성덕도 입지 못하게 하였으니 매우 잘못된 일입니다. 지금부터 특별히 무휼하고 기갈을 구제하는 방도를 시행하여 여러 진영에 있는 주사들이 남은 목숨을 보전할 수 있게 하라는 뜻으로 도원수와 통제사에게 하유하심이 어떻겠습니까?" 하였다.

유성룡이 병으로 참여하지 못하고 김응남이 주도하는 비변사가 이러하였다. 이러니 이순신에 대한 선조의 인식이 흐려질 수밖에 없었.

후에 도원수의 군관이 밀지로 알려 주어 조형도가 무고한 사실을 알게 된 이순신은 너무 기가 막히고 속이 상했다. '인간의 일이란 놀랍다. 천지간에 어찌 이와 같은 무망한 일이 있겠는가?' 하였다.

5월 28일 한산도 통제영 이순신은 영의정 유성룡과 서신을 자주 주고받았다. 다른 사람들과도 수시로 연락하여 조정의 움직임은 대략 알고 지냈다. 이번에는 좌의정으로 진급한 김응남의 편지도 왔다.

지금의 왜적은 싸우려고 하면 포구 깊숙이 들어가 나오지 않고 약만 올린다. 육군이 이 왜적들을 바다로 몰아 주면 좋겠지만 바랄 수 있는 일이 아니다. 3년 전 이때쯤에는 왜적을 신나게 쳐부쉈다. 그때가 그리웠다. 답답한 생각에 회포가 몰려온다. 이순신은 탄식하였다. '사직의 위엄과 영험을 힘입어 겨우 조그마한 공로를 세웠는데, 임금님의 총애와 영광이 너무 커서 분에 넘치는 바가 있다. 장수의 직분을 띤 몸으로 티끌만큼도 공로를 보태지 못하고 입으로는 교서를 외면서 얼굴에는 군인으로서의 부끄러움이 있음을 어찌하랴' 하였다.

이달의 다른 일들은,

경기감사 유근은 사행시 빌려 쓴 돈이 많아 나라를 욕되게 하였다고, 온성부사 정문부는 백성을 다스리는 데는 태만하고 형장은 지나치게 사용했다고, 모두 사간원의 탄핵을 받았다.

사헌부가 박충간과 신점을 파직하자고 하였다. 재상의 서열에 있으면서 이욕에 빠져 차지한 집들이 여러 채이고, 때로는 사람들과 송사를 벌이면서도 부끄러운 줄 모르니 선비의 체모를 더럽히는 일이 심하다는 이유에서였다. 또 태안군수 이영남은 주장(원균)을 헐뜯고 자기가 세운 공을 자랑하는 사람이니 체직하자고 청했다. 선조가 파직은 허락하지 않고 체직시키는 것만 허락하였다.

군보 임몽이 염초를 구워 냈다 하니, "그에 드는 힘이 얼마나 어려운지와 얼마만큼의 염초가 얻어지는지를 알지 못하겠다. 의당 조예가 있는 낭청을 보내 임몽과 다른 염초장 몇 사람을 데리고 다시 남양 지방으로 가, 눈앞에서 직접 구워 내게 해서 허실을 자세히 알게 된 뒤 크게 논상하겠다" 하였다.

비변사가 군량 마련을 위해 둔전을 일굴 것을 청했다. 둔전을 크게 일구는 일은 안집청에 소속시켜 대신으로 총괄하여 다스리게 하고 호조판서를 부사로 삼아 관장케 하되, 의당 시행하여야 할 절목들을 미리 강구하여 올 가을에 시급히 조치하여 내년에 크게 거행하자고 하였다.

선조는 이제 총의 전문가이다. "삼안총은 적군을 막아 내는 좋은 무기로 익히지 않아서는 안 된다. 입직하는 포수들은 다음 달부터 삼안총 쏘기를 연습하여 몇 차례 돌아가서 끝맺도록 하라. 논상은 조총과 같이 할 것이다. 이 내용을 회계하도록 훈련도감에 말하라" 하였다.

6월 1일 경성 유성룡이 신병을 이유로 사직을 청했다. 선조가 화친을 논한 사람들을 원망하니 힘이 빠지고 의욕이 사라진 것이다.

유성룡을 인견하니, 고향에 돌아가 노모를 뵙고 싶다 하고, 이원익을 정승으로 이덕형을 평안감사로 하길 청했다. 또 왜적이 명년에 다시 올 것이라 하였다.

선조가 "우리나라 통신사가 왜적을 대하여 수작할 말을 반드시 미리 상의한 뒤에 대하는 것이 좋겠다" 하니,

유성룡이 "우리나라에서 어찌 통신사를 보낼 리가 있겠습니까. 다만 심유경의 마음을 신이 헤아려 보건대, 황신 같은 무리를 겁박하여 데리고 가려는 뜻이 있는 듯합니다. 금년 농사가 잘 되고 있으니, 마땅히 지금부터 해마다 전수할 계책을 세워야 합니다. 남방이 비록 탕패되었어도 다방면으로 진력하여 조치하면 효과가 있을 것입니다" 하였다.

선조가 "우리나라는 무슨 일을 할 수가 없다. 염철 등의 일은 백성들도 달가워하지 않는다고 한다" 하니,

유성룡이 "그것은 다 봉행하는 자가 잘 다스리지 못하기 때문입니다. 둔전의 일을 고인도 이르기를 '의논이 정해지면 요동하지 않아야 행할 수 있다'고 했습니다. 마땅히 6, 7년을 기한으로 정하고, 만일 그 일을 맡은 자가 잘하지 못하면 그 사람은 바꾸어도 그 일은 그만두어서는 안 됩니다. 해마다 비축해 나가면 나랏일이 잘 될 것입니다. 이번에 호조가 이미 명을 받아 하고 있습니다" 하였다.

선조가 "호조는 필시 해내지 못할 것이다. 만약 현인을 얻어 전임시켜 독책한다면 가망이 있을 것이다. 전일 계사에 크게 둔전을 일으키고자 한다는 것도 바로 사람을 뽑아 전임시키자는 것이었다."

임금과 영의정 두 사람이 힘을 합하면 안 될 일이 있겠는가. 그러나 아쉽게도 두 사람은 따로 놀고 있었다. 유성룡이 시행하자고 하면 안 될 것이라고 미리 김을 빼니 유성룡이 하고 싶은 의욕이 생길 리가 없었다.

그런데 선조는 또 자기 자신만 생각하고 있었다. '해주의 산성 수축하는 일은 그 상세한 사항이 사목에 갖추어져 있으니, 경은 본도를 감독하여 모름지기 때에 맞추어서 모든 일을 미리 조처하라. 아니면 곡식을 사

들여 양곡을 비축하였다가 추수가 끝나기를 기다린 다음 대대적으로 수축하라. 다만 수축은 반드시 견고하게 하도록 특별히 주의하여, 전임 관원들처럼 책임이나 모면하려고 형식적으로 수축하여 얼마 안 가서 도로 다 무너지게 하지 말라'고 하였다. 해주로 중전을 모시러 간 윤두수에게 지시한 것이다. 소서행장의 행태를 보고 왜적의 재침을 직감한 선조는 전쟁할 준비를 하는 것이 아니라 또 이렇게 도망갈 준비를 시키고 있었다.

6월 5일 이날 또 권율에 대한 언급이 있었다.

선조가 "권율의 사람됨은 내가 한 번도 보지 않았지만 그 처사를 보건대 범용한 인물은 아니다. 다만 근래에는 일을 하지 않는 것 같다" 하니,

박홍로가 "학식은 없지만 지혜는 있습니다" 하였다.

선조가 "비방이 많이 일어나니 원수가 견딜 수 없을 것이다" 하니,

박홍로가 "조정이 속히 조치해야 합니다" 하였다.

유성룡은 다른 사안을 거론하였다. "상선 벌악은 중도에 맞는 것이 귀중합니다. 진실로 중도에 맞게 한다면 인심이 저절로 복종할 것입니다. 지금 양사가 다 좌우에 있습니다만 풍문을 모두 믿어서는 안 됩니다. 천위가 지척이니 신이 어찌 감히 꾸며서 말하겠습니까. 근래 양리인데도 규탄을 받은 자가 있기도 하고, 탐리인데도 구차히 보존되는 자가 있기도 합니다. 이것은 치세의 큰 걱정거리이니, 권징이 분명하지 않기 때문입니다" 하였다.

6월 6일 담도사가 평행장이 돌아오면 여러 진의 왜적들은 반드시 철병할 것이라고 장담하고, 조선 사신을 함께 가자는 말은 왜졸의 빈말이라 하였다. 담종인이 왜진영에는 오래 있었으나 풍신수길은 만난 적이 없으니 평행장의 말과 주위의 분위기만 믿고 이렇게 말하는 것은 당연하

였다.

한산도 통제영 별일이 없으니 활쏘기가 일과나 다름이 없었다. 병사들은 가끔 씨름을 즐겼다. 도양장의 둔전 농사는 흥양현감이 열심히 돌본 덕에 잘 되고 있었다.

6월 10일 경성 《주역》을 강하고, 선조는 중국에서 황제의 명으로 통신사를 함께 보내라고 하면 어떻게 해야 하는가, 또 왜적이 중국 사신을 억류해 놓고 통신사도 함께 오라고 하면 어떻게 해야 하는가 등등 걱정이 태산이었다.

보내지 말라고 해도 억지로 가겠다고 해야 할 사안이었다. 우리나라 일인데 우리가 참여하여 사정을 알아야 할 일이었다. 보내면 되는 것을 무슨 죽을 일이라도 되는 것처럼 걱정하고 있었다. 걱정은 현실이 되지만 걱정하고 탓하고 세월만 보냈지 대책은 세운 것이 없었다.

명 봉왜 사신들의 수행원 수가 매우 많으니 말썽이 나지 않을 수가 없었다. 다행히 정사가 일찍 조차를 취했다. "수행원들이 이따금 사사로이 연회하는 일 및 창기와 자는 일이 적발되니 너무도 법규를 범하고 있다. 응당 조사해서 금지해야 하니 1원은 문을 지키며 동태를 살피고 1원은 거리를 따라 순찰하라. 만일 법을 어긴 자를 발견하면 즉시 이름을 적어 달려와 품하라. 그러면 군법에 의거하여 엄중 처단하겠다" 하였다.

6월 13일 경상좌도와 우도에서 병사와 방어사가 거느린 군사들을 순찰사가 다 뽑아 가서 연도의 영접하고 가마 메는 군졸로 삼는다고 하였다.

비변사가 아뢰기를 "도원수는 군정을 전임하니, 모든 각진의 조병을 뽑아 보내는 일을 전령으로써 시행해야 하며, 순변사 이하는 용군 등의 일을 도원수에게 결재를 받아 호령이 원수부에서 나오게 한 뒤에야 군정이 문란하지 않고 사체가 온당해질 것입니다. 지금은 각기 호령을 행하면서 원수에게 품하지 않으니 여러 장수들은 또한 봉행하는 데 혼란되어 누구의 말을 따라야 할지 모릅니다. 그리하여 일이 잘못되면 이것으로 핑계를 대고 있으니 우려스러운 일입니다" 하였다.

선조가 도원수가 물론을 입어 크게 움츠러들었으니 무슨 호령을 하겠냐며 그대로 둔다면 일이 글러질 것이라고 생각한다고 하였다.

계속되는 이러한 논란에 권율이 신병을 핑계로 사직을 청했는데 비변사에서는 유임시키자고 하였다.

한산도 통제영 이번에는 경상우수사 배설을 잡아가기 위해 금부도사가 왔다. 배설은 직무에 열심이어서 이순신의 마음에 들었다. 배설은 어지간한 사람에게는 순종하지 않는 고집스런 사람이었으나 이순신에게는 마음으로 복종하고 임무에 열심이었는데 이런 일이 생겼다. 배설을 보내는 이순신의 마음은 매우 언짢았다. 다행스러운 것은 권준을 후임 경상우수사로 정한 것이다. 다음 날 권준은 현지에서 바로 사령장 및 유서와 밀부를 받고 부임하였다. 잡혀간 배설도 별문제가 없었는지 뒤에 다시 진주목사가 된다.

6월 14일 경성 이순신의 장계가 올라왔다. '우리나라 사람들이 요사이 적의 정세를 보고 다 탈출하려는 생각이 있으나 당초 투항한 죄 때문에 의심하고 주저한다' 하였습니다. 영남의 포작한들이 이익만을 탐해 처자를 거느리고 잇달아 적에 투항했으니 그 정상을 따지면 아주 통탄할 일입니다. 그런데 윤업동 등 4명이 다른 사람들이 처를 빼앗기는 것과 심지어는 살해되는 것을 보고서야 탈출해 돌아왔으니, 그 죄는 참으로 용서하기 어렵습니다. 다만 투항한 백성들이 서로 이어 탈출해 오는데 이러한 때에 갑자기 중률로써 다스리는 것은 실로 좋은 계책이 아닙니다. 그래서 본래 살던 곳으로 돌려보내어 당분간 위무하는 뜻을 보였습니다' 하였다. 비변사가 합당하게 처리했다고 하였다.

6월 15일 《주역》을 강하고, 이헌국이 상께서 좋은 생각을 가지고 계시더라도 우유부단하게 하신다면 끝내는 일을 이룰 수가 없다고 하였다. 선조가 나더러 우유부단하다고 하는 것인가, 좋은 명령이 나에게서 나온다 하더라도 끝내 그것을 맡아서 하는 사람은 누구인가, 하고 화를 냈다. 신하들이 변명하기에 바빴다.

황신이 보고에 "심유경이 말하기를 '행장이 사람을 보내 말하기를 관백이 매우 기뻐하여 이제 사람을 차출하고 좋은 배를 정돈하여 나와서 중국 사신을 응접하게 하고 일로의 모든 일을 다 합당하게 하도록 하였다. 나도 12일 사이에 그곳에 도착할 것이다. 따라서 왜장들도 모두 기뻐하는 빛이 있다' 하였다.

그런데 각진의 왜인들이 포로가 된 우리나라의 남녀들을 몰래 귀국선에다 계속 실어 보내고 있었다. 행장이 오면 오래지 않아 철병할 것이고 그리되면 그들을 데려가지 못할 것이라고 생각하기 때문이었다. 이에 즉시 심유경에게 금지시킬 것을 청했습니다" 하였다.

6월 20일 한산도 통제영 이번에는 충청수사 선거이가 탈이 났다. 말이 분명하지 못하다고 하여 가보니 중풍인데 다행히 중병은 아니었다. 그래도 친구이자 수군 사령관 중 한 사람이 이런 병을 갖게 된 것은 이순신에게는 큰 충격이었다.

남해안 왜진영 행장의 통사가 행장의 행적을 알려 주었다.

'관백은 이미 철병을 허락하였다. 그리고 두 장관을 차출하여 하나는 진영의 소각을 관장하고, 하나는 중국 사신의 영접을 관장하게 했으니 금명간에 문빙이 올 것이고 행장의 도착도 며칠 남지 않았다. 행장은 일을 마친 후 관백에게 휴가를 청해 조상에게 제사를 지냈고, 그 뒤 5월 26일에 출발하여 배에 올랐는데 중로에서 역풍을 만나고 또 관백의 부름으로 인하여 본국으로 돌아갔다. 6월 4일에 비로소 출항하여 12일에 낭고야에 이르고 16일에 일기도에 이르렀다. 만약 순풍을 만난다면 23일이나 24일에 웅천에 도착할 것이고, 바람이 순하지 않으면 다시 며칠 더 걸릴 것인데 종합해서 말한다면 그믐 안에는 돌아올 것이다' 하였다. 또 여러 둔들이 다 행리를 꾸려 놓고 행장이 오기만 고대하니, 행장이 이르면 철수해 돌아갈 것이고, 16일 이후로 선박이 계속 와서 정박했는데 거의 3, 4백 척은 되며, 계속 끊이지 않고 올 것이라고 하였다.

6월 26일 경성 훈련도감에 상격을 올바로 세울 것을 명했다. '조총은 새로 익히는 기예인데 그 기예는 오병을 뛰어넘어 으뜸가니, 참으로 천하의 신기이다. 근래 권장함에 따라 점점 오묘한 경지에 들어가고는 있으나 많은 사람들이 늘 익히는 정도까지는 아직 안 되었으니 상을 중하게 하지 않을 수 없다. 지금 만약 중관·중변을 구분하지 않는다면 그 이른바 상상이란 것은 아홉 번 쏘아 여덟 번 맞추는 것이니, 어찌 사람마다 할 수 있는 것이겠는가. 상상한 뒤에야 실직을 제수한다면 실직을 갖거나 면천되는 자가 몇 사람이나 되겠는가. 이렇게 되면 사람들의 흥기하는 마음이 생기겠는가? 나의 생각으로는 온당치 않다' 하였다. 선조의 훈련도감에 대한 관심은 칭찬받을 만하였다.

한산도 통제영 군대가 주둔하고 군사가 많으니 많은 일들이 벌어진다. 도망하는 자도 있고 좀도둑도 있고, 식량을 훔치는 자도 있고, 부정도 끊이질 않는다. 먹고살기 힘드니 부정한 짓을 하는 여자들도 많았다. 인간 세상에서 일어나는 일은 다 일어났을 것이다.

이날은 경상우수사가 된 권준의 생일이어서 장수들은 국수도 만들어 먹고 술도 마시고 거문고도 듣고 저도 불면서 마음 편하게 지내다가 저물어서 파했다.

경성 현소가 소서비에게 보낸 편지에 '행장에게서 온 편지를 즉시 족하에게 부치니 보고 나서 즉시 중국 사신에게 아뢰어 속히 출발하라고 재촉하라. 관백이 「군병 철수와 진영 소각은 자연스러운 일이다」고 했으니, 어찌 중국 조정의 명을 어기겠는가' 하였다. 이것을 본 정사 이종성은 크게 기뻐하였다.

윤근수의 보고가 있었다. 명나라 병부에서 공문을 보내, 사신에게 재촉해 나아가게 하였는데 양방형은 거창으로 나아가 머물고 이종성은 남원에 머물러 신임하게끔 하였다. 그리고 심유경 등의 정확한 보고가 이르기를 기다렸다가 전진하라고 하였다는 것이었다.

남해안 왜진영 이날 행장이 일본에서 돌아왔다. 관백이 정성 등 두 사람을 차견하여 방옥을 불사르고 접대하는 등의 일을 분담하게 했는데, 각진영에 통보하여 점차로 철수시킬 것이라고 하였다.

행장은 '첫 번째 철수 부대는 부산에 있는 대장 문돈과 그의 소속, 둘째 부대는 가등청정과 그의 소속, 셋째 부대는 각진영의 소장들 순이다. 각처의 방옥은 철수하는 즉시 불사르되, 다만 부산의 방옥만은 남겨 둘 것이다. 내가 그곳으로 이주하였다가 명사를 기다려 동시에 건너갈 것이다' 하였다.

6월 30일 경성 행장이 곧 도착함을 알리는 보고가 이제야 올라왔다. 선조가 "서로가 목을 늘이고 동쪽만 바라보며 마치 칙사라도 기다리듯 행장이란 놈이 오기만을 고대하니 쓸개도 없는 인간들이다. 나는 본디 심질이 있어 이러한 말은 차마 들을 수 없으니 이 뒤로는 입계하지 말라" 하였다.

이달의 다른 일들은,

신흠을 장악원 첨정으로, 기자헌을 사간원 사간으로, 이원익을 의정부 우의정으로, 윤승길을 평안도 관찰사로 삼았다. 박홍로를 승정원 동부승지로, 신식을 사헌부 집의로, 이경전을 예조 좌랑으로, 이정형을 장례원 판결사로, 정경세를 성균관 직강으로, 이시언을 군기시 제조로, 송언신을 강원도 관찰사로 삼았다. 신하들의 줄기찬 요구에 이원익을 우의정으로 하여 불러들였다. 이산해의 아들 이경전도 등장했다.

사간원이 관리 임용이 공정해야 함을 아뢰었다. 선발된 자는 30인인데 남방 사람이 대부분이고, 간혹 학생으로 발탁된 자도 있었다. '모두 유성룡이 전적으로 추천한 것인데 혼잡스럽다는 비평이 있어 물의가 비등하였다'고 하였다. 그런데 이 말은 유성룡을 비하하기 위해 일부러 넣은 말이었다.

유성룡을 안집 도제조로 삼았다. 둔전을 관리하는 기관이었다.

경상우감사 서성이 왜적의 약탈에 대해 치계하였다. '지난 5월 29일에 왜적 40여 명이 고을 경계의 양전리를 불의에 습격하여 복병장 이영수 등 3명과 소녀 2명을 사로잡아 즉시 돌아갔다'는 내용이었다.

이번에 진주 동면에서 노략질한 적이 진짜 왜놈인지 가짜 왜놈인지는 모르겠으나 복병장 3명이 사로잡히기까지 하였다.

백성들은 죽지 못해 살았다. '관아를 수리하는데 입결 여부를 논하지 않고 밥 짓는 연기가 나는 집은 모두 부역에 편입시키니, 농사는 전혀 고려하지 않은 것이었다. 채찍과 매질이 낭자하니, 백성들의 고초가 이때보다 더 심한 적이 없었다.' 경상우도 함양에 사는 한 백성이 고달픈 심정을 토로한 것이었다.

7월 1일 한산도 통제영 이날은 인종의 제삿날이어서 공무는 보지 않았다. 이순신의 나라 걱정은 이어진다. '홀로 누대에 기대어 나라 형세를 생각하니 위태롭기가 아침 이슬과 같다. 안으로는 정책을 결정할 만한 대들보의 인재가 없고 밖으로는 나라를 바로잡을 기둥과 주춧돌이 될 인물이 없으니 종묘사직이 어떻게 될 것인지 걱정스러워 마음이 어지러웠다.'

또 임금이 김응서에게 내린 밀지를 보았는데 김응서가 소서행장과 만나 한 행위를 나무라는 내용이었다. 화의를 싫어하는 것에 선조와 생각이 같은 이순신은 '김응서는 어떠한 사람이기에 스스로 회개하여 힘쓴다는 말을 듣지 못했을까. 만약 정신이 있다면 반드시 자결이라도 할 일이다' 하였다.

경상우도 행장의 부하 요시라는 이제 김응서의 진영을 제집 드나들듯이 하고 있었다. 이번에는 말하기를 '평행장이 함께 데리고 나온 심안돈오는 이름난 장수인데 철병하는 일을 전담한다. 각진영을 순찰한 뒤에 심안돈오가 말하기를 「임랑포·두모포·부산·동래·구법곡·김해·덕교·안골포·거제·장문포는 금명간 먼저 들여보낼 것이고, 그 밖의 6진과 죽도진은 그대로 놓아둘 것이다. 행장은 부산으로 진을 옮겨 수로의 편리함을 취해 명사를 대접할 것이고, 의지는 어제 성자를 모두 부수어 버렸으니 뒤

따라 마땅히 군막을 불사르고 동래로 옮길 것이며, 가덕의 진영은 행장이 있던 옛 진영으로 옮기고, 청정은 복병장으로서 양산·구법곡에 진영을 옮기고는 명사를 기다려 모두 바다를 건너갈 것이다」 하였다. 사로잡힌 자로서 현재 각 진영에 있는 자는 마땅히 들어갈 때에 모두 남겨 둘 것이고 이미 일본에 데려 간 자는 명사가 돌아올 때 또한 반드시 돌려보낼 것이다' 하였다. 또 '행장이 혼자 머물러서 명사를 영접하려고 하니, 관백이 「너는 어찌 평양에서의 일을 생각하지 못하느냐. 지원 부대를 머물러 두지 않을 수 없으니, 너는 사세를 자세히 살펴 후회가 없도록 하라」 하였다.' 역시 또 다 물러가지 않을 것을 말하는 토를 달았다. 왜적은 핑계를 대는 것에도 능수능란한 선수들이었다.

7월 8일 경성 이날 선조는 옳은 말은 다하고 있었다. 비변사 당상을 인견하여, 왜적이 물러가면 이순신에게 거제를 지키도록 하는 것이 옳다 하고, 또 부산과 같이 큰 진영은 마땅히 이순신으로 지키게 하고 전라수사는 다른 사람으로 하는 것이 옳다 하였다.

또 "왜적이 만약 다시 일어난다면 중국의 화포를 이미 배워 알았고 또 우리나라의 활 쏘는 법도 배웠으니 그 세력을 당할 수 없을 것이다. 중국처럼 큰 나라도 오히려 왜적을 두려워하는데 더구나 우리나라처럼 작은 나라이겠는가" "우리나라 사람들이 본래 장수의 재능을 익히지 않는 것을 평소에 늘 내가 옳지 않게 여겨 왔다. 문인들은 늘 '무예는 우리들이 힘쓸 만한 것이 아니다'고 하는데 어찌 이러한 이치가 있겠는가. 강태공과 제갈량이 어찌 무인인가. 두예는 화살로 갑옷의 비늘 하나도 뚫지 못했지만 대장이 되었다" 하였다.

비변사가 변방의 장수는 철군을 믿고 조금이라도 방비를 소홀히 해서는 안 되며 만일의 변고에 대처해야 한다 하였다.

7월 10일 선조가 이항복과 함께 왜적이 완전히 철수하지 않을 것에 대해 걱정하였다. 이항복은 이때 부사의 접반사였다.

선조가 왜적들이 모두 돌아가지 않았는데도 명사가 일본으로 들어간다면 끝내 반드시 그들에게 팔린 바 되어 뒷날 말할 수 없이 비참한 일이 있게 될 것이고, 한 명의 왜적도 남아 있지 않도록 한 다음 일본에 들어간다고 하면 아마도 왜적이 따르지 않을 것이다 하였다. 그리고 그 사이에 반드시 서로 버티면서 난처한 일이 벌어질 것이라 하며 이항복의 의견을 듣고 싶다고 하였다.

이항복은 소서행장이 왔을 때 여러 왜인들이 제일 먼저 '너는 평양의 일을 보지 못했는가'라고 한 관백의 말을 거론하였으니, 그들이 모두 철수하지 않을 것은 왜적의 발언을 기다리지 않고도 알 수 있다고 하였다. 또한 명사도 늘 의심 내고 두려워하는 생각이 있으니, 만약 의심할 만한 단서가 생기면 명사가 반드시 경솔하게 바다를 건너려 하지 않을 것이라고 하였다. 그리고

"일이 만약 이 지경에 이르면 명사의 진퇴만이 형용하기 어려울 뿐 아니라 우리나라에도 갖가지 따르기 어려운 요청이 꼭 없으리라고 단언할 수 없으니, 오늘날 신이 걱정하는 바는 바로 여기에 있습니다" 하였다.

두 사람의 걱정은 실제 상황과 거의 같았다.

한산도 통제영 우수사 이억기가 양식이 모자란데 아무런 대책이 없다고 하였다. 어떻게 할 것인가. 힘든 일이 아닐 수 없다. 이순신으로서도 어떻게 해 줄 수는 없고 민망스럽기만 하였다.

7월 11일 경성 명의 사신 중 부사가 먼저 남쪽으로 내려가니 전별연을 행하였다.

7월 14일 권율이 왜군의 동향에 대해 보고하였다.

조금씩 철군은 하는데 그 속임수를 예측할 수 없다. 황신의 편지에는 진영을 불사른다는 일은 현재 확실하게 보여 주는 것이 없으나, 의지의 진영은 이미 태반이나 철수하였고 군대도 조금씩 바다를 건너간다고 하였다.

방어사 권응수의 보고에는 서생포의 진영 아래 매어 두었던 배는 거의 모두 수선하고 있으며, 저자의 왜인들도 날마다 적어지고 있다고 하였다. 또한 일찍이 식량을 싣고 정박해 있던 5백여 척의 배도 지금까지 하역 작업을 하지 않는데 어떤 이는 대마도로 환송할 것이라고 한다 하였다.

권율의 또 다른 서장에서는 김응서가 주장을 능멸한 죄를 논하고 또한 자신을 중벌하라 하였다.

"김응서가 한명련에게 회송한 통보에 이르기를 '비록 도원수의 별장이라 하더라도 일단 변방의 장수가 되었으면 병사의 명령을 묵살하고 따르지 않아서는 안 되는 것이다. 잡사를 제쳐 놓고 포수와 살수를 뽑아 거느리고 있다가 변을 당하면 대처해야 한다'고 하였습니다. 이는 한명련으로 하여금 신의 절제를 받지 말고 전적으로 자기의 호령을 따르라는 것입니다.

김덕령의 별장 최강이 고성의 경계 지역에 복병을 설치하자 김응서가 무단히 빼앗으려고 계획하기에 신이 그때 의심을 했었는데, 그 소행이 차츰 번져서 신에게 미칠 줄을 어찌 헤아렸겠으며, 또 전일 고언백을 씹던 추태를 신에게 부릴 줄이야 어떻게 알았겠습니까. 김응서의 사람됨에 대해 모두 어떻게 하기 어려운 자라고들 하는데, 지금도 이와 같으니 전쟁에 임하여 어찌 신의 지휘를 기꺼이 받으려 하겠습니까. 신이 비록 법을 사용하려 해도 또한 그가 명령을 어기지 않으리라는 것을 보장하기 어렵습니다.

또 듣건대 김응서가 왜적의 괴수와 상통한 죄를 모면하려고 현재 탄핵을 받고 있으면서도 자기의 정상을 숨긴 채 전적으로 잘못한 책임을 신에게 돌리는 장계를 했다고 하니, 그 모략이 교활하다고 하겠습니다" 하였다.

이에 대해 비변사가 답하기를, "근래 무장들의 교만한 습관이 점차 제어하기 어려운 지경에 이르고 있습니다. 배설의 범죄 사실이 놀라웠으므로 잡아다 국문까지 하여 다른 사람들을 경계시켰는데, 이 장계를 보건대 김응서가 주장을 능멸한 정상이 배설에 비해 더욱 심하니, 마땅히 중한 벌을 주어 방자한 죄를 징계해야 합니다. 다만 지금 적병의 거류가 미정이므로 기관이 매우 염려되니 장수를 교체하기에 적절한 시기가 아닌 듯합니다. 우선 가벼운 법을 적용하여 도원수로 하여금 김응서를 잡아다가 엄중히 곤장을 쳐서 경계를 보이게 하는 것이 마땅합니다. 그리고 도원수도 다시는 너무 지나치게 겸손하지 말고서 만약 부하 중에 법을 따르지 않거나 주장을 무시하는 자가 있으면, 즉각 처단하여 군율을 엄숙히 하는 것이 마땅합니다" 하였다.

선조가 또 화의를 가지고 야단법석이었다. 유성룡은 화의가 부득이한 상황에서 나온 것이라고 해명하였으나, 선조는 계속 화의에 대해서는 막무가내였고 그런 선조에게 아부하는 말을 하는 신하도 있었다.

유성룡이 아뢰기를, "종묘사직을 제대로 지탱하지 못하여 장차 스스로 망하게 되었는데도 우리나라가 스스로 떨쳐 일어날 수 없었고 믿는 것은 오직 중국 군사뿐이었습니다. 중국 군사가 만약 돌아간다면 절대로 지탱할 수가 없고 왜적이 만약 다시 움직인다면 국사를 어떻게 할 수도 없어 종묘사직을 왜적의 손에 넘겨주게 될 것이었습니다. 그런즉 계책이 이미 궁하여 어찌할 방법이 없기에 중국 조정에 대해서 이처럼 부득이한 일을 하여 그 화를 조금이나마 늦춤으로써 2, 3년의 여유를 갖게 한 것이니, 그렇게 되면 비록 바다를 건너 정벌함으로써 그 원수를 갚지는 못한다 하더라도 주선해서 강토를 스스로 지킬 수는 있게 되는 것입니다. 중국이 이미 대대적으로 소탕할 수 없는 형편이었고 우리나라도 군량을 계속할 수 없는 근심이 있었으니 그때의 형세는 마치 굶주린 범에게 고기를 던져 주는 것과 같아 복수할 길이 없었으므로, 당시 상께서도 어렵게 여기셨고 신들이 승순할 수도 없는 상황이었습니다. 이처럼 해서라도 끝내 복수할 수만 있다면 신이 말한 바도 또한 부득이한 데에서 나온 일이라 하겠습니다" 하였다.

이에 대해 기대정은 아뢰기를, "우리가 이미 스스로 의리의 정당함을 잃어버리고 나면 그들도 끝내 돌아갈 리가 없으니, 지금 만약 한번 사신을 보낸다면 국사를 어떻게 할 수 없을 것입니다. 옛사람이 이르기를 '굶주려 죽는 일은 가볍고 절개를 잃는 일은 중하다' 하였으니, 차라리 정당함을 지키다 국가가 망할지언정 구차하게 살 수는 없습니다" 하였다.

그러자 선조가 이르기를, "이 말이 더할 나위 없다. 중국 조정의 급사중의 상장에 '간혹 패망한 지적이 있기도 하지만 그중에 또한 당당한 우리 조정이 도리어 조선만도 못하다'는 말이 있으니, 이는 칭찬한 것이다. 지금 평수길에게 내린 고명을 보건대 그중에 '조선이 너희를 위해 봉할 것을 요청했다'는 말이 있으니 이렇게 되고도 천지 사이에 살 수가 있겠는가. 그때에 주청한 것이 비록 부득이한 정세에 쫓겨 한 것이긴 하지만 아직 상달되지 않았고 고시랑이 체직되었으므로 내가 중지시키려고 했는데, 어떤 이가 '실신하게 된다'고 하여 못했다. 호택의 신임을 잃는 것이 우리에게 무슨 관계가 있기에 끝내 중지시키지 못하여 이 지경이 되도록 하였단 말인가. 지난 일은 어쩔 수 없다지만 장래의 일을 제경들은 도모하라" 하였다.

유성룡이 아뢰기를 "만약 중국 조정의 기미한다는 주장이 우리나라에 무궁한 화를 빚어내게 했다고 말한다면 신의 생각에는 그렇지 않다고 여겨집니다. 우리에게 형체와 그림자처럼 서로 의지할 만한 것이 없어서 끝내 스스로 멸망하고 만다면 의리상에 있어서 어떤지 모르겠습니다. 대개 대의로써 저 왜적들을 토벌하지 못하는 한 실제로는 기미하는 결과와 비슷하게 되고 맙니다. 만약 중국으로 하여금 대대적으로 군사를 내보내고 군량을 조달하여 완전히 토벌하게 한다면 되겠지만, 그렇지 않고서 이미 토벌하지도 못하면서 또 제대로 기미하지도 못한다면, 어떻게 계획을 세워야 한다는 것인지 모르겠습니다" 하였다.

국가가 망할지언정 구차하게 살 수는 없다는 기대정의 말은 논할 가치도 없는 한심한 말이었다. 그런데 이런 말을 용납하는 선조도 한심한 임금이었다. 선조는 항상 이렇게 해결책은 내놓지 않으면서 신하들만 괴롭히고 있으니 유성룡의 설득력 있는 말도 그 말만 아까울 뿐이었다. 가슴 아픈 일이었다.

선조의 뜻을 따라 비변사에서는 가을에 공사천에게 과거를 실시하자고 하였다. 이에 선조가 전교하였다.

"우리나라의 공천·사천은 하나의 별종이 되어 버렸으니, 그중에 아무리 걸출한 인재가 있다 하더라도 장차 어떻게 제값을 하겠는가. 만약 이 과거를 설치하여 다투어 스스로 힘쓰게 함으로써 위로는 선비들이 무과를 보고 아래로는 천인들이 이 과거를 보게 되면, 우리나라 남자들은 모두 활을 쏠 줄 아는 사람이 될 것이고, 하늘이 부여한 백성들이 또한 오로지 별종으로 전락되어 마치 금수처럼 꿈틀대며 남에게 부림만 받다가 죽는 데 이르지는 않을 것이다. 그 과거는 정과와는 다르고 실로 삼의사의 과거와 같으니, 다만 자신의 길을 조금 열어 주자는 것뿐인데 무엇이 해로울 것이 있겠는가. 더구나 시취할 때에 반드시 그 주인의 문서를 상고하고 과거에 합격한 뒤에는 반드시 그 주인의 공을 상 주는데 말할 필요가 있겠는가.

당초 사목을 내가 직접 손으로 써서 곡진하게 만든 것은 장차 우리나라 만세의 폐습을 없애 천인으로 하여금 사람마다 별종에서 스스로 벗어나게 하려 함이었다. 내가 스스로 생각건대, 현재 당면한 과제가 한두 가지가 아니지만 이것이 가장 먼저 시행되어야 할 것 같다. 아, 사람들이 전해오는 폐습에 집착되고 소견이 혹 미치지 못하여 의견이 통일되지 않아 시행하지 못하는 것이 애석하다. 나의 어리석음도 비웃을 만하다. 사람들의 마음이 이미 시행하려고 하지 않는데 어떻게 억지로 할 수 있겠는가. 억지로 시행하면 허물을 돌릴 곳이 있게 될 것이다. 어찌 꼭 사천까지 시행해야 하겠는가. 다만 공천에게 먼저 과거를 보여 사람들의 격려되고 권장됨이 어떠한가를 징험해 보는 것이 옳다" 하였다.

선조가 생각은 정말 올바르게 하였다. 그러나 선조의 실천 의지가 부족함도 여실히 보여 주었다. 옳다고 생각하였으면 사천까지 강하게 밀어 붙여야 되는 것 아닌가. 정말 안타깝기만 하였다.

7월 16일 우의정으로 4도 체찰사가 된 이원익이 체찰부사에 김늑, 종사관은 남이공으로 하였다.

권율이 도원수로서 호남과 영남을 오가면서 군사를 다스렸으나 뚜렷한 성과는 없었다. 성과를 낼 수가 없는 상황이었지만 남 탓하기 좋아하는 조정의 신하들에게는 좋은 비난거리였다. 그리고 또한 영남의 사대부들 대부분이 그가 하는 일을 비방하고 헐뜯었다. 조정에서는 여러 번 선조에게 아뢰어 다른 사람으로 대체하여 제수할 것을 청했으나, 선조는 대신할 만한 사람이 없다는 이유로 어렵게 여겼다. 결국 권율을 체직시키지 않고 이원익을 체찰사로 하였다.

7월 17일 황신이 왜적이 진영을 철수하는 기미는 있으나 장수들은 돌아간 사람이 없어 흉모를 알 수 없다고 하였다. 왜장은 '배가 한꺼번에 이르지 않아 이렇게 기다리고 있는 중인데 5, 6일을 기다리면 모두 도착할 것이다'고 핑계하였다

한산도 통제영 거제현령 안위가 보고하였다. '장문포의 소굴이 이미 비었고 다만 30여 명만 있다'고 하였다. 왜적이 거제에서는 철수하는 모양이었다.

7월 20일 경성 선조가 "소서행장이 나온 지 이미 오래되었으니 반드시 풍신수길의 호령이 있었을 것인데 철병의 곡절을 심유경이 아직까지 명사에게 통보하지 아니하고 황신도 또한 한 마디도 아룀이 없으니, 이것은 무엇 때문인가?" "청정이 이미 병기를 철수했다고 하는데, 어찌 청정이 이곳에 머물러 있으면서 먼저 병기를 철수할 리가 있겠는가" 하고 의심스러워하였다.

7월 21일 한산도 통제영 충청수사 선거이는 건강을 많이 회복하였다. 태구련과 언복이 만든 환도를 충청수사와 두 조방장 신호와 박종남에게 나누어 주었다.

이순신의 집무실에는 환도 두 자루가 걸려 있었다. 전투용이 아닌 긴 의전용 칼인데 각각에 다음의 글이 새겨져 있었다.

三尺誓天 山河動色(삼척서천 산하동색): 석 자 칼로 맹세하니 산과 강이 떨도다

一揮掃蕩 血染山河(일휘소탕 혈염산하): 한번 휘둘러 쓸어버리니 피가

강산을 물들인다

왜적을 싹 쓸어버리고자 하는 이순신의 강한 의지를 보여 주는 글이었다.

7월 23일 경상우도 함양 중국 사신 부사 양방형이 군에 들어왔다. 군졸들은 단지 백여 기에 불과하였고, 엄하고 분명하게 다스렸으므로 군사들이 마을을 침탈하지 못하였다. 그래서 사람들이 모두 축수하였다. 접반관 이항복이 모시고 왔다.

다음 날 거창에 도착하였다. 부사가 심유경을 꾸짖어 왜병이 철수해 돌아가도록 재촉하게 하였다.

이때 행장은, "관백의 차관 정성이 진중의 방옥을 불태우고 허물었는데, 대장 문돈 등의 3영이 먼저 돌아가고, 청정 등의 3영이 그다음에 돌아간다. 지금 부산의 방옥만은 그대로 두고 천사가 오기를 기다리고 있다" 하면서, 중국 사신이 속히 올 것을 재촉하였다.

경성 접대도감이 왜영의 형세를 보고하였다. 행장은 관백의 군량을 조사하느라 지연되고 운반에 시일이 소요되니 8월 15일까지 말미를 달라고 하였다. 또한 명사는 다른 말이 없기를 보장하라고 했다고 하였다.

7월 28일 한산도 통제영 어사 신식이 진영에 도착하였다. 며칠에 걸쳐 전 수군의 실태를 차례로 점검하였다. 올라가서 엉터리 보고나 하지 않으면 다행인 것이다.

이달의 다른 일들은,

비망기로 존호 삭제의 명을 내렸다. 신하들이 반대하였다.

건주의 호추 노을가적(누루하치)이 강계에 글을 보내어 도망한 사람을 쇄환해 줄 것을 청하였다. 예로부터 오랑캐 중에서 걸출한 자가 나와 추장이 되면, 끝내는 반드시 이웃 나라와 중국의 걱정거리가 되어 왔다. 노을가적은 건주 달자 중에서 강대한 세력을 키워 온 지 벌써 10여 년이 되었다. 이번에 문서를 작성하여 장황하게 말을 늘어놓았고 먼저 우리나라 백성을 쇄환하여 예의를 보였다. 두 국경의 백성들로 하여금 침범하여 서로 피해를 입히지 말도록 하자는 내용이었으나 그들의 뜻을 헤아리기 어려웠다.

이조참판 이기는 사람됨이 충성되고 너그러우며 맑고 깨끗한 지조로 한 점의 하자도 없으며 곧은 도리로 행하여 세속을 따라 흔들리지 않았다고 평하였다. 그러나 이기는 박순, 이이, 성혼을 3간이라고 악평하는 사람이다. 이런 자의 말을 믿을 사람은 그의 패거리밖에는 없을 것이다. 그런 사람들이 활개 치는 때가 되었으니 나라의 일이 잘 될 리가 없었다.

병조가 한강에 별영을 설치하자 하였다. 지금 강가의 요해처에 둔채를 일시에 모두 설치하지는 못한다 하더라도 우선 이곳에서부터 일을 시작하여 점차적으로 시행해 나가면 후일에 반드시 그 이로움을 힘입을 것이라고 하였다.

공명첩의 남발이 심했다. 조사하고 증거하는 일이 전연 없으며, 한번 나간 뒤에는 가고 오는 것을 알지 못하고, 많고 적은 것을 묻지 않아서 혼미하고 복잡하여 두서를 알지 못하였다. 이는 공명첩의 잘못이 아니라 조정에서 실상을 조사하는 정사가 없기 때문이었다. 하는 일마다 모두 그러하니 참으로 한심스러웠다.

요즘 탐학한 자들이 줄을 잇는데도 나라의 형법이 잘 시행되지 않아 가혹하게 세금을 거두어들이는 자는 도리어 높은 벼슬을 받고 청렴하게 근신하는 자는 혹 죄에 걸려 상과 벌이 도치되고 있었다. 옛사람이 이르기를 '형벌은 총애 때문에 멋대로 시행되고 정치는 뇌물로써 이루어진다'고 하였는데, 바로 지금 같은 형편을 두고 말한 것이라 하였다.

유근이 나아가 아뢰기를, "왜적이 떠날지 안 떠날지 아직 알 수 없는데도 조정에서 하는 일은 한결같이 구태의연하여 관원들이 폐단 없앨 생각을 하지 않는데 하리들이 더욱 심합니다. 이처럼 작폐하고서 회복한다는 것은 매우 어렵습니다. 병조와 같은 경우 보병의 폐단이 더욱 심한데 국가의 용도에는 도움이 없고 다만 관리들이 상용하는 밑천이 되고 있으니 매우 한심스럽습니다. 그리고 사헌부의 서리로 말하면 그 수효가 1백여 명에 이르니 이 무슨 일입니까. 참으로 놀랍습니다" 하였다.

긴요하지 않은 서원을 혁파하고 무학을 세워 군사를 양성하고 무술을 연마하라는 명이 있었다. "우리나라의 문폐가 너무 심하니 긴요하지 않은 서원은 우선 혁파하라. 각도의 대도호에 훈련원과 같은 무학을 세워 군사를 양성하고 무술을 연마하게 하는 것이 온당하다. 또 사변 후로 사절하여 정표한 사람들의 행적을 의당 먼저 인출하여 온 나라에 반포할 일을 비변사에 이르라" 하였다. 강한 국가를 만들기 위해서는 굳은 마음으로 강력하게 시행해야 할 사안이었다. 그러나 쉽지 않은 일이었다. 사간원이 서원 혁파의 명을 거둘 것을 청했다.

전교하여 "아동대들의 연습한 바를 시험해 보니 성취된 자가 많이 있다. 산소우(항복한 왜인으로 검술로써 아동대를 훈련시킨 자이다)가 훈련시킨 노고가 없지 않으니, 숙마 한 필을 주어 그의 마음을 위로하라" 하였다.

왜적에게 포로로 잡혀 왜국으로 끌려갔던 우리나라 사람들이 도망쳐 나와 바다를 건너 삼척 가사진에 도착한 뒤 뱃사공 집에서 밥을 얻어먹는데 뱃사공이 모두 결박하여 즉시 본부에 바쳤다. 그러자 부사 홍인걸과 첨사 박감 등이 감옥에 가두고 2일이 지난 후 죽이려고 할 무렵 포로 되었던 사람들이 서로 바라보고 통곡하며 서울에 가서 분간한 다음 죽여 달라고 애원하였다. 그중 한 사람이 그들에게 이르기를 '우리들이 멀리 이국땅에 포로로 있다가 천만 번 죽을 고비를 넘기면서 파도를 헤치고 만 리를 건너와 고국의 산천과 일월을 다시 보았으니, 지금 비록 죽임을 당하더라도 왜적들의 흉봉에 비명횡사하는 것보다 낫다. 이 또한 다행한 일이다' 하고, 연달아 나아가 죽음을 당했다. 모든 사람들이 똑같이 이야기하면서 슬프고 원통해 하였다. 그런데 그들은 자기들의 공적으로 삼아 허위 보고하였다. 순안어사가 이 사실을 알고 무고하게 죽인 수령들을 탄핵하였다.

천인공노할 일이었다. 그 수령들은 참했어야 했다. 이런 나라였다.

8월 1일 경성 4도 체찰사 이원익이 하직하고 남쪽으로 떠났다.

8월 7일 선조가 훈련도감 안의 편리하고 가까운 곳에 활 쏘는 곳 하나를 가려서 선전관들로 하여금 보사도 하고 말달리기도 하게 하여 5일에 한 번씩 시험보이고 한 달에 몇 차례 그 고하의 등제를 매기고 월말에 입계하여 우등자는 논상하고, 누차 불능인 자는 사람을 바꿀 것을 의계하라고 하였다.

한산도 통제영 선전관 이강후가 밀지를 가지고 왔다. 원수는 3도 수군을 거느리고 바로 적의 소굴로 들어가라는 것이었다. 능력이 없는 조정에서는 이런 어처구니없는 지령으로 최고 사령관인 권율과 이순신을 힘들게 하고 있었다.

8월 13일 경성 조령에 관을 설치한 신충원이 상소하였다. 조령 죽령의 관방에 근무하여 신역을 면제받은 사람들에게 방백, 절도사, 수령들이 다시 본역을 물리고 책임 지움이 전보다 갑절이 되게 하고 있다. 그래서 사람들이 분하고 원통한 마음으로 떠나고 있다. 백성을 속이고 대중의 마음을 거스름이 이보다 큰 것이 없으니, 이 폐단을 제거해 달라 하였다.

8월 15일 사헌부가 원균을 탄핵하였다. "충청병사 원균은 사람됨이 범람하고 게다가 탐욕 포학하기까지 합니다. 5~6월에 입방한 군사를 기한 전에 역을 방면하고 그 대가로 씨콩을 거두어 다 농사로 실어 보냈습니다. 또 무리한 형벌을 행하여 잔혹한 일을 자행하여 죽은 자가 잇달고 앓다가 죽는 자도 많아서 원망하고 울부짖는 소리가 온 도에 가득합니다. 이와 같은 사람은 통렬히 다스리지 않을 수 없으니 파직하고 서용하지 마소서" 하니,

선조가 답하기를, "원균의 사람됨은 범람하지 않다. 이런 시기에 명장을 이처럼 해서는 안 된다. 윤허하지 않는다" 하였다.

이어 사헌부가 원균의 일로 계속 아뢰니, 답하였다. "오늘날의 장수로서는 원균이 으뜸이다. 설사 정도에 지나친 일이 있었다 하더라도 어찌 가벼이 논계하여 그의 마음을 풀어지게 해서야 되겠는가. 윤허하지 않는다" 하였다.

어떻게 해서 원균은 선조에게 이렇게 명장이라는 말을 듣게 되었는가. 이런 점에서 대단한 명장이 아닐 수 없었다. 선조가 자신이 최고로 잘나서 최상의 판단을 하고 있다고 생각하는 것도 큰 문제였다.

한산도 통제영 오늘은 추석날이다. 3도의 군사들을 먹이고 종일 여러 장수들과 함께 취했다. 이날 달빛이 수루에 비치어 잠을 이루지 못하고

시를 읊으며 밤을 새웠다.

8월 18일 경상우도 함양 체찰사 이원익과 부사 김륵이 군에 이르렀다. 함양의 한 백성이 "이 상공의 성품은 본디 담박하여 시대의 폐단을 힘껏 고치고자 하였다. 행장을 꾸린 것이 보잘 것 없었으며, 한 필의 쇄마도 거느리지 않고, 단지 군관 한 쌍만 대동하였다. 난리 뒤에 성사로서는 없던 바였다. 경내에 사는 백성으로 하여금 모두 되살아날 수 있게 하되, 한 사람이라도 그렇게 하지 못하면 자기가 밀어내 버린 것 같이 생각하였다. 사람들이 봉황이 나타나 세상을 상서롭게 하는 것이라고 여겼다. 도원수 권율과 순찰사 서성도 군에 왔으나, 조심스러워하여 단지 군관 두 명만 거느리고 왔으며, 술을 마시는데 소고기가 있으니, 크게 두려워하며 말하기를 '이 정승이 알게 하지 말라'고 거듭거듭 다짐하였다. 아! '탐욕스러운 이가 청렴해지고 게으른 자가 뜻을 세운다'고 하더니 참으로 빈말이 아니구나!" 하였다. 이원익은 이런 사람이었다. 다음 날 거창으로 향했다.

8월 23일 경상우도 진주 이날 이순신은 진주에서 체찰사 이원익과 회합을 가졌다. 이순신은 부름을 받고 2일전 한산도를 출발하여 사천을 거쳐 도착하였다. 이원익은 조용하게 이야기하는 가운데 백성들의 고통을 덜어야겠다는 뜻이 많이 있었다. 늦게 김응서와 함께 촉석루에 올라 비명에 간 장수들을 생각하며 비참하고 통분함을 이기지 못했다. 이원익이 한산도를 방문하겠다고 하여 미리 준비하도록 전령을 보냈다. 25일에 이순신은 소비포에서 체찰사 일행을 모시고 한산도 진영으로 출발하여 저녁에 도착했다. 오는 길에 여러 진영과 전에 접전했던 지역을 들르면서 설명해 주었다. 듣는 사람도 신이 났을 것이다. 여러 장수들이 교서에 숙배하고 공사례를 행했다. 진을 합병하는 것도 논의하여 경상우도의 여러 포구들을 합병하기로 하였다. 27일에는 진중에서 전군에게 잔치를 벌였다. 체찰사가 방문했으면 임금을 대신하여 군사들의 사기를 올려 주는 행사를 하는 것이 당연하다. 이원익은 철저한 사람이지만 그런 생각까지는 못했다. 여력도 없었다. 이순신이 미리 준비해 두고 체찰사의 명으로 무예 시험을 하고 상을 주며 잔치를 벌여 이원익의 체면을 살려 주었고 병사들의 사기도 높인 것이다.

다음 날 체찰사 일행은 돌아갔다. 그동안 함께 여러 가지 폐단을 논의하며 많은 이야기를 나누었다. 두 사람 사이에는 많은 공감대가 있었다.

8월 29일 경성 유성룡이 "중전이 오랫동안 해주에 계시어 공봉의 노비(勞費)가 한두 가지뿐만이 아니므로 부세를 감면하라는 윤음을 내리셨으나 백성의 원성이 끊이지 않고 있으니, 일기가 추워지기 전에 급히 환도하셔야 할 것입니다" 하였다. 선조는 원하지 않았다. 선조는 말로는 백성들을 위하는 일을 많이 하나 실제로 자신의 일에는 백성들의 어려움은 전혀 생각하지 않았다. 유성룡의 이 말도 선조의 마음속에 새겨져 두고두고 원망의 대상이 된다.

이달의 다른 일들은,

금년 농사가 약간 풍년이 들자 민심이 안일에 젖어 곳곳마다 산에 올라 노래하고 춤을 추었다 한다.

충주에 큰 진영을 설치하여 중병을 배치하자고 하였다. 산성을 쌓는 일은 시간에 구애받지 말고 견고하게 수축하도록 명하였다. 방어가 긴급한 제주도에 요역과 부세를 일시 정지하게 하였다.

평안도 우후 이순신을 천성이 잔포하고 형장을 남용한다 하고, 또 충청수사에서 파면되어 올라올 때 쌀 포목 등을 두 척의 배에 가득 싣고 오다가 붙잡혔었다고 하면서, 파직하고 서용하지 말라 하였다. 전 방답첨사 이순신도 이렇게 수많은 부침과 시련을 겪고 있다. 앞으로도 계속 그럴 것이다.

선조가 풍년으로 군량을 비축할 것을 말하니 비변사가 대책을 말하였다. 곳곳에 산성을 설치하여 병화를 피하는 곳으로 삼아 민심으로 하여금 미리 믿는 바가 있게 해야 한다 하였다. 그렇게 하면 위급할 적에 자기들이 소유한 것을 가지고 산성에 들어가서 보전하게 될 것이라 하며, 이것이 참로 오늘날의 가장 좋은 계책이라고 하였다.

노을가적(누르하치)이 백성을 쇄환하고 여러 차례 서계를 보냈는데, 그 서계에, '천하는 한 집안이다. 법으로 다스리라' 하면서 삼 캐는 호인을 목 벤 이유를 따져 물었다. 비변사에서는 호유격을 이용하여 사자를 보내 효유하도록 하자 하였다.

관리들의 태만도 심각하였다. 창고에 납입된 저축이 없다면 시전에서 무역하지 않을 수 없는 것이니, 해조가 그 물가를 적절한 값으로 매겨 제때에 지급하면 백성의 원망이 있을 수 없었다. 그러나 시장에서 취해다가 쓰는 품목은 매우 많은데 물품을 먼저 바치게 하고서는 값을 제때에 주지 않았다. 관리들의 태만으로 소민들이 관문에 오래도록 서서 기다려야 하고 또 받는 것도 기약할 수도 없었다. 그래서 해결책이 끝내는 해조·해사의 간사한 아전의 손으로 돌아가 그들이 이익을 도모하게 만들고 있었다.

9월 1일 경성 이산해가 물러가기를 청했으나 따르지 않았다. 좌의정 김응남도 신병으로 사직을 청했으나 윤허하지 않았다.

9월 3일 왜적이 철수했다는 보고는 없었지만 병부상서 석성의 독촉으로 상사 이종성도 남쪽으로 진출하기로 하였다. 이날 전별연을 베풀었다

한산도 통제영 정탐 보고가 들어왔는데, 영등포의 적진은 소굴을 비우고 누각과 집들은 다 불태웠다고 하였다. 적에게 포로 되었던 사람들이 돌아오는 숫자도 늘고 있었다.

9월 6일 경성 이홍로가 "군사와 농군을 분리시키면 군량이 없는 것은 걱정되지 않습니다. 군사를 뽑을 때에 장정 5명이 있는 집에 장정 1명만을 뽑아 군사로 삼고 나머지 4인으로 하여금 그 양식을 공급하게 하면 군사는 저대로 군사 노릇을 하고 농군은 저대로 농사를 짓게 되어 양식을 조달하거나 군사를 징발하는 폐단이 없게 될 것입니다" 하였다. 모처럼 옳은 말도 하였다.

9월 12일 경상우도 관찰사 서성이 행장, 심유경과 황신의 문답 내용 등을 보고하였다.

행장이 말하기를 '천사의 행차가 도해하는 날에 조선 통신사와 일시에 도해한다고 하는데 누구누구인지는 자세히 알 수 없지만 어쩌면 황배신 그 사람이 아니겠는가' 하였다.

심유경이 말하기를 '그 사람은 통신사가 아니라 곧 우리를 따라서 온 사람이다. 그대들이 만일 도해하면 이 소식을 가지고 황배신으로 하여금 천조에 주문하게 하려 한다. 그러나 함께 데리고 가기를 원한다면 또한 해로울 것도 없을 것이다' 하였다.

또 행장이 황신에게 말하기를 '천사가 바다를 건너간 뒤에 모름지기 파발을 두어 당보를 통기해야 하는데 그대 나라 사람들은 바다를 건너

왕래하기가 어려울 것이므로 2~3백 명의 왜인을 부산에 머물러 두려 하니 그대 나라가 그때에 그들을 도모해서는 안 될 것이다' 하였다.

황신이 '나로 하여금 대마도에 머물러 있으면서 당보를 전하게 하는 것은 사양하지 않겠으나, 만일 왜적을 머물러 둔다면 황제 칙령의 본의에 어긋나는 듯하다'고 대답하였다.

조신과 요시라는 만약의 경우에 귀순하겠다는 의사까지 표명하였다. 그렇지만 믿을 것은 없었다. 이들을 통해 적중의 소식이나 탐지하자고 하였다.

황신의 보고도 있었는데 심유경이 왜인을 시켜 밀양에 사신이 묵을 집을 짓게 했다고 하였다.

9월 14일 한산도 통제영 내일이면 충청수사 선거이가 충청도로 돌아간다. 작별의 술잔을 밤늦도록 기울였다. 이순신은 이번의 작별이 그동안 불안한 선거이의 건강 상태로 보아 마지막이 아닐까 생각했다. 그러니 더 각별할 수밖에 없었다. 시 한 수를 써 주었다.

북쪽에 갔을 때도 고락을 같이하였고
남쪽에 와서도 생사를 함께하더니
오늘 밤 달빛 아래 한 잔 술 나누면
내일은 이별을 아쉬워하겠네

9월 15일 경성 신하들을 접견하였다. 유성룡이, 이산해와 정탁의 출사를 청하고, 적이 수개월 동안 가지 않으니 그들의 사술로 보면 내년 봄에 모종의 일이 있을 듯하다(항왜 주사불이 말하기를, 수길이 행장에게 이르기를 대명이 만약 공주를 보내지 아니하면 명년 봄에는 내 자신이 군사를 거느리고 가서 바로 쳐부수겠다고 하였다고 하였다). 만일 약속을 배반하고자 하면, 구혼 등과 같은 일을 요구하여 중국 사신을 노하여 돌아가게 한 뒤에 다시 흉계를 부릴 것입니다 하였다. 선조도 반드시 그렇게 할 것이다 하였다.

9월 17일 선조는 여차하면 도망갈 준비에는 말이 아닌 행동으로 열심이었다.

정경세가 중전을 해주에서 모셔올 것을 말하고 다시 아뢰기를, "상께서 매양 퇴탁하는 분부가 계시므로 어리석은 백성들이 모두 적이 물러간 뒤에 내선의 거조가 있고 중전의 어소인 해주로 옮겨 머무르실 것이라 의심하고 있습니다" 하였다. 해주로 도망갈 준비를 하지 말라는 완곡한 표현이었다.

이덕열은 아뢰기를, "어제 상의원으로 하여금 마교를 만들도록 하였더니 제조 이하가 모두 의아하게 여겼습니다" 하니, 선조는 아무 말이 없었다.

9월 19일 중국 사신이 북경에 있을 적에는 행장은 반드시 천사가 나와야만 우리가 곧 물러가겠다고 하였고, 적이 물러가기를 기다리지 아니하고 사신은 압록강을 건너왔으며, 사신이 경성에 이르자 행장이 또 반드시 남원에 와서 주재해야만 우리가 곧 물러가겠다고 하여 또 사신이 거창으로 왔는데, 이제 또 반드시 밀양에 와서 주재해야만 우리가 곧 물러가겠다고 한다. 사신은 다시 밀양으로 가서 주재하려 하였다. 모든 조종하고 신축하는 것이 일체 왜적에게 있고 중국 사신에게 있지 않았다. 지금 밀양으로 갔다가 왜적이 만일 또 반드시 우리 진영에 들어와야만 우리가 곧 돌아가겠다고 한다면 전의 거조로 보아 적의 진영에 들어가지 않을 수 없을 것이다.

부사 접반사 이항복이 살펴보니 심유경은 한결같이 중국 사신에게 속히 부산으로 들어가도록 재촉하고, 사신은 한결같이 적에게 도해하도록 재촉하고 있었다. 이제 심유경은 왜인으로 하여금 밀양에 와서 중국 사신을 지공하게 하려 하였다. 이것은 유격의 은밀한 계획이었다. 사신을 재촉하여 한걸음 앞으로 나아가게 하여 밀양에 주재하게 한 뒤에 조선이 지공하기 어려움을 핑계하여 다 왜인으로 하여금 와서 지공하게 하여 사신으로 하여금 자신도 모르는 사이에 홀연히 적의 진영에 있게 하려는 것이었다. 이항복은 이러한 상황을 조정에 보고는 하였지만 어떻게 할 수는 없었다.

9월 22일 한산도 통제영 몇 개월 동안 조방장으로 활약하며 이순신을 보좌했던 친구 박종남이 다른 벼슬을 얻어 떠났다.

경성 비변사가 북병사로 이일을 말하니, 선조가 "이일이 소시에는 명성이 있었으나 지금에 와서는 여러 차례의 패전을 겪은 나머지 나약해지고 겁을 내어 무모해졌고 매우 어그러졌다. 전일 순변사로 갈 적에 내가 불가하다고 하였으나 끝내 중임을 맡기더니 무슨 일을 하였는가?" 하였다.
그렇게 말하고도 다시 이일을 임명하였다. 이일은 10년 전의 옛 직위인 북병사로 다시 돌아가게 되었다. 그렇게도 인재가 없는가.

9월 28일 유성룡이 다시 중전의 환도를 거론하며, 외간에 행궁을 수리하라는 명이 있다는데 거짓 소문이 한 번 퍼지면 의혹하기는 쉽고 깨우치기는 어려운 것이라고 하였다.
선전관 권형이 남쪽 왜영 상황을 보고하였다. "부산 평행장의 진영

안은 전후 수만여 호이고, 왜추가 중국 사신 및 유격을 위하여 큰 집 두 채를 지었는데 매우 장려하였습니다. 적의 진영은 높은 데에 의지하고 험준한 데에 의거하였으며, 산을 등지고 바다에 임해 있는데 배 5~6백 척이 포구에 정박해 있었습니다. 동래와 부산의 20리 길에는 벼가 무성하였습니다. 적에게 잡혀 있는 백성 가운데 혹 본국을 사모하여 벗어나려 해도 벗어나지 못하는 자가 있으며, 혹은 왜인에게 붙어서 도리어 강화를 두려워하는 자도 있었습니다. 왜적은 밤낮으로 몰래 신고 도해하여 머물러 있는 왜가 매우 적었습니다. 동래의 적추 평의지·평조신은 환자의 납입을 독촉하고 있었습니다. 청정은 서생포에서 두모포로 이주하여 바야흐로 성지를 수선하고 있다 합니다. 진중의 모든 왜인은 토목 공사가 끊이지 않아서 '이영차' 소리가 곳곳에서 우레처럼 울렸습니다. 대개 16개 진영 중에 반수 이상은 도해하고 현재 남아 있는 것은 두모포·동래·부산·죽도·가덕·안골포 6개 진영이라 합니다" 하였다. 왜적들이 많이 철수하기는 하였다.

9월 29일 도체찰사 이원익이 장계를 올려 '일찍이 장계를 올린 일을 시행하든 시행하지 않든 수개월이 되었는데도 전혀 가부가 없다' 하였다.

이에 선조가 "지극히 불가하다. 4도의 일을 이미 그에게 위임하였으니 시행할 만한 일은 도체찰사가 먼저 시행하고 나중에 계문하는 것이 가하다. 중앙에서 통제할 수 없을 뿐만 아니라 또한 지체해서도 안 된다. 이렇게 되면 그 뜻을 펴지 못할 것이다. 이 뜻을 비변사에 일러서 체행하게 하라" 하였다.

비변사가 사사건건 간섭하고, 사후 책임은 전가하는 등의 무책임한 행위를 막고자 하는 이원익의 장계였고 선조는 이원익에게 힘을 실어 주었다.

이달의 다른 일들은,

《주역》을 강하고, 선조는 북쪽 오랑캐도 큰 걱정이었다. "노을가적이 만일 수만 기를 거느리고 나온다면 당해 낼 수가 없다. 평안도에 비록 두 강이 있지만 얼음이 얼면 내지 깊숙이 들어올 수 있는데, 막아 지킬 수 있는 요새가 없으니 어찌해야 되겠는가" 하였다. 걱정은 태산 같은데 막을 성도 없고 군사도 없고 식량도 없다고 한다. 할 수 있는 일이 없었다.

호유격의 차관 여희원 등이 노을가적에게 선유할 일로 내려가게 되었다. 선조가 이르기를, "이 사람들에게 도감으로 하여금 물품을 증여하고 술자리를 베풀도록 하라. 여기에서도 또한 술을 대접하고 부채와 모자를 주어 보내야 할 것이다. 그리고 만포에서 저들을 불러 선유할 것이니 차관들이 들어가지 못할 리가 없다. 우리나라에서 계려가 있는 몇몇 사람에게 중국옷을 입혀 같이 들여보낼 일로 절도사에게 비밀히 하서하라" 하였다.

병조가 군사 양성 방안을 말했다. 정용하여 쓸 만한 군사를 모아서 조리가 분명하게 항오를 편성하고 차례로 돌려가며 역을 담당하게 한다. 본조에서는 번군의 대가로 쌀을 거두어서 이름을 대조하여 이들에게 나누어 준다. 그러면 모병은 항상 조련되어 군안에 예속되고, 농군은 미곡을 바치고서 경작에 안주할 수 있어 피차가 다 편리하게 될 것이다 하였다.

현재 벼슬살이 하는 자 이외에 차비 서리를 칭탁하여 외방에서 신역을 하지 않는 자가 3백4십여 명이나 되는데, 이들이 내는 역가는 본조의 하리가 모두 중간에서 가로채 사용으로 하고 있었다. 폐해를 끼침이 너무 심해 해조로 하여금 일일이 찾아내어 군액에 충당하도록 하였다.

선조가 서교에 거둥하여 강무 시재하고 논상하였다. 열흘에 한 번씩 시재하고 한 달에 여섯 차례씩 사열하였다. 다섯 가지 기법이 이미 익숙해지고 정연하고 당당하며 속오가 분명하고 질서가 있었다. 이제는 전일처럼 소문만 듣고 붕궤되지는 않을 것이었다.

사간원이 빈번한 천변을 유념할 것과 국가의 형세와 왕자의 노복들이 부리는 행패 등을 규찰하도록 아뢰었다.

"근자에 궁금의 사람이 강제로 무역을 행하여 물화를 독점하며 왕자가 밖에 있으면서 노복을 단속하지 아니하여 군읍에 폐해를 끼치고 있다 합니다. 길에서 떠도는 말이 반드시 다 옳지는 않을 것이지만 또한 일을 행하기 전의 경계로 삼을 만합니다" 하였다.

선조는 "이것이 무슨 일인지 모르겠으나 법사가 있고 형관이 있으니, 조사하여 다스려야 마땅하고 모호한 말만 해서는 안 된다. 노복들이 폐해를 끼치는 일 또한 율에 비추어 죄를 다스려야 마땅하니, 헌부로 하여금 규찰하도록 하라" 하였다.

그러나 이 말은 의례적인 말에 불과한 것이었다. 선조는 항상 규찰한 사람만 화를 당하게 했지 다스린 적이 한 번도 없었다. 갈수록 심해질 문제였다.

‖ 명 사신은 왜진에 들어가고, ‖
‖ 왜적은 조선 통신사를 요구하다 ‖

10월 4일 경성 이산해에게 대제학을 겸임시켜 사대문서를 작성토록 하였다. 그러나 그는 병을 핑계로 휴가를 청했다.

10월 6일 말미를 받아 떠나는 영돈녕부사 이산해를 인견하였다.

'장수를 쓰는 데는 한 가지 방도만이 아닌 것으로, 말을 타고 달리며 돌격하는 자도 있고, 기회에 임하여 지혜를 운용하는 자도 있습니다. 돌격하는 자는 쉽게 얻을 수 있으나 지혜를 운용하는 자는 백에 한두 사람도 없습니다.

중국의 마음을 잃지 않는 것이 오늘날의 급선무이니 우리나라에 나온 장관들에게 환심을 얻도록 힘쓰는 것이 좋습니다. 요즘 듣건대 하류의 중국인들이 모두 재상을 욕한다 하는데 이는 다름이 아니라 박대하는 것으로 의심하였기 때문입니다' 하였다.

임금의 의중을 파악하고 비위를 맞추는 데는 가히 천부적인 사람이었다.

영의정 유성룡에게도 어머니를 근친하고 오도록 하였다. 유성룡은 '신이 집에서 온 편지를 받아 보니, 늙은 어미가 신이 내려간다는 말을 듣고 날마다 문 밖까지 기어서 나아가 오래도록 기다리다가 오지 않으면 눈물을 흘리며 슬퍼하고, 이로 인해 병이 났는데 노인의 마음에 둔 것은 다른 말로 위로할 수 없다고 합니다' 하였다.

한산도 통제영 그동안 새로 짓는 집의 들보도 올리고 서까래에 흙도 발랐다. 항복한 왜인들이 운반하는 일을 열심히 하고 있었다. 지휘선을 연기로 그을려 소독을 하기도 했다. 수사들이 찾아오고 웅천현감 이운룡이 와서 명나라 사신이 부산으로 들어갔다는 소식도 전해 주었다.

10월 8일 경성 선조가 숭례문 밖에 거둥하여 무예를 친시하고 차등 있게 논상하였다.

무사 가운데 편전을 두 차례 명중한 자는 승직하고, 한 차례 명중한 자는 아마 1필을 사급하였다. 포수 가운데 세 차례 명중한 자의 경우 관직이 있으면 승직시키고, 양인이면 금군을 제수하였으며, 두 차례 명중한 자는 아마 1필을, 한 차례 명중한 자는 무명 1필을 사급하였다.

선조가 이르기를, "정승 김응남은 '활이 상등이고 조총이 그다음이고 살수가 하등이다' 하나, 나의 의견은 그렇지 않다. 오늘 시재할 때에 편전이 조총만 못한 것이 수배나 되었으니, 옛사람이 '조총은 활보다 5배나 낫다'고 한 말이 믿을 만하다. 이제 사복시에 남은 말 30필이 있으니 순차적으로 도감 포수에게 나누어 주라. 외방의 포수 및 살수와 무사 중에서 그들이 포를 쏘기를 자원할 경우 모두 3병(柄)을 한 차례 시방하고 서계하도록 훈련도감에 이르라" 하였다.

10월 9일 드디어 권율을 도원수 직에서 물러나게 하였다. 한성판윤으로 하였다. 이원익으로 하여금 원수부의 일을 겸임하게 하였다.

이에 앞서 무관 한 사람이 전장에 나가기를 꺼린 나머지 전주로 도망가 자기 몸을 명나라 장수에게 의탁하였다. 권율이 그를 뒤쫓아 붙잡으려다가 잡지 못하였는데, 뒤에 순시차 전주에 왔다가 붙잡았다. 바로 목을 베었다. 이에 연루되어 물러나게 된 것이다.

권율이 웃으면서 말하기를, "대장이 된 지 3년 만에 도망병 하나를 베었다가 해직까지 되었으니, 일을 할 수가 있겠는가" 하였다. 권율은 심적, 육체적 부담도 덜고 더 좋은 직책을 얻었으니 더할 나위 없겠으나 나라는 누가 구할 것인가. 도원수 직을 그보다 잘 수행할 사람이 누가 있는가.

10월 10일 부산 병부에서 편지를 보내 부사 양방형에게 재촉하여 먼저 부산으로 가도록 하니, 이종성은 마침내 양방형과 더불어 계획을 정하였다. 양방형은 8일에 밀양을 출발하여 이날 부산으로 들어갔다. 그런데 왜적이 머뭇거리기만 하고 다 철수하지 않으면서 다시 상사를 청했다. 병부상서 석성은 이미 심유경의 말을 신임했기 때문에 왜적이 반드시 다른 생각은 없을 것으로 여기고, 또 왜적을 물러나게 하는 것이 무엇보다 급해하므로 이종성을 재촉해서 나가게 하였다.

10월 12일 부사가 도착한 후 이틀 동안 행장은 병을 핑계하고 나오지 않았다. 행장이 나오지 않다가 이날 나왔다. 부사가 좌정하자 행장과 현소가 실내에서 예를 행하였는데 부사는 앉아서 그 예를 받았다.

부사가 지금까지 바다를 건너가지 않은 것을 책책하니, 행장은 '제1진과 제2진은 이미 떠나갔고 제3진도 또한 반수 이상이 떠나갔다' 하였다.

부사가 말하기를 '그대는 충후한 사람이니 반드시 우리를 감히 놀리지 않을 것이다. 그대는 모름지기 각진의 왜군을 타발하여 바다를 다 건너간 뒤에 와서 고하면 내가 곧 이 노야를 들어오도록 청하여 모두 바다를 건너갔다는 주본을 올리게 하겠다' 하니,

행장이 말하기를 '마땅히 분부대로 하겠다. 소인이 일찍이 노야께서고 군문에 오랫동안 있었음을 알고 있으니 어찌 감히 명을 어기겠는가' 하였다. 행장이 하직하고 나갔는데 매우 공손하였다.

부사가 통사 박의검을 통하여 배신에게 말하기를 '왜영이 불탄 곳과 불타지 않은 곳을 자세히 적어 오라. 청정이 무슨 까닭으로 가지 않는 것인가? 또 정사가 왜영에 들어오면 왜인이 과연 일시에 철수해 가겠는가? 여기에 있는 삼반도 과연 수하의 군사를 먼저 떠나보내고 오직 공급하고 사후하는 자만 남겨 두었는가? 모름지기 일일이 회보하도록 하라. 내가 이에 의거하여 사정을 참작해서 정사에게 보고하겠다' 하였다.

박의검이 '왜적은 반복스럽고 거짓이 많으며 흉모 또한 극히 헤아리기 어려우니 양사가 진영에 들어온 뒤에 다시 무슨 계책이 있을지 모르겠으며, 명을 듣고 다 철수하려 한다는 것도 반드시 그러할 것임을 보장할 수 없다. 대개 헤아려 보면 16개 왜영 중 10개 영은 이미 철수하였

으며 선후 바다를 건너간 자가 겨우 5분의 3분이다. 청정 진영의 군병으로 말하면, 본디 1만여 명이라 하였는데 지금도 8천여 명이 있다고 한다' 하였다.

부사가 이 일은 오직 나와 배신 및 그대만 알 뿐이니, 유격부의 하인에게라도 절대로 알게 해서는 안 된다고 하였다.

10월 15일 한산도 통제영 새벽에 망궐례를 하고 저녁에는 우수사 이억기와 전별의 술잔을 기울였다. 다음 날 우수사는 전라도 우수영으로 떠났다.

경상우도 함양 중국 사신 이종성이 남원에서 운봉을 지나 오후에 군에 이르렀다. 접반사 김수, 전라도 순찰사 홍세공도 이르렀다.

10월 17일 경성 비변사 당상들을 인견하여 여러 일들을 논의하였다.

그중에, 선조가 김덕령에 대해서 논하였다. 김덕령의 범죄는 작지 않다 하고, 사람을 죽였는데도 유사가 감히 다스리지 못하고 수령도 묻지 못하니 극히 놀랍다 하였다. 유성룡은 죄가 많지만 우선 그곳에 머물러 있게 하는 것이 마땅하다고 하였다.

선조가 '당초 무군사에서 한신을 대접하듯 한다는 말을 듣고 웃었다. 익호라는 칭호를 준 것은 더욱 사리에 당치 않은 일이다. 사람의 겨드랑이 아래에 어찌 날개가 있겠는가' 하였다. 나라를 위해 목숨을 걸고 있는 의병장을 이렇게 웃음거리로 삼고 있었다.

10월 26일 선조는 왜적이 머뭇거리고 떠나가지 아니하고 핑계하면서 시일을 끄는 것에 대해 걱정이 앞섰다. 물러간다던 청정은 태연하게 웅거하고 있고, 우리나라 사람들은 태평스럽게 적이 반드시 물러갈 것이라고 하며 대책 없이 오직 그들이 물러갈 날만 기다리고 있었다. 그런데 하동 교생 강사준이 적진 속에서 보낸 서찰에 '병신년이 길년이므로 관백이 대병을 출동할 것이다'는 말이 있었다. 이에 선조가 비변사에 명하여 그 뜻을 유의하여 살펴보고서 변고에 대응하는 계책을 도모하도록 하였다.

이에 비변사에서는 거북선을 더 만들어 바닷길을 막아 끊는 것이 가장 좋다 하고 험준한 곳에 의거하는 일 외에는 다른 계책이 없다고 하였다. 비변사에서는 좋은 말을 많이 하나 돌아보면 아무것도 남지 않았다.

한산도 통제영 늦가을이지만 해상에서는 겨울이나 마찬가지다. 싸늘하면서도 달빛이 밝아 잠 못 이루며 뒤척이고 밤을 새며 백 가지 근심으로 머리가 희는 날이 많았다. 공태원을 불러 왜적의 정세를 묻는 날도 있고 찾아오는 사람들과 일부러 늦게까지 이야기하는 날도 있었다. 이날은 마침 제주에서 임달영이 왔다고 하므로 불러서 이야기를 나누었다. 제주도에는 또 다른 동지, 북방에서 생사고락을 같이했던 이경록이 제주목사로 있기 때문에 관심이 많았다.

이달의 다른 일들은,
중국인 교사 등이 많은 폐단을 일으켜 백성들이 견디기 어렵고, 군사를 훈련시키고 방어하는 것도 제대로 이루어지지 않았다. 이에 호유격에게 이첩하여 조치토록 하라 하였다.
도승지 조인득에게 해주에 있는 내전을 시위하여 오도록 하였다.
구사직 대신 이광악을 황해병사로 하였다.

11월 1일 경상도 밀양 중국 사신 정사는 밀양에 머물고 있었다. 정사는 행장에게 철수를 독촉하고 있었다. '날씨가 추우면 도해하기에 불편하니, 속히 청정으로 하여금 철수하여 돌아가도록 하고 죽도·안골·가덕·동래·두모·서생 등처의 방책을 다 불태우면 나는 즉시 주본을 올리고 도해할 것이다. 내가 이미 여기에 당도하였으니 전처럼 시간이 걸리지 않을 것이다' 하였다.

경성 훈련 주부 김경상이 지난 13일부터 왜영을 살펴보고 서계를 올렸다. 주 내용은 상사가 부산에 이르면 왜적이 사신과 일시에 도해한다고 하나 그 말을 믿을 수 없다는 것이었다. 그리고 왜영 안에 살고 있는 우리나라 사람들이 농사를 지어 왜적에게 환자곡을 바치고 있는 상황도 말하였다.

황신이 왜적의 도해에 대해 유격의 부하와 문답한 내용을 보고하였다. "본월 15일에 정사의 패문이 부산에 이르렀는데, 정사는 16일 사이에 출발하려 한다 하고, 같은 날 평조신이 일본으로 떠나서 관백에게 보고하러 간다 하였다. 어제 천총 누국안이 서울로부터 돌아왔는데, 병부의 차부를 가지고 와서 '석 상서가 책봉사에게 빨리 왜영에 나아가게 하였으므로 정사가 길을 갑절로 빨리 달려 전진하였다' 하였다.
왜적이 말을 여러 차례 바꾸며 군사를 다 철수하지 않고 지금까지 끌어오고 있었다. 부사가 왜영에 들어간 뒤에 왜적의 행태가 거만한 듯하였고, 왜적 청정이 철수하지 않았는데도 상사까지도 적중에 들어가려 한다" 하였다.

11월 10일 미시에 내전이 환궁하였다. 선조가 돌아오고도 2년이나 더 있다가 신하들의 성화에 못 이겨 이제 온 것이다.

11월 21일 한산도 통제영 어제는 조카 3명과 큰아들 회가 들어왔다. 어머님은 평안하시다고 하여 기쁨을 느꼈다. 아직도 견내량 위쪽으로는 정찰만 하고 있었다. 오늘은 송희립을 보내 조사하게 하였다. 이 겨울 바다에 청어가 무수히 잡혔다. 병사들 영양 보충에도 좋지만 군량을 마련하는 데에도 일조하고 있었다. 청어 1만 3천2백4십 두름을 곡식과 바꾸도록 이종호에게 내주었다.

11월 22일 경성 유성룡이 오랑캐 방어를 위한 대책을 내놓았다. 주 내용은 오랑캐는 왜적과 다르므로 화기를 사용해야 하고, 따라서 화포 훈련을 해야 한다는 것이었다. '북쪽 오랑캐는 말을 타고 사람마다 흙 한 자루씩을 가지고 일시에 함께 나아가서 성 아래에 쌓는데, 잠깐 사이에 성과 같은 높이가 되어 사람과 말이 짓밟고 넘어옵니다. 그리고 군사마다 모두 철갑을 입고 말도 갑옷을 입히므로 화살이 상하게 하지 못하니 화기가 아니면 제어할 수 없습니다. 의주에 올려 보낸 천지자 화포는 지난해 평양을 공격할 때에 다수 평양에 실어왔는데 지금 도로 실어갔는지 모르겠습니다. 이 또한 급속히 거두어서 성첩을 계산하여 고루 나누어 배설하고 미리 일을 잘 아는 화포장으로 하여금 화기 쏘는 것을 익혀 위성을 장대하게 하며, 또 원근으로 하여금 방비가 있음을 알게 하면 민심을 진정하고 오랑캐의 정세를 복종시킬 수 있습니다' 하였다.

밀양 상사 이종성이 부산으로 향하겠다고 하여 김수가 극력 만류하였으나 듣지 않았다. 주위에서는 미리 나아가서는 안 된다고 하였으나, 병부에서 상사가 나아가도록 재촉하였다. 심 유격이 상사가 부산에 나아가지 않아 청정이 물러가지 않는다 하면서 상사에게 책임을 미루므로 상사가 분하게 여겼지만 나아가지 않을 수 없었다.

상사가 '설사 이루지 못하고 돌아가더라도 나는 밀양에서 돌아갈 수 없으니, 모름지기 부산에 이르러 스스로 처치하겠다' 하였다.

양산에 도착하니, 평행장·의지 등이 군사 1천여 명을 거느리고 나와서 마중하였다. 현재 있는 적들은 안골포에 2천여 명, 가덕에 1천여 명, 죽도에 6~7천 명, 서생포·임랑포에 각 5~6천 명이었으며, 군사를 철수하는 기별은 평조신이 아직 돌아오지 아니하여 정확히 알 수 없다 하였다. 동래 백성 등의 말에 '지난해에는 환자를 절반을 수납하고 금년에는 3분의 1을 수납하여 곳집에 두지 아니하고 곧 실어 나르니, 이것은 장차 철수할 조짐이다' 하였다.

11월 27일 부산 왜영 정사가 적의 영내로 들어간 뒤로, 심유경은 병을 핑계하고 정사를 뵙지 않고 행장도 유격이 나온 뒤에 보겠다 한다 하고, 양사가 왜영에 들어간 뒤로 다시 등대하는 일이 없고 왜인들의 기색도 매우 태만하여 전일과 달랐다.

심유경이 우리나라에 통신 사신을 함께 보내기를 요청하자 황신은 말을 다투며 허락하지 않았다.

조사는 이르기를, "우리만 봉명 사신으로 일본에 갈 것이니, 배신의 동행은 필요 없다" 하였으나,

심유경은, "행장 등이 관백의 뜻을 받아 '조선은 마땅히 왕자를 돌려보낸 데 대해 사례해야 한다' 하기에 나는 버티고 허락하지 않으면서 재신이 통신사로 가는 것만을 허락하였다. 따라서 지금 그 약속을 어기어 일을 낭패시킬 수는 없다" 하면서 계속 강요하였다.

황신이 장계로 아뢰기를, "적의 마음은 이랬다저랬다 하므로 강화의

일은 결코 믿을 수 없는데, 설령 성사된다 하더라도 우리로서는 대의가 이미 없어진 것이라 할 것입니다" 하였다.

11월 30일 양사가 행장과 정성 등을 만나 예를 행하고 금인과 고칙을 보게 하였다.

정사가 이르기를 "지금 황제께서 금인과 고칙을 하사하여 너희 관백을 일본 국왕으로 봉하였는데, 너희들은 보고 싶지 않은가?" 하니, 행장과 정성 등이 보기를 청했다.

또 말하기를 "금인과 고칙은 곧 관백과 같으니, 너희들이 관백을 보는 예로 예를 행한 뒤에 보라. 내가 일본이 예를 행하는 것이 어떠한지 보고자 한다" 하고, 금인과 고칙을 탁자 위에 올려놓고 정성 등을 불러 보게 하였다. 정성 등이 청사에 올라 그 나라의 예를 행한 뒤에 금인과 고칙을 받들고 보았다. 행장이 왜졸들에게 보고자 하는 자는 들어와 보라 하니 보기를 다투어 요란스러웠다. 금인과 고칙을 본 자들은 모두 웃고 뛸 듯이 기뻐하였다. 현소가 고명을 가지고 번역하여 말하니, 행장·정성 등이 모두 꿇어앉아서 듣고 한참 있다가 파하였다.

이달의 다른 일들은,
권율을 호조판서로 하였다.
각도의 장계를 가지고 오는 사람들이 정원에 정납할 즈음에 하인들이 가로 막고 뇌물을 요구하는데 시급한 장계에 대해서도 뇌물이 없으면 또한 곧 봉납하지 않았다.
비변사가 '이 황황한 시기를 당하여 근밀한 처지에서 앞장서서 먼저 폐해를 일으키는데도 금지하지 아니하여 긴요한 문서가 제때에 입계되지 못하게 하므로 먼 지방의 사람이 저마다 원망하니 극히 놀랍습니다.

도승지 이하 및 주서 등을 모두 추고하여 치죄하소서" 하였다.

이덕형이 외방의 중국인 훈련 교사가 폐를 끼치는 사실을 누누이 언급하고 정문도 두 번이나 보내기까지 하였다. 이에 중국 장수가 자못 미안하게 여겨 패문을 보냈는데, 철회하여 떠나는 시기를 분명히 보여 주기를 기다린다는 등의 말이 있었다.

평안병사 변응규가 중국 관원과 같이 노을가적을 선유한 일을 보고하였다. 노을가적(누르하치)은 이미 상당한 세력으로 성장해 있었다.
이덕형이 건의하여, 유격 호대수에게 관원을 보내 그 추장을 유시하여 침입하지 말게 해 달라고 청하였다. 이에 표하관 김희윤을 보냈다. 김희윤이 우리나라 무관인 신충원과 함께 만포에 이르러 건주 추장의 부장인 마신 등을 불러 속국을 침입하지 말라고 유시하였다. 호인이 또 상물을 요구하자 김희윤이 허락하였다. 호인들은 드디어 복종하고 주둔한 군사를 철수하였으며, 또 변경을 침범하는 사람을 금하면서 위반한 자를 참수함으로써 믿음을 보였다. 김희윤이 경성에 돌아와서 가물을 가지고 요동에 가서 금단을 무역해 호인에게 줄 것을 청하니, 선조가 그 말을 따랐다. 김희윤이 재차 가서 개유하니, 서쪽 변경의 소요가 조금 그쳤다. 이달에 유격 호대수가 중국으로 돌아갔다.
만포첨사 유염의 첩보에 '지난 8월 18일 중국 관원의 가정과 통사 하세국 등을 호인 동여고·동평고 등을 선유하는 일로 노을가적에게 들여보냈다'고 하였다. 하세국에게 오랑캐의 정황을 추문한 결과는 다음과 같다.
'노을가적이 평상시에 거주하는 집은 휘하 4천여 명이 칼을 차고 호위해 서 있는데 좌교의를 설치하였다. 중국 관원의 가정이 먼저 들어가기를 청하여 배사하고 파한 뒤에, 하세국이 또한 들어가기를 청하여 읍례를 하고 나왔으며, 소을가적에게도 그에게와 마찬가지로 예를 행하였다. 노을가적은 소를 잡아 잔치를 베풀고 소을가적은 돼지를 잡아 잔치를 베풀었으며 각기 상급이 있었다. 노을가적의 성은 둘레가 80여 리쯤 되고 성문은 7개 처이며 궁가가 없는 석축이었다. 호인의 집은 5백여 호이고 성 밖은 6백여 호였다. 내성은 둘레가 10리쯤이고 석축이었으며, 궁가와 누각을 다섯 곳에 이미 조성하였고 또 목수를 바야흐로 부역시켜 만들고 있었다. 대개 눈으로 본 바로는 노을가적의 휘하는 1만여 명이고 소을가적의 휘하는 5천여 명이며 늘 성중에 있었다. 오래도록 성중에 있으면서 항상 진법을 익히는 자가 1천여 명이었는데 각기 전마를 가지고 갑옷을 입고 성 밖 10리쯤에서 군사 훈련을 하였다. 노을가적의 전마는 7백여 필이고 소을가적의 전마는 4백여 필인데 모두 점고하였다.

문학 외랑은 중국 사람으로서 오랑캐 땅에 투속한 지가 거의 30여 년이나 되었는데, 모든 통서하는 일을 이 사람이 오로지 맡아서 한다고 하였다. 갑장이 16명, 전장이 50여 명, 궁장이 30여 명, 야장이 15명인데 모두 호인으로 일하지 않는 날이 없었다.'

돌아올 적에 노을가적이 '앞으로 조선 성 밑을 범할 적에 조선에서 사살하지 않고 잡아 보내면 우리가 극법으로 그를 참형할 것이니, 조선 사람이 우리 지방을 범하여 우리가 잡아 보내면 조선에서도 처치해야 할 것이다. 그렇게 하면 피차 원한이 없을 것이다' 하였다. 또 노을가적이 하세국을 별도로 불러 '두 나라가 특별한 원한이 없으니 앞으로 전처럼 좋게 지내면 왕래하는 사람이 말채찍만 가지고 다녀도 될 것이다. 천조 사람은 심상히 왕래하니 이상한 일이 못되지만, 그대 나라 사람은 예부터 이곳에 온 사람이 없다. 지금 소를 잡아 공궤하는 것은 오로지 그대를 위해서이다' 하였다.

선조는 하세국이 가져온 노을가적의 편지에 원한을 품은 것이 없어서

안도하였고, 병조판서의 계책 덕이라고 극구 칭찬하였다.

12월 1일 경성 상사가 부산 왜영에 들어갔다는 소식에 선조는 걱정이 앞섰다.

"대개 내가 헤아려 보건대, 상사가 왜적의 진영에 가벼이 들어간 것은 반드시 흉적의 술책에 떨어진 것이니 장래의 일이 반드시 좋지 않을 것이다" 하였다. 선조의 예언은 불운하게도 적중하게 된다.

경상좌도 감사 홍이상의 보고에, 왜적이 부산에 군사를 머물러 두어 통행에 편리하게 한다 하므로, 사유를 갖추어 상사에게 정문 하였으나 답변이 없으니 조정에서 의논하라고 하였다.

황신이 치계하여 두모포, 서생포, 임랑포의 왜영을 정탐한 것을 보고하였다. 두모포는 축성하는 역사를 하고 있으며 곡식을 쌓아 둔 곳이 여러 곳이고 왜인은 8천여 명이고, 서생포와 임랑포는 성책과 망루들이 파괴되고 남은 숫자는 2천여 명이라고 하였다.

12월 8일 한산도 통제영 체찰사가 전령을 보내어 근일에 소비포에서 만나자고 하였다. 계속 청어는 잡아들이고 있었다. 백성들의 수요가 많았던 모양이다. 군량에 큰 도움이 되니 그보다 좋을 수는 없었다.

12월 16일 경성 황신이 심유경과 문답한 내용을 보고하였다. 사람들은 정사가 심유경의 재촉으로 왜 진영에 들어간 것으로 알고 있는데 심유경은 그런 말을 한 적이 없다는 것이 주 내용이었다.

심 유격이 웃으며 말하기를 '누가 내가 이런 말을 했다고 하던가? 내가 이러한 말을 하는 것을 그대도 들은 적이 있는가? 이 노야가 스스로 역서를 보고 좋은 날짜를 가려내어 나에게 지시하고 또 소서비에게 지시하여 말하기를 「4일, 13일, 21일이 모두 길을 뜨기에 좋은 날이다」하였으니, 13일에 바다를 건너간다는 말은 여기에서 나온 것인 듯하고 나는 이런 말을 하지 않았다. 양 노야는 왜인들이 과연 오기를 요청하였거니와 이 노야는 그가 와도 왜가 또한 물러갈 것이고 오지 않아도 왜가 물러갈 것인데, 내가 무엇 때문에 그에게 미리 나아오도록 청할 필요가 있었겠는가' 하였다.

또 '사신이 도해하는 정확한 기별은 반드시 평조신이 돌아온 뒤에야 알 수 있다' 하였다.

12월 18일 남해안 삼천진 이순신은 체찰사 이원익을 만나기 위해 이틀 전에 한산도를 출발하여 당포, 사량을 거쳐 오늘 이곳에 도착하였다. 정오에 체찰사를 만나 의논했고 또 초저녁부터 새벽 2시까지 이야기하다가 헤어졌다. 다음 날 체찰사는 다른 곳으로 떠나고 이순신은 바람이 심해 배를 타지 못하고 그대로 머물렀다. 그다음 날 이순신은 한산도로 가지 않고 여수 좌수영 본영으로 향했다. 거의 만 2년 만에 본영에 돌아오는 것인데 어머님을 뵙고자 하는 마음이 간절했다. 체찰사가 없었으면 그냥 갈 수도 있었을 것이다. 그러나 윗사람을 무시할 수는 없었다. 그래서 어머님을 뵙기 위한 휴가를 요청하였다. 그 휴가를 요청한 글이 심금을 울리는 명문이다.

'살피건대 세상일이란 부득이한 경우가 있고 정에는 더할 수 없는 간절한 대목이 있는데, 이러한 정으로서 이러한 경우를 만나면 차라리 나라를 위한 의리엔 죄가 되면서도 할 수 없이 어버이를 위하는 사정으로 끌리는 수도 있는 듯합니다. 저는 늙으신 자친이 계시어 올해 여든하나이온데, 임진년 첫 무렵에 모두 함께 없어질 것을 두려워하여 혹시 구차히라도 보전해 볼까 하고 드디어 뱃길로 남쪽으로 내려와 순천땅에 피난

살이를 하였사온바, 그때에는 다만 모자가 서로 만나는 것만으로써 다행으로 여겼을 뿐 다른 아무것도 생각할 여유가 없었습니다. …… 저는 원래 용렬한 재목으로 무거운 소임을 욕되게 맡아, 일에는 허술히 해서 안 될 책임이 있고 몸은 자유로이 움직일 수 없어, 부질없이 어버이 그리운 정곡만 더할 뿐이요 자식 걱정하시는 그 마음을 위로해 드리지 못하는 바, 아침에 나가 미처 돌아오기만 안 해도 어버이는 문 밖에 서서 바라본다 하거늘, 하물며 못 뵈온 지 3년째나 됨이리까. 얼마 전 하인 편에 글월을 대신 써 보내셨는데, 「늙은 몸의 병이 나날이 더해 가니 앞날인들 얼마 되랴. 죽기 전에 네 얼굴 다시 한번 보고 싶다」 하였더이다. 남이 들어도 눈물 날 말씀이어늘 하물며 그 어미의 자식 된 사람이오리까.

…… 생각건대 왜적들이 화친을 청함은 그야말로 터무니없는 일이며, 또 명나라 사신들이 내려온 지가 벌써 언제인데 적들은 아직껏 물 건너가는 형적이 없으니, 앞날에 닥쳐올 화단이 응당 전일보다 더 심할 듯합니다. 그러므로 이 겨울에 자친을 가 뵙지 못하면, 봄이 되어 방비하기에 바쁘게 되고서는 도저히 진을 떠나기가 어려울 것이온즉, 각하는 이 애틋한 정곡을 살피시어 몇 날의 말미를 주시면 배를 타고 한번 가 뵈옴으로 늙으신 어머님 마음이 적이 위로될 수가 있으리이다. 그리고 혹시 그 사이 무슨 변고가 생긴다면 어찌 허락을 받았다 하여 감히 중대한 일을 그르치게 하오리까' 하였다.

이에 대한 체찰사 이원익의 답은 이랬다.

'지극한 정곡이야 피차에 같습니다. 이 글월이야말로 사람의 마음을 감동케 하는 것입니다. 그러나 공사에 관계된 일이므로 나로서도 얼른 가라 말라 하기가 어렵습니다' 하였다.

짧은 답이었지만 이것도 명답이었다. 그리고 승락한 것이었다. 이순신은 홀가분한 마음으로 여수 좌수영 어머님 곁에서 며칠을 보내며 새해를 맞게 되었다.

12월 21일 경성 황신이 현소와 문답한 내용을 보고하였는데, 문제는 통신사를 보내야 한다고 한 것이다.

현소가 '청정은 철수할 것이고 조선의 통신사도 가야 할 것이다. 일본 사람은 비록 일자무식이라도 혹 지려가 심원하고 사리에 통달한 자가 있는가 하면 조선 사람은 매양 문장에 능하고 고금의 일에 통달했다고 스스로 뽐내지만 실지는 일을 알지 못하는 자가 많다. 내가 일찍이 귀국의 상관들을 보건대 좋은 사람이 매우 많았으니 모름지기 벼슬이 높고 덕이 높은 자를 잘 가려서 보내야 일을 이룰 수 있고 만일 적당한 사람이 아니면 데리고 갈 필요가 없다. 조신의 도착은 10일 이후가 될 것이니, 이때 내 말이 거짓이 아님을 알게 될 것이다' 하였다.

12월 28일 윤근수에게 김덕령에 대해서 물으니 처음에는 볼만하였으나 혹독하고 중한 형벌로 인해 사람들이 따르지 않으므로 부하가 많지 않았다 하고, 곽재우는 장략이 많이 있어 사람들이 모두 칭찬한다고 하였다.

김응남이 이복남을 다시 수령으로 삼을 것을 말하고, 한산도의 수군은 사망하여 거의 다 없어졌다고 하였다. 어떻게 해서 김응남의 입에서 이런 말이 나오게 되었는지 궁금하다. 해도 너무 심한 말이었다. 이순신을 깎아내리려는 의도였을 것이다.

12월 29일 심유경이 자문을 보내왔다. 조신이 돌아왔고 그대로 봉행할 것인데 조선의 배신이 함께 들어와야 한다는 내용이었다.

'사리로 헤아려보면 관백이 배신이 동행하기를 원하지 않더라도 귀국에서 응당 배신 2~3인을 보내어 중국 사신을 따라 일본으로 건너가는 것이 또한 예이며 의리인데, 하물며 저들이 또 이러한 의사가 있는데 이 겠습니까. 이를 통지하기 위하여 자문을 보내니, 국왕께서는 자문 안의 사리를 사조하여 곧 배신 2원을 보내십시오. 그리하여 속히 와서 사신을 따라 바다를 건너가 관백과 면대해서 영원히 맹호를 닦아 조속히 세상을 맑게 하여 세 나라가 수년 동안의 노고를 쉬게 되면 피차가 매우 다행하 겠습니다' 하였다. 또 그래야 부산 등지의 진영을 다 철수하고 왜인 하나 도 머물러 두지 않을 것이라고 하였다.

황신도 심 유격과 문답한 내용을 보고하였는데 마찬가지로 조선의 배 신을 요구한다는 것이었다. 행장은 한술 더 떠 '배신이 가지 않으면 우리 도 가지 않는다'고 협박까지 한다 하였다.

풍신수길은 명나라 사신을 공주를 바치고 조선 땅을 분할해주며 화친 을 애걸하는 사신으로 알고 있는데, 조선에서 감사의 사절을 같이 보내 지 않는다면 가만히 있을 자가 아니었다. 그러니 행장은 악착같이 조선 의 배신을 요구할 수밖에 없었다. 한통속인 심유경은 그 배경을 알기에 배신 요청에 적극적이었고 내용을 모르는 사신은 명나라 황제가 왜적을 왕으로 봉하는데 조선 배신은 없어도 그만이므로 소극적이었다.

행장은 다시 말하기를 '배신한 사람만 따라가게 하면 큰일을 성취할 수 있으니, 모름지기 대관이 갈 것이 없고 오직 한 무관을 꾸며 보내더 라도 족하다' 하였다.

이해에는 크게 풍년이 들어 목면 1필 값이 쌀 30, 40두가 되었다. 호조에 저장된 재화가 없어 군량으로 사들일 수는 없었으나, 기민이 비 로소 소생하여 먹고 마시는 즐거움을 누릴 수 있었다.

호종한 재신과 시종의 자제들은 거의 다 관직을 제수하였고 방수한 제장으로서 이순신, 원균, 이억기 등의 자제는 그때 전교로 관직을 제수하였다.

각 면과 각 마을의 사람들이 오직 그 거주지 근처에 모여 무학을 연습하게 하자 하였다. 멀리 도로에 왕래하는 고통과 모여 먹는 폐해가 없게 하고자 한 것이었다. 그러자 일이 번거롭지 않아 군사 훈련에 이미 5~6분의 성과가 있게 되었다. 이제 각도의 군사 훈련도 다 이 규식에 따라하여 민정에 불편한 것은 고치고 막히는 것은 소통시켜 폐단이 없는 규식으로 삼도록 하였다.

술수를 쓰고 부정을 행한 무과 2소의 입문관들을 나국하여 징계하였다. 그 단자를 가져다 조사해 보았더니, 혹 정거된 자도 있고 혹은 입격하지 못한 자도 있고 혹은 '불(不)'을 부른 자도 있었다.

연해지역의 어염을 수령 책임하에 생산 판매하여 군량에 보충하도록 하였다. 잘 조치하여 어염을 판매해서 곡식을 저축한다면 1년의 수입으로 1천 군사의 몇 해 동안의 양식을 댈 수 있을 것이다.

명나라 도사 하계조가 명나라 차관 유광조, 마대공 등이 조선에 폐해를 끼치는 정상을 목도하고서 통분함을 견딜 수 없어 신도사·호도사와 연명으로 요동 양 포정의 아문에 비밀히 보고하였다. 그 내용은 '투충아호(投充衙虎) 20여 명을 거느리고서 쌀·생선·닭을 지공 받으면서 토색질만 일삼아 취함이 한이 없습니다. 또 지응관 안에 호피 20여 장과 무수한 녹비와 장피 및 홍동·황동 수십 근을 강제로 요구하고서 조금만 영을 받들지 않으면 군사 및 데리고 다니는 여러 아호를 풀어놓아 낭관을 잡아오게 하고 이역을 다 잡아다가 괴롭힙니다. 그리고 시장 거리를 지날 적마다 상인을 약탈하여 명주·삼베·피물 등을 모두 거두었으므로 서울에 시장을 파한 지가 1개월이나 되었습니다. 또 목장·철장·피장 및 각색 장인을 잡아다가 온갖 물품을 만들고 있습니다. 또 시가가 1필당 10냥 나가는 말을 다만 한두 냥만 주고 빼앗은 것이 10마리도 넘습니다. 조금이라도 따르지 않으면 마구 곤장을 치는데 생민이 거리와 시장에서 울부짖는 것을 비직이 차마 보고 듣지 못하겠습니다. 더구나 조선은 임금과 신하가 모두 예의를 지키는 나라인데, 무슨 까닭으로 이런 탐잔하고 비악한 사람을 차견하여 요구함이 한이 없게 할 뿐만 아니라, 또한 외국에 비웃음을 산단 말입니까' 하였다. 이런 자들이 한둘이 아니었다. 이런 자들을 고발하면 선조는 오히려 억울해서 고발한 우리 백성을 죄주었다. 그러니 중국인들은 지위 고하를 막론하고 막무가내로 무지막지한 행패를 부렸다. 정말 백성들의 고통은 전혀 생각지 않는 한심한 임금이고 한심한 조정이었다.

이해의 일들을 되돌아보면,
기이한 강화 천사가 나왔다. 소서비탄수가 하늘에 맹세하고 봉왕을 애걸했으니 거칠 것이 없는 행차여야 했다. 그런데 사실은 그렇지 않았다. 왜적 풍신수길을 왕으로 봉한다는 봉왜 사신인데 정작 받을 사람은 전혀 생각이 없었다. 심의경은 명나라를 속이고 소서행장은 풍신수길을 속였으니 빨리 진행시킬 이유가 없었다. 질질 끌면서 세상이 변하기를 바랄 수밖에 없었다. 처음에는 왜적이 철수하면 사신이 나온다고 하였다. 왜적은 사신이 나오면 철수한다 하였다. 또 왜적은 자기들은 평양에서 속았고 경성에서도 속았다며 사신이 경성에 도착하면 철수한다고 우겼다. 그러면서 조금씩 철수하는 시늉은 했다. 왜적들은 끈질기게 변명을 해 가며 시간을 끌고 심유경은 한편으로는 병부상서 석성에게 사신 일행이 움직이지 않으므로 왜적의 철수가 지연된다고 역공을 하였다. 심의경을 철석같이 믿은 석성은 사신에게 빨리 가도록 재촉을 하였다. 먼저 부사를 부산 왜영으로 들여보내 철수를 독촉하고 정사는 밀양으로 갔다. 거기서도 모두 철수해야 부산으로 들어가겠다고 재촉은 했지만 왜적은 철수하는 척만 하고 전부를 철수할 생각은 없었다. 왜적이 철수할 것은 확실하다는 심유경의 단언에 석성은 정사를 부산 왜영으로 들어가라 하였다. 정사는 마음 내키지는 않았지만 할 수 없이 부산 왜영으로 들어갔다. 그런데 왜적은 이제는 조선의 통신사가 함께 가야 한다고 하며, 잔여 병력도 안전상 남겨 두겠다고 하였다. 이렇게 명나라 봉왜 사신은 일 년에 걸쳐서 부산에 도착하였지만 상황은 생각지도 못한 이상한 상황이었다. 한편 선조는 통신사가 함께 가야 한다는 말에 전에 화의 때와 마찬가지로 심한 거부 반응을 보인다.

도원수 권율은 기어이 도원수 직에서 해직되었다. 한산도의 이순신은 원균이 충청병사로 나가 앓던 이가 빠진 것 같았을 것이다. 체찰사 이원익과는 이야기가 잘 통했다. 그러나 조정에서는 벌써부터 모략의 기미가 보이고 있었다. 이렇게 또 한 해가 갔다.

04
봉왜 사신, 풍신수길에게 농락만 당하다 :
선조 29년 (1596 병신년)

1월 1일 여수 전라좌수영 병신년 설날이다. 새벽 일찍 이순신은 어머님께 새해 인사를 드렸다. 남양 숙부도 와 계셨다. 저녁에 하직을 고하고 본영(좌수영)으로 돌아왔다. 아쉽지만 임무가 막중한 장수로서 오래 지체할 수는 없었다. 다음 날은 본영의 군기를 점검하고 3일 일찍 한산도를 향하여 출발하였다.

경성 황신이 배신에 대해 심유경과 논의한 것을 보고하였다.
심 유격은 행장이 배신을 요구하기에 조선에서는 하지 않을 것이라고 하였는데, 행장은 그렇다면 자신들이 추진하겠다고 하며 성을 냈다고 하였다. 그리고 웃으면서 말하기를 '배신한 사람을 딸려 보내는 것도 무방할 것이다. 저들은 관직이 좀 높은 자를 원하지만 총병 정도의 한 사람을 보내더라도 일은 쉽게 완결될 수 있을 것이다' 하였다.
황신은 현소의 말이 극히 흉악하여 통분을 금할 수 없었다고 하였는데, 현소의 말은 아예 협박조였다. '조선 병력이 만일 일본 군사를 섬멸하여 하나도 남겨 두지 않을 수 있다면 사신을 보낼 필요가 없겠으나, 지금은 이미 그렇게 할 수 없는 형편이다. 지금의 처지로 보면 우선 사신을 보내 일본 군사를 모두 물러가게 하여 각각 자기 나라를 보전하는 것이 좋을 것이다. 내가 아는 조선의 이·호·예·병·형·공의 육조의 관리 중 양조의 판서를 차임하거나 또는 총병을 차임하여 보낸다면 군사를 다 철수할 수 있거니와, 그렇지 않으면 철병은 요원하다. 이후 사건 완결의 지속은 전적으로 조선에 달렸다. 훗날 반드시 이 노승의 말이 망령되지 않았음을 알 것이다' 하였다. 사실 대마도의 왜인들은 가능하면 풍신수길을 자극하지 않도록 노력하는 일면이 있었다.

부사는 역관 박의검에게 이르기를 '배신을 대동하고 가더라도 별로 할 일이 없을 것이니 나는 배신을 대동하고 갈 생각이 없다' 하고, 상사 또한 남호정에게 이르기를 '배신을 대동하고 가는 일은 오로지 심 유격에게 달려 있다. 나는 지금 나 자신의 진퇴도 능히 알 수 없는데 어느 겨를에 당신네 나라 배신이 바다를 건너는 일까지 간섭하겠는가' 하였다.

이런 보고에 선조의 울화통이 터졌을 것이다. 심유경이 보낸 자문에 대하여 2품 이상의 신하들에게 헌의하게 하였다. 유성룡이 이것은 약속을 위배하려고 꼬투리를 잡으려 하는 것 같다. 심유경도 허물을 우리에게 돌리려고 하는 것 같으니 직선적으로 말하지 말자고 하면서 내년에 제주도를 침범할 것을 걱정하였다. 정탁은 인접국은 서로 국교를 맺지 않는 것이라 하고, 권율은 배신으로 수행한다면 통신사의 명칭이 없는 것이니 수치스러울 것은 없다. 힘을 길러 복수의 시기를 기다려야 한다 하였다. 나머지 대부분의 신하들은 하나 마나 한 말들만 하였다.

1월 4일 배신에 대한 논의는 계속 이어졌다.

선조는 "배신을 수행하는 것은 적이 애초엔 요구하지 않았는데 지금에 와서 요구하는 것은 필시 싸움을 일으킬 단서를 만들려는 것이다" 하면서 병조판서로 하여금 심유경의 자문을 가지고 온 심무시를 만나 실정을 탐문하고 그 본의를 알아보도록 하였다.

병조판서가 심무시를 만나 보았는데 심무시는 배신을 보내는 것은 그리 중요하지 않다. 그저 사신을 수행하는 데 불과하다 하였다.

선조는 "그렇다면 적이 반드시 이를 요구하려 하고 심이 강경하게 협박해 오는 것은 또한 무슨 의도에서인가? 그의 말이 서로 어긋난다. 어찌 이것으로 힐책하여 그의 본의를 살피지 않았는가" 하였다.

심무시의 일을 논하고, 선조가 "나는 늘 적이 끝내 물러가지 않고 반드시 후미를 남겨 둘 것이라 생각했다. 도감의 훈련하는 일을 더욱 단속하여 혹시라도 게을리하지 않으면 적이 비록 다시 침략해 오더라도 한 모퉁이는 수비할 수 있을 것이다" 하였다.

며칠 뒤에 심 유격의 자문에 답하였다. '일본 사람의 마음은 변덕스러워 믿을 수가 없으며, 전후 신절을 변개하고 있으므로 비록 책봉사가 황명으로 임하여도 오히려 그 요령을 알 수가 없습니다. 기장·죽도·안골 지방의 왜적이 여전히 결진하고 있어 바다를 건널 시기를 듣지 못하였는데, 또다시 우리나라에 무엇을 요구할 것이 있기에 하나의 사신으로 경중을 삼는단 말입니까. 이와 같다면 한갓 우리나라로 하여금 치욕을 더하여 천하의 웃음거리가 되게 할 뿐이며, 귀부의 근실히 돌보아 종시토록 담당한 공로도 또한 끝내는 헛일이 되고 말까 염려됩니다. 귀부는 다시 저들의 동태를 살피고 책사와 함께 세심한 의논을 거쳐 그 의사가 일치된 후에 다시 지시해서 장구한 계책을 삼게 하여, 우리나라로 하여금 재차 그르치는 과오를 면하게 해주시면 더없이 다행이겠습니다' 하였다.

한산도 통제영 이순신은 전날 밤은 사량에서 자고 일찍 출발하여 경상우수사가 있는 걸망포에 먼저 들러 점검을 하고 한산도 진영으로 들어갔다. 송한련은 청어를 1천8백여 두름이나 잡아 놓고 있었다. 다른 군관들도 청어 잡이에 나서 서로 경쟁하듯이 잡아 오고 있었다.

1월 8일 경성 황신이 평조신이 말한 관백의 요구사항과 자신의 의견을 보고하였다.

평조신이 말하기를 '관백이 두 왕자를 얻어 바다를 건너려 하기에 내가 그렇게 할 필요가 없다고 답하였다. 조선의 배신 2~3명을 얻게 된다면 이것 역시 좋은 일이다. 조선 사신이 만약 부산에 오면 나는 정성과 함께 먼저 가서 관백에게 보고할 것이며, 심 노야 또한 마땅히 먼저 낭고야로 가서 영접의 일을 정리할 것이다' 하였다.

황신은 "신의 망령된 생각에는 통신사에 관한 한 가지 일은 극히 조처하기가 난처하다고 여겨집니다. 한결같이 거절하면 적이 물러갈 리가 없을 것이요, 뜻을 굽히고 따르면 우리에겐 원수를 섬기는 굴욕이 있게 됩니다. 만약 부득이 하다면 지금 우선은 회답하기를 '관백은 반드시 글을 보내 사과할 것이며 또 포로를 송환하며 각 왜진의 군사를 철수하여 바다를 건너라. 그러면 우리가 관원을 차임하여 회사하겠다' 하소서" 하였다.

부산 왜 진영 이날 소서행장은 그의 집에서 연회를 가졌다. 두 천사와 유격을 초대하였는데, 천사는 북쪽에 앉고 유격과 행장은 남쪽에 앉아 술만 들고 헤어졌을 뿐 특별히 문답한 말은 없었다. 신년에 행장은 천사에게 조회하지 않고, 소서비는 조신들이 돌아온 후부터 그의 일행 왜인과 더불어 머리를 깎고 바지를 벗어 버린 다음 왜복을 입었으며, 천사의 아문을 찾아와 보지 않았다. 사람들이 괴이하게 여겨 그 옛날의 형태로 복구한 까닭을 물으니, 소서비의 말이 '관백이 아직 책봉을 받지 않았고 행장 또한 벼슬을 받지 않았는데 어찌 나만 유독 명나라 모양을 하고 있겠는가' 하였다.

다음 날 심유경이 황신에게 관백이 나를 청하니 내 마땅히 바다를 건너가 조정해야겠다고 하였다. 그런데 그 후 병부에 보고하기는 '해외의 야속이 예절에 익숙하지 못하니, 만약 책사를 접대할 때 혹시라도 무례하게 하는 일이 있으면 모욕이 많을 것이다. 내가 마땅히 먼저 건너가서 관백과 예의를 강정한 후에 천사를 모시고 건너갈 것이다'고 다르게 보고하였다.

황신이 행장의 휘하에게 물었더니 '관백이 유격을 청한 것이 아니라 일본에 참간이 크게 일어나 행장이 친히 들어가 이를 조정하려 하는데 힘이 부족할까 염려하여 유격에게 함께 바다를 건널 것을 요구하였다'고 하였다.

황신이 여러 가지 상황에 대해 심유경에게 물으니, 답하기를 출발할 날짜는 정하지 않았으나 또한 가는 것은 결정하였다 하고, 땅을 분할한다는 등의 일에 대해서는 전혀 그럴 리가 없다는 것을 그동안의 일과 함께 분명하게 설명하였다. 그리고 배신은 정선하여 보내야 하는데 죽음을 두려워하지 않는 사람이어야 한다고 하였다. 하여튼 심유경은 배짱도 있고 말을 잘하는 사람임은 분명하였다.

1월 12일 경성 충청병사 원균은 계속 말썽이었다. 이번에는 전 군수 최덕순을 종사관으로 수행시켜 문제가 되었다. 최덕순은 음관으로 임진년에 가평군수로 있을 때, 우리 피난민을 죽여 머리를 깎고 이마에 문신을 새겨 왜인의 형색으로 만들어 행재소에 거짓으로 보고하여 상공을 노리다가 여러 목격자가 있어 들통이 난 자였다. 이때도 하는 일은 별로 없이 열읍에 폐단만 끼치고 있었다. 이에 사헌부가 아뢰어 원균을 추고하고 최덕순의 종사관 칭호를 없애자고 하였다. 선조는 병사는 추고할 수 없다 하고, 칭호는 없애라 하였다.

1월 15일 심유경과 행장이 먼저 일본으로 건너갈 것이라는 황신의 장계가 도착하니 비변사에 내렸다.

비변사가 "일의 결말이 점점 늦어져 극히 염려되는데, 가등청정은 오히려 여전히 웅거하고 있으면서 군사를 훈련시키고 병기를 수선하는 것으로 일을 삼고 있으니, 그 흉모는 반드시 작은 목적에 있지 않습니다. 그런데 우리나라 장사는 안일한 풍습에 젖어 방비의 일이 날로 해이해집니다. 적이 만약 재침한다면 적을 당해 낼 힘이 없을 것이니 실로 한심합니다. 다시 여러 진영에 신칙하여 각별히 변란에 대비할 것으로 도체찰사에게 이문하는 것이 어떠하겠습니까?" 하였다.

참으로 무능한 비변사였다. 최소한의 전략도 세우지 못했다. 체찰사가 모든 것을 해결할 수 있는 것도 아닌데 비변사는 구체적인 전략을 세울 생각은 하지 않고 미루기만 하였다.

1월 16일 경성 며칠을 기다린 심유경의 부하 심무시가 참다못해 협박성 계첩을 보냈다. '전하께서 계속 무의미한 고집을 부려 속히 배신을 보내지 않는다면 그 지체시킨 죄를 전하께서 져야 하고, 저들 또한 구실을 얻어 할 말이 있게 될 것입니다. 어찌 생각이 여기에 미치지 못하십니까. 더구나 심유부가 황제로부터 받은 칙서에 편의에 따라 일을 처리하라는 허락이 있고, 또 조선이 방해하는 것을 허락지 않는다는 구절이 있는 것이겠습니까. 전하께서 어찌 감히 황명에 항거하며 심유부의 주선을 따르지 않습니까. 전하께서 속히 배신을 출발시키신다면 일은 귀결될 것이요, 변경도 안정될 것입니다' 하였다. 일개 유격의 하수인이 큰소리를 치는 것이 가당치 않지만 그 말은 당찼다.

부산 왜 진영 이날 심유경과 소서행장은 일본으로 들어갔다.

심유경은 금의를 입고 배에 오르며 기에다 '조집양국(調戢兩國)'이란 네 글자를 큰 글씨로 써서 뱃머리에 세우고서 떠났다. 양국의 화평을 조율한다는 뜻이다. 심유경이 일본에 들어가서 먼저 수길에게 망룡의·옥대·익선관 및 대명지도·무경칠서를 바쳤고 그 밖의 진귀한 보배도 많이 뇌물로 바쳤다. 좋은 말도 백여 필 골라 가지고 가서 바쳤다고 한다.

1월 17일 경성 《주역》을 강하고, 왜적의 재침과 제주의 방어를 걱정하였다.

선조가 "적이 만일 제주를 빼앗아 점거한다면 말할 수 없는 상황이 된다. 지난번에 비록 신급제 1백 인을 보냈으나 또한 무엇이 방어에 보탬이 되겠는가. 제주가 비록 육지처럼 쉽게 장구할 수는 없으나 적이 전함 1천 척으로 곧장 항구에 침입 상륙하여 영책을 설치하고 지구전을 편다면 우리나라 병력이 어떻게 당해 내겠는가. 비변사는 필시 조치해 놓았을 것이다" 하였는데,

유성룡이 "비변사는 조치한 일이 없습니다. 들으니, 제주는 군량이 떨어졌다고 하는데 전라도는 한산도에만 치중하고 제주는 아예 제쳐놓습니다. 적이 만약 이곳에 웅거하게 된다면 비단 우리나라가 당해 낼 수 없을 뿐 아니라 중원에도 또한 순식간에 배를 타고 이를 수 있습니다. 적이 이러한 형세를 모두 알고 있으니 더욱 염려됩니다" 하였다.

선조와 유성룡은 왜적이 제주도를 침범할지도 모른다는 우려에는 의견이 일치하였다. 그러나 방어할 능력도 대책도 없었다. 오히려 이순신의 3도 수군의 분산으로 전력만 약화될 공산이 컸다.

이어 유성룡은 "심 유격이 먼저 바다를 건너가는 일을 보니 우리나라의 신사는 급박한 일이 아닙니다. 관백은 진실로 포학한 놈으로 전에 말한 일곱 가지의 일을 기필코 이루고자 합니다. 그러므로 행장이 봉사만을 말할 수 없어 심유경을 보내 유세하게 하는 것입니다" 하였다. 정확한

말이었다.

이정형은 남쪽 변방 제장들의 나약하고 탐욕스러운 소행을 말하고, 선조는 권율은 경중에 머물러 두었다가 위급할 때 대장을 삼으려 한다 하고, 박종남은 느슨한 사람이라 하였다.

한산도 통제영 이순신은 부산에 첩자를 운영하고 있었다. 이날 부산에 투입되었던 4명이 와서, 심유경, 소서행장, 현소, 정성, 소서비 등이 함께 이달 16일 새벽에 바다를 건넜다고 전했다. 이들에게 양식 서 말을 주어 다시 보냈다.

왜적들도 도망쳐 항복해 오는 자들이 많았다. 저희 장수가 포악하고 토목공사가 과중하여 견딜 수가 없다는 것이 이유였다. 이순신이 심문하고 대부분 받아들이지만 잘못하는 자는 용서 없이 처형하였다.

경상우수사 권준은 휘하 장수들과 마찰이 있는 것 같았다. 거제현령 안위와 우후 이의득이 불평을 토로하였다.

이순신의 영의정 유성룡에 대한 생각은 각별하다. 꿈에 만나 이야기를 나누기도 하고 깨고 나서는 잘 계시는지 걱정이 태산이기도 하였다. 이번에는 천식이 심하다는데 나아졌는지가 걱정이었다.

1월 20일 경성 심무시가 예조판서 김명원에게 첩문을 보내왔다. 심무시의 협박은 계속되고 있었다.

"이 이후에 자문이 오게 되면 반드시 한 유명 대신이 친히 국왕의 자문을 받들고 예를 갖추어 일본에 가서 그의 수봉을 축하하고 토지의 반환에 대해 사례할 것을 요구할 것이다. 이것은 신자의 일인데 장차 어떻게 응하겠는가. 처음에 이와 같은 내용으로 자문을 보내려고 하는 것을 내가 힘을 다해 주장하여 자문을 고쳐 가지고 와서 당신네 나라의 체면

이 손상되지 않게 되었다. 지금 허락하지 않으니 나의 계책은 틀리고 저들이 주장한 것은 옳게 되었다. 그러니 다시 무슨 말을 하겠는가."

1월 22일 비변사가 만에 하나라도 부산의 적이 주사를 한산 바다로 끌어낸 다음, 다시 선박으로 그 후미를 에워 차단하고 곧바로 서해로 침범한다면 반드시 수미가 서로 구원하지 못하는 걱정이 있을 것이니, 이것이 가장 크게 염려된다 하였다. 또한 충청의 주사는 본처에 머무르게 하고 이억기의 주사로 왕래하면서 진도와 거제의 후원이 되게 하도록 도체찰사에게 이문하자 하였다.

선조는 적이 지금까지 4년간이나 물러나 주둔해 온 데에는 까닭이 있을 것으로 매우 두려운데, 그들이 우리나라 병선의 제도를 다 터득하고 다시 큰 배를 만들어 거기에다 대포를 싣고서 향하는 곳마다 대지르면 어떻게 당해 내겠는가. 경기의 전선도 모아들이라 하였다.

비변사가 이제는 수군 작전까지 지시하려고 한다. 현지 사정을 고려치 않은 이런 말로 인하여 정작 현지에서는 큰 차질을 초래할 수가 있다. 실제로 후에 전라우수사 이억기가 조정의 이런 명령으로 인하여 우수영으로 가겠다고 하여 이순신과 마찰을 빚게 되기도 하였다.

1월 23일 경상우감사 서성이 지난 8일에 요시라가 김응서에게 한 말들을 보고하였다. 자세하게 말해 주는 듯한 왜적의 술수가 아주 고단수였다.

요시라가 '우리의 장수 평행장·정성·현소 등이 심 유격과 함께 이제 바다를 건너려 한다. 왜인 중 불충한 무리들이 강화의 일을 모해하려고 「천조가 왜병을 달래서 보내고 병력이 약화된 틈을 타서 갑자기 엄습할 계획이다……」는 말을 하며 이것으로 반간을 하고 있다. 그렇기 때문에 심 유격은 그렇지 않다는 신의를 보이고, 겸하여 천사를 맞이하는 접대 예절을 의논하기 위해 간다.

요즘 참간이 다시 일어나 61장이 함께 관백에게 각각 자신들의 군사를 거느리고 바다 건너기를 청하자, 관백이 「조선의 일은 멀리서 헤아릴 수 없으니 아직은 하는 일을 보아 움직여도 늦지 않다」고 하였다는 기별이 있었다. 행장은 대사가 이루어지지 못할 것을 염려하여 군사를 움직이기 전에 중지시키고자 급급히 바다를 건너가는 것이다.

정성은 오로지 천사의 접대를 위해 일체의 일을 보살피는데, 그 사람이 가장 수길과 친하기 때문에 그로 하여금 조언하게 하기 위해 함께 가는 것이다'라고 하였다.

그들이 돌아오는 시기를 물으니, '빠르면 40일이 걸리며 늦어도 50일을 넘지 않는다'고 하였으며, '그렇다면 천사는 언제 바다를 건너는가' 하니, 대답이 '일이 해결되기를 기다려서 들어가면 3월 그믐께나 4월 초에 건널 것이다'고 하였다.

또 요시라가 자기의 뜻으로 은밀히 말하기를 '귀국이 만약 강화를 허락한다면 신사 또한 적합한 사람을 가려 뽑지 않을 수 없을 것이다. 과거 홍무 연간에는 정몽주가 바다를 건너 일본에 들어감으로써 오랫동안 해구를 제어하였고, 성화 연간에는 신숙주가 또한 일본에 들어감으로써 두 나라가 오랫동안 우호를 유지하였는데, 7년 전 황윤길·김성일·허성 등이 바다를 건넜다가 돌아오자 일본은 군사를 출동하였다. 그러니 사명을 띤 사람을 살펴 선택하지 않아서야 되겠는가' 하였다.

서성은 "이것이 비록 헛된 공갈로 통신사를 요구하는 것이나, 며칠 사이에 계속 급보가 있으므로 방비를 경계하여 변란에 대비를 날로 새롭게 하고 있지만 병력은 약하고 군량도 고갈되어 전혀 막아낼 가망이 없으니 극히 걱정됩니다" 하였다.

비변사가 철저한 하삼도 방비책을 건의하니, 선조는 "적이 만약 다시 침략해 올 경우, 반드시 호남으로부터 올라올 것은 그 형세가 당연한 것이니, 호남이 위태롭다. 다시 주밀히 조치하여 대처하도록 하라" 하였다.

이렇게 탁월하게 앞날을 예견했으나 애석하게도 탁월한 조치는 없었다. 오직 말뿐이었다.

1월 25일 서성이 왜적의 철수가 늦어지고 있는 원인에 대한 왜 졸병들의 말을 보고하였다. 이것이 사실에 근접하였다.

"박손이 왜인에게 묻기를 '전일 유격이 오기 전에는 너희들이 유격을 바라기를 마치 어린아이가 유모를 바라듯 하면서 오는 즉시 철수하겠다고 하였고, 그 후 천사가 진짜로 나온다는 소식을 듣고는 모두 손을 이마에 얹고 기뻐 날뛰면서 모두들 '생전에 군사를 파하고 집에 돌아가 부모처자와 함께 사는 즐거움을 이루게 되었다'고 좋아하였다. 그런데 지금까지 가지 않으며 머물러 지체하고 있으니 무슨 까닭인가?' 하니,

그의 대답이 '우리들은 모두 수행하는 하졸로서 상관들의 은밀한 의논을 참여하여 듣지 못하였다. 다만 사람들에게 전해 들은 바, 모두 이르기를 「관백이 반드시 조선과 더불어 강화를 정하되, 조선의 한수 이남을 떼어 일본에 준다는 문서를 가지고 통신사를 보낸 후에야 비로소 병마를 철수하여 귀국할 것이다」고 한다. 이 일은 유격이 거절하고 따르지 않으므로 행장 등이 감히 재차 요청하지 못하였다. 그러나 이와 같지 않다면 관백은 필시 천조의 분부를 공손히 받아들였을 것이다. 또 천조와 더불어 약간의 곡절이 있다고 하는데 우리는 알지 못한다. 천조가 만약 그 요청을 허락하지 않는다면 장차 결전하여 반드시 뜻을 이루고야 말 것이다. 그리하여 이처럼 걱정하는 것이다' 하기에,

박손이 말하기를 '온 천하만국이 모두가 대명의 지방인데, 군마와 군

량의 다소는 알 수 없으나 모두 요동에서 대기하고 있다. 너희 무리가 만약 결전하고자 한다면 이는 죽음이 있을 뿐이다. 어찌 만에 하나라도 뜻을 이룰 리가 있겠는가' 하자,

왜인이 답하기를 '당신이 말하지 않아도 우린들 어찌 모르겠는가. 그러나 여기에서 가지 않으면 반드시 관백에게 참형을 당할 것이고, 그곳에 가면 패전한다 하더라도 혹 살아 돌아올지도 모르는 일이다. 그러나 군사들의 심정은 모두 싸움을 하고자 하지 않으며, 일본 역시 몹시 피폐해 있다. 만약에 재차 대거 출동한다면 반드시 내란이 발생할 것이다'고 하였다 합니다.

이는 우매한 사람이 최하의 졸개에게 들은 것이라 진실로 믿을 만한 것은 못 됩니다. 그러나 종전에도 또한 이런 말이 있었으니, 전연 그럴 리가 없다고 단언할 수도 없습니다" 하였다.

오히려 이런 졸병의 말이 사실일 수가 있는 것이다. 심사숙고할 필요가 있는 말이었다.

1월 27일 강화 문제가 뒤숭숭하니 유언비어도 많이 나돌았다. 그중에는 임금이 도망갈 준비를 하고 있다는 말도 있었다. 백성들은 이번에는 임금보다 먼저 도망가야겠다고 생각하는 모양이다.

사헌부가 '근자에는 남쪽의 소식이 별로 위급을 알리지 않는데도 중외에 와전된 말이 퍼져 원근이 흉흉하여 항간에 떠도는 말을 차마 들을 수가 없습니다. 혹은 '내방에서 마교를 만들고 있으니, 알 만한 일이다'고 하며, 혹은 '임진년에는 대가가 갑자기 출수함으로써 백성을 도탄에 빠뜨렸으니, 지금은 처자를 이끌고 먼저 나가야 하겠다'고 하면서 짐을 꾸려 놓고 있어서 조석도 보전할 수 없습니다. 아, 임금이 믿을 것은 인심인데 인심이 이와 같으니 무슨 일을 할 수 있겠습니까?' 하였다.

비변사에서는 각도의 산성 중에서 진영을 설치하기에 알맞은 곳에 모든 기계를 미리 준비해 놓았다가, 두서가 점차 이루어지를 기다려 즉시 가솔을 거느리고 들어가 의거하게 하자는 안을 내었다.

한산도 통제영 장흥부사 배흥립은 또 무슨 일이 생겼는지 죄를 심의한다 하였다. 그는 전에 흥양현감으로 있다가 잡혀간 적이 있었다. 이순신 휘하의 쓸 만한 장수들은 계속 수난을 당하고 있었다.
순안어사로 방문했던 서성이 이번에는 경상우도 순찰사가 되어 진을 방문하였다. 같이 활쏘기도 하고 이야기도 많이 나눴다.

1월 28일 경성 연일 왜적이 다시 쳐들어올 것에 대한 공포가 있었다. 선조가 적의 흉모가 수상하다. 만에 하나라도 곧바로 경성으로 올라오면 어찌하겠는가 하였는데, 비변사에서는 마땅한 대책이 없었다. 겨우 충청도 두 영의 수비와 연강 일대의 요해를 파수하는 등의 일을 하루바삐 조처하여야 만에 하나라도 보전할 수 있을 것이라고 하였다. 또 충청도 방어사 변응성의 군사만으로는 약하니 강원도 원주 근처의 수령들로 하여금 미리 군병을 뽑아 그와 더불어 합세하여 기각의 형세를 이루게 하는 것도 역시 하나의 계책이라고 하였다.
적이 온다면 수백 명 수천 명도 아닌 수만 명의 대군이 올 것인데 대책이라고 할 수 없는 대책이었으니 실로 한심한 일이었다.
비변사가 포루의 설치, 대포의 주조, 연철의 채취 등에 대하여 건의하였다. 또 '사찰의 승도를 소집하되 응모하는 자에게 곧바로 면역의 도첩을 준다면 원근의 중들이 모여들 것이니, 이에 한 사람이 통솔하게 하여 화포의 기술을 연습시키는 등의 훈련을 통해 군을 이루게 하여야 한다' 하였다.

1월 30일 선조가 강원도 방어에 대해서도 논하였다. 역시 의미가 없는 지시였다.

"적추 수길은 극히 사납고 흉악하여 장차 중국과 더불어 패권을 다투려 한다. 우리나라는 그 사이에 끼어 간과의 마당이 되니, 그 난이 참혹하여 필시 10년 동안은 그치지 않을 것이다. 그가 책봉을 받고 물러간다고 해서 결말이 났다고 여기는 것은 우매하지 않으면 망령된 생각이다. 우리나라 형세는 마땅히 한강 일대로 적을 막아 내는 큰 요새의 한계를 삼아야 한다." 여기까지는 아주 탁월한 감각이었다. 그런데 뒤 이은 말이 "적이 만약 길을 나누어 곧장 돌진하여 강원도로부터 말미암아 한강 뒤로 돌아 나오게 되면 한강의 방어가 엄밀하다 하더라도 그 형세가 위태할 것이다. 오늘날 강원도의 방어가 긴급하지 않다고 하는 것은 적을 헤아리는 계책이 잘못된 것이다. 그곳의 감시를 경시할 수 없고 조치하는 일에 있어서도 충분히 엄밀하게 해야 한다. 이런 내용에 대해 상의하여 감사에게 지시하여 각별히 계획, 시행하게 하도록 비변사에 이르라" 하였다. 각별히 지켜라 하면 지켜질 것인가. 선택과 집중이 중요한 것이다. 하여튼 정말 생각도 걱정도 많은 임금이었다.

이달의 다른 일들은,

결빙의 시기를 노려 건주위의 오랑캐 누루하치가 침략해 올 것을 우려하였다. 이에 요동 포정 양호에게 누루하치 등을 회유하여 침략을 막아 줄 것을 요청하는 자문을 보냈다. 포정 양호는 답하기를 '이 오랑캐가 9월경에 복수를 명분으로 삼아 군사를 거느리고 조선으로 가려 하는 것을 본도에서 알아차리고 미리 무순 비어의 관사를 시켜 회유하여 중지시켰다' 하고 이어 오랑캐의 군사력이 날로 강성하여지니 조선에서는 마땅히 북변에다 병력을 집중시켜 비상사태에 대비하여야 한다 하였다.

신충일이 북쪽 오랑캐 땅에 들어가 몰래 실정을 살펴보고 돌아와서 보고하였다. 누르하치가 만주의 여진 부락들을 격파하고 세력을 크게 확장하고 있다. 몽고군도 격파하였다는 말도 있다 하였다.
　남쪽의 왜적만 해도 걱정이 태산 같은데 북쪽의 오랑캐까지 걱정해야 되니 선조는 걱정으로 머리가 터질 지경이었다.
　'신충일의 서계를 보니 노을가적의 형세가 매우 심상치 않아 끝내는 필시 큰 걱정이 있을 것 같다. 금년에는 병판의 주밀한 계책에 힘입어 아직 무사할 수 있었으나 오는 겨울에 내침하지 않을 줄을 어찌 알겠는가. 지금 남북에 이처럼 큰 적이 있게 되었으니 이는 천지간의 기화가 일대 변하는 것이다. 우리나라가 그 사이에 끼어 앞뒤로 적을 받게 되니, 이른바 옴에다가 치질까지 겸했다는 격이다. 이 어찌 한심한 일이 아니겠는가' 하였다.
　훈련도감의 사수를 공사천으로 하게 하였다. '사족은 내금위 겸사복, 서얼은 우림위가 있다. 사람마다 각각 그 재주를 과시할 곳이 있게 해서 힘써 무예를 닦게 해야 하니 모름지기 사수를 공·사천의 인원으로 삼아 흥기할 수 있는 계기를 만들어야 한다.'
　변방의 일이 위급하니 상중에 있는 무신을 기복시켜 쓰라 하였다.
　훈련도감이 병조의 5위 제도를 법전과 같이 정비하도록 건의하였다. 법전에 의하면, 병조는 5위로 나누어 각각 통속된 군사가 있다. 조종조의 아름다운 제도에는 군사를 통속시킴이 이처럼 자세하고 주밀한데 지금 이를 폐지하고 시행하지 않아 이 지경에 이르렀으니 참으로 통탄할 일이라고 하였다.

2월 2일 부산 명 사신 근래 왜적이 명사를 대접하는 것이 점점 처음만 못하였다. 상사 이종성은 '일은 아직 해결되지 않고 바다를 건너갈 시기도 오히려 어느 날이 될지 몰라 환조를 말할 수 없으니 어찌하겠는가. 천장을 쳐다보며 탄식만 할 뿐이다.' 또 '몸과 마음이 모두 피로하고 머리털이 모두 세려고 한다' 하였다. 전에는 명사 및 여러 장관 등의 서간 연락에 모두 '대사가 이미 결정되었으니 다시는 다른 걱정이 없을 것이다'고 하였는데, 지금은 '이 국면의 일을 일찍 매듭 짓지 못하였으니 간들 어찌하겠는가' 하며 걱정과 염려가 많았다.

접반사 이항복이 이런 실정을 보고하면서 "사사로운 걱정과 지나친 염려가 백 가지로 생겨나니, 우러러 아뢸 바를 모르겠습니다" 하였다.

한산도 통제영 또 걱정할 일이 생겼다. 저녁에 사도첨사 김완이 와서 어사의 장계로 인하여 자신이 파면되었다고 알렸다. 이 사람 또한 임진년에 역전한 장수 아닌가. 그때 날리던 장수들을 이렇게 모두 솎아내듯이 파면시키니 그렇지 않아도 힘든 판에 마음마저 더욱 아프게 만들고 있었다. 이순신은 조정에 즉시 장계를 올렸다. 아마 조방장으로 해 달라고 요청한 것 같다. 김완은 사도로 돌아가 대기하게 하였다.

2월 3일 경성 황신의 보고가 있었다. 황경에 유언비어가 돌아 황제가 진노하므로 석 상서가 사람을 보내 그 사정을 물었다는 내용이었다.

그 유언비어는 '명사가 부산에 들어갔는데도 적은 물러갈 생각을 아니 하며, 심지어는 두 명사를 구류하고 선봉을 모두 죽여 바닷속에 던지기까지 하였다'는 내용이었다. 이에 황상이 석 상서에게 묻기를 '전에 봉사를 보낼 때에는 가을 중으로 바다를 건넌다고 하였는데, 어찌해서 지금까지 들어가지 않는가. 두 사신은 지금 어느 곳에 있는가?' 하였는데, 황상의 노기가 몹시 엄하였다. 이 일로 여러 사람이 면직되거나 죄를 입었다.

그러자 석 상서가 몹시 걱정되어 이곳 사정을 묻게 되었고, 이에 두 명사도 바로 회첩을 써서 사실을 자세히 통보하였다.

2월 5일 한산도 통제영 3도의 여러 장수들을 모아 놓고 위로하는 잔치를 벌였다. 활쏘기도 하고 풍악도 울리며 모두 취하도록 먹고 유쾌하게 놀았다. 늦게 우수사 이억기의 편지가 왔는데 군사의 기한을 늦추자는 것이었다. 이억기와는 잘 지내지만 군사의 약속을 철저하게 단속하는 이순신이 기분이 좋았을 리가 없다. '가소롭고 한스럽다' 하였다.

2월 11일 임달영이 제주에서 와 제주목사 이경록의 편지를 전해주었다. 이순신은 답례로 청어, 대구, 살대, 곶감, 삼색 부채 등을 보냈다.

2월 15일 경성 비변사가 우도 방어사로 곽재우를 추가하자고 하였다. "좌도는 그래도 방어사 권응수와 고언백이 있지만 우도는 김응서만 있을 뿐, 협력할 다른 장수가 없으니, 혹시라도 변고가 생긴다면 한 사람의 장수가 어떻게 능히 구원할 수 있겠습니까. 곽재우는 일찍이 변란이 일어난 처음에 전진에서 힘을 썼으므로 한 도의 군심이 자못 그를 의중하였습니다. 그를 우도방어사에 차임하여 김응서와 합세해 서로 도와가며 우도 및 호남을 지키게 해야 합니다" 하였는데, 선조는 곽재우가 도체찰사의 부름에 응하지 않았다고 하며 방어사보다는 조방장으로 하라 하였다.

신하들과 석성이 탄핵받은 사실 등을 논의하였다. 그 와전된 말로 인하여 결국 석 상서도 곧 죄를 입게 되었다는 것이다. 석 상서는 《진신일람》을 펼쳐 보이면서 말하기를 '동정 장사가 한 사람도 조정에 있는 자가 없다'고 하였다고 한다.

비변사에서는 이는 그 죄를 조선에 전가시키려는 것이라고 하였고, 선조는 "부산의 적은 비록 본래부터 머물러 있었던 것이라고 하겠으나, 열진의 적이 또한 철거하지 않았다. 석 상서는 이를 엄폐하여 기망하려는 것이니, 중조의 일 또한 위태롭다 하겠다" 하였다.

2월 19일 각도에 임금의 교서를 반포하였다. 처량한 말로 자신을 책하는 것과 계사년의 전세를 감면하고 폐정을 제거한다는 내용이었다.

사관은 이를 안타까운 심정으로 논하였다. '지극한 정성이 믿어지면 백성들이 모두 감화되지만, 빈말만 하고 실천하지 않으면 실혜가 미치지 못하는 것이다. 지금 적군이 경내에 남아 있고 백성들은 시름에 젖어 있다. 그러므로 민간의 초췌함이 이때보다 더 심한 적이 없었는데, 안으로는 궁중의 의식이 사치하고, 밖으로는 신료들이 하는 일 없이 세월만 보내고 있으니 비록 10행의 윤음을 아침저녁으로 내린들 무슨 유익함이 있겠는가' 하였다.

권율을 다시 도원수로 임명하였다.

권율을 인견하여 김덕령에 대해 물으니, 용력이 뛰어나 쓸 만한 인재라 하고 늘 군율이 엄하지 못한 것을 분개해했다고 답하였다.

선조가 권율에게, "경이 나의 죄로 변방에서 해를 넘기면서 자신을 잊고 노고하였다. 경처럼 어진 이가 아니라면 누가 기꺼이 그 수고로움을 도맡았겠는가. 더욱 심력을 다해 주기 바란다" 하였다.

그러나 권율은 몸이 아파 떠날 수가 없었다. 선조가 "도원수가 앓고 있는 병을 보니, 영영 쾌차하지 못할 것 같다. 그 증세에 맞는 약재를 내의원으로 하여금 각별히 넉넉하게 내려 주도록 하라. 또 군중에 치료할 약이 없어서는 안 되니, 청심원·양색소합원·호합인진환을 아울러 보내라" 하였다.

이때 김덕령은 잡혀와 국문을 당하고 있었는데 특명으로 석방시켰다. 김덕령은 첩보 전달을 지체했다는 이유로 역졸 한 사람을 장형을 가했는데 그만 죽어 버렸다. 또 도망한 군사의 아버지를 잡아다 매를 쳤는데 죽었다. 그런데 죽은 자는 바로 윤근수의 노속이었다. 윤근수가 남쪽 지방을 순시하는 도중에 김덕령을 직접 만나 석방해 주도록 타일렀고 김덕령은 이를 승락하였는데 윤근수가 돌아가자 그가 그만 죽었다. 윤근수는 그가 약속을 어긴 것으로 알고 미워하여, 김덕령은 신의가 없고 학살을 즐겨서 장수 재목이 못 된다고 역설하였다. 이때 논의가 분분해서, 김덕령은 살인을 부지기수로 많이 했으며 심지어 사람을 물에 빠뜨려 죽였다고 말하는 자까지 있었다. 결국 김덕령을 나국하였는데 증거를 들어 스스로 해명하였고 신하들의 석방 의견도 있어 선조는 특별히 방면할 것을 명한 것이다. 위로하고 달래고 또 전마 1필을 주었다.

선조가 "당초에 덕령을 지나치게 추장하여 한신이 다시 나타났다고 하였는데 하나의 돌격 장령을 시키기에 합당할 뿐 대장을 삼기엔 가합하지 않다" 하니

홍진이 "신이 김덕령의 사람됨을 보니 실로 노열한 인재가 아닙니다. 신이 '국가가 이미 너의 죄를 사면하여 죽이지 않았으니 천은이 망극하다' 하니, 그의 대답이 '천은이 망극하니 죽음으로 보답하겠다'고 하였습니다" 하였다.

2월 24일 한산도 통제영 우수사 이억기가 진에 도착하였다.

둔전에서 들여온 벼를 다시 되질하여 석을 만들고 창고에 넣는 일이 한창이었다. 축난 수량이 많았다.

경성 각도의 방백과 어사에게 요역과 징렴을 줄이라는 글을 내렸다.

어사는 열읍을 순력하기도 하고 혹은 촌락을 암행하기도 하면서 소소한 질고까지 하나하나 자세히 살펴 알아서 백성들이 작은 혜택이라도 입을 수 있도록 하라고 하였다.

2월 27일 북병사 이일의 장계에 오랑캐가 동병할 기미가 있다 하였다. 이에 비변사가 내노와 공사천 장정을 군인으로 삼아 대비하자 하였다. 선조가 답하기를 아뢴 대로 하되 내노는 초출할 수 없다 하였다.
 백성들의 것은 내고 자신의 것은 낼 수 없다는 이상한 임금의 답이었다. 내수사 노비는 나라를 지켜야 할 백성이 아닌가.

한산도 통제영 전라우도의 수군은 좌우도를 오락가락하면서 제주와 진도를 성원하라는 명령이 있었다. 이순신은 어이가 없었다. '조정의 획책이 이런 것인가. 체찰사가 안출한 계책이 이와 같이 쓸모가 없을까. 나랏일이 이와 같으니 어찌하랴' 하고 한탄하였다.
 이에 우수사 이억기는 소속 부하를 거느리고 본도로 가야 되겠다고 하였다. 화가 난 이순신은 그의 군관과 도훈도를 잡아다가 곤장을 치고 우수사에게는 소속 부하를 거느리고 견내량을 지키라고 하였다. 이억기는 불평하면서도 따르지 않을 수 없었다.
 전군이 힘을 합해도 한산도 한쪽을 지키는 것도 어려운데 군대를 나누어 제주도까지 경계할 수는 없었다. 또한 사태가 그렇게 우려되는 상황이 아니었다. 풍신수길은 제주도에는 전혀 관심이 없었다. 단지 조정의 겁 많은 사람들이 대마도의 술책인 요시라의 은근한 협박에 놀라서 어떻게 할 줄 모르고 우왕좌왕하는 것일 뿐이었다.

경성 심유경이 도해하자 황신은 일단 경성으로 올라왔다. 인견하여 심유경의 동태와 그간의 왜영 상황을 들었다.

선조가 "적이 다시 움직일 태도가 있던가?" 하니,

황신이 아뢰기를, "당장 발동할 기미는 없습니다. 통신에 관한 말은 그 실부는 알 수 없으나 조신이 나온 후 반드시 이루어질 것으로 믿고 현소 등과 날마다 회담하고 있습니다" 하였다.

이달의 다른 일들은,

비변사가 강원도의 방비를 위해 산척을 활용하자고 하였다.

비변사가 문무 문음을 가리지 말고 선택하여 쓰자 하니, 재목에 따라 직임을 주는 것에 정성을 다하라 하였다.

서성이 영남 일대에 학질이 돌므로 약을 청했다.

"영남 일대는 병화와 여역을 거친 나머지 학질이 크게 번져 열 식구의 집이면 7~8명은 앓고 있어 겨울을 나는 동안 죽은 자가 많습니다. 전사들도 대개 병에 걸려 폐인이 되어 가는데, 도내에 약이 없어 치료할 방법이 없습니다. 특별히 해사로 하여금 약을 지어 보내 주게 하소서" 하였다.

사간원에서 각사와 궁중의 인원을 줄여 비용을 절감하여 국고를 저축하자고 청했다.

훈련도감이, 입속한 노복으로 면천된 자의 경우는 주인의 성명을 기록하여 부기를 만들고, 면천된 수가 많은 주인에게는 파격적으로 벼슬을 제수하거나, 혹은 전결과 잡역을 견감하고 호역을 면제해 주자 하고 청하니, 흔쾌하게 아뢴 대로 하라 하였다.

또 중국 교사를 다 철수하게 하고 진양기 한 사람만 남게 하였다.

3월 1일 경성 체찰부사 김늑이 모친상을 당하였으므로, 이정형을 체찰부사로 하고, 어서 가서 극렬한 적을 섬멸하도록 하라 하였다.

명나라 조정도 답답하였다. 도찰원 어사 이사효가 왜적이 물러가지 않는 것 등의 돌아가는 상황을 알려 달라 하였다. 선조로서는 반가운 일이었다.

한산도 통제영 전에 선전관으로 온 적이 있던 유형이 해남현감이 되어 왔다. 기일에 늦었으나 신임이라 하여 곤장 맞는 일은 면했다.

3월 2일 경성 평의지 등은 강화의 결말이 어떻게 될지에 매우 불안한 마음이었다. 화의를 주선할 때에 거짓으로 많은 말을 하였는데 잘못하면 목숨도 부지하지 못할 것이었다. 그래서 만약의 경우에 조선으로 망명할 생각도 한 것 같았다. 이에 대하여 요시라가 전한 말을 경상감사 서성이 조정에 보고하였다.

의지가 요시라에게 말하기를 '내가 화해를 주선할 즈음에 거짓을 꾸미 비위를 맞추며 일을 성취시키는 말을 많이 하였는데, 훗날 나를 계승할 자가 이 내막의 곡절을 모르고 말 한마디로 관백의 노기를 촉발하게 된다면, 관백은 성품이 불같은 사람이니, 조선에 흔단을 만들어 싸움을 일으키는 화가 있을 뿐만 아니라, 나 또한 어떻게 화를 면할 수 있겠는가. 그대는 이러한 뜻으로 조선 김 병사에게 통보하라. 만약 내 말을 따라 허락할 만한 일을 청하면 나 역시 은밀히 도모할 것이며, 그대로 대마도에 머물러 일이 완결되기를 기다린 후에 다른 데로 옮길 것을 꾀하겠다' 하였다. 요시라는 '의지의 말이 이와 같고, 나 또한 대마도 사람으로서 조선의 봉록을 먹고 조선의 포목을 입으며, 할아버지부터 아버지까지 여기에서 태어나고 여기에서 자란 터이라, 한편으로는 고향을 떠나고 싶지 않고 또 한편으로는 조선을 저버리기도 어렵다' 하였다.

이자들의 말은 항상 겉으로는 맞고 속으로는 다른 것이 문제였다.

3월 3일 선조가 김덕령을 불러오라 하니 식량이 떨어져 내려갔다고 하였다. 선조가 유사는 어찌하여 이와 같이 만들었단 말인가 온당치 못하다. 내가 그를 보고자 하였는데 볼 수가 없게 되었구나 하였다. 안타까운 순간이었다. 만약 이때 선조가 김덕령을 보았더라면 뒤에 그를 최소한 죽이지는 않았을 것이다.

다음 날 도원수 권율을 인견하였다.

권율은 천장의 공대와 온갖 부역을 양호에 전담시키므로, 약간 완전한 고을이라 하더라도 도리어 변란을 겪은 곳만 못하다 하였다. 그리고 양호의 백성들이 모두 영남으로 넘어갔기 때문에 징발할 때 그 족속을 침해하게 되고 그 족속은 괴로움을 견딜 수가 없어 몸을 피하게 되니 군정이 비고 빠져서 점점 전과 같지 못하다고 하였다.

또 김덕령이 천거한 최담령이란 자는 체구가 남보다 크고 영기가 있으며 7식이나 되는 길을 하루에 가니, 이는 참으로 얻기 어려운 인재라 하였다.

3월 5일 한산도 통제영 이순신은 새벽에 출발하여 견내량에 복병하고 있는 우수사 이억기를 찾아갔다. 그리고 잘못된 점을 조목조목 설명했다. 이억기는 자신의 잘못을 사과했다. 그리고 술을 내어 화해의 잔을 마셨다. 이순신과 이억기는 서로 서먹한 것이 몹시 불편했는데 풀게 되어 기분이 좋아 매우 취했다. 이억기는 정신이 없어 작별 인사도 못했다. 배로 돌아오니 세 아들과 조카 해가 와 있었다.

이해에는 모든 것이 풍성할 모양이다. 사슴도 많이 잡히고 노루도 잡히고 하니 한산도에 술 먹고 떠드는 소리가 유난히 커진 것 같았다.

3월 7일 경성 이용순을 경상감사로, 이복남을 나주목사로 하였다.
비변사가 정인홍·우복룡이 모두 선치의 명성이 있고 또 전수의 공로가 많아 한 도의 인민이 또한 자못 그들을 의중하고 있다고 하니, 선조는 '정인홍은 일찍이 내가 그 사람을 보았는데 방면을 맡을 만한 인재가 아닌 것 같으니, 비록 명성이 있다 하더라도 어려울 것 같다. 우복룡은 내가 원래 알지 못하는 사람이다' 하였다.

경상우도 함양 체찰사 이원익이 황석산에 산성을 쌓고자 하여 지형을 살피러 왔다. 고을 사람들이 모두 안음에 모여 체찰사에게 폐단을 진술하였는데, 파발의 폐단을 극언하였다.
함양 백성이 이원익을 논한 것을 보면, '말의 정성스럽기가 마치 집안 자제가 말하듯 하였다. 쌀과 콩 백여 섬을 주고서 말을 구입해 역사에 제공하여, 조금이라도 고통을 덜게 하라고 하였다. 서원이 퇴폐하였기 때문에 원컨대 서원 노비의 군역을 면제해 달라고 하니, 들어주는 데 난색이 없었다. 대개 그 자신은 대신이 되었으나 전혀 부귀한 모습이 없고, 모든 시행 문서를 반드시 자신이 쓰고, 아전들로 하여금 그 사이에 간여하지 못하도록 하였다. 자신을 위하는 일에는 담박하였고 행색이 소연하였으며, 구사는 5, 6인에 지나지 않았다. 다른 사람의 말을 들음에는 측은한 마음이 말과 얼굴빛에 나타나고, 다른 사람에게 말을 할 때는 자기의 충심이 그 사람의 마음속에 들어가게 하였다. 만약 조정 신하들이 모두 이와 같이 한다면, 국가를 회복하는 데 무슨 걱정이 있으랴! 슬프다' 하였다.

3월 10일 한산도 통제영 웅천현감 이운룡이 경상좌수사가 되어 떠나게 되었다. 이운룡도 북방에서부터 같이 고락을 함께한 후배이다. 떠나기가 아쉬워 전별의 술잔을 며칠간 나눈 후 떠났다.

3월 11일 경성 김수가 정사 이종성이 사직서를 올렸음을 보고하였다.
정사의 사직서에 '신이 압록강을 건넌 지 10개월이 되었는데, 왜인의 무리는 아직 다 물러가지 않았습니다. 선유의 일은 원래 책임지는 데가 있겠으나, 신이 기무를 요량하지 못하고 세월만 끌었으니 그 죄 또한 어떻게 면하겠습니까. 삼가 바라건대, 병부에 칙명을 내려 신의 말이 거짓이 없음을 살피고 우매한 신이 제 분수를 아는 것을 생각하여 신의 직함을 파하고 신의 장복을 거두게 하면 대전이 엄숙해지고 우매한 마음이 편할 수 있겠습니다' 하였다.
서성의 보고에, 심 유격과 평행장이 3월 15일께 돌아온다고 하면서 또 통신사 문제를 거론하였다고 하였다. 관백의 말이 '조선이 통신사를 정하지 않았거나 천사의 일행이 즉시 바다를 건너지 않더라도 모름지기 강청하지 않겠다'고 했다 하니 우리나라에는 반드시 화환이 될 것이라 하였다.
요시라가 또 말하기를 '내가 중매자가 되어 수년 동안 왕래했으나 끝내 조선에 성과를 남기지 못하였으니, 만약에 헤아리지 못할 변고가 있으면 배신하고 기망한 죄를 면치 못할 것이다. 내 자신이 걱정된다'고 하였다.
접반사 이항복의 보고에, 병부의 차관 유몽린이 와서 차자를 전하고 사신의 도해를 재촉하였는데, 이는 석 상서가 걱정스러움을 참지 못하여 사신을 바다를 건너게 하여 눈앞의 위급함을 풀고자 사람을 보내어 재촉하는 것이라고 하였다.

3월 19일 사신의 휘하 유조신이 왔다. 배신을 보내라는 자문을 가지고 왔다.

'귀국의 입장에서 스스로 생각해 볼 때 더욱 마땅히 시기와 능력을 헤아려 원한과 불화는 숨기면서 속으로 안전의 방법을 취하고 겉으로 우호의 뜻을 보이되, 마치 오월의 옛일과 같이 하여 그를 거울삼아야 할 것이다. 그런데 지금 행장 등이 꼭 배신과 함께 가서 우호를 다지고 돈목을 도모하려 하니, 이는 진실로 천심이며 큰 복으로서 천재일우의 좋은 기회인 것이다. 귀국이 비록 그들의 혹독한 화를 입어 한 하늘 밑에 같이 살 수 없는 원수가 되었으나, 이 기회에 원한에 대해서 화해하지 않고 그들이 순응해 오는데도 거부하여 배신 차견하는 일을 주저한다면 이는 그들에게 비겁함을 보이고 의심을 열어 줌을 면치 못하는 것이며, 또 그들의 노기를 가중시키는 것이다. 이러한 틈이 한번 열리면 그들은 집요하게 꼬투리를 잡을 것이니 어찌 하루인들 조선을 잊겠는가. 그러므로 오늘날의 계책은 배신을 임시 차임하여 사절을 딸려 바다를 건너보내 이 맹약을 이루어서 영원히 우호를 유지하며, 피차간 서로 침범하는 일이 없도록 하여 두 나라 백성이 휴식하는 날을 기약하게 하는 것이 마땅할 것 같다.

더구나 지금 본부는 원훈 세주도 귀국을 위해 멀리 거센 파도를 헤치면서 위험을 무릅쓰고 갈 것인데 한 배신을 아끼어 보내주지 않겠는가. 귀국은 진실로 무슨 소견에서 그러는 것인지 알 수 없다' 하였다.

배신의 문제가 중요하니 안동에서 돌아오고 있는 영의정 유성룡을 속히 귀경토록 청했다.

3월 23일 한산도 통제영 이날 파직되어 갔던 사도첨사 김완이 조방장으로 진에 돌아왔다. 이순신에게는 반가운 일이었다. 충청도의 전선 8척도 도착하였다. 어머님 안녕하시다는 소식도 왔다.

    요즈음 이순신은 저녁이면 유난히 땀이 많이 나고 고달픔을 느꼈다. 비가 오려는 징조이기도 하였다. 몸이 많이 쇠약해진 탓일 것이다.

    3월 25일 경성 《주역》을 강하고, 선조는 경연관이 적으니 정경세를 올려 보내라 하고, 김응남은 요즈음 여러 사람들의 의논을 들으니 배신을 보내도 되겠다고 한다 하였다. 북방의 일 등 여러 가지 의논도 있었다.

    이런 시국에 계속 《주역》을 강하고 있었다. 아마도 선조의 유일한 낙이었고 또한 신하들이 선조를 대면할 수 있는 유일한 수단이기도 하였다.

    반가운 소식도 있었다. 김수의 보고에 관백의 명으로 청정이 대마도로 철수하였다고 하였다.

    부사가 박의검에게 말하기를 '관백이 청정으로 하여금 대마도로 철회하여 유진시킨 후에 천사를 청하여 바다를 건너게 하였기 때문에 청정이 이미 1천 명을 거느리고 먼저 개옥을 지나 바다를 건넜다'고 하고, 정사는 부사의 처소에 이르러 온종일 술을 마시다가 4경이 되어 헤어졌다고 하였다.

    선조는 부산의 왜적이 비록 철수한다 하더라도 청정이 아직 대마도에 주둔하고 있으니, 문정의 화와 안중의 가시임은 마찬가지라고 하였다. 사실은 청정은 아직 철수하지 않은 상태였다.

    3월 27일 고언백의 보고에, 행장이 곧 부산에 도착한다 하며 또 배신을 정하기를 청한다 하였다.

    요시라가 사람을 시켜 행장의 말을 전했다. 행장이 관백에게 천사가 부산에 머물고 있는 의도와 조선 또한 장차 통신할 것이라는 사유를 진술하니, 관백이 크게 기뻐하였다는 것이다. 관백은 '소원하는 일이 끝났다. 어찌 다시 싸움을 일으켜 흔단을 만들겠는가. 네가 빨리 부산 진영에 가서 남김없이 철병하고 천사의 일행 및 조선의 배신과 함께 바다를 건너라'고 하였다.

요시라는 또 행장이 낭고야에 도착하였는데 바람결이 순탄하지 않아 전진하지 못하고 3월 그믐께 부산에 당도한다 하며, 만약 배신을 정하지 않으면 대사를 그르치고 조선도 필시 난처한 일이 있을 것이라고 협박하는 것을 빼놓지 않았다.

3월 28일 장흥부사 배흥립은 가렴주구를 일삼는다고 탄핵하여 파직하였다. 장흥은 매우 긴요한 곳이므로 적합한 사람을 배치해야 한다 하여 이시언을 부사 겸방어사로 하였다.

이달의 다른 일들은,
각도의 산성 축조를 의논하였다. 그로 인하여 백성들의 부역은 갑절 괴롭게 되었다. 모든 일을 부역에만 의존하니 잘 될 리가 없었다. 산성도 중요한 위치에 있는 것으로 엄선하여야 할 것이었다.

사헌부가 수령의 교대 시 짐 운반에 자신들의 말을 사용하라고 엄하게 명할 것을 청했다.

이산해가 병을 칭하며 겸임 중 문형의 직 사직 상소를 올리니 속히 올라오라 하였다.

선조가 병조가 시골의 한가한 군사를 서울로 모아 위급함에 대비한 것은 매우 잘한 일이라 하였다. 그러나 장수와 함께 전쟁터에 종사하여 진중에 머물고 있는 자까지 모두 불러오게 된다면 군의 세력이 약해질 것이 우려되었다. 이에 '지금 제장의 휘하에 있는 자는 아예 불러오지 말고 이미 올라온 자라도 속히 돌려보내어 그들로 하여금 힘을 합해 적을 막게 하는 것이 옳다' 하였다.

둔전에서 곡식을 생산하는 것은 애초 백성을 해치려고 실시한 것이 아니었다. 그런데 그 종말에는 폐단이 많았다. 사헌부에서는 둔전관에 적임자를 택하지 않아, 근실히 일을 보는 사람은 적고 부정한 짓으로 작폐 부리는 자가 많게 된 것 때문이라 하며, 특별히 조사하여 일일이 치죄하자고 하였다.

한응인이 요양에 이르러 포정사의 아문에 나아가 정문하였다. 자부심 강한 포정 양호는 왕의 이름으로 자문을 보내지 않고 신하의 이름으로 정문을 올린 것에 화가 났다. 포정은 노기를 풀지 않고 말하기를 '너희들은 간사하기 짝이 없으니 정말 가증스럽다. 너희 나라의 크고 작은 일을 의당 먼저 도사에게 품해야 하고 마총병에게 바로 청할 수 없는 것이다. 또 강상에 초막을 즐비하게 만들어 놓고 삼을 캐러 왕래한다고 하니 이것이 허언인가?' 하였다. 한응인이 그의 사색을 살펴보니, 좋지 못한 조처가 있을 듯하였다. 이에 보고하기를 "신의 망령된 생각에는 전후 사정을 가지고 속히 포정사에 자문을 보내는 것이 사리에 마땅하리라 봅니다" 하였다.

역관 이억례가 여희원과 함께 노을가적을 방문한 일을 보고하였다.

"6일 노중에 이르자 노을가적이 호장 8명으로 하여금 기보병 6~7천을 거느리고 도로에서 영접하게 하였는데, 병마를 전과 같이 해산하였으며, 날이 저물자 동대의 집에서 유숙하였습니다. 7일 건주성에서 30리쯤 떨어진 노을가적의 농사에 당도하니 노을가적의 형제가 기병 3~4천을 거느리고 영접하였습니다. 여희원이 마상에서 손을 들어 서로 읍한 후 말에서 내려 술을 들었는데, 삼배가 돈 후 바로 일어나 2~3리에 이르자 기병 4~5천이 좌우에 열 지어 수행하였고, 15리에 이르자 보병 1만 명 가량이 좌우로 나누어 길가에 나열하여 섰는데, 줄이 건주성까지 잇대었습니다."

노을가적이 말하기를 '천조의 지경 9백50리를 보수하여 내가 이를 관리한지 13년 동안 감히 변방을 침범하지 않았으니, 공순하지 않은 것이 아니다. 그럼에도 양 포정은 무단히 우리를 불순하다고 말하면서 지금 바야흐로 제본을 올려 우리의 부락을 정벌하려 하므로, 이 애매한 정상을 광녕 도어사에게 글을 올리려 하였으나 양 포정이 가로막고 보내지 않았다. 다른 계책이 없으니 어찌하겠는가. 우리는 조선과 본래부터 사이가 나쁘지 않았다. 조선 사람이 왜인의 구축을 당하여 호지를 지날 때 우리가 의식을 제공하여 만포로 쇄환하였으니, 우리의 호의는 분명하였다. 지난해 호인이 위원 땅에서 인삼을 캔 것이 잘못은 잘못이다. 그러나 조선이 우리에게 포박해 보내어 우리가 죽이도록 했어야 할 것을 조선 사람이 호인 40명을 멋대로 죽였으니 이는 잘못이다. 만약에 노야의 선유가 아니었다면 우리의 무례함이 어찌 오늘날을 기다렸겠는가. 우리는 명예를 도모하지 재물은 도모하지 않는다. 노야는 이런 사정을 군문에 품보하여 그로 하여금 제본하게 하여 황상께서 우리의 공순함을 알아준다면 마음에 흡족하겠다'고 하였다.

노을가적, 즉 누르하치는 이제 막강한 세력으로 발돋움하여 중국에도 큰소리를 하려고 하고 있었다. 명나라의 요동 포정사 양호는 누르하치가 강성해지는 것을 감지하고 정벌하고자 하는 생각을 가진 것 같았다.

훈련도감이 무학 사목이 실효를 거둘 수 있도록 중률로 폐단을 혁파할 것을 건의하였다. 지방의 군사훈련이 제대로 되지 않고 있기 때문이었다.

"지방에서 항오를 편성할 때 실력 있는 품관의 종들은 대부분 모면하고 의지할 데 없는 미약한 사람만 항오에 편입된다고 합니다. 이 역시 수령이 단속을 하지 않고 하리에게 맡겨 뇌물을 받도록 함으로써 일어나는 일입니다. 지금 초관과 기대총이 있고 또 수령이 그 위에 있습니다. 만약 그대로 전습을 좇아 실효가 없이 백성만 괴롭히는 자는 각별히 중률로 다스려서 폐단을 혁파하고, 실효를 거두게 하는 것이 어떠하겠습니까?" 하였다.

문제는 역시 공부를 많이 한 품관 수령 등의 사대부들이었다. 솔선수범해야 할 이런 자들이 항상 태만하거나 거꾸로 가고 있었다.

‖ 봉왜 정사, 왜영을 탈출하다 ‖

4월 1일 경성 선조가 '천변이 일어나는 것은 내가 함부로 임금의 자리를 차지하고 있는 소치이니, 더욱 조심하여 가다듬어 아뢴 말을 따를 것이다. 경연에서 각각 생각한 바를 진술하고 또 각각 서계하게 함이 마땅할 것 같다. 또 친향의 일에 대해서는, 나는 천하의 죄인이며 기려의 임금이다. 구차히 왕위를 차지해 있으면서 때가 이르기만 기다릴 뿐이다. 어떻게 이 발로 묘정을 밟고 들어갈 수가 있겠는가' 하였다. 국난을 극복하려고 와신상담하는 임금의 말은 아니었다.

사관은, '국사가 몹시 험악하고 혼란이 이처럼 크다. 군신 상하는 황급히 날로 적을 칠 것으로 일삼아도 회복이 쉽지 않을까 걱정인데, 하물며 위에서 담당하는 뜻이 없음에랴. 심지어「구차히 왕위를 차지하고 있으면서 때만 오기를 기다릴 뿐이다」하니, 한심한 일이다' 하며 한탄하였다.

다음 날 노모를 만나고 돌아온 유성룡을 인견하여 영남의 정세 등을 묻고 여러 가지 정사를 논의하였다.

"소신이 남방의 인심을 보니 모두 해이해져 있었으며 수령 등도 모두

성을 지킬 뜻이 없었습니다. 양반·품관 등의 사람들도 전연 견고한 의지가 없기 때문에 백성들이 모두 흩어질 생각만 하고 있습니다. 온 민심이 내외가 일반이니 극히 한심합니다."

"신충원이 신을 보고 그 소임을 면하고 싶다고 하였는데, 이는 비방이 일어나기 때문에 이렇게 스스로 면하고자 한 것입니다. 그러나 신충원의 공은 적지 않습니다. 충원이 만약 그 곳에 요새를 설치하지 않았다면 조령은 필시 보전될 형세가 없었을 것이니, 조령으로부터 안보·수회 등지에 이르기까지 인연이 끊어지지 않은 것이 모두 충원의 힘이었습니다. 그가 미천한 사람이라 사람들이 모두 얕보기 때문에 비방이 있게 된 것입니다. 만약 정경세가 아니었다면 충원은 더욱 일을 할 수 없었을 것입니다."

"이원익이 말하기를 '기인의 폐단이 극심하다. 기인의 가포가 1삭에 목 8필인데, 금년에는 목이 귀하고 쌀이 천해서 8필의 목을 비납하기가 극히 어려우니, 쌀로 그 가격을 상정하면 백성들이 모두 기뻐할 것이다. 또 조예 1삭의 가목이 6필인데 봉납이 극히 민망하다 하니, 이것 또한 쌀로 상정하는 것이 마땅하다'고 하였습니다."

"공과에 대해 상벌하는 일 같은 것은 분명히 거행하지 않을 수 없는 것인데, 조정의 명령이 감사에게 행해지지 않고 감사의 명령이 수령에게 행해지지 않습니다. 소신이 비변사에 있을 때에는 분명히 알지 못하였는데 남하한 뒤에 비로소 상세히 들어 알았습니다. 민심이 대개 이와 같으니 국사를 다시 어찌할 수 없습니다. 이것은 모두 기강이 확립되지 못하고 완전히 무너졌기 때문입니다" 등등을 말하였다.

유성룡은 내려갈 때 여주에서 말에서 떨어지면서 물에 빠져 중상을 입었고, 집에 돌아가서는 또 노모의 쇠약한 모습에 사정이 절박하여 속히 떠날 수가 없었다. 그러므로 여러 날 지체하여 두 번씩이나 소명을 받게 되었으며, 도중에 또 계속 비가 와 길이 막혀 지금에야 비로소 들어오게 되었다.

명나라의 봉왜 사신 정사 이종성이 부산 왜영을 탈출하는 전대미문의 사건이 발생하였다.

4월 3일 부산 중국 사신 전에 사용(사용재)이 와서 말하기를 관백의 요구사항은 봉공만이 아니고 할지, 황녀(결혼) 등이 더 있다고 하였었다. 그런데 지난달 22일 복건성 사람 소학명·왕삼외 등이 왜중으로부터 나와서 이종성을 보고서 "관백이 포악하고 오만하여 실로 봉을 받을 뜻이 없으며, 장차 책사에게 유지를 전하여 잡아 두고서 곤욕을 보이며 해마다 천조에 뇌물을 토색할 것이요, 이어 군사를 발동하여 다시 조선으로 향할 모양이니, 화친의 일은 끝내 성립되지 않을 것이며 한갓 임금의 명령을 욕되게 할 따름이라" 하고, 또 심유경은 낭고야에 구류되어 있다고 하였다. 실제로 심유경은 일본에 들어간 뒤로 연락도 없었다.

봉사가 지연되어 늘 의구심을 품고 있었는데 여러 가지 정황으로 봐서 이런 말들이 일리가 있어 보이고 두려운 불안감이 더해졌다.

정사가 저녁에 평의지 등을 초대해 연회를 베풀고 몹시 즐기면서, 의지에게 말하기를 '성천자께서 평등하게 보시고 자애를 베풀어 동봉을 허락하고 이 일을 위해 훈구를 보내기까지 하였는데, 너희들은 어찌하여 속히 철수해 돌아가지 않는가. 내가 듣건대 관백이 별다른 요구 조건이 있다고 하는데 사실인가' 하니, 의지가 말하기를 '그렇다. 바로 4건의 일이다' 하였다. 이에 정사가 말하기를 '4건의 일은 황조가 반드시 허락하지 않는다. 그렇다면 나는 바다를 건널 수 없다. 나는 마땅히 행장을 챙겨 회정할 것이다' 하니, 의지의 말이 '책사가 비록 회정하려 하여도 우리가 만류할 것이니 어떻게 나가겠는가. 또 생각건대 군량의 저축이 없어 책사를 지공할 물자를 계속하기 어려우니 바다를 건너지 않을 수 없다. 만약에 바다를 건너지 않는다면 조선에서 군량을 빌려서 지공하여야 할 것이다' 하였다. 이에 정사는 의지의 말을 듣고 더욱 왜정이 불순하다고 믿어 탈출을 결심하였다. 그래서 이날 이경을 기하여 미더운 집안 심부름꾼만 데려다 차관의 모양을 가장하고 등에는 누런 보자기를 지고 사로 얼굴을 가리고 나각을 두들기며 나와서 파수 보는 왜인에게 속여 말하기를, "급한 전갈이 있으니, 빨리 문을 열어 달라" 하니, 왜가 믿고 열어 주었다. 드디어 뛰어가는데 달빛이 밝지 못하여 가는 길을 분별하지 못하고 산길을 취하여 달아났다. 빨리 달려 도망해 나오느라고 인장과 관복·치중·노복·수행인 등을 다 버리고 용절만 지녔는데, 따르는 사람은 하인 2명뿐이었다.

다음 날 4일 새벽, 부사 양방형은 아직 일어나지 않았고 또한 정사가 나간 것도 알지 못하였다. 잠시 후에 평의지가 달려와서야 사태를 들어 알게 되었다. 부사는 동요하지 않고, 그 요속들에게 "괜찮다"라고 당부하였다. 날이 밝자 왜장이 정사를 뒤쫓으려 하니, 부사가 의지에게 "쫓아도 잡지 못할 것이요 소란만 피울 뿐이니 동요하지 말라. 일이 만약 완성되게 되면 바로 들어올 것이다" 하여, 의지로 하여금 뒤쫓지 말도록 하였다.

부사가 박의검을 불러 "만고에 중국 사신의 행차가 이처럼 추했던 것을 네가 본 일이 있는가. 당당한 명조의 사신으로 하방에 왔으니 처사를 응당 정대하게 해야 하는데 어찌 도중에 탈출할 이치가 있으랴. 더구나 왜중의 소식이 아직 나오지 않아 좋은 소식도 없고 나쁜 소식도 없는 데 이겠는가. 장부가 죽으면 죽었지 이처럼 구차히 하는 것은 마땅치 않다. 어찌 자신의 일신만 돌보고 조정의 체면은 돌아보지 않는가. 만약 끝내 난처한 일이 있으면 절을 받들고 나가는 것이 옳다. 조선은 진실로 우리와 한집안이니 괜찮지만 왜자가 비웃고 무시함을 어찌하랴. 그리고 그는 필시 밤새 달려서 전라도로 향하지 않았으면 왕경에 이르렀을 것이다. 너희 나라가 필시 크게 경동할 것으로 만일 함부로 병마를 일으키게 되면 대사는 끝내 말할 수 없는 경지에 이르게 될 것이다. 이 뜻을 이 접반에게 전보하여 그로 하여금 국왕에게 아뢰어 삼가 경거망동하지 말게 하라" 하였다. 주위가 크게 동요될 수 있는 상황이었는데 아주 적절한 말과 조치였다.

또 부사는 친히 정사의 아문에 이르러 각읍의 선봉 이하의 예를 받은 후 즉시 분부하기를, "너희들은 모두 마음을 놓아라. 사명을 받고 함께 와서 서로 통문하지도 않고 멋대로 몰래 탈출하였으니 이 무슨 도리인가. 외국에 웃음만 남겼으니 수치스럽기 그지없다" 하니, 하인들이 눈물을 흘리는 자가 많았다. 이에 부사가 웃으면서 말하기를 "이 노야는 비록 나갔지만 내가 여기에 있으니 너희들은 마음 놓고 외이의 웃음거리가 되지 말라" 하고, 즉시 안으로 들어가 행장을 조사하여 칙서와 금인 두 개를 받들고 나오게 하였다. 정사는 용절만 가지고 갔을 뿐이었다. 그리고 왜졸이 이 노야의 아문을 수직하여 문을 잠그고 출입을 허락하지 않았고, 부하 몇몇 사람 외의 나머지 10여 인은 모두 뜰 가운데 결박해 놓았다가 날이 밝자 풀어주었다. 부사의 행동이 태연하여 조금도 두려워하는 기색이 없으며 왜인의 무리를 효유하기를 "우리들은 이곳에 있은 지 여러 달인데 너희들이 제때에 철수하여 돌아가지 않으므로 상사가 매우 화를 내고 나갔다. 이는 너희들의 실수다. 비록 상사는 계시지 않지만 인장과 부절이 내게 있다. 나는 꼼짝 않고 있을 것이다. 너희들이 즉시 철수해 간다면 상사는 반드시 돌아올 것이다. 너희들은 나의 행동을 끝까지 지켜보라" 하고 더욱 근실히 하므로 왜자 등이 감격하여 "인과 칙서가 여기에 있고 양 노야가 아직 있으니 다시 걱정할 것 없다"고 하였다.

부사는 사람을 차출하여 북경의 병부에 게첩을 올렸는데 '이곳에는 행장이 나오지 않아 아직 일의 가부를 알 수 없는데, 정사는 변복을 하고 탈출하여 외이에게 수모를 사고 있으니 빨리 상사를 부산으로 돌아오도록 독촉하여 이 일을 마무리 짓게 함이 어떻겠는가' 하였다.

왜적들도 즉시 이 사건을 일본에 있는 소서행장에게 알렸다.

경성 이날 조정에서는 부산에서 일어난 엄청난 일은 알지 못하고 평상시와 같이 《주역》을 강하고, 윤선각이 묘당의 의논이 모두 통신하는 것이 편리하다고 말한다고 하였다. 역시 윤선각은 바른 말을 잘하는 사람이다. 그리고 비변사에서는 배신을 파견하는 것이 불가피하다고 하였다. 이에 선조는 화의 때문에 심병이 되었다며 알아서 하라 하였다. 벽에다 시 한 수를 썼다.

일백 번 죽더라도 내 마음 철석 같아
화친을 구하는 말 듣고 싶지 않네
어찌하여 처음으로 그 말을 주창하여
대의를 무너뜨리고 삼군을 현혹시키는가

4월 6일 비변사가 근수라는 명목으로 배신을 차임한다고 회보하자고 하였다.

한산도 통제영 전날 부체찰사 한효순이 진을 방문했는데 오늘은 활쏘기 시험을 하고 다음 날은 상을 주었다.

그런데 이때 부산에서 소식이 왔는데 명나라 사신이 달아났다고 하였다. 무슨 말인지 무슨 영문인지 상식적으로 납득이 가지 않아 모두들 의아해하였다.

한효순은 5일을 체류하고 돌아갔다. 이어서 어사가 도착하여 또 4일을 머물고 갔다. 접대하기도 힘이 드는 일이다. 그렇지 않아도 이순신은 몸도 좋지 않고 걱정거리도 많은데 이래저래 힘든 나날이었다.

4월 8일 경성 이날 조정에서는 정사 이종성이 탈출했다는 소식을 들었다.

접대 도감이 아뢰기를, "정사는 3일 밤에 왜영을 탈출하고 부사는 미처 나오지 못하였다"고 하였다.

선조는 믿기지 않았다. 바로 비변사 당상을 인견하여, "정사 이종성이 왜영을 탈출했다는 것에 대해 그 사이의 곡절은 알지 못하겠으나, 필시 걱정스런 사단이 있었을 것이다. 그러나 왕인의 거조는 이럴 수가 없으니, 와전된 말이 아닌가. 심 유격이 구타를 당했다는 말 또한 미덥지 않다" 하였다.

유성룡은 일이 몹시 급박하게 되었다 하며, 빠른 시일에 요동에 자문을 보내고 한편으로는 황도에 주달하여 중국 조정의 조처를 보아야 한다 하였다.

경주 지경 정사 이종성 및 시종 2명이 왜영을 탈출한 뒤 바로 방향을 잃고 길을 잘못 들어간 것이 울산 왜영 앞이었다. 깜짝 놀라 다시 산속으로 들어가 낮에는 잠복하고 밤에만 길을 걸었다. 5일 동안 먹지 못하여 정신을 차리지 못할 정도였는데 다행히 경주 지경에서 우리 군에 의해 발견되었다. 노곡의 역리 등이 죽을 대접하였다. 고언백이 즉시 조정에 장계를 올렸다.

4월 9일 경성 접대도감이 정사가 탈출한 경위를 보고하였다.

'정사가 이미 나오려고 하였다면 의당 부사와 의논하여 조처했어야 하는데, 어찌하여 혼자서 탈출하였는가' 하고 물으니 '두 사신 사이에 거리가 있어 왜영에 들어간 지 1달이 넘도록 서로 만나지 않았으며, 심 유격이 부산에 있을 때 부사만 존중하고 정사를 소홀히 대하여 사사건건 틀어져 있었다' 하였다. 이어 말하기를 '별로 대단한 적정이 없는데도 정사의 처사가 이처럼 전도되었다. 본래 담력이 없는 사람이었는데 지금에 와서 왜인들의 웃음거리만 만들어 준 것이다' 하였다.

비변사에서는 적이 이를 틈타 다시 기세를 부릴 것은 의심할 여지가 없고, 육지의 수비는 곳곳이 허술하여 의지할 만한 데가 없고, 믿을 만한 것은 주사가 있을 뿐이니, 해로를 차단해 막을 계책을 세워야 한다. 또 형세를 보아 절영도와 부산 앞바다를 차단한다면 만에 하나 희망이 있을 것이나, 다만 주사가 미약하여 실효를 거두지 못할까 염려된다 하였다.

요동에 자문을 보내 정사가 왜영을 탈출한 것을 알렸다.

4월 10일 김수가 남호정이 보고한 정사의 탈출 과정을 보고하였는데 정사가 있는 곳은 알지도 못했다.

선조가 "조사의 소재를 알지 못하고 있으니 사리에 온당치 못할 뿐 아니라, 연도의 지공하는 일 또한 필시 제대로 못할 것이다" 하고, 이어 "적이 다시 동병할 기미가 있던가?" 하였다.

조정에서는 정사가 도망갔다는 말을 듣고 놀라 왜적이 반드시 재차 움직일 것이라 생각하였다. 이러한 소문이 퍼지자 온 장안이 떠들썩하고 피난 가는 자들이 속출했다.

비변사가 근일 민심이 동요되어 원근이 소란하고, 성에서까지도 모두 이고 지고 대기하는데, 무뢰배들은 그 사이에 유언비어를 조작하여 민심을 놀라게 하고 있으니, 한성부로 하여금 방을 걸어 주지시키게 하고 금후 유언비어를 퍼뜨려 대중을 현혹하는 자는 법률에 의해 치죄하자 하였다.

사헌부에 이어 사간원에서는 임금의 분발을 요청하였다.

체찰사 이원익이 급히 영남에서 부를 열고 군사를 조발하여 적의 침입에 대비하려고 하고 있는데, 마침 황신이 재차 왜적의 진영에 가는 길에 이원익을 찾아보았다.

이원익은 말하기를, "왕인이 달아났으니, 왜적이 반드시 변동을 일으킬 것이므로 그에 대한 대책을 강구하려는 것이다" 하자,

황신은 말하기를, "왕인은 본시 병적인 소치이거니와, 비록 도적이 되더라도 거사에 있어서는 반드시 그 이름을 바르게 하는 것이니, 때 없이 몰래 발동하는 짓은 반드시 하지 아니할 것입니다. 내가 만약 다시 가게 되면 적이 반드시 의심을 풀 것이니, 내가 왜적의 진영에 들어가는 것을 기다려서, 뒤에 만약 군사를 움직일 기세가 있으면 서서히 대응하는 것이 옳을까 합니다" 하였다.

이원익이 그렇겠다 하고서 중지하였다. 황신은 곧 패문을 발송하여 곧장 왜적의 진영으로 달려가니, 왜장 평조신이 곧 달려와서 영접하며 말하기를, "여러 왜인들이 다 왕사가 달아난 일에 대하여 허물을 귀국에 돌리므로 내가 유독 변명했는데, 내 말이 과연 징험이 되었습니다. 공이 오시지 않았던들 거의 진정되지 못할 뻔했습니다" 하였다.

4월 12일 체찰사의 종사관 노경임이 아뢰었다. '체찰사 이원익이 제읍에 주지시킴으로써 남쪽 변방의 백성들이 약간 안정되었습니다. 또 파발 송호한이 지금 밀양에 있으면서 부사의 영을 대기하고 있다고 하니, 부사가 적의 영내에 머물러 있음을 이것으로 확신할 수 있습니다' 하였다.

다음 날 부사의 자문이 왔다. "요즈음 왜인의 무리는 금인을 수장하고 있다는 말을 듣고 모두 안심하고 있습니다. 본부가 몸소 영내에 있으면서 비록 왜인의 정상을 깊이 알지는 못하나 변동이 없다는 것은 누구

나 목격하고 있습니다. 이에 귀국에 자문을 보내니, 귀국은 마땅히 심사숙고하여 대처하고 멀리 정탐하여 살필 것이요, 와언에 현혹되어 경솔히 거동함으로써 대사를 그르치지 말아야 합니다. 왜노에게 과연 변동이 있을 경우 별도로 자문할 것을 이 자문에 아울러 밝히니 살펴 시행하기 바랍니다" 하면서 우리 조정을 안심시켰다.

이호민이 경성의 민심 수습과 방위 대책을 말하였다.

"원근이 모두 당황하여 도망가 숨을 생각만 하고 있으며, 심지어 사대부들까지도 가족을 옮기는데 그중 여러 궁방과 척리가 더욱 심하니, 신들은 그 원인을 이상히 여깁니다. 적이 있으니 움직일 수는 없습니다. 움직이면 반드시 궤멸할 것인데 가면 장차 어디로 가겠습니까. 포수와 살수 등은 서로 모여 말하기를 '조정이 우리들을 대접하기를 극히 후하게 하니 우리는 나라를 위해 죽을 것을 결심하였다. 한 장소를 정하여 가족을 안정시킬 곳을 만들고 우리는 적진으로 향하고자 한다'고 하니, 오늘날의 인심은 임진년과 다르며 몹시 비장합니다. 진실로 이 기회를 틈타 특별한 거조를 세워 사방의 민심을 견고히 다지며 그 충의의 기개를 고취하여 사수의 의의를 삼게 하면 어느 군사인들 쓸 수 없을 것이며, 어느 적인들 격파할 수 없겠습니까" 하였다.

부산 현지에서는 사태가 수습되어 별일이 없는데 서울에서는 피난 가기 위해 난리 법석이 일어나고 있었다. 특히 궁궐과 사대부들이 심했다. 나라꼴이 나라가 아닌 한심한 나라였다. 선조는 궁방과 척리가 더욱 심하다는 말에 자성할 줄은 모르고, 일이 있을 때마다 반드시 거론하니 몹시 유감스럽다 하였다. 한심한 임금이었다.

이날 정사 이종성을 발견했다는 고언백의 장계가 올라왔다. '상사 및 시종 2명이 3일 왜영을 탈출하여 바로 깊은 산속으로 들어가 5일 동안 먹지 못하여 정신을 차리지 못하였는데, 8일에 노곡의 역리 등이 발견하

453

고 죽으로 대접하였다' 또 청정이 정사가 나갔다는 말에 '내 생각에 진짜 천사가 아니면서 우리나라를 기망한다고 여겼는데 과연 그렇다' 하며 몹시 기뻐했다고 하였다.

황신이 영천에서 정사를 만난 후 올린 보고가 이르렀다.

정사가 조명을 받들고 여기에 올 때에는 참으로 책봉을 구하는 뜻이 있다고 생각하였을 뿐 관백의 흉악하고 간교함에 대해서는 헤아려 알 수가 없었다. 그런데 전일에 복건에서 납치된 사람이 은밀히 말하기를 '관백은 이미 일본의 국왕이 되었으니 책봉은 받을 필요가 없고 오직 대사를 도모하고자 한다. 심 유격도 결박되어 항복을 강요당하고 있으나 아직 항복하려 들지 않는다'고 하므로, 부득이 몸을 빼어 왜영에서 탈출하였다 한다. 정사의 형색이 몹시 수척하고 검었으며 헤어진 옷을 입고 교자에 누워서 갔다고 하였다.

4월 14일 비변사가 조신으로서 먼저 가족을 내보낸 자를 엄히 살피자 하였다. 선조는 오부로 하여금 그 성명을 적어 다시는 도성으로 들어오지 못하게 하라 하였다. 또한 변보 서장을 도중에서 간악한 수령들이 몰래 뜯어보는 일이 있으니 추문하고 중법으로 다스리라 하였다. 군사의 기밀은 비밀을 위주로 하는 것인데 도중에서 뜯어 보고 누설하기까지 하였다. 한탄스러운 일이었다.

이날 정사 이종성이 경성에 도착하여 흥인문 밖에 관소를 정했다.

선조가 명사가 빈손이라며 요동으로 갈 노자를 마련해 주겠다고 하고 또 관복 1벌을 주어 보내도록 하라 하였다.

4월 16일 요동에서 경략의 자문이 왔다. 내용은 '부산의 왜인이 아직

다 물러가지 않아 변이 있을까 염려되고 변이 있을 경우 제때에 대응하기 위하여, 각진의 원병 외에 요동병 3만 3천을 준비하도록 하고 그에 따른 군량과 마초를 준비하도록 하였으니 조선에서도 그에 대비하여 준비하고 현재의 비축 상황을 알게 하라'는 내용이었다.

선조는 정사 이종성의 탈출로 인하여 왜적이 침입해 올 것을 크게 걱정하고 있었는데 이 자문에 감개무량하였다. 정원에 전교하기를 "지금 요동의 자문 두 통을 보니 황상의 은혜가 망극하여 눈물이 흐른다. 누가 손 경략이 압록강만 지킬 것이라고 말했는가. 우리나라의 군신이 현명하지 못하므로 사설에 현혹되어 오늘날 명조에게 걱정거리를 만들어 주었다. 이 어찌 마음속으로 통탄할 일이 아니랴. 오늘날의 계책은 중요하지 않은 관직을 모두 도태하여 봉료를 감축하며 불필요한 비용을 줄여 한 말 한 되라도 방법을 다해 수합하여 빨리 중국군을 청하여 이 적을 토벌하는 것이 시급하다. 속히 의논하여 아뢰라고 비변사에 말하라" 하였다. 그러나 제시한 방법이 겨우 용관을 도태하여 잡비를 절감하라는 것이었으니 신하들의 비웃음을 살 수밖에 없었다.

요동의 자문에 대한 회보를 보냈는데, 조선에서는 어떻게 조치할 수 있는 방법이 없으니 산동 등 지역의 양식을 수로나 육로로 운반하여 대군을 먹일 수 있도록 해 달라고 하였다.

비변사가 중국군이 온다는 말이 돌고 있으니 누설한 자를 적발하여 중하게 다스리자고 하였다. '우리나라는 문서에 대하여 조금도 방비가 없어서 어제 요동의 자문이 이르자마자 도성 백성들은 중국군이 장차 나온다고들 떠들어 댑니다. 이 말이 며칠 안에 왜영으로 들어가 적으로 하여금 먼저 이 일을 알게 하면, 만사가 그만 실패되고 말 것이니, 실로 한심한 일입니다.'

이에 선조가 전교하기를, '근일 비밀의 출납이 전파되지 않음이 없어 작은 일이라도 소문나지 않음이 없으니, 이는 정원이나 비변사의 관원이 손수 집행하지 않고 하리에 위임하여 스스로 높은 체하고 교만을 부리기 때문이니 극히 통탄할 일이다. 일찍이 조식에게 들으니 '우리나라는 하리로 말미암아 망한다'고 하였으니, 이 말이 실로 거짓이 아니다. 지금부터는 이 습관을 답습하지 말고 충분히 비밀을 유지하게 하라. 안으로는 중국군을 청하면서 군량을 마련하고, 밖으로는 좋은 말로 달래어 적의 형세를 완화시키는 것은 오직 묘당이 기회를 살펴 획책하는 데 달려 있을 뿐이다' 하였다.

경기도, 황해도, 평안도, 함경도의 4도 체찰사인 유성룡은 수원, 용인, 양지의 성을 수축하고 군량을 저축할 것을 말하였다.

정사 이종성이 병부 등 각 아문에 자신의 일을 변호하는 게첩을 보냈다.

"관백은 전연 만나 볼 수도 없고, 도로에서는 납공한다고만 소리치는 등 그 온갖 정상을 다 들어 밝히기 어려웠는데, 사용과 곽찬우를 본 후에야 비로소 그들의 요구 조건이 차마 듣고 볼 수 없는 것이 있음을 알았으니, 마치 취기가 처음 깨고 꿈이 처음 깨인 것 같았습니다. 또 3월 사이에 병부의 차부 제사를 받아 보니 '왜노가 만약 군이 배신을 요구한다면 이는 곧 맹약을 어기는 일에 해당되니 파봉하는 것이 마땅하겠다' 하였고, 또 심 유격의 품첩에 의하면 '배신은 반드시 소홀히 여길 일이 아닌데 신으로 하여금 남과애에서 기다리게 하면서 세월만 허비하게 한다' 하였습니다. 이를 살펴볼 때 협박·강압·억류 등의 정상이 모두 드러났습니다. 공순한 자가 실로 이와 같습니까" 하였다.

그리고 심유경을 논하였는데 무뢰배라 하고 왜장 아리마의 양녀를 취해 아내로 삼아 벌써 자식까지 두었다고 하였다.

끝으로 "왜인이 아직까지 집결되지 않았으니 속히 병마를 징발하여 왜인의 소굴을 소탕하기를 간절히 바랍니다. 그리하면 부사도 이를 틈타 탈출할 수 있고 속국도 이를 힘입어 안정될 수 있을 것이니, 불세의 공로가 이 한 거사에 달려 있습니다. 본관이 경솔히 왜영을 탈출한 데 대해서는 그 죄를 실제로 면하기 어려울 것입니다. 그러나 본관은 군부의 앞에서 죽는 것이 왜노의 손에 죽는 것보다 낫다고 생각합니다. 바라건대 굽어 살펴 시행하소서. 글을 봉함에 임하여 몹시 비통하고 두려운 심정을 참을 수 없습니다" 하였다. 뒤에 선조가 이 계첩을 보고 "계첩의 말이 옳다" 하였다.

4월 17일 이원익이 요시라가 김응서에게 전해 준 이야기를 보고하였다. 왜적들은 정사의 탈출도 자신들 유리할 대로 이용하려고 하고 있었다.

요시라가 말하기를 '상천사가 도망가던 날 왜장 등은 천조의 대병이 며칠 내에 위압해 올 것이라고 예측하였다. 그 때문에 온 진중의 왜인들은 군기를 갖추고 갑옷을 입고 변란을 대비하고 있었는데, 연 3일 동안 조용하여 소식이 없은 후에야 비로소 그렇지 않다는 것을 알게 되었다' 하고, 조신은 '관백이 만약 상천사가 즉시 들어오지 않는다는 말을 들으면 반드시 의심을 할 것이니, 병마를 발송한 뒤에는 사세가 진정하기 어려울 것이다. 상천사를 차출하는 사이에 조선 통신사의 상사나 부사 중 한 사람을 먼저 부산으로 보내 부천사와 함께 있게 하면 관백도 반드시 믿어 의심치 않을 것이니, 속히 한 사람을 차출하여 보내는 것이 어떠하겠는가' 하였다.

김명원과 김수가 정사 이종성을 만났다.

사신이 "귀국은 장차 어찌하려는가. 속히 제본을 올려 군사를 청하여 적을 몰아내 소탕하라" 하기에,

신들이 대답하기를 "원병이 나온다고 하더라도 소국에 양식이 없으

니, 걱정을 견딜 수 없다" 하였더니,

사신이 말하기를 "군사가 동원되면 군량은 자연 따르는 법이니, 반드시 군량을 마련하는 계책이 있을 것이다" 하였다.

다시 사신에게 왜영에서 나온 까닭을 물었더니, "바다를 건넌 후 우리를 잡아 볼모로 삼고 자기들이 원하는 바를 요구하여 따르지 않으면 반드시 나를 죽일 것이다. 그럴 경우 나는 분의상 의당 적을 꾸짖으면서 죽을 따름이겠지만 내가 굽히지 않다가 죽은 줄을 그 누가 알겠는가. 지금 내가 두 가지 죄를 졌으니, 전일에 그릇 왜정이 공순하다고 믿은 것이 첫 번째 잘못이고, 지금 경솔히 왜영을 탈출한 것이 두 번째 잘못이다. 이 두 가지 죄를 져서 그 죄가 일신에 있어서 끝나더라도 오히려 왜노의 손에 죽는 것보다는 낫다. 그러므로 결심하고 나왔다" 하였다.

4월 19일 한산도 통제영 이날 아침 이순신은 항왜 남여문을 통하여 풍신수길이 죽었다는 말을 들었다. 기쁘기는 하였으나 믿을 수는 없었다. 이 말은 전에도 떠돌았으니 정확한 소식을 기다릴 뿐이었다.

4월 20일 경성 선조가 숭례문 밖의 중국 사신 숙소에서 정사를 접견하였다. "제가 돌아가 군문에 고하여 그로 하여금 급급히 전주하여 군사를 징발해 정벌하게 할 것입니다. 그리하면 부사도 이로 인해 나오게 될 것이며, 귀국도 이로 인해 쉽게 될 것입니다. 손군문은 본래 싸움을 주장하여 이미 병마를 내어 관외에 주둔해 놓았다고 하니, 귀국 역시 자보하여 급히 요청함이 좋을 것입니다" 하였다.

선조는 오랜만에 중국 사람에게서 듣고 싶은 말을 들었다. 그러나 이제 그는 힘이 없는 사람이었다.

4월 21일 호조에서 3만 3천 병마의 반년 양료에 대한 대책을 아뢨는데,

중국의 양식 수십만 곡을 산동으로부터 운반하지 않으면 우리 자체로서는 판출해 낼 방법이 없는데 그 일 또한 극히 어렵다. 오늘날의 계책으로는 제주의 마가목 1백여 동을 떼어 내서 호남 등지의 곡식을 무역하게 한다. 또 훈련·안집 두 도감의 둔전관 및 하인의 요식은 모두 본처로부터 분급하게 하고, 농우 50여 수를 각각 발매하여 곡식을 환매해 대군의 군량을 만들어야 한다. 또 국용의 창곡이 많이 부족하지만 부득이 쌀 1만석, 콩 1만 6천5백 석을 별도로 조치하여 병마의 반달 양식으로 대비한다는 내용이었다. 그러나 결론은 오로지 중국에서 공급해야 한다는 것이었다.

한산도 통제영 조방장 신호는 병으로 집으로 돌아갔다. 성격이 활달한 김완은 조방장으로 부지런히 활약하고 있었다.

부산의 허내은만이 보고하였는데, 명나라 상사는 달아나고 부사는 여전히 왜적의 진영 안에 있고 4월 초8일에 달아난 사유를 상부에 보고했다고 하였다. 뒤에 또 소서행장이 군사를 철수하여 돌아갈 의사가 있는 것 같다고 보고하였다.

4월 23일 경성 이항복을 인견하여, 그간의 일에 대하여 의논하였다. 선조는 정사의 생각에 전적으로 동의하였다.

이항복이 "군사를 늘리는 것은 알 수 없지만, 대개 부산에는 적고 죽도에는 많습니다. 또 심 유격을 결박했다는 말은 망언입니다" 하니,

선조가 "저 수길은 곧 동황제니 서황제니 하고 칭하던 자라, 왕으로 봉하는 것을 필시 귀하게 여기지 않을 것이다. 중국이 한번 고명한 후

적이 반드시 물러가리라는 말은 실로 망언인 것이다. 과연 봉사가 이루어지기를 바란다면 지난 겨울에 사신이 왜영에 들어갔는데, 왜 아직까지 맞아가지 않겠는가. 정사가 탈출한 것은 그르지만 정사의 의심은 역시 옳다" 하였다.

한산도 통제영 이날 군사들 중에서 힘센 자들을 골라 씨름을 시켰다. 섬복이란 자가 독보적으로 잘했으므로 상으로 쌀 한 말을 주었다. 장수들은 활쏘기를 하였다. 이런 면에서는 한산도에 여유가 넘치고 있었다.

4월 24일 모화관에 나아가 정사를 전별하였다. 정사가 '왜적이 극히 간교하니 현왕께서 유의하기 바란다' 하고, 또 '손 경략은 싸움을 주장하는 사람입니다. 만약 내 말을 들으면 생각건대 마음에 없지 않을 것입니다. 심유경은 임금을 속이고 나라를 그르친 자로서 그 죄는 진실로 용서하기 어렵습니다. 참으로 통탄할 일입니다' 하였다.

4월 26일 중국에 주문을 보냈다. '일이 지연되어 세월이 많이 지나므로 걱정이 되었는데, 이러한 때에 정사가 왜영을 탈출하여 갑자기 돌아왔습니다. 비록 부사가 그중에 있어 믿고 따르는 바가 있으나, 왜정이 반복스러우니 종말을 보장하기 어렵습니다. 만일 흔단이 다시 열려 흉한 칼날을 재차 휘두르면 소국의 존망은 순식간에 결말이 날 것입니다. 신은 실로 걱정스러워 어찌할 바를 모르겠기에 삼가 주문을 갖추어 올립니다' 하였다.

일본 일본에서 상천사가 도주한 연유를 통보받은 행장은, '강화가 이미 결정되어 다만 모시고 올 날만 기다리는데 지금 도주하였으니, 관백이 만약 이 사실을 들으면 수직 왜자는 필시 중죄를 받을 것이며, 만약 다시 이 일을 거론하게 되면 일을 완결할 기약이 없다. 천사가 도주하였다는 말을 숨겨 관백에게 알리지 말고 우선 부천사로 상천사를 삼고 부천사는 다른 중국인으로 삼아 모시고 와 피차 서로 편리한 방법을 강구하는 것만 못하겠다' 하고, '강화의 일이 비록 이루어졌으나 아군 2~3진은 부산·김해 등지에 머물러 두지 않을 수 없다' 하였다.

소서행장은 기다렸다는 듯이 강화가 이루어졌는데 정사가 도주하여 어렵게 된 것 같이 말하고 있었다. 이를 보면 소서행장과 심유경이 시간을 벌기 위해 수를 써서 정사를 도망치게 만든 것 같기도 하였다.

이달의 다른 일들은,

승장 사명당 유정은 경상도에서 승군을 통솔하고 요새를 설치해 방비하는 등의 일을 하고 있었다. 비변사가 "지방이 넓고 또 한 총섭으로는 승군을 징발함에 어려운 일이 많다고 합니다. 좌우도에 각각 총섭을 선출하여 승군을 징발하는 일을 분장시키는 것이 어떠하겠습니까?" 하니, 상이 따랐다.

병조가 군사 훈련시키는 일에 대하여 아뢨다. 《기효신서》 속오편에 의하면, 1사 5초 내에 조총은 1초뿐이고 살수는 많을 경우 4초까지 되어 있습니다. 지금의 연병 화명은 현재의 숫자에 따라 모두 포수를 만들었는데, 화약과 조총을 어디서 얻어 사격을 익히겠습니까. 화약을 많이 얻을 수가 없으니, 포수의 숫자를 감축하여 정밀히 훈련하게 하고 그 나머지는 활을 쏘고 칼을 쓰는 기예를 가르치는 것이 진실로 무방하겠습니다' 하였다.

강원도가 열읍에 화약을 분정하되 큰 읍은 수백 근, 작은 읍은 백여 근씩을 영문에 바치게 하였다. 화약은 하루아침에 갑자기 만들어 낼 수 있는 물건이 아닌데 산곡의 잔약한 백성이 어떻게 준비하여 관에 바칠 수가 있겠는가. 어려운 일이었다.

시중의 쌀값이 매우 싸니 포목을 내어 쌀을 사 군량을 비축하라고 호조에 명하였는데, 포목이 별로 없다고 하였다.

요동의 책임자 포정 양호는 보통이 아닌 확실하고 정확한 사람이었다. 건주위 오랑캐, 즉 누르하치와 관련된 자문을 보내왔는데 그 요지는 다음과 같다.

"조선과 건주는 각각 봉강이 다르고 옛 제도에 서로 왕래 교류하는 것을 허락하지 않았는데, 근자에 건주의 오랑캐가 사사로이 조선 지방에 가서 인삼을 캤다.

지금 조선이 건주 오랑캐와 사사로이 서로 왕래한 사실의 유무와 인삼을 채취하며 사람을 약탈한 데 대해서 금지한 적이 있는지의 여부와 양국의 경계를 어떻게 정하여 원망을 막을 것인가와 흔단이 일어나면 어떻게 저들에게 해명할 것인가와 후에 사사로이 서로 왕래하며 혹은 상해할 경우 어떻게 금하여 회유할 것인가를 하나하나 고찰하여 명백히 하고 아울러 금약의 일을 밝혀 속히 보고하여 시행에 참고하게 하라" 하였다.

이렇게 그의 요구는 매우 구체적이고 명확하였다. 양호는 훗날 정유재란 시에 경리로서 우리나라와 큰 인연을 갖게 되는 인물이다.

호인이 말하기를, '여상공이 건주에 이르렀을 때 경도를 나와 다시 내려온다고 말하였다. 통사 하세국도 또한 수행하였는데, 이 두 사람은 지금 어느 곳에 있는가? 전일엔 추운 겨울에 눈이 막혔어도 꺼리지 않고 왕래하였는데, 근일에는 전연 소식이 없으니 우리 장수와 약속한 일을 어떻게 하고 있는지 모르겠다' 하였다. 전에 다시 방문하기로 약속하였는데 지키지 않아 이런 말이 있었다.

5월 1일 경성 황신이 소서행장이 돌아와 부천사와 나눈 대화 내용을 보고하였다. 심유경은 나오지 않았다.

행장은 '내가 낭고야에서 나올 때에 이노야가 나갔다는 말을 듣고 처음에는 그렇게 여기지 않았으나, 일기도에 이르러서야 비로소 그것이 확실함을 듣고 도로 낭고야로 들어갔다. 나도 어찌할 바를 몰라서 심 유격과 상의하였는데, 심 유격이 말하기를 「그것은 또한 긴절하지 않다. 정사는 나이가 어리고 술을 좋아하며 간사한 말을 믿어서 경동하게 되었을 뿐이다. 그러나 양야가 아직 있으니, 잘 처리할 수 있을 것이다」 하기에, 내가 심야에게 청하기를 「관백이 내 말을 믿지 않으니 반드시 노야가 정성 등을 데리고 들어가 관백을 만나서 그 곡절을 상세히 말해야 의혹을 풀 수 있을 것이다」 하니, 심야가 답하기를 「내가 관백을 만나 그 연유를 갖추어 말하면 반드시 그를 기쁘게 할 것이니, 당신은 부산에 가서 노야가 잘 처리하도록 여쭈기만 하라」 하므로, 내가 곧 나왔다' 하였다. 그러나 이 말에는 의심의 여지가 있었다. 오히려 심유경이 나와서 사태를 수습하고 소서행장은 관백을 무마해야 하는 것이 정상적인 일이었다.

5월 2일 도사 오종도가 게첩을 올렸는데, 선조의 비위에 딱 맞는 내용이었다. 사실을 갖추어 청병하라고 한 것이었다. 선조가 "참으로 내 마음과 맞으니, 이에 따라 빨리 상의하여 시행할 것을 비변사에 말하라" 하였다.

다음 날 비변사 당상들을 인견하여, 요동에서 10만이 도강할 것이라 한 것 등을 논하고, 많은 말들을 하였으나 언제나와 마찬가지로 탁상공론에 그치고 시간만 낭비할 뿐이었다.

선조가 "소서행장이 이미 나왔고 그 밖에도 약조를 어긴 일이 없으며 책봉하는 일도 중국에서 이미 허락하였는데, 우리나라가 먼저 스스로 군사를 움직이면 잘못이 우리에게 있게 될 것이다. 지금의 형세를 보면 저 적은 다만 중국 사신을 빨리 맞이하지 않는다는 것뿐이다. 뒤에는 군사를 움직일 걱정이 있을지라도 지금은 별로 약조를 어긴 것이 없으니, 우리의 도리로는 어떻게 처치해야 할지 모르겠다" 하였다.

유성룡은 "지금의 계책으로는 먼저 도사에게 자문을 보내고 뒤따라 주문하는 일도 해야 하겠습니다" 하였다.

선조가 "공격하려 한다면 당당한 중국으로서 어찌 쉽지 않겠는가. 육로로 군사를 내어보내고 한편 수로로 식량을 날라 와서 우리나라와 협력하여 토벌하면 될 듯하다" 하였다. 너무 쉬운 말이었다.

유성룡이 "왜적이 이미 주인이 되었는데, 중국에서는 수천 리의 땅을 거쳐 와서 싸우므로 군사는 지치고 식량이 떨어져 주객의 형세가 참으로 다르니 어려운 형세입니다. 왜적만이 염려스러운 것이 아니라, 노을가치가 틈을 엿보아 움직이려 한 지가 오래인데 행여 빈틈을 타서 마구 들어오면 또한 어떻게 막아 내겠습니까" 하였다.

황신이 배신을 보내는 일에 대해 부사와 나눈 이야기를 보고하였다.

부사가 말하기를 '그대의 말이 옳다. 이는 본디 만세에 풀 수 없는 원수임을 누가 모르겠는가. 그러나 배신이 오지 않으면 책봉하는 일이 이루어지지 않을 것이고, 책봉하는 일이 이루어지지 않으면 왜놈이 반드시 다시 침략할 염려가 있어 무덤을 파는 변이 장차 다시 있을 것이니 끝내 원수를 갚지도 못하고 다시 욕보는 것도 면하지 못하면 어찌하겠는가?' 하였습니다.

평조신이 말하기를 '황 배신이 들어오는 것도 한 가지 좋은 일이나 이 자는 전부터 영문에 있던 자임을 관백이 알고 있으니, 따로 한 관원이 오면 좋겠다. 거듭 올 수 없으면 노야가 황 배신을 내보내고 다른 관원이 오게 해야 하겠다. 어떠한 관원이든 논할 것 없이 빨리 오기만 하면 된다' 하였다.

5월 5일 한산도 통제영 이날은 여제를 지내기 위해 여러 장수들이 거의 다 모였다. 경상우수사 권준이 술을 돌리고 장수들의 씨름을 시켰다. 낙안군수 임계형이 장사가 되었다. 밤이 깊도록 즐겁게 놀도록 했는데 오랫동안 고생하는 장수들의 노고를 한순간이나마 풀어준 것이었다.

5월 7일 경성 《주역》을 강하고, 논하는 중에 윤형이 원균이 상당산성을 쌓으면서 부역을 심하게 시켜 인심을 잃었다고 하였다.

"병사 원균은 상당산성에서 성을 쌓을 때에 편의에 따라서 하지 않고서 잔폐한 고을이건 부성한 고을이건 가리지 않고 각각 2~3백 명을 내게 하여 부역을 독촉하므로 근착이 없는 자는 죄다 유이하고 겨우 남아 있는 자도 장차 보전하지 못하게 되었습니다. 백성이 원망하고 배반한다면 성을 아무리 굳게 쌓았더라도 누구와 함께 지키겠습니까. 더구나 이 농사철에 분주히 명을 따르기에 지쳐 백성이 밭에 나가 농사짓지 못하므로 이 때문에 원망이 더욱 극도에 이르렀으니, 우선 농한기를 기다려서 하는 것이 마땅합니다. 빨리 비변사를 시켜 잘 처치하게 하는 것이 어떠하겠습니까?" 하였다.

김응남은 아뢰기를, "윤형은 그 폐단을 보고 아뢰었으나 원균 같은 자는 쉽게 얻을 수 없습니다. 원균은 수장의 재주를 지녔으나 이순신과 서로 의견이 맞지 않으므로 할 수 없으니, 혹 경기수사를 제수하면 그 재주를 펼 수 있을 것입니다. 산성의 일은 신도 전일에 농한기에 할 것을 계청하였습니다" 하였다.

한산도 통제영 이날 진에는 전 소비포 권관 이영남이 찾아왔다. 그렇게 이순신을 따르던 사람이었으니 더없이 반가웠다. 지난날 이야기에 밤이 깊은 줄도 몰랐다. 이영남은 태안군수로 나갔는데 사헌부가 주장을 헐뜯고 자기가 세운 공을 자랑하는 사람이라고 탄핵하여 물러나게 하였다. 뒤에 군수보다 더 나은 장흥부사가 되는데, 이순신과 유성룡의 덕이 아닌가 생각된다. 이영남은 5일을 머물다가 돌아갔다.

5월 9일 경성 부사가 회자하여, '사신이 절을 가지고 가는데 배신이 따르는 것이 저들에게 굴하는 것이 되지는 않을 듯합니다' 하고 간곡하게 배신을 차출할 것을 요청하였다.

5월 10일 왕동지를 접견하여, 군량 문제를 의논하였다.
선조가 "우리나라의 신민은 날마다 중국 군사가 동으로 와서 구원하기를 바라나 병화를 입고부터 거의 다 죽어서 전야가 황폐해졌고 재물과 곡식도 다 없어져 남은 것이 없으니, 마음과 힘을 다하여 장만하더라도 3만 3천의 병마를 반년 동안 댈 식량은 장만하기 쉽지 않을 듯합니다" 하였다.
왕동지가 "지난해 11월에 귀국이 요동에 보낸 자문에 '식량은 소방이 스스로 장만할 것이다' 하였는데, 지금 말한 것은 이러하니 이것이 무슨 까닭입니까? 귀국이 2~3년 동안 훈련한 군사가 다 쓸 만할 것이니, 이 군사로 왜적을 방비할 것이지, 어찌하여 번거롭게 중국 병사를 청합니까. 또 듣건대 당초 적이 침범한 일로는 병화를 입었더라도 좌우 주변의 깊은 곳은 죄다 완전하다 하니 여기에 의지하여 식량을 장만할 수도 있을 것입니다. 오직 국왕이 스스로 헤아리고 처치하기에 달려 있을 따름입니다. 나는 식량과 마초를 살피는 일을 위임받고 나왔는데 할 일이 없어졌으니 내일 돌아가야 하겠습니다" 하며 대단한 위세를 부렸다.

선조가 "우리나라의 위망이 조석에 달려 있으니, 이 적을 토벌하지 않으면 하루도 살 수 없습니다. 그러나 병력이 적어서 스스로 일어날 수 없고, 식량을 장만할 형세가 못 되어 중국의 대군에 의지하여 같은 하늘 아래에서 살 수 없는 이 적을 없애는 것이 우리나라가 밤낮으로 바라는 바입니다" 하니,

왕동지가 "대개 중국에서 식량도 아울러 징발하려 하더라도 요동의 미곡은 결코 옮길 수 없고 깊은 지역의 식량은 나르기가 매우 어려우니, 귀국이 우선 서너 달의 식량을 장만하면 중국에서도 이를 이어서 운반해 올 수 있을 것입니다. 지금의 사세는 마치 쌓인 섶에 불을 놓은 것과 같으니, 서둘러 구제해야 할 것이고 전적으로 중국만을 의지해서는 안 됩니다" 하였다. 선조는 할 수 없이 서너 달의 식량을 준비하겠다고 약속하였다.

5월 13일 한산도 통제영 부산의 허내은만의 보고가 왔는데, '가등청정이 이미 10일에 군사를 거느리고 바다를 건너갔고, 각진의 왜적들도 장차 철수할 것이고, 부산의 왜군은 명나라 사신을 모시고 바다를 건너가기 위하여 그대로 머물러 있다'고 하였다. 김해부사의 급보도 있었는데 같은 내용이었으므로 믿을 만한 것으로 판단되었다. 순천부사에게 알려 이 정보를 차례로 돌리도록 하였다.

경상우도 함양 '적장 청정이 진을 거두어 바다를 건너갔다고 한다. 조사가 왔을 때는 바다를 건너가려 하지 않다가, 조사가 도망쳐 오니 곧바로 철수해서 갔다. 아마 이것은 수길이 강화하고자 하되 청정이 중간에서 방해할 것을 꺼렸기 때문에 명령하여 성채를 태우고 돌아오도록 한

것 같다. 그러나 흉악한 꾀를 헤아리기 어려우니, 기쁜 가운데도 근심이 어찌 끝날 수 있겠는가' 한 백성의 근심 어린 생각이었다.

5월 16일 황신에게 가등청정이 귀국한 목적을 탐지하여 보고하라고 명을 내렸다.

"네가 이달 10일에 작성한 서장에, 청적이 이미 도해했다고 하였는데, 웅거하던 적이 하루아침에 까닭 없이 급하게 철수할 리는 만무하다. 풍신수길이 장차 다시 공격하려고 청적을 불러들여 함께 꾀하는 것이 아닌지, 네가 상세하게 탐지하여 그 정상을 꼭 알아내어 치계해야 한다" 하였다.

선조의 의심은 놀랍게도 정확하였다. 결과적으로 청정은 들어가 관백과 다시 공격할 것을 꾀한 것과 다름없었기 때문이다. 행장 등이 수길에게 청정에 대한 그동안의 불만을 고해서 수길이 노하여 청정을 소환했다는 말이 있는데, 이것을 사실로 믿기도 어려웠다.

5월 17일 풍신수길이 죽어서 가등청정이 돌아갔다는 소문이 있었던 모양이다.

선조가 "수길이 죽어서 청정이 돌아갔다고 하여 사람마다 좋아서 서로 경하하기에 바쁘니, 적을 토벌하는 큰 의리가 이제 어디에 있는가. 나는 피눈물을 흘리며 밤에도 잠자지 못한다" 하였다.

싸우지도 못하는 처지에 큰소리 아닌 큰소리를 하면 누가 용감한 임금이라고 알아줄 것인가. 비겁한 왕이 또 비겁한 소리나 한다고 할 것이었다.

황신이 서계하여, 부사가 계속 배신의 차출을 요구하고 확인하는 실상을 말하였다.

5월 19일 비변사가 적을 그대로 건너가게 하였으니 수치라고 하며 와신상담을 말하였다. 그리고 지금은 병량을 주문할 때가 아니고 변보를 알려야 할 때라고 하였다. 선조는 그래도 병량을 주문해야 한다 하였다. '청정이 간 데에는 음모가 있고 부산의 왜는 철수할 리가 없을 것인데 병량이 늦추어져서 나라의 형세가 위태하니 상세한 사정을 중국에 빨리 아뢰는 것만 못하다. 물러갈 것을 바라고 병량을 청하지 않았다가 갑자기 변이 일어나서 목숨을 가벼이 여기고 칼을 잘 쓰는 10만의 무리를 몰아 큰 세력으로 다시 북으로 올라오면 모르겠다마는 이때에는 장차 어떻게 할 것인가' 하였다.

5월 20일 이항복이 왜적의 동태에 관하여 서장을 올렸다. 군관 정충신이 부산의 왜영에서 돌아와 고한 것이다. '정사 일행 중 위내에 있는 자를 여전히 포위하여 지키고, 부사가 있는 곳의 바깥도 여전히 포위하여 지키고 철수하지 않았다. 적의 정상을 살펴보면, 겉으로는 부사가 어질다고 늘 말하기는 하나 속으로는 실로 의심하여 엿보는 것을 게을리하지 않는다' 하였다.

5월 21일 중국에서 온 진 유격이 중국 조정의 여러 상황을 전했다.
'석 상서가 왜의 동태가 바뀌었다는 말을 들었으나 정확한 소식을 모르므로 나를 시켜 본국의 배신을 데리고 적의 진영에 들어가 떠나고 머무르는 정상을 정탐하고 왜들이 죄다 바다를 건넌 것을 보고 난 다음 배신이 연유를 갖추어 첩문으로 알리기를 기다려 곧 돌아오게 하였다.'
'내가 북경에 있을 때에는 손군문이 신무룡·사용 등이 말한 「관백이 20만의 무리를 거느리고 나온다」는 신보를 보고 조정에 상본 하였으므로 조정이 이 때문에 20여 만의 군사를 징발하여 왜노를 정벌하려 하고 석 상서도 스스로 군사를 거느리고 적을 토벌하겠다고 청하였으나, 황상이 「석 상서는 주병하는 중신이므로 나갈 수 없으니 따로 총병을 차출하여 보내라」 하였는데, 마침 양부사의 게첩이 와서 왜의 동태에 아직 변동이 없다는 것을 알았으므로 멈추었다.'

'요동도 재력이 바닥난 데다가 수레나 소도 전혀 없어서 나르기 어렵고, 산동의 곡식을 나르려면 배가 부족하고 수적도 많아서 또한 날라 오기 어렵다. 또 이 적은 철수하여 가지 않을 리가 만무하여 4~5년 안에는 다시 범하지 않을 것이다' 하였다.

5월 24일 한산도 통제영 부산의 허내은만은 열심히 정보를 수집하여 보내 주고 있었다. 또 보고가 왔는데 좌도 각진의 왜적이 이미 다 철수해 가고 다만 부산에만 남아 있다는 것이었다. 명나라 정사가 갈려서 새로 임명된 사람이 온다는 기별이 22일 부사에게 왔다고 하였다. 이순신은 허내은만에게 쌀 10말과 소금 2섬을 보내면서 더 힘껏 정보를 수집해 달라고 하였다.

다음 날은 하루 종일 비가 쏟아졌다. 저녁 내내 홀로 누대 위에 앉아 있으니 온갖 회포가 밀려왔다. 무료함을 달래기 위해 우리나라 역사를 읽었는데, 이순신은 '거기에는 개탄스러운 일이 많았다'고 하였다.

그렇다! '우리 역사에는 개탄할 일이 많다.' 이 생각은 이순신만의 생각이 아니다. 우리 역사를 읽는 많은 사람이 공감했으며 앞으로도 그럴 것이다. 또한 우리 역사만이 아니라 만국 공통일 것이다.

5월 28일 경성 황신이 보고하였다. 통신사를 보내지 않으면 철수하지 않겠다는 협박이었는데, 평조신의 말을 요시라가 황신에게 전한 것이다. 평조신이 '양 노야가 박통관을 보내어 국왕을 면대하여 아뢰려 한다

하니, 요사이의 곡절을 상세히 아뢰게 하여 빨리 통신사가 내려오도록 하는 것이 좋겠다. 소서행장이 나에게 책망하기를 「네가 조선과 화의하는 일을 맡았는데 이제까지 통신사가 오는 것을 보지 못하겠으니, 무슨 까닭에서인가?」 하니, 나도 매우 괴롭다. 관백이 전에 죽도 등의 제진을 철수하게 하였으나, 죽도의 주장은 또한 조선과 화의하는 일이 끝나지 않았으므로 지레 철수할 수 없다고 한다. 어제 부장 풍무수를 위임해 보내어 이곳에 와서 철수해서는 안 된다는 뜻을 두루 설명하였는데, 행장이 이미 아직은 머물러 있을 것을 허락하였고, 평의지도 먼저 대마에 가려 하였으나 이 때문에 갈 생각을 결정하지 못하는데, 통신사가 내려온다는 소식을 들으면 곧 떠나갈 것이다' 하였다.

부사 차비통사 박의검이 적영에서 올라와 서계를 올렸다. 부사가 배신을 보낼 것을 간곡하게 요청하는 내용인데 직접 전하도록 올려 보낸 것이었다.

'과해할 배신은 사세를 보면 내어주지 않을 수 없다. 어찌 반드시 통신이라고 이름해야 하겠는가. 나를 따라 다녀오기만 하면 될 것이다. 주려면 빨리 주고, 안 보내려면 또한 아주 거절하여 저들이 다시 바라지 말게 해야 하겠으나, 주지 않으면 반드시 불리할 듯하다. 또 가등청정이 전에 여러 번 글을 보냈다 하는데 이것이 무슨 일인지 모르므로 내가 얻어 보려 하니, 반드시 그의 글을 보내라' 하였다.

부사 양방형을 정사로 하고 심의겸을 부사로 하였다.
5월 30일 패문이 요동에서 왔는데, 황제의 성지에 양방형이 맡아 책봉한 뒤에 당보하게 하라 하였다. 명 조정에서는 대리할 후임자를 내서 봉하는 일을 완결 짓도록 하고, 싸우느냐 지키느냐에 대한 결정은 봉하는 일이 이루어지지 않을 때를 기다려서 결정하기로 하였다. 그래서 양방형을 정사로 함과 동시에 심유경을 직함을 더해 부사로 삼았다.

한산도 통제영 이날 영의정 유성룡, 전 도원수 김명원, 판부사 정탁, 윤자신, 조사척, 신식, 남이공 등의 편지가 도착하였다. 기분이 좋아서인지 우수사 이억기를 찾아가서 종일 즐겁게 지냈다. 이런 때도 있어야 하는 것이다.

이달의 다른 일들은,

청천군 한준이 사행시 병중에 일어난 일과 기강을 문란케 한 역관의 작태를 보고하였다.

"통사 이언화·임화수 등이 신의 병이 위중한 것을 보고 그들의 동료에게 말하기를 '사신이 여기에서 죽으면 황조에서 으레 호상하는 규례가 있겠으나 중도에서라면 난처한 일이 많을 것이다' 하면서 시일을 끌고 짐짓 죽기를 기다렸습니다. 또 '나는 한가의 종이 아닌데 힘을 다해 조치할 필요가 뭐가 있는가' 하고는 우차에 실었습니다. 이에 거꾸러지고 넘어지곤 하여 학열과 노열이 한꺼번에 일어나서 손발이 죄다 붓고 천식 증세가 겹쳐 한 알의 밥도 먹지 못하고 이따금 물만 마시게 되었습니다. 일행의 모든 사람이 병이 위중한 것을 보고 다들 끝났다 하면서 병중의 음식도 공급하지 않았습니다" 하였다. 역관들의 행실이 괘씸하지만 그래도 용케 살아 돌아와서 다행이었다.

황해병사 이광악, 광주목사 박종남과 김억추의 파직을 청했다. '박종남은 어리석고 일을 처리하지 못하여 부임한 뒤로 백성을 돌보는 일을 생각하지 않고서 크고 작은 정령을 오로지 하리에게 맡겼고, 접때 헌릉의 기신제 때에는 쓸 기물을 전혀 유의하지 않고 있다가 임시하여 민간에게 거두어 모아 결국 거칠고 더러운 물건으로 구차히 채워 진배하였으니, 그 불경한 죄도 큽니다. 황해병사 이광악은 감히 사정으로 외람되게 상소하여 요행한 은혜를 바라서 마침내 제가 바라는 것을 성취하였으니, 이것은 참으로 전에 없던 일입니다. 법을 업신여기고 방자한 죄가 크니, 파직하도록 명하소서. 전 고령첨사 김억추는 절박한 사정이 있더라도 이미 변장이 되었으면 그 밖의 것을 고려하지 않아야 할 것인데, 외람되게 상소하여 마침내 체면 되었습니다. 이러한 버릇은 징계하지 않아서는 안 되니, 파직하도록 명하소서.'

양 포정이 '북변 일대에 지금 달로의 소식이 있으므로 우리 자신을 구제하기에도 겨를이 없는데 남을 돌보겠는가. 그대 나라는 병마를 훈련하게 하여도 듣지 않고 양초를 준비하게 하여도 듣지 않으며 스스로 힘쓰지 않았다. 중국 군사로 하여금 그대들을 위하여 왜노를 정벌하게 하였는데, 다시 그대들을 위하여 건이를 물리쳐야 하는가?' 하기에, 답하기를 '명조에서 병마를 움직여 건이를 물리치게 하고자 하려는 것이 아니라, 한 번 선유를 하여서 6월의 약속을 실현시켜 간사함을 부리려는 계책을 막으려고 한 것일 뿐이다' 하니, 포정이 성내어 말하기를 '가령 이 일을 행할 수 있다 하더라도 어찌 한낱 여희원의 말을 실현시키겠는가. 다시 말하지 말라' 하였다. 포정 양호는 자신을 통하여 일을 추진하지 않았던 것에 계속 화를 내고 있는 것이었다.

‖ 봉왜 사신, 도해하고, 조선 통신사도 뒤따르다 ‖

6월 1일 경성 역관 박의검을 인견하여 왜의 정세, 그간의 곡절 등을 들었다.

"행장이 곧바로 부사의 영중에 가서 말하기를 '우리가 통신사를 바라는 데에는 별로 다른 뜻이 없다. 배신이 들어온다 하면 관백의 의심을 풀 수 있겠으나, 그렇지 않으면 그가 더 노할까 염려되기 때문이다' 하였는데, 그 모양을 보니 입에 침이 말라 답답해하고 다급해하는 꼴이 많이 있었습니다. 근일에 조신이 말하기를 '청정이 철수하여 돌아가는 것을 우리는 다 어렵게 여겼으나 이제는 이미 들어갔는데, 배신에 관한 일을 번번이 굳이 청하여도 그대 나라가 들여보낼 뜻이 전연 없으니, 죽도 등의 진도 어찌하여 반드시 죄다 가겠는가' 하였다. 이것으로 미루어 보면 지금 있는 진이 죄다 갈지는 아직 확실히 모르겠습니다" 하였다.

배신 문제는 중국의 명을 어길 수 없으니 다시 품신하라 하였다. 대부분의 신하들이 근수라 하여 배신을 보내자 하였는데 선조는 병부에 주문하여 그 결과로 회첩하라 하였다.

연일 정사의 통사 남호정을 치죄하고 있었다. 명의 사신이 도망한 것이지 통사가 도망한 것도 아닌데 죽을 죄인으로 취급하고 있었다.

6월 9일 중국 명 조정 명 조정에서는 이종성을 체포하여 하옥하였다.

경성 황신이 양정사와 나눈 이야기를 보고하였다.

"양정사가 말하기를 '내 말은 국왕이 반드시 믿지 않을 것이다' 하기에, 신이 답하기를 '국왕이 어찌 노야의 말을 믿지 않겠는가. 이 사이의 사체는 오로지 노야를 믿는다' 하였다. 정사가 다시 말하기를 '국왕은 나를 믿지 않는다. 나를 믿지 않는다' 하고, 이어서 말하기를 '지금은 너희 나라가 절대로 주본을 올려서 황청을 어지럽히지 말고, 나쁜 통보이든 좋은 통보이든 우선 모두 그만두고서 조정의 명을 기다려야 한다' 하였습니다."

6월 10일 부산 왜 진영 풍신수길이 명나라 사신을 빨리 들어오게 하라는 명령을 내린 모양이다. 왜 진영에 비상이 걸린 듯했다.

평조신이 이언서를 불러서 말하기를 '관백의 분부에 「행장 등을 시켜 빨리 양 사신을 모시고 들어오게 하라」 하였으므로 이제 가지 않을 수 없으니, 양 노야를 모시고 도해할 조선 통신사가 빨리 내려와야 한다' 하였다.

이언서가 묻기를 '죽도의 제진도 같이 도해할 것인가? 양 노야의 뜻은 한 왜인도 남지 않아야 도해한다 하므로 그러는 것이다' 하니,

평조신이 말하기를 '두 사신이 같이 도해하면 각진이 죄다 철수하여 떠나겠으나, 이 노야가 까닭 없이 달아났으므로 양 사신만을 모시고 들어가는데 먼저 각진을 철수한다면 나약한 듯하니, 양 노야가 관백과 만난 뒤에야 곧 죄다 철수시킬 것이다. 관백이 여러 번 재촉하였으니, 양 노야가 가지 않으려 하더라도 그럴 수 없을 것이다. 통신사가 늦게 온다면, 혹 행장은 양 사신을 모시고 가고, 나는 통신사가 내려오기를 기다려서 모시고 도해하면 좋을 것이다' 하였다.

이런 이야기를 들은 황신이 곧 역관 김길손을 시켜 이 내용을 정사에게 알렸다. 정사가 한참 동안 묵묵히 있다가 말하기를 '나는 모른다' 하였다. 정사는 행장에게 '나는 각 영이 철수하고 진영을 소각한 뒤에야 도해할 것이다'고 계속 주장하고 있었다.

왜적들은 양정사를 도해시켜야 하는데 조선에서 통신사를 보내지 않으니 조바심이 났다. 군사 철수 문제는 이종성이 달아났기 때문에 전부를 철수시킬 수 없다고 또 핑계를 대고 있었다.

6월 11일 경성 중국에서 섭 유격이 군량 등의 상황을 파악하러 왔다. 섭 유격이 말하기를, '이제 산동의 양곡을 청하더라도 조정에서 허가

하려 할는지 모르겠고, 혹 황상께서 윤허하시더라도 바닷길로 나르기가 불편한데, 어찌 이 양곡을 믿을 수 있겠는가. 귀국에서 달리 조치하는 것이 옳겠다' 하였다. 그리고 또 '내가 지은 권려가는 바로 조선의 일을 위한 것이니, 국왕이 특별히 한마디 말을 그 아래에 붙여서 팔도의 백성을 초유하면 매우 좋을 것이다' 하였다. 우리 신하들이 '명대로 아뢰겠다' 하였다.

유성룡이 섭 유격을 만나, '전에 중국군의 지공에는 다 쌀을 썼으므로 장만하기가 더욱 어려웠다'고 하였다.

섭 유격은 '어찌 그럴 수 있겠는가. 쌀이 없으면 좁쌀을 쓰고, 좁쌀이 없으면 콩·보리라도 다 먹을 수 있을 것인데, 뭐 가릴 것이 있겠는가. 오직 장만되는 대로 제공해야 한다' 하였다.

황신이 서계하여, 왜적이 새천사를 내지 않고 부사를 정사로 하고 심유경을 부사로 한 것에 대하여 실망하고 불평이 많았음을 말하였다.

6월 12일 황신이 왜인들과 나눈 대화를 서계하였다.

요시라는 '정성이 심 유격을 모시고 이미 오사가에 이르렀고 18~19일쯤에 관백과 만날 것이라 한다' 하였고, 조신은 말하기를 '통신에 관한 일은 아직도 가부가 없거니와, 조선의 처치가 번번이 이러하니 매우 한스럽다' 하였다.

황신이 답하기를 '당초에 우리나라가 일본에 통호하지 않은 것은 아니나, 일본이 약조를 저버리고 신의를 어기고 까닭 없이 군사를 일으켜서 오늘에 이르렀으므로, 우리나라는 늘 통신한 것을 후회하는데, 어찌 문득 전의 실수를 되풀이하려 하겠는가' 하니,

조신은 '상관이 말하는 것이 번번이 내 말과 서로 맞지 않으니 어쩔 수 없다. 내가 전에 여러 번 조선의 상관과 이야기하였으나 다 같았는데,

김응서만이 능히 내 말을 알아들었다' 하고, 또 말하기를 '우리들이 이곳에 올 때마다 마음이 매우 언짢았으므로 다시 군사를 출동하여서 군사의 세력으로 위협하고 싶지 않은 것은 아니나, 관백이 이미 강화를 허락하였으므로 참고 그러지 못하는 것이다.' '천사는 길이 매우 멀어서 왕래가 늦은 것은 형세상 그러하나, 이제 관백이 조선의 통신사가 이미 왔는지를 여러 번 물었는데, 조선은 아주 가까운 곳인데도 이제까지 오지 않았으니, 우리들이 장차 무어라고 대답하겠는가' 하였다.

행장은 관백에게 조선에서 왕자를 풀어준 것을 사례하는 사신이 따라 나올 것이라고 말했던 것 같다. 그러니 이렇게 계속 졸라 댈 수밖에 없었을 것이다.

6월 14일 《주역》을 강하고 군량, 통신사 등의 일을 논의하였다.

선조는 "통신사를 보내더라도 뒤에 반드시 걱정이 있을 것이니, 차라리 바른 것을 지키고 죽기를 기다리겠다"고 넋두리 같은 말을 하였다. 또 "통신사는 몇 사람을 보내는가? 당상을 보내는가, 당하를 보내는가? 근수라 한다면 상사에게 한 사람, 하사에게 한 사람이 따라가야 할 것이다" 하였다.

양 사신이 보낸 게첩에 회답하였다. 작성하는 데 보름이 더 걸렸으니 왔다 갔다 거의 한 달이 걸렸다. 그래도 답변이 긍정적이었으면 다행일 텐데, "우리나라도 이미 사유를 갖추어 주본을 올려 아뢰었으므로 오래지 않아서 명조의 결정이 있을 것이고, 심유부가 돌아오기를 기다리면 저들의 사정이 더 밝혀질 것이니, 편의에 따라 의논하여 처리할 수 있을 것입니다. 일이 중대한 데에 관계되므로 감히 경솔하게 명대로 하지 못하니, 매우 송구합니다. 귀부가 다시 왜적의 정세를 살펴서 언제 죄다 철수할 것이고 정절의 도해는 언제 확실히 있을 것인지를 명백히 분부하여, 우리나라가 준행할 수 있게 하여 주면 매우 다행이겠습니다" 하였다.

자신의 말을 이해하기보다는 멀리 떨어진 북경의 조정에 결정을 미뤘으니 양 사신에게는 복장이 터지는 내용이었다. 이럴 필요는 전혀 없었다.

한산도 통제영 이제 활쏘기는 매일의 일과가 되어 있었다. 장수들 중에는 경상우수사인 권준이 제일이었다. 이순신보다 더 잘 쏘았다. 군관까지 포함하면 김대복이 최고 명궁이었다.

부산의 허내은만은 계속 주기적으로 소식을 전해 주고 있었다. 이번에는 직접 와서 적정을 알려 주고 양식을 받아 갔다.

6월 15일 부산 명 사신 행장의 줄기찬 요구로 정사 양방형은 도해할 배의 출항 준비를 시켰다. 다음 날 대마도를 향하여 출항하였다.

6월 18일 그동안의 일을 보고하는 황신의 서계가 또 도착하였다.

선조가 이르기를 "어찌 책봉하는 일이 완성된다 하여 도해하겠는가. '두 사신이 있으면 군사를 철수할 수 있으나 이제 상천사가 달아났으므로 군사를 철수시키지 않는다'고 핑계 대어 말하고, 그로써 우리나라에 대하여 고집하여 말하니, 저들의 정상을 여기에서 알 수 있다. 그 소식은 대단히 좋지 않다" 하였다.

유성룡이 "왜적의 욕심이 중국 조정에 대하여 만족하지 않고, 우리나라에 대해서도 대마도를 위하는 마음이 있으니, 책봉하는 일 때문만이 아닙니다. 군사를 일으킨 것은, 처음에는 중국을 침범하려 하였고 다음에는 우리나라를 바란 것인데, 중국 조정에서 세 가지만을 약조하고 다시 허락한 것이 없으므로, 행장이 감히 중국 조정에 대하여 말하지 못하였는데, 관백이 '이렇게 하지 않으면 수호하지 않겠다' 하므로 행장이 양편 사이를 오가며 말하는 것입니다. 예전부터 융적의 우환이 이러고서도 길이 다스려지고 오래 편안할 수 있었습니까. 결국은 전쟁으로 결판났습니다. 철수하여 가더라도 머지않아 반드시 다시 올 것입니다" 하였다. 예리한 판단이었고 맞는 말이었다.

선조가 "통신사가 가면 적이 다 군사를 철수하겠는가?" 하니,

유성룡이 "밖에서 사람들이 말하기는 '가등청정의 군사가 가장 강예한데 이제 먼저 철수하여 갔으니 나머지 적도 차례로 갈 것이다' 합니다. 모르기는 하나 중국 사신이 건너간 뒤에는 그 형세가 반드시 다시 올 것입니다. 적의 마음은 실로 우리나라와 교통하여 무역하기를 바라고 아울러 중국이 책봉하여 주기를 바란다 하지만, 그들이 우리나라에 대한 욕심을 어찌 잊겠습니까. 저 건너 대마도에 머물면서 바라보는데, 어찌 마음이 없다고 하겠습니까."

"사기가 이미 바뀌었으니, 청정이 간 뒤의 일도 알 만합니다. 만약에 청정이 들어가서 관백에게 '조선은 치기 쉽다'고 말하여, 행장이 책봉하는 일만을 요구하고 치지 못하게 하는데도 다시 군사를 이끌고 나오게 된다면, 그 화가 어찌 여기에서 그치고 말겠습니까" 하였다.

유성룡과 선조는 왜적이 다시 침범할 것이라는 것에 생각이 일치하였다. 그렇다면 어떻게 할 것인가. 왜적이 다시 침범할 때에 어떻게 해야 하는가. 이에 대한 대책이 없었다. 답답한 일이었다.

정원에 분부하였다. "이제 적의 역원이 말한 것을 보면 '통신사가 들어간 뒤에 풍신수길이 웅천과 부산 등에서 개시할 것을 요구할 것이다' 하였으니 바로 진작에 짐작한 바와 같다. 우리나라가 이미 이런 일이 있으리라고 의심하였기 때문에 사람을 보내기 어려워한 것인데, 적이 이제 직접 말하였으니, 앞으로 요구할 속셈이 이미 드러난 것으로, 그 요구하는 바가 또 개시에 그치지 않을 것이니, 이런 때에 우리나라가 어떻게

대응해야 할지 모르겠다. 또 적이 이미 중국 사신이 도해하여도 군사는 철수시키지 않겠다는 뜻을 말하였으니, 사신이 가도 철수하지 않는데 어찌 배신이 따라간다 하여 군사를 철수하려 할 리가 있겠는가. 이것은 뻔한 일이다. 대개 적이 다른 둔처에서는 철수하여 돌아가면서도 부산 등 두세 곳에는 그대로 머물러 있으면서 철수하지 않는 것에 대해 나는 옛날에 왜호가 한 것처럼 그대로 머물러 살려는 것이라고 의심했었는데, 이제 적이 언급하였으니 대단히 통분하다" 하였다.

걱정도 팔자라고 했다. 임금으로서 너무 필요 없는 걱정을 하는 것도 국가의 일에 전혀 도움이 되지 않을 것이다. 하여튼 선조는 걱정에 걱정이 꼬리를 물었다. 걱정만 한다고 나라가 지켜질 일은 아니었다.

왜적은 요시라를 통하여 상대적으로 수월한 김응서에게 협박을 하였다. "관백은 '조선은 이웃 나라로서 다시 화호할 리가 전혀 없는데, 이는 일본을 멸시하고 아예 거절할 생각이니, 굳이 사신을 청할 것 없다' 하였다. 조신이 조선에 대하여 정성을 다한 뜻이 장차 허사로 돌아갈 것이므로 이 소식을 소인으로 하여금 담보하라고 한 것이다. 통신사를 허락하지 않으면 각진이 철수하여 물러갈 수 없고 예전대로 머물러 있다가 중국 사신을 지송하고 나서 다시 조선과 그 승부를 결정할 것이다 하였다. 소인은 여기에서 출입하는 것이 불편하고 다시 알릴 일도 없으며 다시 올 수도 없는 형편이다. 오늘 작별하고 물러가니 서운하여 못 견디겠다"고 하였다.

요시라가 말은 공손하게 하였지만 사신을 보내지 않으니 다시 침범하겠다는 협박이었다. 협박 정도가 아니라 사실 요시라는 정유재란을 예고하고 있었다. 교활한 풍신수길은 이미 또 다시 침범할 전쟁준비를 하고 있었음이 분명하였다.

조신이 편지를 보냈는데, '귀국에 관한 일은 전부터 진심으로 서로 통해왔지만 끝내 믿어주지 않아서 마침내 이렇게까지 된 것을 추론할 수는 없습니다만, 귀국의 일을 내가 오로지 맡아서 힘을 다하여 여러 해를 구제하려 한 뜻이 와해되었으니 부끄러워할 만합니다. 이달 보름날 이전에 통신사를 내려보낸다면 나에게만 영광이 될 뿐이 아니라 또한 귀국의 끝없는 복이 될 것입니다' 하였다.

6월 19일 비변사가 김응서를 시켜 평조신에게 사정을 상세히 알려주도록 하자고 하였다. '통신에 관한 일은 일의 체모가 중대하므로 한창 헤아리는 중이니 오래지 않아 결정이 있을 것인데, 너는 어찌하여 문득 이렇게 말하는가. 다만 명조의 고칙이 가까운 시일 안에 올 것인데 미리 양 사신을 모시고 도해하는 것은 무슨 까닭인가?' 하면서 이쪽의 사정을 다시 상세히 알려서 의심을 일으키는 꼬투리를 풀도록 해야 한다고 하였다.

대신과 비변사 당상을 인견하여, 사신이 갑자기 도해한 것을 논의하고, 선조가 '적이 핍박한다 해도 사신이 되어 가지고 어떻게 간단 말인가. 천하의 일은 미리 헤아릴 수 없다. 상천사는 황제의 명이 없는데도 달아나고 양 사신은 고명과 칙서가 없는데도 들어가니, 이것이 어찌 도리이겠는가' 하였다.

6월 20일 정원에 분부하였다. "중국 사신이 도해한다는 말은 틀림없다. 어제 내가 박의검을 들여보내서는 안 된다 하였으나, 다시 생각하니 양 사신의 게첩에 회답하지 않는 것은 온당하지 않다. 황신이 거느린 역관과 진 유격이 거느린 역관 김선경 등 몇 사람을 박의검이 거느리고 있는 자라 칭하여 일본에 따라가서 적중의 형지를 살피고 아무쪼록 중국 사람이 왕래할 때에 함께 왕래하여 치보하게 하려 한다. 또 무변 가운데에서 지혜가 있는 자를 가려서 문안사라 칭하여 박의검과 함께 대마도에 들여보내어 중국 사신이 말하는 것을 듣고 아울러 저들의 곡절과 적병이 진퇴하는 절차를 정탐하여 중국 사람과 같이 돌아오게 하는 것이 마땅할 듯하다."

접대도감이 명사신이 도해한 사실을 아뢰었다. "중국 사신은 행장이 여러 번 청하므로 15일에 배를 준비하여 16일에 배를 띄웠다고 하였다. 묻기를 '왜적이 오히려 많이 머물러 있는데 어찌하여 칙서를 기다리지도 않고 먼저 갔는가?' 하니, 답하기를 '전일 석야의 분부에 「왜인이 죄다 철수하지 않았더라도 저들이 간절히 청하거든 곧 도해하도록 하라」 하였으므로 그날 배에 올랐다. 칙서에 대해서는 양야가 말하기를 「대마도에 머물러 기다릴 것이니 칙서가 오거든 곧 들여보내라」,' 하였다. 심 천사는 어찌하여 이제까지 돌아오지 않느냐고 물었더니, 답하기를 '낭고야·대마도 같은 곳으로 마중 나올 것이다' 하였고, '양야가 먼저 간 데에는 반드시 그 뜻이 있을 것이다. 분명히 말해 달라' 하였더니, 답하기를 '양야와 이야가 거느리던 아랫사람은 전부 따라갔고 진 유격·이대간·심무시만이 머물러 있다' 하였다."

대신과 비변사 당상을 인견하여, 양천사가 왜국으로 들어갔으므로 배신을 보내는 것을 급하게 논의하였다.

선조가 "회첩하는 일로 칭하여 보내는 것이 어떠한가? 또 적의 심술을 알 수 없기는 하나, 그 정상은 알 만하다. 어쩔 수 없이 예전에 변성명하여 간첩하던 자처럼 하여 들여보내어 정탐하면 좋겠으나, 적당한 자가 없다. 적의 정상을 알기를 절실히 바란다면, 문안이라 핑계하고 아울러 계첩을 만들어 중국 사람과 함께 대마도에 들어가서 사신에게 문안하는 것이 의리에 어그러지지 않고 적도 반드시 거절하지 않을 것이다. 무반 가운데에서 합당한 사람을 가려서 보내는 것이 옳을 듯하다" 하였다.

그러나 유성룡이 "근일에는 동란이 일어날 근심이 없을 듯하나 2~3

년 동안 쉰 뒤에는 조치가 있을 듯하고 마지막에는 반드시 전쟁으로 끝맺을 듯합니다. 중국군은 청하여 오게 할 수도 있으나, 나온다면 싸움이 잇따르고 화가 이어져서 사세가 반드시 어려워질 것이고, 저 적은 반드시 승세를 기필할 것이니, 그들이 서로 여러 해 동안 지구전을 한다면 우리나라는 자연히 그 사이에 얼음이 녹아 없어지듯이 멸망할 것입니다" 하며 앞일을 걱정하였다. 정확한 예언이었으나 그에 대한 대책은 없었다.

6월 21일 황신이 요시라 등이 말한 내용을 보고하였다.

행장이 평조신에게 '그대는 조선의 일을 맡은 자이니 머물러서 통신사가 내려오기를 기다렸다가 모시고 도해하라」 하였다. 그래서 평조신은 통신사가 온다면 내가 10여 일 동안 머무르더라도 기다려야 하겠으나, 내려올 뜻이 없다면 머물러 기다릴 필요가 없으므로 내일 떠나려 한다 하였다. 이 말을 요시라가 전했다.

황신이 답하기를 '듣건대 국왕이 양 노야에게 회답하는 글 가운데에 이미 전에 청한 것을 허락하였다 하는데, 어느 사람을 차출할는지 모를 뿐이다' 하였다.

이에 요시라는 통신사를 보내려 하지 않는다면 다시 가등청정의 군사를 보내 나누어 주둔할 것이다 하는 협박성 말과 함께 좋은 말로 '내가 아름다운 이름을 조선에 남기고 싶어 하는데, 어찌 감히 이익은 없고 손해만 있는 일로 사람을 속이겠는가. 조금도 의심하지 말라는 뜻으로 국왕에게 아뢰어 급히 통신사를 내려보내게 하면 매우 다행이겠다' 하였다.

6월 22일 비변사가 이봉춘과 조덕수를 사신에 딸려 보내자고 하였다. 그리고 "황신이 '국왕이 전에 청한 것을 허락하였으나 어느 사람을 차출할는지 모르겠다'고 대답한 것은 경솔한 데 가까운 것으로 일이 이에 이

르러서 매우 난처하게 되었습니다" 하니

"아뢴 대로 하는 것이 매우 마땅하다. 다만 교활한 적이 반드시 이봉춘 등 몇 사람을 통신사로 여기고 만족하여 말이 없이 그만두지 않을까 염려되는데, 그렇게 되면 아마도 이 계책이 마침내 행해지지 못할 것이다. 그러나 시험 삼아 해보는 것이 또한 뭐가 해롭겠는가" 하였다.

6월 24일 김명원이 섭 유격의 말을 보고하였다. 섭 유격이 사람들을 물리고 말하기를 '손 군문이 왜정을 믿을 수 없다는 것을 이미 알고 수륙의 병마를 징발하였으니 때가 되면 곧 출발할 것이다. 나도 양향의 일 때문에 왔으므로 손시랑이 나온다는 말을 듣고부터 밤새도록 잠을 못 잤는데, 귀국만은 이것을 생각하지 않는가?' 하였다. 양향을 조치하지 않는다는 말이었다.

선조는 '전에 통신사를 보내지 않아서 임진년의 화가 있었는가 오늘날의 계책은 양향을 조치하고 중국의 원병을 청할 따름이다' 하였다.

황신이 치계하기를, 전일 이 중군 등이 낭고야에서 나올 때 심 유격의 자문을 가져왔는데 지체하고 전하지 않다가 이날 비로소 보냈다고 하였다.

그 대략은 '귀국이 배신을 보내어 청후하고 근수하며 일본으로 건너가 면대하여 인호를 닦는 것은 반드시 왜인들이 모두 물러가도록 하기 위해서 가는 것이다. 여러 번 자문을 보내어 보내주기를 재촉하였거니와, 책사의 도해한 날짜가 다 되어 기다리며 지체하다가 먼저 가지 않을 수 없었다. 본부가 도해한 이래로 관백이 더욱 감복하여 가등청정 등의 무리를 죄다 철수하고 소굴을 불사른 뒤이니 책사가 동으로 건너갈 때에 배신을 보내는 것은 늦출 수 없는 형편이다' 하였다.

또한 황신은 "근일 평조신이 통신사를 고대하여 날마다 역관을 불러

묻곤 하는데 자못 서두르는 뜻이 있습니다. 그런데도 조정 의논이 어떠한지를 전혀 들을 수 없으므로 신도 쉽사리 수작하지 못합니다" 하였다.

배신 때문에 황신은 하루가 멀다 하고 상황을 알리는 보고를 올리고 있었다. 배신을 빨리 결정하여 보내라는 무언의 요청이었다.

6월 25일 승지 유희서가 배신에 황신과 박홍장이 적합함을 아뢰었다. 비변사도 황신을 말하였다.

"황신도 그곳에서 어쩔 수 없는 형편을 눈으로 보았으며 이미 배신을 허락하였다고 평조신에게 이야기하였으니, 이제 중도에서 바꿀 수 없겠습니다. 이제 배신을 보내기로 허락하더라도 반드시 따르기 어려운 요구를 해 오는 일이 있을 것이고, 그렇지 않으면 전쟁이 뒤따를 것입니다. 그러나 이 때문에 오늘 거절하면 즉각 전쟁이 재발할 것입니다. 이것으로 말하면 적의 술책에 빠지는 것은 같은데 더디고 빠른 차이만 있을 뿐입니다. 햇수의 간격을 다소 늦추어 우리의 힘이 조금 살아나서 지탱할 수 있기를 바랄 뿐이니, 그 또한 슬픕니다. 신들의 생각으로는 문신을 보낸다면 황신 밖에 보낼 만한 자가 없을 것이고, 보내지 않는다면 무신만을 차출해야 하니, 이 두 가지 방도가 있을 뿐입니다. 전에 이미 여쭈어서 정하였으므로 문관을 보내지 않을 수 없습니다" 하니

선조가 "알았다. 아뢴 대로 하라" 하였다. 이렇게 해서 어렵게 통신사로 정사 황신과 부사 박홍장이 결정되었다.

사헌부에서는 배신을 보내는 것을 취소하라는 요청을 하였다. 며칠을 두고 사간원 나중에는 홍문관, 예문관까지 배신을 보내는 것을 반대하였다. 그러면 어떻게 하라는 말인가. 실로 한심하였다.

6월 25일 일본 심유경이 관백을 만났다. 서로 만나자 기뻐하며 7층

누각 위로 인도하여 올라갔는데 서늘한 기운이 피부에 스며들었다. 관백이 직접 금의를 가져다가 심부사의 등에 덮어주니, 심부사가 「이 옷은 너무 짧아 입을 수 없다」고 하였다. 관백이 웃으면서 답변하기를 「만일 짧아서 싫다면 아이들이나 입게 하라」고 하였다.

6월 26일 경성 《주역》을 강하고 대신들을 인견하였다. 이날 회의에는 이순신과 원균이 주인공이었다. 할 일은 못하고 일선에서 고생하는 장수를 도마 위에 올리고 세월을 보내는 한심한 조정이었다.

선조가 "이순신은 밖에서 의논하기를 어떠한 사람이라고들 하는가?" 하니,

김응남이 "이순신은 쓸 만한 장수입니다. 원균으로 말하면 병폐가 있기는 하나 몸가짐이 청백하고 용력으로 선전하는 점도 있습니다" 하였다.

선조가 "이순신은 처음에는 힘껏 싸웠으나 그 뒤에는 작은 적일지라도 잡는 데 성실하지 않았고, 또 군사를 일으켜 적을 토벌하는 일이 없으므로 내가 늘 의심하였다. 동궁이 남으로 내려갔을 때에 여러 번 사람을 보내어 불러도 오지 않았다" 하자,

김응남이 "원균이 당초에 사람을 시켜 이순신을 불렀으나 이순신이 오지 않자 원균은 통곡을 하였다 합니다. 원균은 이순신에게 군사를 청하여 성공하였는데, 도리어 공이 순신이 보다 위에 있게 되자, 두 장수 사이가 서로 벌어졌다 합니다" 하였다.

선조가 "이순신의 사람됨으로 볼 때 결국 성공할 수 있는 자인가? 어떠할는지 모르겠다" 하자,

김응남이 "알 수 없습니다마는, 장사들은 이순신이 조용하고 중도에 맞는다 합니다. 그러나 지금 거제의 진에는 원균을 보내야 하니, 거제를 지키는 일이라면 이 사람이 아니고 누가 하겠습니까" 하였다.

선조가 "거제에서 군사를 철수한 뒤에 나도 뭍이고 비변사도 주둔시켜 지키지 않으려는 것이 아니었다. 한산도는 어떻게 해야 하겠는가?" 하자,

윤근수가 "반드시 한산도를 지킬 필요는 없습니다" 하니,

선조가 "한산도는 진을 비울 수 없다. 그러나 지킬 경우에 군사가 적어서 세력이 분산되겠거니와 양향은 또 어떻게 장만하여 내겠는가?" 하자,

김응남이 "거제를 지키고 주사로 왜적의 양도를 끊으면 감히 나오지 못할 것입니다" 하였다.

선조가 "적이 4~5년 동안 군사를 훈련시키며 움직이지 않은 것은 대포를 만들기 위해서가 아니겠는가? 대포를 만든다면 우리나라뿐만이 아니라 중국도 당해 낼 수 없을 것이다" 하니,

윤근수가 "대포는 왜의 배가 얇으므로 설치하지 못할 것이나, 진천뢰는 우리나라에서 배워 갔습니다" 하였다.

선조가 "우리나라의 수전과 궁시의 기예는 배워 익히지 않는가?" 하니,

김응남이 "적이 궁시를 익히려 하였으나, 사람들이 말하기를 '활줄이 느슨해지므로 쏘지 못한다' 합니다" 하였다.

이날 회의에서 김응남은 선조의 눈치를 보면서 교묘하게 이순신을 깎아내리고 원균을 추켜세웠다. 교묘하게 선조의 비위를 맞추는 이런 일에는 일가견이 있는 사람이었다. 윤근수는 원균과 인척간이어서 원균의 이야기를 전적으로 믿고 그대로 주장하고 있었다.

이달의 다른 일들은,

부산에 둔치고 있는 왜병이 옛날과 다름없이 경작하고 성채를 수축하였다. 철수하는 척하며 기계와 짐바리를 다 나르지 못했다고 떠들었지만 실은 오랜 수자리로 인해 병약해진 군병을 철수하고 신병으로 교체하여 20여 둔을 벌여 놓았다.

풍신수길은 재침 준비를 착실하게 하고 있었다. 신병들을 뽑아 훈련에 열중하고 수전에 대비해 큰 배들을 수없이 준비하고 있었다. 필요한 군량 준비에도 박차를 가하고 있었다. 이 준비에 맞추기 위하여 시간을 끌고 있었을 뿐이었다. 소서행장과 심유경이 주도하는 강화협상의 내용이 자신이 지시한 내용과 크게 다르다는 것을 청정도 알고 있는데 자신이 몰랐을 리가 없다. 시간을 벌고 또 최종적으로 강화의 내용을 확인하여 그것을 핑계로 바로 재침할 생각이었던 것이다.

선조도 왜적들이 다시 침범할 것을 생각은 했었으나 확신을 가졌던 것은 아닌 것 같은데, 유성룡은 왜적이 다시 침범해 올 것을 확신하고 있었다. 그러나 알아도 어찌할 수 없는 현실이 문제였다.

이덕형이 곽재우를 서용해 볼 것을 아뢰니 경솔히 장수를 맡길 수 없다 하였다. 곽재우는 강화하게 되면 내가 나가도 할 일이 없으며 처자는 다 죽고 나 한 몸만이 남았으니 자취를 감추어 세월을 보내고 싶다 하였다.

선조가 "훈련도감의 둔전도 폐지하려 하는가?" 하고 물으니,

김응남이 답하기를, "폐지하려 합니다. 당초 백성에게 소가 없을 때에는 둔전을 만들어서 안집할 계책으로 삼았으나, 이제는 백성이 다 생업에 부지런하여 비어 있는 들판이 없으므로 둔전 만들기를 바라지 않습니다. 소는 3백40여 마리가 있는데, 우장을 설치하여 놓아먹이게 하였습니다. 대개 둔전의 일은 감관이 마땅한 사람이 아니어서 각 고을에서 작폐만 할 뿐이니, 폐지하는 것이 무방합니다" 하였다.

선조가 궁중에서 쌀을 모았다고 운반해 가라 하였다. "내가 궁중에서 조치하고 또 후궁과 왕자 등이 각각 약간의 쌀을 낸 것을 모으니, 모두 합하여 1백 석이다. 접때 중국군이 온다는 말을 듣고 장차 내어서 군량을 도우려 하다가 그 뒤에 소식이 없으므로 우선 뒷날을 기다렸는데, 이제 섭 유격이 해사에 와서 바야흐로 양향을 조치하므로 내어 주는 것이

니, 아무 날이나 운반해 가라고 호조에 말하라" 하였다. 벼룩의 간이라도 내놓는 것이 안 내놓는 것보다는 나을 것이다. 그러나 그것마저도 스스로 하지 못하고 중국 장수가 직접 챙기니까 마지못해 하는 것이었다.

함경감사 홍여순이 북병사 이일을 용렬하다 하며 체차를 요청하였다.

제주목사 이경록이 말등포에 황당선이 나타나 이를 처리한 계본을 올렸다. 다행히 한 척의 왜선이었다. 그러나 그것도 제대로 무찌르기가 힘들었다.

7월 1일 한산도 통제영 경상우감사 서성이 또 진을 방문하였다. 특별한 일은 아니어서 연일 활쏘기 대결을 했는데 경상우감사 편은 통제사 편의 상대가 되지 않았다. 그래도 모두 즐거워했다. 서성은 4일을 머물고 돌아갔다.

‖ 이몽학 반란 사건, 김덕령 억울하게 죽다 ‖

7월 7일 충청도 홍산 이몽학은 종친의 서족으로서, 호서에서 종군할 적에 조련 장관이 되어 홍산 무량사에 우거하면서 선봉장 한현 등과 친교를 맺었다. 한현은 일에 밝아서 권인룡·김시약 등과 함께 어사 이시발에 소속되어 호서의 군사조련을 관할하였는데 실은 교활한 자였다.

민심은 탄식과 원망으로 차 있었고 크고 작은 고을에 모두 방비가 없음을 보고 이몽학과 한현은 틈을 타서 난을 일으키고자 하였다. 이때 한현이 마침 부친상을 당하여 홍주에 있다가 우선 이몽학을 시켜 거사하도록 하고 자신은 내포에서 서로 호응하기로 약속을 정하였다.

이몽학은 무량사의 굴속으로 잠입하여 중들과 더불어 기치와 기장을 만들었다. 호서의 풍속에 흔히 동갑회를 만들었는데, 이에 그 패거리를 시켜 계를 만든다고 선전하고 동네 어귀로 모이게 했다. 이몽학은 절에서 출병하여 마을 안으로 들어왔다. 깃발을 세우고 걸상에 앉아 각을 불고 북을 치면서 큰소리로 사람들을 불러 모았다. 동갑 모임 중에서 공모한 장정이 먼저 나와 칼을 뽑아 들고 무리를 데리고 앞장을 섰다. 이몽학이 속임수로 꾀기를 '이번에 일으킨 의거는 백성을 편안히 하고 나라를 안정시키기 위한 일이다. 거역하는 자는 죽음을 당할 것이고 순종하는 자는 상을 받으리라'고 하니 모두들 좋다고 떠들면서 그를 따랐다. 그리고 성불이 세상에 나왔다고 하며 모두들 고관대작이 될 것으로 여겼다. 이몽학이 승려와 속인을 장군으로 나누어 배치하고 문관과 무관 등의 청현직으로 가칭하니 사족 자제와 무뢰배들이 많이 그들에게 붙었다.

이날 밤에 홍산현을 습격하여 현감 윤영현을 사로잡고 또 임천군수 박진국을 사로잡았다. 다 항복하여 몽학에게 붙으니 상빈으로 대우하였다.

잇따라 청양·정산 등 6개 고을을 함락시켰다. 수령들은 모두 먼저 도망치고 아전과 백성들은 적도들의 호령에 따랐고 술과 음식을 차려서 맞이하고 그들에게 가세하였다. 이에 소문만 듣고도 호미를 던지고 그들에게 투항하는 자가 줄을 이었다. 이몽학은 '충용장 김덕령과 의병장 곽재우·홍계남 등이 모두 군대를 연합하여 도우며, 병조판서 이덕형이 내응한다' 하고 소문을 냈다.

7월 9일 경성 충청도 순안어사 이시발이 홍산에서 변란이 일어났음을 보고하였다. "보고 듣기에 지극히 놀라운 일이므로, 사실이고 아니고 간에 첩보한 것에 따라 치계하는 한편, 가까운 고을의 포수와 살수들을 조발하여 토포할 계획 중에 있습니다" 하였다.

조정에서는 아직 역모 반란 사건인 줄은 모르고 일반 도적으로 생각하였다. 그래서 도원수에게 전해 전라도 군사로 충청도와 협력하여 공격하라고 하였다.

처음에 이몽학은 곧장 서울로 향한다고 했었다. 그러나 무리들이 너무 많아져 질서를 유지하기 어려우므로 홍주로 가서 한현과 합류하려고 하였다. 그런데 한현은 일이 성사하지 못할 것으로 생각하고 면천으로 도망쳤다가 면천 군수 이원에게 체포되었다. 이 소식을 들은 이몽학은 홍주를 공격하기로 하였다.

홍주목사 홍가신은 민병을 모으는 한편 홍주에 사는 무장 임득의·박명현과 신경행 등을 불러서 성을 지킬 계책을 논의하고는 성 밖에 연이어 있는 민간 초가집들을 그대로 놓아두면 적들이 비를 피하고 밥을 해 먹기에 편리하다고 하여 밤에 불화살을 쏘아 모두 태워 버렸다. 이때 남포현감 박동선이 변란의 소문을 듣고 수사 최호에게 급히 알리고 군병을 동원하여 홍주를 구원하자고 하였다. 수사 최호가 '수군은 육지에서 싸우는 병사가 아니다' 하면서 난색을 표했는데 박동선이 큰 소리로 '지금이 정말 어느 때인데 수군과 육군의 다른 점을 계교하는가' 하였다. 이에 최호는 수영에 있는 군병을 모두 동원하였고, 박동선은 보령 현감 황응성을 시켜 본현의 군사를 소집하여 함께 홍주성에 들어가도록 하였다.

홍주성은 원병을 얻어 성세가 크게 확장되었다. 밤이 되자 성가퀴에 횃불을 벌여 세우자 성 안팎이 환히 밝아지니 적의 무리가 놀라 어둠을 타고 도망치는 자가 많았다. 성을 함락시킬 수 없음을 안 이몽학은 이튿날 군대를 이끌고 덕산 길로 향하였다. 그러면서 장차 김덕령, 홍계남의 군대와 합류하여 곧장 서울로 들어가겠다고 떠벌렸는데 따르던 무리들이 비로소 불신하기 시작하고 도중에서 도망치는 자가 속출하였다.

적도들은 몽학의 머리에 현상금이 걸려 있다는 말을 듣고 있던 터라 밤에 몽학의 진영으로 가서 그의 머리를 베어 가지고 투항해 왔다. 박명현 등이 성문을 나가서 추격하니 적도들은 모두 흩어졌다. 이몽학의 반란은 이렇게 저절로 진압되었다. 당시 본도 병사 이시언은 군사들을 온양에 주둔시킨 채 감히 진격할 엄두를 내지 못하고 호남에 구원병을 요구하고 있었다.

도원수 권율이 수색 명령을 내리니 각 고을에서는 수색하여 잡아 가두었고 권율은 즉시 심문하여 자복을 얻어 낸 뒤 모두 서울 옥으로 압송하였다.

동지의금부사 윤승훈을 직산으로 보내 죄인들을 심문해서 경중을 가리도록 하였다. 꼬임을 당했거나 위협을 못 이겨 가담한 어리석은 백성들은 가벼운 법을 적용해서 석방했다. 서울로 송치된 자는 1백여 명이었고 정형된 자들은 법에 따라 연좌시키고 가산을 적몰하였다.

7월 10일 한산도 통제영 체찰사가 전령하여, 정사로 임명된 황신이 명나라 사신을 따라 가까운 날에 바다를 건너갈 것이니 배 3척을 정비하여 부산에다 정박시키라고 하였다. 이순신은 이미 이 일을 경상우수사 권준에게 맡겨 준비 중에 있었다. 실어 보낼 군량도 준비해야 했다. 상등미 20섬, 중등미 40섬을 싣게 했다. 이 배는 13일에 부산으로 보내게 된다.

7월 11일 경성 황해병사 선거이는 현재 전라도 보성 땅에 있으면서 부임할 기약이 없으니, 체차하고 서울에 있는 사람을 각별하게 가려 보내자고 하였다. 6월 초쯤 선거이를 충청수사에서 황해병사로 하였는데 중풍이 도져 일어나지 못하고 있었다. 이때에 충청수사는 최호였다. 최호는 방금 발생한 충청도 이몽학 역도를 소탕하는 데 큰 공을 세워 선조의 사랑을 듬뿍 받게 되었다.

7월 13일 비변사가 5읍을 함락한 역적들을 섬멸한 홍주목사 홍가신 등의 포장을 청했다. 박명현은 남보다 앞서 출격하였으니 공이 그다음이고, 임득의·박동선·황응성 등도 모두 기록할 만한 공이 있으며, 최호는 주장으로서 장사들을 거느리고 독려하여 흉악한 역적들을 섬멸하는 공을 세웠고, 신경행은 순찰사의 종사관으로 본주의 성안에 달려 들어가 모든 사람들과 힘을 합쳐 막아 내는 일을 했다고 하였다. 선조는 그중에서도 최호를 치켜세웠다.

"이번 이 역적들을 섬멸한 공은 최호가 상등이다. 최호는 수사로서 역적에 대한 기별을 듣자 군사를 거느리고 달려가 사시에 홍주에 들어갔는데 신시에 역적의 무리가 와서 둔쳤으니, 농성하며 출격하는 지휘와 절제가 모두 이 사람에게서 나온 것이다. 대개 최호가 성안에 들어가자 사기가 자연히 배가되었고 이에 따라 출격함에 역적의 무리가 저절로 무너지게 된 것이다. 최호 이하의 모든 사람들도 즉시 시상해야 하겠으나 아직은 며칠 기다리라" 하였다.

7월 15일 유성룡이 아뢰기를, "통신사를 들여보낸 다음에야 우리나라가 지탱하게 될 것입니다. 이번 역적들의 변도 또한 왜변으로 인해 그렇게 된 것입니다. 일에는 경중과 대소가 있는 법입니다. 국가의 보존과 멸망이 따르는 일인데 어찌 신하 하나를 보내지 않을 수 있겠습니까" 하였다. 통신사 보내는 일에 대해 확실하게 못을 박는 말을 한 것이었다.

경상우도 함양 도원수 권율의 명령으로 이몽학을 토벌하러 가던 김덕령이 운봉으로 향해 비전까지 갔다가 돌아왔다. 반적들이 모두 진압되었기 때문이다.

7월 16일 경성 왜적은 못 잡아도 역적이라면 손수 팔을 걷어붙이는 선조다. 추국청에 전교하여 "《춘추》의 필법이 난신적자의 무리에게 더욱 엄격하여, 역적을 토벌하지 않는 자를 의리상 역적과 같이 여겼다. 처음부터 공모한 역적은 끝까지 수색하고 탐지하여 모두 주륙함으로써 뒷사람들을 경계하고 대의를 밝히며, 그 나머지 위협에 의해 복종한 자들은 우선 가두어 두고 명을 기다리게 하며, 역적의 복심인 우두머리는 서울로 잡아 보내고, 능운과 팽종 같은 무리는 아직도 잡히지 않았으니 더욱 끝까지 수색하여 기필코 체포하라는 것으로 도원수에게 하유하라" 하였다.

다음 날부터 이몽학과 결탁하여 복심이 된 한현을 친국하였다. 그는 자백에서 많은 무리들을 끌어들였는데 김덕령·곽재우·고언백·홍계남 등이 연루되었다. 선조는 모두 불문에 부칠 것을 명하고 김덕령만을 잡아 오라고 하였다.

7월 18일 충청도 순찰사의 종사관 신경행의 서장에, "김덕령에 대해 여러 차례 역적들이 언급한 것을 보면, 반드시 그 까닭이 있을 것입니다. 한편으로 도원수 및 전라도 순찰사에게 불시에 체포하여 조정의 처치를 기다리도록 이문하였습니다" 하였는데, 추국청에 계하하였다.

이덕형은 역적들의 공초에 자신의 이름이 거론된 일로 상소를 올리고 석고대죄하였다.

선조는 왜에 보내는 서계에 자신의 이름이 들어가는 것을 가지고 어처구니없는 소란을 피웠다. "왜적의 마당에 서계를 보낸 일은 국가의 사세가 이미 위급한데다가 비변사가 두 번이나 청하였으므로 어쩔 수 없이 따른 것이다. 다만 대간이 아뢴 뜻이 참으로 옳은데, 내 이름을 서계 속에 쓴 것은 차마 하지 못할 짓이라고 한 말은 더욱 지당하다. 내가 어찌 빨리 죽지 못해 차마 이런 꼴을 본단 말인가. 지금 마땅히 세자의 이름으로 서계를 만들되 '국왕에게 병이 있기 때문에 모가 대신 서폐를 마련했다'고 한다면 조금 차이가 있게 될 듯한데, 이렇게 하는 것이 어떠하겠는가?" 하였다.

자신의 이름이 들어가면 치욕이 되고 아들의 이름이 들어가면 치욕이 아니란 말인가. 너무도 한심한 왕이었다. 후안무치하고 깊이도 무게도 없는 사람이었다.

양사에서는 왜와 통신할 수 없는 이유와 사례를 들면서 서폐의 환수를 요청하였다. '지금 우리나라가 저 왜적에 대해서 원수라는 측면에서는 같은 하늘 아래에서 함께 살 수 없는 처지이고 의리상으로는 백세토록 반드시 보복해야 할 입장이니, 전하의 원수일 뿐만이 아니라 곧 조종의 원수입니다. 진정 힘이 부족해서라고 말한다면 감정과 원한을 축적하여 우선 스스로 지킬 계책을 하며 명조에 호소하여 구제해 줄 날을 기다리는 것이 오히려 옳습니다. 지금 앞으로 나아가 공격하지도 못하고 뒤로 물러나 제대로 지키지도 못한 채 착오와 만홀함으로 조치할 바를 잃고 머뭇거리기만 하면서 날을 보내고 있는데 군량의 계책에 대해서는 어찌할 수 없다고 해버리고 기미하자는 주장에 대해서는 국가 사세가 위박해서라고 핑계를 댑니다. 기미하자는 주장이 다시 잘못되어 근수하자는 의논으로 전락하고 근수가 다시 잘못되어 서폐를 보내는 것으로 전락하였으니, 비굴한 말과 많은 예물을 가지고 원수인 적의 뜰에 가서 동정을 애걸하게 되었습니다. 아, 어찌 차마 조종의 능침에 대한 원수를 하찮은 것으로 여겨 버려둔단 말입니까.

또 더욱 차마 하지 못할 일이 있습니다. 신들이 서계를 살펴보건대, 어휘를 그대로 쓰고 풍신수길을 높여 전하라고 하면서 끝에는 또 '토산물을 가지고 책사를 따라간다'고 했습니다. 이런 일을 차마 한다면 무슨 일인들 차마 하지 못하겠습니까. 신들은 이 점에 대해서 자신도 모르게 통곡을 하며 그저 목매어 죽어 버림으로써 망각에 빠져들고 싶은 심정입니다. 아, 전하의 몸은 조종들이 의탁하는 바의 몸이고 전하의 자리는 조종들이 있으시던 자리입니다. 어찌하여 조종들의 원수를 잊어버리고 전하라고 이름을 쓰는 치욕을 참으며, 달가운 마음으로 통호하고서 태연자약하게 부끄러움을 느끼지 않을 수 있습니까. 설령 모두 묘당이 의논한 말처럼 눈앞의 화를 늦추게 된다 하더라도 천하와 후세에 전하를 어떠한 임금이라고 하게 되겠습니까' 하였다.

이 글을 쓴 사람들을 우선적으로 군사에 편입시켜 나라를 위하여 일선에서 싸우도록 해야 할 일이었다. 북인 세력들은 오로지 유성룡을 공격하기 위한 빌미를 마련하려고 임금의 비위를 맞추기 위해 이런 글을 쓰고 있었다.

7월 22일 한산도 통제영 이날 이순신은 큰아들 회가 종을 곤장으로 쳤다는 말을 듣고 회를 뜰 아래로 데리고 가서 많이 나무랐다.

7월 23일 경성 역적을 단죄했으니 그 기쁨을 알려야 했다. 중외의 대소 신료와 기로·군민·한량인 등에게 교서를 내렸다. "왕은 말하노라.《춘추》에 역적을 토벌하는 법이 엄하다. 이에 역적 괴수들이 모두 전형에 복죄하였으니 죄를 용서하는 은전을 성대하게 내려서 과실로 범한 죄는 넓은 혜택으로 씻어 주어야 할 것이다. 온 나라가 다 같이 경축할 일이기에 이 시점에서 널리 반포하는 바이다." 항상 그렇듯이 말은 좋았다.

역적 이몽학이 살던 홍산 땅의 집을 파가 저택하는 일은 충청도 관찰사에게 이첩하고, 본현을 혁파하는 일은 해조로 하여금 시행하게 하였다. 그런데 한현은 본래 서울에서 살던 사람으로 면천 땅에 떠돌이로 살았다. 그래서 면천 고을은 혁파할 수가 없었다. 그러나 선조는 기어이 혁파하려고 하였다.

7월 25일 한산도 통제영 통신사 황신이 가는데 요구하는 것도 많았다. 표범가죽, 사슴가죽, 화문석 등을 숫자에 맞게 준비하여 보냈다.

7월 27일 경성 황신이 평조신의 불만 등에 관해 서계하였다. 평조신이 우리 조정에서 단지 서폐만 허락하고 중신을 보내는 것은 허락하지 않은 것을 듣고 자못 불쾌하게 여기는 뜻이 있었다. 이에 황신이 이언서를 시켜 평조신에게 말하게 하기를 '우리나라는 명조에 사신을 보낼 적에도 2품의 관원으로 하니, 지금 일본에 당상관을 보내도 벼슬이 낮은 것이 아니다. 하물며 신숙주는 6품의 관원으로 일본에 봉사하였었으니 벼슬이 높고 낮은 것은 논할 것 없다' 하니, 평조신이 말없이 있다가 이 일은 조선이 알아서 하라고 하였다.

7월 29일 한산도 통제영 이날 체찰사의 공문이 왔는데 진중에서 과거장을 개설하라는 것이었다. 이순신이 애타게 기다리던 것이었다. 아들 셋 모두와 조카들이 나이들이 다 차서 이제는 벼슬을 해야 할 때가 되었다. 전쟁 통에 문과는 어려워졌고 무과라도 합격하여 집안을 유지하기도 해야 한다. 반가운 소식이었다. 사실 이순신의 아들들은 과거 시험을 보지 않더라도 이순신의 공적으로 벼슬길에 나갈 수는 있지만 그런 경우는 제한이 있으므로 과거에 합격하는 것이 중요하였다.

충청도 일대에서는 역적을 잡는다는 핑계로 촌가에 돌입하여 남정들을 잡아가므로 노약자까지도 모두 두려워서 산골짜기로 숨었다. 그리고 집에 있는 물건들을 역적의 장물이라 하며 있는 대로 모두 거두어 가므로 고을이 텅 비게 되었다. 심지어 충청도 도사 이빈은 정산에 가둔 사람들을 참하기도 하고 놓아주기도 하는 등 자기 멋대로 처결한 것이 80여 명이나 되었다.

8월 1일 경성 동부승지 서성이 김덕령을 압송해 올려 보냈다고 보고하였다. 도원수 권율이 김덕령을 진주에 가두었는데 선전관으로 하여금 진주에 달려가 잡아 오도록 하여 전 현감 김경눌 등을 시켜 압송한 것이다. 이렇게 김덕령은 억울하게 체포되어 경성으로 압송되고 있었다.

8월 4일 선조가 김덕령을 친국하였다. 김덕령은 나이 30이었다.
추국하기를, "역적 한현·이몽학 등과 결탁하여 몰래 통하여 모의하여 성세를 만들고, 국가가 위태하고 어지러운 때를 당해 불궤를 도모한 사실이 모든 역적들의 공초에서 셀 수 없이 나왔다. 한현의 공초 내에는 '장수는 김덕령이다' 했고, 또 '이몽학과 박승립이 김덕령을 찾아가 만나보고 함께 거병하는 일을 모의했다' 하였으며, 유규의 공초 내에는 '전라도에 김 장군이 있는데 장군의 명칭은 익호 장군이다' 했고, 이업의 공초 내에는 '장후재가 김덕령에게 왕래했는데, 덕령이 사세를 보아가며 하라고 했다' 하였다. 전후로 역적들의 공초가 의논한 것도 아닌데 말이 똑같았으니, 흉악한 음모와 비밀한 계책을 서로 통하면서 함께 반역을 한 정상이 밝은 하늘 아래 훤히 드러나 숨길 수 없게 되었다. 그런 짓을 꾸민 내력을 사실대로 정직하게 진술하라" 하니,

공초하기를, "비록 도적들의 한 말이 그와 같을지라도 공모했다면 반드시 오고 간 자취가 있을 것입니다. 하늘의 해가 훤히 비추는 아래에서 제가 군부에게 진달하는 말이니, 옳으면 옳다 하고 그르면 그르다 할 것

이니, 어찌 감히 조금이라도 숨길 수 있겠습니까. 국가를 위해 3~4년 동안이나 친척들과 이별하고 분묘도 버려두고 변방에 나가 고생하며 방수했었으니, 만일 국가에서 알게 되었다면 반드시 큰 상을 주었을 것입니다. 그런데 제가 터무니없는 명성이 있었기 때문에 저 역적의 무리들이 국가에서 저를 쓰지 않도록 하게 하려고 시기하여 모함하는 흉계를 부린 것입니다. 제가 우러러 받드는 군부의 앞에서 분변하지 않는다면 어디에서 발명하겠습니까? 7월 14일 도원수의 전령 내에 '호서의 토적 수천여 명이 갑자기 발동했으니 섬멸할 태세를 갖춰 수십 기를 거느리고 오라' 했기에, 저는 이 전령을 듣고서 스스로 여기기를 '나의 칼을 시험할 기회가 왔다' 하고 즉시 운봉으로 달려갔다가 역적들이 이미 잡혔다는 소식을 듣고 도로 돌아왔습니다" 하였다. 더 이상 할 말이 없었다.

선조가 이르기를, "별처에 가두어 두고 병조로 하여금 실한 군사를 더 배정하여 수직하게 해야 할 것이다" "김덕령은 사람을 죽인 것이 많은데 그 죄로도 죽어야 한다. 이빈이 그를 절제하는 장수였는데도 또한 죽이려고 했었다니 그 죄 역시 크다" "김덕령을 수직하는 일을 소홀히 여기지 말고 긴밀하게 하라. 자진하는 일이 있게 될까 염려된다" 하였다.

선조는 아예 죽이려고 마음먹었다. 왜장은 죽일 수 없으니 분풀이로 의병장이나 죽이려고 하는 비겁한 왕이었다.

한편 황신은 조정의 국서를 기다리고 있는데, 평조신이 '양천사는 이미 상관에 도착했고 심부사는 화주로 나아가 머무르고 있으며, 가등청정의 나머지 군사도 대마도에서 길을 떠나 철수했다'고 하며 조급해하고 있었다.

조정에서 역관 이유와 박대근을 시켜 국서와 예물을 받들고 가게 하였고, 부사 박홍장도 성주로부터 출발하여 이날 국서와 함께 부산에 이르렀다. 황신 등이 중간 지점에 나가서 공경히 맞이하여 부산에 들어오자, 왜영의 장수 평조신과 사고안문 등도 5리나 가서 공경히 맞이하였다. 황신은 저녁에 배를 타고 평조신과 같이 대마도로 향하였다.

8월 6일 한산도 통제영 이순신은 계속 몸이 좋지 않았다. 아들 회와 면은 어머니 생일을 지내기 위해서 본영으로 가고 없었다. 파직당했던 전 흥양현감, 바로 전에는 장흥부사였던 배흥립도 진에 와서 조방장으로 이순신을 돕고 있었다. 이순신과 임진년에 고락을 같이하며 승리를 이끌었던 수령 장수들은 대부분 파직당했다. 그리고 별일 없이 바로 한산도로 와서 이순신 밑에서 조방장으로 활동하였다. 오직 직만 잃어버릴 뿐이다. 잘하고 있는 유능한 장수들을 흔들어 대는 조정의 인사가 무슨 꼴인지 모를 일이었다.

8월 8일 경성 추국은 계속되고 있었다. 이번에는 김덕령의 부장 최담련을 친국하였다. "옛사람이 '하늘이 알고 귀신이 알고 내가 알고 그대가 알고 있다'고 말하였습니다. 제가 어찌 감히 은휘할 수 있겠습니까? 역적들의 무리가 터무니없는 말을 퍼뜨린 것은 제가 최영의 자손으로 어려서부터 용건하다는 이름이 있었기 때문입니다. 제가 어찌 이와 같은 민망한 일을 할 수 있겠습니까. 푸른 하늘이 위에서 내려다보고 있으니 저는 이런 일을 할 리가 만무합니다."

선조가 "이 일은 그렇게 말할 수가 없다. 비록 마음을 같이 했더라도 숨기고 말을 하지 않을 수 있다. 그러니 그런 것만 가지고 바로 마음을 같이 한 것이 아니라고 할 수는 없다" "이 사람은 사간이다. 김덕령의 일을 알아내자면 마땅히 먼저 이 사람을 추국해야 한다" "호남과 결탁했다고 한 것은 반드시 그런 사람이 있어서일 것이다" 등을 말하였다.

전 첨사 의병장 최강도 붙잡혀 갔다. 후에 석방되어 돌아왔다.

8월 14일 이덕형이 직명의 체직을 청하는 상소를 올렸다. '이름이 역적들의 입에 올라 거의 헤아릴 수 없는 지경에 빠지게 되었는데, 삼가 인자하신 성상께서 곡진하게 돌보아 주심을 입어 미천한 목숨이 재생하게 되었기에, 눈물을 흘리며 놀라고 감격하는 마음이 오래되어도 오히려 진정되지 않습니다' 하였다.

선조는 김덕령의 참모들까지 모질게 추국하도록 하여 내통 여부를 살피도록 하였다.

"김덕령의 일을 추국하려면 반드시 먼저 막하의 부류를 추국하여 실정을 알아내야 할 것이다. 더구나 이 사람들은 곧 소위 참모로서 모두가 족속들인데, 다 같이 역적들의 공초에 나왔으니 먼저 추국하지 않을 수 없다. 이는 곧 종사와 관계가 있는 것이니 심상한 옥사처럼 시일을 끌며 지체해서는 더욱 안 될 것이다. 오래 끌게 되면 간사한 꾀를 서로 내통하여 딱 잡아떼고 은휘하여 자복하지 않게 될 염려가 있을 듯싶다. 또 이 사람들이 공초한 말을 보면 추국하는 동안의 은비한 말들을 모두 알고 있으니 자못 의아스럽다. 살펴보고 회계하라."

선조는 김덕령을 죽이기 위해 미친 사람 같았다.

8월 15일 일본 통신사 황신 황신 일행은 대마도를 떠나 일본으로 향했다. 바람이 세게 일어 파도가 높아 모두들 두려움에 떨었다.

8월 17일 경성 통신사를 보낸 것에 대한 선조의 원망이 있었다. '중국 사람들은 통신사를 보낸 것을 가지고 사신을 보내 책봉 받은 적추를 치하한다고 여길 텐데 세상에 어찌 이와 같은 원통한 일이 있겠는가. 지난날에도 이미 '조선 국왕 아무개가 왜적을 위해 책봉해주기를 청했다'는 말을 듣게 되었는데 오늘날에 또 이런 이름을 얻게 되었으니 내가 죽어도 눈을 감지 못하겠다' 하였다.

8월 19일 일본 통신사 황신 황신 일행은 낭고야에 도착하였다. 산 위에 성을 쌓고, 성 밖에는 빙 둘러 구덩이를 파고 바닷물을 끌어들여 그 구덩이에 채웠으며, 성안에는 5층 대를 쌓아 올려, 그 만듦새가 극히 정교한데, 이는 왜장 정성의 진영이었다.

8월 20일 경성 김덕령이 5차 형문에도 승복하지 않았다.

한산도 통제영 전선은 계속 만들고 있었다. 송희립이 각 도의 군사 중에서 재목 운반할 사람으로 차출한 천여 명을 이끌고 갔다.
 이날 아들 회와 면, 조카 봉, 해와 완이 들어왔다. 이번에는 무과 시험에 응시하기 위하여 온 것이다. 다음 날부터 이들에게 활쏘기 연습을 하게 하고 말달리면서 활 쏘는 것도 연습시켰다.

8월 21일 경성 김덕령을 6차 형문했으나 자복하지 않았다.

8월 22일 행장이 사은으로 우리나라를 경유해 갈 것이라는 말이 있었다. 이에 선조는 통탄해하며 대책을 의논하라 하였다.
 '천여 명 혹은 수백 명씩 거느리고 우리나라의 도성 문을 지나가게 될 경우, 어찌 길을 빌려 몰래 습격하는 뜻밖의 불측한 화가 있지 않으리라고 보장할 수 있겠는가. 서울에 믿을 만한 것이 뭐가 있으며 왜병 천 명이나 백 명을 누가 감당해 낸단 말인가' 하였다.

웃을 수도 없는 일이다. 선조는 정말 겁이 많기도 하였다.

8월 23일 김덕령은 자복하지 않고 끝내 운명하였다. 추국청이 "김덕령이 이미 형장에 죽었습니다. 이 사람은 전부터 용력으로 자못 허명이 있었습니다. 이번에 죄를 입은 연유에 대해서 외부인 중에는 혹 그 실정을 알지 못하는 사람이 많을 것이고 그가 거느리던 군중의 장사들도 반드시 의구하는 마음이 없지 않을 것이니, 마땅히 옥사의 전말을 자세하게 갖추어 진중의 군사들을 효유하고 아울러 나머지 군사들도 위무하여, 각자 안심하고 의려하는 마음이 없게 하는 것이 진실로 사의에 합당할 듯합니다" 하였다.

조정에서는 김덕령의 체포를 걱정했으나 김덕령이 순순히 체포되어 하옥되었는데 선조가 직접 국문하였다. 이에 김덕령은 사실대로 답변했으나 증거는 없었다. 그는 갑자기 유명해진 까닭에 이시언 등의 시기를 받았으며 조정 또한 그의 날쌔고 사나움을 제어하기 어려울지 모른다고 의심하였으므로 기회를 타서 그를 제거하려고 많은 사람들이 그를 놓아 주는 것은 옳지 않다고 말하였다. 선조의 뜻도 역시 그러하였는데 선조가 도원수를 시켜 김덕령이 출병할 적에 태도가 어떠했는지 물었으며, 또 그의 부하인 최담령과 최강 등에게도 물었는데 모두 단서가 없었다.

김덕령은 여러 날 동안 갇혀 있었고 선조는 혹시 변이 일어날까 의심하여 옥문을 굳게 잠글 것을 명하였고 의금부는 건장한 군사 1백여 명을 동원해서 굵은 밧줄로 묶어 둔 다음 밤낮으로 에워싸고 지키기를 마치 많은 적군을 방어하듯 하였다. 수백 번의 형장 신문에 드디어 정강이 뼈가 모두 부러졌는데도 조용하게 스스로 변론하며 말씨가 흔들리지 않았다.

다만 "신은 만 번 죽어 마땅한 죄가 있습니다. 계사년 어머니께서 돌아가셨을 때에 삼년상의 슬픔을 잊고 하늘에 사무친 원수에 격분하여 모자간의 정을 끊은 채 상복을 바꿔 입은 다음 칼을 짚고 분연히 일어나 여러 해 동안 종군하였지만 아직 조그만 공도 세우지 못해서 충성도 펴 보지 못하고 도리어 불효만 하였습니다. 죄가 이에 이르렀으니 만 번 죽어도 죄를 면하기 어렵습니다. 신은 지금 목숨이 다하게 되었으니 다시 할 말이 없습니다. 다만 신이 모집한 용사 최담령 등이 죄 없이 옥에 갇혀 있으니 원컨대 죽이지 말고 쓰도록 하소서"라고 했을 뿐 시종 다른 말이 없이 죽었다. 그저 울분을 입으로 삼킬 뿐 하고 싶은 말이 없었다.

김덕령이 군사를 일으킨 3년 동안은 마침 화의를 한창 벌이고 있었기 때문에 왜병과 교전할 수 없었지만 왜인들은 그를 두려워하여 감히 그의 진영에 가까이하지 못했다. 남도의 군민들은 항상 그에게 기대고 그를 소중하게 여겼는데 억울하게 죽게 되자 소문을 들은 자 모두 원통하게 여기고 가슴 아파하였다. 그때부터 남쪽 사민들은 김덕령의 일을 경계하여 용력이 있는 자는 모두 숨어 버리고 다시는 의병을 일으키지 않았다.

이항복을 병조판서로 하였다. 이덕형이 병조판서를 사직하였기 때문이었다. 이덕형은 그 이름이 역도의 초사에서 나왔기 때문에 감히 병무를 보지 못하고 병조판서와 훈련 제조를 여러 차례 사직했었는데 병조판서 직만 체직된 것이다.

8월 25일 선조가 김덕령을 억울하게 죽이고 또 그 밑의 억울하게 고문을 받은 장수에게 김덕령의 군사를 거느리게 하였다. "김덕령이 이미 죽었으니 그의 군사를 거느릴 장수가 없게 되었다. 듣건대 그의 군사는 원래 수십여 명에 지나지 않는다고 한다. 혁파하려면 그만이겠으나 혁파하지 않는다면 대신 거느리는 장수가 있어야 할 것이다. 그의 별장 최담령은 내가 일찍이 그의 사람됨을 보고 말도 해 보았는데 용기가 뛰어났고 계략도 없지 않았으며 또 글을 조금 아는데다가 발호하는 기상도 없었다. 이 사람으로 하여금 김덕령의 군사를 대신 거느리게 하고 싶다마는, 지극히 어려운 것은 사람을 알아보는 일이니, 마땅히 도체찰사로 하여금 그 사람을 불러다가 대신 거느리게 할 만한 인물이 되는지를 참작해 보아 처리하도록 하는 것이 어떻겠는가? 이렇게 한다면 또한 그가 거느리던 부하들의 마음을 안정시키는 방도가 될 것이니, 비변사에 이르라" 하였다. 제정신을 가진 사람의 말은 아니었다.

최담령·최강을 사면하여 김덕령이 모집한 군사를 거느리고 양남의 방어사에게 나누어 배속시켰다. 최담령은 이후로는 어리석은 겁보인 체하며 스스로 폐인 노릇을 하였다. 김덕령의 매부 이인경도 담략과 용기가 있고 술수를 알았는데 무과를 거쳐 왜적 토벌에 공을 세웠지만 김덕령이 화를 입게 되자 이를 경계하여 벼슬이 변방 군수에 이르렀을 때 즉시 병을 칭탁하여 사임하고는 생을 마칠 때까지 벼슬할 생각을 하지 않았다. 사람들은 그가 은둔한 채 쓰여지지 않음으로써 수명대로 살 수 있었다는 것을 알았다.

8월 27일 비망기로 병이 심하여 정무를 보기 어려우니 세자가 섭정하도록 전교하였다. 선조는 미친 짓을 하고 나면 또 다른 미친 짓을 한다. 이것이 이제는 습관이 되었다. 대신들, 환관들까지도 울면서 반대하고 세자가 노천에 서서 대명하였다. 누구보다도 병중의 세자 광해군의 고생이 말이 아니었다.

경상우도 진주성 이날 이순신은 진주성에서 체찰사 이원익을 만났다. 이순신은 체찰사의 만나자는 부름에 전날 새벽에 출발하여 사천에서 자고 온 것이다. 종일 의견을 나누었다. 그리고 다음 날도 계속 이야기를 이어 갔다. 여기서 같이 전라도 연해안을 순시할 것을 결정했다. 모두들 알 수는 없었지만 향후 역사에 한 장을 장식하는 아주 중요한 결정이었다.

8월 28일 경성 왜 진영을 드나들며 장사하는 사람을 금하는데도 잘 되지 않았다. 도체찰사 이원익이 "왜적들과의 잠상을 금지한다고 조정에서도 거듭 밝혔고, 신도 두 번 세 번 검칙했는데도 우병사 김응서는 전연 거행하지 않습니다. 우리나라 사람들이 모리하러 거리낌 없이 방자하게 왕래하는 것이나 왜인 장사치가 지금까지 멋대로 다니고 있는 것은 실로 우도에서 금단하지 않기 때문입니다" 하였다.

이달의 다른 일들은,
원균을 전라병사로 하였다. 원균이 배사하니, 선조가 이르기를 "경이 나라를 위해 힘을 다하여 지성스러운 충성과 용맹이 옛사람도 비할 자가 드물기에 내가 일찍이 아름답게 여겨 왔지만 돌아보건대 아무것도 보답한 것이 없었다. 이번에 또 멀리 떠나게 되어서 친히 접견하고 전송하려 했었는데 하필 기운이 편치 못하여 그렇게 하지 못하겠다. 내구의 양마 한 필을 내려 나의 뜻을 표하니 경은 받으라" 하였다.
원균은 제멋대로 할수록 임금의 신망을 받으니 신이 날 수밖에 없었다. 더욱더 안하무인이 될 수밖에 없었다.
비변사가 축성은 형세를 살펴 가며 시행할 것을 아뢨다. '산성을 쌓는 일은 진실로 오늘날 그만둘 수 없는 역사이긴 하나 다만 각도의 물력이 몹시 심하게 고갈되었는데도 성 쌓는 역사를 계속하고 있으니, 모든 백성의 시름과 고통이 반드시 이 때문만은 아니라고 할 수도 없습니다. 마땅히 형편을 살피고 완급을 헤아려 선후를 정하는 동시에 백성의 힘을 참작해서 점차로 수축해 나가야만이 일도 이루어지게 되고 백성의 힘도 조금 펴지게 될 것이니, 결코 일시에 일을 시작하여 민폐를 끼치게 해서는 안 될 것입니다' 하였다.

중국에서는 병부의 요청으로 이종성을 치죄하였다. 성지에 "이종성은 임금의 명을 욕되게 하고 국가의 위엄을 손상시켰으며, 자기 목숨만 살려고 대중을 미혹시켰다. 법사에 나송하여 중한 율로 죄를 적용하라고 이르라" 하였다.

이순신, 체찰사 이원익과 함께 전라도 연해안을 순시하다

윤8월 1일 경성 연일 대신들이 섭정의 부당함을 아뢰었다. 한 달 내내 계속되었다.

한산도 통제영 이날 이순신은 저물어서야 진에 도착하였다. 진중은 무과 시험을 앞두고 뜻을 둔 군사들이 연습에 열중하고 있었다.

이순신은 날마다 활터로 가서 아들과 조카들이 연습하는 것을 지켜보았다.

윤8월 10일 드디어 무과 시험 초시가 시작되었다. 경상감사 한효순이 주관이었다. 이날 이순신은 아들들과 조카들이 첫 번째 활쏘기 시험을 잘 통과한 것을 확인하였다.

다음 날은 체찰사 이원익과 약속한 대로 전라도 연해안을 순시하기 위하여 떠났다. 아들과 조카들이 여러 명 시험을 보는데 이순신이 지켜

보고 있는 것도 정도가 아니므로 일찍 떠난 것이기도 하였다. 당포에 도착하니 14일에 두치진에서 출발한다는 체찰사의 전갈이 왔다.

윤8월 12일 체찰사를 만나는 시간이 어중간하여 이순신은 어머님을 뵙기로 하였다. 종일 노 젓기를 재촉하여 밤 10시경에 도착했는데 어머님이 놀라셨다. 백발이 더 무성하셨고 기운이 더 흐트러지신 것 같았다. 눈물을 머금으며 붙들고 앉아 밤늦도록 위로하여 어머님의 마음을 풀어 드렸다. 다음 날 아침에는 곁에 모시고 앉아 아침진지를 드시게 하였더니 대단히 기뻐하시는 빛이었다. 오후 늦게 하직하고 본영으로 돌아와 작은 배를 타고 밤을 새워 두치를 향해 노를 저었다.

윤8월 14일 남해안 순시, 이원익과 이순신 새벽에 두치에 도달했는데 체찰사 일행은 전날 도착했다고 한다. 여기서부터 순시가 시작된다. 광양을 향해 가는데 주변이 온통 쑥대밭이 되어 비참한 꼴이었다. 이순신은 광양의 전선 정비하는 일을 면해주어 백성들의 마음을 풀어 주어야겠다고 다짐했다.

윤8월 15일 일찍 출발하여 순천에 이르렀다. 저녁에 아들들과 조카들이 모두 초시에 들었다는 반가운 전갈이 왔다. 순천에서 이틀 밤을 잤다.

윤8월 17일 낙안에 이르렀다.

윤8월 18일 흥양으로 향했다. 도중에 산성에 올라 각 포구와 여러 섬들을 보기도 하였다. 흥양현 향소청에서 잤다.

일본, 통신사 황신 계빈에 도착하니, 평행장과 평의지가 저마다 사람을 보내서 맞이하고, 두 중국 사신도 와서 황제의 칙서를 바닷가에서 맞이하였다. 사신이 육지에 내려서 황제 칙서를 모시고 중국 사신 양방형의 아문으로 나아가서 양 천사를 뵈니, 양 천사가 읍하고 당에 올라가서 배례를 마치고 나서, 웃으면서 황신에게 말하기를, "끝내 이번 걸음을 면치 못할 것이었다면 왜 우리와 함께 오지 않았소" 하자,

황신이 대답하기를, "그때는 아직 국왕의 명령을 받지 않았으므로 이제야 쫓아왔습니다" 하였다.

여러 왜인의 말에 의하면, '지난달 초여드레에 일본 국도 근처의 여러 고을에 지진이 일어난 후 날마다 계속되어, 관백의 거처하는 집도 다 허물어졌는데, 관백이 5층 누상에 있을 적에 무너져 내려, 그 안에 있던 궁녀 4백여 명이 다 깔려 죽고 관백만 겨우 면하였다. 두 중국 사신이 들어 있는 집도 무너졌는데, 중국 사신들은 부축되어 나와서 겨우 죽음을 면하였으나, 양천사 밑에 있던 천총 김가유와 심천사 밑에 있던 주벽 및 가정 4명이 죽었다'고 하였다.

윤8월 19일 남해안 순시, 이원익과 이순신 녹도로 가는 길에 도양의 둔전을 살펴보았는데 체찰사는 아주 만족해하는 모습이었다. 녹도에서 잤다.

윤8월 20일 배로 장흥으로 갔다. 배 안에서 체찰사, 부체찰사와 함께 군사상의 이야기를 많이 했다. 2일을 머물렀는데 정경달이 찾아와 반갑게 이야기도 나누었다.

윤8월 22일 늦게 병영에 이르렀다. 전라병사의 진영이다. 이때 전라병사는 원균이었다. 내키지는 않았지만 어쩔 수 없이 함께 늦게까지 이야기했다.

윤8월 24일 부 체찰사와 함께 가리포(완도읍)에 갔는데 전라우수영의 우후 이정충이 와 있었다. 망대에 올라가 주변을 살펴보고 요충지라는 것도 확인하였다. 다시 병영으로 돌아왔다.

윤8월 25일 일찍 출발하여 이진에 이르러 점심을 먹고 해남현으로 향하여 밤 10시에 도착했다.

윤8월 26일 일찍 출발하여 우수영에 이르렀다. 바로 울돌목(명량)이 있는 우수영이다. 전라도 수군 장수라면 대부분 명량에 대해서는 들었을 것이다. 이순신도 진도군수로 부임차 출발했을 때 명량을 건너야 진도로 들어간다는 것을 알았을 것이니 분명히 명량에 대해서 알고는 있었을 것이다. 게다가 우수사 이억기를 통해서도 여러 번 들었을 것이다. 그러나 직접 보는 것은 이번이 처음이다. 백문이 불여일견이라 하였다. 이것이 인연인가 우연인가는 알 수 없지만 이순신이 이곳에 와서 울돌목(명량), 하루 네 번 방향이 바뀌는 그 거센 물결의 물목을 직접 보는 것은 천운이었다. 역사의 한 장을 마련하는 계기가 되는 순간이기도 하였다. 이순신은 체찰사가 진도에 들어갔다 나오는 그 사이 3일간을 여기에서 머물렀다. 이순신의 성격상 이곳을 보고 그저 생각 없이 지나치지는 않았을 것이다. 적어도 한 번쯤은 이 물목을 전투에 이용하는 방법을 깊이 있게 생각해 봤을 것이고, 그것이 그때는 전혀 생각지 못했겠지만, 바로 위대한 승리로 이어지게 되었을 것이다. 체찰사와의 연해안 순시는 이 한 곳을 본 것만으로도 그 소기의 목적을 초과 달성한 것이라 할 수 있을 것이다.

윤8월 29일 일행은 다시 해남현으로 돌아왔다.

이후 9월에는 1일에 영암, 3일에는 나주에 도착했다. 체찰사가 인근 고을의 사람들까지 불러 모아 시재를 하여 입격한 사람들에게 상을 주었다. 이순신은 나주목사 이복남이 술을 가지고 찾아와 마시며 이야기를 나누었다. 6일에는 무안, 8일에는 무안 해제면의 임치까지 들어가고, 9일에는 함평, 11일에는 영광에 도착했다. 그 뒤에 무장, 고창을 거쳐 16일 장성에 이르렀다. 17일 입암산성으로 가는 체찰사 일행과 하직을 고하고 이순신은 진원으로 갔다. 진원에서 두 조카딸을 만나 회포를 풀고 18일에는 광주에서 목사 최철견을 만났다. 이때 최철견은 서녀 귀지를 이순신에게 첩으로 준 것 같다. 20일에는 화순에, 21일에는 능성에, 22일에는 보성에 이르렀다. 24일에는 선거이의 집을 방문했는데 선거이는 병이 위중하여 일어나질 못했다. 마음이 아파 발걸음이 떨어지지 않았다. 이것이 마지막 만남이었다. 낙안에서 잤다. 25일에는 순천에 이르러 순천부사와 회포를 풀었고 27일 본영으로 돌아와 어머님을 뵈러 갔다.

한 달 반의 순시 여행은 이렇게 마쳤다.

‖ 엉터리 강화의 끝, 봉왜 사신은 농락만 당하다 ‖

한편 일본에 있는 중국 사신과 우리 통신사 일행은 최악의 상황을 맞고 있었다.

윤8월 29일 풍신수길의 불가능한 요구 조건을 숨기고 몇 년 동안 진행해 온 엉터리 강화의 끝에 도달하였다. 드디어 풍신수길이 마각을 드러낸 것이다.

평조신이 역관 박대근을 불러서 평행장과 정성이 관백의 처소에 다녀온 전말을 알렸다.

"관백은 '내가 중국과 통하려 하는데 조선이 중간에서 저해하여 사정이 통하지 못하게 되었고, 두 나라가 전쟁한 뒤에는 심 유격이 두 나라로 하여금 서로 좋게 하려 하였으나 조선이 일본과 화친하는 것은 옳지 못하다고 명나라에 상주하였고, 또 심 유격이 우리나라와 마음을 같이한다 하여 매양 미워하였다. 중국 사신 이종성이 도망갈 때에도 조선 사람들이 또한 그를 선동하여 도망하게 하였으며, 이번에 중국 사신이 바다를 건너온 지 오래되었는데 조선 사신은 이제야 뒤쫓아 오고 또 왕자도 보내지 않으며, 일마다 나를 속이니 이런 조선 사신은 접대를 하락하지 않을 것이다. 나는 먼저 중국 사신을 본 뒤에는 조선 사신을 구류해 두고서 병부에 품첩하여 그들이 뒤에 온 까닭을 물은 뒤에 그 사신을 보내겠다' 하였소. 큰일이 거의 다 이루어지다가 이렇게 순조롭지 못하니, 나는 매우 근심이 되오. 반드시 이런 뜻으로 사신에게 자세히 고하고, 급히 심천사를 만나 상의하여 관백의 노여움을 풀게 한 뒤에 양 천사와 같이 가서 보는 것이 좋겠소" 하였다.

이날 저녁에 평조신이 또 요시라를 보내어 박대근에게 이르기를, "심노야가 내일 이른 아침에 가서 관백을 만나 보려는데, 행장과 정성이 먼저 관백을 만나고 회보가 온 뒤에 친히 가서 볼 것이오" 하였다.

박대근이 자기 의사로 대답하기를, "오늘 낮에 이 뜻을 우리 사신에게 보고하니, 사신이 말하기를, '나는 부산서 떠날 때부터 세 가지 계책을 정하였다. 화의가 순조롭게 이루어지면 조사의 뒤를 따라서 갔다 오는 것이 한 가지요, 화의가 이루어지지 않으면 1년이나 2년을 또는 10년이 될지라도 그대로 머물러 있는 것이 한 가지요, 만일 성을 내어 일이 예측하지 못할 지경에 이른다면 죽는 것도 피하지 않는 것이 한 가지다. 전부터 이미 이런 일이 꼭 있을 것을 짐작했으므로 별로 두려운 생각은 없다. 심천사도 꼭 가 보아야 할 것이 무엇인가? 그들의 하는 대로 맡겨 두는 것이 좋다' 하였소. 이것이 우리 사신의 의사요" 하였다. 요시라는 오랫동안 잠자코 있다가 돌아갔다.

9월 1일 일본, 사신일행 아침에 황신이 역관 이유를 보내어 심 천사의 아문에 가서 사정을 알아보게 하였다. 심유경이 말하기를, "내가 너희 나라 일을 위하여 오사포에 가서 관백을 만나 보려 한다. 관백은 별로 다른 뜻은 없을 것이고 다만 너희들이 우리보다 뒤에 왔다고 말하는 모양이나 별일이 있겠는가? 안심해도 된다" 하였다.

이날 오후에 행장 등이 관백의 처소로부터 와서, "관백은 반드시 두 중국 사신을 먼저 보고 나서 조선 사신 보기를 허락할 것이다" 하였다.

평조신이 와서 황신에게 말하기를, "오늘 두 중국 사신이 관백을 먼저 가서 보게 되었는데, 관백은 우리들에게 의논할 일이 있다고 부르므로 나도 같이 가게 되었습니다. 심 노야는 중국의 일만을 결정하는 것이 아닙니다. 조선에 관한 일이 만약 결말이 없으면 이 역시 중국의 일도 결말이 없는 것이니, 어찌 그럴 리가 있겠습니까?" 하였다.

이날 저녁에 두 중국 사신이 오사포로 떠났다.

경성 일본에서 사신 일행의 일은 이미 틀어지고 있는데 조정에는 그전의 무사한 일들이 전해지고 있었다. 배신 박홍장이 보낸 글에, 이달 10일 대마도 부중에 도착하여 15일까지 머무르다 일기도로 와서 정박했는데 바람이 불지 않아 그대로 머물고 있다. 사신과 심 유격은 현재 오사포에 있으면서 고칙을 기다려 관백과 서로 만나게 될 것이라고 했으며 지나는 곳마다 왜인들의 접대가 매우 공손했고 조신도 은근한 마음으로 정성껏 일행을 호송하였다고 하였다.

체찰사 이원익이 잠상의 일과 수령을 양산에 진주시키는 일에 대해 아뢨다. 잠상의 무리들이 멋대로 드나들며 왜노들의 심복 노릇을 하여 난처한 일이 많기에 특별히 금단하도록 하였다. 유격이 보낸 글에 '동래에는 왜적들이 둔치고 있는데 비록 주민이 있기는 하지만 지방 수령들이 진주하기에는 온편하지 못하니, 우선 양산에 머물러 있도록 하라' 한 것에 대해서는 조정에서 상량해서 시행하라고 하였다.

경상우도 함양 함양의 한 백성이 선조의 전위 요청에 대한 자신의 생각을 말하였다. '주상께서 세자께 전위하셨는데, 세자께서 극구 사양하셨다고 한다. 상께서는 국새를 봉하여 영상인 유성룡에게 맡겨 두고, 오랫동안 정사를 처리하지 않았다고 한다. 상께서 전위하신 일이 옳지 않은 것은 아니지만, 다만 전위하심이 정성스럽지 못하고 말씀이 흡족하지 못함이 있다. 그러므로 국시가 흉흉하고 임금의 뜻을 헤아리기 어려웠다. 가령 주상께서 정전에 임하시어, 세자를 불러 정하에 서게 하시고 국보를 가지고서 간곡하게 당부하셨다면, 세자께서 무슨 말로 사양하셨겠는가. 재야의 가난한 선비라고 하여, 어찌 주제넘은 근심이 없으랴' 하였다. 이렇게 백성들도 임금이 갈리기를 바라고 있었다.

9월 2일 일본 이날 일본에서는 두 중국 사신이 봉작례를 행하였다. 관백은 뜰에 서서 오배삼고두의 예를 행하고 경건한 태도로 내려 주는 의복을 받았으며, 그의 신하 40여 인이 모두 차등 있게 황제의 하사품을 받았다고 하였다. 황신 등 조선 사람은 관백이 출입을 금하여 참석하지 못하였다. 그래서 직접 보지 못하고 중국사람 편에 전해 들었으므로 모두 믿기가 어려웠다. 관백이 형식적으로 받는 척만 했던 것 같다. 사실 명나라를 정벌하여 황제를 발밑에 엎드리게 하겠다는 큰 꿈을 가진 수길이 왕으로 봉하는 것을 받았다는 것은 있을 수 없는 일이었다.

하여튼 결과는 책봉하는 것은 원래 강화를 하고 조선에서 철수하는 조건으로 하는 것인데, 형식적인 책봉만 받고 조선은 다시 군사로 혼내주겠다고 하니 이것은 하나 마나 한 일이 되었다. 기이한 강화 천사의 끝 결말이었다.

9월 4일 일본, 통신사 황신 두 중국 사신이 오사포로부터 돌아왔다. 함께 갔다 온 평조신이 박대근을 불러서 말하기를, "어제 심 노야를 두 번이나 보고서 조용히 관백의 노여움을 풀도록 권하라고 말하였으나 심 노야는 이틀 동안 잇달아 관백과 회담하면서도 한마디도 언급함이 없으니, 나는 매우 개탄하였소. 중국 사람들이 겁이 많아서 관백을 이렇게 두려워하니, 참으로 한스러운 일이오. 행장과 정성은 심 노야에게 말하기를, '조선 사신의 일에 관해서는 다시 제기하기 어렵게 되었으니, 노야가 사신에게 진정서를 써 오게 한 다음 노야가 그것을 관백에게 보이고서 말을 만들어 권해 보면 혹 해결될 것 같다' 하였소" 하였다.

오시쯤에 왕 천총이 와서 심유경의 말을 전했다.

관백이 심유경에게 많은 말을 했는데 모두 조선을 비난하는 말이었다. "내가 일찍이 두 왕자를 본국에 돌려보냈는데, 큰 왕자는 오지 못한다 하더라도 작은 왕자는 와서 사례하여야 할 것인데, 조선에서는 끝내 들여보내지 않으니 나는 진실로 매우 화가 난다. 이제 조선 사신을 본들 무엇 하겠는가? 가든지 있든지 저희들 하는 대로 맡겨두는 것이 좋겠다' 하였다. 심유경은 말하기를 '네가 이미 봉을 받았으니 이는 중국의 번국이므로 조선과는 형제의 나라가 된다. 이 뒤로는 서로 좋게 지내고 지나간 원망은 생각하지 말라' 하였고, 양 노야도 재차 화해할 것을 권하였다고 하였다.

심유경은 "나는 그가 성이 풀리기를 기다려 다시 잘 일러 주어 끝내 일을 완성시키고 돌아갈 것이니 사신은 안심해도 좋다. 내가 이번에 일본에 온 것은 오로지 조선 일을 위하여 온 것이니, 만약 이루어지지 못할 경우에는 내가 배신과 같이 이 땅에 머물러서 반드시 성사되게 할 것이다. 이 뜻을 사신에게 말하라" 하였다.

양방형이 또 박의검을 불러서 말하기를, "어제 관백이 너희 나라에 대한 일을 많이 말하였으나 심 노야가 반드시 잘 처리했을 것이니 근심할 것이 없다" 하였다.

9월 5일 아침에 황신 등이 심 천사에게 보기를 청하였으나 심 천사는 만나주지 않고 역관 이유에게 말하기를, "배신은 우선 기다리라. 내가 잘 요령껏 처리하여 반드시 일이 되게 할 터이니 안심하고 지나치게 근심하지 말라" 하였다. 황신 등은 그대로 돌아왔다.

저녁에 평조신이 사람을 보내서 말하기를, "심 노야가 관백에게 편지를 보내고, 또 행장과 정성을 조선에서 철병할 것과 조선 사신을 접견할 것을 허락하라는 일을 가지고 관백의 처소에 보냈으니, 내일 오후에는 회보가 있을 것이오" 하였다.

9월 6일 이날 낮에 오사포에서 관백이 행장, 정성 등에게 '중국에서는 사신을 보내서 나를 왕으로 봉하니, 영광이기는 하지만 조선이 무례하므로 화의는 허락할 수 없고 다시 군대를 일으켜 전쟁을 해야 할 것인데, 어찌 철병할 리가 있겠는가? 중국 사신은 오래 머물러도 무익하니, 내일 배를 타고 떠나감이 좋겠고, 조선 사신도 보내 줄 것이다. 나는 한편으로 군대를 모아서 올해 안에 조선으로 향할 것이다' 하였다. 행장 등이 돌아와서 평조신을 시켜 황신에게 전하게 하였다.

밤중에 평조신이 와서 황신에게 이 말을 전하고 또 '들으니, 이미 청정을 불러서 다시 조선에 쳐들어갈 계책을 의논하였다 하니, 청정이 만약 뜻을 얻게 되면 일이 더욱 난처하게 될 것이므로 행장이나 우리들은 다만 죽기를 기다릴 뿐입니다" 하였다.

평조신이 또 말하기를, "내가 관백을 처음 만나 보니, 중간에 갑자기 참소하는 말을 듣고서 마음이 변하여 이 지경에 이르렀습니다. 관백의 노여움이 폭발하였고 거기에 또 청정이 찬조하고 있으므로 큰일이 이루어지지 않을 것입니다. 오늘 저녁에 행장이 정성에게 이르기를, '나는 3~4년을 두고 이 일을 힘써 주장하였으나 끝내 이루지 못하였으니, 차라리 배를 찔러 죽을까 한다' 하니, 정성이 '그럴 것까지야 있나, 우리들 마음 또한 한스러우나 말할 수 없으니 지극히 답답할 뿐이다' 하였습니다. 사신이 반드시 사정을 먼저 알리고자 하실 것이니, 만약 내보낼 사람을 정한다면 내가 가벼운 배를 몰래 보내겠습니다. 심 천사와 상의하여 그때 같이 가는 것이 좋겠습니다" 하니,

황신이 말하기를, "내가 국왕의 명을 받들고 와서 아직 국서도 전하지 못하였으니, 어찌 마음대로 돌아갈 수 있겠는가?" 하였다.

조신이 말하기를, "관백이 처음에는 중국 사신을 보고 기뻐하다가 화가 난 뒤로는 또한 빨리 중국 사신을 돌아가게 하니, 사신만이 홀로 머무르고자 하나 어찌 되겠습니까? 내일 내가 사신을 모시고 부산까지 가겠습니다" 하였다.

관백이 성을 낸 뒤로는 여러 왜인들이 관백이 장차 사신을 잡아 가두고자 한다 하기도 하고, 사신 일행을 다 죽이려 한다 하기도 하고, 사신이 낭고야에 가면 잡아 갇히게 될 것이라 하기도 하여, 자못 근거 없는 뜬소문이 날로 퍼지니, 일행의 마음이 동요되어 두려워하였다.

황신이 여러 군관들을 불러 타이르고 진정시켰다. "일이 순조롭지 못하게 된다면 내가 먼저 죽을 것이다. 살기를 좋아하고 죽기를 싫어함은 나도 너희들과 다를 것이 없다. 나도 목석이 아닌데 어찌 이와 같이 편히 앉아 있을 수 있겠는가? 너희들은 나의 기색을 보면 그 말이 참말인지 헛말인지 알 수 있을 것이다" 하였다.

청정은 이미 관백에게 하직하고 물러갔는데, 평조신은 '만약 행장을 꾸려서 가려면 반드시 빨리 가지는 못할 것이다. 겨울 안에 조선으로 떠나는 것은 정해진 일이고 큰 병력은 명년 2월에나 바다를 건너갈 것이

다' 하였다.

9월 8일 황신 등이 양방형의 아문에 나가서 건의하기를, "배신들이 당초에 국왕의 명을 받고 노야를 따라올 적에 한결같이 노야의 지휘를 받고 갔다 오라는 하교가 정녕 귀에 있습니다. 지금 듣건대, 노야께서 떠나려 하신다 하니, 배신들은 또한 어떻게 해야겠습니까?" 하니,

양천사는 말하기를, "나는 오늘이나 내일쯤 배에 오를 것이니, 배신들도 행장을 꾸려서 우리를 따라 돌아가는 것이 좋겠습니다" 하자,

황신이 대답하기를, "배신들이 왕명을 받들고 이곳에 온 것은 관백에게 국서를 전하기 위해서입니다. 지금 만약 왕명을 전하지 못하고 돌아가면 국왕께 회보할 말이 없습니다. 배신이 왕명을 받들고서 일을 옳게 못하여 일이 이 지경에 이르렀으니, 차라리 죽고자 합니다" 하였다.

양천사가 말하기를, "만약 관백에게 국서를 전하였는데, 관백이 그 국서를 찢어서 던지고 사신에게 욕을 보였다면 죽어도 가하거니와 지금 배신은 국서를 받들고 왔는데 관백이 받지 않으니, 다만 그대로 돌아가서 국왕의 앞에 올리면 무엇이 해롭겠습니까? 배신이 우리 일행을 따라왔으니, 우리들이 돌아가면 배신도 역시 따라서 환국하는 것이 자연스러운 일이니, 이 밖에는 다른 도리가 없습니다" 하고, 또 말하기를, "죽는다는 것은 필부의 용기입니다. 만약 당연히 죽어야 될 경우라면 내가 어찌 죽지 않겠습니까? 그러나 헛되이 죽는 것은 무익하므로 하지 않는 것입니다" 하였다.

황신이 말하기를, "노야는 이미 황제의 칙서를 반포하였고 또 수길을 일본 국왕으로 봉직한다는 식전도 전하였으니, 이것으로 중국 조정의 할 일은 이미 마쳤지만 배신 등은 아직도 왕명을 전하지 못하고 장차 빈손으로 환국하게 되므로 죽고자 하는 것입니다" 하니,

양천사는 말하기를, "중국 조정의 일을 이미 마쳤다고 하지 마오. 내가 이미 황제의 칙서를 전하고 금인도 주었으나 아직도 감사하다는 표문이 없으니, 중국 조정의 일도 역시 끝맺지 못한 것이오. 도리어 그대들처럼 아직도 국서를 자기 신상에 완전히 보존하고 있는 것만도 못하니, 처음부터 끝까지 더할 수 없는 치욕을 받은 것이오. 그대들이 비록 이 땅에 10년을 머물러 있는다 해도 일은 끝이 나지 않을 것이고 그대들 3백 명이 다 죽는다 해도 일은 이루어지지 않을 것이니, 우리를 따라 돌아가서 같이 국왕 앞에서 의논하고 중국 조정에 명백히 사연을 상주하는 것이 좋겠습니다. 만약 명백히 하지 않는다면 반드시 큰일을 그르치고 말 것입니다" 하였다. 또 "내가 고칙을 가지고 왕을 봉하러 왔어도 관백이 분명히 하지 않고 나를 이렇게 구박하여 나가게 하는데, 어찌 그대에게만 특별하겠소" 하였다.

황신 등이 작별하고 물러 나와서 또 심유경의 아문에 가서 보고 건의하기를, "배신 등이 국왕의 명을 받고 이곳에 와서 오로지 두 노야만 믿는데 이제 일이 이렇게 되어 끝맺지 못하였으니, 배신은 어떻게 처리하여야 되겠습니까?" 하니,

심 천사가 말하기를, "일의 형편상 돌아가게 되었으니 배신도 역시 이 뜻을 알고서 행장을 꾸려놓고서 기다리시오. 비유한다면 손님이 어느 집 문 앞에 왔는데 주인이 영접하지 않는다면 어찌 억지로 머무를 수 있겠습니까? 관백의 하는 짓이 매우 악독하니 호의로써 대하기는 어렵겠습니다" 하고,

또 말하기를, "사람이 우물 위에 있어야 바야흐로 우물 안의 사람을 구할 수 있을 것인데, 지금 우리도 같이 우물 속에 있으니, 어찌 구할 수 있겠습니까? 우리들은 다만 빨리 돌아가서 이 일을 다시 의논해야 하겠으니, 배신도 따라 돌아가는 것이 좋겠습니다" 하였다.

황신 등은 하직하고 사관으로 돌아와서 상하가 서로 의논하고 돌아갈 행장을 꾸렸다.

이날 저녁에, 평조신이 와서 황신을 보고 말하기를, "내가 사신을 모시고 이곳에 왔다가 뜻밖에 관백의 성냄을 만나서 사신이 그저 왔다가 그저 돌아가게 되니, 나는 부끄럽습니다. 이번 일이 이렇게 된 데 대하여 청정만이 기뻐할 뿐, 그 밖에 삼봉행 이하가 모두 한탄합니다. 이제 들으니, 청정이 관백에게 말하기를, '애초에 나의 계교대로 왕자를 돌려주지 않았으면 조선이 우리를 이와 같이 업신여기지는 않았을 것입니다. 지금 만약 다시 간다면 내가 조선으로 하여금 왕자를 보내어 와서 사과하도록 할 것이고, 조선이 만약 내 말을 듣지 않으면 내가 두 왕자를 사로잡아 오겠습니다' 하므로, 관백은 이미 청정 등 5명의 장수를 먼저 가게 하고, 대군은 뒤에 바다를 건너간다고 합니다. 사신의 돌아가는 행차가 청정보다 앞서 갈 듯하니, 반드시 본국에 먼저 보고되어 대책을 세울 것입니다마는 청정의 사람됨이 성품이 다른 사람과 다르므로 만약 이런 기미를 알아 더 빨리 가서 교전하려 한다면 형세가 미리 주선할 수 없게 될 것이니, 사신이 지금 권도로 말을 꾸며서 왕자를 보내겠다고 허락하여, 군대의 출동을 늦추게 하는 것이 어떻겠습니까?" 하였다.

황신이 대답하기를, "왕자는 결코 올 수 없소. 그대도 우리나라 사정을 알고 있으니, 우리 국왕께서 왕자를 보내지 않을 것은 그대가 잘 아는 바인데, 이러한 말을 하는가? 또 우리나라 제도에 왕자는 존귀하기는 하나 다만 국록을 먹고 있을 뿐 직책은 관장한 것이 없소. 그러므로 나라 안의 크고 작은 일을 하나도 아는 것이 없는데, 하물며 외국에 나가는 일은 그 임무가 지극히 중함에 있어서이겠는가? 나이 젊은 왕자가 사무를 잘 모르는데 어찌 멀리 남의 나라에 들어갈 수 있겠소? 이 일을 아무리 말해도 무익하니, 사신은 차라리 여기서 죽을지언정 이런 말을 입으로 낼 수 없소" 하였다.

평조신이 말하기를, "나도 그러한 사정을 알고 있으므로 앞서부터 사신에게 감히 말을 못하였습니다. 이 일은 다만 사신만이 감히 입 밖에 낼 수 없을 뿐 아니라 조정에 있는 많은 사람도 다 감히 입 밖에 내어 말할 수 없을 것이니, 모름지기 국왕께서 자애심을 참고 은의를 끊어서 백성을 위한다는 마음으로 나가셔야 이 일이 성사가 될 것입니다. 내가 요즘 여러 가지로 생각해 봐도 다시 다른 계책이 없습니다. 그다음으로는 한 가지 방법이 있으니, 만약 관백이 사신을 만나 보고 이로 인하여 군대도 철수한다면, 조선에서 1년에 한 번이나 또는 2년에 한 번씩 사신을 보내고, 예물도 그 수량을 정해서 규례를 정하는 것인데, 이것은 그다지 하기 어려운 일이 아니니, 사신이 편의로 허락할 수 있다면 어떻겠습니까?" 하니,

황신이 대답하기를, "일본이 참으로 군대를 철수하고 화의를 통한다면 우리나라가 그것을 거절할 것은 없거니와, 해마다 사신을 보내고 예물을 보내는 규례를 정한다는 것은 될 수 없는 일이며 사신이 마음대로 허락할 수 없는 것인데, 하물며 해마다 예폐의 수량을 정하려 하는 것은 곧 우리나라로 하여금 공물을 들이게 하자는 것에 있어서이겠습니까? 그 욕됨이 더할 수 없으니, 결코 따를 수 없소. 나는 지금 한번 죽음이 있을 뿐이니, 다시는 더 말하지 마오" 하자,

평조신이 "나도 역시 부질없이 이 말을 한 것입니다. 관백이 이미 사신을 대하려 하지 않으니, 이 계책인들 시행할 수 있겠습니까?" 하였다.

두 중국 사신과 우리나라 사신은 초9일에 배를 타고 떠났다.

일행이 병고관에 도착하였다. 황신이 역관을 시켜 두 중국 사신에게 아뢰되 군관을 먼저 본국에 보내서 국왕께 사정을 보고하기를 청하였다. 그러나 중국 사신들이 허락하지 않았다. 황신 등이 양방형의 배에 나가

서 문안을 드리고 건의하기를, "배신들이 왕명을 받들고 와서 국서도 전하지 못하고 그냥 돌아가면서 또 그간 사정도 속히 알려 드리지 못하고 이렇게 오랫동안 늦추고 있으니, 심정이 아주 답답하고 절박합니다" 하니,

양천사가 말하기를, "우선 천천히 지나다가 우리와 같이 가는 것이 좋겠소" 하였다.

황신이 말하기를, "소국의 사정은 중국과는 달라서, 앞으로 닥쳐올 사세가 아주 긴박하니 하루라도 먼저 알려야 하루 빨리 조치할 일이 있으므로 이렇게 급하게 보고하려는 것입니다" 하니,

양천사는 "그대들이 비록 사람을 먼저 보낼지라도 하루나 이틀 정도 먼저 가는 데 불과할 것이며, 우리 일행도 중도에 지체하지 않겠소. 내가 이미 상주할 글을 초하였으나 심정이 어수선해서 아직 붓을 잡지 못하고 있는데, 오늘이나 내일쯤 마음을 가라앉히고 써서 보내야 하겠으니, 지금은 아직 기다리는 것이 좋겠소. 중국의 각 아문에서 파견된 관리들과 진 유격·왕 천총 등이 다 부산 영중에 있는데, 만약 배신의 보고가 먼저 가게 되면 반드시 그들이 우리 소식을 묻고, 그들이 다 말하기를 '배신의 보고는 왔는데 중국 사신의 보고는 무슨 까닭으로 오지 않나' 하고서, 모두 의심을 가질 것입니다. 그렇게 된다고 보면 일이 순조롭지 아니할 것이므로 배신이 먼저 보고해서는 안 되는 것이오. 멀리 타국에 와 있으니, 보고가 조금 늦을지라도 무엇이 해롭겠소?" 하므로, 사신들은 거기서 물러나와 우리 배로 돌아왔다.

9월 15일 경성 주문사 노직이 왜적들이 재침하면 중국에서 군량과 마초를 실어와 구원하러 올 것이라는 서장을 보내왔다.

9월 19일 체찰사 이원익은 부지런하게 여러 곳을 순방하고 있었다.

'이번 나주를 순찰하는 길에는, 나주가 본래 선비가 많은 고을이기에 근방 고을까지 아울러 불러다가 시재하였습니다. 그중 입격한 사람들은 본도에서 물품으로 상을 주어 먼 외방의 많은 선비들의 의기를 위로해 주었습니다. 전주와 충청도 중앙 지역의 고을을 순찰할 때에도 시재하려고 계획하고 있습니다' 하였다.

9월 24일 경성 《주역》을 강하고, 신하들과 여러 논의가 있었다.

이정형이 한산도의 격군들이 공적을 인정받지 못하니 원통하다 한다 하였다. 선조는 예부터 수급으로 논상했는데 지금은 신빙성이 없으니 반드시 극력 싸워 사살한 다음에 논상해야 할 것이다 하였다. 또 이처럼 곡식이 천한 때에 미리 조치하여 앞날의 군자로 삼는 것이 어떻겠는가 하였다. 목화 이야기도 있었고 소금 굽는 것, 종이의 부족에 대한 이야기도 있었다.

주로 유성룡을 싫어하는 자들이 훈련도감의 혁파를 계속 주장해왔는데 선조는 훈련도감의 혁파는 안 된다고 하였다.

선조가 이르기를 "훈련도감을 혁파하려고 하는 것은 다 망령된 말로 대개는 좋게 여기지 않는 사람들이 많기 때문이다. 외방에서 소금과 철을 무역하는 자가 대개 적임자가 못 되므로 그저 폐단만 끼치고 있으니, 이와 같은 것은 혁파하도록 하라. 우리나라는 중조의 사정과 같지 않다. 둔전과 소금 굽는 것을 조정에서도 하고 있는데 우리나라만 유독 폐해가 적지 않아 민간의 이득을 빼앗는다고까지 말하고 있으니, 이는 매우 불가한 일이다" 하니,

김응남이 "훈련도감에서 보내는 사람들이 삼승포 및 종이를 가지고 제주에 들어가서 삼승포 1필로 소를 탈취해 오므로 제주 사람들이 훈련

도감을 깊이 원망하고 있습니다" 하였다. 여기에는 훈련도감을 없애서 유성룡의 공적을 없애고 수족을 자르고자 하는 고도의 음모가 숨어 있는 말이었다.

이달의 다른 일들은,
이기를 행 동지중추부사로, 이정형을 대사간, 윤국형을 여주목사로 삼았다. 고언백 대신에 성윤문을 경상도 좌병사로 하였다.
사간원이 아전들의 간교한 짓 등 백성을 침탈하는 짓을 금단하도록 체찰사에게 유시하라 하였다. '일을 맡은 사람들이 소소한 이득에만 급급해하고 대체는 돌아보지 않아, 잔단 물건을 나누어 주고는 이익을 추구하고 있습니다. 이를테면 붓·먹·북·빗 등의 갖가지를 백성들에게 만들도록 해 놓고서는 값을 쳐서 억지로 되팝니다. 이를 기화로 아전들이 간교한 짓을 하여 소민들은 물건을 보지도 못하고 그만큼의 값을 징수당하는데 알게 모르게 피해를 당하므로 원성이 자자합니다. 이러한 짓의 명목은 화매라고 하지만 실지는 강탈하는 것입니다. 체면을 손상하는 자질구레하고 야비한 일들은 차마 말할 수조차 없으며 백성들의 원성이 날로 더하여 난을 일으킬까 염려됩니다. 한번 민심을 잃게 된다면 어떻게 나라를 다스리겠습니까' 하였다.
비변사가 사명당 유정의 군사를 남한산성에 들어가 있게 하자고 청했다. 승장 유정이 지난번에 경상도에서 올라왔는데, 그가 거느리고 있는 군사가 60여 명이었다. 이들은 시종 싸움터에 드나들었고 모두가 정예하고 용맹스러워 싸움에 익숙하나, 본래 일정하게 정착한 곳이 없는 사람들이어서 만일 이번에 해산하여 보낸다면 후일 조발하기 어려울 것이니, 유정으로 하여금 그대로 거느리고 남한산성에 들어가 있게 하여 위급할 때 쓸 수 있도록 하자고 한 것이다.

한편 이러한 현실과는 상관없이 중국은 준비를 하고 있었다. 경략 손광은 만약의 경우에 대비한 노력을 게을리하지 않았다. 그래서 정유재란 시 중국의 조치가 빨랐던 것 같다. 왜적의 재침에 대비하는 중국 호부의 제본을 보면,

'독신이 오랫동안 요좌에 있으면서 두루 순력하였으니, 문견한 것이 필시 정확할 것입니다. 이에 상응하여 그가 청한 대로 계요 독무에게 이자하고 아울러 관량 낭중에게도 찰칙하여 해도에 행이하도록 해야 할 것입니다. 그리고 과연 왜적의 경보가 핍진하다면 금·복·해·개·동창 등 다섯 창고의 미두 합계 10만 4천4백40석9두를 튼튼한 배에 싣고 바닷길에 익숙한 수수를 가려 평양까지 운반한 다음 조선 각지로 전운해야 합니다. 그리고 요양·첨수참·봉황성·탕참·정료 우위의 다섯 창고의 미두 합계 6만 1천1백40석과 마초 6만 7천6백25다발도 노새로 운반하여 의주까지 가서 조선 각지로 전운하게 해야 할 것입니다. 아울러 지난해에 요동에 운반해 놓은 현재의 미두 합계 7천51석과 조선국 왕경 및 외방 각로에 현재 저장하고 있는 미두 합계 8만 2백28석을 합치면 도합 쌀 13만 5백11석과 콩 11만 2천3백49석이 됩니다. 지난해에 지급한 군량을 조사해 보건대, 군사 1인당 매일 쌀 1되 5홉씩을 지급하되 돈으로 받기를 원하는 자에게는 은 2푼을 주고 소금과 채소 값은 3푼씩 주었습니다. 말은 1마리당 매일 사료로 콩 3되와 마초 1다발 합계한 중량 15근씩을 지급하되, 돈으로 받기를 원하는 자에게는 은 2푼씩을 주었습니다. 그리고 산해관에서 압록강에 이를 때까지의 기간에는 본색과 현금을 그들의 형편대로 들어주었지만 일단 압록강을 건너고 나서는 모두 본색으로 지급했습니다.

군사 3만 명을 기준하면 매달 드는 쌀이 1만 3천5백 석으로 대략 9개월 남짓 지급할 수 있고, 말은 2만 마리를 기준, 매달 드는 사료로 콩

1만 8천 석이 됩니다. 추수하기를 기다렸다가 징수하기도 하고 사들여서 3만 9천6백51석을 더 마련한다면 앞서 운반해 놓은 사료용 콩과 합쳐 모두 16만 2천 석이 되는데, 또한 9개월 동안 지급하여 쓰게 할 수 있습니다. 그리고 이 뒤로는 이만한 수량을 항상 비축하여 전적으로 왜를 방어하는 비용으로 예비해 두되, 추수 때에 묵은 곡식과 햇곡식을 바꾸는 것은 괜찮지만 원액이 줄어들게 해서는 안 될 것입니다.

마초는 1개월 소요량이 60만 다발로서 9개월로 계산하면 합계 5백 40만 다발이 됩니다. 되도록 제때에 채취하여 마련하도록 하는 동시에 조선의 해당 관사에 행이 하여 역시 제때에 예비하도록 함으로써 위에 말한 수량이 채워지도록 해야 하겠습니다" 하였다. 더하여 은 12만 냥도 지원할 생각이었다.

10월 2일 경성 《주역》을 강하고, 선조가 '손 경략이 우리나라를 위하여 제본을 올렸다 하는데 보았는가. 조선을 수호하려는 뜻이 있고 병부에서는 성지를 받들어 이미 그 군량의 숫자를 정했다고 한다' 하였다.

10월 5일 전라도 지역을 순시하고 온 이원익을 인견하였다. 이원익은 "군무에 있어서는 대중을 통솔할 재능을 가진 장수는 없고 변방에는 지친 군사들의 탄식만이 있어 아무리 격려하고 타일러도 군심이 점차 흩어져서 모든 일을 소홀히 하고 있으니, 매우 염려스러웠습니다" 하고 보고하였다.

선조가 "통제사 이순신은 힘써 종사하고 있던가?" 하니,

이원익이 "그 사람은 미욱스럽지 않아 힘써 종사하고 있을뿐더러 한산도에는 군량이 많이 쌓였다고 합니다" 하였다.

선조가 "당초에는 왜적들을 부지런히 사로잡았다던데, 그 후에 들으

니 태만한 마음이 없지 않다 하였다. 사람 됨됨이가 어떠하던가?" 하니,

이원익이 "소신의 소견으로는 많은 장수들 가운데 가장 쟁쟁한 자라고 여겨집니다. 그리고 전쟁을 치르는 동안 처음과는 달리 태만하였다는 일에 대해서는 신이 알지 못하는 바입니다" 하였다.

선조가 "절제할 만한 재질이 있던가?" 하니,

이원익이 "소신의 생각으로는 경상도에 있는 많은 장수들 가운데 순신이 제일 훌륭하다고 여겨집니다" 하였다.

선조는 이원익의 이런 말들을 귀담아들었어야 했다.

선조가 "이복남은 장수로 삼을 만하던가?" 하니, 이원익이 "슬기로운 사람이었습니다" 하였다. 상이 이르기를, "슬기가 있는 사람이라면 장수로 삼을 만하다" 하였다.

10월 7일 여수 전라좌수영 이순신은 어머니를 위한 잔치를 하기 위해 본영에 더 머물렀다. 어머니를 영내로 모셔 오고, 전날 수연 잔치를 하려고 하였으나 날씨가 나빠 오늘 잔치를 베풀고 종일 즐겁게 지냈다. 모처럼 정말 갖기 어려운 시간을 가진 것이다.

이번에는 어머님과 충분한 시간을 가졌다. 그래도 아쉽고 섭섭했다. 어머니가 더 그러신 것 같았다.

10월 10일 정오에 어머님께 하직을 고했다. 오후 2시에 출발하여 한산도로 향했다. 한산도에서 출발한 날부터 치면 두 달 만에 돌아가는 것이다. 이번 여정에서는 명량을 직접 본 것 등 얻은 것이 많았고, 특히 이원익과의 동행은 부담도 없었고 생각과 마음이 통해서 아주 편했다. 이제 어머님 수연도 베풀어 드렸고 홀가분한 마음으로 돌아가고 있었다. 그러나 이것이 살아생전 마지막 작별이었다. 이후 다시는 만날 수 없을

거라는 사실을 어느 누구도 알 수가 없었다. 그리고 이순신의 고생은 이제 시작이나 다름이 없었다. 그를 기다리는 것은 지금보다도 훨씬 고달픈 고행의 길이었다.

일본, 통신사 황신 사신 일행은 낭고야에 도착했다. 그러나 바람에 막혀서 수일을 머물렀어야 했다. 평행장이 요시라를 황신이 있는 곳에 보내 문안을 드렸다. 요시라는 우리나라 말을 잘하므로 함께 조용히 이야기하였다.

요시라가 "관백이 인심을 많이 잃었고 악한 일을 하고도 고치지 않으니, 3~4년을 더 못 가서 반드시 자리를 보전하기 어려울 것입니다. 조선이 만약 계교를 써서 이 동안만 지나간다면, 관백이 죽은 뒤에는 반드시 무사할 것입니다" 하고, 또, "관백의 뜻은 일본 사람은 만약 편하게 그대로 두면 반드시 나라 안에서 일을 만들어 낼 것이므로 그들을 수고롭게 해서 잠시도 편하고 조용할 때가 없게 해야 한다고 여긴 것이니, 이를 미루어 보건대 결단코 조선에서 병력을 철수하지 아니할 것이고 반드시 전복한 뒤에야 그칠 것입니다" 하였다. 또, "일개 부대가 먼저 전라도로 침입하면 그 참혹함이 반드시 진주 전투와 같을 것입니다. 만약 그것을 방어하는 자가 없으면 그 병력이 충청도로 향할 것인지 경기도로 향할 것인지에 대해서는 알 수 없으나 전라도로 갈 것은 의심할 여지가 없으며, 도주의 영이 매우 엄하므로 감히 오래 머물지는 못합니다" 하고 물러갔다.

10월 19일 경성 진 유격의 접반관 성이민이 장계를 올렸다. "이달 10일 저녁에 적장 신니문이란 자가 소신의 군관 최기를 몰래 청하여 자기 집에 맞아들이고는 자기 아내에게 술상을 차리도록 하였습니다. 적장의 아내는 우리나라 여자로서 최기와 평소부터 서로 아는 여자였습니다. 적장이 좌우를 물리치고는 최기에게 이르기를 '관백이 통신사를 만나보지 않았다는 말을 들었는가? 관백은 조선에서 신사를 보낼 때에 기일을 끌었을 뿐만 아니라 모두 벼슬이 낮은 자들을 보냈다고 생각했기 때문에 화내고 만나지 않았을 것이다' 하였습니다. 또 적장의 아내가 말하기를 '관백이 특별히 청정을 파견해서 심 유격을 거느리고 낭고야에 도착하게 하였다. 저편에서 소식을 끊고 있는 것이 어찌 오는 배가 없어서 그런 것이겠는가. 그 사실을 비밀에 부치려고 하기 때문이다' 하자, 적장이 손을 내저으면서 아내를 힐책하며 말하기를 '어찌 엉뚱한 말을 하는가. 이 말이 만약 내가 있는 곳으로부터 전파된다면 큰일이 벌어질 것이다. 조심해서 다시는 말하지 말라' 하였다."

이것은 강화가 성립되지 않았다는 최초의 보고였다. 강화는 안 된다고 침이 마르도록 목청을 높였던 선조는 이제는 왜적이 다시 침입해 올 것에 눈앞이 캄캄해졌다. 초경 3점에 선조가 별전에 나아가 대신 및 비변사 유사당상을 인견하고, 성이민의 장계를 내려 보게 하였다.

이원익은 해상의 기별을 듣지 못했다는 것이 매우 의심스럽다 하고, 협상이 깨진 것 같다는 말을 하였다. 상이 이원익에게 다시 내려가라 하고 손군문에 전보하지 않을 수 없다 하였다. 겁 많은 선조는 직감적으로 위험이 닥쳤다고 생각했다.

선조가 이르기를, "왜와 유경이 같은 통속이라고 하는 것은 틀림없이 무근한 일인가? 만약 유경을 데리고 대군으로써 예상 밖에 습격을 해 오면 어떻게 할 것인가?" 하니,

유성룡이 아뢰기를, "이 말이 꼭 그렇다고는 할 수 없어도, 만약 협상이 결렬되면 청정은 반드시 올 것입니다. 이 적에 대해서는 중국과 우리나라가 모든 힘을 기울여야만 뒤처리를 잘할 수 있을 것인데, 아직 모든

일이 제대로 모양을 갖추지 못했으니 이것이 걱정스럽습니다" 하였다.

10월 21일 《주역》을 강하고, 왜적의 재침에 대비해 장수에 대한 논의가 있었다. 이날은 원균에 대한 의견이 많았다.

이원익이 "전투에 임할 때와 평상시와는 같지 않습니다. 원균과 같은 사람은 성질이 매우 거세어서 상사와 문이하고 절제하는 사이에 반드시 서로 다투기는 합니다만 전투에 임해서는 제법 기용할 만하다고 합니다" 하였다.

선조가 "원균에 대해서는 계미년부터 익히 들어왔다. 국사를 위하는 일에 매우 정성스럽고 또한 죽음을 두려워하지 않는다고 한다" 하니,

이원익이 "원균은 전공이 있기 때문에 인정하는 것이지 그렇지 않다면 결단코 기용해서는 안 되는 인물입니다" 하고,

김순명이 "충청도의 인심이 대부분 불편하게 여긴다고 합니다" 하였다.

선조가 "마음은 순박한데 고집이 세기 때문이다" 하니,

이원익이 "원균에게는 군사를 미리 주어서는 안 되고, 전투에 임해서 군사를 주어 돌격전을 하게 해야 합니다. 평상시에는 군사를 거느리게 하면 반드시 원망하고 배반하는 자들이 많을 것입니다" 하였다.

선조가 "전일에 원균을 탐오하다 하여 대론이 있었다. 원균은 지극히 청렴한데 탐오하다고 하는 까닭은 무엇인가?" 하니,

김수가 "전에 조산 만호로 있었을 때는 어사 성낙이 장계하여 포장하였습니다" 하고,

이원익이 "원균이 어찌 지극히 청렴하기까지야 하겠습니까" 하고,

조인득이 "소신이 일찍이 종성에서 그를 보니, 비록 만군이 앞에 있다 하더라도 횡돌하려는 의지가 있었고, 행군도 매우 박실하였습니다. 탐

탁한지는 모르겠습니다" 하였다.

선조가 "이와 같은 장수는 많이 얻을 수 없다" 하니,

이원익이 "이후로 어떻게 될지는 모르겠습니다" 하였다. 이원익이 또 아뢰기를, "정기룡의 식견은 기용할 만한 듯하며, 백성을 다스리는 일도 잘할 수 있을 것입니다. 홍계남은 정기룡보다 훨씬 뒤떨어집니다. 일찍이 아뢰어 영천으로 체차시키고자 하였으나, 항진 중에 죽음을 무릅쓴 장수인 데다가 그의 노모를 봉양하고 있기 때문에 차마 하지 못했을 따름입니다" 하였다.

선조의 알 수 없는 원균 사랑만 확인한 회의였다.

10월 22일 일본, 사신 황신 양 천사가 비로소 본국에 사람을 보낼 것을 허락하므로 군관 조덕수와 박정수 등을 보내 전후로 쓴 장계를 가지고 본국으로 돌아가게 하였다. 비로소 강화가 실패한 것과 가등청정 등이 다시 군사를 일으켜 바다를 건너온다는 보고를 하게 되었다.

10월 25일 경성 진 유격이 18일에 접반관 성이민이 도망하였다고 알리며 관백이 이미 봉작을 받았고 사신도 장차 남과애에 도착할 것이라고 전해 들었을 뿐 별다른 말이 없다 하였다.

이날 중국 사신 이하의 모든 배가 대마도에 도착하였는데 바람에 막혀 그대로 머물렀다.

10월 28일 제주목사 이경록이 체찰사가 요청한 말 50필을 보낼 수 없다 하니 오랑캐의 말을 무역하라 하였다.

이달의 다른 일들은,

강진현감 나대용은 사람됨이 간교하여 일을 처리하는 데 매우 주제넘으며 술과 떡 같은 것을 만들어 백성들에게 명성을 구하고 남의 말을 약탈하여 뇌물로 썼다. 그리고 사신이 바다를 건널 때에는 수호용 선박을 배정하는 것이 전례인데 보내지 않았다고 하였다. 이런 일로 탄핵을 당해 파직되었다.

각도의 향리가 기인에 관한 일로 침해당하는 일이 많아서 도망하는 일이 계속되었다. 난을 겪는 후에는 더욱 남아 있는 아전이 없게 되었고, 딴 곳으로 옮겨 분정할 수도 없었다. 그래서 그 피해가 아전의 일족에게까지 미치게 되었고, 줄줄이 연관되어 마침내는 촌맹들까지 아울러 그 피해를 입게 되었는데 대부분 전결로써 분정하게 되었다. 이원익이 올라온 뒤에 말하기를 '각도 백성들의 폐해가 모두 여기에 있으니 빠른 시일 내에 변통하지 않을 수 없다. 현재 목화가 희귀하니, 평상시에 기인 1명이 납부하는 8필의 수량은 도저히 마련하여 낼 수가 없다. 아전들이 경역하는 제도를 임시방편으로 혁파하고, 각읍에서 현재 경작하여 수합한 미승으로 납부하는 방안을 수년 동안 시행해봐서, 피차가 모두 편하다면 이를 영구한 방법으로 삼아도 혹 무방할 것이다' 하였는데, 유성룡의 의견도 같았다.

이원익이 방납의 폐단에 의한 남징을 말하였다. 주 의견은 본색을 그대로 바치게 하되 호조로 하여금 납부하는 것을 감독하게 하여 사주인이 방납하는 폐단을 없애게 하자는 것이었다. 작목은 법대로 상납시키는 것이 마땅하며 사주인에게 급부하지 않게 하는 것을 원한다 하고, 또 "납부하는 자와 차사원을 일시에 상경시키되 만일 인정을 남징하는 자가 있거든 호조에 호소하게 하여 규찰하도록 하고 법사 또한 드러나는 대로 바로잡도록 하는 것이 마땅합니다" 하였다.

명은 전쟁 대비가 있었으나, 조선은 전혀 준비가 되지 않았다

11월 1일 경성 《주역》을 강하고, 선조는 지금까지와는 정반대되는 말을 하였다. '중국 사신이 봉사 때문에 들어갔으니 저들이 무슨 까닭으로 다시 움직이겠는가 싶다 하고 또 책봉을 바란 것은 본디 그가 바란 것이니 평수길의 마음은 알기 어렵지 않다. 경은 저들이 책봉하는 것밖에 다른 일을 요구하리라고 생각하는가 요구가 차지 않는다고 노여워하더라도 반드시 재배할 리는 없을 것이다' 하였다. 다시 쳐들어올 것이 걱정되어 한 넋두리였다.

윤근수는 수군이 거제를 지켜야 한다고 열을 올렸다. "적이 거제를 지킨다면 우리나라의 일은 글러질 것입니다. 수영이 거제의 한 모퉁이에 있어, 김해와 서로 이어져 있는 적이 부산으로부터 배를 잇대어 곧바로 친다면 무슨 군사로 싸우고 무슨 배로 들어가 구원하겠습니까. 우선 거제를 지키는 것이 가장 편리하겠습니다" 하였다.

김응남은 엉뚱하게 호남의 인심을 말하고, 선조는 계속 왜적이 쳐들어올 일을 걱정하였다. "내 생각으로는 청야하여 양도를 끊는 것이 가장 급하다. 청야하면 저들은 양식을 의지할 형세가 없어질 것이고, 깊이 들어오면 저들은 양식을 나를 도리가 없을 것이다. 여러 사람이 의논하여 잘 처치하는 것이 좋겠다."

11월 3일 경상우병사 김응서가 보고하였다. 요시라의 노왜인 신시로가 일본에 다녀와서 전한 말이다.

신시로는 '관백이 준마 한 필을 천사에게 주었으나, 통신사에게는 벼슬이 낮은 사람으로 구차하게 채워진 것을 노여워하여 접대를 허가하지 않았다. 청정 등이 이어서 헐뜯어 말하였으므로 관백이 노하여 말하기를 「천사를 지송한 뒤에 대군을 내어 조선을 쳐서 승부를 내겠다」 하니, 행장이 말하기를 「당초에는 조선이 태평한 세상이 오래되어 전쟁을 모르고 지냈으므로 패하였으나, 이제는 남아 있는 군병이 참으로 다 정예 군사로 훈련되었으니, 진정 가볍게 칠 수 없다」 하였다'고 하였다.

강화의 일이 틀어진 것을 알리는 보고였는데 조정에서는 알아채지 못했다.

11월 5일 윤근수가 거제를 지켜야 한다는 주장을 강하게 하였는데 진을 거제도의 북단으로 옮겨 안골포와 부산의 왜적을 압박하라는 의미였다. 이것은 원균의 주장으로 일견 일리가 있어 보이기도 하였으니, 군사 문외한인 윤근수가 원균의 말을 믿고 멋모르고 열을 올린 것이었다. 그러나 왜적의 코앞에 우리 군선을 노출시키고 위험을 감수할 이순신이 아니었다. 더구나 왜적이 거제도를 외양으로 돌아온다면 방어하기도 어렵고 포위되는 상황이 될 수도 있었으니 이순신으로서는 신중하지 않을 수 없었다. 비변사에서도 그러한 실정을 잘 알고 있었다.

선조가 이 문제를 비변사에 의논하게 하였는데 비변사가 답하기를,

"부산으로 오는 적의 길을 막으려면 거제를 잃어서는 안 되는데 적이 물러간 지 한 해가 지나도록 아직 웅거하여 지키는 것을 구획하지 않았으니, 이는 좋은 계책이 아닙니다. 도체찰사가 이미 분부하여 올 가을부터 백성에게 경작하게 하고 또 이순신을 시켜 진주하는 것이 온편한지를 살펴서 회보하게 하였다 하니, 조정에서도 통제사에게 하유하여 들어가 지키는 방책을 여러 가지로 계획하여 상세히 아뢰게 한 뒤에 다시 의논하여 처리하는 것이 어떠하겠습니까?" 하였다.

비변사에서 육상의 대책으로 요해지에 웅거하고 청야하는 것을 말하

였다. 산성 부근의 백성은 양식을 가지고 산성에 들어가게 하고, 길이 멀어 편리하게 여기지 않는 자는 움 속에 묻어 두게 하자는 것이었다. 또 도체찰사가 내려갈 때 이 뜻을 말하여 보내자고 하였다.

11월 6일 경성 황신의 군관 조덕수·박정호 등이 황신·박홍장의 비밀 서장을 가져왔다.

"두 중국 사신은 다 일기도에 있는데, 관백이 명사만을 만나고 배신은 접대를 허락하지 않으며 말하기를 '길을 빌어 상국에 통공하려 하는데 조선이 허락하지 않으니, 그 무례가 심하다. 또 천사가 올 때에 근수하지 않았고 오는 것도 느려서 약속한 때에 미치지 않았으니, 한번 전쟁하여 승부를 결정해야 하겠다' 하였습니다." 강화가 이루어지지 않았다는 공식 보고였다.

사시 초에 선조가 황신의 군관 조덕수·박정호 등을 별전에서 인견하였다. 오랫동안 자세하게 그동안의 일을 문답하였다. 우리 사신을 만나지 않은 것은 확실하고 봉왕이 이루어졌는지는 분명하지 않고 사은하는 왜인이 나오지 않는 것은 확실해 보인다. 그리고 청정 등이 다시 쳐들어올 것이란 말이 있다. 그렇다면 강화는 물 건너 간 것이다.

지금까지 강화, 화의, 화친 등 이런 비슷한 말만 들어도 안색이 변하고 펄펄 뛰던 선조는 갑자기 강화가 그리워졌다.

비변사에서는 사정을 갖추어 중국에 알리는 것이 급하다 하였다. 주문사를 차출하고 승정원을 시켜 문서를 마련하게 하여 빨리 나아가게 하는 한편 손 군문에게 치보하자고 하였다.

11월 7일 《주역》을 강하고, 왜적 침입에 대한 대책을 논의하였다.

유성룡이 "힘을 다해 조비하고 중조에 고급하여 중국군이 평양에 출진하기를 청해야 한다" 하였다. 선조는 "우리를 위하여는 군량을 저축하는 것만 한 것이 없고 적을 위하여는 청야하는 것만 한 것이 없으나 유사가 잘하지 못할까 염려된다" 하고, 유성룡도 "행주 싸움처럼 요해지에 의거하여 성벽을 굳게 지키고 청야해야 한다" 하였다.

선조는 "과연 청야할 수 있다면, 적이 오더라도 부산에만 군량을 저축할 수 있을 것이니, 어찌 깊이 들어올 수 있겠는가. 또 심 유격이 5년 동안 신고하여 온 것이 필경 헛된 일로 돌아갈 것이다" 하였다.

선조는 지난 5년간의 일이 이해되지 않았다. "적이 다시 움직이려 한다면, 당초에 사신을 청하여 책봉을 받은 것은 과연 무슨 뜻인가? 처음에는 곤욕스럽게 한다고도 하고 책봉 밖에 다른 요구가 있다고도 하였는데, 이제는 양사를 머무르게 하지 않고 곤욕도 없으니, 처음과 끝이 현저히 다른 것이 무슨 까닭인지 모르겠다" 하였다.

유성룡이 "이는 관백이 제 뜻에 차지 않기 때문입니다. 조덕수가 말하기를 '중국에서 상사한 물건이 모자라는 듯하므로, 평행장이 제집에서 장만하여 주었고 평조신도 필백을 주었다' 했습니다. 이는 대개 행장과 조신이 강화를 자기의 공으로 삼으러 했던 것입니다" 하였다.

선조가 "반드시 먼저 호남을 침범할 것인데 그렇게 되면 반드시 연해를 거칠 것이니 근심된다" 하였다.

이덕형이 "수전이 상책이고 그다음이 산성을 지키는 것이니 아무쪼록 주사를 신칙하여 오는 길을 막게 하고 체찰사를 시켜 내려가서 네 도를 지키게 해야 합니다" 하였다.

선조가 "경의 말이 마땅하다. 싸우거나 지키거나 간에 반드시 중국의 힘을 입어야 성취할 수 있으니, 내 생각으로는 고급하고 군사를 청해야 하겠는데 봄이 되기 전 얼음이 얼 때도 염려스럽다. 어제 본 장계 가운데에 왕자를 잡는다는 말이 있었는데, 강물이 얼기를 기다려 경병으로 엄습한다면 어찌 어렵게 되지 않겠는가. 중국군을 빨리 청하여 1천의 군사를 얻더라도, 저들이 어찌 그 수를 알겠는가. 그렇게 되면 민심은 믿는 것이 있어서 두려워하지 않고, 적도 꺼리는 것이 있을 것이다. 내 생각으로는 오늘 안에 고급사를 보내어 남병을 청해야 하겠다. 요동군은 잘할 수 없을 것이다" 하였고

유성룡이 "이원익이 이제 남방으로 내려가려 하니, 아무쪼록 백성들을 불러 모아 한산도·장문포를 충실하게 해야 하겠습니다. 거제를 지키지 못하면, 다시는 어찌할 수 없을 것입니다" 하였다.

선조가 "귀선의 제도는 어떠한가?" 하니,

남이공이 "사면을 판옥으로 꾸미고 형상은 거북 등 같으며 쇠못을 옆과 양머리에 꽂았는데, 왜선과 만나면 부딪치는 것은 다 부서지니, 수전에 쓰는 것으로는 이보다 좋은 것이 없습니다" 하고 아는 체하였다.

대신 및 비변사 유사당상을 인견하여, 각각 품은 생각을 말하도록 하였다. 원균과 이순신에 관한 이야기가 많았다.

이산해가 먼저 원균을 추켜세웠다. "병란이 일어난 지 5년인데 좋은 계책이 전혀 없으므로 강화만을 믿다가 이렇게 궁박하게 되었으니, 어찌 이처럼 한심한 일이 있겠습니까. 대저 수전과 육전은 차이가 있어서 육전은 쉽지 않으나 수전만은 이길 수 있는데, 당초 적장을 사로잡았을 때에 원균을 다른 데에 옮겨 썼고 또한 근래 주사가 아주 없기 때문에 수전의 공효를 듣지 못하게 되었으니 매우 분합니다. 지금의 계책으로는 반드시 양남 사이에 복병을 두어 중도의 요해에서 막는 것이 방비하는 방책에 있어서 좋을 듯합니다. 이에 앞서 이원익을 내려 보내려 한 것은 다름이 아니라 변장을 제압하고 백성을 타이르려 한 것일 뿐입니다. 이제는 사세가 이미 급해졌고 도원수도 있으니, 내려보내더라도 어찌할 수 없을 것입니다. 더구나 서방의 일도 알 수 없는데 혹시라도 사세가 어려

워지는 일이 있으면 이원익이 아니고서는 맡길 만한 자가 없습니다. 또 양호가 황폐해져 토적이 두려우므로 염려하지 않을 수 없는데 토적의 환난은 외적을 대처하기보다 어렵습니다. 소신은 병이 깊어서 평시에도 착란하여 조치를 잘못하였거니와, 이제는 정신이 어지러워서 죄다 아뢰지 못합니다" 하였다.

정신이 어지러운 사람이 불필요한 말을 하고 교묘히 임금의 비위나 맞추려고 하니 그것이 문제였다. 강화만을 믿다가 이렇게 궁박하게 되었다고 한 말은 유성룡을 겨냥한 것이었고, 원균이 수군을 떠나서 수군이 약해진 것처럼 주사가 아주 없다고 말하는 것은 이순신을 겨냥한 것이었다. 또 이원익은 유사시 서방, 즉 평안도를 맡겨야 한다고 한 것은 유사시 평안도로 도망하려는 선조의 비위를 맞춘 것이었다. 이러한 비상한 말솜씨는 이산해의 주특기였다.

선조가 "원균은 어떠한 사람인가?" 하니,

유성룡이 "예로부터 육장은 수전을 잘 못하고 수전하는 자는 육전을 잘 못했습니다. 원균이 제 몸을 잊고 용감히 싸우는 것은 그의 장점이나 지친 군졸을 어루만지는 것이라면 감당할 수 없을 것이니, 이 일을 맡을 수 있는 다른 사람이 있다면 써야 하겠습니다" 하고,

정탁이 "수전이 그의 장기이니, 이제 그 단점을 버리고 그 장점을 쓰는 것이 나을 것입니다" 하였다.

선조가 "선거이는 병이 있는가?" 하니,

이산해가 "중풍을 앓은 지 오래되었으므로 일을 시킬 수 없습니다" 하였다.

유성룡이 "원균이 힘껏 싸운 것은 사람들이 모두 아는 바이기는 하나 한번 수전한 뒤부터 착오를 일으켜 영남의 수군 중에는 원망하고 배반하는 자가 많이 있으니, 원균에게 맡길 수 없는 것은 분명합니다. 더구나

이순신과 원균이 사이가 나쁜 것도 진실로 조정에서 아는 바입니다. 소신의 생각으로는 수륙의 차이가 있더라도 함께 협동해야 할 것이므로 두 사람이 모여 의논하게 하였으나 원균은 발끈하여 노기가 있었습니다" 하였다.

선조가 "이순신도 그러하던가?" 하자,

이원익이 "이순신은 스스로 변명하는 말이 별로 없었으나, 원균은 기색이 늘 발끈하였습니다. 예전의 장수 중에도 공을 다툰 자는 있었으나, 원균의 일은 심하였습니다. 소신이 올라온 뒤에 들으니, 원균이 이순신에 대하여 분한 말을 매우 많이 하였다 합니다. 이순신은 결코 한산에서 옮길 수 없으니 옮기면 일마다 다 글러질 것입니다. 위에서 하교하시어 그대로 병사로 있게 하는 것이 나을 듯합니다. 조정에서 여러 가지로 하유하여도 뜻을 움직일 수 없었으므로 소신도 이런 위급한 때에 마음을 합하여 함께 구제해야 한다는 것을 말하였으나, 원균은 노기를 풀지 않으니, 이것은 어렵지 않겠습니까" 하니,

선조가 "난처한 일이다" 하였다.

유성룡과 이원익은 이순신을 편들고 원균은 절대 안 된다고 하였다. 윤두수가 원균을 편들었는데 이어 선조가 원균을 두둔하는 속내를 드러냈다.

윤두수가 "원균은 소신의 친족인데, 신은 오랫동안 그 사람을 보지 못하였습니다. 대개 이순신이 후진인데 지위가 원균의 위에 있으므로 발끈하여 노여움을 품었을 것이니, 조정에서 헤아려 알아서 처치해야 할 것입니다" 하니,

선조가 "내가 전일에 들으니, 당초 군사를 청한 것은 실로 원균이 한 것인데 조정에서는 원균이 이순신만 못하다고 생각하므로 원균이 이렇게 노하게 되었다 하고, 또 들으니 원균은 적을 사로잡을 때에 선봉이었

다 한다" 하였다.

유성룡이 "원균은 가선이 되었을 뿐인데 이순신은 정헌이 되었으므로, 바로 이 때문에 원균이 분노한 것입니다" 하니,

선조가 "내가 들으니, 군사를 청하여 수전한 것은 원균에게 그 공이 많고 이순신은 따라간 것이라 하며, 또 들으니, 이순신이 왜자를 많이 잡은 것은 원균보다 나으나 공을 이룬 것은 실로 원균에게서 비롯하였다 한다" 하였다.

이원익이 "소신이 원균의 공은 이순신보다 나을 수 없다고 조용히 말하니, 원균이 '이순신은 물러가 있고 구원하지 않다가 천 번 만 번 불러서야 비로소 진군하였다' 하였는데, 원균은 침범당한 지방에 있었으니 오직 대적해 주기를 바랐으나, 이순신이 원균과 한꺼번에 나가 싸우지 못한 것은 그 형세가 그러하였던 것입니다" 하고,

이덕열이 "이순신은 열다섯 번 부르기를 기다린 뒤에야 비로소 가서 적의 배 60척을 잡고서 맨 먼저 쳐들어간 것으로 자기 공을 신보하였다 합니다" 하고,

이원익이 "호남에 있던 적의 배가 자기가 있는 곳에 돌진해 오면 적이 충만해질 우려가 있었기 때문에 어쩔 수 없이 뒤에 간 것입니다. 원균이 당초에 많이 패하였고, 이순신은 따라가서 옆에 서 있거나 손수 잡지는 않았더라도 관하가 잡은 것 또한 많았을 것입니다. 참급이 많은 것으로 논한다면, 원균보다 많습니다" 하고,

정탁이 "그들이 공을 다투는 마음을 보면 두 장수가 다 잘못한 것이 있음을 면하지 못하나, 이순신은 또한 가볍지 않은 장수이니, 위에서 하교하여 화해시켜서 뒷날의 공효를 당부하는 것이 어떠하겠습니까?" 하고,

이원익이 "원균은 당초에 많이 패하였으나 이순신만은 패하지 않고

공이 있었으므로, 다투는 시초가 여기에서 일어났습니다" 하였다.

임진년에 연전연승한 것은 오로지 이순신의 공인 것은 모두가 아는 사실이다. 그러기에 이순신을 통제사로 삼은 것 아닌가. 그런데 선조는 이제 와서 원균이 청했다느니 선봉이었다느니 하는 장수로서 부끄러운 행위를 공로라고 추겨 세우는 야비한 행태를 보이고 있다. 선조의 이러한 행태가 바로 나라의 위기를 자초하는 것이었다. 또한 신하들 대부분도 나라를 지킬 중요한 장수들의 실상조차도 파악하지 못하고 이렇게 중구난방이었으니 나라가 지켜졌다는 것이 그야말로 기적이었다.

게다가 겁쟁이 선조는 왜적이 자기를 잡거나 암살하러 올 것을 걱정하고 있었다. 한심하지 않을 수 없었다.

선조가 "내가 아침 경연에서 이미 그것을 말하였다. 적이 만약에 얼음이 얼고 나서 경병으로 곧바로 진군하여 뜻밖에 나온다면 막을 수 없으리라는 것을 내가 안다" 하였다.

이원익이 "우리나라 사람은 왜자의 그림자만 봐도 달아나는데, 4~5백기만 되더라도 한꺼번에 급히 달려 흩어지니, 소신이 치보하더라도 미치지 못할 것입니다" 하였다.

선조가 "일로에서 지키는 것은 하지 않을 수 없다" 하자,

유성룡이 "죽령 이하 원주와 여주의 경계에서 차단하는 것이 가장 급합니다" 하였다.

도망갈 생각에 왕비를 먼저 피신시키고자 하는 선조가 한 가지 기발한 생각을 하였다. 사대부 처자들을 왕비와 함께 피신시키자는 것이었다.

선조가 호조판서 김수에게 이르기를, "경중의 시가는 베 한 필의 값이 쌀 수십 말이나 되는데, 바로 이런 때에 호조에서는 어느 물건을 내어 곡식을 사서 강화에 쌓아 두어 반드시 그 시종을 생각해 잘 처치하여, 한강으로 실어오거나 양호에 공급하여 군량을 만들어야 할 것이다.

또 사대부가 먼저 가족을 옮기는 것을 어떤 사람은 그르게 여기나, 그 생각도 짧은 것이다. 앉아서 죽기를 기다리는 것보다 처자를 어느 곳에 옮겨서 안전하게 한 후에 싸우고 지키는 것이 낫지 않겠는가" 하니,

김응남은 "당초에 이종성이 달아났을 때 포수·살수가 처자를 먼저 강화에 두겠다고 청하였다 합니다" 하고,

윤두수는 "지금 인심이 와해되어 조석을 보전하지 못하게 되었으니, 유지하고 진정하는 것을 생각하지 않아서는 안 되겠습니다" 하고,

이덕형은 "서울 사람들이 가족을 처치하여 그 갈 곳을 먼저 정하게 하면, 포수·살수의 마음도 다 시원하게 여길 것입니다" 하였다.

선조가 "잡인은 많이 있더라도 쓸데가 없다. 어찌 이들로 경성을 지킬 수 있겠는가" 하니,

유성룡이 "위에서 하교하여 각각처자를 흩어 보내게 하시면, 사람들이 다 사방으로 흩어질 것인데, 장차 어떻게 보전하겠습니까" 하였다.

선조가 "오늘의 계책에 대해서도 말은 그럴싸하나, 끝내 효험이 없으니 미안한 듯하다. 또 내전이 여기에 있는 것은 편안하지 못할 듯한데 이러한 처치가 매우 미진하다. 지난 일은 다시 말할 것 없으나, 오늘날의 계책으로는 사대부의 처자를 먼저 내전이 있는 곳으로 옮겨서 생사를 같이하게 하는 것이 좋겠다. 위급한 일이 있게 되면 중국 군사가 와서 구원하는 것은 쉽게 기대할 수 없을 듯하다" 하였다.

또 이르기를, "만일 떠나게 된다면 반드시 죄다 서로로 가서 중국에 의뢰해야 나라를 살릴 희망이 있을 것이고, 그렇게 하지 않으면 위태로울 것이다."

"당초 환도할 때에 내전과 함께 성안에 있었는데, 두세 가지 처치가 매우 미진하였다. 예전 임금은 관중에 있기가 좋지 않으면 낙양으로 도읍을 옮겼거니와, 이제 강한 적과 맞서 지키는데 처사가 이처럼 소홀해

서야 되겠는가. 또 적이 변경에 있으면서 영악하기가 날로 심하여 가니, 움직일 것은 틀림없다" 하였다.

유성룡이 "신의 생각으로는, 적은 내년에 움직일 것이고, 움직이면 먼저 호남을 침범할 것입니다" 하였고

선조는 "어떤 사람은 강화가 매우 좋다고 말하나, 나는 그렇지 않다고 생각한다. 사람들이 말하기를, 임진년의 병란 때에 백성들이 강화에서 많이 보전하였다 하나, 임진년의 적병이 모자라서 그런 것이 아니라, 양호가 완전했기 때문에 그렇게 되었던 것이다" 하였다.

사관은 '인화를 보합하고 여신을 수습하여 성을 등에 지고 한번 싸워서 죽을 각오로 결전해야 할 것인데, 도리어 움츠리고 떨치지 않으면서 스스로 반드시 망할 것으로만 알고 있다. 임금은 사직에 죽는다는 의리를 생각하지 않고 새가 나무를 고르듯이 편히 지낼 생각만 하여 위아래가 서로 속이고 흐릿하게 자신의 잘못을 모른다. 경석에서도 영변으로 들어가느니 강도로 들어가느니 해주로 들어가느니 서로로 들어가느니 하는 말까지 하여, 아랫사람이 해체되고 장사의 기가 죽게 하니, 어떻게 강한 적을 제거하여 구업을 극복하겠는가' 하고 한탄하였다.

죽을 각오로 지킬 생각은 하지 않고 이렇게 도망갈 걱정부터 하니 기가 막히고 한심한 일이었다.

11월 8일 비변사가 이원익이 남방에 가는 일을 아뢰니 선조는 그대로 머물러 두는 것이 좋겠다고 하였다. 선조는 이원익을 다시 평안감사로 하여 만약의 경우를 대비하고 싶어 했다. 그만을 믿은 것인데 그렇다고 결코 그의 말을 다 들어주는 것도 아니었다.

또 선조는 산신령에 빌어서라도 왜적을 물리치고 싶어 했다. "예전부터 사람의 일을 다 하더라도 반드시 신명의 도움을 힘입어야 한다고 했

거니와 이 감통하는 이치는 속일 수 없는 법이다. 우리나라는 평소에 귀신을 업신여겨 사향이 정성스럽지 않고 제물이 정결하지 않으니, 어찌 그 복을 얻을 수 있겠는가. 예전에 부견이 진나라에 입구했을 때도 산천에 제사 지냈었다. 이제 사신을 따로 보내 국내의 산천에 십분 공경한 마음으로 정성스럽게 제사할 것을 의논하여 처치하라고 비변사에 이르라" 하였다. 그 마음이 오죽했으랴.

비변사에서는 충청도의 속오 군사 6천을 좌우로 나누어 좌영 이시발은 군사를 조령·죽령의 요해지에 나누어 벌여 복병을 두고 소식을 전달하게 하고, 우영 이시언은 청주와 추풍령·적암의 길에 병력을 주둔하고 막게 하였다. 그리고 강원도는 원주목사 구사직으로 하여금 죽령에서 서쪽 제천으로 가는 길을 정탐하고 복병을 두어 치보하는 등의 일을 맡아 조치하도록 하였다.

윤근수가 원균을 엄청 칭찬하며 경상우수사로 삼을 것과 한산의 주사를 거제에 진주하게 하여 오가는 적을 막으라는 내용의 글을 올렸다.

'임진년에 수전한 장수들 중에서 공이 있는 자는 손꼽아 셀 수 있는데, 그 가운데에서 원균이 가장 우직하여 제 몸을 잊고 용맹을 떨치며 죽음을 피하지 않아서 공적이 매우 뚜렷합니다. 또 수전에 익숙하여 적을 보는 대로 나아가 이기기만 하고 지는 일이 없으므로 군졸이 믿어서 두려워하지 않는데, 바다 가운데에서 막아 죽여서 적이 감히 언덕에 오르지 못하게 하는 것이 오늘날 적을 막는 첫째 방책이라면, 주사의 장수는 본디 과거에 싸워서 여러 번 이긴 자를 선택해야 할 것입니다. 원균이 수군을 거느리면 반드시 이길 도리가 있음을 기대할 수 있겠으나, 마땅하지 않은 사람으로 담당하게 하여 적에게 대항하지 못함으로써 적이 혹 호남으로 가는 길을 한번 범하면 원균이 한 도의 기보 군졸을 거느려 대장이 되더라도 결코 수전에서처럼 뜻대로 싸우지 못할 것이니,

다시 수사를 삼아서 전일에 싸웠던 장기를 쓰게 하지 않아서는 아니 되겠습니다.

통제사란 직임은 한때의 필요에서 생긴 것이어서 그대로 둘 수도 있고 없앨 수도 있으므로, 이순신의 통제사라는 직명도 오히려 낮출 수 있고 혹 원균을 경상도 통제사라 칭하여 이순신과 명위가 대등하게 할 수도 있으니, 신축자재하게 임의로 한다고 해서 안 될 것이 없습니다.

신은 지난번 또 한산의 주사를 빨리 거제의 장문포에 진주하게 할 것을 아뢰었습니다. 이제는 저 적이 와서 침범할 형상이 이미 드러나 눈앞에 닥친 일이라 매우 급박하므로 조금도 늦출 수 없으니, 죄다 거제에 진주하여 수로를 제압하고 있다가 책사가 나온 뒤에는 모든 오가는 적의 배를 곧 주사로 막아서 잡아 죽임으로써 적이 오는 길을 끊어야 할 것입니다. 그리고 혹 적의 장수가 나오는데 주사의 장수들이 전쟁을 꺼려서 미처 막지 못하였다고 핑계하거든 곧 군법으로 처리하여 군율을 엄하게 해야 합니다. 바라건대 속히 하서하여 이순신 등이 급히 진주하도록 엄히 신칙하여 다른 말로 핑계하지 못하게 하소서' 하였다.

선조가 답하기를 "이렇게 써서 아뢰니, 매우 아름답고 기쁘다" 하였다.

장수도 아닌 사람이 가만히 있었으면 좋았을 것이고 또 비변사에서 검토 결과를 보냈으면 그대로 따를 일이었다. 자기 고집을 주체하지 못하고 또 선조에게 아뢴 것이었다. 섣부른 생각이 큰일을 초래하게 되는 것이다. 선조와 윤근수는 어떻게 해서 원균이 그토록 용감하게 싸워서 전과를 많이 올린 장수로 알고 있는가? 이렇게 임금과 대신이 자신을 조선 최고의 수군 용장으로 우러러보게 만든 원균의 능력이 대단하다 하겠다. 하여튼 이순신에게는 결정적인 악재 중 하나였다. 정말 아쉽고 안타까운 일이었다.

정원이 육군은 요해지를 웅거하고 청야하며, 주사는 거제의 장문포에 나아가서 망보고 싸워야 한다고 하였다.

11월 12일 이날 주문사 정기원, 서장관 유사원이 고급 청병을 위하여 명나라로 떠났다. 선조가 정기원에게 "이 일은 매우 급하니, 밤낮을 가리지 말고 빨리 길을 곱잡아 가라" 하였다. 그리고 주문서의 내용은, 그동안에 일어난 일을 간단명료하게 기술하고 절강 군사 3~4천을 급히 보내 달라 하였다.

이어서, "지금 배신 황신 등의 치계를 보면, 책사의 행리도 조용히 일을 끝내지 못한 상태에서 마침내 저들에게 돌아가기를 재촉받고 말았으며, 별폭의 말에 있어서는 깔보는 것이 더욱 심하기까지 합니다. 저들이 천위 아래에서도 오히려 이렇게 패역스러운데, 더구나 신의 약한 나라가 어찌 저들의 셈 안에 들 수 있겠습니까. 지금 청정 등 네 적장이 바다를 건너 먼저 오고 큰 무리가 또 뒤따라 징발되어 오려 하는데, 적이 만약에 안으로 침입하면 사기가 매우 급하여 숨 한 번 쉬는 사이에 성하에 닥쳐올 것이니, 신은 멀리 있는 물이 가까이 있는 불에 미치지 못하여 우리나라가 얼마 안 가서 망할까 염려됩니다.

바라건대, 성자께서는 특별히 해부에 명하여 빨리 구획함으로써 큰 군사를 징집하여 밤새워 나오게 하고, 한편으로 산동 등 부근의 양식을 운반하여 제때에 구제하게 하소서. 신이 다시 살피건대 적이 두려워하는 것은 오직 주사이니, 이어서 절·직·복건 등의 주사도 아울러 징발하여 소방의 한산 등의 수병과 협동하여 바다 어귀에서 막음으로써 적의 후로를 끊고 수륙이 병진하여 기필코 일거에 소탕하게 한다면 더없이 다행이겠습니다. 신이 매우 두터운 은혜를 받고도 보답할 계제가 없는데, 이제 또 형세가 궁하고 힘이 약하여 다시 호소함을 면하지 못하니, 마음 아프고 답답하여 말할 바를 모르겠습니다" 하였다.

　이러면서도 선조는 도망갈 준비에 열심이었다. 비망기로 "오는 14일에 해주 행궁의 장태를 살펴볼 일과, 군기를 실어갈 쇄마 20필을 대령할 일, 그리고 선전관 허증과 내관이 같이 다녀올 일을 병조에 이르라" 하였다.

　이 한심한 작태에 대해 사관은 이렇게 논했다. '적이 움직이기도 전에 미리 스스로 달아나면 도하가 소요하여 장차 성을 비우게 될 것이니, 이것은 누가 시켜서 그러한 것인가. 어리석은 백성이 본받는 것은 사대부인데 사대부가 먼저 동요하고, 조정이 보는 것은 임금인데 궁금이 더욱 심하다' 하였다.

　비변사에서는 또 중국의 파발을 이용하자 하였다. "우리나라 사신이 청하는 것은 결국 호 도사가 발마로 급히 알리는 것만 못하니, 오늘 김명원으로 하여금 호 도사에게 가서 이 뜻을 상세히 진술하게 하소서. 그리하여 1~2천의 군사라도 빨리 달려 나와서 형세를 일으켜 인심을 진정하게 하고 큰 군사는 뒤따라 나오도록 간절히 고하여 날마다 잇따라 발마로 고급하게 하는 것이 마땅하겠습니다" 하였다.

　비변사가 청야하는 일은 일각이 급한데 마침 도체찰사 종사관들로 경상도에는 김용이 있고 전라도에는 강첨이 있으며 충청도에는 이시발이 있으니, 세 도의 청야하는 일은 이제 이 사람들을 시켜 나누어 맡아서 급히 시행하게 하고, 시행에 뒤따라 도체찰사가 내려가서 적간하여 어긴 자는 군율로 엄중히 다스리도록 하자고 하였다.

11월 13일 대신들을 인견하였다. 윤두수가 경성을 버리고 해주로 가는 것은 안 되고 중전만 강화로 가도록 하자 하니 다른 대신들도 강화가 좋다고 하였다.

　김응남이 "적이 아직 바다를 건너오지도 않았는데 인심이 먼저 동요하여 중국 사신의 양식을 장만하는 군사까지도 다 달아나고 장흥고도 종이를 진배하지 않아서 공사가 다 폐기되니, 서울 사람의 경동함이 이보다 더 심할 수 없습니다. 시정 사람들이 이 때문에 동문에서 일제히 호소하며 경성을 지키기를 바란다고 합니다" 하였고,

윤두수가 "왜를 막는 데에는 주사만 한 것이 없을 것입니다. 저들의 배는 본디 얄팍한데 장왜선은 더욱 가볍고 빠르니, 한번 포를 쏘고 나서 주사를 장문포에 들어가게 하고 원균으로 하여금 영등포를 지키면서 적선이 왔을 때에 포로 맞서 치게 하면, 아마도 편리할 듯합니다" 하였고,

정탁이 "왜적은 주사를 매우 두려워하니, 이순신을 시켜 주사를 거느리고 치게 하면 청적의 선봉을 격파할 수 있을 것이고, 적이 많아서 수적으로는 열세이지만 그들을 꺾어 패하게 할 수는 있을 것입니다" 하고

이원익은 "지금 반드시 나라를 잃을 것이라고 생각하면 안 됩니다. 왜적이 오더라도 반드시 아무쪼록 막을 것을 생각해야 할 것인데, 더구나 그들에게도 멸망할 형세가 있으니, 어찌 그들만이 우리보다 강하다고 하겠습니까. 혹 낭패하게 되더라도 비변사로서는 내전도 나가지 않고 성 안에서 굳게 지켜야 한다고 하는 것이 옳습니다. 대개 인심이 안정되지 못해서 너무 일찍부터 동요하고 있는데, 만약 이러기를 마지않는다면 장차 성을 비우게까지 될 것이니, 중국군이 나왔을 때에 관대는 어떻게 하겠습니까. 더구나 나라의 한 명맥은 지탱할 수 있으니, 그렇게 하지 않고 다만 중국에 의지하여 편안하기를 바라면서 적이 곧바로 서로로 향하게 한다면, 여기에서 또 다른 곳으로 옮겨 보존하려고 한들 해낼 수 있겠습니까" 하였다.

정원이 백성들을 분발 고무시키는 글을 감사에게 보내 조치하게 하자 하였다.

11월 14일 김수가 호도사를 보고 중국군이 언제 오는가를 물었더니, 답하기를 '천병의 일부가 반드시 경성에 올 것이니 그대들은 동요하지 말고 힘을 다해 양식을 장만하여 먼저 나오는 병마를 지공해야 한다. 손군문도 반드시 나와서 지시하여 처치할 것이니, 그대는 세 각로에게 말하여 곧 하삼도에 공문을 보내 천병이 머리에 쓸 청포·백포로 만든 포건과 몸에 걸칠 5색의 조갑과 기치를 많이 만들도록 힘쓰고, 남병이 왔을 때에 잘 협조하여 협공하게 하라' 하였다.

11월 15일 선조가 중전은 해주로 먼저 보내고 자신은 도성에 남아 있다가 형세가 어려워지면 강화로 가는 방안을 논의하라 하였다.

비변사가 곽재우를 전에 거느리던 군사를 거두어 한 지방을 맡게 하자 하였다. 또 상중에 있는 인원은 모두 해조를 시켜 기복하게 하고 파산한 자 또한 거두어 모아 특별히 서용하고, 해유에 걸려서 벼슬에 제수되지 못하는 자 중에 쓸 만한 무사가 매우 많으니 이러한 때에 상규로 논하지 말고 파격적으로 뽑아 쓰자고 하였다.

이항복은 중국 사신들이 책봉을 완수했다고 공을 내세우고 조선은 처치를 잘못했다고 책임을 전가할 것을 우려하였다. "신의 어리석은 생각으로는, 급히 황신의 장계 가운데에 있는 말에 따라 대략 새롭게 꾸며서 연유를 갖추어 중국에 아뢰어야 하겠습니다. 그리하여 적추의 뜻은 책봉한 일을 중하게 생각하지 않고 우리나라를 삼키려는 뜻이 그치지 않는다는 것을 천자로 하여금 환히 알게 하면, 중국의 사람들이 후에 공교히 말하더라도 천자의 성명이 반드시 짐작하는 것이 있어 우리를 가엾게 여길 것입니다" 하였다. 이항복의 예측은 정확했다.

심유경이 병부에 보고한 내용은 수길이 예를 갖추어 책봉을 받았다고 하였다. 그리고 부산에 있는 왜적의 철수에 대해서는 "수길이 말하기를 '지금 황제가 사봉한 왕작을 받았으므로 마땅히 병졸을 철수하여 이웃 나라의 우호를 닦아야 할 것이나 다만 조선이 전일의 원한을 풀지 않을까 염려되니 앞으로 황제의 처분을 기다려 다시 명령을 내리기를 기다리겠다' 하므로, 비직이 정색하고 개유하니, 면전에서는 비록 수긍하였으나 아직 실행을 보지는 못 하였습니다" 하였다. 이렇게 일단 봉하는 일은 잘 마쳤다고 하고 왜적이 부산에서 철수하지 않은 것은 조선의 일로 가벼운 것처럼 보고한 것이다.

11월 16일 도원수 권율이 군사 대비책을 말했다. 양호에서 2~3만의 군사를 얻고 승군도 아울러 뽑아 합세하고 주사를 부산 앞바다에 진출시켜 양도를 막아야 한다 하였다. 또 병가의 계책은 속임수를 꺼리지 않는 것이니 평경직, 요시라에게 벼슬을 주어 이용하자 하였다.

11월 17일 남쪽으로 내려가는 이원익을 인견하였다. 이원익을 평안감사로 하려는 선조의 생각은 신하들의 반대로 시행하지 못하고 그대로 체찰사의 임무를 수행하도록 하였다.

이원익은 선산부사 배설을 금오산성을 지키게 하였다 하고, 스스로 힘써야 하고 중국만을 믿을 수는 없다 하며 청야하는 것이 상책이라 하였다. 그리고 그 외의 다른 말들은 "한산도는 날씨가 좋아 들어갈 만하면 신이 한번 가보고 주사를 얼마쯤 징발하여 막을 계책을 의논하려 합니다" "김응서가 항왜를 잘 다스린다는 것은 김응서가 제어를 잘하여 그런 것이 아니고, 단지 그들의 말을 들어주어 대접을 후하게 해 주기 때문입니다. 모든 요구에 대해 그 뜻을 따라 주지 않는 것이 없어서, 혹 여색을 구해도 바라는 대로 해주니, 군중이 자못 원망합니다" "곽재우는 명장으로 알려졌는데, 신은 아직 그 사람을 보지 못하였습니다" 하였다.

선조가 "왜적이 5년 동안 군사를 훈련하였으면, 반드시 간사한 꾀가 있을 것인데, 우리나라의 궁시나 배의 제도를 적이 배우지 않았겠는가? 그들이 우리나라 배를 만들어 대포를 싣고 온다면 해로울 것이다" 하니,

이원익이 "저들이 다 새로 만들었으나 우리 배만 못한데, 튼튼하지는 않더라도 바다를 건너는 데 편리하도록 만들었기 때문에 그렇습니다. 그들의 기술은 매우 정교하지만 주사는 그들도 겁을 냅니다. 그들의 배는 매우 얇으므로, 우리 배와 부딪치면 부서지지 않는 것이 없습니다. 원균은 주사로 용감히 싸웠으므로, 윤두수가 신에게 반드시 그를 쓰게 해야 한다고 하였는데, 소신도 반드시 그렇게 하려 합니다" 하자,

선조가 "두 장수가 서로 사이가 좋지 않으니, 일이 어떻게 될 수 있겠는가. 원균은 끝내 이순신의 부하가 되려 하지 않고 매우 미워한다" 하였다.

이원익이 "호남은 차역이 매우 중하므로 인심이 원망한다는 말이 있는데 어찌 다들 난동까지야 생각하겠습니까. 그러나 국가가 잘 알아서 처치해야 하겠습니다. 전라도는 임진년의 병란 이후로 국가에 공이 많거니와, 양반 중에서 근왕한 자는 다 호남 사람입니다. 또 호남이 원망하는 데도 나라에서 사람을 대우하는 것은 그렇지 않으니, 성색의 차이 없이 호남 사람을 필히 거두어 써야 하겠습니다" 하였다.

선조가 "경은 제장과 함께 목숨을 걸고 있는 힘을 다하여, 다시는 나에게 의주 파천 같은 재난이 있지 않도록 하라" 하였다. 선조는 눈물을 흘리면서 전송했고 원익도 눈물을 글썽거리며 물러났다.

비변사가 군량을 내는 사람에게 상 주는 일에 대하여 아뢨다. 인구를 헤아려 쌀을 거두면 아전이 농간하는 폐단이 없지 않을 것이니, 전 1결마다 쌀과 콩 각각 한 말을 거두는 것이 가장 온당하다 하였다. 또 이에 따라 시행하되 많이 바치기를 바라는 자가 있으면, 바친 수를 또한 치부하였다가 일이 안정된 뒤에 그 바친 것의 많고 적은 것을 헤아려 논상하

는 것이 마땅하다 하였다.

11월 19일 홍문관이 파천에 대한 논의보다는 힘껏 싸울 계책을 세우는 것이 옳다고 강하게 아뢨다.

'민간에서 전하는 말에 의하면, 중전께서는 날을 잡아 떠나실 것이고, 다시 경보가 있으면 대가도 이어서 움직일 것이라 합니다. 신들이 처음에는 그렇게 여기지 않았으나, 부마를 정리하여 해서로 나르느라고 길에 잇달았다는 말을 듣고서는 의혹하게 되었습니다.

오늘날의 인심은 병란이 일어난 처음과는 달라서 삼군·만성이 다 싸우고 지키기를 바라니, 이것이 하늘의 뜻이기는 하나 또한 이해를 헤아리는 마음에서 나온 것입니다.

경성으로 말하면 성안의 민호가 1만이 넘고 포수·살수가 1천이 넘습니다. 여기에 관서·해서·경기의 군졸을 더하고 중국에서 온 3만의 군사를 합하면 군사가 적다고 할 수 없을 것이고, 태창의 곡식 5만에 중국에서 보내온 10만의 곡식을 더하면 양식도 적다고 할 수 없을 것이며, 그 밖에 공격하여 찌르고 쏘는 기구가 다 갖추어져서 기계도 풍부하니, 위아래가 의리를 떨치고 장상이 힘을 합하여 전하의 신무로 진압한다면, 경성을 어찌 지킬 수 없겠습니까. 전하께서 전국을 돌아보시더라도, 무릇 성지가 튼튼하고 군량이 모여 있고 기계가 많은 것이 경성과 같은 데가 다시 어디에 있기에 경성을 꼭 버릴 땅이라고 생각하십니까.

일개 저자의 백성은 다 말 쌀을 내어서라도 군수를 돕는 판에 내수사의 면포는 관은으로 바꾸라고 명하시니, 신들은 이 일이 과연 성지에서 나왔는지 모르겠으나, 만일에 외간에서 말하는 것과 같다면, 전하께서는 군수에 쓰지 않고 은을 사서 무엇에 쓰려고 하시는 것입니까? 아, 전하의 한 마음이 보이지 않는 가운데에서 움직이자마자 만사가 와해하여 수습할 수 없게 되었습니다. 위망의 화가 적이 오기 전에 이른다는 것을 전하께서도 어찌 듣지 않으셨겠습니까. 참으로 통탄스럽습니다' 하였다.

적이 오기도 전에 임금으로 인하여 망하는 길로 가려 하니 정말로 통탄할 만한 일이라 한 것이었다.

다음 날 선조는 오히려 도성을 지키는 방책이 없음 등을 질책하였다.

"적과 서로 바라보고 보루를 마주했어도 한 번도 성을 지키는 절차를 익히거나 성을 지키는 방책을 강구하지 않았고 오직 수구문 밖에 한 포루를 설치하여 높다랗게 홀로 서 있을 뿐이다. 도성의 사면에 빨리 더 만들어 설치하는 것이 어떠한가? 또 요동에 들어간다고까지 한 일에 대해서는 이 말이 도대체 어느 사람의 입에서 나왔는지 모르겠으나, 조사하여 처리해야 하겠다. 그리고 성을 지키는 대신을 차출해야 할 듯하다. 본디 병든 사람으로서 요즈음은 더욱 정신이 어두워져 심상한 기무도 수작하지 못하거니와 전에 답답한 뜻을 말한 것도 한두 번이 아니었다. 내가 일찍 헤아렸더라면, 어찌 오늘과 같은 일이 있겠는가. 그러나 이 지경이 되었으니 어찌하겠는가. 민망한 생각만 더해질 뿐이다."

이러한 도성 내에서의 조정과 백성들의 상황은 지방에도 바로 전파된다. 경상우도 함양의 한 백성의 기록을 보자.

사근 찰방 김지화 어른이 서울에서 군으로 돌아왔다. 그가 말하기를, "황신이 밀계를 한 후에 주상의 마음이 크게 놀라 마침내 요동으로 건너갈 계책을 결정하셨으며, 죽더라도 적을 제압하겠다는 뜻은 없으셨다. 사간 김홍미가 간하여 말하기를, '나라의 임금은 사직을 위하여 죽는 것이 의리의 바름인데, 전하께서는 이를 버리고 어디로 가려 하십니까'라는 말을 하였다고 한다. 전교하여 '천천히 의논하겠다'라고 하시고, 사대부의 가속은 임의로 도망가 숨어서 전날처럼 나라가 뒤집어지는 환란이 없도록 하라는 영을 내리시니, 이로 말미암아 인심이 흉흉하여 조석을 보존할 수 없게 되었다. 다음 날 도원수의 관문이 군에 도착하였는데 말하기를, 임금으로부터의 전지가, '정월 초열흘 안으로 모든 마을을 비워, 들녘에 아무것도 남아 있지 않게 하여 변란에 대비하며, 각각 유사를 정하여 도망가서 숨도록 재촉하라'고 하였다. 나라를 다스리는 계책이 어찌 이 지경에 이르렀는가!" 하였다. 이렇게 중앙 조정의 일은 지방에 또 다른 커다란 파급을 일으켰다.

11월 22일 중국은 감격스러울 정도로 준비를 잘하고 있었다. 중국에 다녀온 주문사 노직이 보고한 군사와 양식 등의 준비 상황에 따르면, 중국에서는 금주·복주·해주·개주 등 5창의 쌀 10만 석을 평양에 나르고, 요양·탕참 등 5창의 쌀 6만 석을 의주에 나르되 군사가 많고 양식이 적으면 이어서 남방의 쌀 20만 석을 평양에 나른다는 등의 일을 호부가 이미 복제하였다. 군사는 일이 급하면 먼저 요동·계주의 군사 10여만 명을 보낼 것이고 선화부·대명부 및 남방의 군사도 이미 징발하였다고 하였다.

이어서 아뢰기를, "병부 관원 이정이 '이미 구급하기로 한 이상 어찌 늦추어서 일에 미치지 못할 리가 있겠는가. 그대 나라는 그대 나라의 병마가 먹을 양식만 장만하라. 대군이 출동한다면 양식도 같이 가지고 갈 것이다' 하였습니다.

신이 나올 때에 손군문을 만나서 미리 징발해야 한다는 뜻을 말하려 하였으나, 근일 중국 사람들이 모두 왜적이 이미 책봉을 받았으니 다른 염려가 없을 것이라고 생각하므로 경략이 밀운에 가 있어서 만나지 못하였습니다.

양 포정이 양식을 나르기 위하여 이미 노새 5백 마리를 샀내었는데, 신이 들어갈 때 사령에 이르러 샀내어 온 50여 마리를 보았습니다" 하였다.

11월 23일 선조는 계속 도성을 지키는 방안을 비망기로 내렸다. "무릇 성을 지키는 규모에 대해서는 먼저 장정을 헤아려 한 타마다 서너 사람을 정하여 누구는 어느 타를 지키도록 미리 그 정처를 알게 하고 장부에 적어 두어야 할 것이며, 또 각각의 문 안에 따로 장수를 정해 진을 쳐서 뜻밖의 일에 대비하는 한편 각각 유군을 내어 적의 공격을 받는 데에 따라 힘을 모아서 막아야 할 것이다. 이제 먼저 장정을 헤아려서 타를 나누어 주며 기계를 정리할 생각은 하지 않고서 먼저 백성을 부리고 헛되이 소비하는 일만을 하니 또한 허술하지 않은가. 나 같은 자가 어찌 죄다 말할 수 있겠는가. 비변사가 상세히 지시하기 바란다" 하였다.

부산, 사신 황신 이날 황신 등이 대마도를 떠나 바다 가운데에 이르니 바람이 차츰 미약해졌다. 중국 사신의 배는 대포에 다시 돌아가고, 우리나라 사신의 배는 뱃사공을 독촉해서 부산으로 향하려 하였다. 그런데 길잡이 하는 왜인들이 모두 힘껏 말리기를, "우리들은 바닷길에 익숙한데, 바람이 없을 때에 대해를 건넌 적은 없습니다. 만약 날이 저물어서 큰 바람을 만나게 되면 필시 다른 곳으로 표류하게 될 것입니다" 하였다. 그러나 우리나라 훈도 김득만은, "지금 천기를 보건대 반드시 역풍이 없을 것이다. 만약 노를 부지런히 저으면 반드시 부산까지 도착할 것이다" 하였다. 이에 사공들에게 술과 밥을 배불리 먹여 노 젓기를 독촉하여 저물 무렵 부산에 도착하였다.

11월 24일 경성 비변사에서 수성책에 대하여 아뢨다. '경상도를 지키지 못하면 영로(嶺路)를 지키고, 영로를 지키지 못하면 한강을 지키며, 한

강을 지키지 못하면 임진을 지키면서 다 죽을 각오로 힘껏 싸워야 할 것이니, 사세가 어렵다 하여 천험의 승지를 헛되이 버려서 적에게 줄 수는 없습니다. 근일 군민의 마음을 보면 전일과 크게 다릅니다. 떠나도 갈 곳이 없다는 것을 다들 알고서 싸워 지킬 뜻을 가지고 있는데, 도성의 시정 백성들까지 다들 이러하니, 백성의 뜻이 어디에 있는지를 살피지 않아서는 안 됩니다. 도성을 수리하는 일은 때가 이미 늦었고 인력도 적어 이제야 비로소 하려는 것이 참으로 어긋나긴 합니다마는 또한 형세를 보아 처치하여 그 공역을 헤아리고 난이도를 견주어 해나가야 할 것입니다.'

11월 25일 부산, 사신 황신 부산에 도착한 황신은 군관 손의에게 장계를 가지고 서울로 달려가게 하였다. 그리고 자신은 유격 진운홍과 천총 왕이길의 처소로 가서 적중의 사정을 알리고 돌아왔다. 중국 사신들이 건너오기를 기다리며 부산에 그대로 머물렀다.

11월 26일 경성 대신들을 인견하여 군량, 무기, 장수, 수성책 등을 논하였다.

유성룡이 "이제는 조정에서 분부하여 이시발이 조령에서 막고 이시언이 청주에서 막되 적이 행여 호남으로 들어오면 공주에서 막도록 했습니다" "성을 지키기는 매우 어렵습니다. 부득이 화포, 화약, 기구를 다수 마련하고 또 포를 쏘는 군사를 얻고 나서도 양식이 있어야만 성을 지키는 일을 의논할 수 있습니다. 대개 포루를 쌓아야 지킬 수 있는데, 중국의 성첩은 길기 때문에 용납할 수 있으나, 우리나라는 높기만 하므로 사람도 용납하지 못합니다. 섭 유격이 두 치를 합하여 한 치를 만들라고 하였는데, 다행히 그렇게만 된다면 만세의 계책이 될 것입니다. 조치하지 않고서 지키기는 어려울 것입니다" 하였다.

선조가 "예전에는 두 진이 상대하여도 사신이 그 사이를 다녔다. 김응서를 시켜 행장에게 격문을 보내어 꾸짖기를 '신의로 서로 교통하였는데 이제 도리어 그것을 저버렸다. 또 너희가 다시 야욕을 부리더라도 우리나라는 바로 중조의 지방이다' 하여, 그 뜻을 시험하는 것이 좋겠다" 하였다. 그렇게 신하들을 괴롭혔던 화친을 이제는 자신이 스스로 하고 싶었던 것이다.

유성룡이 "사변 이후로 국가가 호남의 재력에 많이 힘입었는데, 근래에는 인심이 흩어져 수습할 수 없고 백성들이 노고로 인해 힘도 다하였으므로 그들의 마음을 기쁘게 해 주지 않아서는 아니 되겠습니다. 이조가 혹 벼슬을 제수하여 사인을 위로하여 기쁘게 하는 것이 괜찮겠습니다" 하였다.

11월 27일 비변사가 왜적의 심중을 탐지하는 일을 말하였다. '도원수 권율이 요시라에게 높은 벼슬을 주려고 하는 것도 그 뜻이 여기에 있습니다. 이 뜻을 체찰사와 도원수에게 밀유하고 김응서에게 상세히 가르쳐 주어, 김응서의 뜻으로 다시 요시라에게 통해 평조신에게 미치게 함으로써 그 뜻을 시험하고, 답하는 것을 보고 나서 처치해야 하겠습니다. 그리고 요시라와 평경직 등에게 벼슬을 주어 그 마음을 매어 두어야 하겠습니다.'

궁여지책으로 별생각을 다 하였는데, 왜적이 그런 면에는 한 수 위라는 생각은 못한 것 같았다.

한편 부체찰사 한효순의 치계에는, "군관 송충인이 체탐하는 일 때문에 부산에 들어가서 요시라와 이야기할 때에 들으니 조선이 치사하지 않았기 때문에 화해하는 일이 이루어지지 않았다 하여 청정이 다시 움직일 생각을 하는데, 일은 1월이나 2월 사이에 있을 것이고 청정은 먼저 와서 미리 조치할 것이라고 합니다" 하였다.

11월 28일 군율을 엄히 시행할 것에 대해 전교하였다.
'임진년에 이광·박홍·정희적 등이 다 모면할 수 있었던 것처럼 되게 하지 말라. 이렇게 하고서 하늘을 능멸하는 적을 막으려 하면, 또한 어렵지 않겠는가. 이 뒤로는 조금이라도 군율을 범하면 반드시 죽이고 용서하지 말라. 예전에 최영은 한 걸음이라도 물러나는 자는 다 베었다. 이 뜻을 각도에 미리 하유하여 군율을 범한 자는 반드시 아뢸 것 없이 곧 법대로 처치하게 하는 것이 어떠한가?' 하였다.

이달의 다른 일들은,
경상우도 함양 전에 선조가 이원익에게 '곽재우는 발호한 장수이니 그에게 병권을 맡길 수 없다' 하였다. 이후 경상우도에는 임금이 체찰사에게 곽재우의 의향을 정탐하여 보고하도록 명령하셨다는 말이 돌았다. 이에 함양의 한 백성이 "아! 이 어찌 밝은 시대의 일인가. 곽공은 세상이 어지러움에 분개하여 포의로서 일어나 여러 차례 훌륭한 전공을 세웠으며, 한 방면을 차단하여 장성에 비길 만한 공이 있는데도 주상의 뜻이 이와 같으니, 이것이 과연 중흥의 계책인가" 하고 한탄하였다.
박진을 황해병사 겸 황주목사로 삼았다. 박종남을 회령부사, 신흠을 내자시정으로 하였다.
사복시의 관원이 전일 제주에서 올라온 말 중에서 선조가 직접 보고 간택한 말들을 다수 빼돌렸다. 이에 선조가 전교하였다. "지극히 놀랍다. 색리를 추고하여 가둬 죄를 다스린 후 충원시킬 것이며, 또 제조 등이 평소 제대로 살피지 못하여 하리로 하여금 제멋대로 범람한 짓을 하게 한 것이니, 이 뒤로는 그렇게 하지 못하도록 각별히 살피라고 이르라" 하였다.

예조가 꿩을 바치는 일에 대하여 아뢨다. '강원·황해·평안 세 도는 1년 안에 서너 번만 봉진하고 그 수도 적은데, 손상된 것을 가리지 않고 받아들이면 어공에 쓸 것이 얼마 안 되니, 지극히 미안합니다' 하였다. 전시에도 이런 불요불급한 일이 계속 존재하고 있었다. 한심한 일이었다.

12월 2일 경성 조정 도망갈 준비를 한다는 비방을 받은 터에 선조는 도성을 지키는 문제로 계속 언성을 높였다. "성을 지키는 절차를 자주 훈련하는 일로 전일에 전교하였더니, 비변사에서 순검사 네 명을 차출해 달라고 청하여 순검사를 차출하라고 한 지가 여러 날이 지났다. 본사에서 조치하는 계책은 주야를 가리지 않고 황급히 해야 할 것인데 아직껏 막연히 아무런 소식이 없으니, 그렇다면 순검사 차출은 어찌하려고 하는가? 태산이 알을 누르고 있는 형세를 알지 못해서 그런가, 아니면 결국에는 나에게 미루려고 그러는가? 나와 같이 정신 착란증이 있는 사람은 그 이유를 모르겠다. 마땅히 저번 교지에 따라 속히 사인 이하 장정을 동원해 성가퀴를 헤아려 나누어 배치하는 등 도성을 지킬 절차를 마련하고 기구를 준비하여 진열하며, 내외 여러 진을 설치하여 수비 상태를 갖추게 하라. 내가 몸소 성을 순시할 것이니, 기일을 정하여 거행할 것으로 비변사와 병조에 이르라" 하였다. 비변사가 날이 조금 풀리기를 기다려 일을 시작해야 할 듯하기에 수일을 지체하며 계품하지 못했다고 아뢰니,

답하기를, "아뢴 대로 하라. 다만 사서인을 구별하지 말고 장정을 선발하여 성가퀴를 헤아려 인원을 배치하고 미리 약속하고 영을 내려 시험 삼아 한번 훈련하여 본인들로 하여금 자신이 배치 받은 성가퀴를 알도록 해야 할 것이다. 이러한 일들은 서두르지 않을 수 없으니 어찌 바삐 허둥댈 때 비로소 할 것인가. 다시 살펴 시행토록 하라" 하였다. 이렇게 잘

알았다. 왜 그런데 말로만 하고 끝내는지 모르겠다.

12월 3일 요동군사 3천 명이 먼저 나온다고 하니 선조가 "그들의 작폐가 염려된다. 그 병졸을 거느린 중국 장수를 접대하는 관원은 품계가 낮은 관원으로 차송해서는 안 되니, 적임자를 선발하여 보내 잘 접대하고 중국 장수에게 군령을 엄격하게 하여 작폐하지 못하도록 일러 두는 것이 어떻겠는가?" 하였다.

잘 접대하는 것이 아니라 잘 감시하도록 하는 것이 백성을 위하여 더 중요한 것이었다.

12월 5일 연일 왜적에 대한 방어책을 내느라 선조의 머리는 바쁘게 돌아갔다. 한강 사수에 관한 일, 자객, 항왜 이용, 군량, 복수군, 반간 등도 말하고, 유정의 승군 남하, 김응서의 행장과의 밀착 유지 등도 말하였다. 그중에 '청정이 1~2월 사이에 나온다고 하니 미리 통제사로 하여금 정탐꾼을 파견하여 살피게 하고, 혹 왜인에게 후한 뇌물을 주어 그가 나오는 기일을 말하게 하여 바다를 건너오는 날 해상에서 요격하는 것이 상책이다. 다만 바다를 건너오는 날을 알아 내기가 어려울 따름이다' 하였다.

머리 좋은 선조다운 생각이었다. 강화 화친 등의 말은 입 밖에도 내지 못하게 할 정도로 거부감이 심했던 선조는 이제는 달라졌다. 그래서 김응서에게 소서행장과의 교류를 잘 유지하길 원했다. 또 가등청정의 해상요격을 말하였다. 그것은 말처럼 쉽게 할 수 있는 일이 아니었다. 이러한 선조의 말들은 이순신의 고난을 예고하는 말이었고 또한 후일 원균과 함께 조선 수군이 몰락하고 전라도가 점령당해 큰 희생을 치르게 되는 단서가 되는 말이었다.

포수 살수의 훈련 방법과 무기제조에 대해서도 전교하였다.

'포수와 살수는 마땅히 용감하고 건장한 자를 선발해야 하는데도 가려 뽑지 않고 마구잡이로 충원하여 졸렬한 자가 절반을 차지하고 있다. 전세가 위급한 창졸간에 짧은 무기로 접전하는 데 있어서는 검술만 한 것이 없다. 이른바 포수라는 자가 어찌 조총 한 가지 기술만을 습득해서야 되겠는가. 이른바 포란 것은 모두 익혀야 한다. 기계가 정밀하지 못하면 이는 군사를 적에게 주는 셈이다. 은이 있으면 납도 있다고 들었는데, 어찌하여 납을 수납하여 전쟁에 쓸 탄환을 제조하지 않는가?'

머리 좋은 선조의 계속되는 아우성이었다. 아우성치지 말고 조용히 담당 대신을 불러 대책을 마련하도록 지시해야 할 일이었다.

이날 왜적의 상황을 알리는 황신과 박홍장의 장계가 도착하였다.

"신들이 부산에 도착한 지도 이미 여러 날이 되었습니다만 풍세가 연일 순탄치 않아 명나라 사신이 바다를 건널 기일을 알 수가 없습니다. 마지못하여 잠시 머무르면서 명나라 사신의 행차를 기다리고 있습니다. 처음에 듣기로는 청정이 금년 겨울에 나온다고 했으나, 행장이 박대근에게 이르기를 '청정이 비록 나오더라도 반드시 양식을 모으고 병기를 정돈하여 행군할 것이니, 그렇다면 1~2월 사이에 나올 것 같다. 그러나 나머지 병력이 내년 봄에 한꺼번에 나오기는 어려울 듯하다'고 하였습니다."

12월 6일 섭 유격을 접견하니, 군사, 군량의 준비 상황에 대하여 말하였다.

"귀국의 자문은 동짓달에야 비로소 들어왔으나 손군문이 즉시 주본을 올렸으므로 5~6일 사이에 요동의 군사 3천 명과 남병 3천 명을 즉시 출동시켜 진잠과 오유충 등이 거느리고 올 것이며, 대장은 장세작이 나온다고 하는데, 확실히 알 수는 없습니다. 군량 조달에 있어서는 양 포정이 노새를 가지고 와서 군량을 나른다고 하였습니다."

또한 "이곳에는 화약이 모자라니 손군문에게 알려서 화약 수천 근을 보내 달라고 하겠습니다. 화포는 요동에도 많이 있으니 운반해 올 수 있습니다. 귀국에서도 자문을 보내어 화약을 요청하는 것이 옳을 것입니다" 하였다.

12월 7일 대마도 중국 사신 중국 사신들은 대포에 있으면서 차관 양득과 전사복에게 상주하는 글을 가지고 바다를 건너서 중국 북경으로 달려가게 하였다.

이날 저녁에 행장과 정성 등이 잇달아 바다를 건너왔다. 이들이 이렇게 서둘러 온 이유는 조선군이 남아 있는 왜군 진영을 공격하여 탈취하면 큰일이었기 때문에 군사를 수습하기 위해서 온 것이었다. 이들은 철저하게 청정을 핑계하면서 조선에 협력하는 체하여 조선의 의심을 사지 않도록 하였다.

부산 행장의 요청으로 행장과 황신이 빈집에서 서로 만났다. 행장의 요구사항은 왕자를 인질로 보내라는 것이었다.

행장이 "우리들은 처음에는, 배신만 가도 일이 되지 않을까 여겼는데, 이제 관백이 왕자를 보내지 않았다고 성을 내었으니, 역시 우리들도 거짓말을 한 것이 되었습니다. 국왕께서 왕자를 지극히 사랑하실지라도 모름지기 전일에 포로되어 갔을 때의 일을 생각하시고 억만 백성을 위한다는 것으로 생각하시면 대단히 좋을 것입니다. 내가 4~5개월 안에는 큰 병력이 나오지 못하도록 힘쓰겠습니다. 만약 대병이 나온 뒤에는 비록 좋은 소식이 온다 해도 아무 소용이 없습니다" 하였다.

경상우도 함양 부체찰사 한효순이 군에 도착하였다. 체찰사 이원익은 성주에 도착했다고 한다. 한 백성이 말하기를 '체찰사가 다시 내려오니, 사람들은 혹시나 하는 기대를 걸었지만, 그 체찰사는 어지러운 세상을 다스릴 재주는 없었다. 나라 안에서 한 사람도 군사를 훈련시키고, 무예를 강습하며, 왜적의 흉봉을 막는 것으로 뜻을 삼는 이가 있다는 소리를 듣지 못하였다. 한갓 스스로 놀고 쉴 따름이니, 나랏일은 어찌하며, 백성들은 어찌할 것인가' 하였다. 지옥의 그림자가 다가오고 있음을 직감적으로 느낀 백성의 안타까운 외침이었다.

12월 8일 경성 비변사가 청정이 나올 때 해상에서 요격하라는 지시에 대하여 아뢰기를, '오늘날 계책으로 이보다 더 나은 것이 없습니다. 그러므로 전일 이원익이 내려갈 때, 또한 이 뜻을 알고 수군의 여러 장수들과 서로 의논하여 처리하게 하였습니다. 지금 성유에, 왜인에게 후하게 뇌물을 주어 먼저 바다 건너는 일을 탐지하여 처리하라는 내용이 있으니, 속히 선전관을 파견하여 비밀히 도체찰사 및 도원수 이하에게 알려서 빠른 시일 내에 의논하여 때를 놓치지 말도록 하는 것이 타당할 것입니다' 하였다.

말과 생각으로는 못할 일이 없을 것이다. '청정을 해상에서 요격하라'는 것은 말은 쉽지만 쉽게 될 일이 아니었다. 날짜도 알아낼 수 없는 것이고 해상에서 기다릴 방법도 없었다. 단지 이순신에게 어둠의 그림자가 다가오고 있을 뿐이었다.

선조가 소문을 퍼뜨려 왜적이 두려워하게 하라 하였다. "중국의 섭 장군이 남병 5천 명을 거느리고 와서 왕경을 수비하는 한편 계속해서 대군이 나올 것이라고 하삼도에 포고하는 것이 어떠하겠는가?" 하였다.

왜적이 중국군을 무서워했으면 처음부터 나오지도 않았을 것이다. 선조는 지푸라기라도 잡고 싶은 심정이었다.

12월 16일 비변사가 수군의 격군 충원, 제주 방어 등 여러 문제를 아뢰었다.

'지금 수군을 뽑아서 격군에 보충하려면, 수군의 원 수효가 매우 적으므로 갑자기 충원하기는 어렵겠고, 주사 소속인 각 고을에서 육군 및 공천·사천을 논할 것 없이 현존하는 장정을 편리한 대로 징발할 수 있으니, 만약 주사가 전진하여 지휘할 때에 이들을 격군에 보충하여 한때 이용하고 일이 끝나면 다시 원래대로 복귀시킨다면, 이도 또한 불가함이 없을 듯합니다.

제주는 바다 가운데 멀리 떨어져 있는 곳이므로 구원할 길이 더욱 막연하니, 만약 왜적이 이곳을 점거한다면 그 화는 이루 다 말할 수 없습니다. 통제사에게 빨리 비밀히 하유하여 중국군의 모습으로 변장시키고 중국군이 제주에 와서 주둔하면서 수비를 도와주고 있다고 소문을 퍼뜨리며 형세를 떠벌리게 하는 것도 한 가지 술책입니다.

긴요한 용도이기 때문에 삭감할 수 없는 것을 제외하고, 공물을 미곡으로 바꾸어 바치게 하여 군량으로 하는 것이 타당합니다.

한강 수비에는 마땅히 배를 사용해야 한다고 하신 상교는 옳습니다. 강화에는 수사 이사명이 속오군을 모집하고 현재의 선척으로써 부서를 나누고 장수를 선정하여 수군 원 수효 1천여 명으로 형세를 갖추었으니 유사시에는 징발하여 사용할 수 있습니다' 하였다.

12월 17일 부산 중국 사신 정사 양방형과 부사 심유경 일행이 대마도에서 출발하여 부산에 도착하였다.

경성 도지휘사 오종도의 게첩에, '대이라고 하는 왜노가 과연 어리석지 않아 '우리가 봉명을 받았으나 조선을 손에 넣어야 만족하겠으니 우리 군신은 그 뜻을 버리지 못한다'라고 말할 줄이야 어찌 헤아렸겠습니까. 왜노를 봉작하는 것은 이런 방법으로 회유책을 써서 이리와 같은 마음을 잠깐이라도 그치게 하고, 그간에 귀국으로 하여금 군대를 교련하고 국력을 길러 복수할 계책을 쓰게 하고자 함이었는데, 섬나라의 괴수가 결국 그렇게 운운하여 수포로 돌아갔습니다. 지금 중원에서 군사가 나오더라도 시기가 미치지 못할까 두려우며 왜노는 교활하여 또 갑자기 습격할까 염려되니 대비책을 미리 강구하십시오' 하였다.

12월 19일 도사 호응원의 게첩에 부산의 왜영에 불이 나서 1천여 가옥이 불에 탔고, 미곡 창고·군기·화약·전선이 모두 타 버렸다고 하였다.
이것은 사실이었다. 경상우도 함양의 한 백성도 '부산에 있던 왜군 진영에 불이 나서, 군기와 군량의 반 이상이 불타 없어졌다고 한다. 이것은 하늘이 재앙으로 뉘우치게 하여 국운이 다시 회복되는 것이 아니겠는가' 하면서 매우 기뻐하였다. 그러나 이 사건은 이순신에게 커다란 악재로 작용하게 된다.

12월 21일 황신이 돌아와 그동안 수집한 정보 및 왜 인사와의 대화 등을 알리는 서계를 올렸다. 그 내용은, 청정은 1~2월 대군은 3~4월에 출병한다 하고, 왕자를 인질로 하라는 요구가 있다. 먼저 전라도를 침범할 것이다. 수군을 먼저 격파하고 수군과 육군이 동시에 진격한다. 어두운 밤에 5~6척의 작은 배로 포위 공격한다. 다음에 탐라를 취할 것이다. 요시라가 관백은 3~5년이 끝이니 그동안에는 회유책으로 시간을 끌라 하였다. 조선에서 왕자가 오기만 하면 다시는 아무 일도 없을 것이고, 왕자 외에는 백관이 모두 오더라도 도움이 안 될 것이다. 청정은 울산 기장 등 옛 성에 자리 잡을 것이다 등이었다.

황신을 인견하여 좀 더 구체적인 대화를 하였다.

선조가 "대마도는 원래 우리나라의 땅이었는데 일찍이 왜적에게 빼앗긴 것이다. 지금은 그곳의 형세가 어떠하던가? 혹시 가서 정벌한다면 쉽사리 빼앗을 수 있겠는가?" 하니,

황신이 "형세를 살펴보건대, 대마도는 비록 우리나라가 오늘과 같이 잔폐된 형편일지라도 또한 공격할 수가 있을 것입니다. 풍의군은 배를 숨겨 둘 만한 곳이 매우 많아 어느 곳이고 있으니, 또한 쉽사리 빼앗을 수 있을 것입니다. 또 대마도는 바다 가운데 멀리 떨어진 섬이므로 순풍을 만나지 않으면 아무리 급변이 있어도 즉시 일본과 연락하지 못할 것입니다. 더욱이 그 땅에는 비축된 식량과 채소가 없으니, 그 형세가 결코 오래도록 성을 지키기 어려울 것입니다" 하였다.

선조가 "적이 다시 임진년과 같이 많은 군대를 거느리고 침입할 수 있겠던가?" 하니,

황신이 "신이 자세한 것은 알 수 없으나 만약 다시 침범한다면 잠시 침략하는 것이 아니고 반드시 많은 군대로 출동할 것입니다. 조신은 항상 한탄하면서 말하기를 '내가 전일 조선에 들어갔을 때에는 후속 군사가 없이 너무 깊이 들어갔기 때문에 실적이 없고 소문도 좋지 않았으나, 지금은 농사를 지어 곡식이 쌓여 있으니 먼저 수군을 공격할 것이다' 하였습니다."

선조가 "저들이 어찌하여 수군을 공격한다고 하던가?" 하니,

황신이 "수군을 공격하지 않으면 군량을 운반하는 길을 통할 수가 없다고 하였습니다."

선조가 "우리는 국력이 미약하여 지탱하기 어렵지만 중국이 어찌 그

와 같은 흉적을 한 집안 식구 같은 우리나라에 용납하게 하겠는가" 하니,

황신이 "적이 중국군을 볼 때 비록 우리나라와 같이 허약하게 보지는 않으나 또한 두려워하지도 않습니다" 하였다.

계속 황신의 말이 이어졌다.

"청정의 일은 신이 전에 부산에 있을 때 그가 죄를 받았다고 들었는데, 그 후 일본에 들어갔을 때 신의 일행이 낭고야에 이르러 도중에서 한사람을 만나 물어보니 모두 헛소문이었습니다. 신이 사람을 시켜 조신에게 물으니, 조신이 '죄를 입었다는 것은 헛소문이다. 지금 관백이 다시금 조선을 침략하려는 계책은 대체로 청정이 충동질해서이다' 하였습니다."

"당초 저희들끼리 격돌한 일은 신이 실로 알지 못하겠으나 대체로 인정이란 남보다 위에 있으면 좋아하고 남보다 아래에 있으면 싫어하는 것입니다. 이 때문에 조신이 오사포에 이르러 정성에게 말하기를 '당초부터 화친의 일에 힘쓴 것이 결국 수포로 돌아갔다. 우리는 세 나라 사람들에게 부끄러우니, 차라리 내 목을 찔러 죽겠다'고 하였으며, 행장도 신에게 말하기를 '청정이 비록 다시 조선에 간다 해도 울산이나 기장 등의 사이에 군사를 주둔할 것이고 많은 군졸을 거느리고 깊이 들어가지는 않을 것인데 대개 그의 뜻은 화친을 실패시키고 전쟁을 하자는 것이다. 조선이 만약 경주 등지에 무기를 많이 설치하고, 군량은 멀리 떨어진 곳에 쌓아 두면 청정이 싸우고자 해도 굳게 지키므로 싸울 수 없고 포위하려고 해도 식량이 없을 것이니, 그렇게 되면 청정은 저절로 무너질 것이다'고 하니, 대체로 행장은 우리를 돕는 것 같았습니다."

"조신은 간교하기가 여러 두목들 중에 으뜸이었으나 이번 우리 일행에게는 마음과 힘을 다하여 협조해 주었고 그곳에서 나올 때에도 마찬가지였습니다. 대사를 매듭짓지 못해 한스럽게 여기고 마음에 좋지 않은 모양이었습니다."

"진 유격이 신을 책망하여 말하기를 '당신 때문에 귀국 국왕이 중국에 청병하였으니 두 사신은 장차 어떻게 처신해야 하겠는가' 하였는데, 비록 크게 노하지는 않았으나 편치 않은 기색이 많았습니다" 하였다.

황신이 보고는 잘 하였으나 행장과 조신의 겉으로 공손하고 매사를 사실대로 알려 주는 척하며 은밀하게 도모하는 술수는 파악하지 못하였다. 대마도의 왜적은 우리에게 사실을 알려 주어도 대처할 능력이 없다는 것을 잘 알았다. 또한 이들은 첩자를 활용하여 우리 공사간의 문서와 도성 백성들의 술렁거린 말까지도 낱낱이 알고 있을 정도였다.

황신을 인견하여 전말을 자세하게 들은 조정에서는 일이 매우 시급하다고 생각하여 요동에 있는 손 경략에게 자문을 보냈다. 자세한 상황을 말하고 다음과 같이 요청하였다.

'왜적이 침략할 화가 조석에 있습니다. 우리나라는 지방이 텅 비어 있고 군사도 허약하여 적이 만약 날랜 군사를 몰고 와서 곧장 내부를 공격한다면 우리나라의 힘으로는 도저히 대적하기 어렵고, 반드시 중국군의 성원을 빌려야 조금이라도 흉악한 왜적의 칼날을 막을 수 있을 것입니다. 그런데 우리의 지형을 살펴보면 대부분이 산림과 수전이어서 마병에 불편하고, 또 왜적이 두려워하는 것은 오직 남병일 뿐이라는 것은 이미 경험했던 사실이니, 거듭 바라건대 귀원은 일전에 자보한 대로 속히 남병 수천 명을 징발하여 밤낮을 가리지 말고 와서 경성 등지에 나누어 주둔하여 성원해 줌으로써 왜적의 흉봉을 막는 한편, 뒤이어 대군을 징발하고 필요한 식량을 준비하여 수륙으로 협공, 기어이 왜적을 섬멸해 준다면 이에 더 바랄 것이 없겠습니다.'

이날 중국 사신 일행은 부산을 출발하여 경성으로 향했다.

12월 25일 대신과 비변사 유사당상을 인견하였다. 선조가 권율의 장계 내용이 누설되었다고 하였다. 장계 내용은 3만 병력을 요로에 배치한다, 큰일을 할 수 있다, 부산에 잔류한 적을 섬멸할 수 있다 등의 중요한 군사기밀이었다. 누설된 책임으로 비변사의 비밀 낭청을 파직하고 유사당상과 도승지 이하는 추고하도록 하였다. 선조는 군사 기밀이 항간에 전파되는 것을 통탄하고 작은 관서에서 조보를 등서하는 것을 금하게 하였다.

이순신의 서장을 고친 선전관 조영을 추고하도록 하였다. 선전관 조영이 통제사 이순신에게 유지를 가지고 갔다가 이순신으로부터 서장을 받아 온 일이 있었는데 겉봉투에는 뜯어본 흔적이 뚜렷이 있고 서장 내에 기록한 월일의 숫자에 획을 고쳤다는 말을 듣고 그 서장을 가져다 보니, 겉봉투를 뜯어본 흔적은 불분명하나 날짜에 획을 고쳐 그은 흔적은 분명하였다. 조영이 날짜를 지체한 죄를 면하려고 감히 이순신의 장계 날짜를 고친 것이었다.

이달의 다른 일들은,
당시에 심유경은 '평행장은 실로 가등청정과는 의견을 달리하여 화의의 일이 성심에서 나왔다'고 하였으며 조정도 그렇게 믿었다. 만약 그렇다면 풍신수길과 같은 사나움으로 이미 조선이 저희를 업신여겼다고 이르면서 봉전까지도 받지 않았으니 이는 화의와는 크게 어긋난 것이다. 마땅히 행장을 엄하게 벌해야 하는데도 여전히 그를 의지하고 신임할 뿐이었다.
제주목사 이경록을 승진시켜 그 마음을 위로하라고 하였다. 강항을 형조좌랑으로 우치적을 순천부사로 하였다.
송언신을 함경감사, 이정암을 황해감사로 하였다. 이정암과 연안성의 전투에 대하여 이야기하였다. 이제 왜적이 침입해 온다고 하니까 이정암을 다시 중용한 것이었다. 선조다운 인사였지만 그나마도 다행스런 인사였다.

비변사가 군량을 비축하고 기계를 조치하는 일도 대하여 논하였다. '은율·풍천 두 읍은 신이 일찍이 도회로 정해 군기를 제조하도록 하였지만, 그 생산량이 많지 못해서 여러 곳에 수비하고 방어할 일이 있게 되면 충당해 쓸 수가 없습니다. 해주, 황주, 연안, 수안 등의 읍은 다소 재력이 있는 곳이니 함께 도회로 정해 활과 화살을 많이 만들도록 독령하고, 매월 생산량을 장부에 기록해서 각처로 나누어 보내는 계획을 세우소서. 이러한 일들을 이정암에게 아울러 말해 보내면 어떻겠습니까?' 하였다. 유성룡의 말이었다.

경상우도 함양의 한 백성이 '왜국은 토지를 모두 공전으로 삼아, 사람들로 하여금 밭 갈고 씨 뿌리게 하여 반으로 나누어 군량과 공용의 일에 쓴다. 나라 안의 장정을 선발하여 군사로 삼아 나날이 훈련하고, 또 처자의 생계비도 지급하여, 사람들로 하여금 마음속으로 병사가 되는 것을 즐겁게 여기게 하였다. 그러므로 싸움에 용감하고 무술에 뛰어난 것이 이 때문이다. 농사짓는 사람은 농사를 짓고, 군사는 병역에 종사한다. 그러므로 전쟁을 일으킨 지가 이미 오래되었어도 나라에 헛되이 소모되는 것이 없어, 농산물은 풍족하고 사람들은 부유한 것이다' 하였다. 한 백성의 남다른 소견이었다.

연초에 명나라 사신은 어렵게 진출하여 부산 왜영에 들어갔다. 그런데 뜻밖에 정사 이종성이 왜영을 탈출하는 전대미문의 사건이 일어났다. 일대 소요가 일어났지만 부사 양방형을 정사로 심유경을 부사로 하여 무마하고 드디어 일본으로 들어갔다. 와중에 왜적은 조선통신사를 요구하고 선조는 거부하여 오랫동안 애를 먹었으나 결국 황신을 사신으로 하여 일본에 들어갔다.

그런데 정작 풍신수길은 조선에서 왕자를 보내지도 않고 통신사도 낮은 신분으로 늦게 보내 자신을 모욕하였다고 핑계하며 조선을 다시 침범하겠다고 공언을 하였다. 물론 봉왕 절차는 거의 형식에 가까웠고 중국 사신도 안중에 없어 바로 출국하도록 하였다. 그동안 심유경과 소서행장이 각자 자국을 속이며 어떻게든 강화를 성립시키려 했던 일이 물거품이 되어 버렸다. 봉왕한다는 강화는 원래 없었던 원점으로 돌아온 것이었다.

그러나 그동안 풍신수길은 강화라는 명목으로 소서행장이 하는 일을 지켜보면서 사실 재침을 위한 준비를 진행하였고, 명나라는 사실 왜적이 먼저 강화 요청을 했으므로 강화가 깨질 것이라고는 생각지도 못했지만 그래도 지난 4년간 별일 없이 국력을 축적할 수가 있었고 만약의 경우에 대한 대비도 해 왔다. 그러나 조선은 떨쳐 일어날 힘도 없었지만 특히 선조가 화의니 사신이니 하는 문제에 너무 과민반응을 하여 신하들이 일할 마음조차도 갖지 못하게 한 것이 문제였다. 그동안 말만 많았지 해놓은 일이 하나도 없었다. 그 중간에 이몽학의 반란 사건으로 소요가 일어 의병장 김덕령이 억울하게 죽기도 하였다. 훈련도감의 설치 운영으로 군사를 양성하는 노력을 하였지만 너무 미약했다. 이제 다급해졌다. 비변사 이하 모두 준비한다고 서둘러 조치를 취하지만 효과가 별로 없었다. 중국에 애걸복걸하는 수밖에는 방법이 없었다.

왜적의 문제는 왜적이 바다를 건너오지 못하게 하기만 하면 그만이다. 머리 좋은 선조와 신하들이 그것을 모를 리 없다. 그중에 가장 악독한 가등청정을 건너오지 못하게 하면 더할 나위 없었다. 그래서 선조는 청정을 바다에서 요격하라는 말을 하게 되었다. 말은 쉬웠다. 바다에서의 요격은 이순신의 몫이다. 그동안 이원익과 함께 남해 연안을 순시하는 유용한 시간을 가지기도 했지만, 이제 이순신을 기다리는 것은 왜적이 아니라 심약한 겁쟁이 왕 선조의 야비한 분노일 것이다. 어렵고 가슴 아프고 처참하게 다가오는 다음 해는 바로 정유재란의 해이다.

참고문헌

- **조선왕조실록**
  중종, 인종, 명종, 선조 및 선조수정, 한국고전번역원

- **고전번역서**
  계곡집, 장유, 이상현 역, 1997, 한국고전번역원
  고봉전서, 기대승, 성벽호 등 역, 2007, 한국고전번역원
  고대일록, 정경운, 박병련 등 역, 2009, 남명학연구원
  대동야승, 성현 등, 한국고전번역원
  백사집, 이항복, 임정기 역, 1999, 한국고전번역원
  사계전서, 김장생, 김능하 등 역, 2005, 한국고전번역원
  상촌집, 신흠, 김동주 등 역, 1994, 한국고전번역원
  서애집, 유성룡, 권호기 등 역, 1977, 한국고전번역원
  송자대전, 송시열, 권정안 등 역, 1988, 한국고전번역원
  아계유고, 이산해, 이상하 등 역, 1998, 한국고전번역원
  약포집, 정탁, 이기훈 등 역, 2013, 퇴계학연구소
  연려실기술, 이긍익, 권오돈 등 역, 1967, 한국고전번역원
  오음유고, 윤두수, 권경열 역, 2007, 한국고전번역원
  우계집, 성혼, 성백효 역, 2002, 한국고전번역원
  월사집, 이정귀, 이상하 등 역, 2015, 한국고전번역원
  월정집, 윤근수, 김영봉 등 역, 2014, 동양학연구원
  율곡전서, 이이, 권오돈 등 역, 1968, 한국고전번역원
  퇴계집, 이황, 권오돈 등 역, 1968, 한국고전번역원
  학봉전집, 김성일, 정선용 역, 2001, 한국고전번역원
  회재집, 이언적, 조순희 역, 2015, 한국고전번역원

- **이순신 관련서**

(완역) 이충무공 전서(상, 하), 이은상 역, 1989, 성문각
이순신의 일기, 박혜일 외 3, 1998, 서울대학교 출판부
난중일기, 박광순 역, 2003, 하서출판사
난중일기, 노승석 역, 2005, 동아일보사
함경도일기, 강신철 저, 2001, 21세기군사연구소
구국의 명장 이순신(상, 하), 최석남 저, 1992, 교학사
임진왜란 해전사, 이민웅 저, 2004, 청어람미디어
이순신과 임진왜란, 이순신역사연구회, 2005, 비봉출판사
충무공 이순신 전서, 박기봉 편역, 2006 비봉출판사
난중일기 외전, 배상열 저, 2007, 비봉출판사
부활하는 이순신, 황원갑 저, 2005, 이코비즈니스
삼가 적을 무찌를 일로 아뢰나이다, 정광수 저, 1989, 정신세계사
이순신과 히데요시, 윤봉석 역, 1997, 우석
내게는 아직도 배가 열두척이 있습니다, 김종대 저, 2004, 북포스
이순신의 두 얼굴, 김태훈 저, 2004, 도서출판 창해
긴 칼 옆에 차고 수루에 홀로 앉아, 남천우 저, 1992, 수문서관
이순신은 전사하지 않았다, 남천우 저, 2004, 미다스북스
평역 이순신 자서전, 남천우 평역, 2006, 미다스북스
충무공의 생애와 사상, 조성도 저, 1982, 명문당
충무공 이순신, 조성도 저, 1982, 남영문화사
이순신 병법을 논하다, 임원빈 저, 2005, 도서출판 신서원
위인전이 숨기는 이순신 이야기, 김헌식 저, 2004, 평민사
칼의 노래, 김훈 저, 2001, (주)생각의 나무
불멸의 이순신, 김탁환 저, 2004, (주)황금가지
명량 진짜 이야기, 노병천 저, 2014, 바램
이순신과의 동행, 이훈 저, 2014, 푸른역사

- 임진왜란 관련서

  징비록, 유성룡 저, 남윤수 역, 2000, 하서출판사
  유성룡과 임진왜란, 이성무 외 3 엮음, 2008, 태학사
  조선사회와 임진의병 연구, 송정현 저, 1998, 도서출판 학연문화사
  임진왜란과 경상우도의 의병운동, 김강식 저, 2001, 도서출판 혜안
  임진왜란사 연구, 조원래 저, 2005, 아세아문화사
  임진왜란사 연구, 이장희 저, 2007, 아세아문화사
  다시 쓰는 임진대전쟁, 양재숙 저, 1994, 고려원
  7년전쟁, 김성한 저, 2012, 산천재
  역사추적 임진왜란, 윤인식 저, 2013, 북랩
  임진왜란과 도요토미히데요시, 국립진주박물관, 2003, 부키
  교과서가 말하지 않은 임진왜란 이야기, 박희봉 저, 2014, 논형
  해소실기, 김완, 2006(네이버 블로그)

- 인물서 및 기타

  유성룡, 이덕일 저, 2007, ㈜위즈덤하우스
  선조, 이한우 저, 2007, ㈜해냄출판사
  임금 노릇 못해 먹겠다, 기만중 저, 2004, 거송미디어
  율곡 인간과 사상, 이종호 저, 1994, ㈜지식산업사
  율곡 10만 양병론의 진실, 김언수 저, 2011, 도서출판 태봉
  동호문답, 안외순 옮김, 2005, 책세상
  권율, 신봉승 저, 1999, 도서출판 답게
  송강평전, 박영주 저, 2003, 도서출판 고요아침
  조선 최고의 공직자, 최범서 저, 2006, 도서출판 가람기획
  임꺽정, 홍명희, 1985, ㈜사계절출판사
  부산과 대마도의 2천 년 대마도연구센터, 2010, 국학자료원

60간지

갑자	을축	병인	정묘	무진
1504년	1505년	1506	1507년	1508년
1564년	1565년	1566년	1567년	1568년
명종 19년	명종 20년	명종 21년	선조 즉위년	선조 1년
갑술	**을해**	**병자**	**정축**	**무인**
1514년	1514년	1516년	1517년	1518년
1574년	1575년	1576년	1577년	1578년
선조 7년	선조 8년	선조 9년	선조 10년	선조 11년
갑신	**을유**	**병술**	**정해**	**무자**
1524년	1525년	1526년	1527년	1528년
1584년	1585년	1586년	1587년	1588년
선조 17년	선조 18년	선조 19년	선조 20년	선조 21년
갑오	**을미**	**병신**	**정유**	**무술**
1534년	1535년	1536년	1537년	1538년
1594년	1595년	1596년	1597년	1598년
선조 27년	선조 28년	선조 29년	선조 30년	선조 31년
갑진	**을사**	**병오**	**정미**	**무신**
1544년	1545년	1546년	1547년	1548년
인종 즉위년	명종 즉위년	명종 1년	명종 2년	명종 3년
1604년	1605년	1606년	1607년	1608년
선조 37년	선조 38년	선조 39년	선조 40년	선조 41년
갑인	**을묘**	**병진**	**정사**	**무오**
1554년	1555년	1556년	1557년	1558년
명종 9년	명종 10년	명종 11년	명종 12년	명종 13년
1614년	1615년	1616년	1617년	1618년

기사	경오	신미	임신	계유
1509년 1569년 선조 2년	1510년 1570년 선조 3년	1511년 1571년 선조 4년	1512년 1572년 선조 5년	1513년 1573년 선조 6년
기묘	경진	신사	임오	계미
1519년 1579년 선조 12년	1520년 1580년 선조 13년	1521년 1581년 선조 14년	1522년 1582년 선조 15년	1523년 1583년 선조 16년
기축	경인	신묘	임진	계사
1529년 1589년 선조 22년	1530년 1590년 선조 23년	1531년 1591년 선조 24년	1532년 1592년 선조 25년	1533년 1593년 선조 26년
기해	경자	신축	임인	계묘
1539년 1599년 선조 32년	1540년 1600년 선조 33년	1541년 1601년 선조 34년	1542년 1602년 선조 35년	1543년 1603년 선조 36년
기유	경술	신해	임자	계축
1495년 명종 4년 1609년	1550년 명종 5년 1610년	1551년 명종 6년 1611년	1552년 명종 7년 1612년	1553년 명종 8년 1613년
기미	경신	신유	임술	계해
1559년 명종 14년 1619년	1560년 명종 15년 1620년	1561년 명종 16년 1621년	1562년 명종 17년 1622년	1563년 명종 18년 1623년

관직 직위표

품계		의정부	돈녕부	의금부	6조
정1품	대광보국	영의정	영사		
	숭록대부	좌·우의정			
종1품	숭록대부	좌·우찬성	판사	판사	
정2품	정헌대부	좌·우참찬	지사	지사	판서
	자헌대부				
종2품	가정대부		동지사	동지사	참판
	가선대부				
정3품	통정대부		도정		참의
	통훈대부		정		참지(병조)
종3품	중직대부		부정		
	중훈대부				
정4품	봉정대부	사인(2)			
	봉열대부				
종4품	조산대부		검정(2)	경력	
	조봉대부				
정5품	통덕랑	검상(1)			정랑(3)
	통선랑				병·형조는(4)
종5품	봉직랑		판관(2)	도사	
	봉훈랑				
정6품	승의랑		주부(2)		좌랑(3)
	승훈랑				병·형조는(4)
종6품	선교랑				호조-산학교수(1) -별제(2)
	선무랑				형조-율학교수(1) -별제(2)
정7품	무공랑				
종7품	계공랑		직장(2)		호조: 산사(1)
					형조: 명율(1)
정8품	통사랑	사록(2)			
종8품	승사랑		봉사(2)		호조: 제사(2)
					형조: 심율(2)
정9품	종사랑				호조: 산학훈도(1)
					형조: 율학훈도(1)
종9품	장사랑		참봉(2)		호조: 회사(2)
					형조: 검율(2)

사헌부	사간원	홍문관	승정원	성균관	외관직
		영사(겸)			
		대제학		지사	
대사헌		제학		동지사(2)	관찰사, 부윤, 병마절도사
	대사간	부제학 직제학		대사성	목사, 대도호부사, 수군절도사, 병마절도사
집의	사간	전한		사성(2)	도호부사, 첨절제사, 병마우후
장령(2)		응교(1)		사예(3)	수군우후
		부응교(1)			군수, 병마동첨절제사, 수군만호
지평(2)	헌납(1)	교리(2)		직강(4)	
		부교리(2)			현령, 판관, 도사
감찰(24)	정언(2)	수찬(2)		전적(13)	
		부수찬(2)			현감, 찰방, 병마절제도사, 감목
		박사(1) 봉고(예문관)	주서(2)	박사(3)	
		저작(1)		학점(3)	
		정자(2) 검열		학록(3)	
				학유(3)	훈도, 심약, 검율, 역승